奇門遁甲玉鏡

道觀 朴興植 著

삼한

序

    과학문명이 극도로 발달하여 나날이 신기술이 개발되고 있는 최첨단 과학문명시대이나 정신문화는 도리어 퇴보하고 도의(道義)는 땅에 떨어지고 있다. 그러므로 정신문화를 앙양키 위해 동양철학의 꽃이라고 할 수 있는 기문둔갑(奇門遁甲)에 관하여 글을 쓰게 되었다. 기문둔갑(奇門遁甲)은 천문지리(天文地理)는 물론 인사명리(人事命理) 등 제반사에 관한 길흉을 판단함에 있어서 가장 우수한 학문이며 병법(兵法)과 법술(法術) 방면으로도 특장(特長)이 있다. 기문둔갑(奇門遁甲)의 역사는 장구(長久)하다. 고대(古代) 중국(中國)의 헌원 황제(軒轅 黃帝) 때 부터라고 연파조수가(烟波釣叟歌)에 기록되어 있다. 역사적인 인물로는 황제(黃帝), 풍후(風后), 강태공(姜太公), 황석공(黃石公), 장자방(張子房), 제갈공명(諸葛孔明), 이순풍(李淳風), 원천강(袁天罡), 이정(李靖), 악비(岳飛), 유백온(劉伯溫) 같은 분이 유명하며 그 외에도 많은 기문대가(奇門大家)들이 출현했었다. 일설에 의하면 헌원 황제(軒轅 黃帝)가 우리 배달국의 석학(碩學) 자부선생(紫府先生)을 삼청궁(三淸宮)에 가서 찾아 뵙고 제자가 되어 동방은서(東方隱書)인 칠회제신지력(七回諸神之曆)과 삼황내문경(三皇內文經)과 녹도문(鹿圖文)으로 쓴 천부경(天符經)과 칠정운천도(七政運天圖)를 전수받아 갔는데 이것이 기문(奇門)의 시초가 된 자부비문(紫府秘文)이라고 한다. 제갈공명(諸葛孔明)께서 기문둔갑비급대전(奇門遁甲秘笈大全)을 지으셨다. 그러면 기문(奇門)에 관한 전적(典籍)을 밝히겠다. 양(梁)나라 간문제(簡文

帝) 때 악부(樂府) 중에 삼문응둔갑(三門應遁甲)이라는 용어와 진서(陳書) 무제기(武帝紀)에 둔갑(遁甲)이라는 용어가 나와 있는 것으로 보아 남북조(南北朝)때에 성행한 것으로 보인다. 수지(隋志) 중에도 오자서둔갑문(伍子胥遁甲文), 신도방둔갑경(信都芳遁甲經), 갈비삼원둔갑도(葛秘三元遁甲圖)등 약(約) 십삼가(十三家)의 유문(遺文)이 있다. 당대(唐代) 이정(李靖)의 둔갑만일결(遁甲万一訣), 호건(胡乾)의 둔갑경(遁甲經), 송대(宋代) 인종(仁宗)때 사천정(司天正) 양유덕(楊維德)이 육임(六壬)의 신응경(神應經)과 기문(奇門)의 둔갑옥함부응경(遁甲玉函符應經)을 찬(纂)했다는 기록이 있다. 명대(明代)의 정도생(程道生)의 둔갑연의(遁甲演義) 사권(四卷)이 있다. 명대(明代)의 왕수인(王守仁)이 이술(異術)을 수람(收覽)한 기문진전(奇門眞傳)을 이씨기문(李氏奇門)이라 하였고 다시 금의 육병(錦衣 陸炳)이 그 서(書)를 서(序)하여 전하니 임씨기문(林氏奇門)이라 불렀다. 도중(陶仲)이 또다시 이임(李林) 이씨(二氏)의 서(書)와 타서(他書)를 참고하여 전하니 도진인둔갑신서(陶眞人遁甲神書)라고 불렀다. 이순풍(李淳風), 원천강(袁天罡)의 만법귀종(萬法歸宗)은 학리(學理)보다는 법술(法術)에 관하여 중점적으로 기록되었다. 청(淸)나라 건릉(乾隆) 연간(年間)의 협기변방서(協紀辨方書)와 사고전서(四庫全書)에도 둔갑(遁甲)에 관한 부문(部門)이 실려있다. 고전인 대대예기 명당편(大戴禮記 明堂篇)에 구실(九室)은 구일이사륙팔삼칠오(九一二四六八三七五)이며 하도(河圖)의 의(義)이니 기학(奇學)의 구궁(九宮)이라 하였고, 후한(後漢) 장형전(張衡傳)에 구궁(九宮)의 설(說)이 있고, 남제(南齊) 고제본기(高帝本紀)에 구궁(九宮)에 관한 글이 실려 있다. 당(唐)나라 원종 삼년 시월(元宗 三年 十月) 술사(術士) 소가경(蘇嘉慶)이 경성(京城)에 구궁단(九宮壇)을 설치할 것을 청했다는 기록이 있고, 무종(武宗) 회창 이년 오월(會昌 二年 五月) 좌복야(左僕射) 왕기(王起)등이 아뢰어 황제구궁경(黃帝九宮經) 및 소길오행대의(蕭吉五行大義)를 주석(註釋)했다는 기록이 있다. 특히 송사(宋史) 예문지(藝文志)에 실려있는 전적(典籍)으로는 주둔삼원찬례(周遁三元纂例) 일권(一卷), 음양둔팔국입성법(陰陽遁八局立成法) 일권(一卷), 음양이둔만일결(陰陽二遁萬一訣) 사권(四卷), 둔갑요용가식(遁甲要用歌式) 이권(二卷), 양둔천원국법(陽遁天元局法) 일권(一卷), 음양둔갑경(陰陽遁甲經) 삼권(三卷), 음양둔갑성립(陰陽遁甲成立) 일권(一卷), 천일둔갑병기요결(天一遁甲兵機要訣) 이권(二卷), 삼원둔갑경(三元遁甲經) 일권(一卷), 둔갑부응경(遁甲符應經) 삼권(三卷)이 있다.

우리 나라의 기문(奇門) 역사는 장구(長久)하리라 추측하나 상세한 문헌은 드문 상태다. 우리 나라의 기문서(奇門書)로는 홍연진결(洪烟眞訣), 홍연정결(洪烟正訣), 설강국비결(設罡局秘訣)과 술서(術書)에 속하는 현무발서(玄武發書), 기문둔갑장신법(奇門遁甲藏身法), 신통력도술천서(神通力道術天書) 등이 있다. 일설에 의하면 고구려(高勾麗)때 명재상(名宰相) 을파소(乙巴素) 선사께서 청구기문총방(靑邱奇門叢坊)을 창시했다고 전해진다. 우리 나라의 기문대가(奇門大家)로는 통일신라(統一新羅) 때 사천박사(司天博士)를 지낸 김암(金巖)이며 그는 둔갑입성법(遁甲立成法)을 지어서 패강(浿江)에 진을 치고 백성들에게 팔진병법(八陣兵法)을 가르쳐 국방력을 강화했고, 설수진(薛秀眞)은 육무진법(六戊陳法)의 대가였고, 라말려초(羅末麗初)의 옥룡자(玉龍子)는 기문지리(奇門地理)의 달사(達士)였고, 고려조(高麗朝)의 강감찬(姜邯贊)은 호풍환우(呼風喚雨), 축지법(縮地法)과 역귀법(役鬼法)을 썼으며, 거란군(契丹軍) 수십만이 고려를 침략하자 이들을 대파(大破)하였다. 이조(李朝) 때에는 서화담(徐花潭),

이토정(李土亭), 이율곡(李栗谷), 박설천(朴雪川), 기로사(奇蘆沙)선생 등이 유명했으며 그 외에도 많은 대가가 있었으리라 추측된다. 황제(黃帝)가 풍후(風后)에게 명하여 기문(奇門)을 창시할 당시에는 사천삼백이십국법(四千三百二十局法)이 있었으며 세(歲)를 팔괘분절(八卦分節)하였는데 절(節)에는 이기(二氣)가 있으며 대솔(大率)하여 이십사개기절(二十四個氣節)이 있고 기(氣)에는 천지인 삼후(天地人 三候)가 있으니 대솔(大率)하여 칠십이후(七十二候)인 것이다. 후(候)에는 오일(五日)이 있으니 세(歲)는 대솔(大率)하여 삼백육십일(三百六十日)인 것이다. 일(日)에는 십이시(十二時)가 있으니 세(歲)는 대솔(大率)하여 사천삼백이십시(四千三百二十時)인 것이다. 일시 일국(一時 一局)인 까닭에 기문사천삼백이십국(奇門四千三百二十局)인 것이다. 너무 방대하여 사용키 불편하므로 풍후(風后)께서 일천팔십국(一千八十局)으로 줄여서 만들게 되었다. 동지(冬至)부터 양(陽)이 감간진손(坎艮震巽) 사괘(四卦)에서 생기어 통기(統氣) 십이후(十二候)니 합계 삼십육분국(三十六分局) 오백사십(五百四十)이 양둔(陽遁)이 되고, 하지(夏至)부터 음(陰)이 이곤태건 사괘(離坤兌乾 四卦)에서 생기어 통기(統氣) 십이후(十二候)니 합계 삼십육분국(三十六分局) 오백사십(五百四十)이 음둔(陰遁)이 되므로 음양이둔(陰陽二遁)을 합하니 일천팔십정국(一千八十定局)인 것이다. 주(周)나라의 태공(太公)이 기문병법(奇門兵法)을 연구할 때 팔괘(八卦)를 팔절(八節)로 나누고 팔절(八節)은 삼기(三氣)로 나누고 기(氣)는 삼후(三候)로 나누니 세(歲)는 합계 칠십이후(七十二候)인 까닭에 칠십이활국(七十二活局)과 매국(每局) 육십시(六十時)를 입출(立出)하니 칠십이국(七十二局)은 합계 사천삼백이십시(四千三百二十時)인 것이다. 한대(漢代)에 이르러 장자방(張子房)이 다시 산첩(刪捷)하였는데 동지 십이기(冬至 十二氣)

를 삼십육후(三十六候)로 나누어 양둔구국(陽遁九局)이 되고 하지 십이기(夏至 十二氣)를 삼십육후(三十六候)로 나누어 음둔구국(陰遁九局)이 되므로 음양십팔국(陰陽十八局)이 되었다. 이것을 잘 활용하신 분은 제갈공명(諸葛孔明)이다. 기학(奇學)을 공부하는 여러분께서는 개인의 이욕(利欲)보다는 보국안민(輔國安民)에 일조(一助)가 있기를 바랍니다. 악용하지 말고 선용(善用)하시길 빕니다.

초학자(初學者)는 포국편(布局編)을 열심히 익혀서 설국(設局)을 자유자재로 할 수 있도록 공부하십시요.

천학비재(淺學菲才)임을 불고(不顧)하고 막상 책을 내고 보니 부족함이 너무나 많습니다. 강호(江湖) 선배 제현(諸賢)의 관용과 질책의 많은 지도와 편달을 바랍니다. 끝으로 본서의 출간을 쾌히 승낙하신 삼한출판사 金沖鎬 사장님께 깊은 감사를 드립니다.

朴 興 植 識

目 次 (목차)

第一編　布局論(포국론)

1. 天地盤 布局法(천지반 포국법)

布局(포국)을 할 시에는 奇門數(기문수)를 사용하는데 아래와
같다.

天干數	甲	乙	丙	丁	戊	己	庚	辛	壬	癸
	一	二	三	四	五	六	七	八	九	十

地支數	子	丑	寅	卯	辰	巳	午	未	申	酉	戌	亥
	一	二	三	四	五	六	七	八	九	十	十一	十二

年月日時(연월일시) 天干數(천간수)를 총합하여 9로 나눈 다음
나머지 숫자를 天盤數(천반수)로 하여 中宮(중궁)에 붙여 離宮(이
궁), 艮宮(간궁), 兌宮(태궁), 乾宮(건궁), 中宮(중궁)을 거쳐 巽宮
(손궁), 震宮(진궁), 坤宮(곤궁), 坎宮(감궁) 순으로 붙인다.

天干數(천간수)를 도합하여 9로 나눌 시에 나머지 숫자가 떨어
지지 않을 때는 9를 天盤數(천반수)로 한다.

年月日時(연월일시) 地支數(지지수)를 총합하여 9로 나눈 다음
나머지 숫자를 地盤數(지반수)로 하여 中宮(중궁)에 붙여 坎宮(감
궁), 坤宮(곤궁), 震宮(진궁), 巽宮(손궁), 中宮(중궁)을 지나 乾宮
(건궁), 兌宮(태궁), 艮宮(간궁), 離宮(이궁) 순으로 붙여 나간다.

총합수를 9로 나눌 때에 나머지 숫자가 없으면 9를 地盤數(지반수)로 쓴다. 天干合數(천간합수)나 地支合數(지지합수)가 9數(수) 미만일 경우에는 총합수를 그대로 사용한다.

여러분이 반드시 주의해야 할 것은 地盤(지반)을 布局(포국)할 시에 中宮(중궁)에 五(오)가 놓였을 경우에는 六(육)이 坎宮(감궁)으로 나가는 것이 아니고 乾宮(건궁)으로 나간다. 대부분의 奇門書(기문서)에는 五(오)가 中宮(중궁)에 놓였을 시에 六(육)이 坎宮(감궁)으로 나간다고 했으나 그것은 잘못된 것이니 착오 없길 바랍니다.

天盤入中圖(천반입중도)

七	二	九
八	一(六)	四
三	十	五

〈一數入中〉

八	三	十
九	二(七)	五
四	一	六

〈二數入中〉

九	四	一
十	三(八)	六
五	二	七

〈三數入中〉

十	五	二
一	四(九)	七
六	三	八

〈四數入中〉

一	六	三
二	五(十)	八
七	四	九

〈五數入中〉

二	七	四
三	六(一)	九
八	五	十

〈六數入中〉

三	八	五
四	七(二)	十
九	六	一

〈七數入中〉

四	九	六
五	八(三)	一
十	七	二

〈八數入中〉

五	十	七
六	九(四)	二
一	八	三

〈九數入中〉

(例示)

7 6 7 4 = 24÷9＝6

庚己庚丁

午巳戌亥

二	七	四
三	六(一)	九
八	五	十

地盤入中圖(지반입중도)

五	十	三
四	一(六)	八
九	二	七

〈一數入中〉

六	一	四
五	二(七)	九
十	三	八

〈二數入中〉

七	二	五
六	三(八)	十
一	四	九

〈三數入中〉

八	三	六
七	四(九)	一
二	五	十

〈四數入中〉

四	九	二
三	五(十)	七
八	一	六

〈五數入中〉

十	五	八
九	六(一)	三
四	七	二

〈六數入中〉

一	六	九
十	七(二)	四
五	八	三

〈七數入中〉

二	七	十
一	八(三)	五
六	九	四

〈八數入中〉

三	八	一
二	九(四)	六
七	十	五

〈九數入中〉

(例示)

庚己庚丁
午巳戌亥
7 6 11 12 = 36÷9＝0이므로
나눈 숫자인 9를 사용한다.

三	八	一
二	九(四)	六
七	十	五

(1)　7 6 7 4　＝　24÷9＝6

　　庚己庚丁

　　午巳戌亥

　　7 6 11 12　＝　36÷9＝9

(2)　5 1 6 7　＝　19÷9＝1

　　戊甲己庚

　　辰子卯申

　　5 1 4 9　＝　19÷9＝1

(3)　2 2 2 3　＝　9÷9＝9

　　乙乙乙丙

　　酉未未申

　　10 8 8 9　＝　35÷9＝8

(4)　9 3 6 2　＝　20÷9＝2

　　壬丙己乙

　　辰辰丑丑

　　5 5 2 2　＝　14÷9＝5

(5)　1 1 1 1　＝4÷9＝4

　　甲甲甲甲

　　子午戌申

　　1 7 11 9　＝　28÷9＝1

二三	七八	四一
三二	六(一) 九(四)	九六
八七	五十	十五
七五	二十	九三
八四	一(六) 一(六)	四八
三九	十二	五七
五二	十七	七十
六一	九(四) 八(三)	二五
一六	八九	三四
八四	三九	十二
九三	二(七) 五(十)	五七
四八	一	六六
十五	五十	二三
一四	四(九) 一(六)	七八
六九	三三	八七

六親宮圖(육친궁도)

洪局(홍국) 日主(일주) 爲主(위주) 地盤數(지반수)로써 본다.

對宮 \ 己身(世)		水		火		木		金		土	
		一	六	二	七	三	八	四	九	五	十
水	一	世	兄弟	正官	偏官	偏印	印綬	傷官	食神	偏財	正財
	六	兄弟	世	偏官	正官	印綬	偏印	食神	傷官	正財	偏財
火	二	正財	偏財	世	兄弟	傷官	食神	偏官	正官	印綬	偏印
	七	偏財	正財	兄弟	世	食神	傷官	正官	偏官	偏印	印綬
木	三	食神	傷官	印綬	偏印	世	兄弟	正財	偏財	偏官	正官
	八	傷官	食神	偏印	印綬	兄弟	世	偏財	正財	正官	偏官
金	四	印綬	偏印	偏財	正財	正官	偏官	世	兄弟	傷官	食神
	九	偏印	印綬	正財	偏財	偏官	正官	兄弟	世	食神	傷官
土	五	偏官	正官	傷官	食神	偏財	正財	印綬	偏印	世	兄弟
	十	正官	偏官	食神	傷官	正財	偏財	偏印	印綬	兄弟	世

世宮(세궁)은 日支宮(일지궁)으로서 己身(기신)을 말하니 子平學(자평학)으로 따지면 日干(일간)과 같다. 兄弟宮(형제궁)은 劫財(겁재)와 같으며, 食神(식신), 傷官(상관)은 子孫宮(자손궁)이요, 偏印(편인), 印綬(인수)는 父母宮(부모궁)이요, 偏財(편재), 正財(정재)는 妻妾宮(처첩궁)이요, 偏官(편관), 正官(정관)은 官祿宮(관록궁)이요 男便宮(남편궁)이다. 표기를 할 때는 日支宮(일지궁)에 世(세), 劫財(겁재)인 兄弟宮(형제궁)에는 兄(형), 食神(식신), 傷官宮(상관궁)에는 孫(손), 偏印(편인), 印綬宮(인수궁)에는 父(부), 偏財(편재), 正財宮(정재궁)에는 재(財), 偏官宮(편관궁)에는 鬼(귀), 正官宮(정관궁)에는 官(관)으로 표기하길 바란다.

(1) 3 6 3 9 = 21÷9=3

九 孫木八	四 孫木三	一 兄水六
十 財火七	三 父金四	六 世水一
五 財火二	二 鬼土五	七 官土十

　　丙己丙壬

　　寅酉午戌

　　3 10 7 11 = 31÷9=4

日支(일지)는 酉(유)요, 酉(유)는 兌金宮(태금궁)이라 兌金(태궁) 地盤數(지반수) 一水(일수)가 世宮(세궁) 즉 己身宮(기신궁)이므로 각 宮(궁)을 대조하여 六親(육친)을 붙이는 것이다.

(2) 7 9 9 7 = 32÷9=5

一 孫土五	六 孫土十	三 父木三
二 財金四	五 官水一	八 父木八
七 財金九	四 世火二	九 兄火七

　　庚壬壬庚

　　戌子午申

　　11 1 7 9 = 28÷9=1

日支(일지)는 子(자)요, 子(자)는 坎水宮(감수궁)이라 坎宮(감궁) 地盤數(지반수) 二火(이화)가 世宮(세궁) 즉 己身宮(기신궁)이므로 각 宮(궁)을 대조하여 六親(육친)을 붙이는 것이다.

(3) 7 6 7 4 = 24÷9=6

　　庚己庚丁

　　午巳戌亥

　　7 6 11 12 = 36÷9=9

二 世木三	七 兄木八	四 父水一
三 孫火二	官六(一) 金九(四)	九 父水六
八 孫火七	五 財土十	十 財土五

日支(일지)는 巳(사)요, 巳(사)는 巽宮(손궁)이므로 巽宮(손궁)의 地盤數(지반수) 三木(삼목)이 世宮(세궁) 즉 己身宮(기신궁)이므로 각 宮(궁)을 대조하여 六親(육친)을 붙이는 것이다.

(4) 5 8 7 1 = 21÷9=3

　　戊辛庚甲

　　子亥午午

　　1 12 7 7 = 27÷9=9

九 鬼木三	四 官木八	一 財水一
十 父火二	孫三(八) 金九(四)	六 財水六
五 父火七	二 兄土十	七 世土五

日支(일지)는 亥(해)요, 亥(해)는 乾宮(건궁)이므로 乾宮(건궁)의 地盤數(지반수) 五土(오토)가 世宮(세궁) 즉 己身宮(기신궁)이므로 각 宮(궁)을 대조하여 六親(육친)을 붙이는 것이다.

(5) 2 6 7 4 = 19÷9=1

　　乙己庚丁

　　丑未戌未

　　2 8 11 8 = 29÷9=2

七 孫水六	二 孫水一	九 世金四
八 父土五	鬼一(六) 火二(七)	四 兄金九
三 父土十	十 財木三	五 財木八

日支(일지)는 未(미)요, 未(미)는 坤宮(곤궁)이므로 坤宮(곤궁)의 地盤數(지반수) 四金(사금)이 世宮(세궁) 즉 己身宮(기신궁)이므로 각 宮(궁)을 대조하여 六親(육친)을 붙이는 것이다.

地支合(지지합)

子丑合 一十	寅亥合 三六	卯戌合 八五	辰酉合 五四	巳申合 二九	午未合 七十

地支三合(지지삼합)

申子辰合 九一五	巳酉丑合 二四十	寅午戌合 八七五	亥卯未合 六八十

天干沖(천간충)

甲庚沖 三九	乙辛沖 八四	丙壬沖 七一	丁癸沖 二六	戊己沖 五十	甲己沖 三十	乙庚沖 八九	丙辛沖 七四	丁壬沖 二一	戊癸沖 五六

地支沖(지지충)

子午沖 一七	丑未沖 十十	寅申沖 三九	卯酉沖 八四	辰戌沖 五五	巳亥沖 二六

三刑(삼형)

寅巳申三刑 三二九	丑戌未三刑 十五十	子卯相刑 一八

自刑(자형)

辰辰自刑 五五	午午自刑 七七	酉酉自刑 四四	亥亥自刑 六六

六害(육해)

子未害 一十	丑午害 十七	寅巳害 三二	卯辰害 八五	申亥害 九六	酉戌害 四五

地支六破(지지육파)

子酉破 一四	丑辰破 十五	寅亥破 三六	卯午破 八七	巳申破 二九	戌未破 五十

怨嗔(원진)

子未元辰 一十	丑午元辰 十七	寅酉元辰 三四	卯申元辰 八九	辰亥元辰 五六	巳戌元辰 二五

伏吟(복음)

子子 一一	丑丑 十十	寅寅 三三	卯卯 八八	辰辰 五五	巳巳 二二	午午 七七	未未 十十	申申 九九	酉酉 四四	戌戌 五五	亥亥 六六

羊刃(양인)

甲日 卯八	丙戊日 午七	庚日 酉四	壬日 子一

空亡(공망)

甲子旬中	甲戌旬中	甲申旬中	甲午旬中	甲辰旬中	甲寅旬中
戌亥空亡 五六	申酉空亡 九四	午未空亡 七十	辰巳空亡 五二	寅卯空亡 三八	子丑空亡 一十

孤虛方(고허방)

六甲旬中 孤虛	甲子 旬中	甲戌 旬中	甲申 旬中	甲午 旬中	甲辰 旬中	甲寅 旬中
孤 (空亡方)	戌亥方	申酉方	午未方	辰巳方	寅卯方	子丑方
虛 (空亡의 對沖方)	辰巳方	寅卯方	子丑方	戌亥方	申酉方	午未方

日辰別(일진별) 三元局(삼원국) 早見表(조견표)

上元 (상원)	甲 己 子 午 卯 酉	甲子 · 乙丑 · 丙寅 · 丁卯 · 戊辰
		己卯 · 庚辰 · 辛巳 · 壬午 · 癸未
		甲午 · 乙未 · 丙申 · 丁酉 · 戊戌
		己酉 · 庚戌 · 辛亥 · 壬子 · 癸丑
中元 (중원)	甲 己 寅 申 巳 亥	己巳 · 庚午 · 辛未 · 壬申 · 癸酉
		甲申 · 乙酉 · 丙戌 · 丁亥 · 戊子
		己亥 · 庚子 · 辛丑 · 壬寅 · 癸卯
		甲寅 · 乙卯 · 丙辰 · 丁巳 · 戊午
下元 (하원)	甲 己 辰 戌 丑 未	甲戌 · 乙亥 · 丙子 · 丁丑 · 戊寅
		己丑 · 庚寅 · 辛卯 · 壬辰 · 癸巳
		甲辰 · 乙巳 · 丙午 · 丁未 · 戊申
		己未 · 庚申 · 辛酉 · 壬戌 · 癸亥

가령 夏至節候(하지절후) 壬子日生(임자일생)이라면 夏至(하지)는 陰遁(음둔)이요, 壬子日(임자일)은 上元(상원)이다. 夏至 上元(하지 상원)은 九局(구국)이니 陰遁 夏至 上元 九局(음둔 하지 상원 구국)이라고 한다.

만약 淸明節候(청명절후) 丁丑日生(정축일생)이라면 淸明(청명)은 陽遁(양둔)이요, 丁丑日(정축일)은 下元(하원)이다. 淸明 下元(청명 하원)은 七局(칠국)이니 陽遁 淸明 下元 七局(양둔 청명 하원 칠국)이 되는 것이다.

立冬節候(입동절후) 庚子日生(경자일생)이라면 立冬(입동)은 陰遁(음둔)이요, 庚子日(경자일)은 中元(중원)이니 立冬 中元(입동

중원)은 九局(구국)이므로 陰遁 立冬 中元 九局(음둔 입동 중원 구국)이라고 한다.

句首(符頭旬將) 早見表(순수(부두순장) 조견표)

甲子旬中 戊	甲戌旬中 己	甲申旬中 庚	甲午旬中 辛	甲辰旬中 壬	甲寅旬中 癸
甲子	甲戌	甲申	甲午	甲辰	甲寅
乙丑	乙亥	乙酉	乙未	乙巳	乙卯
丙寅	丙子	丙戌	丙申	丙午	丙辰
丁卯	丁丑	丁亥	丁酉	丁未	丁巳
戊辰	戊寅	戊子	戊戌	戊申	戊午
己巳	己卯	己丑	己亥	己酉	己未
庚午	庚辰	庚寅	庚子	庚戌	庚申
辛未	辛巳	辛卯	辛丑	辛亥	辛酉
壬申	壬午	壬辰	壬寅	壬子	壬戌
癸酉	癸未	癸巳	癸卯	癸丑	癸亥

九干(구간)

十干(십간) 가운데 甲(갑)을 떼내어 버리면 바로 九干(구간)이다. 九干(구간)은 乙(을), 丙(병), 丁(정), 戊(무), 己(기), 庚(경), 辛(신), 壬(임), 癸(계)의 9항이며 그 중 乙(을), 丙(병), 丁(정)을 三奇(삼기)라고 하며 戊(무), 己(기), 庚(경), 辛(신), 壬(임), 癸(계)를 六儀(육의)라고 부른다. 甲(갑) 아래에 붙어있는 干支(간지)가 六儀(육의)로 변하게 되니 다음과 같다.

甲子(갑자)~戊(무), 甲戌(갑술)~己(기), 甲申(갑신)~庚(경), 甲午(갑오)~辛(신), 甲辰(갑진)~壬(임), 甲寅(갑인)~癸(계). 이로써 어떤 干支(간지)라도 旬首(순수)에 의하여 六儀(육의)가 결정될 수 있으므로 이때의 六儀(육의)는 곧 "甲(갑)"의 代用物(대용물)인 것이다. 예컨대 己卯(기묘)의 旬首(순수)는 甲戌(갑술)이 되므로 甲戌(갑술)의 六儀(육의)는 바로 "己(기)"이다. 癸亥(계해)의 旬首(순수)는 甲寅(갑인)이니 그의 六儀(육의)는 "癸(계)"가 되므로 癸(계)는 곧 "甲(갑)"의 代用(대용)인 것이다.

二十四節氣 三元圖表(이십사절기 삼원도표)

陽　　遁				陰　　遁			
三元 / 節氣	上元	中元	下元	三元 / 節氣	上元	中元	下元
冬至	一	七	四	夏至	九	三	六
小寒	二	八	五	小暑	八	二	五
大寒	三	九	六	大暑	七	一	四
立春	八	五	二	立秋	二	五	八
雨水	九	六	三	處暑	一	四	七
驚蟄	一	七	四	白露	九	三	六
春分	三	九	六	秋分	七	一	四
淸明	四	一	七	寒露	六	九	三
穀雨	五	二	八	霜降	五	八	二
立夏	四	一	七	立冬	六	九	三
小滿	五	二	八	小雪	五	八	二
芒種	六	三	九	大雪	四	七	一

2. 陰陽遁(음양둔)

　陰陽遁(음양둔)이란　冬至上元一局(동지상원일국)에서　芒種下元
九局(망종하원구국)까지가　陽遁(양둔)이요,　夏至上元九局(하지상원
구국)에서　大雪下元一局(대설하원일국)까지가　陰遁(음둔)이다.　쉽
게　말해서　冬至(동지)부터　夏至(하지)　前(전)까지가　陽遁(양둔)이
요,　夏至(하지)부터　冬至(동지)　前(전)까지가　陰遁(음둔)이다.

3. 六儀三奇(육의삼기)

　戊己庚辛壬癸(무기경신임계)를　六儀(육의)라고　부르고,　乙丙丁
(을병정)을　三奇(삼기)라고　하니　도합　九干(구간)이다.　天干(천
간)은　원래　十干(십간)인데　六甲(육갑)은　十干(십간)의　우두머리
요, 만물 중에 가장 높고 존귀하기에 이를 노리는 자가 있어 부득
불 자신의 몸을 숨기지 않을 수 없으니 숨음을 일러 遁甲(둔갑)
이라 하고 六儀(육의)는 곧 六甲(육갑)의 은둔처이다.

4. 天地盤六儀三奇附法(천지반육의삼기부법)

甲. 地盤六儀三奇附法(지반육의삼기부법)

地盤六儀三奇(지반육의삼기)를 붙이기 위해서는 日柱(일주)가 무슨 달, 무슨 節候(절후), 어느 元(원), 몇 局(국)에 해당하는가를 알아야 한다. 六十甲子(육십갑자) 干支(간지)를 三元別(삼원별)로 분류를 해야 하는데, 甲己子午卯酉(갑기자오묘유)를 上元(상원), 甲己寅申巳亥(갑기인신사해)를 中元(중원), 甲己辰戌丑未(갑기진술축미)를 下元(하원)이라고 한다. 六十甲子(육십갑자) 干支(간지) 中(중)에 上元(상원) 干支(간지)가 20개, 中元(중원) 干支(간지)가 20개, 下元(하원) 干支(간지)가 20개이다.

局(국)에 따라 戊(무)를 해당 宮(궁)에 붙이되 陽遁(양둔)이면 順行(순행)하고 陰遁(음둔)이면 逆行(역행)하여 붙인다. 만일 陽三局(양삼국)이라면 三(삼)의 定位宮(정위궁)은 震宮(진궁)이니 震(진)에 戊(무)를 붙이되 陽局(양국)이므로 順行(순행)하여 붙인다. 가령 夏至(하지) 節候(절후) 壬子日(임자일)이라면 壬子日(임자일)은 上元(상원)이요, 夏至節(하지절)은 陰遁(음둔)이니 夏至 上元 九局(하지 상원 구국)이 된다. 九(구)의 定位(정위)는 南方(남방) 離宮(이궁)이므로 離宮(이궁)에 戊(무)를 붙여 逆行(역행)으로 艮(간)에 己(기), 兌(태)에 庚(경), 乾(건)에 辛(신), 中宮(중궁)에 壬(임), 巽(손)에 癸(계), 震(진)에 丁(정), 坤(곤)에 丙(병), 坎宮(감궁)에 乙(을)을 붙인다.

(1) 芒種上元 六局
　　(망종상원 육국)

丙	辛	癸
丁	乙	己
庚	壬	戊

丙己丙壬
寅酉午戌

　芒種(망종)은　陽遁(양둔)이요, 己酉日(기유일)은　上元(상원)이다.　芒種上元(망종상원)은　六局(육국)이니 六(육)은　乾宮(건궁)이므로 乾宮(건궁)에　戊(무)를　붙이되　陽遁(양둔)이므로　順行(순행)한다.

(2) 處暑上元 一局
　　(처서상원 일국)

丁	己	乙
丙	癸	辛
庚	戊	壬

癸己戊壬
酉酉申申

　處暑(처서)는　陰遁(음둔)이요, 己酉日(기유일)은　上元(상원)이다.　處暑上元(처서상원)은　一局(일국)이니 一(일)은　坎宮(감궁)이므로 坎宮(감궁)에　戊(무)를　붙이되　陰遁(음둔)이므로　逆行(역행)한다.

(3) 冬至中元 七局
　　(동지중원 칠국)

丁	庚	壬
癸	丙	戊
己	辛	乙

壬丁丙甲
寅亥子申

　冬至(동지)는　陽遁(양둔)이요, 丁亥日(정해일)은　中元(중원)이다.　冬至中元(동지중원)은　七局(칠국)이니 七(칠)은　兌宮(태궁)이므로 兌宮(태궁)에　戊(무)를　붙이되　陽遁(양둔)이므로　順行(순행)한다.

乙. 天盤六儀三奇附法(천반육의삼기부법)

日柱(일주)의 三元(삼원)과 節氣(절기)의 三元(삼원)과 몇 局(국)인가를 알아서 地盤六儀三奇(지반육의삼기)를 布局(포국)한 다음 天盤六儀三奇(천반육의삼기)는 時柱(시주)를 기준하여 붙이는데 時柱(시주)의 六甲旬首(육갑순수) 符頭旬將(부두순장)을 時干(시간)이 앉아있는 宮(궁)의 天盤(천반)에 붙인다. 가령 辛巳時(신사시)라면 甲戌旬中(갑술순중)이므로 己(기)가 符頭旬將(부두순장)인데 己(기)를 時干(시간)인 辛字(신자) 위에 올려붙이고 나머지는 八方(팔방)의 순서대로 붙이면 되는데 左轉(좌전)이든 右轉(우전)이든 가까운 쪽으로 돌려 붙이면 된다.

天盤六儀三奇(천반육의삼기)를 布局(포국)할 시에 만약 時干(시간)이 中宮(중궁)에 있다면 坤宮(곤궁)으로 끌어내서 旬首(순수)를 붙인다. 쉽게 말해서 時干(시간)이 中宮(중궁)에 있다면 坤宮(곤궁) 天盤(천반)에 旬首(순수)를 붙인다는 뜻이다. 天盤(천반)을 만드는 법은 첫째는 局數(국수)에 의해서 九干(구간)을 배치하고 둘째는 干支(간지)에서 旬首(순수)를 구하여 旬首(순수)를 六儀(육의)로 고친다. 이 六儀(육의)를 天乙(천을)이라고도 하며 甲(갑)이라고도 한다. 셋째는 甲(갑)을 만약 年盤(연반)이면 年干(연간), 月盤(월반)이면 月干(월간), 日盤(일반)이면 日干(일간), 時盤(시반)이면 時干(시간) 위에 놓는다. 넷째는 기타의 干(간)도 甲(갑)으로 비유하여 바퀴처럼 돌린다. 예를 들어 陽一局(양일국) 丙寅時(병인시)일 경우 陽一局(양일국)이므로 戊(무)를 一坎(일감)에 놓으므로 己(기)는 坤(곤)에, 庚(경)은 震(진)에, 辛(신)은 巽(손)에, 壬(임)은 中宮(중궁)에, 癸(계)는 乾(건)에 丁(정)은 兌(태)에, 丙(병)은 艮(간)에 乙(을)은 離(이)에 있게 된다. 干支(간지)에서 旬首(순수)를 구해내므로 干支(간지)는 丙寅(병인)이요, 旬首

(순수)는 甲子戊(갑자무)이다.   戊(무)가 旬首(순수)이며 符頭旬將
(부두순장)이라고도 하며 六儀(육의)는 戊(무)가 되는 것이다.   셋
째로 甲(갑)을 대신해서 戊(무)를 時干(시간)의 위에 두게 된다.
丙寅時(병인시)이므로 戊(무)를 丙(병) 위에 둔다.   넷째는 기타의
干(간)도 甲(戊)(갑(무))의 만드는 법에 의거해서 왼쪽을 향하여
하나 하나 엇갈리게 된다.

(1) 陽一局 丙寅時

　　(양일국 병인시)

　丙寅(병인)은　甲子旬中(갑자순중)이요,　甲子旬中(갑자순중)은　戊(무)가　旬首(순수)인데　旬首(순수)인　戊(무)를　時干(시간)인　丙字(병자)　위에　붙여　차례로　올려놓는다.

辛	乙	己
庚	壬	丁
時干丙	旬首戊	癸

→

庚辛	辛乙	乙己
丙庚	壬	己丁
戊丙	癸戊	丁癸

(2) 陰九局 戊子時

　　(음구국 무자시)

　戊子(무자)는　甲申旬中(갑신순중)이요,　甲申旬中(갑신순중)은　庚(경)이　旬首(순수)인데　旬首(순수)인　庚(경)을　時干(시간)인　戊字(무자)　위에　붙여　차례로　갖다　붙인다.

癸	時干戊	丙
丁	壬	旬首庚
己	乙	辛

→

丙癸	庚戊	辛丙
戊丁	壬	乙庚
癸己	丁乙	己辛

(3) 雨水中元 陽遁三局

　　(우수중원 양둔삼국)

　　　辛壬丙甲

　　　丑申寅子

　辛丑(신축)은　甲午旬中(갑오순중)인데　甲午旬中(갑오순중)은　辛(신)이　旬首(순수)이다.　旬首(순수)인　辛(신)을　時干(시간)인　辛字(신자)　위에　붙여　돌리니　伏吟局(복음국)이　됐다.

己	丁	乙
戊	庚	壬
癸	丙	時干辛 旬首

→

己己	丁丁	乙乙
戊戊	庚	壬壬
癸癸	丙丙	辛辛

(4) 己亥年 十一月 二十日 亥時

　　(기해년　십일월 이십일 해시)

　　冬至上元 陽遁一局

　　(동지상원 양둔일국)

　　　乙甲丙己

　　　亥子子亥

乙 辛	時干 己 乙	旬首 丁 己
辛 庚	壬	癸 丁
庚 丙	丙 戊	戊 癸

　　乙亥時(을해시)는　甲戌旬中(갑술순중)이요,　甲戌旬中(갑술순중)은　己(기)가　旬首(순수)이므로　旬首(순수)인　己(기)를　時干(시간)인　乙字(을자)　위에　붙여　차례로　붙여　나간다.

(5) 己未年 十月 十一日 辰時

　　(기미년 시월 십일일 진시)

　　　小雪下元 陰遁二局

　　　(소설하원 음둔이국)

　　　　戊己乙己

　　　　辰丑亥未

丙 丙	庚 庚	時干 旬首 戊 戊
乙 乙	丁	壬 壬
辛 辛	己 己	癸 癸

　　戊辰(무진)은　甲子旬中(갑자순중)이요,　甲子旬中(갑자순중)은　戊(무)가　旬首(순수)이므로　旬首(순수)인　戊(무)를　時干(시간)인　戊字(무자)　위에　올려놓으니　伏吟局(복음국)이　되었다.

(6) 癸卯年 八月 六日 巳時

　　(계묘년 팔월 육일 사시)

　　　秋分中元 陰遁一局

　　　(추분중원 음둔일국)

　　　　乙丁辛癸

　　　　巳巳酉卯

乙 丁	辛 己	時干 壬 乙
己 丙	癸	戊 辛
丁 庚	丙 戊	旬首 庚 壬

　　乙巳(을사)는　甲辰旬中(갑진순중)이요,　甲辰旬中(갑진순중)은　壬(임)이　旬首(순수)요,　旬首(순수)인　壬(임)을　時干(시간)인　乙字(을자)　위에　놓고　차례로　붙여나간다.

陰陽十八局基本圖(음양십팔국기본도)

陽遁九局圖(양둔구국도)

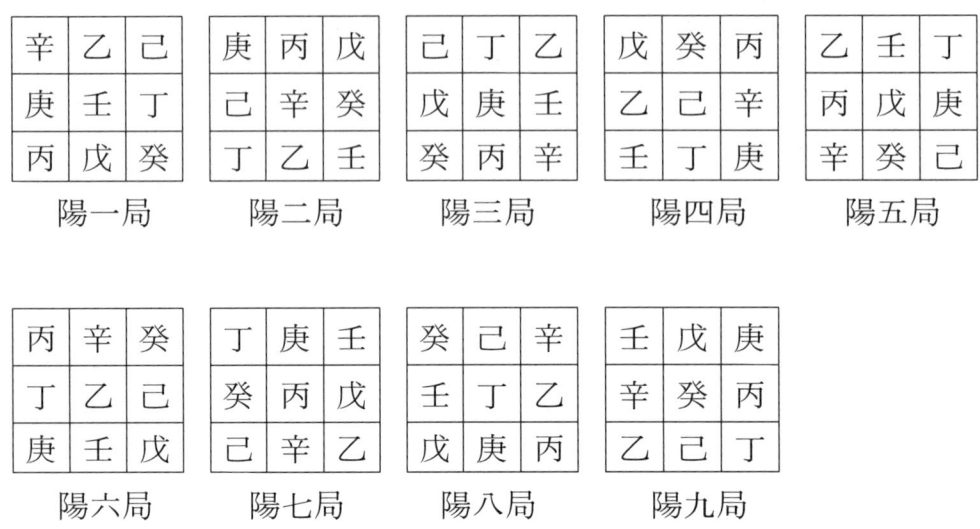

陽一局　　　陽二局　　　陽三局　　　陽四局　　　陽五局

陽六局　　　陽七局　　　陽八局　　　陽九局

陰遁九局圖(음둔구국도)

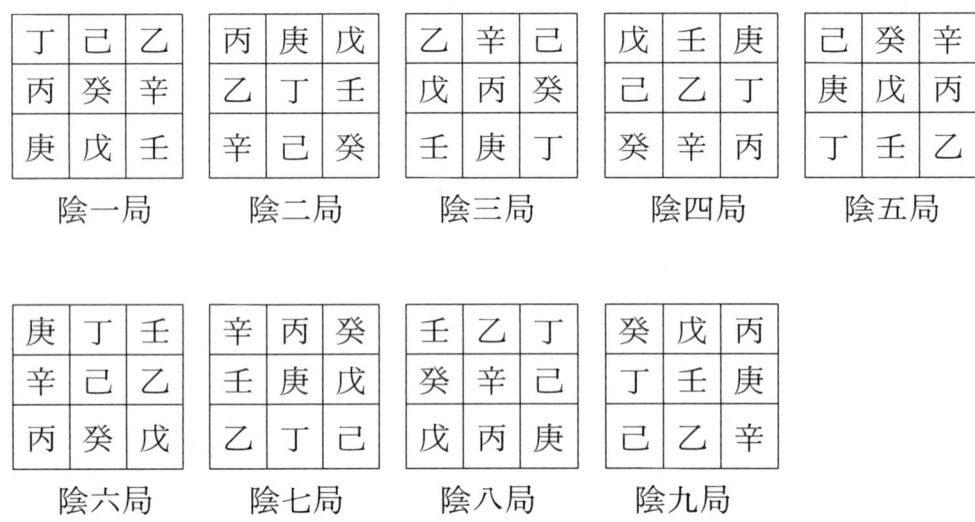

陰一局　　　陰二局　　　陰三局　　　陰四局　　　陰五局

陰六局　　　陰七局　　　陰八局　　　陰九局

5. 年月日時盤(연월일시반)의 求法(구법)

甲. 年盤(연반)의 求法(구법)

만일 年盤(연반)을 한다면 일년은 一局(일국), 전부 陰局(음국)이므로 陽局(양국)을 사용치 않는다. 첫째로 上元(상원) 甲子年(갑자년)을 陰一局(음일국)으로 한다. 陰局(음국)은 陰遁(음둔)이며 逆行(역행)하는 고로 乙丑年(을축년)은 陰九局(음구국)으로 변한다. 丙寅年(병인년)은 陰八局(음팔국)으로 되니 이와 같은 순서에 의하여 계산하게 되면 癸亥年(계해년)은 陰五局(음오국)이되니 中元(중원) 甲子年(갑자년)은 곧 陰四局(음사국)이 되며 이와 같이 계속 계산하게 되면 下元(하원) 甲子年(갑자년)은 陰七局(음칠국)이 되고, 下元(하원) 癸亥年(계해년)은 陰二局(음이국)이되는 것이니 早見表(조견표)를 보시면 쉽게 이해가 될 것입니다.

三元 \ 年干支	甲子	乙丑	丙寅	丁卯	戊辰	己巳	庚午	辛未	壬申	癸酉	甲戌	乙亥	丙子	丁丑	戊寅
上元	一	九	八	七	六	五	四	三	二	一	九	八	七	六	五
中元	四	三	二	一	九	八	七	六	五	四	三	二	一	九	八
下元	七	六	五	四	三	二	一	九	八	七	六	五	四	三	二

年干支＼三元	己卯	庚辰	辛巳	壬午	癸未	甲申	乙酉	丙戌	丁亥	戊子	己丑	庚寅	辛卯	壬辰	癸巳
上元	四	三	二	一	九	八	七	六	五	四	三	二	一	九	八
中元	七	六	五	四	三	二	一	九	八	七	六	五	四	三	二
下元	一	九	八	七	六	五	四	三	二	一	九	八	七	六	五

年干支＼三元	甲午	乙未	丙申	丁酉	戊戌	己亥	庚子	辛丑	壬寅	癸卯	甲辰	乙巳	丙午	丁未	戊申
上元	七	六	五	四	三	二	一	九	八	七	六	五	四	三	二
中元	一	九	八	七	六	五	四	三	二	一	九	八	七	六	五
下元	四	三	二	一	九	八	七	六	五	四	三	二	一	九	八

年干支＼三元	己酉	庚戌	辛亥	壬子	癸丑	甲寅	乙卯	丙辰	丁巳	戊午	己未	庚申	辛酉	壬戌	癸亥
上元	一	九	八	七	六	五	四	三	二	一	九	八	七	六	五
中元	四	三	二	一	九	八	七	六	五	四	三	二	一	九	八
下元	七	六	五	四	三	二	一	九	八	七	六	五	四	三	二

乙. 月盤(월반)의 求法(구법)

　만일　月盤(월반)을　한다면　每(매)　十個月(십개월)이　一局(일국)이　되므로　전부　陰局(음국)일　뿐　陽局(양국)은　사용치　않는다. 이점은　年盤(연반)의　형태와　서로　같다.　甲子年(갑자년)에서부터　癸亥年(계해년)까지　60年間(년간)은　모두　720개월이　되므로　매양 10개월을　一局(일국)으로　하며　그러므로　60년간에　72局(국)이　있게　되는　것이다.　甲子年(갑자년)의　丙寅月(병인월)에서　乙亥月(을해월)까지　陰一局(음일국)이　되고,　이어서　丙子月(병자월)부터　다음해인　乙丑年(을축년)의　乙酉月(을유월)까지　陰九局(음구국)이 되니　이런　방법으로서　局(국)을　나누고　三元(삼원)을　나누면　비교적　계산이　간단하다.　결국　甲子年(갑자년)에서　戊辰年(무진년)까지,　己卯年(기묘년)에서　癸未年(계미년)까지,　甲午年(갑오년)에서 戊戌年(무술년)까지,　己酉年(기유년)에서　癸丑年(계축년)까지　등 전부　上元(상원)으로　하기　때문에　丙寅月數(병인월수)에서　10개월의　이　一局(일국)이　일어나므로　陰一局(음일국)이　시작된다.　이어서　陰九局(음구국)이고　또　이어서　陰八局(음팔국)으로　이와　같이　역행으로　옮겨진다.　또　己巳年(기사년)에서　癸酉年(계유년)까지,　甲申年(갑신년)에서　戊子年(무자년)까지　己亥年(기해년)에서 癸卯年(계묘년)까지,　甲寅年(갑인년)에서　戊午年(무오년)까지　전부 中元(중원)으로　계산하게　되므로　丙寅月數(병인월수)에서　10개월의　이　一局(일국)이　일어남으로써　陰四局(음사국)이　시작된다. 이어서　陰三局(음삼국)이고　다시　이어져　오는　게　陰二局(음이국)이며,　이와　같이　역행으로　옮겨진다.　그리고　甲戌年(갑술년)에서 戊寅年(무인년)까지,　己丑年(기축년)에서　癸巳年(계사년)까지,　甲辰年(갑진년)에서　戊申年(무신년)까지,　己未年(기미년)에서　癸亥年 (계해년)까지　전부　下元(하원)으로　계산하므로　丙寅月數(병인월수)에서 10개월의 이 一局(일국)이 일어나므로 陰七局(음칠국)이 시작된다. 이어서 陰六局(음육국)이 되고 다시 이어져 오는 게 陰五局(음오국)인 것이다. 이와 같이 역행으로 옮겨진다.

早見表(조견표)를 보시면 月(월)의 局(국)을 쉽게 산출해낼 수 있다. 우선 年干支(연간지)부터 명료히 三元(삼원)을 조사하고 이어서 다음 三元(삼원)과 月干支(월간지) 중에서 그 달의 局(국)을 찾아낸다.

三元	年　　干　　支
上元	甲子・乙丑・丙寅・丁卯・戊辰
中元	己巳・庚午・辛未・壬申・癸酉
下元	甲戌・乙亥・丙子・丁丑・戊寅
上元	己卯・庚辰・辛巳・壬午・癸未
中元	甲申・乙酉・丙戌・丁亥・戊子
下元	己丑・庚寅・辛卯・壬辰・癸巳
上元	甲午・乙未・丙申・丁酉・戊戌
中元	己亥・庚子・辛丑・壬寅・癸卯
下元	甲辰・乙巳・丙午・丁未・戊申
上元	己酉・庚戌・辛亥・壬子・癸丑
中元	甲寅・乙卯・丙辰・丁巳・戊午
下元	己未・庚申・辛酉・壬戌・癸亥

月干支 三元	甲子	乙丑	丙寅	丁卯	戊辰	己巳	庚午	辛未	壬申	癸酉	甲戌	乙亥	丙子	丁丑	戊寅
上元	五	五	一	一	一	一	一	一	一	一	一	一	九	九	九
中元	八	八	四	四	四	四	四	四	四	四	四	四	三	三	三
下元	二	二	七	七	七	七	七	七	七	七	七	七	六	六	六

月干支 三元	己卯	庚辰	辛巳	壬午	癸未	甲申	乙酉	丙戌	丁亥	戊子	己丑	庚寅	辛卯	壬辰	癸巳
上元	九	九	九	九	九	九	九	八	八	八	八	八	八	八	八
中元	三	三	三	三	三	三	三	二	二	二	二	二	二	二	二
下元	六	六	六	六	六	六	六	五	五	五	五	五	五	五	五

月干支 三元	甲午	乙未	丙申	丁酉	戊戌	己亥	庚子	辛丑	壬寅	癸卯	甲辰	乙巳	丙午	丁未	戊申
上元	八	八	七	七	七	七	七	七	七	七	七	七	六	六	六
中元	二	二	一	一	一	一	一	一	一	一	一	一	九	九	九
下元	五	五	四	四	四	四	四	四	四	四	四	四	三	三	三

月干支 三元	己酉	庚戌	辛亥	壬子	癸丑	甲寅	乙卯	丙辰	丁巳	戊午	己未	庚申	辛酉	壬戌	癸亥
上元	六	六	六	六	六	六	六	五	五	五	五	五	五	五	五
中元	九	九	九	九	九	九	九	八	八	八	八	八	八	八	八
下元	三	三	三	三	三	三	三	二	二	二	二	二	二	二	二

丙. 日盤(일반)의 求法(구법)

만일 日盤(일반)을 한다면 陰局(음국)과 陽局(양국)으로 나눈다. 하루는 一局(일국)이므로 冬至(동지)로부터 가장 가까운 甲子日(갑자일)부터 陽局(양국)이 시작되고 陽一局(양일국)이 된다. 乙丑日(을축일)은 陽二局(양이국)이 되고, 丙寅日(병인일)은 陽三局(양삼국)이 된다. 이같이 陽遁(양둔)은 順行(순행)하게 된다. 夏至(하지)로부터 가장 가까운 甲子日(갑자일)부터 陰局(음국)이 시작되니 甲子日(갑자일)이 陰九局(음구국), 乙丑日(을축일)이 陰八局(음팔국), 丙寅日(병인일)은 陰七局(음칠국)으로 逆行(영행)하여 나간다. 早見表(조견표)를 보면 쉽게 이해가 될 것입니다.

<陽遁(양둔)>

日干支 三元	甲子	乙丑	丙寅	丁卯	戊辰	己巳	庚午	辛未	壬申	癸酉	甲戌	乙亥	丙子	丁丑	戊寅
上元	一	二	三	四	五	六	七	八	九	一	二	三	四	五	六
中元	七	八	九	一	二	三	四	五	六	七	八	九	一	二	三
下元	四	五	六	七	八	九	一	二	三	四	五	六	七	八	九

日干支 三元	己卯	庚辰	辛巳	壬午	癸未	甲申	乙酉	丙戌	丁亥	戊子	己丑	庚寅	辛卯	壬辰	癸巳
上元	七	八	九	一	二	三	四	五	六	七	八	九	一	二	三
中元	四	五	六	七	八	九	一	二	三	四	五	六	七	八	九
下元	一	二	三	四	五	六	七	八	九	一	二	三	四	五	六

日干支＼三元	甲午	乙未	丙申	丁酉	戊戌	己亥	庚子	辛丑	壬寅	癸卯	甲辰	乙巳	丙午	丁未	戊申
上元	四	五	六	七	八	九	一	二	三	四	五	六	七	八	九
中元	一	二	三	四	五	六	七	八	九	一	二	三	四	五	六
下元	七	八	九	一	二	三	四	五	六	七	八	九	一	二	三

日干支＼三元	己酉	庚戌	辛亥	壬子	癸丑	甲寅	乙卯	丙辰	丁巳	戊午	己未	庚申	辛酉	壬戌	癸亥
上元	一	二	三	四	五	六	七	八	九	一	二	三	四	五	六
中元	七	八	九	一	二	三	四	五	六	七	八	九	一	二	三
下元	四	五	六	七	八	九	一	二	三	四	五	六	七	八	九

<陰遁(음둔)>

日干支＼三元	甲子	乙丑	丙寅	丁卯	戊辰	己巳	庚午	辛未	壬申	癸酉	甲戌	乙亥	丙子	丁丑	戊寅
上元	九	八	七	六	五	四	三	二	一	九	八	七	六	五	四
中元	三	二	一	九	八	七	六	五	四	三	二	一	九	八	七
下元	六	五	四	三	二	一	九	八	七	六	五	四	三	二	一

日干支＼三元	己卯	庚辰	辛巳	壬午	癸未	甲申	乙酉	丙戌	丁亥	戊子	己丑	庚寅	辛卯	壬辰	癸巳
上元	三	二	一	九	八	七	六	五	四	三	二	一	九	八	七
中元	六	五	四	三	二	一	九	八	七	六	五	四	三	二	一
下元	九	八	七	六	五	四	三	二	一	九	八	七	六	五	四

日干支＼三元	甲午	乙未	丙申	丁酉	戊戌	己亥	庚子	辛丑	壬寅	癸卯	甲辰	乙巳	丙午	丁未	戊申
上元	六	五	四	三	二	一	九	八	七	六	五	四	三	二	一
中元	九	八	七	六	五	四	三	二	一	九	八	七	六	五	四
下元	三	二	一	九	八	七	六	五	四	三	二	一	九	八	七

日干支＼三元	己酉	庚戌	辛亥	壬子	癸丑	甲寅	乙卯	丙辰	丁巳	戊午	己未	庚申	辛酉	壬戌	癸亥
上元	九	八	七	六	五	四	三	二	一	九	八	七	六	五	四
中元	三	二	一	九	八	七	六	五	四	三	二	一	九	八	七
下元	六	五	四	三	二	一	九	八	七	六	五	四	三	二	一

丁. 時盤(시반)의 求法(구법)

時盤(시반)은 20시간마다 一局(일국)으로 하기 때문에 5日(일)마다 六局(육국)이 있게 되므로 이를 一元(일원)이라 한다. 節氣(절기)에 의해서 말하자면 기점이 같지 않은 곳이 있으므로 절기에서 가장 가까운 甲子時(갑자시)에서 시작된다. 冬至(동지)에서 가장 가까운 甲子時(갑자시)부터 癸酉時(계유시)까지가 陽一局(양일국)이 되므로 이어서 陽二局(양이국)이 오고 다시 이어져 陽三局(양삼국)이 오게 된다. 이와 같이 20시간이 바뀌게 된다. 그러니까 冬至(동지)는 陽一局(양일국)에서 시작된다. 小寒(소한)에서 가까운 甲子時(갑자시)부터 필히 陽二局(양이국)이 시작된다.

요점을 정리하면 다음과 같다.

冬至(동지)는 陽一局부터, 小寒(소한)은 陽二局부터, 大寒(대한)은 陽三局부터, 立春(입춘)은 陽八局부터, 雨水(우수)는 陽九局부터, 驚蟄(경칩)은 陽一局부터 春分(춘분)은 陽三局부터, 淸明(청명)은 陽四局부터, 穀雨(곡우)는 陽五局부터, 立夏(입하)는 陽四局부터, 小滿(소만)은 陽五局부터, 芒種(망종)은 陽六局부터, 夏至(하지)는 陰九局부터, 小暑(소서)는 陰八局부터, 大暑(대서)는 陰七局부터, 立秋(입추)는 陰二局부터, 處暑(처서)는 陰一局부터, 白露(백로)는 陰九局부터, 秋分(추분)은 陰七局부터, 寒露(한로)는 陰六局부터, 霜降(상강)은 陰五局부터, 立冬(입동)은 陰六局부터, 小雪(소설)은 陰五局부터, 大雪(대설)은 陰四局부터이다.

한 절기에서 다음 한 절기까지는 15日(일)이 된다. 그 중 前(전) 5日(일)이 上元(상원)이 되고, 중간 5日(일)이 中元(중원)이 되며 마지막 5日(일)이 下元(하원)이 되는 것이다. 早見表(조견표)를 잘 참조하세요.

時干支\節氣	上　元					
	甲子 乙丑 丙寅 丁卯 戊辰 己巳 庚午 辛未 壬申 癸酉	甲戌 乙亥 丙子 丁丑 戊寅 己卯 庚辰 辛巳 壬午 癸未	甲申 乙酉 丙戌 丁亥 戊子 己丑 庚寅 辛卯 壬辰 癸巳	甲午 乙未 丙申 丁酉 戊戌 己亥 庚子 辛丑 壬寅 癸卯	甲辰 乙巳 丙午 丁未 戊申 己酉 庚戌 辛亥 壬子 癸丑	甲寅 乙卯 丙辰 丁巳 戊午 己未 庚申 辛酉 壬戌 癸亥
冬至	一	二	三	四	五	六
小寒	二	三	四	五	六	七
大寒	三	四	五	六	七	八
立春	八	九	一	二	三	四
雨水	九	一	二	三	四	五
驚蟄	一	二	三	四	五	六
春分	三	四	五	六	七	八
清明	四	五	六	七	八	九
穀雨	五	六	七	八	九	一
立夏	四	五	六	七	八	九
小滿	五	六	七	八	九	一
芒種	六	七	八	九	一	二

時干支 節氣	上 元					
	甲子 乙丑 丙寅 丁卯 戊辰 己巳 庚午 辛未 壬申 癸酉	甲戌 乙亥 丙子 丁丑 戊寅 己卯 庚辰 辛巳 壬午 癸未	甲申 乙酉 丙戌 丁亥 戊子 己丑 庚寅 辛卯 壬辰 癸巳	甲午 乙未 丙申 丁酉 戊戌 己亥 庚子 辛丑 壬寅 癸卯	甲辰 乙巳 丙午 丁未 戊申 己酉 庚戌 辛亥 壬子 癸丑	甲寅 乙卯 丙辰 丁巳 戊午 己未 庚申 辛酉 壬戌 癸亥
夏至	九	八	七	六	五	四
小暑	八	七	六	五	四	三
大暑	七	六	五	四	三	二
立秋	二	一	九	八	七	六
處暑	一	九	八	七	六	五
白露	九	八	七	六	五	四
秋分	七	六	五	四	三	二
寒露	六	五	四	三	二	一
霜降	五	四	三	二	一	九
立冬	六	五	四	三	二	一
小雪	五	四	三	二	一	九
大雪	四	三	二	一	九	八

時干支\節氣	中　　元					
	甲子 乙丑 丙寅 丁卯 戊辰 己巳 庚午 辛未 壬申 癸酉	甲戌 乙亥 丙子 丁丑 戊寅 己卯 庚辰 辛巳 壬午 癸未	甲申 乙酉 丙戌 丁亥 戊子 己丑 庚寅 辛卯 壬辰 癸巳	甲午 乙未 丙申 丁酉 戊戌 己亥 庚子 辛丑 壬寅 癸卯	甲辰 乙巳 丙午 丁未 戊申 己酉 庚戌 辛亥 壬子 癸丑	甲寅 乙卯 丙辰 丁巳 戊午 己未 庚申 辛酉 壬戌 癸亥
冬至	七	八	九	一	二	三
小寒	八	九	一	二	三	四
大寒	九	一	二	三	四	五
立春	五	六	七	八	九	一
雨水	六	七	八	九	一	二
驚蟄	七	八	九	一	二	三
春分	九	一	二	三	四	五
清明	一	二	三	四	五	六
穀雨	二	三	四	五	六	七
立夏	一	二	三	四	五	六
小滿	二	三	四	五	六	七
芒種	三	四	五	六	七	八

時干支 節氣	中　　元					
	甲子 乙丑 丙寅 丁卯 戊辰 己巳 庚午 辛未 壬申 癸酉	甲戌 乙亥 丙子 丁丑 戊寅 己卯 庚辰 辛巳 壬午 癸未	甲申 乙酉 丙戌 丁亥 戊子 己丑 庚寅 辛卯 壬辰 癸巳	甲午 乙未 丙申 丁酉 戊戌 己亥 庚子 辛丑 壬寅 癸卯	甲辰 乙巳 丙午 丁未 戊申 己酉 庚戌 辛亥 壬子 癸丑	甲寅 乙卯 丙辰 丁巳 戊午 己未 庚申 辛酉 壬戌 癸亥
夏至	三	二	一	九	八	七
小暑	二	一	九	八	七	六
大暑	一	九	八	七	六	五
立秋	五	四	三	二	一	九
處暑	四	三	二	一	九	八
白露	三	二	一	九	八	七
秋分	一	九	八	七	六	五
寒露	九	八	七	六	五	四
霜降	八	七	六	五	四	三
立冬	九	八	七	六	五	四
小雪	八	七	六	五	四	三
大雪	七	六	五	四	三	二

時干支 \ 節氣	甲子 乙丑 丙寅 丁卯 戊辰 己巳 庚午 辛未 壬申 癸酉	甲戌 乙亥 丙子 丁丑 戊寅 己卯 庚辰 辛巳 壬午 癸未	甲申 乙酉 丙戌 丁亥 戊子 己丑 庚寅 辛卯 壬辰 癸巳	甲午 乙未 丙申 丁酉 戊戌 己亥 庚子 辛丑 壬寅 癸卯	甲辰 乙巳 丙午 丁未 戊申 己酉 庚戌 辛亥 壬子 癸丑	甲寅 乙卯 丙辰 丁巳 戊午 己未 庚申 辛酉 壬戌 癸亥
下　元						
冬至	四	五	六	七	八	九
小寒	五	六	七	八	九	一
大寒	六	七	八	九	一	二
立春	二	三	四	五	六	七
雨水	三	四	五	六	七	八
驚蟄	四	五	六	七	八	九
春分	六	七	八	九	一	二
清明	七	八	九	一	二	三
穀雨	八	九	一	二	三	四
立夏	七	八	九	一	二	三
小滿	八	九	一	二	三	四
芒種	九	一	二	三	四	五

時干支 節氣	甲子 乙丑 丙寅 丁卯 戊辰 己巳 庚午 辛未 壬申 癸酉	甲戌 乙亥 丙子 丁丑 戊寅 己卯 庚辰 辛巳 壬午 癸未	甲申 乙酉 丙戌 丁亥 戊子 己丑 庚寅 辛卯 壬辰 癸巳	甲午 乙未 丙申 丁酉 戊戌 己亥 庚子 辛丑 壬寅 癸卯	甲辰 乙巳 丙午 丁未 戊申 己酉 庚戌 辛亥 壬子 癸丑	甲寅 乙卯 丙辰 丁巳 戊午 己未 庚申 辛酉 壬戌 癸亥
下　元						
夏至	六	五	四	三	二	一
小暑	五	四	三	二	一	九
大暑	四	三	二	一	九	八
立秋	八	七	六	五	四	三
處暑	七	六	五	四	三	二
白露	六	五	四	三	二	一
秋分	四	三	二	一	九	八
寒露	三	二	一	九	八	七
霜降	二	一	九	八	七	六
立冬	三	二	一	九	八	七
小雪	二	一	九	八	七	六
大雪	一	九	八	七	六	五

6. 日家八門(일가팔문)

甲. 八門神將(花奇八門) 附法(팔문신장(화기팔문) 부법)

八門神將(팔문신장)은 生門(생문), 傷門(상문), 杜門(두문), 景門(경문), 死門(사문), 驚門(경문), 開門(개문), 休門(휴문)을 말한다. 八門(팔문)을 붙이는 법이 두 가지가 있는데 日家八門(일가팔문)과 時家八門(시가팔문)이 있다. 여기에선 日家八門附法(일가팔문부법)에 관하여 설명한다.

日辰(일진)이 닿는 곳에 生門(생문)을 붙여 차례로 八門(팔문)을 붙이되 陽遁(양둔)은 順行(순행)하고 陰遁(음둔)은 逆行(역행)을 한다. 八門(팔문)의 순서는 生(생), 傷(상), 杜(두), 景(경), 死(사), 驚(경), 開(개), 休(휴)이다.

杜門	景門	死門
傷門		驚門
生門	休門	開門

<八門定位>

<八門神將 陽遁順行(팔분신장 양둔순행)>

戊午・己未・庚申	庚午・辛未・壬申	乙酉・丙戌・丁亥
甲午・乙未・丙申	辛酉・壬戌・癸亥	己酉・庚戌・辛亥
	丁酉・戊戌・己亥	
	癸酉・甲戌・乙亥	
丙午・丁未・戊申	八門神將	丁卯・戊辰・己巳
壬午・癸未・甲申	陽遁	辛卯・壬辰・癸巳
		乙卯・丙辰・丁巳
壬子・癸丑・甲寅	甲子・乙丑・丙寅	丙子・丁丑・戊寅
戊子・己丑・庚寅	庚子・辛丑・壬寅	癸卯・甲辰・乙巳
		己卯・庚辰・辛巳

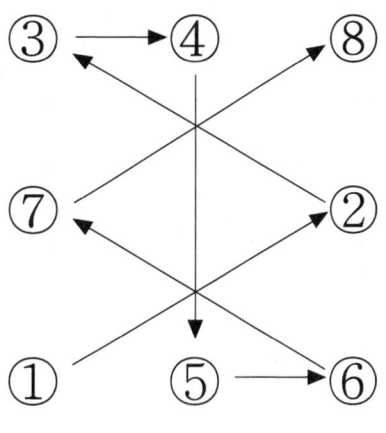

<八門神將 陰遁逆行(팔분신장 음둔역행)>

丙午·丁未·戊申 壬午·癸未·甲申	癸卯·甲辰·乙巳 己卯·庚辰·辛巳	乙卯·丙辰·丁巳 辛卯·壬辰·癸巳 丁卯·戊辰·己巳
戊午·己未·庚申 甲午·乙未·丙申 庚午·辛未·壬申	八門神將 陰遁	己酉·庚戌·辛亥 乙酉·丙戌·丁亥
壬子·癸丑·甲寅 戊子·己丑·庚寅 甲子·乙丑·丙寅	庚子·辛丑·壬寅 丙子·丁丑·戊寅	辛酉·壬戌·癸亥 丁酉·戊戌·己亥 癸酉·甲戌·乙亥

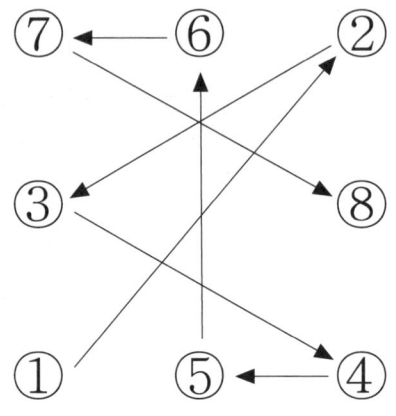

⑦ ← ⑥　②
③　　　⑧
①　⑤ ← ④

<八門神將陽局圖(팔문신장양국도)>

生	傷	驚		休	生	死		景	死	生
死		休		景		開		休		杜
開	杜	景		驚	傷	杜		傷	驚	開

死	驚	傷		傷	杜	開
生		景	八門神將 陽局	驚		生
杜	開	休		休	景	死

杜	景	休		開	休	景		驚	開	杜
開		傷		杜		驚		傷		死
生	死	驚		死	生	傷		景	休	生

<八門神將陰局圖(팔문신장음국도)>

生	休	景		傷	生	死		驚	死	生
死		傷		驚		杜		傷		開
杜	開	驚		景	休	開		休	景	杜

死	景	休		休	開	杜
生		驚	八門神將 陰局	景		生
開	杜	傷		傷	驚	死

開	驚	傷		杜	傷	驚		景	杜	開
杜		休		開		景		休		死
生	死	景		死	生	休		驚	傷	生

日家八門附法(일가팔문부법)의 例示(예시)

(1) 乙亥年 七月 十八日 丑時生

(을해년 칠월 십팔일 축시생)

處暑上元陰遁一局

(처서상원음둔일국)

2 1 1 2 = 6÷9=6

乙甲甲乙

丑子申亥

2 1 9 12 = 24÷9=6

開 二十	驚 七五	傷 四八
杜 三九	六(一)六(一)	休 九三
生 八四	死 五七	景 十二

　處暑(처서)는 陰遁(음둔)이요, 甲子日(갑자일)은 上元(상원)이요, 處暑上元(처서상원)은 陰遁一局(음둔일국)이요, 陰遁(음둔)의 甲子日(갑자일)은 艮宮(간궁)이 定位宮(정위궁)이니 艮宮(간궁)에 生門(생문)을 붙이고 차례로 八門(팔문)을 逆行(역행)시키면 된다.

(2) 庚申年 正月 六日 子時生

(경신년 정월 육일 자시생)

雨水上元陽遁九局

(우수상원양둔구국)

9 10 5 7 = 31÷9=4

壬癸戊庚

子丑寅申

1 2 3 9 = 15÷9=6

杜 十十	景 五五	休 二八
開 一九	四(九)六(一)	傷 七三
生 六四	死 三七	驚 八二

雨水(우수)는 陽遁(양둔)이요, 癸丑日(계축일)은 上元(상원)
이요, 雨水上元(우수상원)은 陽遁九局(양둔구국)이다. 陽遁(양
둔)의 癸丑日(계축일)은 艮宮(간궁)이 定位宮(정위궁)이니 艮
宮(간궁)에 生門(생문)을 붙이고 차례로 八門(팔문)을 順行(순
행)시키면 된다.

(3) 庚申年 二月 十一日 寅時生
    (경신년 이월 십일일 인시생)
    春分中元 陽遁九局
    (춘분중원 양둔구국)
    9 4 6 7 = 26÷9=8
    壬丁己庚
    寅亥卯申
    3 12 4 9 = 28÷9=1

景 四五	死 九十	生 六三
休 五四	八(三) 一(六)	杜 一八
傷 十九	驚 七二	開 二七

春分(춘분)은 陽遁(양둔)이요, 丁亥日(정해일)은 中元(중원)이
다. 春分中元(춘분중원)은 陽遁九局(양둔구국)이요, 丁亥日(정
해일)은 坤宮(곤궁)이 定位宮(정위궁)이니 坤宮(곤궁)에 生門
(생문)을 붙이고 차례로 八門(팔문)을 順行(순행)시키면 된다.

(4) 己丑年 七月 十六日 酉時生
(기축년 칠월 십육일 유시생)
立秋中元 陰遁五局
(입추중원 음둔오국)
6 9 9 6 = 30÷9=3
己壬壬己
酉申申丑
10 9 9 2 = 30÷9=3

死	九 七	景	四 二	休	一 五
生	十 六	三(八) 三(八)		驚	六 十
開	五 一	杜	二 四	傷	七 九

　　立秋(입추)은 陰遁(음둔)이요, 壬申日(임신일)은 中元(중원)이다. 立秋中元(입추중원)은 陰遁五局(음둔오국)이요, 壬申日(임신일)의 定位宮(정위궁)은 震宮(진궁)이니 震宮(진궁)에 生門(생문)을 붙이고 차례로 八門(팔문)을 逆行(역행)시키면 된다.

(5) 庚戌年 三月 四日 戌時生
(경술년 삼월 사일 술시생)
淸明下元 陽遁七局
(청명하원 양둔칠국)
9 5 7 7 = 28÷9=1
壬戊庚庚
戌申辰戌
11 9 5 11 = 36÷9=9

死	七 三	驚	二 八	傷	九 一
生	八 二	一(六) 九(四)		景	四 六
杜	三 七	開	十 十	休	五 五

遁局 / 干支	陽遁									陰遁								
	一	二	三	四	五	六	七	八	九	一	二	三	四	五	六	七	八	九
甲子	一休	二死	三傷	四杜	五死	六開	七驚	八生	九景	一休	二死	三傷	四杜	五生	六開	七驚	八生	九景
乙丑	二休	三死	四傷	五杜	六死	七開	八驚	九生	一景	九休	一死	二傷	三杜	四生	五開	六驚	七生	八景
丙寅	三休	四死	五傷	六杜	七死	八開	九驚	一生	二景	八休	九死	一傷	二杜	三生	四開	五驚	六生	七景
丁卯	四休	五死	六傷	七杜	八死	九開	一驚	二生	三景	七休	八死	九傷	一杜	二生	三開	四驚	五生	六景
戊辰	五休	六死	七傷	八杜	九死	一開	二驚	三生	四景	六休	七死	八傷	九杜	一生	二開	三驚	四生	五景
己巳	六休	七死	八傷	九杜	一死	二開	三驚	四生	五景	五休	六死	七傷	八杜	九生	一開	二驚	三生	四景
庚午	七休	八死	九傷	一杜	二死	三開	四驚	五生	六景	四休	五死	六傷	七杜	八生	九開	一驚	二生	三景
辛未	八休	九死	一傷	二杜	三死	四開	五驚	六生	七景	三休	四死	五傷	六杜	七生	八開	九驚	一生	二景
壬申	九休	一死	二傷	三杜	四死	五開	六驚	七生	八景	二休	三死	四傷	五杜	六生	七開	八驚	九生	一景
癸酉	一休	二死	三傷	四杜	五死	六開	七驚	八生	九景	一休	二死	三傷	四杜	五生	六開	七驚	八生	九景
甲戌	二死	三傷	四杜	五死	六開	七驚	八生	九景	一休	九景	一休	二死	三傷	四杜	五生	六開	七驚	八生
乙亥	三死	四傷	五杜	六死	七開	八驚	九生	一景	二休	八景	九休	一死	二傷	三杜	四生	五開	六驚	七生
丙子	四死	五傷	六杜	七死	八開	九驚	一生	二景	三休	七景	八休	九死	一傷	二杜	三生	四開	五驚	六生
丁丑	五死	六傷	七杜	八死	九開	一驚	二生	三景	四休	六景	七休	八死	九傷	一杜	二生	三開	四驚	五生
戊寅	六死	七傷	八杜	九死	一開	二驚	三生	四景	五休	五景	六休	七死	八傷	九杜	一生	二開	三驚	四生
己卯	七死	八傷	九杜	一死	二開	三驚	四生	五景	六休	四景	五休	六死	七傷	八杜	九生	一開	二驚	三生
庚辰	八死	九傷	一杜	二死	三開	四驚	五生	六景	七休	三景	四休	五死	六傷	七杜	八生	九開	一驚	二生
辛巳	九死	一傷	二杜	三死	四開	五驚	六生	七景	八休	二景	三休	四死	五傷	六杜	七生	八開	九驚	一生
壬午	一死	二傷	三杜	四死	五開	六驚	七生	八景	九休	一景	二休	三死	四傷	五杜	六生	七開	八驚	九生
癸未	二死	三傷	四杜	五死	六開	七驚	八生	九景	一休	九景	一休	二死	三傷	四杜	五生	六開	七驚	八生

遁局\干支	陽遁 一	二	三	四	五	六	七	八	九	陰遁 一	二	三	四	五	六	七	八	九
甲申	三傷	四杜	五死	六開	七驚	八生	九景	一休	二死	八生	九景	一休	二死	三傷	四杜	五生	六開	七驚
乙酉	四傷	五杜	六死	七開	八驚	九生	一景	二休	三死	七生	八景	九休	一死	二傷	三杜	四生	五開	六驚
丙戌	五傷	六杜	七死	八開	九驚	一生	二景	三休	四死	六生	七景	八休	九死	一傷	二杜	三生	四開	五驚
丁亥	六傷	七杜	八死	九開	一驚	二生	三景	四休	五死	五生	六景	七休	八死	九傷	一杜	二生	三開	四驚
戊子	七傷	八杜	九死	一開	二驚	三生	四景	五休	六死	四生	五景	六休	七死	八傷	九杜	一生	二開	三驚
己丑	八傷	九杜	一死	二開	三驚	四生	五景	六休	七死	三生	四景	五休	六死	七傷	八杜	九生	一開	二驚
庚寅	九傷	一杜	二死	三開	四驚	五生	六景	七休	八死	二生	三景	四休	五死	六傷	七杜	八生	九開	一驚
辛卯	一傷	二杜	三死	四開	五驚	六生	七景	八休	九死	一生	二景	三休	四死	五傷	六杜	七生	八開	九驚
壬辰	二傷	三杜	四死	五開	六驚	七生	八景	九休	一死	九生	一景	二休	三死	四傷	五杜	六生	七開	八驚
癸巳	三傷	四杜	五死	六開	七驚	八生	九景	一休	二死	八生	九景	一休	二死	三傷	四杜	五生	六開	七驚
甲午	四杜	五死	六開	七驚	八生	九景	一休	二死	三傷	七驚	八生	九景	一休	二死	三傷	四杜	五生	六開
乙未	五杜	六死	七開	八驚	九生	一景	二休	三死	四傷	六驚	七生	八景	九休	一死	二傷	三杜	四生	五開
丙申	六杜	七死	八開	九驚	一生	二景	三休	四死	五傷	五驚	六生	七景	八休	九死	一傷	二杜	三生	四開
丁酉	七杜	八死	九開	一驚	二生	三景	四休	五死	六傷	四驚	五生	六景	七休	八死	九傷	一杜	二生	三開
戊戌	八杜	九死	一開	二驚	三生	四景	五休	六死	七傷	三驚	四生	五景	六休	七死	八傷	九杜	一生	二開
己亥	九杜	一死	二開	三驚	四生	五景	六休	七死	八傷	二驚	三生	四景	五休	六死	七傷	八杜	九生	一開
庚子	一杜	二死	三開	四驚	五生	六景	七休	八死	九傷	一驚	二生	三景	四休	五死	六傷	七杜	八生	九開
辛丑	二杜	三死	四開	五驚	六生	七景	八休	九死	一傷	九驚	一生	二景	三休	四死	五傷	六杜	七生	八開
壬寅	三杜	四死	五開	六驚	七生	八景	九休	一死	二傷	八驚	九生	一景	二休	三死	四傷	五杜	六生	七開
癸卯	四杜	五死	六開	七驚	八生	九景	一休	二死	三傷	七驚	八生	九景	一休	二死	三傷	四杜	五生	六開

遁局 干支	陽遁 一	二	三	四	五	六	七	八	九	陰遁 一	二	三	四	五	六	七	八	九
甲辰	五死	六開	七驚	八生	九景	一休	二死	三傷	四杜	六開	七驚	八生	九景	一休	二死	三傷	四杜	五生
乙巳	六死	七開	八驚	九生	一景	二休	三死	四傷	五杜	五開	六驚	七生	八景	九休	一死	二傷	三杜	四生
丙午	七死	八開	九驚	一生	二景	三休	四死	五傷	六杜	四開	五驚	六生	七景	八休	九死	一傷	二杜	三生
丁未	八死	九開	一驚	二生	三景	四休	五死	六傷	七杜	三開	四驚	五生	六景	七休	八死	九傷	一杜	二生
戊申	九死	一開	二驚	三生	四景	五休	六死	七傷	八杜	二開	三驚	四生	五景	六休	七死	八傷	九杜	一生
己酉	一死	二開	三驚	四生	五景	六休	七死	八傷	九杜	一開	二驚	三生	四景	五休	六死	七傷	八杜	九生
庚戌	二死	三開	四驚	五生	六景	七休	八死	九傷	一杜	九開	一驚	二生	三景	四休	五死	六傷	七杜	八生
辛亥	三死	四開	五驚	六生	七景	八休	九死	一傷	二杜	八開	九驚	一生	二景	三休	四死	五傷	六杜	七生
壬子	四死	五開	六驚	七生	八景	九休	一死	二傷	三杜	七開	八驚	九生	一景	二休	三死	四傷	五杜	六生
癸丑	五死	六開	七驚	八生	九景	一休	二死	三傷	四杜	六開	七驚	八生	九景	一休	二死	三傷	四杜	五生
甲寅	六開	七驚	八生	九景	一休	二死	三傷	四杜	五死	五生	六開	七驚	八生	九景	一休	二死	三傷	四杜
乙卯	七開	八驚	九生	一景	二休	三死	四傷	五杜	六死	四生	五開	六驚	七生	八景	九休	一死	二傷	三杜
丙辰	八開	九驚	一生	二景	三休	四死	五傷	六杜	七死	三生	四開	五驚	六生	七景	八休	九死	一傷	二杜
丁巳	九開	一驚	二生	三景	四休	五死	六傷	七杜	八死	二生	三開	四驚	五生	六景	七休	八死	九傷	一杜
戊午	一開	二驚	三生	四景	五休	六死	七傷	八杜	九死	一生	二開	三驚	四生	五景	六休	七死	八傷	九杜
己未	二開	三驚	四生	五景	六休	七死	八傷	九杜	一死	九生	一開	二驚	三生	四景	五休	六死	七傷	八杜
庚申	三開	四驚	五生	六景	七休	八死	九傷	一杜	二死	八生	九開	一驚	二生	三景	四休	五死	六傷	七杜
辛酉	四開	五驚	六生	七景	八休	九死	一傷	二杜	三死	七生	八開	九驚	一生	二景	三休	四死	五傷	六杜
壬戌	五開	六驚	七生	八景	九休	一死	二傷	三杜	四死	六生	七開	八驚	九生	一景	二休	三死	四傷	五杜
癸亥	六開	七驚	八生	九景	一休	二死	三傷	四杜	五死	五生	六開	七驚	八生	九景	一休	二死	三傷	四杜

乙. 日家八門附法(일가팔문부법)

冬至(동지) 後(후)부터 夏至(하지) 前(전)까지 陽局(양국)은 順行(순행)을 하는데 甲子(갑자), 乙丑(을축), 丙寅(병인), 戊子(무자), 己丑(기축), 庚寅(경인), 壬子(임자), 癸丑(계축), 甲寅日(갑인일)에는 一坎宮(일감궁)에서 休門(휴문)이 일어나니 같은 宮(궁)에 三日間(삼일간) 머문다.

丁卯(정묘), 戊辰(무진), 己巳(기사), 辛卯(신묘), 壬辰(임진), 癸巳(계사), 乙卯(을묘), 丙辰(병진), 丁巳日(정사일)에는 二坤宮(이곤궁)에서 休門(휴문)이 일어나고, 庚午(경오), 辛未(신미), 壬申(임신), 甲午(갑오), 乙未(을미), 丙申(병신), 戊午(무오), 己未(기미), 庚申日(경신일)에는 三震宮(삼진궁)에서 休門(휴문)이 일어나고, 癸酉(계유), 甲戌(갑술), 乙亥(을해), 丁酉(정유), 戊戌(무술), 己亥(기해), 辛酉(신유), 壬戌(임술), 癸亥日(계해일)은 四巽宮(사손궁)에서 休門(휴문)이 일어나고, 丙子(병자), 丁丑(정축), 戊寅(무인), 庚子(경자), 辛丑(신축), 壬寅日(임인일)은 六乾宮(육건궁)에서 休門(휴문)이 일어나고, 己卯(기묘), 庚辰(경진), 辛巳(신사), 癸卯(계묘), 甲辰(갑진), 乙巳日(일사일)은 七兌宮(칠태궁)에서 休門(휴문)이 일어나고, 壬午(임오), 癸未(계미), 甲申(갑신), 丙午(병오), 丁未(정미), 戊申日(무신일)은 八艮宮(팔간궁)에서 休門(휴문)이 일어나고, 乙酉(을유), 丙戌(병술), 丁亥(정해), 己酉(기유), 庚戌(경술), 辛亥日(신해일)은 九離宮(구이궁)에서 休門(휴문)이 일어나되 甲(갑), 丙(병), 戊(무), 庚(경), 壬(임) 陽日干(양일간)은 八方(팔방)으로 八門(팔문)을 順行(순행)하여 붙이고 乙(을), 丁(정), 己(기), 辛(신), 癸(계) 陰日干(음일간)은 八方(팔방)으로 八門(팔문)을 逆行(역행)하여 붙인다.

夏至(하지) 後(후)부터 冬至(동지) 前(전)까지 陰局(음국)은 逆行

(역행)을 하는데 甲子(갑자), 乙丑(을축), 丙寅(병인), 戊子(무자), 己丑(기축), 庚寅(경인), 壬子(임자), 癸丑(계축), 甲寅日(갑인일)에는 九離宮(구이궁)에서 休門(휴문)을 일으키고 丁卯(정묘), 戊辰(무진), 己巳(기사), 辛卯(신묘), 壬辰(임진), 癸巳(계사), 乙卯(을묘), 丙辰(병진), 丁巳日(정사일)은 八艮宮(팔간궁)에서 休門(휴문)을 일으키고, 庚午(경오), 辛未(신미), 壬申(임신), 甲午(갑오), 乙未(을미), 丙申(병신), 戊午(무오), 己未(기미), 庚申日(경신일)은 七兌宮(칠태궁)에서 休門(휴문)이 일어나고, 癸酉(계유), 甲戌(갑술), 乙亥(을해), 丁酉(정유), 戊戌(무술), 己亥(기해), 辛酉(신유), 壬戌(임술), 癸亥日(계해일)은 六乾宮(육건궁)에서 休門(휴문)을 일으키고, 丙子(병자), 丁丑(정축), 戊寅(무인), 庚子(경자), 辛丑(신축), 壬寅日(임인일)은 四巽宮(사손궁)에서 休門(휴문)을 일으키고, 己卯(기묘), 庚辰(경진), 辛巳(신사), 癸卯(계묘), 甲辰(갑진), 乙巳日(을사일)은 三震宮(삼진궁)에서 休門(휴문)을 일으키고, 壬午(임오), 癸未(계미), 甲申(갑신), 丙午(병오), 丁未(정미), 戊申日(무신일)은 二坤宮(이곤궁)에서 休門(휴문)을 일으키고, 乙酉(을유), 丙戌(병술), 丁亥(정해), 己酉(기유), 庚戌(경술), 辛亥日(신해일)은 一坎宮(일감궁)에서 休門(휴문)을 일으키되 甲(갑), 丙(병), 戊(무), 庚(경), 壬(임) 陽日干(양일간)은 八方(팔방)으로 八門(팔문)을 順行(순행)하여 붙이고, 乙(을), 丁(정), 己(기), 辛(신), 癸(계) 陰日干(음일간)은 八方(팔방)으로 八門(팔문)을 逆行(역행)하여 붙인다. 아래에 있는 例示(예시)를 참조하라.

<陽遁 丁亥日>

生	休	開
傷		驚
杜	景	死

<陽遁 甲申日>

傷	杜	景
生		死
休	開	驚

<陽遁 癸酉日>

開	驚	死
休		景
生	傷	杜

<陰遁 丙辰日>

傷	杜	景
生		死
休	開	驚

<陰遁 辛未日>

杜	傷	生
景		休
死	驚	開

<陰遁 戊戌日>

休	生	傷
開		杜
驚	死	景

7. 時家八門附法(시가팔문부법)

時間符頭(시간부두)가 있는 곳의 八門定位(팔문정위)를 三元局(삼원국) 소속 宮(궁)에서 甲子(갑자)를 일으켜 時間(시간)이 머무는 곳에 옮겨 붙인다. 다시 말해서 一局(일국)이면 坎宮(감궁)에서 甲子(갑자)를 일으키고, 二局(이국)이면 坤宮(곤궁)에서 甲子(갑자)를 일으키고, 三局(삼국)이면 震宮(진궁)에서 甲子(갑자)를 일으키고, 四局(사국)이면 巽宮(손궁)에서 甲子(갑자)를 일으키고, 五局(오국)이면 中宮(중궁)에서 甲子(갑자)를 일으키고, 六局(육국)이면 乾宮(건궁)에서 甲子(갑자)를 일으키고, 七局(칠국)이면 兌宮(태궁)에서 甲子(갑자)를 일으키고, 八局(팔국)이면 艮宮(간궁)에서 甲子(갑자)를 일으키고, 九局(구국)이면 離宮(이궁)에서 甲子(갑자)를 일으키되 陽遁(양둔)은 順行(순행)을 시키고 陰遁(음둔)은 逆行(역행)을 시킨다. 그리고 八門神將(팔문신장)은 陰陽局(음양국)을 막론하고 順行(순행)을 한다. 여러분이 꼭 알아둘 것은 時間(시간)이 中宮(중궁)에 머무를 때에는 坤宮(곤궁)으로 끌어내어 坤宮(곤궁)에다 해당되는 八門(팔문) 定位神(정위신)을 붙여야 한다.

(1) 戊午年 正月 十二日 午時
(무오년 정월 십이일 오시)
雨水中元 陽遁六局
(우수중원 양둔육국)

9 7 1 5 = 22÷9=4
壬庚甲戊
午子寅午
7 1 3 7 = 18÷9=9

(庚辰)	(丙子)	(戊寅)
傷 庚丙 十三	杜 丁辛 五八	景 丙癸 二一
(己卯)	(辛巳)	(甲戌)
生 壬丁 一二	乙 四(九) 九(四)	死 辛己 七六
(乙亥)	(丁丑)	(甲子,壬午)
休 戊庚 六七	開 己壬 三十	驚 癸戊 八五

壬午(임오)는 甲戌旬中(갑술순중)이요, 甲戌旬中(갑술순중)은 己(기)가 符頭(부두)인데 時符頭(시부두)인 己(기)가 兌宮(태궁)에 임하였다. 兌宮(태궁)의 八門定位(팔문정위)는 驚門(경문)이다. 이 驚門(경문)을 壬午時(임오시)가 닿는 宮(궁)에 붙여 八門(팔문)을 순서대로 붙이는 것이다. 쉽게 말해서 六局(육국)은 六(육)이요 六(육)은 六乾宮(육건궁)이니 三元到處(삼원도처)다. 三元到處(삼원도처)인 乾宮(건궁)에서 甲子(갑자)를 일으키되 陽遁(양둔)이므로 順行(순행)을 시키면 時間(시간)인 壬午(임오)가 乾宮(건궁)에 닿는다. 時間(시간)인 壬午(임오)가 닿은 乾宮(건궁)에 時間符頭(시간부두)인 己(기)가 머물러 있는 兌宮(태궁)의 八門(팔문) 定位(정위)인 驚門(경문)을 옮겨 붙여 차례로 八門(팔문)을 順行(순행)시키면 된다.

(2) 己未年 九月 二十二日 申時
(기미년 구월 이십이일 신시)
立冬上元 陰遁六局
(입동상원 음둔육국)

5 9 2 6 = 22÷9=4
戊壬乙己
申午亥未
9 7 12 8 = 36÷9=9

(甲申)	(丙午)	(甲辰)
傷　丙 十 　　庚 三	杜　辛 五 　　丁 八	景　庚 二 　　壬 一
(甲午)	**(甲戌)**	**(戊申)**
生　癸 一 　　辛 二	己　四 (九) 　　九 (四)	死　丁 七 　　乙 六
(丁未)	**(乙巳)**	**(甲子)**
休　戊 六 　　丙 七	開　乙 三 　　癸 十	驚　壬 八 　　戊 五

六局(육국)은 六(육)인 六乾宮(육건궁)이다. 그러므로 乾宮(건궁)에서 甲子(갑자)를 일으키되 陰遁(음둔)이므로 逆行(역행)하여 時間(시간)인 戊申(무신)이 닿는데까지 짚어나가니 戊申時(무신시)가 兌宮(태궁)에 닿았다. 戊申(무신)은 甲辰旬中(갑진순중)이요 甲辰旬中(갑진순중)은 壬(임)이 符頭(부두)인데 壬(임)이 坤宮(곤궁)에 머물러 있으므로 坤宮(곤궁)의 定位門(정위문)인 死門(사문)을 時間(시간)인 戊申(무신)이 닿는 宮(궁)에 붙여 차례로 팔문을 붙이는 것이다.

(3) 庚戌年 三月 十七日 戌時
   (경술년 삼월 십칠일 술시)
   穀雨下元 陽遁八局
   (곡우하원 양둔팔국)

   3 7 7 7 = 24÷9=6
   丙庚庚庚
   戌申辰戌
   11 9 5 11 = 36÷9=9

	(甲戌)	(乙酉)
生 己二 / 癸三	傷 辛七 / 己八	杜 乙四 / 辛一
(丙戌)		
休 癸三 / 壬二	丁 六(一) / 九(四)	景 丙九 / 乙六
(甲子)	(甲申)	
開 壬八 / 戊七	驚 戊五 / 庚十	死 庚十 / 丙五

八局(팔국)은 八(팔)이니 八艮宮(팔간궁)이다. 고로 艮宮(간궁)에서 甲子(갑자)를 일으켜 時間(시간)인 丙戌(병술)이 닿는 宮(궁)까지 짚으니 震宮(진궁)에 丙戌(병술)이 머물게 된다. 丙戌(병술)은 甲申旬中(갑신순중)이요, 甲申旬中(갑신순중)은 庚(경)이 符頭(부두)요, 符頭(부두)인 庚(경)이 坎宮(감궁)에 머물고 있으므로 坎宮(감궁)의 定位門(정위문)인 休門(휴문)을 丙戌時(병술시)가 머무는 震宮(진궁)에 붙여 차례로 八門(팔문)을 붙이면 된다.

(4) 己未年 五月 三日 亥時
(기미년 오월 삼일 해시)
小滿上元 陽遁五局
(소만상원 양둔오국)

 4 2 6 6 = 18÷9=9
丁乙己己
亥未巳未
12 8 6 8 = 34÷9=7

	(丙戌)	
生 壬 五 乙 一	傷 丁 十 壬 六	杜 庚 七 丁 九
	(甲子)	(甲申)
休 乙 六 丙 十	戊 九 (四) 七 (二)	景 己 二 庚 四
(乙酉)	(丁亥)	(甲戌)
開 丙 一 辛 五	驚 辛 八 癸 八	死 癸 三 己 三

　　五局(오국)은 五(오)니 中宮(중궁)이다. 그러므로 中宮(중궁)에서 甲子(갑자)를 일으키되 陽局(양국)이므로 順行(순행)시켜 時間(시간)이 닿는 곳까지 짚어나간다. 丁亥(정해)는 甲申旬中(갑신순중)이니 庚(경)이 符頭(부두)인데 庚(경)이 兌宮(태궁)에 머물고 있으므로 兌宮(태궁)의 定位門(정위문)인 驚門(경문)을 時間(시간)인 丁亥(정해)가 머물고 있는 坎宮(감궁)에 붙여 차례로 八門(팔문)을 붙이면 된다.

8. 太乙九星 附法(태을구성 부법)

太乙九星(태을구성)은 太乙(태을), 攝提(섭제), 軒轅(헌원), 招搖(초요), 天符(천부), 靑龍(청룡), 咸池(함지), 太陰(태음), 天乙(천을)을 말한다.

陽遁(양둔)에는 艮宮(간궁)에 甲子(갑자)를 붙여 九宮(구궁) 순서에 따라 順行(순행)을 하고, 陰遁(음둔)에는 坤宮(곤궁)에 甲子(갑자)를 붙여 九宮(구궁) 순서에 따라 逆行(역행)을 하여 붙인다. 언제든지 日辰(일진)이 머무는 宮(궁)에 太乙九星(태을구성)을 붙인다.

太乙九星(태을구성) 陽局(양국)

丙申癸亥 丁亥甲寅 戊寅乙巳 己巳	壬辰己未 癸未庚戌 甲戌辛丑 乙丑	甲午辛酉 乙酉壬子 丙子癸卯 丁卯
乙未 丙戌壬戌 丁丑癸丑 戊辰甲辰	丁酉乙卯 戊子丙午 己卯 庚午	己亥丁巳 庚寅戊申 辛巳 壬申
辛卯戊午 壬午己酉 癸酉庚子 甲子	癸巳庚申 甲申辛亥 乙亥壬寅 丙寅	戊戌丙辰 己丑丁未 庚辰 辛未

<太乙在坎>

招搖	天乙	攝提
軒轅	天符	咸池
太陰	太乙	靑龍

<太乙在坤>

軒轅	太陰	太乙
攝提	招搖	靑龍
咸池	天乙	天符

<太乙在震>

攝提	咸池	天乙
太乙	軒轅	天符
靑龍	太陰	招搖

<太乙在巽>

太乙	靑龍	太陰
天乙	攝提	招搖
天符	咸池	軒轅

<太乙在中宮>

天乙	天符	咸池
太陰	太乙	軒轅
招搖	靑龍	攝提

<太乙在乾>

太陰	招搖	靑龍
咸池	天乙	攝提
軒轅	天符	太乙

<太乙在兌>

咸池	軒轅	天符
靑龍	太陰	太乙
攝提	招搖	天乙

<太乙在艮>

靑龍	攝提	招搖
天符	咸池	天乙
太乙	軒轅	太陰

<太乙在離>

天符	太乙	軒轅
招搖	靑龍	太陰
天乙	攝提	咸池

太乙九星(태을구성) 陰局(음국)

戊戌	己丑	庚辰	辛未	癸巳	甲申	乙亥	丙寅	辛卯	壬午	癸酉	甲子
丙辰	丁未			庚申	辛亥	壬寅		戊午	己酉	庚子	
己亥	庚寅	辛巳	壬申	丁酉	戊子	己卯	庚午	乙未	丙戌	丁丑	戊辰
丁巳	戊申			乙卯	丙午			壬戌	癸丑	甲辰	
甲午	乙酉	丙子	丁卯	壬辰	癸未	甲戌	乙丑	丙寅	丁亥	戊寅	己巳
辛酉	壬子	癸卯		己未	庚戌	辛丑		癸亥	甲辰	乙巳	

<太乙在坎>

咸池	攝提	天乙
太陰	青龍	招搖
軒轅	太乙	天符

<太乙在坤>

太陰	軒轅	太乙
天乙	咸池	天符
招搖	攝提	青龍

<太乙在震>

天乙	招搖	攝提
太乙	太陰	青龍
天符	軒轅	咸池

<太乙在巽>		
太乙	天符	軒轅
攝提	天乙	咸池
靑龍	招搖	太陰

<太乙在中宮>		
攝提	靑龍	招搖
軒轅	太乙	太陰
咸池	天符	天乙

<太乙在乾>		
軒轅	咸池	天符
招搖	攝提	天乙
太陰	靑龍	太乙

<太乙在兌>		
招搖	太陰	靑龍
天符	軒轅	太乙
天乙	咸池	攝提

<太乙在艮>		
天符	天乙	咸池
靑龍	招搖	攝提
太乙	太陰	軒轅

<太乙在離>		
靑龍	太乙	太陰
咸池	天符	軒轅
攝提	·天乙	招搖

아래에 太乙九星附法(태을구성부법)을 例示(예시)하니 참조하길 바란다.

<陽遁 戊辰日>		
攝提	咸池	天乙
太乙	軒轅	天符
靑龍	太陰	招搖

<陰遁 癸卯日>		
天符	天乙	咸池
靑龍	招搖	攝提
太乙	太陰	軒轅

<陽遁 乙巳日>		
太乙	靑龍	太陰
天乙	攝提	招搖
天符	咸池	軒轅

(1) 丙申年 六月 二十日 酉時
　　(병신년 유월 이십일 유시)
　　大暑上元 陰遁七局
　　(대서상원 음둔칠국)
　　2 2 2 3 ＝ 9÷9=9
　　乙乙乙丙
　　酉未未申
　　10 8 8 9 ＝ 35÷9=8

招 己 五 / 搖 辛 二	太 丁 十 / 陰 丙 七	青 乙 七 / 龍 癸 十
天 戊 六 / 符 壬 一	軒 九 / 轅 庚 八	太 壬 二 / 乙 戊 五
天 庚 一 / 乙 乙 六	咸 丙 八 / 池 丁 九	攝 辛 三 / 提 己 四

　　陰局(음국)에서는 乙未日(을미일)이 兌宮(태궁)에 있으므로 兌宮(태궁)에 太乙(태을)을 붙여 陰遁(음둔)이므로 逆行(역행)시킨다.

(2) 甲寅年 五月 九日 戌時
　　(갑인년 오월 구일 술시)
　　小滿下元 陽遁八局
　　(소만하원 양둔팔국)
　　1 6 6 1 ＝ 14÷9=5
　　甲己己甲
　　戌未巳寅
　　11 8 6 3 ＝ 28÷9=1

天 癸 一 / 符 癸 五	太 己 六 / 乙 己 十	軒 辛 三 / 轅 辛 三
招 壬 二 / 搖 壬 四	青 五 / 龍 丁 一	太 乙 八 / 陰 乙 八
天 戊 七 / 乙 戊 九	攝 庚 四 / 提 庚 二	咸 丙 九 / 池 丙 七

　　陽局(양국)에서는 己未日(기미일)이 離宮(이궁)에 居(거)하므로 離宮(이궁)에 太乙(태을)을 붙여 陽遁(양둔)이므로 順行(순행)을 한다.

(3) 丁酉年 閏八月 十四日 巳時
　　(정유년 윤팔월 십사일 사시)
　　寒露上元 陰遁六局
　　(한로상원 음둔육국)
　　2 9 6 4 = 21÷9=3
　　乙壬己丁
　　巳子酉酉
　　6 1 10 10 = 27÷9=9

天符　辛　九　庚　三	天乙　庚　四　丁　八	咸池　丁　一　壬　一
靑龍　丙　十　辛　二	招搖　　　三　己　九	攝提　壬　六　乙　六
太乙　癸　五　丙　七	太陰　戊　二　癸　十	軒轅　乙　七　戊　五

　　陰局(음국)에서는 壬子日(임자일)이 艮宮(간궁)에 居(거)하므로 艮宮(간궁)에 太乙(태을)을 붙이되 陰遁(음둔)이므로 逆行(역행)을 한다.

9. 直符八將(직부팔장)과 九神附法(구신부법)

甲. 直符八將附法(직부팔장부법)

直符八將(직부팔장)이란 直符(직부), 騰蛇(등사), 太陰(태음), 六合(육합), 句陳(구진), 朱雀(주작), 九地(구지), 九天(구천)을 말하며 陰遁(음둔)에는 勾陳(구진) 대신에 白虎(백호)를 쓰고, 朱雀(주작) 대신에 玄武(현무)를 사용한다.

八將(팔장)을 붙이는 법은 時間符頭(시간부두)가 있는 곳에 붙이는 것이 아니라 時干(시간)이 있는 宮(궁)에 直符神將(직부신장)을 붙여 陽遁(양둔)은 順行(순행)하고 陰遁(음둔)은 逆行(역행)하여 붙인다. 붙일 때는 略字(약자)로 直, 蛇, 陰, 合, 陳(虎), 雀(武), 地, 天이라고 쓰면 간편하다. 時干(시간)이 八方(팔방)에 있지 않고 中宮(중궁)에 놓였을 시에는 무조건 出坤(출곤)시켜 坤宮(곤궁)에 直符(직부)를 붙여야 된다. 착오 없으시길 바란다.

布局(포국)에 있어서 年盤(연반)일 때는 年干(연간)이 있는 宮(궁)에 直符(직부)를 붙이고, 月盤(월반)일 때는 月干(월간)이 있는 宮(궁)에 直符(직부)를 붙이고, 日盤(일반)일 때는 日干(일간)이 있는 宮(궁)에 直符(직부)를 붙이는 것이다.

(1) 大雪中元 陰遁七局
  (대설중원 음둔칠국)
    7 7 10 10 = 34÷9=7
  庚庚癸癸
  辰午亥巳
    5 7 12 6 = 30÷9=3

陰	蛇	直
癸 三 辛 七	戊 八 丙 二	己 五 癸 五
合		天
丙 四 壬 六	庚 七 三	丁 十 戊 十
虎	武	地
辛 九 乙 一	壬 六 丁 四	乙 一 己 九

　　時干(시간)인 庚(경)이 中宮(중궁)
에 있으므로 庚(경)을 坤宮(곤궁)으로 出坤(출곤)시켜 坤宮(곤궁)에 直符(직부)를 붙이며 陰遁(음둔)이므로 右轉(우전) 逆行(역행)하여 차례로 붙이는 것이다.

(2) 立春中元 陽遁五局
  (입춘중원 양둔오국)
    10 10 5 2 = 27÷9=9
  癸癸戊乙
  丑酉寅丑
    2 10 3 2 = 17÷9=8

合	陳	雀
己 五 乙 二	癸 十 壬 七	辛 七 丁 十
陰		地
庚 六 丙 一	戊 九 八	丙 二 庚 五
蛇	直	天
丁 一 辛 六	壬 八 癸 九	乙 三 己 四

　　時干(시간)인 癸(계)가 坎宮(감궁)
에 있으므로 坎宮(감궁)에 直符(직부)를 붙이되 陽遁(양둔)이므로 順行(순행)한다.

(3) 立冬中元 陰遁九局
(입동중원 음둔구국)

$7\ 4\ 4\ 2\ =17\div9=8$

辛丁丁乙

巳巳亥巳

$6\ \ 6\ 12\ 6\ =30\div9=3$

虎 丙 四 癸 七	合 庚 九 戊 二	陰 辛 六 丙 五
武 戊 五 丁 六	壬 八 三	蛇 乙 一 庚 十
地 癸 十 己 一	天 丁 七 乙 四	直 己 二 辛 九

　時干(시간)인 辛(신)이 乾宮(건궁)에 있으므로 乾宮(건궁)에 直符(직부)를 붙이되 陰遁(음둔)이 므로 逆行(역행)하여 차례로 붙여 나간다.

(4) 春分中元 陽遁九局
(춘분중원 양둔구국)

$9\ 4\ 6\ 7\ =26\div9=8$

壬丁己庚

寅亥卯申

$3\ 12\ 4\ 9\ =28\div9=1$

直 辛 四 壬 五	蛇 壬 九 戊 十	陰 戊 六 庚 三
天 乙 五 辛 四	癸 八 一	合 庚 一 丙 八
地 己 十 乙 九	雀 丁 七 己 二	陳 丙 二 丁 七

　時間(시간)인 壬(임)이 巽宮(손궁)에 있으므로 巽宮(손궁)에 直符(직부)를 붙이되 陽遁(양둔)이 므로 左轉(좌전) 順行(순행)한다.

(5) 小雪中元 陰遁八局

(소설중원 음둔팔국)

  8 4 8 4 = 24÷9=6

辛丁辛丁

亥亥亥酉

12 12 12 10 = 46÷9=1

陰		蛇		直	
戊	二	癸	七	壬	四
壬	五	乙	十	丁	三
合				天	
丙	三	辛	六	乙	九
癸	四		一	己	八
虎		武		地	
庚	八	己	五	辛	十
戊	九	丙	二	庚	七

時干(시간)인 辛(신)이 中宮(중궁)에 있으므로 坤宮(곤궁)에 直符(직부)를 붙이되 陰遁(음둔)이므로 역행을 시킨다.

	直符	坎	坤	震	巽	乾	兌	艮	離
陽遁	螣蛇	艮	兌	巽	離	坎	乾	震	坤
	太陰	震	乾	離	坤	艮	坎	巽	兌
	六合	巽	坎	坤	兌	震	艮	離	乾
	勾陳	離	艮	兌	乾	巽	震	坤	坎
	朱雀	坤	震	乾	坎	離	巽	兌	艮
	九地	兌	巽	坎	艮	坤	離	乾	震
	九天	乾	離	艮	震	兌	坤	坎	巽
陰遁	直符	坎	坤	震	巽	乾	兌	艮	離
	九天	艮	兌	巽	離	坎	乾	震	坤
	九地	震	乾	離	坤	艮	坎	巽	兌
	朱雀	巽	坎	坤	兌	震	艮	離	乾
	勾陳	離	艮	兌	乾	巽	震	坤	坎
	六合	坤	震	乾	坎	離	巽	兌	艮
	太陰	兌	巽	坎	艮	坤	離	乾	震
	螣蛇	乾	離	艮	震	兌	坤	坎	巽

陽局順行(양국순행)

勾陳	朱雀	九地
六合		九天
太陰	騰蛇	直符

<直符在乾>

六合	勾陳	朱雀
太陰		九地
騰蛇	直符	九天

<直符在坎>

太陰	六合	勾陳
騰蛇		朱雀
直符	九天	九地

<直符在艮>

騰蛇	太陰	六合
直符		勾陳
九天	九地	朱雀

<直符在震>

直符	騰蛇	太陰
九天		六合
九地	朱雀	勾陳

<直符在巽>

九天	直符	騰蛇
九地		太陰
朱雀	勾陳	六合

<直符在離>

九地	九天	直符
朱雀		騰蛇
勾陳	六合	太陰

<直符在坤>

朱雀	九地	九天
勾陳		直符
六合	太陰	騰蛇

<直符在兌>

陰局逆行(음국역행)

白虎	六合	太陰
玄武		騰蛇
九地	九天	直符

<直符在乾>

玄武	白虎	六合
九地		太陰
九天	直符	騰蛇

<直符在坎>

九地	玄武	白虎
九天		六合
直符	騰蛇	太陰

<直符在艮>

九天	九地	玄武
直符		白虎
騰蛇	太陰	六合

<直符在震>

直符	九天	九地
騰蛇		玄武
太陰	六合	白虎

<直符在巽>

騰蛇	直符	九天
太陰		九地
六合	白虎	玄武

<直符在離>

太陰	騰蛇	直符
六合		九天
白虎	玄武	九地

<直符在坤>

六合	太陰	騰蛇
白虎		直符
玄武	九地	九天

<直符在兌>

乙. 直符九神附法(직부구신부법)

　直符八將(직부팔장)인 直符(직부), 螣蛇(등사), 太陰(태음), 六合(육합), 勾陳(구진)(白虎(백호)), 朱雀(주작)(玄武(현무)), 九地(구지), 九天(구천)에 太常(태상)을 추가시키면 九星(구성), 즉 九神(구신)이 되므로 直符九神(직부구신)이라고 하는데 直符八將(직부팔장)을 붙일 때는 時干宮(시간궁)에서 直符(직부)를 일으켜서 八方(팔방)으로 陽遁(양둔)은 順行(순행)을 하고 陰遁(음둔)은 逆行(역행)을 하였다. 그러나 直符九神(직부구신)을 붙일 때는 時干宮(시간궁)에서 直符(직부)를 일으키되 八方(팔방)으로 順逆(순역)치 않고 九宮(구궁)으로 順逆(순역)을 하는 것이 다른 점이다.

　九神(구신)의 순서는 다음과 같다. 直符(직부), 螣蛇(등사), 太陰(태음), 六合(육합), 勾陳(구진)(白虎(백호)), 太常(태상), 朱雀(주작)(玄武(현무)), 九地(구지), 九天(구천)이다.

(1) 陽三局 甲己日 丁卯時
　　(양삼국 갑기일 정묘시)

陳	癸己	直	戊丁	陰	己乙
合	丙戊	常	庚	地	丁壬
天	辛癸	蛇	壬丙	雀	乙辛

　丁卯時(정묘시)는 丁(정)이 時干(시간)인데 時干(시간)인 丁(정)이 離宮(이궁)에 있으므로 離宮(이궁)에 直符(직부)를 붙이되 陽遁(양둔)이므로 順行(순행)하여 붙인다.

(2) 陰七局 戊癸日 己未時
    (음칠국 무계일 기미시)

己未時(기미시)는 己(기)가 時干
(시간)이요, 時干(시간)인 己(기)가
乾宮(건궁)에 있으므로 乾宮(건궁)에
直符(직부)를 붙이되 陰遁(음둔)이므
로 逆行(역행)하여 붙인다.

陰 乙辛	武 壬丙	虎 辛癸
合 丁壬	蛇 庚	天 丙戊
地 己乙	常 戊丁	直 癸己

陽遁(양둔)

六合	九天	螣蛇
太陰	勾陳	朱雀
九地	直符	太常

<直符在坎>

太陰	九地	直符
螣蛇	六合	太常
朱雀	九天	勾陳

<直符在坤>

螣蛇	朱雀	九天
直符	太陰	勾陳
太常	九地	六合

<直符在震>

直符	太常	九地
九天	螣蛇	六合
勾陳	朱雀	太陰

<直符在巽>

九天	勾陳	朱雀
九地	直符	太陰
六合	太常	螣蛇

<直符在中宮>

九地	六合	太常
朱雀	九天	螣蛇
太陰	勾陳	直符

<直符在乾>

朱雀	太陰	勾陳
太常	九地	直符
螣蛇	六合	九天

<直符在兌>

太常	螣蛇	六合
勾陳	朱雀	九天
直符	太陰	九地

<直符在艮>

勾陳	直符	太陰
六合	太常	九地
九天	螣蛇	朱雀

<直符在離>

陰遁(음둔)

玄武	螣蛇	九天
九地	太常	六合
太陰	直符	白虎

<直符在坎>

九地	太陰	直符
九天	玄武	白虎
六合	螣蛇	太常

<直符在坤>

九天	六合	螣蛇
直符	九地	太常
白虎	太陰	玄武

<直符在震>

直符	白虎	太陰
螣蛇	九天	玄武
太陰	六合	九地

<直符在巽>

螣蛇	太常	六合
太陰	直符	九地
玄武	白虎	九天

<直符在中宮>

太陰	玄武	白虎
六合	螣蛇	九天
九地	太常	直符

<直符在乾>

六合	九地	太常
白虎	太陰	直符
九天	玄武	螣蛇

<直符在兌>

白虎	九天	玄武
太常	六合	螣蛇
直符	九地	太陰

<直符在艮>

太常	直符	九地
玄武	白虎	太陰
螣蛇	九天	六合

<直符在離>

10. 天蓬九星附法(천봉구성부법) 甲

附法(부법)은 年盤(연반)이면 年柱(연주)(月盤(월반)이면 月柱(월주), 日盤(일반)이면 日柱(일주), 時盤(시반)이면 時柱(시주))의 符頭旬將(부두순장)이 머무는 곳의 定位星(정위성)을 年干(연간)(月盤(월반)이면 月干(월간), 日盤(일반)이면 日干(일간), 時盤(시반)이면 時干(시간))이 놓인 宮(궁)에 붙이되 차례로 九宮(구궁)을 順行(순행)한다.

輔	英	芮
冲	禽	柱
任	蓬	心

<天蓬在坎>

冲	任	蓬
芮	輔	心
柱	英	禽

<天蓬在坤>

芮	柱	英
蓬	冲	禽
心	任	輔

<天蓬在震>

蓬	心	任
英	芮	輔
禽	柱	冲

<天蓬在巽>

英	禽	柱
任	蓬	冲
輔	心	芮

<天蓬在中宮>

任	輔	心
柱	英	芮
冲	禽	蓬

<天蓬在乾>

柱	冲	禽
心	任	蓬
芮	輔	英

<天蓬在兌>

心	芮	輔
禽	柱	英
蓬	冲	任

<天蓬在艮>

禽	蓬	冲
輔	心	任
英	芮	柱

<天蓬在離>

(1) 辛丑日 陰五局(신축일 음오국)

死 己 輔 己	驚 癸 英 癸	開 辛 芮 辛
景 庚 冲 庚	禽 戊	休 丙 柱 丙
杜 丁 任 丁	傷 壬 蓬 壬	生 乙 心 乙

辛丑日(신축일)은 甲午旬中(갑오순중)이니 辛(신)이 旬首(순수)이다. 旬首(순수)인 辛(신)이 머물고 있는 坤宮(곤궁)의 定位星(정위성)인 天芮星(천예성)을 日干(일간)인 辛(신) 위에 붙여 차례로 九宮(구궁)을 順行(순행)한다.

(2) 丙子日 陰三局(병자일 음삼국)

景 壬 蓬 乙	死 戊 心 辛	驚 乙 任 己
杜 庚 英 戊	芮 丙	開 辛 輔 癸
傷 丁 禽 壬	生 癸 柱 庚	休 己 冲 丁

丙子(병자)는 甲戌旬中(갑술순중)이니 己(기)가 旬首(순수)이므로 己(기)가 머물고 있는 坤宮(곤궁)의 定位星(정위성)인 天芮星(천예성)을 日干(일간)인 丙(병) 위에 붙여 차례로 九宮(구궁)을 順行(순행)한다.

(3) 癸卯日 丁巳時 陽二局(계묘일 정사시 양이국)

生 乙 冲 庚	傷 丁 任 丙	杜 己 蓬 戊
任 壬 芮 己	輔 辛	景 庚 心 癸
開 癸 柱 丁	驚 戊 英 乙	死 丙 禽 壬

丁巳(정사)는 甲寅旬中(갑인순중)이니 癸(계)가 旬首(순수)이므로 癸(계)가 머물고 있는 兌宮(태궁)의 定位星(정위성)인 天柱星(천주성)을 時干(시간)인 丁(정) 위에 붙여 차례로 九宮(구궁)을 順行(순행)한다.

(4) 己卯日 丁卯時 陰九局(기묘일 정묘시 음구국)

休 丙 蓬 癸	生 庚 心 戊	傷 辛 任 丙
開 戊 英 丁	芮 壬	杜 乙 輔 庚
驚 癸 禽 己	死 丁 柱 乙	景 己 冲 辛

丁卯(정묘)는 甲子旬中(갑자순중)이니 戊(무)가 旬首(순수)이므로 旬首(순수)인 戊(무)가 머물고 있는 離宮(이궁)의 定位星(정위성)인 天英星(천영성)을 時干(시간)인 丁(정) 위에 붙이되 차례로 九宮(구궁)을 順行(순행)한다.

(5) 庚戌年 三月 十七日 戌時(경술년 삼월 십칠일 술시)
　　穀雨下元 陽遁八局(곡우하원 양둔팔국)
　　 3 7 7 7 = 24÷9=6
　　丙庚庚庚
　　戌申辰戌
　　11 9 5 11 = 36÷9=9

生 二 己 任 三 癸	傷 七 辛 輔 八 己	杜 四 乙 心 一 辛
休 三 癸 柱 二 壬	六 英 九 丁 芮	景 九 丙 芮 六 乙
開 八 壬 冲 七 戊	驚 五 戊 禽 十 庚	死 十 庚 蓬 五 丙

丙戌(병술)은 甲申旬中(갑신순중)이니 庚(경)이 旬首(순수)이므로 旬首(순수)인 庚(경)이 머물고 있는 坎宮(감궁)의 定位星(정위성)인 天蓬星(천봉성)을 時干(시간)인 丙(병) 위에 붙이되 차례로 九宮(구궁)을 順行(순행)한다.

(6) 己未年 三月 十五日 辰時(기미년 삼월 십오일 진시)

春分下元 陽遁六局(춘분하원 양둔육국)

$$3 \ 5 \ 5 \ 6 = 19 \div 9 = 1$$

丙戊戊己

辰申辰未

$$5 \ 9 \ 5 \ 8 = 27 \div 9 = 9$$

死 七 癸 芮 三 丙	驚 二 己 柱 八 辛	開 九 戊 英 一 癸
景 八 辛 蓬 二 丁	一 冲 九 乙	休 四 壬 禽 六 己
杜 三 丙 心 七 庚	傷 十 丁 任 十 壬	生 五 庚 輔 五 戊

丙辰(병진)은 甲寅旬中(갑인순중)이니 癸(계)가 旬首(순수)이므로 旬首(순수)인 癸(계)가 머물고 있는 坤宮(곤궁)의 定位星(정위성)인 天芮星(천예성)을 時干(시간)인 丙(병) 위에 붙이되 차례로 九宮(구궁)을 順行(순행)한다.

(7) 己未年 閏六月 七日 辰時(기미년 윤유월 칠일 진시)

　　大暑上元 陰遁七局(대서상원 음둔칠국)

　　 3　5　8　6　= 22÷9=4

　　丙戊辛己

　　辰戌未未

　　 5　11　8　8　= 32÷9=5

景 十 丙 心 四 辛	死 五 癸 芮 九 丙	驚 二 戊 輔 二 癸
杜 一 辛 禽 三 壬	四 柱 五 庚	開 七 己 英 七 戊
傷 六 壬 蓬 八 乙	生 三 乙 冲 一 丁	休 八 丁 任 六 己

　　丙辰(병진)은 甲寅旬中(갑인순중)이니 癸(계)가 旬首(순수)이므로 癸(계)가 놓인 坤宮(곤궁)의 定位星(정위성)인 天芮星(천예성)을 時干(시간)이 있는 離宮(이궁)에 붙이되 차례로 九宮(구궁)을 順行(순행)한다.

遁\九星\生日(用時)	陽 遁									陰 遁								
	天蓬	天芮	天冲	天輔	天禽	天心	天柱	天任	天英	天蓬	天芮	天冲	天輔	天禽	天心	天柱	天任	天英
甲子	一	二	三	四	五	六	七	八	九	一	二	三	四	五	六	七	八	九
甲寅	一	二	三	四	五	六	七	八	九	一	二	三	四	五	六	七	八	九
甲辰	一	二	三	四	五	六	七	八	九	一	二	三	四	五	六	七	八	九
甲午	一	二	三	四	五	六	七	八	九	一	二	三	四	五	六	七	八	九
甲申	一	二	三	四	五	六	七	八	九	一	二	三	四	五	六	七	八	九
甲戌	一	二	三	四	五	六	七	八	九	一	二	三	四	五	六	七	八	九
戊辰	一	二	三	四	五	六	七	八	九	一	二	三	四	五	六	七	八	九
己卯	一	二	三	四	五	六	七	八	九	一	二	三	四	五	六	七	八	九
庚寅	一	二	三	四	五	六	七	八	九	一	二	三	四	五	六	七	八	九
辛丑	一	二	三	四	五	六	七	八	九	一	二	三	四	五	六	七	八	九
壬子	一	二	三	四	五	六	七	八	九	一	二	三	四	五	六	七	八	九
癸亥	一	二	三	四	五	六	七	八	九	一	二	三	四	五	六	七	八	九
丁巳	二	三	四	五	六	七	八	九	一	九	一	二	三	四	五	六	七	八
己巳	二	三	四	五	六	七	八	九	一	九	一	二	三	四	五	六	七	八
庚辰	二	三	四	五	六	七	八	九	一	九	一	二	三	四	五	六	七	八
辛卯	二	三	四	五	六	七	八	九	一	九	一	二	三	四	五	六	七	八
壬寅	二	三	四	五	六	七	八	九	一	九	一	二	三	四	五	六	七	八
癸丑	二	三	四	五	六	七	八	九	一	九	一	二	三	四	五	六	七	八
丙辰	三	四	五	六	七	八	九	一	二	八	九	一	二	三	四	五	六	七
丁未	三	四	五	六	七	八	九	一	二	八	九	一	二	三	四	五	六	七
庚午	三	四	五	六	七	八	九	一	二	八	九	一	二	三	四	五	六	七
辛巳	三	四	五	六	七	八	九	一	二	八	九	一	二	三	四	五	六	七
壬辰	三	四	五	六	七	八	九	一	二	八	九	一	二	三	四	五	六	七
癸卯	三	四	五	六	七	八	九	一	二	八	九	一	二	三	四	五	六	七
乙卯	四	五	六	七	八	九	一	二	三	七	八	九	一	二	三	四	五	六
丙午	四	五	六	七	八	九	一	二	三	七	八	九	一	二	三	四	五	六
丁酉	四	五	六	七	八	九	一	二	三	七	八	九	一	二	三	四	五	六
辛未	四	五	六	七	八	九	一	二	三	七	八	九	一	二	三	四	五	六
壬午	四	五	六	七	八	九	一	二	三	七	八	九	一	二	三	四	五	六
癸巳	四	五	六	七	八	九	一	二	三	七	八	九	一	二	三	四	五	六

生日 (用時)	陽　遁									陰　遁								
	天蓬	天芮	天冲	天輔	天禽	天心	天柱	天任	天英	天蓬	天芮	天冲	天輔	天禽	天心	天柱	天任	天英
乙巳	五	六	七	八	九	一	二	三	四	六	七	八	九	一	二	三	四	五
丙申	五	六	七	八	九	一	二	三	四	六	七	八	九	一	二	三	四	五
丁亥	五	六	七	八	九	一	二	三	四	六	七	八	九	一	二	三	四	五
戊午	五	六	七	八	九	一	二	三	四	六	七	八	九	一	二	三	四	五
壬申	五	六	七	八	九	一	二	三	四	六	七	八	九	一	二	三	四	五
癸酉	五	六	七	八	九	一	二	三	四	六	七	八	九	一	二	三	四	五
乙未	六	七	八	九	一	二	三	四	五	五	六	七	八	九	一	二	三	四
丙戌	六	七	八	九	一	二	三	四	五	五	六	七	八	九	一	二	三	四
丁丑	六	七	八	九	一	二	三	四	五	五	六	七	八	九	一	二	三	四
戊申	六	七	八	九	一	二	三	四	五	五	六	七	八	九	一	二	三	四
己未	六	七	八	九	一	二	三	四	五	五	六	七	八	九	一	二	三	四
癸未	六	七	八	九	一	二	三	四	五	五	六	七	八	九	一	二	三	四
乙酉	七	八	九	一	二	三	四	五	六	四	五	六	七	八	九	一	二	三
丙子	七	八	九	一	二	三	四	五	六	四	五	六	七	八	九	一	二	三
丁卯	七	八	九	一	二	三	四	五	六	四	五	六	七	八	九	一	二	三
戊戌	七	八	九	一	二	三	四	五	六	四	五	六	七	八	九	一	二	三
己酉	七	八	九	一	二	三	四	五	六	四	五	六	七	八	九	一	二	三
庚申	七	八	九	一	二	三	四	五	六	四	五	六	七	八	九	一	二	三
乙亥	八	九	一	二	三	四	五	六	七	三	四	五	六	七	八	九	一	二
丙寅	八	九	一	二	三	四	五	六	七	三	四	五	六	七	八	九	一	二
戊子	八	九	一	二	三	四	五	六	七	三	四	五	六	七	八	九	一	二
己亥	八	九	一	二	三	四	五	六	七	三	四	五	六	七	八	九	一	二
庚戌	八	九	一	二	三	四	五	六	七	三	四	五	六	七	八	九	一	二
辛酉	八	九	一	二	三	四	五	六	七	三	四	五	六	七	八	九	一	二
乙丑	九	一	二	三	四	五	六	七	八	二	三	四	五	六	七	八	九	一
戊寅	九	一	二	三	四	五	六	七	八	二	三	四	五	六	七	八	九	一
己丑	九	一	二	三	四	五	六	七	八	二	三	四	五	六	七	八	九	一
庚子	九	一	二	三	四	五	六	七	八	二	三	四	五	六	七	八	九	一
辛亥	九	一	二	三	四	五	六	七	八	二	三	四	五	六	七	八	九	一
壬戌	九	一	二	三	四	五	六	七	八	二	三	四	五	六	七	八	九	一

天蓬九星附法(천봉구성부법) 乙

　天蓬九星(천봉구성)이란 天蓬(천봉), 天任(천임), 天冲(천충), 天輔(천보), 天英(천영), 天芮(천예), 天柱(천주), 天心(천심), 天禽(천금)을 말하며 九星(구성)은 天道(천도) 左轉(좌전)의 원리대로 八卦(팔괘)로 左轉(좌전)하게 되고 그 중에 中宮(중궁)에 머무르는 天禽星(천금성)은 평상시에는 中宮(중궁)을 지키다가 旬首(순수)가 入中(입중)했을 시에는 변방으로 나가되 반드시 坤方(곤방)을 통해서 나간다.

　붙이는 법은 時柱(시주)의 旬首(순수)가 머물고 있는 宮(궁)의 定位星(정위성)을 時干(시간)이 머물고 있는 宮(궁)에 옮겨 붙인다.　이때는 당연히 時間符頭旬將(시간부두순장)이 時干上(시간상)으로 붙여지고 時干(시간)이 붙은 곳에 直符八將(직부팔장)을 붙인다.

天輔	天英	天芮
天冲	天禽	天柱
天任	天蓬	天心

<九星基本圖>

天輔	天英	天芮
天冲	天禽	天柱
天任	天蓬	天心

<九星定位圖>

輔	英	芮
冲		柱
任	蓬	心

<天蓬在坎>

冲	輔	英
任		芮
蓬	心	柱

<天蓬在艮>

任	冲	輔
蓬		英
心	柱	芮

<天蓬在震>

蓬	任	冲
心		輔
柱	芮	英

<天蓬在巽>

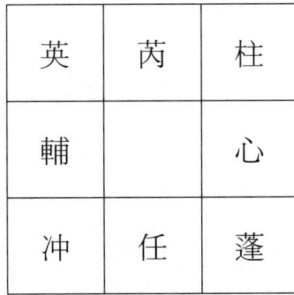

心	蓬	任
柱		冲
芮	英	輔

<天蓬在離>

柱	心	蓬
芮		任
英	輔	冲

<天蓬在坤>

芮	柱	心
英		蓬
輔	冲	任

<天蓬在兌>

英	芮	柱
輔		心
冲	任	蓬

<天蓬在乾>

(1) 辛未年 十一月 九日 酉時生
（신미년 십일월 구일 유시생）
大雪下元 陰遁一局
（대설하원 음둔일국）
4 3 7 8 = 22÷9=4
丁丙庚辛
酉午子未
10 7 1 8 = 26÷9=8

直柱		心		蓬	
時 辛 十		壬 五		戊 二	
干 丁 二		己 七		乙 十	
芮		癸	四(九)	任	
乙 一				庚 七	
丙 一			八(三)	辛 五	
英		輔		冲	
己 六		丁 三		丙 八	
庚 六		戊 九		壬 四	

　　丁酉時(정유시)는 甲午旬中(갑오순중)이요, 甲午旬中(갑오순중)은 辛(신)이 旬首(순수)인데 旬首(순수)인 辛(신)이 兌宮(태궁)에 머무르고 있으므로 兌宮(태궁)의 定位星(정위성)인 天柱(천주)를 時干(시간)인 丁(정)이 머물고 있는 巽宮(손궁)에 옮겨 붙여 차례로 順行(순행)한다.

(2) 癸酉年 十一月 十三日 丑時生
（계유년 십일월 십삼일 축시생）
冬至中元 陽遁七局
（동지중원 양둔칠국）
2 6 1 10 = 19÷9=1
乙己甲癸
丑巳子酉
2 6 1 10 = 19÷9=1

冲		輔		英	
癸 七		丁 二		庚 九	
丁 五		庚 十		壬 三	
任		丙	一(六)	芮	
己 八				壬 四	
癸 四			一(六)	戊 八	
蓬		心		直柱	
辛 三		乙 十		時 戊 五	
己 九		辛 二		干 乙 七	

乙丑時(을축시)는 甲子旬中(갑자순 중)이요, 甲子旬中(갑자순 중)은 戊(무)가 旬首(순수)인데 旬首(순수)인 戊(무)가 兌宮(태 궁)에 머무르고 있으므로 兌宮(태궁)의 定位星(정위성)인 天柱 (천주)를 時干(시간)인 乙(을)이 머물고 있는 乾宮(건궁)에 옮 겨 붙여 차례로 순행시킨다.

(3) 丁卯年 正月 十一日 亥時生
(정묘년 정월 십일일 해시생)
立春下元 陽遁二局
(입춘하원 양둔이국)

芮		柱		直心	
戊	三	癸	八	壬	五
庚	七	丙	二	戊	五
英				蓬	
丙	四	時	七	乙	十
己	六	干辛	三	癸	十
輔		冲		任	
庚	九	己	六	丁	一
丁	一	乙	四	壬	九

8 4 9 4 = 25÷9=7
辛丁壬丁
亥丑寅卯
12 2 3 4 = 21÷9=3

辛亥時(신해시)는 甲辰旬中(갑진순 중)이요, 甲辰旬中(갑진순 중)은 壬(임)이 旬首(순수)인데 旬首(순수)인 壬(임)이 乾宮(건 궁)에 머무르고 있으므로 乾宮(건궁)의 定位星(정위성)인 天心 (천심)을 時干(시간)인 辛上(신상)에 옮겨 붙이는데 時干(시 간)이 中宮(중궁)에 머물고 있으므로 坤宮(곤궁)으로 끌어내어 坤宮(곤궁)에 天心(천심)을 붙여 차례로 순행시킨다.

(4) 壬午年 三月 十九日 酉時生
(임오년 삼월 십구일 유시생)
穀雨中元 陽遁二局
(곡우중원 양둔이국)
4 3 1 9 = 17÷9=8
丁丙甲壬
酉辰辰午
10 5 5 7 = 27÷9=9

心	蓬	任
壬 四 庚 三	乙 九 丙 八	丁 六 戊 一
柱		冲
癸 五 己 二	辛 八(三) 九(四)	己 一 癸 六
禽	英	輔
辛 十 丁 七	丙 七 乙 十	庚 二 壬 五

　　丁酉時(정유시)는　甲午旬中(갑오순중)이요,　甲午旬中(갑오순중)은　辛(신)이　旬首(순수)인데　旬首(순수)인　辛(신)이　中宮(중궁)에　머물고　있으므로,　中宮(중궁)의　定位星(정위성)인　天禽(천금)을　時干(시간)인　丁(정)이　머물고　있는　艮宮(간궁)에　옮겨　붙여　차례로　순행한다.

(5) 己丑年 三月 二十一日 寅時生
(기축년 삼월 이십일일 인시생)
穀雨上元 陽遁五局
(곡우상원 양둔오국)
5 3 5 6 = 19÷9=1
戊丙戊己
寅寅辰丑
3 3 5 2 = 13÷9=4

芮	柱	心
丁 七 乙 八	庚 二 壬 三	己 九 丁 六
英		蓬
壬 八 丙 七	戊 一(六) 四(九)	癸 四 庚 一
輔	冲	任
乙 三 辛 二	丙 十 癸 五	辛 五 己 十

戊寅時(무인시)는 甲戌旬中(갑술순중)이요, 甲戌旬中(갑술순중)은 己(기)가 旬首(순수)인데 旬首(순수)인 己(기)가 머물고 있는 乾宮(건궁)의 定位星(정위성)인 天心(천심)을 時干(시간)인 戊(무)가 머물고 있는 宮(궁)에 옮겨 붙여 차례로 순행한다. 그러나 時干(시간)이 中宮(중궁)에 놓였을 경우에는 坤宮(곤궁)으로 끌어내어서 붙인다.

11. 時家八門設局 起例(시가팔문설국 기예)

(1) 陰二局 丙辛日 辛卯時
   (음이국 병신일 신묘시)

(己丑)	(甲申)	(甲子,辛卯)
虎　柱　壬 　傷　丙	天　心　癸 　杜　庚	武　蓬　己 　景　戊
(庚寅)	(戊子)	(丙戌)
常　芮　戊 　生　乙	合　　丁	蛇　任　辛 　死　壬
(乙酉)	(甲戌)	(丁亥)
直　英　庚 　休　辛	地　輔　丙 　開　己	陰　冲　乙 　驚　癸

　二局(이국)은 二(이)요, 二(이)는 坤宮(곤궁)이다. 坤宮(곤궁)에 戊(무)를 붙이되 陰局(음국)이니 逆行(역행)시킨다. 辛卯時(신묘시)는 甲申旬中(갑신순중)이니 庚(경)이 符頭(부두)이다. 符頭(부두)인 庚(경)을 時干(시간)인 辛上(신상)에 붙이되 차례대로 옮겨 놓는다. 符頭(부두)인 庚(경)이 離宮(이궁)에 있으므로 離宮(이궁)의 定位星(정위성)은 天英(천영)이니 이 天英星(천영성)이 곧 直符(직부)가 되고, 直符(직부)인 天英(천영)이 時干(시간)인 辛上(신상)에 앉게 된다. 直使(직사)란 時旬首(시순수)가 앉아 있는 宮(궁)의 定位門(정위문)을 말하는데 二局(이국)이니 二坤宮(이곤궁)에서 甲子(갑자)를 일으키니 坤宮(곤궁)에 辛卯時(신묘시)가 닿으므로 時符頭(시부두)인 庚(경)이 離宮(이궁)에 머물고 있는데 離宮(이궁)의 定位門(정위문)은 景門(경문)이므로 이 景門(경문)을

辛卯時(신묘시)가 닿은 坤宮(곤궁)에 景門(경문)을 붙여 八門 (팔문)을 順行(순행)시킨다. 그리고 時干(시간)인 辛(신)이 앉아 있는 艮宮(간궁)에서 直符(직부)를 일으키되 陰局(음국)이므로 逆行(역행)시키니 兌宮(태궁)에 螣蛇(등사), 乾宮(건궁)에 太陰(태음), 中宮(중궁)에 六合(육합), 巽宮(손궁)에 白虎(백호), 震宮(진궁)에 太常(태상), 坤宮(곤궁)에 玄武(현무), 坎宮(감궁) 에 九地(구지), 離宮(이궁)에 九天(구천)을 붙이는 것이다.

(2) 陰八局 戊癸日 壬戌時 (음팔국 무계일 임술시)

(甲辰,壬戌)	(丁巳)	(乙卯)
直 沖癸 傷壬	虎 輔壬 杜乙	陰 英乙 景丁
(甲寅)	**(甲午,辛酉)**	**(甲戌,己未)**
蛇 任戊 生癸	天 辛	武 芮丁 死己
(甲子,戊午)	**(丙辰)**	**(甲申,庚申)**
常 蓬丙 休戊	合 心庚 開丙	地 柱己 驚庚

八局(팔국)이니 八艮宮(팔간궁)에서 戊(무)를 일으키고 壬戌時(임술시)는 甲寅旬中(갑인순중)이니 癸(계)가 符頭(부두)이다. 符頭(부두)인 癸(계)를 時干(시간)인 壬上(임상)에 붙이고 차례대로 옮겨 놓는다. 符頭(부두)인 癸(계)가 머물고 있는 震宮(진궁)의 九星(구성) 定位星(정위성)은 天沖(천충)이니 이 天沖星(천충성)이 곧 直符(직부)가 되고 直符(직부)인 天沖(천충)이 時干(시간)인 壬上(임상)에 앉게 된다. 直使(직사)란 時旬首(시순수)가 앉아 있는 宮(궁)의 定位門(정위문)을 말하는데 八局(팔국)이니 八艮宮 (팔간궁)에서 甲子(갑자)를 일으키니 壬戌時(임술시)가 巽宮 (손궁)에 닿으므로 時符頭(시부두)인 癸(계)가 머물고 있는 震宮(진궁)의 八門定位神(팔문정위신)인 傷門(상문)을 巽宮(손

궁)에 붙여 차례로 八門(팔문)을 붙이는 것이다. 時干(시간)인 壬(임)이 머물고 있는 巽宮(손궁)에 直符(직부)를 일으키되 陰局(음국)이므로 逆行(역행)시키니 震宮(진궁)에 螣蛇(등사), 坤宮(곤궁)에 太陰(태음), 坎宮(감궁)에 六合(육합), 離宮(이궁)에 白虎(백호), 艮宮(간궁)에 太常(태상), 兌宮(태궁)에 玄武(현무), 乾宮(건궁)에 九地(구지), 中宮(중궁)에 九天(구천)을 붙이는 것이다. 直符八將(직부팔장)에 太常(태상)을 추가시키면 直符九神(직부구신)이라 하는데 時家八門(시가팔문)에서 專用(전용)한다.

(3) 陽五局 甲己日 丙寅時
   (양오국 갑기일 병인시)

五局(오국)이니 五(오)는 中宮(중궁)이다. 고로 中宮(중궁)에 戊(무)를 붙이되 陽局(양국)이니 順行(순행)시킨다. 丙寅時(병인시)는 甲子旬中(갑자순중)이니 甲

蛇 柱 庚 傷 乙	雀 心 己 杜 壬	天 蓬 癸 景 丁
	(甲子)	(丙寅)
直 禽 戊 生 丙	陰 戊	陳 任 辛 死 庚
		(乙丑)
常 英 壬 休 辛	地 輔 乙 開 癸	合 沖 丙 驚 己

子旬中(갑자순중)은 戊(무)가 時符頭(시부두)인데 符頭(부두)인 戊(무)를 時干(시간)인 丙上(병상)에 붙이되 차례대로 옮겨놓는다. 符頭(부두)인 戊(무)가 中宮(중궁)에 있으므로 中宮(중궁)의 九星(구성) 定位星(정위성)은 天禽(천금)이니 이 天禽星(천금성)이 곧 直符(직부)가 되고, 直符(직부)인 天禽(천금)이 時干(시간)인 丙上(병상)에 앉게 된다. 直使(직사)란 時旬首(시순수)가 앉아 있는 宮(궁)의 定位門(정위문)을 말하는

데, 五局(오국)이니 五中宮(오중궁)에서 甲子(갑자)를 일으켜 乾宮(건궁)에 乙丑(을축)을 붙이고 兌宮(태궁)에 丙寅時(병인시)가 닿으므로 時符頭(시부두)인 戊(무)가 머물고 있는 坤宮(곤궁) (符頭(부두)인 戊(무)가 中宮(중궁)에 있다. 中宮(중궁)에는 원래 八門(팔문)이 없기 때문에 어떤 設局(설국)을 막론하고 坤宮(곤궁)으로 끌어내어서 布局(포국)을 해야 한다.)의 定位門(정위문)은 死門(사문)인데 이 死門(사문)을 丙寅時(병인시)가 닿는 兌宮(태궁)에 붙여 차례대로 八門(팔문)을 順行(순행)시킨다. 時干(시간)인 丙(병)이 머물고 있는 震宮(진궁)에서 直符(직부)를 일으켜 巽宮(손궁)에 螣蛇(등사), 中宮(중궁)에 太陰(태음), 乾宮(건궁)에 六合(육합), 兌宮(태궁)에 勾陳(구진), 艮宮(간궁)에 太常(태상), 離宮(이궁)에 朱雀(주작), 坎宮(감궁)에 九地(구지), 坤宮(곤궁)에 九天(구천)을 붙이는 것이다.

(4) 陽三局 乙庚日 丙子時
　　(양삼국 을경일 병자시)

丙子時(병자시)는 甲戌旬中(갑술순중)이요, 甲戌旬中(갑술순중)은 己(기)가 符頭(부두)요, 符頭(부두)인 己(기)가 巽宮(손궁)에 닿았다.
巽宮(손궁)의 定位九星

(乙丑,甲戌) 合　柱　壬 開　己	(庚午) 天　心　辛 休　丁	(壬申) 蛇　蓬　丙 生　乙
(甲子,癸酉) 陰　芮　乙 驚　戊	(丙寅,乙亥) 陳　　庚	(戊辰) 雀　任　癸 傷　壬
(己巳) 地　英　丁 死　癸	(辛未) 直　輔　己 景　丙	(丁卯,丙子) 常　冲　戊 杜　辛

(정위구성)은 天輔(천보)가 되니 이 天輔성(천보성)이 곧 直符(직부)가 되고 直符(직부)인 天輔(천보)가 時干(시간)인 丙上

(병상)에 앉게 된다. 直使(직사)란 時旬首(시순수)가 앉아있는 宮(궁)의 定位門(정위문)을 말하는데 三局(삼국)은 三(삼)이니 三震宮(삼진궁)에서 甲子(갑자)를 일으켜 巽宮(손궁)에 甲戌(갑술), 中宮(중궁)에 乙亥(을해), 乾宮(건궁)에 丙子時(병자시)가 닿으므로 時符頭(시부두)인 己(기)가 머물고 있는 巽宮(손궁)의 定位門(정위문)인 杜門(두문)을 丙子時(병자시)가 닿는 乾宮(건궁)에 붙여 八門(팔문)을 順行(순행)시킨다. 直符九神(직부구신)은 陽遁(양둔)은 順行(순행)하고, 陰遁(음둔)은 逆行(역행)한다. 時干(시간)인 丙(병)이 머물고 있는 坎宮(감궁)에 直符(직부)를 일으켜 坤宮(곤궁)에 螣蛇(등사), 震宮(진궁)에 太陰(태음), 巽宮(손궁)에 六合(육합), 中宮(중궁)에 勾陳(구진), 乾宮(건궁)에 太常(태상), 兌宮(태궁)에 朱雀(주작), 艮宮(간궁)에 九地(구지), 離宮(이궁)에 九天(구천)을 붙이는 것이다.

(5) 己未年 三月 十五日 辰時
(기미년 삼월 십오일 진시)
春分下元 陽遁六局
(춘분하원 양둔육국)

3 5 5 6 = 19÷9=1
丙戊戊己
辰申辰未
5 9 5 8 = 27÷9=9

(丙辰) 死 癸七 丙三	(甲午) 驚 己二 辛八	(甲寅) 開 戊九 癸一
(乙卯) 景 辛八 丁二	乙 一(六) 九(四)	(甲戌) 休 壬四 己六
(甲申) 杜 丙三 庚七	(甲辰) 傷 丁十 壬十	(甲子) 生 庚五 戊五

　六局(육국)은 六(육)이니 六乾宮(육건궁)에서 甲子(갑자)를 일으켜 時間(시간)인 丙辰(병진)인 닿는 宮(궁)까지 짚어나간다.

丙辰(병진)은 甲寅旬中(갑인순중)이요, 甲寅旬中(갑인순중)은 癸(계)가 符頭(부두)인데 癸(계)가 坤宮(곤궁)에 머무르로 있으므로 坤宮(곤궁)의 定位門(정위문)인 死門(사문)을 時間(시간)인 丙辰(병진)이 머물고 있는 巽宮(손궁)에 붙여 차례로 八門(팔문)을 붙이면 된다.

(6) 壬申年 十一日 初四日 卯時
(임신년 십일일 초사일 묘시)
大雪上元 陰遁四局
(대설상원 음둔사국)

8 3 8 9 = 28÷9=1
辛丙辛壬
卯申亥申
4 9 12 9 = 34÷9=7

(甲子,辛卯)	(丙戌)	(甲申)
死　辛 七 　　戊 一	驚　癸 二 　　壬 六	開　己 九 　　庚 九
(甲戌)	**(庚寅)**	**(戊子)**
景　丙 八 　　己 十	乙　一(六) 　　七(二)	休　戊 四 　　丁 四
(丁亥)	**(乙酉)**	**(己丑)**
杜　丁 三 　　癸 五	傷　庚 十 　　辛 八	生　壬 五 　　丙 三

　四局(사국)이니 四巽宮(사손궁)에서 甲子(갑자)를 일으키되 陰遁(음둔)이므로 逆行(역행)시켜 짚어나가니 巽宮(손궁)에 時間(시간)인 辛卯(신묘)가 닿았다. 辛卯(신묘)는 甲申旬中(갑신순중)이니 庚(경)이 符頭旬將(부두순장)이다. 旬首(순수)인 庚(경)이 머물고 있는 坤宮(곤궁)의 定位門(정위문)인 死門(사문)을 辛卯(신묘)가 머물고 있는 巽宮(손궁)에 붙여 차례로 八門(팔문)을 붙인다.

12. 流年大運 算法(유년대운 산법)

    流年大運(유년대운)은 陰陽遁(음양둔)을 막론하고 地盤(지반)은 順行(순행)하고 天盤(천반)은 逆行(역행)하는데 洪數(홍수)에 바탕을 두고 日支宮(일지궁) 地盤洪數(지반홍수)를 시발점으로 하여 各宮(각궁)의 數(수)를 가산하는데 地盤(지반) 四十五年(사십오년)은 順回(순회)를 하고, 天盤(천반) 四十五年(사십오년)은 逆回(역회)를 한다. 주의할 점은 地盤數(지반수)가 十(십)일 때에는 中宮(중궁) 地盤(지반)에 隱伏(은복)된 숫자를 더하게 되고, 天盤數(천반수)가 十(십)일 때에는 中宮(중궁) 天盤(천반)에 隱伏(은복)된 숫자를 더하게 된다.

(1) 丁巳年 十一月 八日 寅時生(정사년 십일월 팔일 인시생)
    冬至上元 陽遁一局(동지상원 양둔일국)

    9 4 9 4 =26÷9=8
    壬 丁 壬 丁
    寅 酉 子 巳
    3 10 1 6 =20÷9=2

丁酉日(정유일)의 酉(유)는 兌宮(태궁)이니 兌宮(태궁)의 地盤洪數(지반홍수)인 九(구)가 流年大運(유년대운)의 始發点(시발점)이 되어 地盤(지반) 45年(년) 順回(순회)하고, 天盤(천반) 45年(년) 逆回(역회)한다.

54+4=60 29+6=35 60歲 丙 四 35歲 辛 六	78+9=87 16+1=17 87歲 庚 九 17歲 乙 一	65+6=71 20+4=24 71歲 辛 六 24歲 己 四
60+5=65 24+5=29 65歲 戊 五 29歲 庚 五	48+8=56 35+2=37 56歲 壬 八(三) 37歲 二(七)	45+1=46 9歲 始發点 46歲 乙 一 9歲 丁 九
87+3=90 9+7=16 90歲 癸 十 16歲 丙 十	71+7=78 17+3=20 78歲 丁 七 20歲 戊 三	46+2=48 37+8=45 48歲 己 二 45歲 癸 八

艮宮(간궁)의 地盤數(지반수)가 十(십)이므로 中宮(중궁)의 地盤(지반) 隱伏數(은복수)인 七(칠)을 사용하고, 天盤(천반)이 十(십)이므로 中宮(중궁)의 天盤(천반) 隱伏數(은복수)인 三(삼)을 사용한다.

(2) 庚辰年 十二月 二十日 卯時生(경진년 십이월 이십일 묘시생)
   大寒中元 陽遁九局(대한중원 양둔구국)

   10 9 6 7 =32÷9=5
   癸壬己庚
   卯寅丑辰
   4 3 2 5 =14÷9=5

壬寅日(임인일)은 寅(인)이 日支(일지)요, 寅(인)은 艮宮(간궁)이니 艮宮(간궁)은 日支宮(일지궁)이요 世宮(세궁)이다. 故(고)로 艮宮(간궁)의 地盤洪數(지반홍수)인 八(팔)이 流年大運數(유년대운수)

74+1=75 23+4=27 75歲 己 一 27歲 壬 四	84+6=90 8+9=17 90歲 乙 六 17歲 戊 九	77+3=80 18+2=20 80歲 辛 三 20歲 庚 二
75+2=77 20+3=23 77歲 丁 二 23歲 辛 三	69+5=74 27+5=32 74歲 癸 五 32歲 癸 五	52+8=60 38+7=45 60歲 壬 八 45歲 丙 七
45+7=52 8歲 始發点 52歲 丙 七 8歲 乙 八	80+4=84 17+1=18 84歲 庚 四 18歲 己 一	60+9=69 32+6=38 69歲 戊 九 38歲 丁 六

의 시발점이 되어 地盤(지반) 45年(년) 順回(순회)하고 天盤(천반) 45年(년) 逆回(역회)시킨다.

(3) 戊申年 十月 七日 戊時生(무신년 시월 칠일 술시생)
霜降下元 陰遁二局(상강하원 음둔이국)

1 6 9 5 =21÷9=3
甲己壬戊
戌未戌申
11 8 11 9 =39÷9=3

己未日(기미일)은 未(미)가 日支(일지)요 未(미)는 坤宮(곤궁)이니 坤宮(곤궁)은 日支宮(일지궁)이자 世宮(세궁)이다. 故(고)로 坤宮(곤궁)의 地盤洪數(지반홍수)인 五(오)가 流年大運

(유년대운)의 시발점이 되어 地盤(지반) 45年(년) 順回(순회)하고 天盤(천반) 45年(년) 逆回(역회)한다.

73+9=82 11+7=18 82歲 丙 九 18歲 丙 七	48+4=52 39+2=41 52歲 庚 四 41歲 庚 二	45+1=46 5歲 始發点 46歲 戊 一 5歲 戊 五
82+8=90 5+6=11 90歲 乙 十 11歲 乙 六	70+3=73 18+3=21 73歲 丁 三(八) 21歲 丁 三(八)	57+6=63 30+8=38 63歲 壬 六 38歲 壬 十
52+5=57 38+1=39 57歲 辛 五 39歲 辛 一	46+2=48 41+4=45 48歲 己 二 45歲 己 四	63+7=70 21+9=30 70歲 癸 七 30歲 癸 九

(4) 乙卯年 七月 二十三日 戌時生(을묘년 칠월 이십삼일 술시생)
　　白露上元 陰遁九局(백로상원 음둔구국)

5 3 1 2 =11÷9=2
戊丙甲乙
戊申申卯
11 9 9 4 =33÷9=6
丙申日(병신일)의 申(신)은 日支(일지)요 申(신)은 坤宮定位(곤궁정위)요 日支宮(일지궁)이자 世宮(세궁)이다. 그러

73~81 歲 17~18 歲 庚 八 癸 十	53~56 歲 33~38 歲 辛 三 戊 五	45~52 歲 1~ 8 歲 乙 十 丙 八
81~90 歲 8~17 歲 丙 九 丁 九	71~73 歲 18~24 歲 壬　二(七) 　六(一)	60~65 歲 26~29 歲 己 五 庚 三
56~60 歲 29~33 歲 戊 四 己 四	52~53 歲 38~45 歲 癸 一 乙 七	65~71 歲 24~26 歲 丁 六 辛 二

므로 坤宮(곤궁)의 地盤洪數(지반홍수)인 八(팔)이 始發点(시발점)이 된다.

(5) 壬申年 七月 十五日 酉時生(임신년 칠월 십오일 유시생)
　　處暑上元 陰遁一局(처서상원 음둔일국)

10 6 5 9 =30÷9=3
癸己戊壬
酉酉申申
10 10 9 9 =38÷9=2

己酉日(기유일)
의 酉(유)는 日支
(일지)이니 酉(유)
는 兌宮定位(태궁
정위)요 兌宮(태
궁)은 日支宮(일
지궁)이자 世宮

61~70 歲 29~35 歲 辛 九 丁 六	81~85 歲 16~17 歲 壬 四 己 一	78~79 歲 20~24 歲 戊 一 乙 四
70~78 歲 24~29 歲 乙 十 丙 五	58~61 歲 35~37 歲 癸 三(八) 二(七)	45~51 歲 1~9 歲 庚 六 辛 九
85~90 歲 9~16 歲 己 五 庚 十	79~81 歲 17~20 歲 丁 二 戊 三	51~58 歲 37~45 歲 丙 七 壬 八

(세궁)이므로 兌宮(태궁)의 地盤洪數(지반홍수)인 九(구)가 시발점이 된다.

13. 九宮(구궁)의 求法(구법)

　年盤(연반)의 九宮(구궁)은 和局(화국)과 같은 수의 宮(궁)인 五中宮(오중궁)에 둔다.　예를 들면 陰八局(음팔국)의 년은 八白(팔백)이 五中宮(오중궁)에 진입하므로 九紫(구자)는 六乾(육건)에 있고, 一白(일백)은 七兌(칠태)에 있고, 二黑(이흑)은 八艮(팔간)의 상황하에 배포된다.　八白(팔백)이 五中宮(오중궁)에 진입하게 되는 년을 八白年(팔백년)이라고 하며, 八白(팔백)이 五中宮(오중궁)에 진입하는 月・日・時(월일시)라면 각각 八白月(팔백월), 八白日(팔백일), 八白時(팔백시)라고 일컫는다.　이런 종류를 氣學(기학)이라고 부른다.

　月盤(월반)의 九宮(구궁)은 子年(자년)의 寅月(인월)을 八白(팔백)으로 하고 1개월마다 한번 바뀌므로 卯月(묘월)은 七赤月(칠적월)이 되고, 辰月(진월)은 六白月(육백월)이 되는 것과 같은 數法(수법)으로 셈한다.　子,午,卯,酉年(자오묘유년)은 八白月(팔백월)을 寅月(인월)로 하여 시작하며, 辰,戌,丑,未年(진술축미년)은 五黃月(오황월)을 寅月(인월)로 하여 시작하며, 寅,申,巳,亥年(인신사해년)은 二黑月(이흑월)을 寅月(인월)로 하여 시작한다.

　日盤(일반)의 九宮(구궁)은 陰局(음국), 陽局(양국)을 따지지 않으므로 전부 해당하는 局數(국수)의 九宮(구궁)을 五中宮(오중궁)에 넣게 된다.　결국 陰八局(음팔국)이나 陽八白(양팔백)의 日(일)은 전부 八白日(팔백일)로 변하게 될 뿐이다.

時盤(시반)은 陰局(음국)과 陽局(양국)에 의해 서로 다르다. 만약 陽局(양국)이면 子日(자일) 子時(자시)에서부터 一白時(일백시)가 시작되므로 丑時(축시)는 二黑時(이흑시)가 되고 寅時(인시)는 三碧時(삼벽시)가 된다. 이와 같이 每(매) 一時(일시) 모두 순행한다. 그러나 만일 陰局(음국)이면 子日(자일) 子時(자시)에서 九紫時(구자시)가 시작되므로 丑時(축시)는 八白時(팔백시)가 되고 寅時(인시)는 七赤時(칠적시)가 된다. 이와 같이 每(매) 一時(일시) 모두 역행한다. 간략히 정리하면 다음과 같다. 陽局(양국) 순행일 경우 子午卯酉日(자오묘유일)은 一白時(일백시)가 子時(자시)부터 시작된다. 辰戌丑未日(진술축미일)은 四綠時(사록시)가 子時(자시)부터 시작되고, 寅申巳亥日(인신사해일)은 七赤時(칠적시)가 子時(자시)부터 시작한다. 陰局(음국) 역행일 경우는 子午卯酉日(자오묘유일)은 九紫時(구자시)가 子時(자시)부터 시작되고, 辰戌丑未日(진술축미일)은 六白時(육백시)가 子時(자시)부터 시작되고, 寅申巳亥日(인신사해일)은 三碧時(삼벽시)가 子時(자시)부터 시작된다.

九星(구성)과 五行(오행)

九星	一白	二黑	三碧	四綠	五黃	六白	七赤	八白	九紫
五行	水	土	木	木	土	金	金	土	火

年九星早見表(연구성조견표)

三元 \ 年 九星	甲子	乙丑	丙寅	丁卯	戊辰	己巳	庚午	辛未	壬申	癸酉	甲戌	乙亥	丙子	丁丑	戊寅	己卯	庚辰	辛巳	壬午	癸未
上元	一	九	八	七	六	五	四	三	二	一	九	八	七	六	五	四	三	二	一	九
中元	四	三	二	一	九	八	七	六	五	四	三	二	一	九	八	七	六	五	四	三
下元	七	六	五	四	三	二	一	九	八	七	六	五	四	三	二	一	九	八	七	六

三元 \ 年 九星	甲申	乙酉	丙戌	丁亥	戊子	己丑	庚寅	辛卯	壬辰	癸巳	甲午	乙未	丙申	丁酉	戊戌	己亥	庚子	辛丑	壬寅	癸卯
上元	八	七	六	五	四	三	二	一	九	八	七	六	五	四	三	二	一	九	八	七
中元	二	一	九	八	七	六	五	四	三	二	一	九	八	七	六	五	四	三	二	一
下元	五	四	三	二	一	九	八	七	六	五	四	三	二	一	九	八	七	六	五	四

三元 \ 年 九星	甲辰	乙巳	丙午	丁未	戊申	己酉	庚戌	辛亥	壬子	癸丑	甲寅	乙卯	丙辰	丁巳	戊午	己未	庚申	辛酉	壬戌	癸亥
上元	六	五	四	三	二	一	九	八	七	六	五	四	三	二	一	九	八	七	六	五
中元	九	八	七	六	五	四	三	二	一	九	八	七	六	五	四	三	二	一	九	八
下元	三	二	一	九	八	七	六	五	四	三	二	一	九	八	七	六	五	四	三	二

月九星早見表(월구성조견표)

月	正月	二月	三月	四月	五月	六月	七月	八月	九月	十月	十一月	十二月
節入	立春	驚蟄	清明	立夏	芒種	小暑	立秋	白露	寒露	立冬	大雪	小寒
子午卯酉年	八	七	六	五	四	三	二	一	九	八	七	六
寅申巳亥年	二	一	九	八	七	六	五	四	三	二	一	九
辰戌丑未年	五	四	三	二	一	九	八	七	六	五	四	三

時九星早見表(시구성조견표)

	時支 日支	子	丑	寅	卯	辰	巳	午	未	申	酉	戌	亥
陽遁	子午卯酉日	一	二	三	四	五	六	七	八	九	一	二	三
	辰戌丑未日	四	五	六	七	八	九	一	二	三	四	五	六
	寅申巳亥日	七	八	九	一	二	三	四	五	六	七	八	九
	時支 日支	子	丑	寅	卯	辰	巳	午	未	申	酉	戌	亥
陰遁	子午卯酉日	九	八	七	六	五	四	三	二	一	九	八	七
	辰戌丑未日	六	五	四	三	二	一	九	八	七	六	五	四
	寅申巳亥日	三	二	一	九	八	七	六	五	四	三	二	一

九宮(구궁)의 象意(상의)

1. 一白(일백)의 象意(상의)

①天文(천문) : 비
②地理(지리) : 해양, 江湖(강호), 습지
③人物(인물) : 中男(중남), 술사, 秀才(수재), 뱃사람
④性情(성정) : 냉정, 냉혹, 방탕
⑤身體(신체) : 신장, 방광, 血氣(혈기), 음부
⑥禽獸(금수) : 물고기, 돼지, 횡포한 말
⑦物品(물품) : 병, 찻잔, 塗料(도료), 油(유)
⑧屋舍(옥사) : 水閣(수각), 주점, 水上(수상)의 건축물
⑨飮食(음식) : 차, 술, 짠맛의 식물
⑩事業(사업) : 鹽務官(염무관), 항운업, 어업

2. 二黑(이흑)의 象意(상의)

①天文(천문) : 흐린 날
②地理(지리) : 들, 논두렁길, 평지
③人物(인물) : 노모, 애기 밴 부인, 황후, 시골인
④性情(성정) : 인색, 유순, 나약
⑤禽獸(금수) : 鳳(봉), 소, 암말
⑥身體(신체) : 任脉(임맥), 가슴 늑골, 肌膚(기부), 복부
⑦物品(물품) : 곡물, 붉은 기와, 모가 난 물건

⑧屋舍(옥사) : 낮은 집, 창고, 시골집
⑨飮食(음식) : 土産(토산), 단맛의 식물
⑩事業(사업) : 농업에 관계한 관리, 농촌 진흥청이나 지도소 직
          원, 경작, 목축

3. 三碧(삼벽)의 象意(상의)

①天文(천문) : 우레
②地理(지리) : 번화가, 도로, 森林(삼림)
③人物(인물) : 장남, 태자, 寺廟(사묘) 관리인, 증인
④性情(성정) : 조급함, 허위, 쉽게 노하는 사람
⑤身體(신체) : 包絡(포락), 三焦氣穴(삼초기혈), 인후, 팔꿈치
⑥禽獸(금수) : 꾀꼬리, 개구리, 튼튼한 말
⑦飮食(음식) : 과일, 채소, 신맛
⑧物品(물품) : 창, 대포, 악기, 直形(직형)의 물건
⑨屋舍(옥사) : 사당, 도사가 수행하는 곳, 불교도가 수행하는 곳
⑩事業(사업) : 林務官(임무관), 영림서 직원, 목공, 茶葉(다엽)상인

4. 四綠(사록)의 象意(상의)

①天文(천문) : 바람
②地理(지리) : 화원, 항구, 초원
③人物(인물) : 장녀, 의원, 과부, 소개인
④性情(성정) : 온화, 守德(수덕), 不定(불정)
⑤身體(신체) : 간장, 膽腑(담부), 수염, 겨드랑
⑥禽獸(금수) : 닭, 뱀, 快馬(쾌마)
⑦屋舍(옥사) : 진료소, 은행, 축사
⑧物品(물품) : 침, 실, 시계의 추, 향기 맛 짙은 물건

⑨飮食(음식) : 밀가루, 국수, 짠맛의 물건
⑩事業(사업) : 稅官(세관), 소개업, 의원

5. 五黃(오황)의 象意(상의)

①天文(천문) : 天災(천재), 자연재해
②地理(지리) : 싸움에서 상함, 묘지, 불탄 흔적
③人物(인물) : 마왕, 도적, 룸펜(유랑하는 사람), 죽은 사람
④性情(성정) : 음험, 잔인, 흉악
⑤禽獸(금수) : 수리, 코끼리, 늙은 말
⑥身體(신체) : 인당, 인중, 척주, 腦部(뇌부)
⑦物品(물품) : 도검, 독약, 廢物(폐물)
⑧事業(사업) : 사법관, 자객, 도살업
⑨屋舍(옥사) : 황천, 염라전, 귀신이 거주하는 곳
⑩飮食(음식) : 된장이나 간장에 절이거나 담근 물건, 썩어서 흐
물흐물한 맛

6. 六白(육백)의 象意(상의)

①天文(천문) : 맑음
②地理(지리) : 옛 성, 고적, 고지
③人物(인물) : 늙은 아비, 黃帝(황제), 어른, 귀인
④性情(성정) : 강건, 武勇(무용), 결단력 풍부함
⑤身體(신체) : 督脈(독맥), 골격, 天庭(천정), 頸部(경부)
⑥禽獸(금수) : 용, 사자, 힘센 말
⑦物品(물품) : 金玉(금옥), 거울, 仙丹(선단)
⑧屋舍(옥사) : 전망대, 고층 아파트, 정거장
⑨飮食(음식) : 진귀한 식품, 매운 맛

⑩事業(사업) : 軍官(군관), 교통, 사업

7. 七赤(칠적)의 象意(상의)

①天文(천문) : 달
②地理(지리) : 못, 명승, 낮은 곳
③人物(인물) : 소녀, 歌妓(가기), 巫女(무녀), 배우
④性情(성정) : 수다스러움, 향락, 좌절
⑤身體(신체) : 폐장, 대장, 항문, 입 부분
⑥禽獸(금수) : 까마귀, 양, 어린 말
⑦物品(물품) : 종, 방울, 통, 움푹한 물건
⑧屋舍(옥사) : 응접실, 기도하는 단, 유령이 거주하는 장소
⑨飮食(음식) : 乳類(유류), 매운 맛
⑩事業(사업) : 번역관, 유락업, 오락업

8. 八白(팔백)의 象意(상의)

①天文(천문) : 안개
②地理(지리) : 제방, 언덕, 산지
③人物(인물) : 少男(소남), 죄수, 살찌어 뚱뚱한 자, 한가한 사람
④性情(성정) : 반역, 근검, 阻滯(조체)
⑤身體(신체) : 비장, 胃腑(위부), 등허리, 코 부위.
⑥禽獸(금수) : 학, 개, 준마
⑦物品(물품) : 탁자, 의자, 솜이불, 무거운 물품
⑧屋舍(옥사) : 커다란 문, 돌담, 여관
⑨飮食(음식) : 떡, 단맛의 식물
⑩事業(사업) : 巡邏業(순라업), 개간, 구식 은행

9. 九紫(구자)의 象意(상의)

①天文(천문) : 태양

②地理(지리) : 번화가, 軍營(군영), 육지

③人物(인물) : 형제자매 순서로 볼 때 중간의 딸, 壯元(장원), 仙
佛(선불), 文人(문인)

④性情(성정) : 총명, 열심, 정의감

⑤身體(신체) : 심장, 소장, 눈동자, 귀 부분

⑥禽獸(금수) : 꿩, 표범, 화려한 말

⑦物品(물품) : 서적, 등촉, 광택이 나는 물건

⑧屋舍(옥사) : 官衙(관아), 재판소, 학교

⑨飮食(음식) : 肉干(육간), 쓴맛의 식물

⑩事業(사업) : 호적 관리원, 修道(수도), 敎鞭(교편)

1. 五黃殺方(오황살방)

九氣(구기)가 九宮(구궁)을 순환할 때마다 위치가 달라지는데 五黃土星(오황토성)이 자리잡은 방위가 五黃殺方(오황살방)이다. 자발적 재난으로 자기도 모르는 사이에 병이 생기며 병을 알았을 때는 이미 치명적이 되어 있다. 건축, 조작, 이전, 여행, 혼담, 동토에 있어 이 방향을 이용하면 본인 아니면 식구들에게 화난이 닥치는데 주로 생명, 가운, 사업에 화난을 받게 된다.

2. 暗劍殺方(암검살방)

五黃殺(오황살)의 반대 방향이 暗劍殺方(암검살방)이다. 돌연한 병난, 도난, 가정불화, 사업실패, 외부로부터의 돌발적인 재난, 생명, 재산 손실, 이전, 건축, 동토, 수선, 여행, 혼담 등은 불리하니 피하는게 좋다. 특히 외상, 차사고, 소송, 관재, 손재, 도난, 납치, 질병, 변사 등의 흉액을 주의해야 한다.

3. 歲破方(세파방)

그 해의 地支(지지)와 冲(충)이 되는 방위를 말한다. 자신이 파해지고 목적, 사업, 가정, 신용, 교제가 파해지며 4년, 7년, 10년에 재난이 생기게 되고, 이후 4년마다 주기적으로 돌아오게 된다.

4. 月破方(월파방)

그 달의 地支(지지)와 冲(충)되는 방향을 말한다. 4월, 7월, 10월에 재난이 따른다.

5. 本命殺方(본명살방)

자기의 生年精氣(생년정기)가 있는 방위를 말하며 이 방위로 움직이면 빠르면 1년, 늦어도 11년 안에 응험이 나타난다. 난치병에 걸리거나 재산상의 큰 손실, 불행한 결혼, 악평, 좌절이 생기며 심하면 생명의 위험까지 일으킬 수 있다.

6. 本命的殺方(본명적살방)

本命殺方(본명살방)의 정반대 방위를 말한다. 이 방위로 움직이면 모든 일에 곰팡이와 녹이 슬게 되듯이 목적이 파해지고 명예의 실추, 병난, 정신적 영향, 타동적인 사고에 말려들기 쉬워진다. 자신의 저돌적인 무리한 행위가 자신의 실패는 물론 가정에까지 흉한 영향을 주게 된다.

7. 殺氣方(살기방)

生年精氣(생년정기)를 剋(극)하는 방향을 말하며 다른 사람으로부터 자기의 심기를 극하게 되고 기력이 쇠하여 매사 뜻대로 잘 안 된다. 다른 사람의 잘못이나 악의에 의해 자신이 피해를 입거나 실패를 당한다.

8. 死氣方(사기방)

生年精氣(생년정기)가 剋(극)하는 방위를 말하며 자신이 잘못한 일로 인하여 손해, 실패를 당한다. 자신으로부터 상대를 극하고 적을 불러들여 자기편을 몰살시키는 형상과 같다.

14. 十二運星 附法(십이운성 부법)

十二運星(십이운성) 早見表(조견표)

世爻 十二運星	一水	二火	三木	四金	五土	六水	七火	八木	九金	十土
胞	巳二	子一	申九	卯八	亥六	午七	亥六	酉四	寅三	子一
胎	午七	亥六	酉四	寅三	子一	巳二	子一	申九	卯八	亥六
養	未十	戌五	戌五	丑十	丑十	辰五	丑十	未十	辰五	戌五
生	申九	酉四	亥六	子一	寅三	卯八	寅三	午七	巳二	酉四
浴	酉四	申九	子一	亥六	卯八	寅三	卯八	巳二	午七	申九
帶	戌五	未十	丑十	戌五	辰五	丑十	辰五	辰五	未十	未十
官	亥六	午七	寅三	酉四	巳二	子一	巳二	卯八	申九	午七
旺	子一	巳二	卯八	申九	午七	亥六	午七	寅三	酉四	巳二
衰	丑十	辰五	辰五	未十	未十	戌五	未十	丑十	戌五	辰五
病	寅三	卯八	巳二	午七	申九	酉四	申九	子一	亥六	卯八
死	卯八	寅三	午七	巳二	酉四	申九	酉四	亥六	子一	寅三
墓	辰五	丑十	未十	辰五	戌五	未十	戌五	戌五	丑十	丑十

(1) 丁丑年 九月 二十二日 戌時生

(정축년 구월 이십이일 술시생)

霜降中元 陰遁八局

(상강중원 음둔팔국)

3 2 7 4 = 16÷9=7

丙乙庚丁

戌酉戌丑

11 10 11 2 = 34÷9=7

三一 墓 死	八六 病	五九 衰 旺
四十 胞	七(二) 七(二)	十四 建(官)
九五 胎 養	六八 生	一三 浴 帶

　乙酉日(을유일)의 酉(유)는 兌宮定位(태궁정위)요 故(고)로 兌宮(태궁)의 地盤(지반)인 四金(사금)이 世宮(세궁)이요 己身(기신)이다. 四金(사금)은 辛(신)과 같으니 辛(신)의 絶宮(절궁)은 卯(묘)요 辛(신)은 陰(음)이니 순서대로 逆行(역행)시키면 된다. 建祿(건록)인 臨官(임관)은 建(건)이나 官(관)으로 표기한다.

(2) 壬寅年 四月 六日 辰時生

(임인년 사월 육일 진시생)

立夏下元 陽遁七局

(입하하원 양둔칠국)

1 4 2 9 = 16÷9=7

甲丁乙壬

辰未巳寅

5 8 6 3 = 22÷9=4

三八 養 胎	八三 胞	五六 墓 死
四七 生	七(二) 四(九)	十一 病
九二 浴 帶	六五 建(官)	一十 旺 衰

未日(미일)은 坤宮(곤궁)이 定位(정위)요, 坤宮(곤궁)의 地盤 六水(지반육수)가 世(세)요 己身(기신)이다. 六水(육수)는 亥(해)요 亥(해)는 陰(음)이니 癸(계)와 같다. 癸(계)는 午(오)가 絶宮(절궁)이요, 陰(음)이니 차례대로 逆行(역행)시키면 된다.

(3) 乙酉年 十一月 十六日 戌時生
(을유년 십일월 십육일 술시생)
大雪下元 陰遁一局
(대설하원 음둔일국)
9 10 5 2 = 26÷9=8
壬癸戊乙
戌亥子酉
11 12 1 10 =34÷9=7

四一 衰 病	九六 死	六九 墓 胞
五十 旺	八(三) 七(二)	一四 胎
十五 建 帶	七八 浴	二三 生 養

亥日(해일)은 乾宮定位(건궁정위)요, 乾宮(건궁)의 地盤(지반) 三木(삼목)이 世(세)요 己身(기신)이다. 三木(삼목)은 甲(갑)과 같으며 甲(갑)의 絶宮(절궁)은 申(신)이므로 坤宮(곤궁)에 胞(포)(絶(절))를 붙이되 甲(갑)은 陽(양)이므로 順行(순행)시키면 된다.

15. 生氣八神八卦法(생기팔신팔괘법)

一變局

生氣 五	絶體 十	絶命 三
福德 四	坎作卦 一	禍害 八
天宜 九	歸魂 二	遊魂 七

二變局

天宜 六	遊魂 一	歸魂 四
禍害 五	坤作卦 二	福德 九
生氣 十	絶命 三	絶體 八

三變局

絶體 七	生氣 二	禍害 五
歸魂 六	震作卦 三	絶命 十
遊魂 一	福德 四	天宜 九

四變局

歸魂 八	福德 三	天宜 六
絶體 七	巽作卦 四	遊魂 一
絶命 二	生氣 五	禍害 十

五變局

歸魂 四	福德 九	天宜 二
絶體 三	巽作卦 五	遊魂 七
絶命 八	生氣 一	禍害 六

六變局

禍害 十	絶命 五	絶體 八
天宜 九	乾作卦 六	生氣 三
福德 四	遊魂 七	歸魂 二

七變局

遊魂 一	天宜 六	福德 九
絶命 十	兌作卦 七	歸魂 四
絶體 五	禍害 八	生氣 三

八變局

絶命 二	禍害 七	生氣 十
遊魂 一	艮作卦 八	絶體 五
歸魂 六	天宜 九	福德 四

九變局

福德 三	歸魂 八	遊魂 一
生氣 二	離作卦 九	天宜 六
禍害 七	絶體 十	絶命 五

여러분이 生氣八卦附法(생기팔괘부법)을 쉽게 이해할 수 있도록 하기 위하여 예를 들어 설명하겠습니다.

(1) 丁巳年 十一月 八日 寅時生
   (정사년 십일월 팔일 인시생)
   陽遁 冬至 上元一局
   (양둔 동지 상원일국)

宜 四六	魂 九一	歸 六四
害 五五	坤作卦 八二	德 一九
氣 十十	命 七三	體 二八

9 4 9 4 = 26÷9=8
壬丁壬丁
寅酉子巳
3 10 1 6 = 20÷9=2

天干合數(천간합수) 26 나누기 9는 나머지수 8이니 中宮(중궁) 天盤數(천반수)요 地支合數(지지합수) 20 나누기 9는 나머지수 2이니 2가 中宮(중궁)의 地盤數(지반수)이므로 2數(수)가 中宮(중궁)에 있는 二變局(이변국) 坤作卦(곤작괘)와 같이 八方(팔방)에 生氣八卦(생기팔괘)를 붙이면 된다. 生氣八卦(생기팔괘)를 붙일 때는 略字(약자)로 표기하는 게 편리할 것이다. 生氣(생기)는 氣(기)로 禍害(화해)는 害(해)로, 天宜(천의)는 宜(의)로 遊魂(유혼)은 魂(혼)으로, 歸魂(귀혼)은 歸(귀)로, 福德(복덕)은 德(덕)으로, 絶體(절체)는 體(체)로 표기한다면 간단할 것이다.

(2) 己未年 六月 十九日 午時生
　　(기미년 유월 십구일 오시생)
　　陰遁 小暑 中元二局
　　(음둔 소서 중원이국)

宜 五六	魂 十一	歸 七四
害 六五	九二 (四)(七)	德 二九
氣 一十	命 八三	體 三八

7 6 8 6 = 27÷9=9
庚己辛己
午巳未未
7 6 8 8 = 29÷9=2

　　中宮(중궁)의　地盤數(지반수)가　二(이)이므로　二(이)는　坤(곤)이니　坤作卦(곤작괘)인　二變局(이변국)에　의하여　布局(포국)하면　된다.

(3) 乙卯年 七月 二十三日 戌時生
　　(을묘년 칠월 이십삼일 술시생)
　　陰遁 白露 上元九局
　　(음둔 백로 상원구국)

害 八十	命 三五	體 十八
宜 九九	二六 (七)(一)	氣 五三
德 四四	魂 一七	歸 六二

5 3 1 2 = 11÷9=2
戊丙甲乙
戌申申卯
11 9 9 4 = 33÷9=6

　　中宮(중궁)의　地盤數(지반수)가　六(육)이요　六(육)은　乾(건)이니　乾作卦(건작괘)에　의하여　붙이면　된다.

(4) 庚申年 五月 八日 戌時生

　　(경신년 오월 팔일 술시생)

　　陰遁 夏至 上元九局

　　(음둔 하지 상원구국)

氣 一五	體 六十	命 三三
德 二四	五(十) 一(六)	害 八八
宜 七九	歸 四二	魂 九七

7 9 9 7 = 32÷9=5

庚壬壬庚

戌子午申

11 1 7 9 = 28÷9=1

　　中宮(중궁)의 地盤數(지반수)가 一(일)이요, 一(일)은 坎(감)이니 一變局(일변국) 坎作卦(감작괘)에 의하여 붙이면 된다.

(5) 甲申年 正月 十四日 未時生

　　(갑신년 정월 십사일 미시생)

　　陽遁 立春 中元五局

　　(양둔 입춘 중원오국)

歸 四四	德 九九	宜 六二
體 五三	八(三) 五(十)	魂 一七
命 十八	氣 七二	害 二六

4 9 3 1 = 17÷9=8

丁壬丙甲

未寅寅申

8 3 3 9 = 23÷9=5

　　中宮(중궁)의 地盤數(지반수)가 五(오)요, 五(오)는 巽(손)이니 五變局(오변국) 巽作卦(손작괘)에 의하여 붙이면 된다.

16. 十二神殺(십이신살)

十二神殺(십이신살)이란 劫殺(겁살), 災殺(재살), 天殺(천살), 地殺(지살), 年殺(연살), 月殺(월살), 亡神殺(망신살), 將星(장성), 攀鞍(반안), 驛馬殺(역마살), 六害殺(육해살), 華蓋殺(화개살)을 말하는데 奇門(기문)에서는 劫殺(겁살), 亡神殺(망신살)(官劫殺(관겁살)), 驛馬殺(역마살), 年殺(연살), 華蓋殺(화개살)등의 다섯 종류만 사용한다. 붙이는 방법은 劫殺(겁살), 官劫殺(관겁살), 驛馬殺(역마살)등 세 종류는 洪數(홍수)의 支數(지수)에다 붙이고 年殺(연살)과 華蓋殺(화개살)은 十二支宮(십이지궁)에다 붙이는 것이다.

三合歲日支 \ 神殺	劫殺	年殺	亡神殺	驛馬殺	華蓋殺
申子辰年日生	二數	酉兌宮	六數	三數	辰巽宮
巳酉丑年日生	三數	午離宮	九數	六數	丑艮宮
寅午戌年日生	六數	卯震宮	二數	九數	戌乾宮
亥卯未年日生	九數	子坎宮	三數	二數	未坤宮

劫殺(겁살)의 重複(중복)현상을 重劫殺(중겁살)이라고 하는데 가령 二(이)가 巽宮(손궁)에, 三(삼)이 艮宮(간궁)에, 六(육)이 乾宮(건궁)에, 九(구)가 坤宮(곤궁)에 각각 놓여서 劫殺(겁살)이 되는 현상을 말한다.

(1) 甲午年 六月 十五日 卯時生
(갑오년 유월 십오일 묘시생)
小暑中元 陰遁二局
(소서중원 음둔이국)
2 5 8 1 = 16÷9=7
乙戊辛甲
卯子未午
4 1 8 7 = 20÷9=2

日日歲三 華亡劫六	八 一	五 四
天歲四 馬年五	日歲七 劫亡二	日十 年九
九 十	日六 馬三	歲一 華八

(2) 丁巳年 十月 九日 亥時生
(정사년 시월 구일 해시생)
小雪中元 陰遁八局
(소서중원 음둔팔국)
2 6 8 4 = 20÷9=2
乙己辛丁
亥巳亥巳
12 6 12 6 =36÷9=9

日歲八 劫劫三	日歲三 年年八	天十 馬一
九 二	日歲二 亡亡九	日歲五 馬馬六
日歲四 華華七	一 十	六 五

(3) 丙戌年 正月 二十五日 丑時生
(병술년 정월 이십오일 축시생)
雨水中元 陽遁六局
(우수중원 양둔육국)
6 8 7 3 = 24÷9=6
己辛庚丙
丑未寅戌
2 8 3 11 = 24÷9=6

二 十	七 五	日四 華八
歲日歲三 馬劫年九	歲六 劫六	日九 亡三
八 四	日天五 年馬七	歲歲日十 華亡馬二

(4) 庚申年 十一月 五日 戌時生

(경신년 십일월 오일 술시생)

大雪下元 陰遁一局

(대설하원 음둔일국)

4 3 5 7 = 19÷9=1

丁丙戊庚

酉午子申

10 7 1 9 = 27÷9=9

歲歲天七 華馬馬三	二 八	九 一
日歲日八 年劫亡二	日　一 馬　九	歲歲日四 年亡劫六
三 七	十 十	日　五 華　五

歲月日時干支表記法(세월일시간지표기법)

(1) 戊寅年 四月 三日 未時生

(무인년 사월 삼일 미시생)

立夏上元 陽遁四局

(입하상원 양둔사국)

8 1 3 5 = 17÷9=8

辛甲丙戊

未午辰寅

8 7 5 3 = 23÷9=5

月歲丁四 支干戊四	日　壬　九 支　癸　九	時月乙六 支干丙二
庚　五 乙　三	八 己　五	時日戊一 干干辛七
歲辛十 支壬八	丙　七 丁　一	癸　二 庚　六

　　日干(일간)이 甲(갑)일 시에는 日柱(일주)의 符頭旬將(부두순장)이 머물고 있는 宮(궁)에 日干(일간)을 붙인다. 此命(차명)은 甲午日生(갑오일생)인데 甲午旬中(갑오순중)에는 辛(신)이 旬首(순수)이므로 辛(신)이 머물고 있는 兌宮(태궁)에 日干(일간)을 붙인다. 年干(연간)이나 月干(월간), 時干(시간)이 甲(갑)일 때에도 같은 원리로 붙인다.

(2) 壬戌年 六月 二十二日 寅時生
(임술년 유월 이십이일 인시생)
立秋中元 陰遁五局
(입추중원 음둔오국)
3 1 5 9 = 18÷9=9
丙甲戊壬
寅寅申戌
3 3 9 11 = 26÷9=8

庚 五 己 二	日己 十 干癸 七	月癸 七 支辛 十
丁 六 庚 一	月 九 干戊 八	時戊 二 干丙 五
時日壬 一 支支丁 六	歲乙 八 干壬 九	歲丙 四 支乙 三

(3) 癸丑年 二月 一日 申時生
(계축년 이월 일일 신시생)
驚蟄中元 陽遁七局
(경칩중원 양둔칠국)
7 5 2 10 = 24÷9=6
庚戊乙癸
申子卯丑
9 1 4 2 = 16÷9=7

己 二 丁 一	時癸 七 干庚 六	時丁 四 支壬 九
月歲辛 三 支干癸 十	六 丙 七	日庚 九 干戊 四
歲乙 八 支己 五	日戊 五 支辛 八	月壬 十 干乙 三

1. 居生(거생)

坎宮(감궁)에 三,八木(삼,팔목)이 들면, 震,巽宮(진,손궁)에 二,七火(이,칠화)가 들면, 離宮(이궁)에 五,十土(오,십토)가 들면, 艮宮(간궁), 中宮(중궁), 坤宮(곤궁)에 四,九金(사,구금)이 들면 乾宮(건궁), 兌宮(태궁)에 一,六水(일,육수)가 들면 居生(거생)이라고 한다.

2. 居克(거극)

坎宮(감궁)에 二,七火(이,칠화)가 들면, 震宮(진궁), 巽宮(손궁)에 五,十土(오,십토)가 들면 離宮(이궁)에 四,九金(사,구금)이 들면, 乾宮(건궁), 兌宮(태궁)에 三,八木(삼,팔목)이 들면 艮宮(간궁), 中宮(중궁), 坤宮(곤궁)에 一,六水(일,육수)가 들면 居克(거극)이라고 한다.

3. 居衰(거쇠), 居洩(거설)

坎宮(감궁)에 四,九金(사,구금)이 들면, 震,巽宮(진,손궁)에 一,六水(일,육수)가 들면, 離宮(이궁)에 三,八木(삼,팔목)이 들면, 乾,兌宮(건,태궁)에 五,十土(오,십토)가 들면, 艮宮(간궁), 中宮(중궁), 坤宮(곤궁)에 二,七火(이,칠화)가 들면 居衰(거쇠) 또는 居洩(거설)이라고 한다.

4. 居旺(거왕)

坎宮(감궁)에 一,六水(일,육수)가 들면, 震,巽宮(진,손궁)에 三,八木(삼,팔목)이 들면, 離宮(이궁)에 二,七火(이,칠화)가 들면, 乾,兌宮(건,태궁)에 四,九金(사,구금)이 들면, 艮宮(간궁), 中宮(중궁), 坤宮(곤궁)에 五,十土(오,십토)가 들면 居旺(거왕)이라고 한다.

5. 受生(수생)

天盤(천반)이 一,六水(일,육수)이고 地盤(지반)이 三,八木(삼,팔목)이면, 天盤(천반)이 三,八木(삼,팔목)이고 地盤(지반)이 二,七火(이,칠화)이면, 天盤(천반)이 二,七火(이,칠화)이고 地盤(지반)이 五,十土(오,십토)이면, 天盤(천반)이 五,十土(오,십토)이고 地盤(지반)이 四,九金(사,구금)이면, 天盤(천반)이 四,九金(사,구금)이고 地盤(지반)이 一,六水(일,육수)이면 受生(수생)이라고 한다.

6. 受克(수극)

天盤(천반)이 一,六水(일,육수)이고 地盤(지반)이 二,七火(이,칠화)이면, 天盤(천반)이 二,七火(이,칠화)이고 地盤(지반)이 四,九金(사,구금)이면, 天盤(천반)이 四,九金(사,구금)이고 地盤(지반)이 三,八木(삼,팔목)이면, 天盤(천반)이 三,八木(삼,팔목)이고 地盤(지반)이 五,十土(오,십토)이면, 天盤(천반)이 五,十土(오,십토)이고 地盤(지반)이 一,六水(일,육수)이면 受克(수극)이라고 한다.

7. 乘旺(승왕)

月令(월령)이 寅卯木(인묘목)이고 己身(기신)(各宮(각궁))이 三,八木(삼,팔목)이면, 月令(월령)이 巳午火(사오화)이고 己身(기신)(各宮(각궁))이 二,七火(이,칠화)이면, 月令(월령)이 辰戌丑未土(진술축미토)이고 己身(기신)(各宮(각궁))이 五,十土(오,십토)이면, 月令(월령)이 申酉金(신유금)이고 己身(기신)(各宮(각궁))이 四,九金(사,구금)이면, 月令(월령)이 亥子水(해자수)이고 己身(기신)(各宮(각궁))이 一,六水(일,육수)이면 乘旺(승왕)이라고 한다.

8. 乘生(승생)

月令(월령)이 亥子水(해자수)이고 己身(기신)(各宮(각궁))이 三, 八木(삼,팔목)이면, 月令(월령)이 寅卯木(인묘목)이고 己身(기신)(各宮(각궁))이 二,七火(이,칠화)이면, 月令(월령)이 巳午火(사오화)이고 己身(기신)(各宮(각궁))이 五,十土(오,십토)이면, 月令(월령)이 辰戌丑未土(진술축미토)이고 己身(기신)(各宮(각궁))이 四,九金(사,구금)이면, 月令(월령)이 申酉金(신유금)이고 己身(기신)(各宮(각궁))이 一,六水(일,육수)이면 乘生(승생)이라고 한다.

9. 乘克(승극)

月令(월령)이 寅卯木(인묘목)이고 己身(기신)(各宮(각궁))이 五, 十土(오,십토)이면, 月令(월령)이 巳午火(사오화)이고 己身(기신)(各宮(각궁))이 四,九金(사,구금)이면, 月令(월령)이 辰戌丑未土(진술축미토)이고 己身(기신)(各宮(각궁))이 一,六水(일,육수)이면, 月令(월령)이 申酉金(신유금)이고 己身(기신)(各宮(각궁))이 三,八木(삼,팔목)이면, 月令(월령)이 亥子水(해자수)이고 己身(기신)(各宮(각궁))이 二,七火(이,칠화)이면 乘克(승극)이라 한다.

10. 乘衰(승쇠)

月令(월령)이 寅卯木(인묘목)이고 己身(기신)(各宮(각궁))이 一, 六水(일,육수)이면, 月令(월령)이 巳午火(사오화)이고 己身(기신)(各宮(각궁))이 三,八木(삼,팔목)이면, 月令(월령)이 辰戌丑未土(진술축미토)이고 己身(기신)(各宮(각궁))이 二,七火(이,칠화)이면, 月令(월령)이 申酉金(신유금)이고 己身(기신)(各宮(각궁))이 五,十土(오,십토)이면, 月令(월령)이 亥子水(해자수)이고 己身(기신)(各宮(각궁))이 四,九金(사,구금)이면 乘衰(승쇠)라고 한다.

11. 居死(거사)

　三,八木(삼,팔목)이　離火宮(이화궁)에　들면,　二,七火(이,칠화)가 兌金宮(태금궁)에　들면,　五,十土(오,십토)가　震木宮(진목궁)에　들면,　四,九金(사,구금)이　坎水宮(감수궁)에　들면,　一,六水(일,육수)가 震木宮(진목궁)에　들면　居死(거사)라고　한다.

12. 居庫(거고)

　三,八木(삼,팔목)이　未宮(미궁)에　들면,　二,七火(이,칠화)가　戌宮 (술궁)에　들면,　五,十土(오,십토)가　辰宮(진궁)에　들면,　四,九金(사, 구금)이　丑宮(축궁)에　들면　一,六水(일,육수)가　辰宮(진궁)에　들면 居庫(거고)라고　한다.

13. 冠旺(관왕)

　三,八木(삼,팔목)이　艮,震宮(간,진궁)에　들면,　二,七火(이,칠화)가 巽,離宮(손,이궁)에　들면,　五,十土(오,십토)가　坤,艮,中宮(곤,간,중궁) 에　들면,　四,九金(사,구금)이　坤,兌宮(곤,태궁)에　들면　一,六水(일,육 수)가　乾,坎宮(건,감궁)에　들면　冠旺(관왕)이라고　한다.

14. 乘囚(승수)

　世(세)(己身(기신))가　三,八木(삼,팔목)이고　申酉戌月生(신유술월 생),　世(세)(己身(기신))가　二,七火(이,칠화)이고　亥子丑月生(해자축 월생),　世(세)(己身(기신))가　五,十土(오,십토)이고　寅卯辰月生(인묘 진월생),　世(세)(己身(기신))가　四,九金(사,구금)이고　巳午未月生(사 오미월생),　世(세)(己身(기신))가　一,六水(일,육수)이고　辰戌丑未月 生(진술축미월생)

15. 兼旺(겸왕)

天盤(천반)이 三,八木(삼,팔목)이고 地盤(지반)이 三,八木(삼,팔목)이면, 天盤(천반)이 二,七火(이,칠화)이고 地盤(지반)이 二,七火(이,칠화)이면, 天盤(천반)이 五,十土(오,십토)이고 地盤(지반)이 五,十土(오,십토)이면, 天盤(천반)이 四,九金(사,구금)이고 地盤(지반)이 四,九金(사,구금)이면, 天盤(천반)이 一,六水(일,육수)이고 地盤(지반)이 一,六水(일,육수)이면 兼旺(겸왕)이라 한다.

16. 總空(총공)

中宮地盤數	一子	二巳	三寅	四酉	五辰	五戌	六亥	七午	八卯	九申	十丑	十未
空亡	坎宮	巽宮	艮宮	兌宮	巽宮	乾宮	乾宮	離宮	震宮	坤宮	艮宮	坤宮

17. 居空(거공)

坎宮空亡에 坎宮地盤數가 一(子)일 때
艮宮空亡에 艮宮地盤數가 十(丑)이나 三(寅)일 때
震宮空亡에 震宮地盤數가 八(卯)일 때
巽宮空亡에 巽宮地盤數가 五(辰)나 二(巳)일 때
離宮空亡에 離宮地盤數가 七(午)일 때
坤宮空亡에 坤宮地盤數가 十(未)이나 九(申)일 때
兌宮空亡에 兌宮地盤數가 四(酉)일 때
乾宮空亡에 乾宮地盤數가 五(戌)나 六(亥)일 때

(甲寅三木)

寅巳刑害 / 居旺	寅午三合 / 居洩	未貴人 / 寅申刑沖 / 居克
冠旺 / 居旺	居克制	寅酉怨嗔 / 居克
人祿 / 丑貴人 / 冠旺 / 居克制	居生	寅戌三合 / 寅亥合破 / 居克

(乙卯八木)

卯辰害 / 居旺	午卯破 / 居洩	卯申怨嗔 / 卯未三合 / 居克制
冠旺 / 居旺	居克制	卯酉沖 / 居克
冠旺 / 居克制	子貴人 / 子卯刑 / 居生	卯戌合 / 亥卯三合 / 居克

(丙午七火)

巳祿 / 冠旺 / 居生	冠旺 / 居旺	午未合 / 午午自刑 / 居洩
午卯破 / 居生	居洩	酉貴人 / 居克制
丑午怨嗔 / 丑午害 / 居洩	子午沖 / 居克	午戌三合 / 亥貴人 / 居克制

(丁巳二火)

冠旺 / 居旺	午祿 / 冠旺 / 居旺	巳申合刑 / 居洩 / 巳申破
居生	居洩	酉貴人 / 巳酉三合 / 居克制
寅巳刑害 / 巳丑三合 / 居洩	居克	亥貴人 / 巳亥沖 / 巳戌怨嗔 / 居克制

(戊辰戌五土)

居生·居旺 / 居克·辰戌沖 巳戌怨嗔 / 辰辰自刑 居旺	午戌三合 居旺 / 未貴人 戌未刑破 居旺	申辰三合 居旺
居克 / 卯戌合 卯辰害	居旺	酉戌害 辰酉合 居洩
居旺 / 丑戌三刑 丑貴人 丑辰破 居旺	居克制 子辰三合 / 辰亥怨嗔 居洩	辰戌沖 居旺 / 子辰三合 居洩

(己丑未十土)

居克 巳丑三合 / 丑辰破 居生	午未合 居生 / 冠旺·午祿 丑午怨嗔	申貴人 丑未刑沖 冠旺 居旺
居克 卯未三合	居旺	酉丑三合 居洩
居旺 丑未沖刑	居克制 子丑合 子貴人 子未怨嗔	戌未刑破 亥未三合 丑戌三刑 居洩

(庚申九金)

居克制 巳申合刑破 / 申辰三合 居克制	居克	未貴人 申祿 冠旺 居旺
居克制 卯申怨嗔	居生	冠旺 居旺 / 申亥害 居旺
居生 寅申刑沖 丑貴人 居生	子申三合 居洩	申亥害 居旺

(辛酉四金)

居克制 辰酉三合 巳酉合	居克	冠旺 居生
居克制 卯酉沖	居生	酉酉自刑 酉祿 冠旺 居旺
居生 寅酉怨嗔 酉丑三合 居生	子酉破 居洩	酉戌害 居旺

(壬子一水)

巳貴人 / 子辰三合 居洩	子午沖 居克制	申子三合 居克 / 子未怨嗔 居克
卯貴人 / 子卯刑 居洩	居克	子酉破 居生
子丑合 居克	冠旺 居旺	亥祿 冠旺 居旺

(癸亥六水)

巳貴人 / 辰亥怨嗔 居洩 / 巳亥沖	居克制	申亥害 居克 / 亥未三合 居克
卯貴人 / 亥卯三合 居洩	居克	居生
寅亥合 居克	子祿 冠旺 居旺	亥亥自刑 冠旺 居旺

17. 各種布局 假令章(각종포국 가령장)

四柱設局(사주설국)

四柱(사주)를 設局(설국)하려면 天盤地盤(천반지반)에 洪局數(홍국수)를 붙이고 六儀三奇(육의삼기), 日家八門(일가팔문)(花奇八門(화기팔문)), 天蓬九星(천봉구성), 直符八將(직부팔장), 生氣八神(생기팔신), 十二運星(십이운성), 空亡(공망), 天乙貴人(천을귀인), 十二神殺(십이신살), 天馬(천마), 流年大運(유년대운), 六親(육친) 등을 붙이는데 太乙九星(태을구성)과 時家八門(시가팔문)은 붙이지 않는다. 그러나 몇몇 서적에 보면 짬뽕식으로 混用(혼용)하였는데 그것은 판단상 많은 오류를 범하게 되니 독자 여러분께서는 본서의 四柱設局(사주설국)과 같이 布局(포국)하면 됩니다.

年局(년국)

行年(행년)을 設局(설국)하려면 四柱(사주) 年月日時(연월일시)를 當年(당년) 年月日時(연월일시)로 換算(환산)하여 布局(포국)하며 주로 一年身數(일년신수)를 볼 때 사용한다.

月局(월국)

當月(당월)의 운세만을 보기 위해서는 月局(월국)을 布局(포국)해야 되는데 月局(월국)을 設局(설국)하려면 命造(명조)의 年柱(연주)와 月柱(월주)를 當年(당년)의 太歲(태세)와 月建(월건)으로 換

算(환산)하고, 만약 十六日生(십육일생)이라면 當月(당월)의 十六日(십육일) 日辰(일진)을 日柱(일주)로 삼고, 未時生(미시생)이라면 當月(당월)의 十六日(십육일) 日辰(일진)의 未時(미시)를 時柱(시주)로 삼고 布局(포국)을 한다. 가령 丙戌年(병술년) 七月(칠월) 十六日(십육일) 未時生(미시생)이 戊寅年(무인년) 十月運(시월운)을 보고져 한다면 다음과 같이 기둥을 세운다.

癸	乙	癸	戊
未	酉	亥	寅

月局(월국)을 布局(포국)하는데 또 다른 別法(별법)이 있는데 그것은 上記(상기)의 丙戌年(병술년) 七月(칠월) 十六日(십육일) 未時生(미시생)이 戊寅年(무인년) 十月運(시월운)을 보고져 한다면 當年(당년) 太歲(태세)인 戊寅(무인)은 쓰지 않고 當月日(당월일)과 出生時(출생시)인 十月(시월) 十六日(십육일) 未時(미시)만으로 布局(포국)을 하니 다음과 같이 기둥을 세운다. 그러나 될 수 있으면 후자보다 전자에 의하는 것이 합당하다.

癸	乙	癸
未	酉	亥

日局(일국)

當日(당일)의 운세만을 보기 위해서는 日局(일국)을 布局(포국)해야 한다. 日局(일국)을 設局(설국)하려면 當年(당년)의 某年(모년) 某月(모월) 某日(모일)에 時(시)만 자신의 出生時(출생시)를 쓴다. 가령 己卯年(기묘년) 八月(팔월) 十九日(십구일) 戌時生(술시생)이 戊寅年(무인년) 三月(삼월) 十一日(십일일)의 日運(일운)을 보고져 한다면 다음과 같이 기둥을 세운다.

甲	甲	丙	戊
戌	申	辰	寅

日局(일국)을 布局(포국)하는데 別法(별법)이 있으니 그것은 上記(상기)의 己卯年(기묘년) 八月(팔월) 十九日(십구일) 戌時生(술

시생)이 戊寅年(무인년) 三月(삼월) 十一日(십일일)의 日運(일운)을 보고져 한다면 當太歲(당태세)와 月建(월건)은 사용치 않고 當日(당일)의 日辰(일진)과 자신의 出生時(출생시)만으로 布局(포국)을 하니 다음과 같이 기둥을 세운다. 그러나 후자보다 전자에 의해서 포국함이 합당하다.

甲	甲
戊	申

時局(시국)

時局(시국)은 斷時局(단시국)으로서 命造(명조)와 관계없이 用事(용사)코져 하는 占斷時(점단시)를

壬	庚	丙	丁
午	辰	午	丑

또는

壬	庚
午	辰

기준하니 占斷(점단)코져 하는 某年(모년) 某月(모월) 某日(모일) 某時(모시)로서 기둥을 세운다. 가령 丁丑年(정축년) 五月(오월) 三日(삼일) 午時(오시)에 占(점)을 친다면 다음과 같이 기둥을 세운다. 일시만으로 포국하기보다는 연월일시로써 포국함이 합당하다.

四柱設局(사주설국)

(1) 壬子年 七月 二十八日 寅時生(임자년 칠월 이십팔일 인시생)

　　白露中元 陰遁二局(백로중원 음둔이국)

　　3　6　5　9 = 23÷9=5

　　丙己戊壬

　　寅亥申子

　　3　12　9　1 = 25÷9=7

59+1=60　59~60歲 37+1=38　37~38歲 遊 太 天 景 空 庚 一 魂 陰 蓬 門 亡 乙 一 衰　病　歲華　　　父	69+6=75　69~75歲 12+6=18　12~18歲 天 螣 天 杜 歲 壬 六 宜 蛇 任 門 亡 辛 六 　　死　　　　父	62+3=65　62~65歲 26+9=35　26~35歲 福 直 天 開 日 月 日 戊 三 德 符 冲 門 劫 支 干 己 九 墓　胞　貴人　日華　　鬼
60+2=62　60~62歲 35+2=37　35~37歲 絶 六 天 休 月 丁 二 命 合 心 門 干 戊 十 　　帝旺　　　財	54+5=59　54~59歲 38+7=45　38~45歲 時 天 伏日馬 伏歲劫 丙 五(十) 干 馬 　 　 　 七(二) 　　　　　孫	82+8=90　82~90歲 3+4=7　　3~7歲 歸 九 天 死 乙 八 魂 天 輔 門 癸 四 　　胎　歲年　　官
75+7=82　75~82歲 7+5=12　　7~12歲 絶 白 天 驚 時 歲 癸 七 體 虎 柱 門 支 干 壬 五 建祿　冠帶　　　財	65+4=69　65~69歲 18+8=26　18~26歲 禍 玄 天 傷 歲 貴 己 四 害 武 芮 門 支 人 庚 八 沐浴　日年　　　兄	45+9=54　45~54歲 　　　　　1~3歲 生 九 天 生 歲 日 日 辛 九 氣 地 英 門 亡 亡 支 丁 三 長生　養　　　世

(2) 辛亥年 正月 十三日 巳時生(신해년 정월 십삼일 사시생)
　　立春上元 陽遁八局(입춘상원 양둔팔국)

6　1　7　8　= 22÷9=4
己甲庚辛
巳子寅亥
6　1　3　12 = 22÷9=4

78+9=87　　78~87歲 18+8=26　　18~26歲 歸 九 天 杜 時 庚 十 魂 天 蓬 門 支 癸 八 冠 建 日 帶 錄 華　　　　官	48+5=53　　48~53歲 42+3=45　　42~45歲 福 直 天 景 日 歲 時 戊 五 德 符 任 門 馬 亡 干 己 三 帝 旺　　　　　　鬼	88+2=90　　88~90歲 5+6=11　　　5~11歲 天 螣 天 休 日 歲 壬 二 宜 蛇 冲 門 亡 干 辛 六 衰 病 貴 歲　　　財 　　　人 華
87+1=88　　87~88歲 11+7=18　　11~18歲 絕 九 天 開 天 丙 一 體 地 心 門 馬 壬 七 沐 浴　　　　　　父	74+4=78　　74~78歲 26+4=30　　26~30歲 伏 歲　丁　四(九) 歲 劫　　　四(九) 　　　　　　孫	59+7=66　　59~66歲 39+1=40　　39~40歲 遊 太 天 傷 癸 七 魂 陰 輔 門 乙 一 死 日　　　　　財 　年
53+6=59　　53~59歲 40+2=42　　40~42歲 絕 朱 天 生 日 歲 月 日 乙 六 命 雀 柱 門 劫 馬 支 干 戊 二 長 養 貴　　　　父 生　　人	45+3=48　　45~48歲 　　　　　　1~5歲 生 勾 天 死 月 日 辛 三 氣 陳 芮 門 干 支 庚 五 胎 歲　　　　　世 　年	66+8=74　　66~74歲 30+9=39　　30~39歲 禍 六 天 驚 歲 己 八 害 合 英 門 支 丙 十 胞 墓 空　　　兄 　　　亡

(3) 丙戌年 十二月 十一日 卯時生(병술년 십이월 십일일 묘시생)
　　小寒上元 陽遁二局(소한상원 양둔이국)

　　8　8　7　3　= 26÷9=8
　　辛辛庚丙
　　卯巳子戌
　　4　6　1　11　= 22÷9=4

45+4=49　　45~49歲 　　　　　　1~8歲 歸 九 天 驚 日 月 丁 四 魂 地 任 門 支 干 庚 八 冠 沐 帶 浴　　　　世	67+9=76　　67~76歲 24+3=27　　24~27歲 福 九 天 開 天 日 歲 己 九 德 天 沖 門 馬 干 劫 丙 三 　　　　貴 日 生　　　人 年　　　兄	54+6=60　　54~60歲 32+6=38　　32~38歲 天 直 天 杜 日 歲 庚 六 宜 符 輔 門 馬 劫 庚 六 　　　空 養 胎　亡　　　　父
49+5=54　　49~54歲 38+7=45　　38~45歲 絶 朱 天 傷 歲 時 乙 五 體 雀 蓬 門 年 支 己 七 建 祿　　　　　孫	82+8=90　　82~90歲 8+4=12　　8~12歲 時 日 伏 伏 辛 八 (三) 干 干 日 歲　四 (九) 　　亡 馬 　　　　鬼	79+1=80　　79~80歲 21+1=22　　21~22歲 遊 螣 天 死 空 丙 一 魂 蛇 英 門 亡 癸 一 　　　總 胞　　空　　　父
76+3=79　　76~79歲 22+2=24　　22~24歲 絶 勾 天 景 歲 日 壬 十 命 陳 心 門 亡 華 丁 二 帝　貴 旺 衰 人　　　孫	60+7=67　　60~67歲 27+5=32　　27~32歲 生 六 天 休 月 癸 七 氣 合 柱 門 支 乙 五 病　　　　財	80+2=82　　80~82歲 12+9=21　　12~21歲 禍 太 天 生 歲 歲 戊 二 害 陰 芮 門 支 華 壬 十 死 墓　　　　財

行年設局(年局)(행년설국(연국))

(1) 己卯年 八月 十九日 戌時生(기묘년 팔월 십구일 술시생)이 1997年運(년운)을 보고져 한다면 우선 生月日(생월일)을 모두 當年値(당년치)로 換算(환산)하고, 時(시) 역시 자기의 出生時(출생시)를 當年月日時(당년월일시)로 환산하여 布局(포국)한다.

丁丑年 八月 十九日 戌時生(정축년 팔월 십구일 술시생)

秋分上元 陰遁七局(추분상원 음둔칠국)

3 2 6 4 = 15÷9=6

丙乙己丁

戌丑酉丑

11 2 10 2 = 25÷9=7

三月 四月　　　　財 天英 開門 臘蛇 遊魂 丙辛 二一 冠帶 建祿	五月　　　　　　財 天禽 驚門 直符 天宜 時干 庚丙 七六 帝旺 歲年 日年 歲馬 日馬	六月 七月　　　　孫 天柱 傷門 九天 福德 貴人 戊癸 四九 衰病 歲亡 日亡 天馬
二月　　　　　　兄 天輔 杜門 太陰 絕命 辛壬 三十 沐浴	父 庚 六七 (一)(二)	八月　　　　　　孫 天心 休門 九地 歸魂 月支 己戊 四九 死
一月 十二月　　　世 天冲 生門 六合 絕體 歲支 日支 壬乙 八五 長生 養 歲華 日華 日干	十一月　　　　　官 天任 死門 白虎 禍害 貴人 歲干 乙丁 五八 胎	十月 九月　　　　鬼 天蓬 景門 玄武 生氣 月干 時支 丁己 十三 胞墓 空亡 歲劫 日劫

(2) 丙戌年 五月 初一日 戌時生(병술년 오월 초일일 술시생)이 1997年運(년운)을 보고져 한다면 우선 生年月日時(생년월일시)를 모두 當年値(당년치)로 환산하여 布局(포국)한다.

   1997年(년)은 丁丑年(정축년)이므로 丙戌(병술) 대신에 丁丑(정축)을 쓰고 五月(오월) 初一日(초일일)은 芒種(망종) 前(전)이므로 四月(사월) 月建(월건)인 乙巳(을사)를 쓴다. 初一日(초일일)은 戊寅日(무인일)이며, 戊癸日(무계일) 戌時(술시)는 壬戌時(임술시)가 된다.

丁丑年 五月 初一日 戌時生(정축년 오월 초일일 술시생)
小滿下元 陽遁八局(소만하원 양둔팔국)

9 5 2 4 = 20÷9=2
壬戌乙丁
戊寅巳丑
11 3 6 2 = 22÷9=4

三月 四月　　　　父 天英門 開門 滕蛇 歸魂 月支 己癸 八八 衰 帝旺	五月　　　　　父 天芮門 休門 太陰 福德 歲支 辛己 三三 建祿	六月 七月　　　鬼 天柱門 景門 六合 天宜 歲馬 日劫 乙辛 十六 冠帶 沐浴 空亡 貴人
二月　　　　　兄 天輔門 杜門 直符 絕體 時干 癸壬 九七 病 日年	財 伏日馬 伏歲亡 歲干 丁 二四 (七)(九)	八月　　　　　官 天心門 驚門 勾陳 遊魂 月干 丙乙 五一 長生 總空 空亡 天馬
一月 十二月　　世 天冲門 死門 九天 絕命 日支 日干 壬戊 四二 死 墓 日亡 歲華 歲支 貴人	十一月　　　　孫 天任門 生門 九地 生氣 戊庚 一五 胞	十月 九月　　　孫 天蓬門 傷門 朱雀 禍害 時支 庚丙 六十 胎 養 日華

(3) 辛丑年 十月 初八日 寅時生(신축년 시월 초팔일 인시생)이 1998年運(년운)을 보고져 한다면 우선 生年月日時(생년월일시)를 모두 當年値(당년치)로 換算(환산)하여 布局(포국)한다.

　　1998년은 戊寅年(무인년)이므로 辛丑(신축) 대신에 戊寅(무인)을 쓰고 戊癸年(무계년) 十月(시월)은 癸亥(계해)이므로 癸亥(계해)를 月建(월건)으로 사용한다. 十月(시월) 初八日(초팔일)은 丁丑(정축)이니 丁丑(정축)을 日柱(일주)로 사용하고, 寅時生(인시생)이니 丁壬日(정임일) 寅時(인시)는 壬寅時(임인시)가 된다.

戊寅年 十月 初八日 寅時生(무인년 시월 초팔일 인시생)

小雪下元 陰遁二局(소설하원 음둔이국)

9 4 10 5 = 28÷9=1

壬丁癸戊

寅丑亥寅

3 2 12 3 = 20÷9=2

三月 四月　　　財 天柱 杜門 六合 天宜 歲劫 壬丙 七六 衰 帝旺	五月　　　財 天心 傷門 太陰 遊魂 日年 癸庚 二一 建祿 天馬	六月 七月　　　孫 天蓬 驚門 螣蛇 歸魂 歲干 己戊 九四 冠帶 沐浴 空亡
二月　　　兄 天芮 開門 白虎 禍害 歲年 戊乙 八五 病	父 歲亡 日干 丁 一二 (六)(七)	八月　　　孫 天任 景門 直符 福德 時干 辛壬 四九 長生 空亡 貴人 歲馬
一月 十二月　　　世 天英 死門 玄武 生氣 日華 庚辛 三十 死 墓 歲支 日支 時支	十一月　　　官 天輔 生門 九地 絶命 日劫 丙己 十三 胞	十月 九月　　　鬼 天冲 休門 九天 絶體 月支 月干 乙癸 五八 胎 養 貴人 歲華

月局(월국)

가령 甲申年(갑신년) 六月(유월) 十三日(십삼일) 酉時生(유시생)이 己卯年(기묘년) 二月運(이월운)을 보고져 한다면 甲申年(갑신년) 대신에 己卯(기묘)를 쓰고, 六月(유월) 대신에 己卯年(기묘년) 二月(이월) 月建(월건)인 丁卯(정묘)를 쓰고, 二月(이월) 十三日(십삼일)은 辛巳(신사)이니 辛巳(신사)를 日柱(일주)로 쓰니 辛巳日(신사일)은 淸明上元(청명상원) 陽遁四局(양둔사국)이다. 時柱(시주)는 辛巳日(신사일)의 酉時(유시)인 丁酉時(정유시)를 사용한다. 二月(이월) 初一日(초일일)이 己巳日(기사일)이므로 巳巽宮(사손궁)에서 1日(일)을 일으켜 차례로 日辰(일진)을 順行(순행)시킨다.

4 8 4 6 = 22÷9=4

丁辛丁己

酉巳卯卯

10 6 4 4 = 24÷9=6

1,12,13 24,25日　　　　世 天 驚 六 禍 日 壬 十 任 門 合 害 支 戊 十 衰　帝 　　旺	2,14,26日　　　　兄 天 開 勾 絶 日 乙 五 冲 門 陳 命 年 癸 五 建 貴 祿 人	3,4,15,16 27,28日　　　　鬼 天 杜 朱 絶 戊 二 輔 門 雀 體 丙 八 冠 沐 空 歲 帶 浴 亡 華
11,23日　　　　孫 天 傷 太 天 月 丁 一 蓬 門 陰 宜 支 乙 九 病　日 歲 歲 　　亡 支 劫	財 日 歲　　四 (九) 馬 干　己　六 (一)	5,17,29日　　　　官 天 死 九 生 癸 七 英 門 地 氣 辛 三 長 時 日 日 歲 空 生 支 干 干 劫 亡 亡
9,10,21 22日　　　　孫 天 景 螣 福 庚 六 心 門 蛇 德 壬 四 病 死 貴　日 　　　人　華	8,20日　　　　父 天 休 直 遊 辛 三 柱 門 符 魂 丁 七 胞　歲 時 月 　　年 干 干	6,7,18 19日　　　　父 天 生 九 歸 歲 丙 八 芮 門 天 魂 馬 庚 二 胎 養

月局(월국)

가령 戊午年(무오년) 一月(일월) 十二日(십이일) 午時生(오시생)이 癸丑年(계축년) 七月運(칠월운)을 보고져 한다면 癸丑年(계축년) 七月(칠월)은 庚申月(경신월)이요, 十二日(십이일)은 戊寅日(무인일)이요, 午時(오시)는 戊午時(무오시)가 된다. 戊寅日(무인일)은 立秋下元(입추하원) 陰遁八局(음둔팔국)이다. 七月(칠월)

初一日(초일일)은 丁卯日(정묘일)이니 卯震宮(묘진궁)에 1日(일)을
일으켜 차례로 각 宮(궁)에 日辰(일진)을 배포한다.

5 5 7 = 17÷9=8
戊戌庚
午寅申
7 3 9 = 19÷9=1

2,3,14,15 26,27日　　　　　父	4,16,28日　　　　　父	5,6,17 18,29日　　　　　財
天 杜 生 九 　 乙 四 英 門 氣 地 祿 壬 五 養　　長 　　　生	天 傷 絶 玄 丁 九 芮 門 體 武 乙 十 沐　時 浴　支	天 驚 絶 白 己 六 柱 門 命 虎 丁 三 冠 建 空 貴 月 帶 祿 亡 人 支
1,13,25日　　　　　兄	孫	7,19日　　　　　財
天 開 福 九 壬 五 輔 門 德 天 癸 四 胎　日 　　年	日　辛　八　(三) 劫　一　(六)	天 景 禍 六 庚 一 心 門 害 合 己 八 帝 空 旺 亡
11,12 23,24日　　　　　世	10,22日　　　　　官	8,9 20,21日　　　　　鬼
天 死 天 直 日 癸 十 冲 門 宜 符 支 戊 九 胞 墓　日 貴 日 時 　　　馬 人 干 干	天 生 歸 螣 戊 七 任 門 魂 蛇 丙 二 死　日 　　亡	天 休 遊 太 丙 二 蓬 門 魂 陰 庚 七 病 衰　日 月 　　　華 干

日局(일국)

 가령 癸酉年(계유년) 九月(구월) 八日(팔일) 戌時生(술시생)이 庚辰年(경진년) 十月(시월) 二十日運(이십일운)을 보고져 한다면 當年(당년) 太歲(태세)인 庚辰(경진)과 十月(시월) 月建(월건)인 丁亥(정해)와 二十日(이십일)의 日辰(일진)인 丁丑(정축)을 사용하며, 丁丑日(정축일)은 立冬下元(입동하원) 陰遁三局(음둔삼국)이다. 時(시)는 자신의 出生時(출생시)인 戌時(술시)를 사용하니 다음과 같이 布局(포국)한다.

7 4 4 7 = 22÷9=4
庚丁丁庚
戌丑亥辰
11 2 12 5 = 30÷9=3

辰,巳時　　　　　財	午時　　　　　財	未,申時　　　　　鬼
天 杜 玄 絶 歲 辛 十 英 門 武 體 華 乙 七 　墓 胞	天 傷 白 生 己 五 芮 門 虎 氣 辛 二 胎 歲 日 祿 　 劫 年	天 驚 六 禍 癸 二 柱 門 合 害 己 五 養 長 空 　 生 亡
卯時　　　　　兄	**　　　　　孫**	**酉時　　　　　官**
天 開 九 歸 日 乙 一 輔 門 地 魂 馬 戊 六 死 歲 　亡	日 歲 　 四 (九) 劫 馬 丙 三 (八)	天 景 太 絶 丁 七 心 門 陰 命 癸 十 沐 貴 歲 空 浴 人 年 亡
丑,寅時　　　　　世	**子時　　　　　父**	**戌,亥時　　　　　父**
天 死 九 遊 戊 六 冲 門 天 魂 壬 一 病 衰 天 日 　　 馬 華	天 生 直 福 壬 三 任 門 符 德 庚 四 帝 歲 時 旺 干 干	天 休 螣 天 庚 八 蓬 門 蛇 宜 丁 九 建 冠 日 月 日 貴 祿 帶 亡 干 干 人

日局(일국)

　가령 甲午年(갑오년) 二月(이월) 二十日(이십일) 辰時生(진시생)이 癸丑年(계축년) 六月(유월) 三日(삼일)의 日運(일운)을 보고져 한다면 六月(유월) 三日(삼일)은 己亥日(기해일)이며 夏至上元(하지상원) 陰九局(음구국)이다. 그리고 자신의 出生時(출생시)인 辰時(진시)를 己亥日(기해일) 辰時(진시)로 換算(환산)하니 戊辰時(무진시)가 되므로 다음과 같이 布局(포국)한다.

5　6　=　11÷9=2
戊己
辰亥
5　12　=　17÷9=8

辰,巳時　　　　　　　鬼	午時　　　　　　　　官	未,申時　　　　　　　父
天景絕螣日時癸八 輔門命蛇馬支癸二 墓死 空亡	天杜禍直　祿　戊三 英門害符　　　戊七 病 時干	天開生九貴丙十 芮門氣天人丙十 衰 帝旺
卯時　　　　　　　　孫	財	酉時　　　　　　　　父
天休遊太丁九 冲門魂陰丁一 胞	伏日亡　壬　二(七) 　　　　　八(三)	天死絕九庚五 柱門體地庚五
丑,寅時　　　　　　　孫	子時　　　　　　　　兄	戌,亥時　　　　　　　世
天驚歸六己四 任門魂合己六 胎養 日干	天傷天白日乙一 蓬門宜虎劫乙九 長生 貴人	天生福玄日辛六 心門德武支辛四 沐浴 冠帶

年盤(연반)(丙午年)

蛇柱乙 六死辛	符冲壬 二驚丙	天禽辛 四開癸
陰心丁 五景壬	七任庚	地蓬丙 九休戊
合芮己 一杜乙	陳輔戊 三傷丁	雀英癸 八生己

中元(중원) 丙午年(병오년)은 陰七局(음칠국)이요, 九星(구성)은 七赤年(칠적년)이다.

月盤(월반)(丙午年 丙申月)

陳任壬 一傷戊	合輔庚 六杜壬	陰心丁 八景庚
雀柱戊 九生己	二英乙	蛇芮丙 四死丁
地冲己 五休癸	天禽癸 七開辛	符蓬辛 三驚丙

丙午年(병오년)은 下元(하원)이요, 下元(하원) 丙申月(병신월)은 陰四局(음사국)이요, 子午卯酉年(자오묘유년) 申月(신월)은 二黑月(이흑월)이다.

月盤(월반)(丁酉年 癸丑月)

雀禽癸 五杜庚	陳蓬丙 一景丁	合冲辛 三死壬
地輔戊 四傷辛	六心己	陰任庚 八驚乙
天英乙 九生丙	符芮壬 二休癸	蛇柱丁 七開戊

丁酉年(정유년)은 上元(상원)이요, 上元(상원) 癸丑月(계축월)은 陰六局(음육국)이요 六白月(육백월)이다.

日盤(일반)(丁未年 乙巳月癸酉日)

天任乙 三杜戊	符輔戊 八景癸	蛇心癸 一死丙
地柱壬 二傷乙	四英己	陰芮丙 六驚辛
雀冲丁 七生壬	陳禽庚 九休丁	合蓬辛 五開庚

癸酉日(계유일)은 下元(하원) 陽遁四局(양둔사국)이요, 四綠月(사록월)이다.

日盤布局起例(일반포국기예)

　　1979年(己未年(기미년)) 三月 十二日(乙巳日)(삼월 십이일(을사일))은　中元甲子(중원갑자) 陽三局(양삼국)이다.

地休丁 二英己	天生乙 七芮丁	符傷壬 九柱乙
雀開己 一輔戊	三庚	蛇柱辛 五心壬
陳驚戊 六冲癸	合死癸 八任丙	陰景丙 四蓬辛

　　1979年(己未年(기미년))　九月　二十六日(丙戌日)(구월 이십육일(병술일))은　下元甲子(하원갑자)　陰二局(음이국)이다.

符生庚 一英丙	天傷戊 六芮庚	地杜壬 八柱戊
蛇休丙 九輔乙	二丁	雀景癸 四心壬
陰開乙 五冲辛	合驚辛 七任己	陳死己 三蓬癸

時盤布局起例(시반포국기예)

　　1978年(戊午年(무오년)) 十一月　三十日(乙丑日)(십일월 삼십일(을축일)) 戊寅時(무인시)는 上元甲子(상원갑자)　陽二局(양이국)이다.

地開乙 五蓬庚	天休丁 一任丙	符生己 三冲戊
雀驚壬 四心己	六辛	蛇傷庚 八輔癸
陳死癸 九柱丁	合景戊 二芮乙	陰杜丙 七英壬

　　1979年(己未年(기미년))　六月　四日(乙丑日)(유월 사일(을축일))　戊寅時(무인시)는 上元甲子(상원갑자)　陰八局(음팔국)이다.

地開丙 三蓬壬	雀休戊 八任乙	陳生癸 一冲丁
天驚庚 二心癸	四辛	合傷壬 六輔己
符死己 七柱戊	蛇景丁 九芮丙	陰杜乙 五英庚

時盤(시반)(丁未年 乙巳月 癸酉日 己未時)

合任己 七休壬	陳輔乙 三生戊	雀心辛 五傷庚
陰柱丁 六開辛	八英癸	地芮壬 一杜丙
蛇冲丙 二驚乙	直禽癸 四死己	天蓬戊 九景丁

時盤(시반)(乙巳年 己卯月 辛巳日 乙未時)

地任乙 四景己	天輔壬 九死丁	直心辛 二驚乙
雀柱丁 三杜戊	五英庚	蛇芮丙 七開壬
陳冲己 八傷癸	合禽戊 一生丙	陰蓬癸 六休辛

年盤布局起例(연반포국기예)

1979年(己未年(기미년))은 中元甲子(중원갑자) 陰三局(음삼국)이다.

陰景辛 二英乙	蛇死己 七芮辛	符驚癸 九柱己
合杜乙 一輔戊	三丙	天開丁 五心癸
陳傷戊 六冲壬	雀生壬 八任庚	地休庚 四蓬丁

月盤布局起例(월반포국기예)

1979年(己未年(기미년)) 十一月(丙子月)(십일월(병자월))은 下元甲子(하원갑자) 陰六局(음육국)이다.

地驚庚 三心庚	雀開丁 八蓬丁	陳休壬 一任壬
天死辛 二柱辛	四己	合生乙 六冲乙
符景丙 七禽丙	蛇杜癸 九英癸	陰傷戊 五輔戊

丁未年 五月 初一日의 日盤(일반)

癸卯日 陽七局
(계묘일 양칠국)

蛇芮己 六杜丁	陰柱癸 二景庚	合英丁 四死壬
符蓬辛 五傷癸	七冲丙	陳禽庚 九驚戊
天心乙 一生己	地任戊 三休辛	雀輔壬 八開乙

丁未年 五月 一日 巳時의 時盤(시반)

丁巳時 陽二局
(정사시 양이국)

陰冲乙 五生庚	合任丁 一傷丙	陳蓬己 三杜戊
蛇芮壬 四休己	六輔辛	雀心庚 八景癸
符柱癸 九開丁	天英戊 二驚乙	地禽丙 七死壬

丁未年 十月 十日의 日盤(일반)

己卯日 陰九局
(기묘일 음구국)

地輔癸 八傷癸	雀英戊 四杜戊	陳芮丙 六景丙
天冲丁 七生丁	九禽壬	合柱庚 二死庚
符任己 三休己	蛇蓬乙 五開乙	陰心辛 一驚辛

丁未年 十月 十日 卯時의 時盤(시반)

丁卯時 陰九局
(정묘시 음구국)

天蓬丙 五休癸	地心庚 一生戊	雀任辛 三傷丙
符英戊 四開丁	六芮壬	陳輔乙 八杜庚
蛇禽癸 九驚己	陰柱丁 二死乙	合冲己 七景辛

○ 靑龍返(回)首格(청룡반(회)수격)(天盤(천반)이 甲(갑)이고 地盤(지반)이 丙(병)일 때)의 例(예)

　　1974年(甲寅年(갑인년)) 十二月 九日(십이월 구일)(丙寅日(병인일))은 上元甲子(상원갑자) 陽遁三局(양둔삼국)이다. 아래에 甲(갑)은 旬首(순수)를 나타낸다.

(1)

己	丁	乙
戊	庚	壬
癸	丙	辛

(2)

乙己	壬丁	辛乙
丁甲	庚	丙壬
己癸	甲丙	癸辛

○ 飛鳥跌穴格(비조질혈격)(天盤(천반)이 丙(병)이고 地盤(지반)이 甲(갑)일 때)의 例(예)

　　1974年(甲寅年(갑인년)) 十二月 十六日(십이월 십육일)(癸酉日(계유일))은 上元甲子(상원갑자) 陽遁一局(양둔일국)이다.

(1)

辛	乙	己
庚	壬	丁
丙	戊	癸

(2)

乙辛	己乙	丁己
辛庚	壬	癸丁
庚丙	丙甲	戊癸

○ 玉女守門格(옥녀수문격)(天盤(천반)이 丁(정)이고 八門(팔문)이 直使(직사)가 될 때)의 例(예)

1979年(己未年(기미년)) 四月 八日(사월 팔일)(庚午日(경오일))은 下元甲子(하원갑자) 陽一局(양일국)이다.

(1)

辛	乙	己
庚	壬	丁
丙	戊	癸

(2)

丙辛	庚乙	辛己
戊庚	壬	休乙直丁
癸丙	丁戊	己癸

○ 靑龍逃走格(청룡도주격)(天盤(천반)이 乙(을)이고 地盤(지반)이 辛(신)일 때)의 例(예)

1967年(丁未年(정미년)) 七月(칠월)(戊申月(무신월))은 下元甲子(하원갑자) 陰三局(음삼국)이다.

(1)

乙	辛	己
戊	丙	癸
壬	庚	丁

(2)

戊乙	乙辛	辛己
甲戊	丙	己癸
庚甲	丁庚	癸丁

○ 白虎猖狂格(백호창광격)(天盤(천반)이 辛(신)이고 地盤(지반)
이 乙(을)일 때)의 例(예)

1966年(丙午年(병오년)) 四月(사월)(癸巳月(계사월))은 下元
甲子(하원갑자) 陰五局(음오국)이다.

己	癸	辛
庚	戊	丙
丁	壬	乙

(1)

丁己	甲癸	己辛
壬甲	戊	癸丙
乙丁	丙壬	辛乙

(2)

○ 螣蛇妖嬌格(天盤(천반)이 癸(계)이고 地盤(지반)이 丁(정)일
때)의 例(예)

1979年(己未年(기미년)) 三月 十三日(삼월 십삼일)(丙午日(병
오일))은 中元甲子(중원갑자) 陽四局(양사국)이다.

戊	癸	丙
乙	己	辛
壬	丁	庚

(1)

庚戊	丁癸	甲丙
辛乙	己	乙辛
丙甲	癸丁	戊庚

(2)

○ 三奇得使(삼기득사) 중 日奇得使格(일기득사격)(天盤(천반)이 乙(을)이고 地盤(지반)이 己(기)일 때)의 例(예)

1978年(戊午年(무오년)) 十二月 二十六日(십이월 이십육일)(辛卯日(신묘일))은 上元甲子(상원갑자) 陽一局(양일국)이다.

(1)

辛	乙	己
庚	壬	丁
丙	戊	癸

(2)

甲辛	辛	乙
丙甲	壬	己丁
戊丙	癸戊	丁癸

○ 三奇得使(삼기득사) 중 月奇得使格(월기득사격)(天盤(천반)이 丙(병)이고 地盤(지반)이 戊(무)일 때)의 例(예)

1979年(己未年(기미년)) 一月 六日(일월 육일)(庚子日(경자일))은 上元甲子(상원갑자) 陽一局(양일국)이다.

(1)

辛	乙	己
庚	壬	丁
丙	戊	癸

(2)

乙甲	己乙	丁己
甲庚	壬	癸丁
庚丙	丙戊	戊癸

○ 三奇得使(삼기득사) 중 星奇得使格(성기득사격)(天盤(천반)이 丁(정)이고 地盤(지반)이 壬(임)일 때)의 例(예)

1945年(乙酉年(을유년))은 中元甲子(중원갑자) 陰一局(음일국)이다.

(1)

丁	己	乙
丙	癸	辛
庚	戊	壬

(2)

壬丁	戊己	甲乙
辛丙	癸	丙辛
乙甲	己戊	丁壬

○ 天遁格(천둔격)(天盤(천반)이 丙(병)이고 地盤(지반)이 戊(무)이며 八門(팔문)이 生門(생문)일 때)의 例(예)

1979年(己未年(기미년)) 二月 二十二日(이월 이십이일)(丙戌日(병술일))은 中元甲子(중원갑자) 陽二局(양이국)이다.

(1)

庚	丙	戊
己	辛	癸
丁	乙	壬

(2)

開 己甲	輔休 甲丙	生 丙戊
驚 丁己	辛	傷 戊癸
死 乙丁	景 壬乙	杜 癸壬

○ 地遁格(지둔격)(天盤(천반)이 乙(을)이고 地盤(지반)이 己(기)이며 八門(팔문)이 開門(개문)일 때)의 例(예)

1978年(戊午年(무오년)) 十二月 二十六日(십이월 이십육일)(辛卯日(신묘일))은 上元甲子(상원갑자) 陽一局(양일국)이다.

(1)

辛	乙	己
庚	壬	丁
丙	戊	癸

(2)

冲死 甲辛	驚 辛乙	開 乙己
景 丙甲	壬	休 己丁
杜 戊丙	傷 癸戊	生 丁癸

○ 人遁格(인둔격)(天盤(천반)이 丁(정)이고 八門(팔문)이 休門(휴문)이면서 八神(팔신)이 太陰(태음)일 때)의 例(예)

1956年(丙申年(병신년)) 四月(사월)(癸巳月(계사월))은 上元甲子(상원갑자) 陰八局(음팔국)이다.

(1)

壬	乙	丁
癸	辛	己
戊	丙	庚

(2)

丙壬	戊乙	癸丁
心 甲癸	辛	壬己
己戊	丁丙	開 乙甲

(3)

天杜 丙壬	地景 戊乙	雀死 癸丁
符傷 甲癸	辛	陳驚 壬己
蛇生 己戊	陰休 丁丙	合開 乙甲

○ 神遁格(신둔격)(天盤(천반)이 丙(병)이며 八門(팔문)이 生門(생문)이 되며 八神(팔신)이 九天(구천)일 때)의 例(예)

　　1945年(乙酉年(을유년))은 　中元甲子(중원갑자)　陰一局(음일국)이다.

丁	己	乙
丙	癸	辛
庚	戊	壬

(1)

壬丁	戊己	符甲 任乙
辛丙	癸	生 丙辛
乙甲	己戊	丁壬

(2)

陰驚 壬丁	蛇開 戊己	符休 甲乙
合死 辛丙	癸	天生 丙辛
陳景 乙甲	雀杜 己戊	地傷 丁壬

(3)

○ 鬼遁格(귀둔격)(天盤(천반)이 丁(정)이며, 八門(팔문)이 生門(생문)이면서 八神(팔신)이 九地(구지)가 되고 艮宮(간궁)에 같이 임할 때)의 例(예)

　　1979年(己未年(기미년)) 十月 一日(시월 일일) 癸巳時(계사시)는 立冬下元甲子(입동하원갑자) 陰遁一局(음둔일국)이다.

丁	己	乙
丙	癸	辛
庚	戊	壬

(1)

乙丁	辛己	壬乙
己丙	癸	戊辛
生 丁甲	丙戊	符甲 壬壬

(2)

陳杜 乙丁	合景 辛己	陰死 壬乙
雀傷 己丙	癸	蛇驚 戊辛
地生 丁甲	天休 丙戊	符開 甲壬

(3)

○ 風遁格(풍둔격)(天盤(천반)이 乙(을)이면서 巽宮(손궁)에 진입하고 八門(팔문)이 吉門(길문)일 때)의 例(예)

1936年(丙子年(병자년))은 中元甲子(중원갑자) 陰一局(음일국)이다.

(1)

丁	己	乙
丙	癸	辛
庚	戊	壬

(2)

生 乙丁	傷 辛甲	杜 壬乙
休 甲丙	癸	景 戊辛
癸丁庚	驚 丙戊	死 庚壬

○ 雲遁格(운둔격)(天盤(천반)이 乙(을)이고 坤宮(곤궁)에 진입하고 八門(팔문)이 吉門(길문)일 때)의 例(예)

1979年(己未年(기미년)) 十月 九日(시월 구일)(己亥日(기해일))은 下元甲子(하원갑자) 陰七局(음칠국)이다.

(1)

辛	丙	癸
壬	庚	戊
乙	丁	己

(2)

死 己甲	驚 丁丙	開 乙癸
景 戊壬	庚	休 壬戊
杜 癸乙	傷 丙丁	生 甲己

○ 龍遁格(용둔격)(天盤(천반)이 乙(을)이고 坎宮(감궁)에 진입하고 八門(팔문)이 休門(휴문)이거나, 天盤(천반)이 乙(을)이고 乾宮(건궁)에 진입하고 八門(팔문)이 開門(개문)일 때)의 例(예)

　　1979年(己未年(기미년)) 九月 二十三日(구월 이십삼일)(癸未日(계미일))은 下元甲子(하원갑자) 陰五局(음오국)이다

(1)

己	癸	辛
庚	戊	丙
丁	壬	乙

(2)

杜 庚甲	景 甲癸	死 癸辛
傷 丁庚	戊	驚 辛丙
生 壬丁	休 乙壬	開 丙乙

○ 虎遁格(호둔격)(天盤(천반)이 乙(을)이고 艮宮(간궁)에 진입하고 八門(팔문)이 生門(생문)이나 休門(휴문)일 때)의 例(예)

　　1979年(己未年) 閏六月 二十七日(윤유월 이십칠일)(戊午日(무오일))은 上元甲子(상원갑자) 陰九局(음구국)이다.

(1)

癸	戊	丙
丁	壬	庚
己	乙	辛

(2)

傷 丁甲	杜 甲戊	景 戊丙
生 己丁	壬	死 丙庚
休 乙己	開 辛乙	驚 庚辛

○　朱雀投江格(주작투강격)(天盤(천반)이　丁(정)이고　地盤(지반)이　癸(계)일 때)의　例(예)

1979年(己未年)　三月　十三日(삼월 십삼일)(丙午日(병오일))은　中元甲子(중원갑자)　陽四局(양사국)이다.

(1)

戊	癸	丙
乙	己	辛
壬	丁	庚

(2)

庚戊	丁癸	甲丙
辛乙	己	乙辛
丙甲	癸丁	戊庚

○　熒惑入白格(형혹입백격)(天盤(천반)이　丙(병)이고　地盤(지반)이　庚(경)일 때)의　例(예)

1979年(己未年(기미년))　一月　二十八日(일월 이십팔일)(壬戌日(壬戌日))은　上元甲子(상원갑자)　陽五局(양오국)이다.

(1)

乙	壬	丁
丙	戊	庚
辛	癸	己

(2)

己乙	甲壬	辛丁
庚丙	戊	丙庚
丁辛	壬甲	乙己

○ 太白入熒格(태백입형격)(天盤(천반)이 庚(경)이고 地盤(지반)이 丙(병)일 때)의 例(예)

　위에 있는 例式(예식)의 震宮(진궁)에 天盤(천반)이 庚(경)이고 地盤(지반)이 丙(병)이므로 本格(본격)에 해당된다.

○ 大格(대격)(天盤(천반)이 庚(경)이고 地盤(지반)이 癸(계)일 때)의 例(예)

　1979年(己未年(기미년)) 十月 二十一日(시월 이십일일)(辛亥日(신해일))은 下元甲子(하원갑자) 陰四局(음사국)이다.

(1)

戊	壬	庚
己	乙	丁
癸	辛	丙

(2)

丙戊	辛甲	癸庚
丁己	乙	己丁
庚癸	甲辛	戊丙

○ 小格(소격)(天盤(천반)이 庚(경)이고 地盤(지반)이 壬(임)일 때)의 例(예)

　1984年(甲子年(갑자년)) 六月(유월)(辛未月(신미월))은 上元甲子(상원갑자) 陰一局(음일국)이다.

(1)

丁	己	乙
丙	癸	辛
庚	戊	壬

(2)

乙丁	辛己	壬乙
己丙	癸	甲辛
丁庚	丙甲	庚壬

○ 刑格(형격)(天盤(천반)이 庚(경)이고 地盤(지반)이 己(기)일 때)의 例(예)

　1979年(己未年(기미년)) 六月 十日(유월 십일)(辛未日(신미일))은 上元甲子(상원갑자) 陰二局(음이국)이다.

(1)

丙	庚	戊
乙	丁	壬
辛	己	癸

(2)

癸丙	己庚	辛甲
壬乙	丁	乙壬
甲辛	庚己	丙癸

○ 飛干格(비간격)(天盤(천반)이 日干(일간)이 되고 地盤(지반)이 庚(경)이 될 때)의 例(예)

　1979年(己未年(기미년)) 五月 十一日(오월 십일일)(癸卯日(계묘일))은 下元甲子(하원갑자) 陽七局(양칠국)이다.

(1)

丁	庚	壬
癸	丙	戊
己	辛	乙

(2)

己丁	癸庚	丁壬
甲癸	丙	庚戊
乙己	戊甲	壬乙

○ 年格(연격)(天盤(천반)이 庚(경)이고 地盤(지반)이 年干(연간)일 때)의 例(예)

1977年(丁巳年(정사년)) 二月 一日(이월 일일)(丙子日(병자일))은 中元甲子(중원갑자) 陽遁一局(양둔일국)이다.

辛	乙	己
庚	壬	丁
丙	戊	癸

(1)

癸 辛	戊 乙	丙 甲
丁 庚	壬	庚 丁
甲 丙	乙 戊	辛 癸

(2)

○ 月格(월격)(天盤(천반)이 庚(경)이고 地盤(지반)이 月干(월간)일 때)의 例(예)

1979年(己未年(기미년)) 二月(이월)(丁卯月(정묘월)) 十二日(십이일)(丙子日(병자일))은 中元甲子(중원갑자) 陽一局(양일국)이다.

辛	乙	己
庚	壬	丁
丙	戊	癸

(1)

癸 辛	戊 乙	丙 甲
丁 庚	壬	庚 丁
甲 丙	乙 戊	辛 癸

(2)

○ 日格(일격)(天盤(천반)이 庚(경)이고 地盤(지반)이 日干(일간)일 때)의 例(예)

  1976年(丙辰年(병진년)) 十一月 三日(십일월 삼일)(己酉日(기유일) 辛未時(신미시)는 冬至上元甲子(동지상원갑자) 陽一局(양일국)이다.

(1)

辛	乙	己
庚	壬	丁
丙	戊	癸

(2)

甲辛	丙乙	庚己
癸庚	壬	辛丁
丁丙	己甲	乙癸

○ 時格(시격)(天盤(천반)이 庚(경)이고 地盤(지반)이 時干(시간)일 때)의 例(예)

  1978年(戊午年(무오년)) 十二月 六日(십이월 육일)(辛未日(신미일)) 壬辰時(임진시)는 中元甲子(중원갑자) 陽九局(양구국)이다.

(1)

壬	戊	庚
辛	癸	丙
乙	己	丁

(2)

庚壬	丙戊	丁庚
戊辛	癸	己丙
壬乙	辛己	乙丁

○ 飛宮格(비궁격)(天盤(천반)이 甲(갑)이고 地盤(지반)이 庚(경)
일 때)의 例(예)

　1976年(丙辰年(병진년))　十一月(십일월)(庚子月(경자월))은
中元甲子(중원갑자) 陰一局(음일국)이다.

(1)

丁	己	乙
丙	癸	辛
庚	戊	壬

(2)

戊丁	庚己	丙乙
壬丙	癸	丁甲
甲庚	乙戊	己壬

○ 伏宮格(복궁격)(天盤(천반)이 庚(경)이고 地盤(지반)이 甲(갑)
일 때)의 例(예)

　1979年(己未年(기미년))　三月　七日(삼월　칠일)(庚子日(경자
일))은 中元甲子(중원갑자) 陽七局(양칠국)이다.

(1)

丁	庚	壬
癸	丙	戊
己	辛	乙

(2)

乙丁	甲庚	己壬
戊癸	丙	癸戊
壬己	庚甲	丁乙

○ 門迫格(문박격)의 起例(기예)

1960年(庚子年)은 中元甲子(중원갑자) 陰四局(음사국)이다.

開門(개문)이 三,四宮(삼,사궁)에 臨(임)하면 開門(개문)은 乾宮(건궁)의 金神(금신)이므로 三宮(삼궁)의 震木卯(진목묘)를 金剋木(금극목)하는 까닭이다.

(1)

戊	壬	庚
己	乙	丁
癸	辛	丙

(2)

休 丁戊	生 丙壬	傷 甲庚
開 庚己	乙	杜 癸丁
驚 壬癸	死 戊甲	景 己丙

1979年(己未年)의 二月 二十八日(이월 이십팔일)(壬辰日(임진일))은 中元甲子(중원갑자) 陽八局(양팔국)이다. 休門(휴문)이 九宮(구궁)에 臨(임)하면 休門(휴문)은 坎宮(감궁)의 水神(수신)이므로 九宮(구궁)의 離火午(이화오)를 水剋火(수극화)하는 까닭이다.

(1)

癸	己	辛
壬	丁	乙
戊	庚	丙

(2)

開 戊癸	休 壬己	生 癸辛
驚 庚壬	丁	傷 己乙
死 丙戊	景 乙庚	杜 辛丙

1978年(戊午年) 十二月 二十七日(십이월 이십칠일)(壬辰日(임진일))은 上元甲子(상원갑자) 陽二局(양이국)이다.

景庚	死丙	驚戊
杜己	辛	開癸
傷丁	生乙	休壬

生門(생문)이 一宮(일궁)에 임하면 生門(생문)은 艮宮(간궁)의 土神(토신)이므로 一宮(일궁)의 坎水子(감수자)를 土剋水(토극수)하는 까닭이다.

1979年(己未年) 九月 十二日(구월 십이일)(壬申日(임신일))은 下元甲子(하원갑자) 陰七局(음칠국)이다.

休辛	生丙	傷癸
開壬	庚	杜戊
驚乙	死丁	景己

傷門(상문)이 八宮(팔궁)에 臨(임)하면 傷門(상문)은 震宮(진궁)의 木神(목신)이므로 八宮(팔궁)의 坤土(곤토)를 木剋土(목극토)하는 까닭이며 傷門(상문)이 二宮(이궁)에 임하여도 같은 원리이다.

1962年(壬寅年)은 中元甲子(중원갑자) 陰二局(음이국)이다.

休丙	生庚	傷戊
開乙	丁	杜壬
驚辛	死己	景癸

景門(경문)이 六宮(육궁)이나 七宮(칠궁)에 臨(임)하면 景門(경문)은 離宮(이궁)의 火神(화신)이므로 六,七宮(육,칠궁)의 金(금)을 火剋金(화극금)하는 까닭이다. 또한 死門(사문)이 一宮(일궁)에 臨(임)하면 死門(사문)은 坤宮(곤궁)의 土神(토신)이므로 一宮(일궁)의 坎水子(감수자)를 土剋水(토극수)하는 까닭이다.

1979年(己未年(기미년)) 八月 二日(팔월 이일)(壬辰日(임진일))은
中元甲子(중원갑자) 陰二局(음이국)이다.

開丙	休庚	生戊
驚乙	丁	傷壬
死辛	景己	杜癸

驚門(경문)이 三,四宮(삼,사궁)에 임
하면 驚門(경문)은 兌宮(태궁)의 金神
(금신)이므로 三,四宮(삼,사궁)의 木(목)
을 金剋木(금극목)하는 까닭이다.

1979年(己未年(기미년)) 七月 十七日(칠월 십칠일)(戊寅日(무인
일))은 中元甲子(중원갑자) 陰七局(음칠국)이다.

死辛	驚丙	開癸
景壬	庚	休戊
杜乙	傷丁	生己

杜門(두문)이 二,八宮(이,팔궁)에 임
하면 杜門(두문)은 巽宮(손궁)의 木神
(목신)이므로 二,八宮(이,팔궁)의 土(토)
를 木剋土(목극토)하는 까닭이다.

18. 超接(초접)과 置閏(치윤)

超接(초접)이란 超神(초신)과 接氣(접기)를 말한다. 奇門遁甲術 (기문둔갑술)에 있어서 매우 중요한 부분으로써 超(초)는 超越(초월)이란 뜻이요, 神(신)은 日(일)이란 뜻으로 超神(초신)이란 日子(일자)가 초월했다는 뜻이다. 接(접)이란 連接(연접)의 뜻이요, 氣(기)란 節氣(절기)를 뜻하므로 接氣(접기)는 곧 日子(일자)가 연접해 온다는 뜻이다. 가령 節氣(절기)는 아직 이르지 않았는데 節氣(절기)에서 가장 가까운 甲子(갑자), 甲午(갑오), 己卯(기묘), 己酉(기유)등 日子(일자)가 먼저 이르렀을 때는 바로 이날이 節氣(절기)가 바뀌는 日子(일자)이다. 다시 말해서 사용코져 하는 節氣(절기)가 아직 오지 않은 상태를 超(초)라고 한다. 반대로 節氣(절기)는 이미 지나갔는데 節氣(절기)에서 가장 가까운 甲子(갑자), 甲午(갑오), 己卯(기묘), 己酉(기유)등 日子(일자)는 아직 이르지 않았을 때 이미 도착한 節氣(절기)를 쓰되 局數(국수)도 고치지 않고 이전의 절기를 계속 쓰는 상태를 接(접)이라고 하며 반드시 甲子(갑자), 甲午(갑오), 己卯(기묘), 己酉日(기유일)이 임하기를 기다려서 본 節氣(절기)를 사용한다.

超神(초신)은 節氣(절기)가 도착하기 전 절기에서 가장 가까운 甲子(갑자), 甲午(갑오), 己卯(기묘), 己酉(기유)등 日子(일자)가 먼저 도착한 현상으로 甲子時(갑자시)가 절기보다 먼저 도달함을 말한다. 만일 上元(상원)에 있어서 陰曆(음력) 正月(정월) 一日

(일일)이 立春(입춘)이라면 이때에 만일 작년의 十二月(십이월) 二十五日(이십오일)이 甲子日(갑자일)이라면 甲子日(갑자일)을 立春(입춘)으로 보기 때문에 正月(정월) 一日(일일)은 이미 立春(입춘) 中元(중원)이 된다. 이러한 현상을 超(초)라고 한다.

接氣(접기)라는 것은 甲子(갑자), 甲午(갑오), 己卯(기묘), 己酉(기유) 日子(일자)가 아직 도달되기 전에 節氣(절기)가 먼저 도달한 상황일 때는 본 節氣(절기)가 비록 이미 도달했더라도 앞 절기를 쓰게 된다. 예컨대 陰曆(음력) 正月(정월) 一日(일일)이 立春(입춘)일 때 만일 甲子日(갑자일)이 正月(정월) 五日(오일)이라면 正月(정월) 一日(일일)부터 正月(정월) 四日(사일)까지는 大寒下元(대한하원)으로 봐야 하고 五日(오일)부터 비로소 立春(입춘)으로 보게 된다. 陰陽遁(음양둔)은 원래 직선으로 진행하므로 甲子(갑자), 甲午(갑오), 己卯(기묘), 己酉(기유) 四仲日(사중일)은 절기의 分界線(분계선)이 된다.

甲己(갑기)의 四仲日(사중일)이 너무 빠르게 올 때는 왕왕 절기가 아직 도달되지 않고 四仲日(사중일)은 이미 먼저 도달하게 된다. 甲己(갑기)의 四仲日(사중일)이 더디게 올 때는 왕왕 절기가 이미 도달하였고 四仲日(사중일)은 도리어 더디게 도착되지 않았으므로 超神接氣法(초신접기법)을 쓰게 되는 것이다. 甲己(갑기)의 四仲日(사중일)은 아직 임하지 않고 절기가 먼저 도달하면 절기에 진입하는 日子(일자)에서 시작하고 甲己(갑기)의 四仲日(사중일)은 버리고 앞 절기부분 안에 둔다. 甲己(갑기)의 四仲日(사중일)이 이미 도착하였으나 절기가 아직 임하지 않았으면 비록 절기에 진입하지 못했지만 절기에 진입한 것으로 보게 된다. 그러므로 대폭적인 차이가 있을 시에는 이를 조정하기 위해서 비로소 閏(윤)을 두게 되는데 설정법은 大雪(대설)과 芒種上(망종상)에 두게 된다. 超接(초접)의 편차가 많이 생기면 十二日(십이일) 혹은 十三日(십삼일) 정도로 되므로 이때는 閏(윤)을 설정해야 된다. 기타의 절기에는 편차가 十日(십일)정도 되더라도 閏(윤)을 설정하지 않는다. 예를 들면 康熙(강희) 五十六年(오십육년) 五月(오월) 十三日(십삼일) 丙寅日(병인일)의 夜子時(야자시) 初二刻(초이각)에 夏至(하지) 진입하는 시간이다. 다만 실제상 三日前(삼일전) 甲子日(갑자일)에서 陰遁(음둔)이 시작된다. 이로 미루어 볼 때 이미 3일간이나 초과되었다. 五十七年(오십칠년) 五月(오월) 二十四(이십사) 壬申日(임신일) 卯時(묘시) 初二刻(초이각)에 夏至(하지)가 立節(입절)되었으나 十六日(십육일)에 甲子日(갑자일)이 들었으니 이미 9일간이나 초과되었다. 이로써 알게 되니 閏(윤)은 반드시 芒種(망종) 후에 설정한다. 五月(오월) 一日(일일)의 己酉日(기유일)이 芒種(망종) 上局(상국)이 되고, 六日(육일)이 芒種(망종)의 中局(중국)이 되고, 十一日(십일일)이 芒種(망종)의 下局(하국)이 된다. 十六日(십육일)의 甲子(갑자)에서 시작되어 二十四日(이십사일)의 壬申日(임신일)까지는 九日(구일)간이니 매우 멀기 때문에 十六日(십육일)의 甲子日(갑자일)을 夏至(하지)의 上局(상국)으로 보지 않고 閏(윤)의 芒種上局(망종상국)으로 보니 二十一日(이십일일)의 己巳日(기사일)은 閏(윤)의 芒種中期(망종중기)가 되고 二十六日(이십육일)의 甲戌日(갑술일)은 芒種下局(망종하국)이 되어 바로 六月(유월) 一日(일일)의 戊寅日(무인일)가지 閏(윤)이 결속된다. 六月(유월) 二日(이일)의 己卯日(기묘일)이 되어야 비로소 夏至上局(하지상국)이 되니 이러한 것을 接氣(접기)라고 한다. 康熙(강희) 五十八年(오십팔년) 六月(유월) 二十三日(이십삼일)의 立秋(입추)에 甲己子午卯酉(갑기자오묘유) 四仲日(사중일)이 節入(절입)되었는데 이런 상황을 正局(정국)이라고 하며 上元(상원) 陰遁二局(음둔이국)이 되므로 七月(칠월) 九日(구일)의 庚辰日(경진일)은 處暑(처서)이니 결과는 一日

(일일)이 초과되었다. 그리고 上元符頭(상원부두)인 甲子(갑자), 甲午(갑오), 己卯(기묘), 己酉日(기유일)에 節氣(절기)가 드는 것을 正授奇(정수기)라고도 한다. 冬至(동지), 夏至(하지)와 芒種(망종), 大雪(대설) 중간에서 超神(초신)이 滿九日(만구일)을 경과했을 경우에 한하여 閏局(윤국)을 두게 되나 나머지 節氣上(절기상)에서는 閏局(윤국)을 두지 않는다는 것을 명심하시기 바랍니다.

一九五一年(辛卯)(일구오일년(신묘)) 十一月(庚子)(십일월(경자)) 二十五日(丁酉)(이십오일(정유)) 子正(자정) 二刻(이각) 七分(칠분)이 冬至(동지)인데 十一月(십일월) 二十二日(甲午)(이십이일(갑오))에 冬至上元符頭(동지상원부두)가 임하였으니 四日(사일)이 초과되었다. 一九五二年(壬辰)(일구오이년(임진)) 五月(오월) 二十九日(戊戌)(이십구일(무술)) 戌初(술초) 二刻(이각) 八分(팔분)에 夏至(하지)가 들었는데 五月(오월) 二十五日(이십오일) 甲午(갑오)에 上元符頭(상원부두)가 임하였으니 五日(오일)이 초과되었다. 十一月(십일월) 初六日(초육일) 壬寅(임인) 卯正(묘정) 一刻(일각) 十三分(십삼분)에 冬至(동지)가 들었는데 十月(시월) 二十八日(이십팔일)에 甲午符頭(갑오부두)가 임하였으니 九日(구일)이나 초과되어 너무 멀기 때문에 十月(시월) 二十一日(이십일일) 丁亥(정해) 大雪節(대설절) 후에 閏(윤)을 두기 때문에 十月(시월) 十三日(십삼일) 己卯日(기묘일)에 大雪上元(대설상원)이 되고 十八日(십팔일) 甲申日(갑신일)에 大雪中元(대설중원)이 되고, 二十三日(이십삼일) 己丑日(기축일)에 大雪下元(대설하원)이 되고 二十七日(이십칠일) 癸巳日(계사일)에 大雪下元(대설하원)이 끝나게 된다. 十月(시월) 二十八日(이십팔일) 甲午日(갑오일)을 冬至上元(동지상원)으로 계산하지 않고 大雪閏奇上元(대설윤기상원)이 되고 十一月(십일월) 初三日(초삼일) 己亥日(기해일)은 閏奇中元(윤기중원)이 되고 初八日(초팔일) 甲辰日(갑진일)은 閏奇下元(윤기하원)이 되고, 十二日(십이일) 戊申日(무신일)에 閏奇下元(윤기하원)이 바야흐로 끝나게 된다. 十一月(십일월) 十三日(십삼일) 己酉日(기유일)에 비로소 冬至上元(동지상원)이 되니 이를 일러 超神(초신)이라고 하며 置閏法(치윤법)인 것이다. 超神接氣法(초신접기법)과 置閏法(치윤법)은 奇門學(기문학)에서 가장 중요한 部門(부문)이니 이해하지 못하면 아니 될 것이다.

第二編　星門論(성문론)

1. 奇儀(기의)의 象意(상의)

1. 甲首(갑수)의 象意(상의)

天文	太陽
地理	高地, 나무 숲
人物	귀족, 국왕, 관리
性情	위엄, 정직, 유쾌, 독단, 완고, 낭비
身體	담낭 쓸개, 눈, 힘줄
物品	금, 옥, 보석, 왕관, 푸른색의 물건
屋舍	궁전, 탑
飮食	신맛의 식물, 아름다운 식물
功名	예술, 사업
本質	강건하고 적극성이 있다.
性格	사람됨이 솔직하고 자신을 믿는 마음이 강하다. 다만 교제는 좋지 않다.
色彩	청색
味覺	신맛
聲音	맑지 않다.
體形	장방형
活動	온양한 후에야 정식 행동을 한다.
其他	시기를 얻으면 동량이 되고, 시기를 잃으면 폐재가 된다. 命運이 만약 극을 받으면 부패한 쓸모없는 인간이 된다. 다만 환경에 따라 동량이 되기도 하고 정처없이 떠도는 사람이 되기도 한다.

2. 乙奇(을기)의 象意(상의)

天文	太陰
地理	초원, 화원
人物	여행자, 황후, 선원
性情	민감, 상상, 인내, 의뢰, 연약, 이기심
物品	은, 수은, 잃은 물건, 일용품, 녹색의 물건
身體	간, 눈, 손톱
屋舍	식당, 집회소
飮食	떫은 맛의 식물, 평범한 식물
功名	비술, 항해업
本質	윤택하다.
性格	습성이 비뚤어지고 연기성의 동작이 풍부하고 세정에 순응할 줄 안다.
色彩	청록색
味覺	시고 달다.
聲音	멋진 목소리를 가졌다.
體形	남에게 부드럽고 무기력한 느낌을 준다.
活動	활동과 불활동을 논하지 않고 상황은 대체로 고르다.
其他	시기를 얻으면 번화하고, 시기를 잃으면 시들은 재목으로 변한다.

3. 丙奇(병기)의 象意(상의)

天文	木星
地理	육지, 밭
人物	장군, 교조, 수상
身體	소장, 입술, 맥
性情	정의, 자비, 관대, 극단, 허영, 천견
物品	아연, 주석, 상품, 약석, 붉은색의 물건
屋舍	재판소, 고층 아파트
飮食	쓴맛의 식물, 과일
功名	학술, 정치
本質	청렴결백하다.
性格	극렬성과 의지가 굳고, 자기가 옳다고 여기는 것은 절대로 사양하지 않는다.
色彩	자홍색
味覺	쓰고 맵다.
聲音	매우 중후한 목소리다.
體形	강건하고 힘이 있다.
活動	매우 활발하다.
其他	시기를 얻으면 빛이 나게 되고, 시기를 잃으면 시들어 풀이 죽고 영구성이 없다. 이런 사람을 친구로 삼으면 힘을 얻는 좋은 친구가 되고, 이런 사람과 원수가 된다면 그는 장차 당신에게 두려운 적이 될 것이다

4. 丁奇(정기)의 象意(상의)

天文	計星
地理	불타버린 자취, 번화가
人物	조종사, 운전사, 躁卜者, 史官
性情	우호, 진보, 고립, 성급, 난폭, 반역
身體	心, 입술, 氣
屋舍	도서관, 畜舍
物品	납, 백금, 가위, 차량, 색깔있는 물건
飮食	향기 맛 짙은 식물, 구운 식품
功名	점성술, 역술업
本質	아첨하고 간살부리는 본질이 있다.
性格	매우 유순하지만 교활한지 착한지 헤아리기 어려운 데가 있다.
色彩	담홍색
味覺	상쾌한 맛
聲音	시원하고 또렷하며 크고 쩌렁쩌렁하다.
體形	겉보기에 보기 좋다.
活動	간단하고도 민첩하다.
其他	시기를 얻으면 어떤 일이라도 쉽게 해결되고 상대방의 간사함도 매우 빨리 알아서 대처한다. 시기를 잃으면 범사가 근심일 뿐이다. 겉보기엔 사람이 십분 화순한 듯하나 사실상 이런 사람은 웃음 속에 칼을 지녔으니 결코 가볍고 쉽게 접근해서는 아니된다.

5. 戊儀(무의)의 象意(상의)

天文	水星
地理	평원, 제방
人物	大使, 시인, 교사
身體	위, 혀, 肉
性情	機智, 웅변, 순응, 교활, 조바심, 위조
物品	서적, 붓, 먹, 문구, 노란색 물건
屋舍	학교, 상점
飮食	단맛의 식물, 신선한 식물
功名	의술, 상업
本質	극렬성이 있고 매우 풍취없는 사람이다.
性格	일에 대해서 상당히 집요하며 절대로 타인의 강제 압박을 받아들이지 않는다.
色彩	황색
味覺	달고 떫다.
聲音	매우 威嚴한 음색을 지녔다.
體形	겉보기에 안정되고 견실함이 태산과 같다.
活動	함부로 대충대충하다.
其他	시기를 얻으면 과감한 豪氣의 행위 동작이 있고 시기를 잃으면 나약하고 무능함을 나타낸다. 남에게 우둔한 감각을 준다.

6. 己儀(기의)의 象意(상의)

天文	金星
地理	田地, 평원
人物	舞女, 歌妓, 한가하게 사는 사람
性情	온화, 충실, 융통, 느긋함, 게으름, 색에 빠짐
身體	지라, 혀, 지방
物品	의복, 반지, 오렌지색 물건
屋舍	규방, 극장
飮食	단맛의 식물, 곡물
功名	미술, 劇
本質	박식하고 후중하다.
性格	사람됨이 솔직하고 處事는 관대하고 작은 일에는 구애되지 않는다.
色彩	황색
味覺	달고 떫다.
聲音	듣기에 매우 매력이 있다.
體形	겉보기에 고상하고 조용하다.
活動	동작 행동이 모두 안정되고 고상하다.
其他	시기를 얻으면 만물의 모범 전형이 되고, 시기를 잃으면 다만 자신만을 돌본다.

7. 庚儀(경의)의 象意(상의)

天文	焄星
地理	광산, 못
人物	巫女, 간첩, 술취한 사나이
性情	민감, 다정, 이상, 소홀, 기만, 불안
身體	대장, 코, 피부
物品	강철, 神器, 칼날, 흰색의 물건
屋舍	황천, 꿈의 세계
飮食	매운맛의 식물, 단맛의 물건
功名	사냥 수렵술, 목축업
本質	매우 굳다.
性格	일에 있어 조급하나 효과는 있다. 비록 상대방과 화합과 타협을 할 줄 아나 다만 자아를 극제하지 못한다. 이런 사람은 타인의 규제를 받기를 원치 않고 타인이 자기에게 굴복하기를 원한다.
色彩	흰색
味覺	매운맛
聲音	새된 외침소리가 있다.
體形	경직하다.
活動	하는 일이 거칠고 조바심이 있다.
其他	시기를 얻으면 영도인이 되고, 시기를 잃으면 권력을 남용하나 자기 스스로의 역량은 아니다.

8. 辛儀(신의)의 象意(상의)

天文	土星
地理	황폐된 토지, 무덤
人物	농부, 목공, 仙人
性情	실제, 持久, 중용, 우울, 가혹함, 냉담
身體	폐, 코, 털
物品	농기구의 도끼, 쇠망치, 화살, 투명한 물건
屋舍	사원, 사당, 문묘
飮食	매운맛의 식물, 간장에 담근 식물
功名	도술, 武道
本質	매우 예민한 성질이다.
性格	강하면서도 부드럽다.
色彩	흰색
味覺	쓰고 매운 맛
聲音	시끌시끌한 음반의 목소리다.
體形	겉보기에 온화하고 우아하며 안정이 있다.
活動	耐久力이 있다.
其他	시기를 얻으면 대단히 위세가 있고, 시기를 잃으면 기세가 꺾일 뿐이다.

9. 壬儀(임의)의 象意(상의)

天文	火星
地理	싸움터, 戰場
人物	병사, 도적, 요리사
性情	적극, 용감, 열렬, 조잡하고 상스러움, 성급
身體	방광, 귀, 뼈
物品	鐵砲, 등촉, 지뢰, 검은색 물건
屋舍	軍營, 감옥
飮食	매우 짠 식물, 볶은 식물
功名	군대, 도살업
本質	매우 윤택함이 있다.
性格	정당하지 못하다.
色彩	흑색
味覺	소금 맛
聲音	무겁고 메아리치는 목소리다.
體形	남에게 원활하고 활력있는 느낌을 준다.
活動	소통성이 풍부하다.
其他	시기를 얻으면 남에게 물질적으로 베풀어주고 시기를 잃으면 그늘이 져서 으스스하게 변한다.

10. 癸儀(계의)의 象意(상의)

天文	羅星
地理	어두컴컴한 곳, 황천
人物	간첩, 屍首, 살인자
性情	始終, 啓發, 활동, 강제, 겉으로는 복종하는 체하고 내심으론 배신함
身體	腎, 귀, 터럭
物品	冥紙, 生死를 기록해 놓은 문서 기록부, 널, 자주색의 물건
屋舍	동굴, 陰府
飮食	淡色의 식물, 된장에 절인 야채
功名	경찰, 순라대
本質	중후하고 침착하다.
性格	남에게 어둑어둑하고 음산한 느낌을 주나 본인은 도리어 사악함을 가장 미워하고 쓸데없이 참견하는 것을 좋아하지 않는다. 사악함을 간파하는데는 좋지 않다.
色彩	흑색
味覺	소금 맛
聲音	맑게 울려 퍼진다.
體形	늠름하고 크다.
其他	시기를 얻으면 변화의 행위가 풍부하고 시기를 잃으면 불쌍한 사람이 된다.

陰陽五行(음양오행) 十干(십간)의 위치와 象意(상의)

位	尊	三奇			六儀					
十干	甲木	乙木	丙火	丁火	戊土	己土	庚金	辛金	壬水	癸水
意義	求官	求安	求財	求智	求信	求情	求壽	求道	求勝	求秘
사용목적	지위·승진·명성·권위	안정·가정·화합·治病	財利·물질·위력·권력	지혜·학문·發現·발명	사교·순응·機智	매력·온정·색정·인기	장수·命運·災	수업·情道	투쟁·승부	사물의 비밀에 관함
의미	尊·정직·고상	柔·공상·비현실·친화	사업·매매·금전	新·개혁·진보·우호	웅변·표현·유행	과단성이 없음·게으름·익색	위험·불안·기만·怪我	냉담·가혹·근심·地味	파괴·성급·거칠고 천함	사물의 완결·死

2. 奇儀百格(기의백격)의 吉凶(길흉)

① 天盤(천반)이 甲(갑)이고 地盤(지반)이 甲(갑)이면 雙木成林(쌍목성림)이라 한다. 이 방위를 사용 시는 위세가 강화되어 번화, 부귀를 띠게 된다. 범사가 다 길하고 정직, 위엄, 부귀, 영화한다.

② 천반이 甲(갑)이고 지반이 乙(을)임을 藤蘿絆木(등라반목)이라 한다. 이 방위를 사용 시는 上司(상사)나 윗사람이 당신을 발탁하게되어 당신의 사업으로 하여금 기초가 더 안정된다. 대기만성이다. 외진 곳에 가도 의지할 곳이 있게 된다.

③ 천반이 甲(갑)이고 지반이 丙(병)이면 靑龍返首(청룡반수)라 한다. 이 방위를 사용 시는 흉이 변하여 길이 된다. 좀 더 움직인다면 大利(대리)가 이어서 임하게 된다. 부유함으로써 이름을 이룬다.

④ 천반이 甲(갑)이고 지반이 丁(정)임을 乾柴烈火(건시열화)라고 한다. 이 방위를 사용 시는 上司(상사)나 윗사람의 도움을 얻게 되므로 당신이 청원한 일도 반드시 採納(채납)을 얻게 된다. 귀인을 뵙고져 하면 이루어지고 일마다 길하다.

⑤ 천반이 甲(갑)이고 지반이 戊(무)이면 禿山孤木(독산고목)이라 한다. 이 방위를 사용 시는 고립무원의 상태로 변하게 된다. 한 사람이 많은 사람을 상대해야 하니 결과는 마침내 孤掌難鳴(고장난명)이므로 실패를 초래하니 범사가 불성이다.

⑥ 천반이 甲(갑)이고 지반이 己(기)임을 根制鬆土(근제송토)라고 한다. 이 방위를 사용 시는 반드시 좋은 협력자를 얻게되므로 당신과의 배합이 좋을 수 있다. 따라서 사업은 欣欣向榮(흔흔향영)하게 된다. 일을 꾀함도 이룰 수 있다.

⑦ 천반이 甲(갑)이고 지반이 庚(경)이면 飛宮砍伐(비궁감벌)이라 한다. 이 방위를 사용 시는 모든 일이 모두 근본부터 흔들려서 거꾸러진다. 마치 森林(삼림) 중의 수목이 한 그루씩 쓰러지므로 원숭이가 바삐 놀래어 허둥대며 한 그루의 나무에서 또 다른 나무로 도망가는 모양과 같다. 모든 일이 파패되니 아주 흉하다.

⑧ 천반이 甲(갑)이고 地盤(지반)이 辛(신)이면 木棍碎片(瓦)(목곤쇄편(와))이라 한다. 이 방위를 사용 시는 百害(백해)할 뿐 一利(일리)도 없다. 이 방위는 靜(정)함을 좋아하고 動(동)함은 일체 모두 좋지 않다. 고로 삼가 자중해야 한다.

⑨ 천반이 甲(갑)이고 지반이 壬(임)이면 隻帆漂洋(척범표양)이라 한다. 이 방위를 사용 시는 갈 곳은 있을지언정 도리어 돌아올 곳은 없다. 유랑하며 떠도는 사나이처럼 길은 있어도 집은 없는 것과 같다. 일평생 유랑이다. 一身(일신)이 孤單(고단)하도다.

⑩ 천반이 甲(갑)이고 지반이 癸(계)임을 樹根露水(수근로수)라고 한다. 이 방위를 사용 시는 같은 성질의 사람이 서로 도우므로 재앙은 가고 안전을 얻게 된다. 험함이 변하여 평온하게 되니 점진적인 발전이 있다.

⑪ 천반이 乙(을)이고 지반이 甲(갑)이면 錦上添花(금상첨화)라고 한다. 이 방위를 사용 시는 吉(길) 위에 吉(길)을 가하고 喜(희) 위에 喜(희)를 가하게 되니 상당히 좋다. 범사가 길하고 家園(가원)이 昌榮(창영)하니 경사로다.

⑫ 천반이 乙(을)이고 지반이 乙(을)이면 伏吟雜草(복음잡초)라고 한다. 이 방위를 사용 시는 만일 적극적으로 전진 推動(추동)하면 좋지 않다. 진취는 불가하고 다만 보수적으로 책임있는 지위를 굳게 지키어 처사함이 좋다. 분수에 맞게 처신함이 상책이다. 단지 귀인을 만나고 공명을 구함에는 괜찮다.

⑬ 천반이 乙(을)이고 지반이 丙(병)이면 三奇順遂(삼기순수)라고 한다. 이 방위를 사용 시는 지위가 높이 오를 뿐만 아니라 명성도 멀리 퍼진다. 그러나 혼인 방면에 대해서는 도리어 吉利(길리)하지 못하다. 만일 혼인에서 이 방위를 사용하면 결혼 후 夫妻(부처)가 반드시 늘 말다툼하여 쉼 없으니 마침내 이혼하게 되리라.

⑭ 천반이 乙(을)이고 지반이 丁(정)이면 三奇相佐(삼기상좌)라고 한다. 이 방위를 사용 시는 文件(문건) 문서사에 대해서는 매우 吉利(길리)하다. 기타 일에 대해서도 매우 길리하다.

⑮ 천반이 乙(을)이고 지반이 戊(무)이면 鮮花名瓶(선화명병)이라 한다. 이 방위를 사용 시는 관광 여행 혹은 혼인 등 두루 매우 吉利(길리)하다. 陰(음)(靜(정))은 이하나 陽(양)(動(동))은 해롭다. 女婚(여혼) 대길이나 만약 凶門(흉문)을 만나면 남자는 迫財(박재) 파산하고 人傷(인상)을 당한다.

⑯ 천반이 乙(을)이고 지반 己(기)이면 日奇得使(일기득사)라고 한다. 이 방위를 사용 시는 하나로써 열을 제압할 수 있고 유로써 강을 극한다. 凶門(흉문)이면 반드시 凶災(흉재)를 부르나 두 곳에 吉門(길문)을 얻으면 地遁(지둔)이 된다.

⑰ 천반이 乙(을)이고 지반이 庚(경)이면 日奇被刑(일기피형)이라 한다. 이 방위를 사용할 시는 가정 내에 재산 다툼으로 싸워 마침내 소송을 거는 상태로 발전하기 때문에 夫妻(부처)간에 화목하지 못하고 丈夫(장부)와 妻子(처자)는 각각 私心(사심)

의 딴 마음이 있으므로 융합치 못한다. 爭訟(쟁송)과 시비가
따른다.

⑱ 천반이 乙(을)이고 지반이 辛(신)이면 靑龍逃走(청룡도주)라고
한다. 이 방위를 사용 시는 당신의 고용인이나 종이 당신의
구슬, 보배, 패물, 재물을 슬쩍 훔쳐간다. 기르는 가축이 전염
병을 얻거나 기타 흉사가 있다.

⑲ 천반이 乙(을)이고 지반이 壬(임)이면 荷葉蓮花(하엽연화) 또
는 乙奇入地(을기입지)라고 한다. 이 방위를 사용 시는 남자
는 천하의 좋은 기회를 遊歷(유력)하게 된다. 여자는 金龜婿
(금귀서)를 얻을 수 있다. 왕후의 門戸(문호)로 돌아가니 공
명을 사방에 떨친다.

⑳ 천반이 乙(을)이고 지반이 癸(계)이면 綠野朝露(녹야조로) 또
는 華蓋逢星(화개봉성)이라 한다. 이 방위를 사용 시는 다만
3종의 사정이 좋은 것이니 첫째 은거 생활, 둘째 종교생활, 수
도, 셋째는 유랑생활, 이 세 종류를 제외한 모든 일은 마땅치
못하다. 官人(관인)은 遁迹(둔적), 和尚(화상), 여승은 수도, 隱
匿(은닉)과 藏形(장형), 災禍(재화)를 피함만이 가장 상책이다.

㉑ 천반이 丙(병)이고 지반이 甲(갑)이면 飛鳥跌穴(비조질혈)이라
고 한다. 이 방위를 사용 시는 희망하던 것이나 청원한 것
모두 목적달성하게 되고 힘들이지 않고도 얻게되는 謀事(모
사) 통철하고 범사가 다 형통한다.

㉒ 천반이 丙(병)이고 지반이 乙(을)이면 艶陽麗花(염양여화) 또는
日月並行(일월병행)이라 한다. 이 방위를 사용 시는 公事(공
사)든 私事(사사)든 다 吉利(길리)하고 안팎으로 두루 이를 얻
는 좋은 방위이다.

㉓ 천반이 丙(병)이고 지반이 丙(병)이면 伏吟洪光(복음홍광)이라
한다. 이 방위를 사용 시는 有勇無謀(유용무모)의 상황이므로

모두 무리한 노력으로 일을 움직이게 하므로 손실을 초래하여 유익함은 없다. 문서의 핍박, 破耗(파모), 遺失(유실)이다.

㉔ 천반이 丙(병)이고 지반이 丁(정)이면 三奇順遂(삼기순수)라고 한다. 이 방위를 사용 시는 사회적 지위가 높은 사람은 大利(대리)가 있다. 일반 속인도 小利(소리)는 있게 된다. 귀인은 문서가 吉利(길리)하고 常人(상인)은 평안하다는 뜻이다.

㉕ 천반이 丙(병)이고 지반이 戊(무)이면 月奇得使(월기득사)라고 한다. 이 방위를 사용 시는 利(이)도 있고 謀(모)도 있으므로 반드시 이익을 얻게 된다. 有勇有謀(유용유모)니 運用(운용)에 이룸이 있으니 일마다 여의하다.

㉖ 천반이 丙(병)이고 지반이 己(기)임을 大地普照(대지보조) 또는 火孛入刑(화패입형)이라 한다. 이 방위를 사용 시는 吉門(길문)이면 반드시 大利(대리)가 있고, 凶門(흉문)이면 逢凶化吉(봉흉화길)할 수는 있다. 囚人(수인)은 刑杖(형장)을 당하고, 문서는 不行(불행)이다.

㉗ 천반이 丙(병)이고 지반이 庚(경)이면 熒惑入(太)白(형혹입(태)백)이라고 한다. 이 방위를 사용 시는 門戶(문호)가 반드시 파괴 받게 된다. 財貨(재화)가 耗散(모산)하고 도적이 자취를 감춘다.

㉘ 천반이 丙(병)이고 지반이 辛(신)이면 日月相會(일월상회)라고 한다. 이 방위를 사용 시는 당신의 희망이 달성된다. 그러나 가내에 아픈 사람이 있을 경우는 사용이 적합치 못하나 병자 회생이라 했다. 꾀하는 일은 성취한다.

㉙ 천반이 丙(병)이고 지반이 壬(임)이면 江暉相映(강휘상영) 또는 火入天羅(화입천라)라고 한다. 이 방위를 사용 시는 求財時(구재시)에는 좋은데 기타 사정에는 착종 복잡하고 시비가 빈다하다. 비록 大利(대리)가 있더라도 客(객)은 불리하다.

㉚ 천반이 丙(병)이고 지반이 癸(계)이면 黑雲遮日(흑운차일) 또는 華蓋孛師(화개패사)라고 한다. 이 방위를 사용 시는 반드시 남의 暗中(암중)설계 惡計劃(악계획)같은 陰人(음인)의 害事(해사)로 남에게 中傷(중상)을 쉽게 당하고 의외로 많은 재난을 초래하게 된다.

㉛ 천반이 丁(정)이고 지반이 甲(갑)이면 靑龍轉光(청룡전광)이라고 한다. 이 방위를 사용 시는 官途上(관도상) 승진 영전의 좋은 일이 나타나게 되고 일반인도 매우 吉利(길리)하다. 官人(관인)은 陞遷(승천)이요, 常人(상인)은 威昌(위창)이라 凡事(범사)가 皆亨(개형)이다.

㉜ 천반이 丁(정)이고 지반이 乙(을)이면 燒田種作(소전종작)이라고 한다. 이 방위를 사용 시는 관리는 진급하고 만일 일반인이 부동산을 사게 되면 發財(발재)한다. 加官進祿(가관진록)하고 加田進宅(가전진택)하며 혼인과 財事(재사)에 喜(희)하다.

㉝ 천반이 丁(정)이고 지반이 丙(병)이면 嫦娥奔月(상아분월) 또는 星隨月轉(성수월전)이라 한다. 이 방위를 사용 시는 반드시 官(관)이 오르거나 發財(발재)의 吉事(길사)가 있다. 다만 빨리 진급하고 빨리 돈을 벌게 되므로 사람됨이 處事(처사)에 십분 거만해져 결과는 남에게 시기를 받아 본신에게 해롭게 되므로 이점을 주의하고 조심해야 한다. 加官進祿(가관진록)이나 常人(상인)은 즐거움 속에 슬픔이 생긴다는 것을 알고 교만을 부리지 말라.

㉞ 천반이 丁(정)이고 지반이 丁(정)이면 兩火成炎(양화성염) 또는 奇入太陰(기입태음)이라 한다. 이 방위를 사용 시는 당신이 기대하던 문서건은 반드시 매우 빨리 도달되고, 당신이 희망하던 일도 順利(순리)하게 달성되고 경사가 마음먹은 대로 된다.

㉟ 천반이 丁(정)이고 지반이 戊(무)이면 有火有爐(유화유로) 또는

靑龍得光(청룡득광)이라 한다. 이 방위를 사용 시는 만사가 다 평안하여 걱정이 없으므로 사무처리에 대한 기교가 더 정진되므로 성공률이 높게 된다. 승진 영전 威昌(위창)이요 평안 壽福(수복)한다.

㊱ 천반이 丁(정)이고, 지반이 己(기)이면 星墮句陳(성타구진) 또는 火入勾陳(화입구진) 혹은 星墮玄武(성타현무)라고 한다. 이 방위를 사용 시는 남녀간의 관계로 인하여 남의 보복을 야기하기 쉬우며, 시시각각으로 다른 사람의 흉계를 받기 쉽다.

㊲ 천반이 丁(정)이고 지반이 庚(경)이면 火鍊眞金(화련진금)이라고 한다. 이 방위를 사용 시는 당신이 기다리던 문서 건이나 인물은 즉각 도달한다.

㊳ 천반이 丁(정)이고 지반이 辛(신)이면 燒毁珠玉(소훼주옥) 또는 朱雀入獄(주작입옥)이라고 한다. 이 방위를 사용 시는 常人(상인)이 강제로 남루한 옷을 입게 된다. 官人(관인)은 降職(강직) 좌천 감봉 失位(실위)하게 되고 죄인은 釋囚(석수)된다.

㊴ 천반이 丁(정)이고 지반이 壬(임)이면 星奇得使(성기득사)라고 한다. 이 방위를 사용 시는 上司(상사) 혹은 윗사람이 당신을 발탁시켜 만일 남과 소송할 때 당신의 이유가 충분하기 때문에 승소하게 된다. 五神(오신)이 互合(호합)하니 귀인의 恩詔(은조)가 있고 訟獄(송옥)은 공평하다.

㊵ 천반이 丁(정)이고 지반이 癸(계)이면 朱雀投江(주작투강)이라고 한다. 이 방위를 사용 시는 문서건에 부주의하여 착오가 발생하여 문서 구설이 있게 된다. 남과 소송할 때에는 반드시 패소하고 서신이나 소식은 不得(부득)한다.

㊶ 천반이 戊(무)이고 지반이 甲(갑)이면 巨石壓木(거석압목)이라 한다. 이 방위를 사용 시는 여러 사람에게 불편불만을 발생케 하여 당신의 어떤 해석도 어떤 정당한 이유도 상대방의 이

해를 받을 수 없으니 범사가 不進(부진)이요 불평 難伸(난신)이며 理直訟屈(이직송굴)이니 어찌하리요.

㊷ 천반이 戊(무)이고 지반이 乙(을)이면 靑龍合靈(청룡합령)이라고 한다. 이 방위를 사용 시는 범사가 다 형통하나 吉門(길문)이면 대길하고 凶門(흉문)이더라도 흉사는 발생치 않을 것이다.

㊸ 천반이 戊(무)이고 지반이 丙(병)이면 日出東山(일출동산) 또는 靑龍回首(청룡회수)라고 한다. 이 방위를 사용 시는 처음 시작해서 밀고 나갈 때는 곤란하지만 점차로 順利(순리)하게 된다. 더욱이 최후에는 굉장히 큰 수확에 이른다. 범사가 다 길하고 初困後泰(초곤후태)한다.

㊹ 천반이 戊(무)이고 지반이 丁(정)이면 火燒赤壁(화소적벽) 또는 靑龍光明(청룡광명)이라고 한다. 이 방위를 사용 시는 以少勝多(이소승다)하고 以寡敵衆(이과적중)하니 일체의 경기 시합 승부에 대해 우세를 차지한다. 貴人(귀인)을 뵘과 求名(구명)에는 다 길하다.

㊺ 천반이 戊(무)이고 지반도 戊(무)이면 伏吟峻山(복음준산)이라고 한다. 이 방위를 사용 시는 일마다 다 여의치 못하여 진퇴양난이다. 범사가 閉基(폐기)니 조용히 물러앉음이 길하다.

㊻ 천반이 戊(무)이고 지반이 己(기)이면 物以類聚(물이유취) 또는 貴人入獄(귀인입옥)이라고 한다. 이 방위를 사용 시는 안일함을 탐내어 노동을 하지 않으므로 산처럼 쌓아둔 財富(재부)도 다 써버리게 된다.

㊼ 천반이 戊(무)이고 지반이 庚(경)이면 助紂爲虐(조주위학) 또는 直符飛宮(직부비궁)이라 한다. 이 방위를 사용 시는 좋은 일도 나빠지고 나쁜 일은 더 나빠진다.

㊽ 천반이 戊(무)이고 지반이 辛(신)이면 反吟洩氣(반음설기) 또는

青龍折是(청룡절시)라고 한다. 이 방위를 사용 시는 足病招災(족병초재), 失財(실재)하고 하는 일도 십중팔구는 실패한다. 吉門(길문)이 生助(생조)한다면 謀事(모사)를 이룰 수도 있다.

㊾ 천반이 戊(무)이고 지반이 壬(임)이면 山明水秀(산명수수) 또는 龍入天牢(용입천로)라고 한다. 이 방위를 사용 시는 勇(용)이 있고 謀(모)도 있으니 일체의 곤란이 아무런 장애도 없이 술술 해결된다.

㊿ 천반이 戊(무)이고 지반이 癸(계)이면 岩石浸蝕(암석침식) 또는 青龍華蓋(청룡화개)라고 한다. 이 방위를 사용 시는 吉門(길문)은 만나면 복을 초래하나 凶門(흉문)을 만나면 흉을 초래한다.

(51) 천반이 己(기)이고 지반이 甲(갑)이면 永不發芽(영불발아)라고 한다. 이 방위를 사용 시는 허다한 좌절이 있고, 어떠한 기다림도 성공이 올 리가 없다. 前途(전도)가 장애다.

(52) 천반이 己(기)이고 지반이 乙(을)이면 柔情密意(유정밀의)라고 한다. 이 방위를 사용 시는 이성의 일로 인하여 喜事(희사)가 나타나게 된다. 海誓山盟(해서산맹)하고 郎才女貌(낭재여모)니 墓神不明(묘신불명)이요 地戶逢星(지호봉성)이니 遁跡隱形(둔적은형)이 가장 좋고 평안하다.

(53) 천반이 己(기)이고 지반이 丙(병)이면 火孛地戶(화패지호)라고 한다. 이 방위를 사용 시는 남자는 상해를 받고 여자는 폭행을 당한다. 관재 구설, 원한 상해, 陰人淫汚(음인음오)라.

(54) 천반이 己(기)이고 지반이 丁(정)이면 朱雀入墓(주작입묘)라고 한다. 이 방위를 사용 시는 소송사건의 최초진행이 곤란하던 것도 뒤에는 마침내 승소한다. 凡事不振(범사부진)하고 文狀詞訟(문장사송)이 先曲後直(선곡후직)하니 길한 것이다.

(55) 천반이 己(기)이고 지반이 戊(무)이면 犬遇青龍(견우청룡)이라

고 한다. 이 방위를 사용 시는 모든 희망하던 일이 이루어지고 上司(상사)는 당신을 발탁하게 된다. 吉門(길문)을 만나면 謀望遂意(모망수의)하며 凶門(흉문)을 만나면 枉勞心機(왕로심기)한다.

56 천반이 己(기)이고 지반이 己(기)이면 伏吟軟弱(복음연약) 또는 地戶逢鬼(지호봉귀)라고 한다. 이 방위를 사용 시는 만사가 여 의치 못하다. 만일 病人(병인)이 이 방위를 사용하면 반드시 죽는다. 百事不遂(백사불수)요 情中有害(정중유해)하다.

57 천반이 己(기)이고 지반이 庚(경)이면 顚倒形格(전도형격) 또는 顚倒刑利(전도형이) 혹은 利格返名(이격반명)이라고 한다. 이 방위를 사용 시는 소송사건이나 남녀관계로 인한 일이 얽히어서 재난을 받게 된다. 詞訟(사송)은 먼저 움직인 자가 불리하고 活鬼(활귀)가 纏身(전신)함과 같다.

58 천반이 己(기)이고 지반이 辛(신)이면 濕泥汚玉(습니오옥)이라고 한다. 이 방위를 사용 시는 일시적인 쾌락을 탐하다가 일생동안 유감을 남기게 된다. 범사에 신중해야 한다. 한순간 발을 잘못 딛으면 천년을 두고 후회한다.

59 천반이 己(기)이고 지반이 壬(임)이면 反吟濁水(반음탁수) 또는 地羅高張(지라고장)이라고 한다. 이 방위를 사용 시는 남자는 상해를 입고 여성은 겁탈을 당해 정조를 잃는 불행이 있다. 교활한 소년이 여자를 붙들고 강간한 다음 살해하는 형상이다.

60 천반은 己(기)이고 지반이 癸(계)이면 地刑玄武(지형현무)라고 한다. 이 방위를 사용 시는 좋은 일이 즉각 끊기고 나쁜 일이 나타난다. 만일 병자가 이 방위를 사용하면 병세가 급속히 악화돼서 사망한다. 詞訟(사송)은 囚人(수인)이 옥중에서 재앙을 받을 수라.

61 천반이 庚(경)이고 지반이 甲(갑)이면 伏宮摧殘(복궁최잔)이라

고 한다. 이 방위를 사용 시는 관리는 해직되고 조사를 받아 처벌된다. 장사를 하는 사람은 본전을 까먹고 失財(실재)하게 되니 用事(용사)함에 크게 꺼린다.

(62) 천반이 庚(경)이고 지반이 乙(을)이면 太白逢星(태백봉성)이라고 한다. 이 방위를 사용 시는 원본의 좋은 일이 즉시 나쁜 일로 변하게 된다. 연이어서 다시 나쁜 일이 발생한다. 만일 계속 움직인다면 상황은 더 나빠진다. 退(퇴)하면 길하고 進(진)하면 흉하다. 靜(정)하면 평안하고 動(동)하면 허물이요 위태하다.

(63) 천반이 庚(경)이고 지반이 丙(병)이면 太白入熒(태백입형)이라 한다. 이 방위를 사용 시는 좀도둑을 맞아 失財(실재)한다. 占賊必來(점적필래)요, 客進則(객진즉) 利(이)하고 主(주)는 破敗(파패)한다.

(64) 천반이 庚(경)이고 지반이 丁(정)이면 亭亭之格(정정지격)이라고 한다. 이 방위를 사용 시는 만일 八門(팔문)이 길하면 길하게 되고 八門(팔문)이 흉이면 흉사가 있게 된다. 奸私(간사)를 가까이 하다가 官訟(관송)을 자초한다. 그러나 吉門(길문)을 만나면 宥赦(유사)된다.

(65) 천반이 庚(경)이고 지반이 戊(무)이면 有爐無火(유로무화) 또는 太白伏宮(태백복궁)이라고 한다. 이 방위를 사용 시는 만약 소년 소녀이면 불량소년으로 변하게 된다. 만약 성인이라면 완고하고 둔하며 남의 충고를 듣지 않는 사람으로 변하게 된다. 범사가 다 흉하고 큰 그릇이 되기 어렵다.

(66) 천반이 庚(경)이고 지반이 己(기)면 官符刑格(관부형격)이라고 한다. 이 방위를 사용 시는 주색에 빠져 스스로 달콤함에 떨어진다. 심지어는 형벌을 받고 수감되기도 한다. 官司(관사)를 입어 중형을 당한다.

⑥⑦ 천반이 庚(경)이고 지반이 庚(경)이면 伏吟戰格(복음전격) 또는 太白同宮(태백동궁)이라고 한다.   이 방위를 사용 시는 범법 혹은 의외로 재해를 받는다.   가정에서는 형제가 늘 다투고 요란하며 분쟁한다.

⑥⑧ 천반이 庚(경)이고 지반이 辛(신)이면 鐵鎚碎玉(철추쇄옥) 또는 白虎干格(백호간격)이라고 한다.   이 방위를 사용 시는 교통사고가 발생한다.   원행하면 대흉하여 車折馬死(거절마사)한다.

⑥⑨ 천반이 庚(경)이고 지반이 壬(임)이면 耗敗小格(모패소격) 또는 耗散小格(모산소격)이라 한다.   이 방위를 사용 시는 원행에 길을 잃고 미로에 헤매거나 사물 처리에 잘못이 생긴다.   남녀 간의 소식은 슬피 운다.

⑦⓪ 천반이 庚(경)이고 지반이 癸(계)면 反吟大格(반음대격)이라고 한다.   이 방위를 사용 시는 쇠에 녹이 끼니 사업은 비참하게 실패한다.   動(동)하면 관재요, 止靜(지정)하면 母女俱傷(모녀구상)이니 대흉하다.

⑦① 천반이 辛(신)이고 지반이 甲(갑)이면 月下松影(월하송영)이라고 한다.   이 방위를 사용 시는 더 충실한 재능의 기회가 있게 된다.   그러나 이런 재능을 갖고도 남에게 인정과 칭찬을 얻지 못하니 재주는 있어도 때를 만나지 못한 형상이니 終南山(종남산)에 지름길이 없음과 흡사하도다.

⑦② 천반이 辛(신)이고 지반이 乙(을)이면 白虎猖狂(백호창광)이라 한다.   이 방위를 사용 시는 가정에 중요한 인물이 갑자기 죽기 때문에 一家(일가)는 뿔뿔이 支離破碎(지리파쇄)되니 파가 망신의 처참한 상황이다.   교통이나 의외에 사고가 쉽게 발생하는 방위이다.   時盤(시반)이라면 더욱 좋지 못하다.   원행하면 多殃(다앙)이요, 尊長(존장)에 우환이요, 車船(차선)은 折傷(절상)이다.

(73) 천반이 辛(신)이고 지반이 丙(병)이면 干合孛師(간합패사)라고 한다. 이 방위를 사용 시는 大利(대리)를 얻을 수 있다. 그러나 發財(발재)로 인하여 타인과 소송사건이 생기기 쉬우니 처사에 주의를 요한다. 비가 내릴 때에 占斷(점단)이면 속히 그치고 맑을 때의 占斷(점단)이면 크게 가물게 된다.

(74) 천반이 辛(신)이고 지반이 丁(정)이면 獄神得奇(옥신득기)라고 한다. 이 방위를 사용 시는 장사를 하는 자는 큰 돈을 벌게 되고 감금 중의 범인은 사면의 좋은 기회가 주어진다. 凡事(범사)가 다 길하다.

(75) 천반이 辛(신)이고 지반이 戊(무)면 反吟被傷(반음피상) 혹은 困龍被傷(곤룡피상)이라고 한다. 이 방위를 사용 시는 소송방면에서 반드시 진다. 움직이면 움직일수록 나쁘다. 官司(관사)로 破財(파재)하니 屈折守分(굴절수분)할 것이다.

(76) 천반이 辛(신)이고 지반이 己(기)이면 入獄自刑(입옥자형)이라고 한다. 이 방위를 사용 시는 소송 방면에는 지게 된다. 또 부하의 배반으로 곰팡이 낀 운을 만난다. 범사가 다 흉하다.

(77) 천반이 辛(신)이고 지반이 庚(경)이면 白虎出力(백호출력)이라고 한다. 이 방위를 사용 시는 반드시 打鬪刀傷(타투도상)의 사고가 발생한다. 主(주)와 客(객)이 相戰(상전)하니 退步(퇴보)하면 宜利(의리)하되 强進(강진)이면 血滅(혈멸)한다.

(78) 천반이 辛(신)이고 지반이 辛(신)이면 伏吟相剋(복음상극)이라고 한다. 이 방위를 사용 시는 公事(공사)를 내버려 두고 私事(사사)에 專注(전주)하기 때문에 사람들의 손가락질 비난을 초래하게 된다. 天庭公廢(천정공폐)요 私就訟獄(사취송옥)이며 自罹罪名(자이죄명)이니라.

(79) 천반이 辛(신)이고 지반이 壬(임)이면 寒塘月影(한당월영) 또는 凶蛇入獄(흉사입옥)이라고 한다. 이 방위를 사용 시는 겉으로

는 아름답고 좋지만 안으로는 虛(허)하다. 訟狀不息(송장불식)이요 두 사내가 한 여인을 놓고 다투는 형상이라 먼저 움직이면 利(이)함을 잃는다.

⑧⓪ 천반이 辛(신)이고 지반이 癸(계)이면 天牢華蓋(천로화개)라고 한다. 이 방위를 사용 시는 쉽게 남의 계략에 빠져서 손실을 보게 된다. 해와 달이 밝음을 잃으니 진퇴양난이로다.

⑧① 천반이 壬(임)이고 지반이 甲(갑)이면 浪中孤舟(낭중고주)라고 한다. 이 방위를 사용 시는 내외 근심이 있을 뿐만 아니라 위험하다. 도적을 만나 破財(파재)한다.

⑧② 천반이 壬(임)이고 지반이 乙(을)이면 逐水桃花(축수도화)라고 한다. 이 방위를 사용 시는 여성은 음탕하게 되고 남성은 경박하게 된다.

⑧③ 천반이 壬(임)이고 지반이 丙(병)이면 日落西海(일락서해) 또는 水蛇入火(수사입화)라고 한다. 이 방위를 사용 시는 즉각 조금 吉利(길리)한 국면이 나타난다. 하지만 吉利도 잠깐 나타났다가 없어지고 다시 나쁘게 된다. 관재와 刑禁(형금)이 끊일 새 없도다.

⑧④ 천반이 壬(임)이고 지반이 丁(정)이면 干合星奇(간합성기) 또는 干合蛇刑(간합사형)이라고 한다. 이 방위를 사용 시는 문서건 방면의 일이 順利(순리)하게 진행된다. 윗사람과 上司(상사)의 인정과 칭찬 발탁을 얻게 된다. 귀인은 바쁘고 男凶女吉(남흉여길)이다.

⑧⑤ 천반이 壬(임)이고 지반이 戊(무)면 小蛇化龍(소사화룡)이라고 한다. 이 방위를 사용 시는 남성의 사업은 순조롭게 출세하고, 여성은 좋은 상대를 만나 결혼한다. 女人(여인)은 애기를 출산하기도 한다.

⑧⑥ 천반이 壬(임)이고 지반이 己(기)이면 反吟泥漿(반음니장) 또는

凶蛇入獄(흉사입옥)이라고 한다. 이 방위를 사용 시는 반드시 큰 재화가 발생한다. 만일 소송을 하면 반드시 패소하게 된다. 時宜順守(시의순수)가 상책일 것이다.

⑧⑦ 천반이 壬(임)이고 지반이 庚(경)이면 螣蛇相纏(등사상전)이라고 한다. 이 방위를 사용 시는 吉門(길문)을 얻었더라도 吉利(길리)함을 얻지 못한다.

⑧⑧ 천반이 壬(임)이고 지반이 辛(신)이면 淘洗珠玉(도세주옥) 또는 太白擒蛇(태백금사)라고 한다. 我方(아방)의 이유가 통달됨으로써 승소하게 된다. 刑獄(형옥)은 공평하여 正(정)과 邪(사)를 확실히 한다.

⑧⑨ 천반이 壬(임)이고 지반이 壬(임)이면 伏吟地網(복음지망)이라고 한다. 이 방위를 사용 시는 안팎 두루 불안한 상태로 채워진다. 바깥으론 사람에게 얽히고 안으로는 새끼처럼 꼬인다.

⑨⑩ 천반이 壬(임)이고 지반이 癸(계)이면 幼女奸淫(유녀간음)이라고 한다. 이 방위를 사용 시는 가정 중에 추문이 발생하여 천리에 전해 퍼진다. 이 방위는 모든 복이 굴러 화가 되는 방위이다. 門星(문성)이 길하다면 反禍福降(반화복강)한다.

⑨⑪ 천반이 癸(계)이고 지반이 甲(갑)이면 楊柳甘露(양류감로)라고 한다. 이 방위를 사용 시는 비록 곤경에 처해 있더라도 귀인이 相助(상조)한다. 비록 험난함에 처하여 있더라도 救星(구성)이 나타나게 된다.

⑨⑫ 천반이 癸(계)이고 지반이 乙(을)이면 梨花春雨(이화춘우)라고 한다. 이 방위를 사용 시는 부부 중 한 사람이 반드시 사망하게 된다. 사별의 아픔이 없다면 이혼하여 헤어진다.

⑨⑬ 천반이 癸(계)이고 지반이 丙(병)이면 華蓋孛師(화개패사)라고 한다. 이 방위를 사용 시는 귀인은 祿位(녹위)를 얻고 속인은 평안무사하게 지낸다.

㉚ 천반이 癸(계)이고 지반이 丁(정)이면 螣蛇妖嬌(등사요교)라고 한다. 이 방위를 사용 시는 문서 건에 착오가 생긴다. 소송 사건이나 화재가 발생한다.

㉟ 천반이 癸(계)이고 지반이 戊(무)이면 天乙會合(천을회합)이라고 한다. 이 방위를 사용 시는 타인의 도움을 받는다. 혼인 喜事(희사)나 招福(초복) 進財(진재)등의 좋은 일이 나타난다. 만약 門凶(문흉)이나 迫制(박제)를 당하면 관재를 초래한다.

㊱ 천반이 癸(계)이고 지반이 己(기)이면 華蓋地戶(화개지호)라고 한다. 이 방위를 사용 시는 친한 사람과의 소식과 연락이 단절된다. 남녀간의 문제, 분쟁도 끊임없이 나타나 끝이 없다. 재앙을 피하고 난을 피함이 가장 좋으리라.

㊲ 천반이 癸(계)이고 지반이 庚(경)이면 反吟浸白(반음침백)이라고 한다. 이 방위를 사용 시는 노인은 완고불통하게 되고 소년 남녀는 불량분자로 변하게 된다. 폭력 쟁투니 범사가 不成(불성)이다.

㊳ 천반이 癸(계)이고 지반이 辛(신)이면 陽衰陰盛(양쇠음성) 또는 網蓋天牢(망개천로)라고 한다. 이 방위를 사용 시는 병자는 사망하고 소송도 참패한다.

㊴ 천반이 癸(계)이고 지반이 壬(임)이면 冲天奔地(충천분지)라고 한다. 이 방위를 사용 시는 用事(용사)에 조급하면 실패를 초래한다. 만일 이 방위를 이용하여 결혼한다면 이 혼인은 반드시 실패하여 남녀 쌍방 다 이혼의 쓴 경험을 맛보게 된다.

⑩ 천반이 癸(계)이고 지반이 癸(계)이면 伏吟天羅(복음천라) 또는 天網四張(천망사장)이라고 한다. 이 방위를 사용 시는 여행 도중 동행과 분리되어 병이 나거나 소송중의 사람도 흉한 결과를 본다.

天地盤奇儀吉凶歌

甲加甲爲雙木成林，正直威嚴，榮華富貴.

甲加乙爲藤蘿絆木，貴人提拔，後山有靠.

甲加丙爲靑龍返首，化凶爲吉，動作大利.

甲加丁爲乾柴烈火，謁貴必遂，一拍卽合.

甲加戊爲禿山孤木，孤立無援，寡不敵衆.

甲加己爲根制鬆土，共協互惠，欣欣向榮.

甲加庚爲飛宮砍伐，樹倒猴散，連根拔起.

甲加辛爲木棍碎瓦，不利攸往，靜吉動凶.

甲加壬爲隻帆漂洋，有去無歸，流浪天涯.

甲加癸爲樹根露水，同性相輔，化險爲夷.

乙加甲爲錦上添花，吉上加吉，慶上加慶.

乙加乙爲伏吟雜草，不宜進取，只可安分.

乙加丙爲三奇順遂，遷官進職，夫妻分離.

乙加丁爲三奇相佐，文書事吉，百事可爲.

乙加戊爲鮮花名瓶，遊山玩水，婚姻大吉.

乙加己爲日奇得使，以一當十，以柔制剛.

乙加庚爲日奇被刑，爭訟財産，夫妻懷私.

乙加辛爲靑龍逃走，奴僕拐帶，六畜皆傷.

乙加壬爲荷葉蓮花，男遊天下，女歸侯門.

乙加癸爲綠野朝露，遁跡修道，隱匿藏形.

丙加甲爲飛鳥跌穴，謀爲洞澈，不勞而獲.

丙加乙爲艷陽麗花，公私皆吉，內外均利.

丙加丙爲伏吟洪光，有勇無謀，破耗損失.

丙加丁爲三奇順遂，貴人吉利，常人平靜.

丙加戊爲月奇得使, 有力有謀, 有利有益.
丙加己爲大地普照, 吉門大吉, 凶門不凶.
丙加庚爲熒惑入白, 門戶破敗, 盜賊遁逃.
丙加辛爲日月相會, 謀事成就, 病人不凶.
丙加壬爲江暉相映, 雖有大利, 是非頗多.
丙加癸爲黑雲遮日, 陰人害事, 災禍頻生.
丁加甲爲靑龍轉光, 官人陞遷, 常人威昌.
丁加乙爲燒田種作, 加官進祿, 加田進宅.
丁加丙爲嫦娥奔月, 越級高陞, 樂極生悲.
丁加丁爲伏吟失位, 不宜進取, 靜吉動凶.
丁加戊爲有火有爐, 平安福壽, 巧奪天工.
丁加己爲星墮勾陳, 奸私仇寃, 事因女人.
丁加庚爲火煉眞金, 文書暢通, 行人必歸.
丁加辛爲燒毀珠玉, 常人蒙寃, 官人失位.
丁加壬爲星奇得使, 貴人恩詔, 訟獄公平.
丁加癸爲朱雀投江, 文書有誤, 訴訟必敗.
戊加甲爲巨石壓木, 不平難伸, 理直訟屈.
戊加乙爲靑龍合靈, 門吉大吉, 門凶平常.
戊加丙爲日出東山, 初難後易, 前苦後甘.
戊加丁爲火燒赤壁, 以少勝多, 以寡敵衆.
戊加戊爲伏吟峻山, 凡事閑塞, 靜守爲吉.
戊加己爲物以類聚, 好逸惡勞, 坐食空山.
戊加庚爲助紂爲虐, 吉事不吉, 凶事更凶.
戊加辛爲反吟洩氣, 招災失敗, 十事九敗.
戊加壬爲山明水秀, 有勇有謀, 迎刃而解.
戊加癸爲岩石浸蝕, 門吉不吉, 門凶招凶.

己加甲爲永不發芽, 太公招親, 剪刀鐵掃.
己加乙爲柔情蜜意, 郞才女貌, 海誓山盟.
己加丙爲火孛地戶, 陽人相害, 陰人淫污.
己加丁爲朱雀入墓, 文狀詞訟, 先曲後直.
己加戊爲犬遇靑龍, 謀望遂意, 上人見喜.
己加己爲伏吟軟弱, 百事不遂, 病者必死.
己加庚爲顚倒刑利, 詞訟謀害, 活鬼纏身.
己加辛爲濕泥污玉, 失足一瞬, 悔恨千年.
己加壬爲反吟濁水, 狡童佚女, 姦情傷殺.
己加癸爲地刑玄武, 好事必止, 病人必死.
庚加甲爲伏宮摧殘, 官吏失位, 商賈失敗.
庚加乙爲太白逢星, 退吉進凶, 動咎靜安.
庚加丙爲太白入熒, 占賊必來, 爲主破財.
庚加丁爲亭亭之格, 門吉則吉, 門凶則凶.
庚加戊爲有爐無火, 頑鐵不鍊, 難成大器.
庚加己爲官符形格, 溺色墮落, 犯刑入牢.
庚加庚爲伏吟戰格, 官災橫禍, 兄弟雷攻.
庚加辛爲鐵鎚碎玉, 車折馬死, 不可遠行.
庚加壬爲耗散小格, 失迷道路, 音信嗟呀.
庚加癸爲反吟大格, 傷災崩潰, 如鐵生銹.
辛加甲爲月下松影, 終南無徑, 懷才不遇.
辛加乙爲白虎猖狂, 人亡家敗, 遠行多殃.
辛加丙爲干合孛師, 雖有大利, 因財致訟.
辛加丁爲獄神得奇, 經商倍利, 囚人逢殺.
辛加戊爲反吟被傷, 官司破財, 妄動禍殃.
辛加己爲入獄自刑, 奴僕背主, 訴訟難伸.

辛加庚爲白虎出力, 刀刃相接, 主客相殘.
辛加辛爲伏吟相剋, 公廢私就, 自罹罪名.
辛加壬爲寒塘月影, 表實內虛, 徒有其名.
辛加癸爲天牢華蓋, 誤入天網, 動止乖張.
壬加甲爲浪中孤舟, 內外危險, 速決爲佳.
壬加乙爲逐水桃花, 男人輕薄, 女人淫蕩.
壬加丙爲日落西海, 廻光返照, 爲期不遠.
壬加丁爲干合星奇, 文書順利, 貴人扶持.
壬加戊爲小蛇化龍, 男人發達, 女坐金輿.
壬加己爲反吟泥漿, 大禍將至, 訴訟理曲.
壬加庚爲螣蛇相纏, 縱得吉門, 亦不能安.
壬加辛爲淘洗珠玉, 刑獄公平, 立剖邪正.
壬加壬爲伏吟地網, 外人纏繞, 內事索索.
壬加癸爲幼女奸淫, 家有醜聲, 反福爲禍.
癸加甲爲楊柳甘露, 困時得助, 險時有救.
癸加乙爲梨花春雨, 勞燕分飛, 各據一方.
癸加丙爲華蓋孛師, 貴人祿位, 常人平安.
癸加丁爲螣蛇妖嬌, 文書官司, 火焚莫逃.
癸加戊爲天乙會合, 財喜婚姻, 吉人贊助.
癸加己爲華蓋地戶, 音信皆阻, 男女不安.
癸加庚爲反吟浸白, 頑鐵不煉, 不能成鋼.
癸加辛爲陽衰陰盛, 占病占訟, 死罪莫逃.
癸加壬爲冲天奔地, 嫁娶重婚, 急進誤事
癸加癸爲伏吟天羅, 行人失伴, 病訟皆傷.

3. 奇門 四十格(기문 사십격)의
構成(구성)과 作用(작용)

<吉格(길격)>

1. 靑龍返首(청룡반수)

    (天盤(천반)이 甲(갑)이고 地盤(지반)이 丙(병)일 때)

    윗사람이 나를 천거하고 점점 발전 백사가 다 길하다.

2. 飛鳥跌穴(비조질혈)

    (天盤(천반)이 丙(병)이고 地盤(지반)이 甲(갑)일 때)

    하늘이 내게 내린 좋은 기회다. 수고롭지 않아도 공이 있다.
    謀事(모사)는 百成(백성)이나 身厄(신액)을 조심하라.

3. 三奇得使(삼기득사)

    ① 乙奇得使(을기득사)

        (天盤(천반)이 乙(을)이고 地盤(지반)이 己(기)일 때)

        친애 화목의 상태를 잘 보전할 수 잇다. 정신과 예술 방
    면에 대하여 고루 다 吉利(길리)하다. 하나로써 열을 당하
    며 柔(유)로써 剛(강)을 제한다.

    ② 丙奇得使(병기득사)

        (天盤(천반)이 丙(병)이고 地盤(지반)이 戊(무)일 때)

        財利(재리) 금전방면에 있어서 吉利(길리)작용을 한다. 교
    제방면에 있어서도 매우 좋다. 용맹도 있고 꾀함도 있으니
    일마다 여의하다.

③ 丁奇得使(정기득사)

(天盤(천반)이 丁(정)이고 地盤(지반)이 壬(임)일 때)

분쟁은 그만두게 된다. 경쟁성의 訟獄(송옥)은 공평하게 되고 吉利(길리)하며 考試(고시)도 길하다.

4. 三奇昇殿(삼기승전)

① 乙奇昇殿(을기승전)

(天盤(천반)의 乙(을)이 震宮(진궁)에 入(입)할 때)

해가 扶桑(부상)에서 出(출)하니 祿鄕(녹향)이 있다고 한다. 貴人(귀인)이 正殿(정전)에 오른 格(격)이라 길하다. 만일 地盤(지반)에 庚(경)이 있을 때에는 凶意(흉의)를 완화시킬 수 있다.

② 丙奇昇殿(병기승전)

(天盤(천반)의 丙(병)이 離宮(이궁)에 入(입)할 때)

달이 端門(단문)에 비치니 火旺(화왕)의 地(지)라. 貴人(귀인)이 正殿(정전)에 오른 格(격)이라 길하다. 만일 地盤(지반)에 辛(신)이 있을 때에는 凶意(흉의)를 완화시킨다.

③ 丁奇昇殿(정기승전)

(天盤(천반)의 丁(정)이 兌宮(태궁)에 入(입)할 때)

丁奇(정기)는 본시 서방의 神位(신위)라. 귀인이 本殿(본전)에 오른 격이니 길하다. 만일 地盤(지반)에 戊(무)가 있을 때에는 흉을 만나도 길하게 된다.

5. 玉女守門(옥녀수문)

(天盤(천반)이 丁(정)이며 八門(팔문)이 直使(직사)가 될 때, 甲己時(갑기시)에 丙(병)이 있을 때, 乙庚時(을경시)에 辛(신)이 있을 때, 丙辛時(병신시)에 乙(을)이 있을 때, 丁壬時(정임시)에 己(기)가 있을 때, 戊癸時(무계시)에 壬(임)이 있을 때)

喜事(희사)가 있다. 정신과 학문방면에 대하여 고루 매우 좋으며 주로 만사가 和通(화통)이며 百殺(백살)이 不侵(불침)한다.

6. 人遁(인둔)

(天盤(천반)이 丁(정)이고 八門(팔문)이 休門(휴문)이면서 八神(팔신)이 太陰(태음)이 될 때와 三奇(삼기)가 三吉門(삼길문)이면서 六合宮(육합궁)이 될 때나 三奇(삼기)가 生門(생문)이면서 九地宮(구지궁)이 될 때)

人和(인화)를 얻을 수 있고 일체의 中和(중화)를 得(득)할 수 있다. 적 병영을 밀탐, 몸을 감추고 숨음. 賢人(현인)을 초빙, 貴人(귀인)을 뵘, 장수를 구함, 매복, 경영 다 길하다.

7. 天遁(천둔)

(天盤(천반)이 丙(병)이고 地盤(지반)이 戊(무)이면서 八門(팔문)이 生門(생문)일 때)

財運(재운)이 양호하다. 用兵(용병), 行兵(행병), 隱藏(은장), 獻策(헌책), 進狀(진장), 攝政(섭정), 天神(천신)께 제사드림, 숨는 것, 비바람 부르는 것 등 백사가 생왕하고 길하다. 시간 방면에 있어서 좋은 기회가 나타나게 되므로 이 기회 영향 이후의 생애는 대단히 좋은 결과를 지닌다.

8. 地遁(지둔)

(天盤(천반)이 乙(을)이고 地盤(지반)이 己(기)이면서 八門(팔문)이 開門(개문)이 될 때)

양호한 환경에 이르게 된다. 주위 정세로부터 我方(아방)에 유리한 국면을 형성하게 되므로 順利(순리) 발전할 수 있다. 安葬(안장), 埋伏(매복), 修築(수축), 造屋(조옥), 門(문)을 내는 것, 숨기는 일 등 다 길하다.

9. 神遁(신둔)

(天盤(천반)이 丙(병)이며 八門(팔문)이 生門(생문)이 되며 八神(팔신)이 九天(구천)일 때)

권위성이 있고 세력을 증강하게 된다. 財運(재운)의 은혜를
얻게 된다. 신령께 기도함, 神術(신술)을 행함, 사귀를 쫓음,
단을 쌓음, 비바람을 부르는 등의 일에 좋다.

10. 鬼遁(귀둔)

(天盤(천반)이 丁(정)이며 八門(팔문)이 開門(개문)이면서 八神
(팔신)이 九地(구지)가 될 때)

남을 위한 처사의 요령은 대단히 좋으므로 인정이나 권력에
요령이 뛰어나다. 考試(고시) 방면에 있어서 좋은 결과가 있
게 된다. 書符(서부), 적의 기밀을 정탐, 침투, 울타리 뚫음,
鎭宅(진택), 偸營(투영), 사귀를 쫓음 등의 일에 좋다.

11. 龍遁(용둔)

(天盤(천반)이 乙(을)이고 乾宮(건궁)에 진입하고 八門(팔문)이
開門(개문)일 때)

정신 방면에 기쁨이 있고 강력한 발전을 하게 된다. 기우
제를 지내거나 龍神(용신)기도를 드리거나 도적을 사로잡거나
밀항하거나 把守(파수), 水戰(수전), 매복 등이 길하다.

12. 虎遁(호둔)

(天盤(천반)이 乙(을)이고 艮宮(간궁)에 진입하고 八門(팔문)이
生門(생문)일 때)

정신 방면의 기쁨이 있고 매우 좋은 創意(창의)가 있다. 守
禦(수어)에 이롭고 山寨(산채) 건립에도 좋고 驅邪安宅(구사안
택) 行船(행선), 적진을 急攻(급공), 凶命(흉명)의 招魂(초혼)
천도하는 일에 좋다.

13. 風遁(풍둔)

(天盤(천반)이 乙(을)이고 巽宮(손궁)에 진입하고 八門(팔문)이
吉門(길문)일 때)

정신 방면의 기쁨이 있고 교제가 넓다. 風伯神(풍백신)에게

제사드림과 火攻(화공)으로 적을 격파시킴에 좋다.

14. 雲遁(운둔)

(天盤(천반)이 乙(을)이고 坤宮(곤궁)에 진입하고 八門(팔문)이 吉門(길문)일 때)

정신 방면의 기쁨이 있고 祈雨(기우), 澤池(택지)조성, 兵器(병기)제조 등이 좋다.

<凶格(흉격)>

1. 年格(연격)

(天盤(천반)이 庚(경)이고 地盤(지반)이 年干(년간)이 될 때)

① 年干(연간)이 甲(갑)일 때는 생명이 위험한 경지가 발생하게 된다.

② 年干(연간)이 乙(을)일 때는 신체에 큰 손상을 받게 된다.

③ 年干(연간)이 丙(병)일 때는 권력이나 폭력성의 재화를 만나게 된다.

④ 年干(연간)이 丁(정)일 때는 어떤 일을 달성하기 위하여 극한 괴로움을 받는다.

⑤ 年干(연간)이 戊(무)일 때는 남에게 속임을 당하여 손실을 보게 된다.

⑥ 年干(연간)이 己(기)일 때는 색정에 빠져서 큰 실패를 부르게 된다.

⑦ 年干(연간)이 庚(경)일 때는 딴 사람과 격동의 장면이 발생하므로 극히 친밀한 사람과 반목하여 원수가 되거나 사생결단을 내게 된다.

⑧ 年干(연간)이 辛(신)일 때는 매우 중요한 물건을 잃게 된다.

⑨ 年干(연간)이 壬(임)일 때는 반드시 타인과 일이 얽히게 된다.

⑩ 年干(연간)이 癸(계)일 때는 본신의 착오로 內(내)로부터 점차 외면으로 전파되어 사태는 날마다 악화된다.

2. 月格(월격)

(天盤(천반)이 庚(경)이고 地盤(지반)이 月干(월간)이 될 때)

작용은 年格(연격)에 준한다. 주의할 점은 年盤(연반)에는 月格(월격)이 없다. 月盤(월반)은 단지 旬首(순수)가 中宮(중궁)에 진입할 시에 月格(월격)이 있게 된다.

3. 日格(일격)

(天盤(천반)이 庚(경)이고 地盤(지반)이 日干(일간)이 될 때)

작용은 年格(연격)에 따른다. 주의점은 年盤(연반)과 月盤(월반)에는 日格(일격)이 없다. 日盤(일반)은 단지 旬首(순수)가 中宮(중궁)에 진입할 시에 日格(일격)이 있게 된다.

4. 時格(시격)

(天盤(천반)은 庚(경)이고 地盤(지반)이 時干(시간)일 때)

작용은 年格(연격)에 따른다. 주의점은 단지 時盤(시반)에만 時格(시격)이 있게 된다. 단지 旬首(순수)가 中宮(중궁)에 진입할 시에 時格(시격)이 있게 된다.

5. 刑格(형격)

(天盤(천반)이 庚(경)이고 地盤(지반)이 己(기)일 때)

색정에 빠져서 사업상 실패하게 된다. 게으른 사람으로 변한다. 주로 官詞(관사)와 刑(형)을 당한다. 출행하면 將兵(장병), 士卒(사졸)이 중도에서 死傷(사상)된다.

6. 戰格(전격)

(天盤(천반)이 庚(경)이고 地盤(지반)이 庚(경)일 때)

流血(유혈)의 격렬한 싸움이 발생한다. 친한 사람과 생이사별하는 일이 발생한다. 士卒(사졸)이 중도에서 죽고 곤경에 빠진다.

7. 小格(소격)

(天盤(천반)이 庚(경)이고 地盤(지반)이 壬(임)일 때)

　분쟁이 발생한다.　외인의 剝奪(박탈)을 받으므로 신변의 財富(재부)가 점차 상실된다.　원행하면 行失(행실) 방황하고 남녀간의 音信(음신)은 슬피 놀란다.

8. 大格(대격)

(天盤(천반)이 庚(경)이고 地盤(지반)이 癸(계)일 때)

　本身(본신)의 착오로 인하여 결과는 실패를 가져온다.　내부에서부터 점차 외부로 붕괴된다.　행인은 官司(관사)를 당하고 산모는 母子俱傷(모자구상)한다.　命局時(명국시)에 貴命(귀명)에는 대발부귀하고 賤命(천명)에는 바람 앞에 등불과 같다.

9. 伏宮格(복궁격)

(天盤(천반)이 庚(경)이고 地盤(지반)이 甲(갑)일 때 혹은 天盤(천반) 庚(경)이 直符宮(직부궁)에 加臨(가림)될 때)

　생명의 위험이 있다.　一落千丈(일락천장)의 命運(명운)을 받으므로 다시는 발전의 날이 없다.　主(주)와 客(객)이 다 불리하니 전투를 하면 양쪽 다 상한다.　출행을 거사하면 패요, 경거망동하지 말아야 한다.

10. 飛宮格(비궁격)

(天盤(천반)이 甲(갑)이고 地盤(지반)이 庚(경)이 될 때)

　생명의 위험이 있다.　과거에 북돋아 기른 성과는 근본이 뒤집어 엎어지게 되므로 큰 손실이 있게 된다.　主客(주객)이 다 불리하니 대흉하다.　飛宮格(비궁격)은 庚年(경년), 庚月(경월), 庚日(경일), 庚時(경시)에 있다.

11. 飛干格(비간격)

(年盤(연반)이 干(간)이 되고 地盤(지반)이 庚(경)이 될 때나 日干加庚時(일간가경시))

年盤(연반)이 干(간)이 됨은 年干(연간), 月干(월간), 日干(일간), 時干(시간)을 말하며 飛干格(비간격)의 작용은 형제相殘(상잔)하고 육친에 재액이 있고 벗은 반목하고 己身(기신)은 재액과 곤란을 부르게 된다.

① 干(간)이 甲時(갑시)일 때는 생명의 위험이 있고 북돋아 길러 왔던 성과는 근본이 전복되므로 큰 손실이 있게 된다.

② 干(간)이 乙時(을시)일 때는 飛宮格(비궁격)의 象意(상의)와 비슷하나 생명의 위험은 나타나지 않는다.

③ 干(간)이 丙時(병시)일 때는 사정이 복잡하고 바쁘므로 거의 쉴 시간이 없다.

④ 干(간)이 丁時(정시)일 때는 한가지 일을 달성키 위한 고생으로 대단히 많은 심력과 기력을 허비하게 된다.

⑤ 干(간)이 戊時(무시)일 때는 나쁜 사람에게 속임을 당해 손실을 보게 된다.

⑥ 干(간)이 己時(기시)일 때는 색정에 빠져서 실패하게 된다.

⑦ 干(간)이 庚時(경시)일 때는 병사는 중도에서 死傷(사상)되고 곤경에 빠진다.

⑧ 干(간)이 辛時(신시)일 때는 중요한 물품을 잃어버리게 된다.

⑨ 干(간)이 壬時(임시)일 때는 원행은 불리하게 되고 남녀간 音信(음신)은 슬피 울고 분쟁이 발생하고 신변의 財富(재부)를 점차 잃게 된다.

⑩ 干(간)이 癸時(계시)일 때는 本身(본신)의 착오로 인한 실패. 내부에서 외부로 점차 붕괴된다. 行人(행인)은 官司(관사)를 만나고 産母(산모)는 母子俱傷(모자구상)하고, 도적을 방비함이 좋다.

12. 五不遇時(오불우시)

(甲日(갑일)의 庚時(경시), 乙日(을일)의 辛時(신시), 丙日(병

일)의 壬時(임시), 丁日(정일)의 癸時(계시), 戊日(무일)의 甲時
(갑시))

　　이 모두 時干(시간)이 日干(일간)을 剋(극)하는 관계다.　陽
(양)이 陽(양)을 剋(극)하고 陰(음)이 陰(음)을 剋(극)하니 모
든 일이 다 흉하다.　用事(용사)를 크게 꺼린다.　만일 擧取
(거취)하면 凶傷(흉상)된다.　父子(부자)간에는 별거하지 않으
면 大厄(대액)이 장차 이르게 되므로 별거해야 좋을 것이다.

13. 靑龍逃走(청룡도주)

　　(天盤(천반)이 乙(을)이고 地盤(지반)이 辛(신)일 때)

　　親人(친인)의 得力(득력)도 다시는 당신을 협조하지 않게 되
고 떠나가니 재물이 廢墮(폐타)요, 몸은 쇠잔되고 이름은 헐어
지고 奴婢(노비)는 주인을 배신하고 合家逃走(합가도주)한다.
一家(일가)가 야반도주한다.

14. 白虎猖狂(백호창광)

　　(天盤(천반)이 辛(신)이고 地盤(지반)이 乙(을)일 때)

　　신체를 상해하는 일이 발생한다.　여자는 정조를 잃는다.
人亡家敗(인망가패)요, 원행엔 재앙이 많고 尊長不喜(존장불
희)요, 車船(차선)은 俱傷(구상)이니 범하지 말라.　客(객)은 不
凶(불흉)이다.

15. 熒惑入白(형혹입백)

　　(天盤(천반)이 丙(병)이고 地盤(지반)이 庚(경)일 때)

　　매일 모두 매우 바쁘다.　성격은 극히 고집이 대단해서 남
의 의견 따위는 거들떠보지도 않는다.　賊(적)은 반드시 물러
간다.　客(객)은 흉하지 않으나 主(주)는 불리하다.　門戶(문
호)가 破敗(파패)된다.

16. 太白入熒(태백입형)

　　(天盤(천반)이 庚(경)이고 地盤(지반)이 丙(병)일 때)

좀도둑을 만난다. 권세와 권력의 농간을 당한다. 主(주)는 이롭고 客(객)은 불리하다. 血鬪殺傷(혈투살상)이다.

17. 朱雀投江(주작투강)

(天盤(천반)이 丁(정)이고 地盤(지반)이 癸(계)일 때)

考試(고시)에 불합격, 訟獄(송옥)과 文書(문서) 口舌(구설), 소송을 하면 패소한다. 색정에 빠지는 액이니 흉하다. 音信(음신)은 지체되고 흉하다.

18. 螣蛇妖嬌(등사요교)

(天盤(천반)이 癸(계)이고 地盤(지반)이 丁(정)일 때)

격렬한 재난을 만나게 된다. 곤란에 처함이 습기찬 옷을 입음과 같다. 우환이 이르게 되고 문서, 인장의 官司(관사)며 진퇴양난이라 비관자살이요 손재 損命(손명)한다.

19. 悖格(패격)

(天盤(천반)이 丙(병)이고 地盤(지반)이 年干(연간)이나 月干(월간), 日干(일간)이나 時干(시간)일 때)

상하의 순서가 문란케 된다. 안하무인이요 맘대로 웃어른과 선배에게 무례한 말을 지껄이고 무례한 태도를 취한다. 기강이 뒤집혀진다. 여기서 주의할 점은 年盤(연반)이 단지 旬首(순수)가 中宮(중궁)에 진입할 시에 悖格(패격)이 있게 된다. 丙(병)이 어느 干上(간상)에 있느냐에 따라 年悖(연패), 月悖(월패), 日悖(일패), 時悖(시패)로 구별된다. 時盤(시반)에는 다만 旬首(순수)가 中宮(중궁)에 진입할 시에 비로소 時悖(시패)가 있게 된다. 日盤(일반)에는 時悖(시패)가 없고 月盤(월반)에는 日悖(일패)나 時悖(시패)가 없다. 年盤(연반)에는 단지 年悖(연패)가 있을 뿐 기타 悖格(패격)은 없다.

20. 天羅(천라)

(天盤(천반)이 癸(계)이고 地盤(지반)이 年干(연간), 月干(월

간), 日干(일간), 時干(시간)일 때)

당신에게 귀찮은 일이 생기므로 곤경을 헤어날 방법이 없다. 법망에 걸려든다. 주로 百物(백물)이 自傷(자상)이니 백사를 거행함은 불가하다. 주의할 점은 단지 旬首(순수)가 中宮(중궁)에 진입할 때에 天羅格(천라격)이 성립되게 된다.

21. 地網(지망)

(天盤(천반)이 壬(임)이고 地盤(지반)이 年干(연간), 月干(월간), 日干(일간), 時干(시간)일 때)

天羅(천라)와 작용은 비슷하나 더 적극적이고 후유증이 오래 남지 않는다. 출행과 行軍(행군) 擧事(거사) 모두 꺼린다. 만일 擧動(거동)하여 進取(진취)하면 凶灾(흉재)가 장차 이르게되며 다 傷刑(상형)되어 自招(자초)하여 自刑(자형)된다.

22. 伏吟(복음)

(天盤(천반)과 地盤(지반)의 九干(구간)이 서로 같을 때와 같은 定位(정위)의 九星(구성)과 八門(팔문)이 함께 있을 때)

九干(구간), 九星(구성), 八門(팔문)이 내포하고 있는 象意(상의)를 加强(가강)하기 때문에 우수한 점은 감소된다. 다 흉하며 客(객)이 흉하다. 灾禍(재화)를 스스로 부른다. 動(동)하기보다 靜(정)함이 가하다.

23. 反吟(반음)

(天盤(천반)이 戊(무)이고 地盤(지반)이 辛(신)일 때, 天盤(천반)이 己(기)이고 地盤(지반)이 壬(임)일 때, 天盤(천반)이 庚(경)이고 地盤(지반)이 癸(계)일 때, 天盤(천반)이 辛(신)이고 地盤(지반)이 戊(무)일 때, 天盤(천반)이 壬(임)이고 地盤(지반)이 己(기)일 때, 天盤(천반)이 癸(계)이고 地盤(지반)이 庚(경)일 때, 定位(정위)가 서로 相反(상반)된 九星(구성)과 八門(팔문)이 함께 있을 때)

各干(각간), 各星(각성), 各門(각문)의 吉兆(길조)는 소멸되고, 各干(각간), 各星(각성), 各門(각문)의 凶兆(흉조)는 강화된다. 反吟(반음)에는 客(객)이 흉하지 않다.

24. 門迫(문박)

(景門(경문)이 兌宮(태궁)에 진입됨, 休門(휴문)이 離宮(이궁)에 진입됨, 生門(생문)이 坎宮(감궁)에 진입됨, 開門(개문)이 震宮(진궁)에 진입됨을 말한다.)

各門(각문)의 吉兆(길조)는 消失(소실)된다. 때때로 압박감을 받게 된다.

25. 六儀擊刑(육의격형)

(天盤(천반)의 戊(무)가 震宮(진궁)에 진입할 때, 天盤(천반)의 己(기)가 坤宮(곤궁)에 진입할 때, 天盤(천반)의 庚(경)이 艮宮(간궁)에 진입할 때, 天盤(천반)의 辛(신)이 離宮(이궁)에 진입할 때, 天盤(천반)의 壬(임)이 巽宮(손궁)에 진입할 때, 天盤(천반)의 癸(계)가 巽宮(손궁)에 진입할 때)

六儀(육의)의 吉兆(길조)는 消失(소실)된다. 六儀(육의)의 凶兆(흉조)는 증강되어서 나타난다. 擧動(거동)은 불가하다. 守舊安常(수구안상) 固守本陣(고수본진)함이 마땅하다. 만약 行兵(행병)하게 되면 손상 패망이요 마침내 刑戮(형륙)을 받는다.

26. 墓格(묘격)

① 奇墓(기묘)

(天盤(천반)의 乙(을)이 坤宮(곤궁)에 진입할 때, 天盤(천반)의 丙(병)이 乾宮(건궁)에 진입할 때, 天盤(천반)의 丁(정)이 乾宮(건궁)에 진입할 때)

三奇(삼기)의 吉兆(길조)는 消失(소실)된다. 期望(기망)이 파멸되고 전도가 완전 희망이 없다. 백사가 마땅치 않고 제반 동작이 다하여 休休(휴휴)된다.

② 時墓(시묘)

(乙未時(을미시)에서 天盤(천반)의 乙(을)이 未坤宮(미곤궁)에 진입될 때, 丙戌時(병술시)에서 天盤(천반)의 丙(병)이 戌乾宮(술건궁)에 진입할 때, 戊戌時(무술시)에 있어 天盤(천반)의 戊(무)가 戌乾宮(술건궁)에 진입될 때, 辛丑時(신축시)에서 天盤(천반)의 辛(신)이 丑艮宮(축간궁)에 진입할 때, 壬辰時(임진시)에서 天盤(천반)의 壬(임)이 辰巽宮(진손궁)에 진입할 때)

九干(구간)의 凶意(흉의)가 나타나게 된다. 재난이 잇따라 오게 된다. 백사가 마땅치 않고 제반 동작이 다하여 休休(휴휴)하다.

<其他(기타) 格(격)>

1. 三詐(삼사)

① 眞詐(진사) : 開休生(개휴생) 三吉門(삼길문)이 乙丙丁三奇(을병병삼기)와 相合(상합)하고 다시 地盤(지반) 太陰宮(태음궁)에 임하여 다시 吉星(길성)의 相助(상조)를 얻음을 말한다. 施恩(시은), 기도, 求仙(구선), 은둔, 정벌, 營謀(영모)함에 길하다.

② 重詐(중사) : 開休生(개휴생) 三吉門(삼길문)이 乙丙丁三奇(을병정삼기)와 合(합)하고 다시 地盤(지반) 九地宮(구지궁)에 임하고 다시 吉星(길성)의 相助(상조)를 얻음을 말한다. 納財(납재), 拜官(배관), 授爵(수작), 添人口(첨인구), 滲兵(삼병), 戰伐(전벌)에 길하다.

③ 休詐(휴사) : 開休生(개휴생) 三吉門(삼길문)이 乙丙丁三奇

(을병정삼기)와 合(합)하고 다시 地盤(지반) 六合宮(육합궁)에 임하고 吉星(길성)의 相助(상조)를 얻음을 말한다. 祈神(기신), 法符(법부), 治兵(치병), 試藥(시약), 合藥(합약), 제사, 禳災(양재)함에 길하다.

2. 五假(오가)

① 天假(천가) : 景門(경문)이 乙丙丁三奇(을병정삼기) 중 어느 一奇(일기)와 合(합)하고 다시 地盤(지반) 九天宮(구천궁)에 임함을 말한다. 求財(구재)와 같은 干求之事(간구지사), 謁貴人(알귀인), 靈魂(영혼)의 招魂(초혼)과 薦度(천도)함에 길하다.

② 地假(지가) :

   ㉠ 杜門(두문)이 丁己癸(정기계) 중 어느 一干(일간)과 相合(상합)하고 太陰宮(태음궁)에 임함을 말한다. 간첩을 파견하는 일, 모의, 探私之事(탐사지사)에 길하다.

   ㉡ 杜門(두문)이 丁己癸(정기계) 중 어느 一干(일간)과 相合(상합)하고 六合宮(육합궁)에 임함을 말한다. 매복, 遁迹(둔적), 도망, 피난, 藏形之事(장형지사)에 길하다.

   ㉢ 杜門(두문)이 丁己癸(정기계) 중 어느 一干(일간)과 合(합)하고 九地宮(구지궁)에 임함을 말한다. 재액을 피함, 피난, 매복, 도망가는 일에 길하다.

③ 人假(인가) : 驚門(경문)이 六壬(육임)과 合(합)하고 地盤(지반) 九天宮(구천궁)에 임함을 말한다. 捕捉(포착), 도망, 탐사, 潛賊(잠적)에 利(이)하다. 만약 도망자가 太白入熒(태백입형)에 들면 반드시 사로잡힌다.

④ 神假(신가) : 傷門(상문)이 丁己癸(정기계) 중 어느 一干(일간)과 合(합)하고 다시 地盤(지반) 九地宮(구지궁)에 임함을 말한다. 埋葬(매장), 伏藏(복장)에 길하며 만약 이때에 伏藏

(복장)하면 사람이 探知(탐지)할 수 없다.

⑤ 鬼假(귀가) : 死門(사문)이 丁己癸(정기계)와 合(합)하고 다시 地盤(지반) 九地宮(구지궁)에 임함을 말한다. 亡靈(망령)의 招魂(초혼)과 薦度(천도)에 利(이)하다.

3. 交泰格(교태격) : 乙奇(을기)가 地盤(지반)의 丙奇(병기)나 丁奇(정기)를 만남을 말한다. 客(객)은 불리하고 主(주)는 이롭지만 서로 화평을 나눈다는 吉格(길격)이니 백사에 길하다.

4. 雀含花格(작함화격) : 天上(천상) 六丙(육병)이 地盤(지반) 六乙宮(육을궁)에 임함을 말한다. 公事(공사)를 꾀함 등 백사가 다 길하고 소식이라면 喜神(희신)을 얻는다.

5. 木入金鄕格(목입금향격) : 乙奇(을기)가 乾宮(건궁)이나 兌宮(태궁)에 임함을 말한다. 擧動(거동), 進取(진취), 營謀(영모)를 하지 말라. 만약 行動(행동)하면 필히 손상을 보게 된다. 客(객)보다 主(주)는 흉이 없다.

6. 木來剋土格(목래극토격) : 乙奇(을기)가 艮宮(간궁)이나 坤宮(곤궁) 또는 中宮(중궁)에 임함을 말한다. 필히 禍亂(화란)을 초래하게 되며 主(주)에게 더욱 흉하고 客(객)에게는 흉이 없다.

7. 火被水地格(화피수지격) : 天上(천상) 丙丁奇(병정기)가 坎宮(감궁)에 임함을 말한다. 일체 用事(용사)는 다 흉하다. 主(주)는 흉이 없다.

8. 火臨金位格(화림금위격) : 丙丁(병정)이 乾兌宮(건태궁)에 임함을 말한다. 일체 用事(용사)는 다 흉하다. 만약 謀事(모사) 進動(진동)하면 재화를 초래하게 된다.

9. 火臨金鄕格(화림금향격) : 丙奇(병기)가 庚(경)에 加(가)하고 丙(병)이 驚門(경문)을 만남을 말한다. 丁奇(정기)가 辛(신)에 加(가)하고 丁(정)이 驚門(경문)을 만남을 말한다. 災禍(재화)가 자주 생기며 官位(관위)를 잃기 쉬우며 常人(상인)은 원한

을 사기 쉽다.

10. 金劈木林格(금벽목림격) : 庚辛(경신)이 震宮(진궁)이나 巽宮(손궁)에 임함을 말한다. 흉한 傷害(상해)가 있다. 客(객)에게는 흉이 없고 승부는 客(객)이 승리한다.

11. 二龍相比格(이룡상비격) : 六甲直符(육갑직부)가 地盤(지반)乙奇(을기)에 임함을 말한다. 門(문)이 길하면 흉함이 없으나 경기와 경쟁과 분쟁 등의 대립관계가 생긴다.

12. 悖亂格(패란격) : 丙加直符(병가직부), 直符加丙(직부가병), 四干加丙(사간가병), 丙加四干(병가사간) 됨을 말한다. 하극상의 쿠데타 반역사건이 일어난다. 國運(국운)의 경우에는 亂臣賊子(난신적자)가 일어나 나라의 정치를 專橫(전횡)하거나 문란케 한다. 人命宮(인명궁)에 있으면 연하인에게 배신을 당하거나 하극상의 위계질서의 문란을 보게 된다.

13. 六儀受制格(육의수제격) : 天上(천상) 戊己(무기)가 坎上(감상)에 이르고, 庚辛(경신)이 辰巽宮(진손궁)에 이르고, 甲乙木(갑을목)이 艮坤宮(간곤궁)에 이르고, 丙丁奇(병정기)가 乾兌宮(건태궁)에 이르고, 壬癸干(임계간)이 離火宮(이화궁)에 각각 임하면 이는 六儀(육의)가 곧 制地(제지)에 임하므로 受制(수제)가 된다. 주로 흉하며 客(객)보다 主(주)가 더욱 흉하다.

14. 地羅占墓(葬)格(지라점묘(장)격) : 天盤(천반) 壬(임)이 地盤(지반) 壬(임)에 임함을 말한다. 뱀이 地羅(지라)에 드는 격으로 주로 안팎으로 일이 다 이루어지지 않는다.

15. 飛悖格(비패격) : 天乙(천을)이 丙(병)에 加(가)함을 말한다.

16. 符悖格(부패격) : 丙(병)이 天乙(천을)에 加(가)함을 말한다.

17. 天輔時格(천보시격) : 乙加輔星(을가보성), 丙加輔星(병가보성), 丁加輔星(정가보성), 甲己日 在戌時(갑기일 재술시), 乙庚日 在申時(을경일 재신시), 丙辛日 在午時(병신일 재오시), 丁

壬日 在辰時(정임일 재진시), 戊癸日 在寅時(무계일 재인시) 등을 말하며 上官(상관), 謁貴人(알귀인), 求財(구재) 등 다 길하다.

18. 天遇昌氣格(천우창기격) : 六丁 加 六乙(육정 가 육을)

19. 龍反省格(용반성격) : 甲己日 甲子時(갑기일 갑자시), 甲己日 己巳時(갑기일 기사시)

20. 三奇利合格(삼기이합격) : 六丁加六甲(육정가유갑)

4. 八門(팔문)의 吉凶(길흉)과 象意(상의)

八門(팔문)이란 生門(생문), 傷門(상문), 杜門(두문), 景門(경문), 死門(사문), 驚門(경문), 開門(개문), 休門(휴문)의 여덟 문을 말한다.

1. 生門(생문)

生門(생문)은 丑,寅位(축,인위)인 艮土神宮(간토신궁)에 위치한다. 계절상으로 일년이 끝나는 12월과 시작되는 정월을 의미하니 신진대사가 이뤄지는 때다. 12월의 丑(축), 濕土(습토)는 후중하고 얼어있는 흙이요, 정월의 寅木(인목)은 한냉한 기후에서 서서히 풀려 만물이 태동하려는 준비단계로 따사해지니 바쁜 마음과 의욕적으로 무조건 돌진하려함이 강하나 아직 갓나온 새싹처럼 유약하여 조심스럽다. 艮(간)은 少男宮(소남궁)이라 경험이 부족하고 체험이 적으며 생각이 깊지 못하여 실패할 위험이 있다. 그러므로 연상자는 대길하나 연소자는 신중해야 된다. 타인의 간섭없이 멋대로 진행하고 싶은 심정이다. 生門(생문)은 정월의 생명력이 있는 吉門(길문)이요, 三陽(삼양)의 시기라고 하나 아직 남은 추위로 인해 삼라만상이 위축상태에 있다. 초목도 그 외형은 凋落枯死(조락고사)한 듯이 보이나 그 이면에는 장차 푸른 싹이 돋고 찬란한 꽃을 피게 하기 위하여 맹렬한 생명력의 활동은 대단하다. 장차 대전성기를 맞을 것이 틀림없는 사실이요, 시간적 문제인 것이다. 生門(생문)은 쓰러졌던 자가 다시 일어나고 병든 이가 건강을 되찾고 잃었던 용기를 다시 고무진작하여 장차 대성을 약속하는 生(생)의 門(문)이요, 갱생, 재기, 전진의 전초적 문이다. 정벌, 취직, 求謀(구모), 귀인을 뵙는 일, 부임, 원행, 혼인, 이사 등은 매우 吉利(길리)하나 매장, 장례식 거행은 吉利(길리) 하지 못하다.

2. 傷門(상문)

傷門(상문)은 卯位(묘위)인 震木神宮(진목신궁)의 門(문)이요, 절기는 仲春(중춘) 2월이다. 지금까지의 지하 공작의 만반태세를 끝내고 지상으로 상승하여 활동을 전개코져 하나 아직 남은 눈과 남은 추위가 불의에 급습하므로 모처럼 새싹을 노출시키다가 새싹이 그만 雪傷(설상)과 寒傷(한상)을 당하는 수가 있으므로 상심과 불성의 애닳픈 고비에 처하므로 傷門(상문)이라 한다. 震宮(진궁) 卯(묘)는 長男宮(장남궁)이요, 장성한 사람은 사회의 일선에 앞장서서 분주히 활동을 전개하다보니 타인의 음해와 모략, 쟁투, 심신적인 고통과 경제적 고충, 사교상 실패, 명예손상, 재물손재 등이 허다하여 상심할 일이 많다. 남과 싸우다 보면 관재구설의 액으로 상처를 받고 각 방면에서 활동하다가 받는 상처가 많기도 하다. 그러나 운세만은 강하여 끝까지 싸워서 승리하겠다는 각오로 나간다면 큰 성과가 있을 것이다. 2월절이 저물어 가면서 추위는 자취를 감추고 대지는 점차적으로 따뜻하게 되기 마련이다. 각종 초목들은 지하공작에서 진일보하여 지상으로 싹이 쑥쑥 솟고 꽃동산을 꾸미기에 바쁜 단계이며 새와 짐승들도 봄을 노래하며 놀게 된다. 木(목)은 상승의 기세가 있어 청장년이 사회에 진출 투쟁하다가 상처도 받고 패배도 맛보고 배척도 당해보는 고통을 반복한다. 그러므로 傷門(상문)은 쟁투와 투기적인 기질이 내포되어 있다. 상함과 패함을 두려워하지 않고 끝까지 싸우고 힘껏 활동하다가 여의치 못해 부상, 상처, 낙상, 음해, 박해, 손상, 낭비, 질액, 도난, 실물, 초조, 사기 등을 만나게 되는 파상과 쟁투의 문이다. 범인을 체포하거나 魚獵(어렵), 빚을 독촉하는 일, 도박, 상품운반 등은 매우 吉利(길리)하나 기타 일체는 길리하지 못하다. 傷門方(상문방)으로 이사나 직업 이동을 하면 가축이 전염병에 걸리고 집에 화재가 일어나고 도적이 들며 부부다툼, 눈병, 중풍, 난산, 동물에게 물리거나 칼이나 도구에 살상되는 일이 있게 된다.

3. 杜門(두문)

杜門(두문)은 辰,巳位(진,사위)인 巽木神宮(손목신궁)의 門(문)이요, 節候(절후)는 3,4월이요, 辰中(진중)에는 癸水(계수)가 암장되어 있고 巳中(사중)에는 庚金(경금)이 암장되어 있어 냉기와 온기의 기운이 부딪치는 변절기이므로 濕冷(습냉)은 물러가고 溫燥(온조)함이 장차 이르고 말 것이다. 杜門(두문)이란 杜(두)자를 破解(파해)하면 木(목)과 土(토)의 배합이요, 木(목)과 土(토)는 相剋(상극)하나 木(목)은 土(토)가 없으면 뿌리를 박을 수 없다. 相剋(상극)하면서도 이룸이 있으니 흉한 듯 하면서도 吉運(길운)이 내포되어 있어 小凶門(소흉문)이라 한다. 용과 뱀이 서로 싸우니 그 전투의 참상은 실로 끔찍하여 세상사람은 문을 닫는다. 뱀이 용이 되려면 천년동안 도를 닦아야 한다. 그러므로 대개 도를 닦다가 도저히 통과할 수 없는 관문에 부딪치고 만다. 그리하여 이 형상을 비유하여 辰巳宮(진사궁)을 杜門(두문)이라 한다. 그러나 닫혔던 門(문)은 시간적인 문제로 종당에는 열리고야 말 것이다. 그러므로 외면상으로는 흉하나 내면으로는 길한 상이며 일에 막힘이 있으나 장차 開運(개운)을 의미한다. 巽(손)은 長女

宮(장녀궁)이니 내조의 역할이 익숙하다. 장남인 震宮(진궁)의 傷門(상문)처럼 치고 누르고 싸우는 문이 아니고 굳게 닫혀 잘 열리지 않는 문이니 일종의 퇴보적 휴식적인 문이다. 일시적으로 마음을 가라앉히고 휴양하면서 신체를 길러가지고 또다시 사회의 제일선에 진출할 수 있다. 수많은 꽃은 활짝 피었다가 시들고 초목은 전성기를 앞에 두고 싱싱하게 성장하니 꽃과 풀의 성쇠가 교체되는 시기이니 靜(정)과 動(동)의 두 양상을 내포한 미묘한 문이라 외견으로는 닫혔고 내면으로는 전진을 꾀하는 이중적 문이다. 시간이 지나면 자연 열리게 된다는 뜻이 있는 문이다. 土木(토목), 獵捕(엽포), 도망, 피난, 약제조 등은 매우 吉利(길리)하나 기타는 다 길리치 못하다.

4. 景門(경문)

景門(경문)은 午位(오위)인 離火神宮(이화신궁)의 門(문)이다. 외면은 호화스러운 풍채가 있으나 내면은 허하고 무실한 사치적인 인기, 표창, 허명, 희소식의 기풍이 내포되었고 실속보다는 눈으로 보기에 좋은 것만 주력한다는 암시가 들어있다. 節候(절후)로는 盛夏炎天(성하염천)의 5월이다. 離火(이화)는 中女(중녀)이니 중녀의 가슴에 벅찬 열정이 타오르는 듯한 사랑의 설레임에 부푼 처녀에 비유되니 물불을 가리지 못하고 마구 날뛰는 심정이요, 잘잘못을 판단할 여유가 없고 기분내키는대로 행동하다가 얼마 못 가서 실의에 빠지게 된다. 마치 잔치를 맞이하여 마음껏 먹고 마시고 춤추면서 흥겨워하는 모습이니 외부로 보면 낙원인 듯 보이나 소비가 많고 재산상의 손실, 정신적인 후유증이 있어 타격을 받게 되니 小吉門(소길문)이다. 자칫하면 실패를 초래하는 경계대상의 문이다. 실속없이 허세를 부리는 형상이니 화려함을 즐기고 기분적으로 흐르니 낭비도 많으므로 뒷 수습이 난처하기도 하고 오락에 도취하다가 서로 시기하고 미워하며 질투와 쟁투, 투서, 고소, 중상, 모략, 관재, 구설도 당할 우려가 있다. 지금이 최상의 영화요, 장차 쇠퇴하는 의미가 있다는 점을 깨닫고 있으면 된다. 겉보기 화려함보다 내실을 기해야 한다. 자신이 출세하기 위하여 귀인을 알현하고 교제하며 초대하여 경연을 베푸는 등 분주다사하고 호화판인 환경이다. 고로 안될 일도 사교로 되게 만들고 술과 계집으로 대사를 설계하고 꾀하여 추진하고 경영의 기초와 앞일을 개척 도모하는 호전의 인기적인 문이다. 上司(상사)나 윗사람에게 건의 제출시에 의견이 받아들여지고 인재를 찾음에도 매우 順利(순리)하다. 이외에 謁貴人(알귀인), 취직, 使者(사자)를 파견하는 일, 정벌, 기습하는 일, 토목 등은 고루 吉利(길리)하나 기타 일체는 길리하지 않다.

5. 死門(사문)

死門(사문)은 未,申位(미,신위)인 坤土神宮(곤토신궁)의 門(문)이다. 未(미)는 6월의 燥土(조토)다. 초목은 未土(미토)를 만나면 고갈상태에 이르니 人命(인명)과 새와 짐승 만물이 渴死(갈사)하는 四庫葬(사고장)이다. 未中(미중)에는 乙木(을목)이 암장돼 있고 申中(신중)에는 壬水(임수)가 암장돼 있으니 여름에서 가을로 교체하는 계절이라 무성하였던 초목도 성장을 멈추고 한걸음 후퇴하는 때요, 아침저녁으로 선선한 바람이 간간이 불기 시작하니 凋落(조락)을 예고한다. 坤卦(곤괘)는 老母(노모)라 노모는 세파를 겪을대로 겪어왔으며 이제는 노경에 이르러 청춘의 욕망, 활동, 꿈 등 인생의 설계도가 산산조각으로 부서져감을 직감하는 노쇠기요, 황혼기라 매사에 의욕이 없고 장차 죽음이 다가옴을 느끼게 되는 입장이다. 어찌 발전을 기대하겠는가. 모든 것을 서서히 축소하면서 마무리짓는 단계이며 사람도 초목도 우주의 삼라

만상이 역량껏 생을 영위코져 활동하다가 힘이 다하여 만사를 체념하고 최후의 심판을 기다리는 처절한 환경을 생각하는 상태이니 자연에 순응해야 한다. 다시 말해서 더 전진할 수 없게 앞길이 차단되고져하는 찰나이다. 그러므로 열매를 남기고 씩씩하던 모든 물체가 장차 병들어 원기가 상실되고, 윤택하고 싱싱하던 모습이 변하여 흉상스럽게 낡아 빠지고 손실된다. 退敗一路(퇴패일로)로 급강하하여 고동소리 멈춰지고 보급선이 막히고 힘이 다하여 최종의 死海(사해)로 전락하는 죽음의 문이다. 刑事(형사), 재판, 吊喪(조상), 사냥 등은 吉利(길리)하나 기타 일체는 길리치 못하다.

6. 驚門(경문)

驚門(경문)은 酉位(유위)인 兌金神宮(태금신궁)의 門(문)이다. 節候(절후)는 8월로서 냉한 陰氣(음기)가 六合(육합)에 가득차니 肅殺之氣(숙살지기)가 급히 동하여 만물이 놀라고 막바지에 부딪쳐 숨이 막히고, 한냉에 경각심이 생겨 이에 대비하여 숨어서 대피태세로 바꾸는 변동기이다. 활동을 정지하고 원기를 보호하여 연명책을 강구하며 외부에서 활동하던 물체가 寒氣(한기)의 침습을 막기 위하여 외면을 감싸고 덮어서 보온을 꾀하며 내한체제로 변경하는 변동상태다. 兌(태)는 少女宮(소녀궁)이니 부모 슬하에서 즐거움에 도취되어 생활하다가 불의에 부모를 잃게 되면 이리저리 방황하며 부모를 찾으려는 심정이니 불안과 초조와 슬픔과 절망 속에서 신음하는 처지이다. 자칫하면 타락, 실패, 비관, 자살에 빠질 우려가 짙다. 정신을 가다듬어 냉철하게 환경에 적응하도록 개척하고 正道(정도)로 전진하면 부모와 동기를 서로 만나 앞날의 화락한 가정과 행복을 기약할 수 있다. 그러므로 驚門(경문)은 처신하는 마음가짐에 따라 행복이냐 불행이냐를 결정하게 되는 개혁과 변동의 門(문)이다.   도적을 잡거나 데모, 제사 등은 매우 吉利(길리)하나 기타 일체는 길리하지 못하다.

7. 開門(개문)

開門(개문)은 戌,亥位(술,해위)인 乾金神宮(건금신궁)의 門(문)이다.   戌中(술중)에는 丁火(정화)가 암장돼 있고, 亥中(해중)에는 甲木(갑목)이 암장되어 있어 木火通明(목화통명)을 이루었다.   節候(절후)로는 가을의 마지막인 9월과 겨울의 시작이요 水氣(수기)가 왕성하는 10월이다.   가을에 열매가 익어 알찬 수확을 거둔다. 알찬 열매가 있기까지에는 가뭄과 거센 비바람과 병충해 등으로 시달렸다. 그리하여 수확기인 가을에 와서야 비로소 지난 나날의 고생한 보람을 느끼게 되고 즐거운 결실을 저장해 두려면 창고 문을 활짝 열어야 한다.   乾宮(건궁)은 老父宮(노부궁)이니 노부는 과거에 숱한 풍상을 겪었다. 경험과 체험으로 긴 세월동안 닦아온 지식은 풍부하다. 세대의 변천이니 획기적으로 자신있게 재출발 할 수 있는 기회가 온 것이니 첫 문을 열고 나설 찰나이다. 그래서 戌,亥(술,해)를 開門(개문)이라 하고 天門(천문)의 위치이니 天門(천문)은 門中(문중)에서 가장 고귀한 곳으로 들어서는 문이다.   그러므로 이 문을 만나면 開運(개운)되니 開門(개문)이라고 한다.   외부의 혹한을 견디기 어려우므로 조용히 시기적 성숙을 기다리며 장차 눈부신 대활동 전개의 전초전적 용전분투할 결의를 가다듬고 있다.   실로 시들고 꺾이고 낡아빠진 것들은 감춰두고 새로운 물건의 창조의 역할이니 타의는 전혀 없고 위대성을 충분히 발휘할 비장한 각오에서 과감하게 첫발을 내딛는 개척의 門(문)이다.   정벌, 求謀(구모), 취직, 謁貴人(알귀인), 고시, 원행, 혼인, 이사, 經商(경상), 건축 등은 매우 吉利(길리)하나 정치방면은 적합치 못하다.

8. 休門(휴문)

休門(휴문)은 子位(자위)인 坎水神宮(감수신궁)의 門(문)이다. 節候(절후)는 冬至(동지) 陽生(양생)의 11월의 냉한기로서 북풍설한이 몰아쳐오면 凍結(동결)이란 난관에 부딪쳐 몸을 움츠리며 옴싹달싹도 못하는 형편이니 전진하기에는 너무나 벅찬 환경에 봉착되어 차라리 깊이 中宮(중궁)에서 조용히 때를 기다리는 상이다. 무리한 활동을 삼가고 내일의 출발을 위해 힘을 저축하는 게 상책이다. 그리하여 만물은 죽은 듯이 고요함에 묻혀 있지만 천지는 쉼없이 때로 변한다. 귀인을 상봉하고 동류를 모아서 지하공작 준비단계에 처하였으니 외견은 고요하나 이면으로는 창의의 긴요성과 개막과 새출발의 길 위에서 원대한 희망을 안고 용의주도면밀하게 포진하기에 여념이 없다. 休門(휴문)은 활동이 정지되고 발전이 어려운 문이라서 吉門(길문)이라 할 수 없으나 子(자)에 一陽(일양)이 始生(시생)되니 陰極(음극)상태에서 陽和(양화)한 방향으로 향하므로 머지않아 吉運(길운)을 맞이할 수 있다는 희망적인 문이므로 현재의 침체도 곧 열린다는 기대감으로 좌절하지 않고 견뎌나가면 다복해지는 吉門(길문)이다. 천자, 대통령, 수상을 배알할 기회가 있다. 조상제사, 神佛(신불)께 기도, 집수리, 취직, 부임, 귀인을 뵘, 원행, 혼인, 이사, 장사, 건축 등은 매우 길리하나 재판이나 처형 등의 일은 적합치 못하다. 만일 임신부가 休門方(휴문방)으로 출산하면 난산의 위험이 있게 된다.

八門吉凶歌(팔문길흉가)

○ 休門一一氣盈室, 富貴子孫田土吉.
  祭祀修營入宅基, 赴官遷徙事周悉.
  産招難絶入興隆, 北旺冬時數六一.
  南北婚娶有遠親, 送來六畜增官秩.

○ 生門八八氣盈星, 凶煞皆降尊土精.
  因待女財人寄物, 從玆致富子孫興.
  三年定有貴兒産, 出入外州泉貨盈.
  嫁娶種萌並造作, 消災發福有奇靈.

○ 傷門氣短數三三, 寅卯旺方音角間.
  漁獵捕征侵索債, 更宜賭博迫亡還.
  官司口舌重喪至, 六畜遭瘟火盜艱.
  夫婦血光災眼症, 三旬産厄禍刀殘.
  刑名死以兼風疾, 蛇虎傷人居不安.

○ 杜門四四星凶惡, 木星時方寅卯泊.
  閉提絶水事封陪, 追邪代盜並勾捉.
  出亡逃離斷慾宜, 隱伏邀遮俱可托.
  去佞遠藏理閉藏, 生克絶陰能久約.
  用動似防盜賊侵, 官刑財散傷瘟疫.
  蛇傷雷打疥濃瘡, 焚廩人亡家退落.

○ 景門九九紫氣盈, 巳午旺南寅戌結.
  遣使上書能解厄, 求謀修造訪尋謁.
  葬埋嫁娶吉中斗, 給賞吏人如手捉.
  獻策求名墀階親, 擧科選士藻文潔.

○ 死門二二凶星逆, 戊己坤艮方位卽.
  穿獵漁網刑戮宜, 送喪吊死葬埋盆.

修營妨長及平房, 忤逆重喪亡産憾.
所求不利不宜行, 動見敗亡官落職.

○ 驚門七七氣爲逆, 旺在庚申辛酉地.
羅網張疑立獄訟, 攻門刑擊一齊到.
逃亡掩捕得功能, 賈市營修皆可忌.
致訟虛驚疾疫興, 敗囚軍賊犬羊斃.

○ 開門六六氣營奇, 謁貴求謀利有爲.
立宅扦修官職進, 外來財帛馬牛肥.
蜂蜜窖浩橫財發, 富盛子孫利名齊.
金上庚辛秋月旺, 奴田畜産賈商宜.

八門(팔문)의 象意(상의)

1. 休門(휴문)의 象意(상의)

① 天文(천문) : 흰 구름, 甘露(감로)
② 地理(지리) : 시장, 해양
③ 人物(인물) : 귀인, 관리, 노인
④ 性情(성정) : 機智(기지), 豪放(호방), 낙관
⑤ 身體(신체) : 腎(신), 귀, 오줌, 뼈
⑥ 屋舍(옥사) : 다방, 카페, 정자
⑦ 物品(물품) : 흰색 가루, 流動(유동)의 물건
⑧ 飮食(음식) : 술, 젖
⑨ 功名(공명) : 중개인

2. 生門(생문)의 象意(상의)

① 天文(천문) : 黃沙(황사), 태풍
② 地理(지리) : 초원, 산악
③ 人物(인물) : 새색시, 소금을 관리하는 관리, 갓난아기
④ 性情(성정) : 慷慨(강개), 反覆無常(반복무상), 적극
⑤ 身體(신체) : 위, 콧물, 손톱
⑥ 屋舍(옥사) : 은거, 규방
⑦ 飮食(음식) : 채소, 과일
⑧ 功名(공명) : 농업

⑨ 物品(물품) : 붉은색 물건, 새로운 물품

3. 傷門(상문)의 象意(상의)

① 天文(천문) : 靑氣(청기), 우레, 번개
② 地理(지리) : 사냥터, 삼림
③ 人物(인물) : 아픈 사람, 의원, 불구자
④ 性情(성정) : 잘 노한다, 성급하게 군다, 조잡하다.
⑤ 身體(신체) : 간, 광대뼈, 고름, 힘줄
⑥ 物品(물품) : 청색의 물건, 파열된 물건
⑦ 屋舍(옥사) : 진료소, 공장
⑧ 飮食(음식) : 동물, 가축
⑨ 功名(공명) : 의약

4. 杜門(두문)의 象意(상의)

① 天文(천문) : 보라색의 무지개, 미풍
② 地理(지리) : 兵營(병영), 도랑
③ 人物(인물) : 도둑, 경찰, 소년
④ 性情(성정) : 느긋함, 자세함, 의혹
⑤ 身體(신체) : 간, 눈썹, 눈물, 氣(기)
⑥ 物品(물품) : 녹색의 물건, 부드러운 물건
⑦ 屋舍(옥사) : 화려한 건축물, 여관
⑧ 飮食(음식) : 馬(마), 魚(어)
⑨ 功名(공명) : 漁獵(어렵)

5. 景門(경문)의 象意(상의)

① 天文(천문) : 붉은 해, 저녁 놀

② 地理(지리) : 도읍, 街道(가도)
③ 人物(인물) : 미인, 관리, 書生(서생)(인텔리)
④ 性情(성정) : 정직, 허영, 열정
⑤ 身體(신체) : 心(심), 눈, 피, 맥
⑥ 物品(물품) : 보라색 물건, 아름다운 물건
⑦ 屋舍(옥사) : 궁전, 기생집
⑧ 飮食(음식) : 떡, 설떡
⑨ 功名(공명) : 국가시험

6. 死門(사문)의 象意(상의)

① 天文(천문) : 오염된 공기, 서리
② 地理(지리) : 묘지, 황야
③ 人物(인물) : 죄수, 옥리(교도관), 시체
④ 性情(성정) : 견실, 완고, 인색
⑤ 身體(신체) : 지라, 뺨, 똥, 肉(육)
⑥ 物品(물품) : 검은색 물건, 단단한 물건
⑦ 屋舍(옥사) : 감옥, 장의사
⑧ 飮食(음식) : 粉類(분류), 干物(간물)
⑨ 功名(공명) : 경찰

7. 驚門(경문)의 象意(상의)

① 天文(천문) : 황색의 비, 벼락
② 地理(지리) : 끊긴 낭떠러지, 동굴
③ 人物(인물) : 군인, 武官(무관), 장군
④ 性情(성정) : 담력이 작다, 허위, 고집이 세다.
⑤ 身體(신체) : 폐, 입, 침, 피부

⑥ 物品(물품) : 붉은색 물건, 연한 물품

⑦ 屋舍(옥사) : 官衙(관아), 兵營(병영)

⑧ 飮食(음식) : 뎀뿌라, 구운 물건

⑨ 功名(공명) : 군인

8. 開門(개문)의 象意(상의)

① 天文(천문) : 푸른 노을, 짙은 안개

② 地理(지리) : 田地(전지), 평원

③ 人物(인물) : 仙人(선인), 천문대의 직원, 寺廟(사묘)의 관리자

④ 性情(성정) : 온건, 독단, 위엄

⑤ 身體(신체) : 창자, 이마, 땀, 털

⑥ 物品(물품) : 황색의 물건, 약

⑦ 屋舍(옥사) : 사당, 절

⑧ 飮食(음식) : 곡물, 삶아 익힌 물건

⑨ 功名(공명) : 仙佛(선불)

5. 太乙九星(태을구성)의 吉凶(길흉)

太乙九星(태을구성)이란 太乙(태을), 攝提(섭제), 軒轅(헌원), 招搖(초요), 天符(천부), 靑龍(청룡), 咸池(함지), 太陰(태음), 天乙(천을)의 九星(구성)을 말한다.

1. 太乙(태을)

太乙(태을)은 水神(수신)이요, 安靜之神(안정지신)이므로 군사를 움직이면 불리하고 성문을 굳게 닫고 지키는데는 가장 좋다. 出門(출문)하여 黑衣人(흑의인)을 만난다. 太乙(태을)은 귀인을 만나고자 하는데와 혼인, 경영, 매매, 청원사에 길하다. 門中(문중)에 太乙(태을)을 보면 貪狼(탐랑)이라 한다. 장기, 바둑 및 기타의 내기를 하면 돈을 따고, 혼인은 좋은 인연을 만나며 출행하여 막힘이 없고 귀인을 만나려는데는 현인을 만난다.

2. 攝提(섭제)

攝提(섭제)는 土神(토신)이며 재난을 일으키는 凶神(흉신)이다, 死門(사문)과 같이 있으면 대흉하다. 門(문)을 나서서 老婦(노부)가 슬피우는 것을 보거나 농부가 밭가는 것을 보면 불길한 징조다. 원행하면 일이 얽혀 되는 일이 없고 경작은 소가 상하거나 보습, 쟁기가 상한다. 절대 出軍(출군)을 범하지 말아야 하고 개인사도 두문불출이 상책이다. 망년되이 움직이면 다리의 부상을 크게 입거나 재액을 당한다. 도처에 흉액을 만난다. 相生宮(상생궁)에 있으면 무방하나 相剋(상극)되면 재난, 위난의 일, 목숨이 위험함을 당한다. 求財(구재) 및 혼인 기타 매사에 좋지 않고 말하면 중상 모략을 당한다. 물건을 은닉하거나 몸을 숨는데는 좋다.

3. 軒轅(헌원)

軒轅(헌원)은 木神(목신)이며 艱難辛苦(간난신고)의 凶神(흉신)이다. 暗(암)으로 損(손)하고 표면으로 상하며 출행하여 화액을 만나는 등 백사가 불행하며 치고 받고 싸우는 것과 어린이가 피 흘리는 것을 보게 된다. 누구를 만나려 출행한다면 15리 밖에서 만난다. 출입하면 매사가 순탄치 못하고 관재구설 말썽이 있고 하는 일은 될 듯 될 듯 하면서도 질질 끌고 나간다. 원행에는 목적사가 어긋나고 더디 만난다. 相生(상생)이면 재액이 더디게 오고 상극(相剋)이면 우환과 고뇌가 있고 급하게 근심할 일이 발생한다. 장기나 바둑, 도박 등 내기는 돈을 잃는다.

4. 招搖(초요)

招搖(초요)는 木星(목성)으로 中宮(중궁)에 드는 것을 가장 꺼린다. 아무리 용맹과 지모가 뛰어난 영웅, 명장일지라도 심력만 허비할 뿐 성공이 어렵다. 그러므로 이 이치를 아는 이는 부질없이 적과 무모한 交戰(교전)을 하려 아니한다. 밖에서 두 사람의 친한 이를 만나고 또는 부인을 만나는게 應(응)인데 구설이 이르고 꿈자리가 사납다. 인근 집에서 솥이 울면 불길한 징조다. 招搖星(초요성)이 움직이는 곳에는 피빛이 붉다. 쟁투와 음해가 수반한다. 가내가 불안하고 우환질고와 놀랍고 두려운 일이 간간이 생긴다. 相生(상생)되면 남을 누르고 투기적 방면에 의외에 인기적으로 성사하는 수가 있고 백사가 성취된다. 相剋(상극)되면 길에서 장애에 부딪치고 여로가 막히고 도적을 만날까 두렵다. 여인이나 陰人(음인)에게 구설을 듣는다. 출입에는 풍우를 만난다.

5. 天符(천부)

天符(천부)는 土神(토신)에 속하며 또한 五鬼宮(오귀궁)과 동일하다. 天符(천부)가 門(문)에 當(당)하면 陰女(음녀)가 간사한 음모를 꾸민다. 질액이 침노하며 관재구설이 엿보이니 保合(보합)함이 길하다. 초상집에 왕래는 재화가 반드시 있어 식체나 주체로 신음하는 수가 많고 경영사는 뒤엎게 된다. 매매나 문서사에 지장이 있어 보증이나 수표거래 알선 등에 선의적 이용을 당할 수니 경거망동은 금물이다. 天符(천부)가 만일 坎方(감방)에 임하거든 出軍(출군)은 물론 출행에도 크게 꺼린다. 부득이 이 방위를 범하려거든 기도하고 부적을 지녀야 흉액을 면한다. 天符(천부)는 禽獸(금수)를 사냥하는데 좋다. 相剋(상극)이면 좋은 일이 없고, 行客(행객)은 歸期(귀기)가 연장되며 찾는 사람은 거처를 알 수 없다. 天符(천부)는 본시 凶神(흉신)이나 만일 적과 싸우는 일, 出軍(출군), 군량미 수송하는 일 등이면 유리하다.

6. 靑龍(청룡)

靑龍(청룡)은 乾宮(건궁)의 金神(금신)이다. 거리에서 의원을 만나거나 술꾼들이 거리에서 내기 장기나 바둑두는 모습을 보게 되면 바로 應(응)이다. 門內(문내)에서 靑龍(청룡)을 만나면 求財(구재)에 이롭고 술과 음식을 만나며 기타 좋은 일이 중중하다.

출입은 때를 잘 이용하면 소원 성취하며 出兵(출병)하면 대승한다. 修造(수조)와 혼인은 만복이 이른다. 장기, 바둑, 도박은 이기고 병자는 용한 의원을 만나고 매매사에 기쁨이 중중하다. 식구가 더하고 토지를 더하니 사람들이 우러러본다. 相生(상생)이면 재운이 왕하며 파극되어도 해롭지는 않다. 특히 귀인을 만나고 軍營(군영)을 설치하는 일이며 무릇 백사에 다 유리하다.

7. 咸池(함지)

咸池(함지)는 金神(금신)이며 凶神惡殺(흉신악살)이니 出門(출문)하면 뱀과 범이 거듭거듭 해를 끼친다. 북방의 遠近地(원근지)에 단 우물이나 못을 파는 데는 좋으나 다른 일을 행하면 부상하거나 슬픈 일이 생기고 관재구설이 따르고 질병이 떠나지 않는다. 吊問(조문)에 크게 꺼리고 경사에 장애가 생기고 타인의 모험에 빠진다. 은밀히 하는 일은 일마다 발각되어 패가의 화가 된다. 咸池(함지)를 만나면 매사에 마땅치 않고 특히 행군하여 적을 파하는 일은 불가하다. 土卒(사졸)들이 겁부터 먹고 달아나기에 바쁜데 반복하여 逆風(역풍)이 세차게 분다. 相生(상생)이면 무해하나 相剋(상극)이면 위난이 이른다. 咸池方(함지방)에 앉아 장기, 바둑, 도박 등 내기에는 지고, 재물을 구하는 목적이면 빈손으로 돌아온다.

8. 太陰(태음)

太陰(태음)은 土神(토신)이며 水(수)의 精(정)이다. 출입에 장애가 없이 평탄하고, 출행하여 여인을 만나면 좋은 일이 있으며 行兵(행병)에도 길하고 백사에 대통한다. 門(문)을 나와 六七里(육칠리)를 가면 어린이가 양을 끌고 오는 것을 보면 吉應(길응)으로서 求財(구재)가 여의하고 기타도 吉利(길리)하다. 當門(당문)하여 太陰(태음)을 보면 모든 재앙이 침입을 못한다. 六七里(육칠리)를 행하다가 친분의 어진 벗을 만난다. 이것이 應(응)이니 칼을 거두는게 좋다. 즉 싸움에는 군사를 돌려세우라. 회군 시에는 복병이 있으려니 조심해야 한다. 太陰(태음)을 만나면 暗財(암재)가 생기고 뇌물을 받아도 탄로나지 않고 무사하며 이성이 따르는 경사가 필히 이르니 경연도 베풀고 즐겁다.

9. 天乙(천을)

天乙(천을)은 火神(화신)이며 貴人星(귀인성)이다. 문을 나와 30리쯤 가다보면 채색 옷을 입은 부인이 어린이를 안고 올 것이다. 이 應(응)이 있으면 백사에 吉利(길리)하다. 차와 술이 생기고 귀인을 만나 소원을 청하는데 길하고 사업 모사에는 이익이 많으며 출입하면 身命(신명)에 하늘의 은혜가 내린다. 天乙星(천을성)을 만나면 매사 순조롭고 재물과 음식이 생기며 귀인이 돕고, 입신출세에는 더 좋은 위치와 환경을 자득한다. 백사에 대통하니 구하는 바를 얻으며 가는 곳마다 반겨 맞이한다. 求婚(구혼)에도 길하고 화합하면 타협이 잘 되며 出軍(출군)하여 적과 싸워도 승리한다.

八門(팔문)과 太乙九星(태을구성)

① 休門(휴문)이 靑龍(청룡)을 만나면 凡事(범사)를 도모함에 매사 형통한다. 이익을 꾀하고 재물을 구하면 백배를 얻고 出軍(출군)에는 장병들이 용기 백배하여 적의 銳鋒(예봉)을 꺾으며 退軍(퇴군)에는 적이 감히 추적하지 못한다. 일에 임하여 큰 뜻으로 크게 꾀하니 경사와 희소식이 이른다.

② 休門(휴문)과 太乙星(태을성)이 同宮(동궁)이면 백사가 흥기하니 싸움에 임하여 相爭(상쟁)함에 장병들이 용기를 떨치고 군사를 주둔하고 營寨(영채)를 설치함에 순조로우며 전투의 세력이 점차적으로 유리하게 전개되어 마침내 대승을 거둔다. 귀인을 상봉하거나 관직생활에 있어 기쁜 일이 중중하니 대사를 성취한다.

③ 休門(휴문)과 天乙星(천을성)이 同宮(동궁)이면 출입과 求財(구재)에 대길하며 마음 먹은대로 큰 재물이 융통되고 생각지도 않은 재물도 생긴다. 또는 귀인을 만나서 근심하던 일과 궁박한 처사를 해결해주니 근심 속에서도 기쁨이 있다. 남으로 가거나 북으로 가거나 가는 곳마다 즐거움과 酒食(주식)이 생기니 사람과 더불어 마시고 즐겁다.

④ 生門(생문)이 靑龍(청룡)을 만나면 귀인을 배알하고 대사를 도모함에 백사가 일사천리로 시원시원히 성사되며 상업에 종사하면 천 배의 이익이 생긴다. 출입에는 추호도 나쁜 일이 없

어 웃음을 만면에 머금고 여유가 당당하다.

⑤ 生門(생문)과 太乙星(태을성)이 同宮(동궁)이면 福德(복덕)이 발동하니 큰 재물이 손에 들어온다. 수금과 매매가 잘 되고 求事(구사)에는 자신이 만만하여 활기를 띄고, 求財(구재)에 꾀하는 바는 백 배의 득이 있고, 좇고 구하지 않아도 大利(대리)를 自得(자득)한다. 出軍行兵(출군행병)에는 지체됨이 없이 하루에 천리를 갈 수 있다.

⑥ 生門(생문)과 天乙星(천을성)이 同宮(동궁)이면 출입에는 쟁투는 볼 수 없고 열광적인 환영을 받는다. 포진하고 군사를 주둔함에 유리하여 모두 대승하니 득의가 양양하다. 만사를 꾀함에 마음먹은대로 크게 형통한다.

⑦ 開門(개문)과 靑龍(청룡)이 同宮(동궁)이면 경영하는 일에 귀인을 만나 이익이 풍성하며 귀인을 알현함에는 大得(대득)이 있고 관직에서는 長上人(장상인)이 발탁하니 영달한다. 꾀하는 일과 출입에는 알차게 성사되며 포부가 커지고 물고기가 변하여 용이 되는 격이다.

⑧ 開門(개문)과 太乙星(태을성)이 同宮(동궁)이면 出戰(출전)과 行兵(행병)에는 대승한다. 적진을 공략하면 모조리 함락시키는 대승을 거둔다. 그러나 開門(개문)은 안녕함을 주관하는 門(문)이니 휴전하고 병력을 양성함이 더욱 길하다.

⑨ 開門(개문)과 天乙星(천을성)이 同宮(동궁)이면 백사를 행함에 성공과 得利(득리)가 많다. 관직자는 문득 귀인을 만나서 직위가 오르고 녹봉이 더해진다. 出軍(출군)과 行軍(행군)에도 대길하다.

<陽遁 甲子日의 例>

杜門 靑龍	景門 攝提	死門 招搖
傷門 天符	咸池	驚門 天乙
生門 太乙 ○	休門 軒轅	開門 太陰

<陰遁 癸酉日의 例>

景門 太陰	杜門 軒轅	傷門 太乙
死門 天乙	咸池	生門 天符
驚門 招搖	開門 攝提	休門 靑龍 ○

6. 天蓬九星(천봉구성)의 吉凶(길흉)과 象意(상의)

1. 天蓬星(천봉성)

　天蓬星(천봉성)은　六戊星(육무성)의　斗之柄(두지병)이요,　坎宮(감궁)의　一白水星(일백수성)이다.　흔들리고　動(동)하여　평안치　못하고　일에　動搖(동요)가　일어나는　凶星(흉성)으로　팔방에　유동하여　남을　이용하고　禍根(화근)을　일으켜서　그　사이에　得利(득리)를　꾀한다.　좋은　일에는　魔(마)가　많고　관재구설　등의　어려움이나　흉사에는　혼란을　일으키니　두서를　잡지　못하고　쩔쩔　맨다.　사교상에는　다된　일이　뒤집혀서　파국에　빠지는　등의　생각치　못한　재난을　유발하는　凶星(흉성)이다.　木宮(목궁)에　同宮(동궁)하면　집안수리하는데　길하고,　用事(용사)에서는　動人事(동인사)이다.　春夏(춘하)에는　경영사에　성공하나　秋冬(추동)에는　불리하다.　天蓬(천봉)이　子位(자위)에서　水星(수성)과　짝하면　변방을　安撫(안무)하고　城池(성지)를　修築(수축)함에　좋다.　春夏(춘하)에는　장병이　대승하고　秋冬(추동)에는　싸움에　불리하다.　또　주인에게는　利(이)하고　客(객)은　불리하다.

2. 天任星(천임성)

　天任星(천임성)은　六丙星(육병성)의　斗之璇(두지선)이요,　艮宮(간궁)의　八白土星(팔백토성)이다.　주로　陰刑(음형)과　女人主張(여인주장)의　상이다.　실행력이　강하고　연락과　정보수집에　빠르고 시기에 응하고 기회를 잘 포착하여 나아갈 줄도 알고 물러설 줄도 아는 임기응변에 능한 반면에 한번 심정이 흔들리면 참지 못하고 갑작스럽게 개혁변동을 서슴치 않고 일으킨다. 주위환경 이 맞지 않고 상하가 서로 경쟁하고 대적하니 실패하는 수가 하나둘이 아니다. 土宮(토궁)에 있으면 재운이 대통하고 만인이 복종하고 적의 침입이 없는 길조요, 이사나 상관을 뵙는 일, 제사 등에는 길하다. 그러므로 小吉星(소길성)이라 한다. 用事(용사)에서는 行人事(행인사)다. 天任(천임)이 子位(자위)에 土星(토성)과 배합되면 재수대통하고 用兵(용병)에는 四時(사시)가 다 길하니 萬神(만신)이 복종하며 적병이 항복해오는 길조가 발생하며 이사, 上官(상관), 제사 등도 길하다.

3. 天冲星(천충성)

天冲星(천충성)은 六庚星(육경성)의 斗之搖光(두지요광)이요, 震宮(진궁)의 三碧木星(삼벽목성)이다. 兵戈(병과)와 殺弒(살시)의 상이다. 인정적인 면으로는 남을 구제하고 은덕을 베풀고 덕을 베품도 곧잘 하다가도 한번 성질이 나면 물불을 가리지 못하고 모조리 쳐부수고 마는 나쁜 기질이 있어 이로 인한 비난의 대상이 되며 활동력이 왕성하면서도 소걸음처럼 느림보의 행위를 곧잘 한다. 두뇌가 명민하니 적과 싸움에 임해서는 목숨을 아끼지 않는 기백이 강하므로 살생을 좋아한다. 선과 악이 不定(부정)한 小吉星(소길성)이다. 用事(용사)에서는 漁獵事(어렵사)이다. 天冲(천충)이 子位(자위)에서 木星(목성)을 만나면 군사를 내어 적을 치는데 좋고 春夏(춘하)에는 모든 장병들이 크게 勝捷(승첩)하나 秋冬(추동)에는 功(공)이 없다.

4. 天輔星(천보성)

天輔星(천보성)은 六辛星(육신성)의 斗之閤陽(두지합양)이요, 巽宮(손궁)의 四綠木星(사록목성)이다. 주로 창고 오곡의 상이다. 일에 임하여 알력과 충돌없이 온화한 분위기를 조성하며 일처리를 잘하며 유종의 미를 거두는 능숙한 수완과 비범한 재능으로 일을 처리하고 교제술에 능하여 어떠한 어려운 일도 힘 안들이고 귀인의 도움을 받아가면서 쉽사리 유리하게 결정짓는다. 재운도 왕하여 융통을 잘 하고 축재가 수월한데 단 사치성이 심해 소비가 많을 우려가 있는 吉星(길성)이다. 用事(용사)에서는 助人事(조인사)다. 天輔(천보)가 子位(자위)에서 水星(수성)을 만나면 도를 닦고 수학하는데 좋고 또는 장병을 훈련 교습하는 일에 좋고 春夏(춘하)에는 크게 승리하여 천리의 땅을 얻는다. 그리고 入營(입영)과 修營(수영)에도 유리하다.

5. 天禽星(천금성)

天禽星(천금성)은 六壬星(육임성)의 斗之衡(두지형)이요, 伐星(벌성)으로 中宮(중궁)의 五黃土星(오황토성)이다. 외유내강하여 지배력이 강하고 正義(정의)로 악을 정벌하고 난민을 구제하고 中宮(중궁)을 지키면서 대중을 교화하고 지도함에 전력하여 변화도 무쌍한지라 탐관오리를 가차없이 응징하여 세상일을 바로잡아서 선량한 백성의 편에 서서 악을 응징하는 것을 즐겁게 여긴다. 사방의 난을 평정하고 그 명성을 천하에 떨치니 衆望(중망)을 한 몸에 받고 年豊(연풍)을 노래하는 吉星(길성)이다. 用事(용사)에서는 貴人事(귀인사)이다. 天禽(천금)이 子位(자위)에서 土星(토성)을 만나면 제사, 求福(구복), 祈福(기복), 求財(구재)에 이롭고 좋으니 모든 흉이 단절된다. 用兵(용병)에는 四時(사시)가 다 좋고 功(공)을 논하고 상을 주는 일과 관직취임, 이사 등도 길하다.

6. 天英星(천영성)

天英星(천영성)은 六乙星(육을성)의 斗之樞(두지추)요 正星(정성)으로 離宮(이궁)의 九紫火星(구자화성)으로 욕심이 많은 상이다. 五月(오월)에 日光(일광)이 쨍쨍하고 밝아 찬란한 빛이 넘쳐 흐르지만 장구하게 지속되지 못하고 쇠퇴하게 된다. 일시 흥성하고 일시 쇠망하는고로 用事(용사)에서는 紙燭事(지촉사)로 간주한다. 또한 욕심이 많고 정이 많아서 일신을 하루아침에 패망케 하는 극히 위험한 경지에 놓여있다. 柔和(유화)를 위주하고 침착하게 과욕적으로 일을 추진함은 좋다. 歸藏(귀장)과 吊問(조문)은 흉하므로 분수를 지키면 도리어 길하게 되는 小凶星(소흉성)이다. 天英(천영)이 子,戌位(자,술위)에서 火星(화성)을 배합하면 출행, 원행, 음식, 약 제조에 좋지 않고 用兵(용병)과 出陣(출진)에도 좋지 않으며 이사, 제사, 築室(축실) 등도 좋지 않다.

7. 天芮星(천예성)

天芮星(천예성)은 六己星(육시성)의 斗之戈(두지과)요, 坤宮(곤궁)의 二黑土星(이흑토성)이다. 兵革(병혁)과 盜賊(도적)의 상이다. 일에 임하여 사기와 남을 이용하는 일을 일삼고 혼잡한 틈을 타서 도적질을 하고 살벌을 좋아하므로 살상을 일으킨다. 자연히 손재가 다단하며 남녀간의 애정을 이간질하고 자신의 음행을 채우는데 태연하게 감행하는 파렴치한 행위가 속출하며 남을 충돌하여 유인과 유혹에 능하고 대인상대에 간사한 꾀를 부려 화를 초래하며 손재와 구설, 시비, 재난을 속출시키는 등 남을 궁한 처지에 빠뜨리는 凶星(흉성)이며 用事(용사)에서는 民事(민사)다.

天芮(천예)가 子位(자위)에서 土星(토성)과 배합하면 유교 등의 종교를 숭상하거나 수도에 힘쓰거나 벗과 더불어 의를 맺고 사귀거나 스승을 찾아 수업함에 좋고, 用兵(용병)과 이동, 이사 등은 좋지 않다.

8. 天柱星(천주성)

天柱星(천주성)은 六丁星(육정성)의 斗之璣(두지기)요, 슈星(영성)으로 兌宮(태궁)의 七赤金星(칠적금성)이다. 殃禍(앙화)를 호령하는 상이다. 쾌활한 활동적인 반면에 변절이 심하므로 일에 임하여 결단력이 약해서 타인의 말에 귀가 솔깃하여 일처리를 그르치는 경우가 허다하다. 본심은 악하지 않으면서도 본의아닌 사기 음해를 일삼다가 뒷감당을 못하여서 궁지에 빠지며 지나친 쾌락에 도취하다가 손재, 질액의 어려운 일을 당한다. 다만 외유내강의 마음가짐으로 대중에 앞장으로 활약하는데는 길하나 적은 재앙을 당하니 小凶星(소흉성)이며 用事(용사)에서는 陰人事(음인사)이다. 天柱(천주)가 子,申位(자,신위)에서 金星(금성)과 배합되면 군사를 주둔하는데 좋고, 숨고 숨기고 종적을 감추는 일에 좋고, 用兵(용병)에 車(거), 馬(마), 차량이 破傷(파상)하며 이사, 취임, 제사에 다 좋지 않다.

9. 天心星(천심성)

天心星(천심성)은 六癸星(육계성)의 斗之權(두지권)이요, 殺星(살성)으로 乾宮(건궁)의 六白金星(육백금성)이다. 착한 이는 상주고 악한 이는 벌주는 것을 주로 한다. 정직하고 강건하며 굽히지 않는 지조가 있다. 창조력이 강하여 부단히 노력하고 불의를 보면 응징하고 약자를 도우니 자애로움이 발하며 마음을 가다

들어 순간도 쉬지 않고 발전을 꾀하니 위대한 업적을 달성한다. 하늘의 뜻에 순응하고 대지에 귀를 기울이고 자연의 섭리에 어긋나지 않는 中正(중정)의 길을 걸으니 뭇사람들의 존경과 신망의 대상이 된다. 幼者歸老(유자귀로)적인 창조의 吉星(길성)이며 用事(용사)에서는 官人事(관인사)다. 天心(천심)이 子位(자위)에서 土星(토성)과 배합하면 질병을 치료하거나 合藥(합약)과 用藥(용약)에 좋으며, 장병은 승리하여 천리의 땅을 얻는 大功(대공)을 세우며 春夏(춘하)에는 入宮(입궁)이 좋지 않고, 秋冬節(추동절)에는 築家(축가), 제사 등이 길하다. 단 君子(군자)는 이로우나 小人(소인)은 불리하다.

九星十二時辰應剋(구성십이시진응극)

子時(자시)

① 天蓬(천봉) : 入宅(입택), 安墳(안분), 上任(상임), 下穴(하혈)은 주로 구설과 쟁송이 있다. 먼저 닭이 울거나 개가 짖으며 새가 숲에서 지저귀거나 북방에서 爭飛(쟁비)한다.

② 天任(천임) : 물가에서 닭이 울면 주로 부인이 스스로 떠난다.

③ 天冲(천충) : 주로 큰 風雨(풍우)가 있다. 길하면 60일 후에 생기있는 物(물)이 집에 들어오고, 一週年(일주년) 내에 田産(전산)이 倍收(배수)된다. 흉하면 신부가 난산을 하게되니 방비해야 한다.

④ 天輔(천보) : 商音人(상음인)은 物産(물산)을 더하고 야생 원숭이가 집에 들어오면 주로 官(관)과 祿(녹)을 더한다.

⑤ 天禽(천금) : 주로 애기 밴 여인이 오거나 紫衣(자의)를 입은 사람이 오며, 개가 옷을 물고 있는 것을 보게되면, 벼슬에 응하게 되고 20년 내에 進財(진재) 왕성한다.

⑥ 天英(천영) : 징소리를 듣거나 3~5인이 동행하는 것을 보게되면, 주로 3년 내에 破財(파재)한다.

⑦ 天芮(천예) : 가을, 겨울에 길하고, 봄, 여름에는 흉하다. 짐승이나 새가 놀라고, 서남에 불빛이 보이며 두 사람이 서로 쫓고 쫓기는 것을 보게되면 60일 내에 여인이 목을 매고, 가을과 겨울의 작용은 羽音人(우음인)이 田地(전지)를 더하게 된다.

⑧ 天柱(천주) : 큰 바람이 일어나며, 주로 血光(혈광), 破財(파재)가 있게된다.

⑨ 天心(천심) : 100일 내에 흰 닭을 보게 되며, 12년 내에 크게 왕성한다.

丑時(축시)

① 天蓬(천봉) : 개가 주인집 지붕에 올라가면 주로 3년 내에 식구가 준다.

② 天任(천임) : 청색 적삼을 입은 부인이 술을 가지고 오게되면, 주로 구설이다.

③ 天沖(천충) : 어린애가 무리를 지은 것을 보거나, 고양이가 흰 새끼를 낳는 것을 보게 되면, 귀자를 얻는다.

④ 天輔(천보) : 닭이나 토끼가 방에 들어오는 것을 보게 되면 一週年(일주년)내에 대길하다.

⑤ 天禽(천금) : 어린애가 박수치며 웃는 것을 보게 되면, 3년 내에 재물이 發(발)한다.

⑥ 天英(천영) : 징소리를 듣게되면, 1개월 내에 화재가 난다.

⑦ 天芮(천예) : 거북이가 숲 속에서 나오면, 주로 구설사가 있다.

⑧ 天柱(천주) : 6일 또는 60일 내에 水姓人(수성인)의 도움으로 재물을 득하지만 3개월 또는 3년 내에 辰, 巳, 戌生(진, 사, 술생)으로 인하여 破財(파재)한다.

⑨ 天心(천심) : 북방에서 匠人(장인)이 도끼를 들고 樹木(수목)에 이르는 것을 보게 되면 3년 후에 화재가 난다.

寅時(인시)

① 天蓬(천봉) : 僧道(승도)를 보거나 뱀이 집에 들어오는 것을

보게 되면 3년 후에 田地(전지)가 크게 왕한다.

② 天任(천임) : 동자가 박수를 치는 것을 보게 되면 田財(전재)에 크게 이롭다.

③ 天沖(천충) : 가마를 탄 사람을 보게 되면, 주로 크게 發財(발재)한다. 특히 乙, 己, 丁人(을, 기, 정인)은 발복한다.

④ 天輔(천보) : 관리를 보거나 코가 흰 고양이를 보게 되면 12년 내에 田財(전재)가 왕한다.

⑤ 天禽(천금) : 삿갓을 눌러 쓴 사람을 보게 되면 60일 후에 人丁(인정)을 더한다.

⑥ 天英(천영) : 그물을 쳐서 물고기를 잡거나, 올가미로 짐승을 잡는 것을 보게되면 田産(전산)을 더한다.

⑦ 天芮(천예) : 수척하게 여윈 부인을 보게 되면, 크게 進財(진재)하고 벼슬과 녹을 더한다.

⑧ 天柱(천주) : 牛馬(우마)가 울부짖는 것을 보게되면, 주로 公事(공사)로 인한 송사가 있게 된다.

⑨ 天心(천심) : 물새가 이르는 것을 보게되면 주로 화재가 난다.

卯時(묘시)

① 天蓬(천봉) : 사방에서 黃雲(황운)이 일어나게 되면 100일 후에 發(발)한다.

② 天任(천임) : 노인이 지팡이를 짚은 것을 보거나, 까치가 지저귀면 加官(가관) 進職(진직)하게 된다.

③ 天沖(천충) : 6일 또는 60일 내게 동방의 재물을 얻고, 소아가 상해를 입으며, 3개월 또는 3년 내에 재물이 늘지만 부인에게 산액이 있거나 부인과에 속하는 질병이다.

④ 天輔(천보) : 여인이 양산을 쓰고 있는 것을 보게되면 60일 내

에 人口(인구)를 더한다.

⑤ 天禽(천금) : 큰 바람을 만나고, 작은 새들이 사방에서 울게 되면 크게 발달한다.

⑥ 天英(천영) : 여인이 등불을 들었거나, 나무 몽둥이를 쥐고 있는 것을 보게 되면 進財大發(진재대발)한다.

⑦ 天芮(천예) : 말을 탄 사람이 오게 되고, 물소가 울게 되면 여인과 소아는 불리한다.

⑧ 天柱(천주) : 僧道(승도)를 보게되면 주로 화재가 난다.

⑨ 天心(천심) : 가마가 오는 것을 보게 되면 3년 내에 財發(재발)한다.

辰時(진시)

① 天蓬(천봉) : 구타을 당하는 것을 보거나, 북소리를 듣게 되면 주로 파재한다. 또는 6일 혹은 60일 후에 깡패가 난동을 부린다.

② 天任(천임) : 남녀가 동행하는 것을 보게되며 만사 형통하는 운이다.

③ 天冲(천충) : 僧道(승도)의 무리를 보게 되면 70일 내에 재액이 있다.

④ 天輔(천보) : 흰 양이나 누런 개를 보게 되면 1년 내에 發財(발재)한다.

⑤ 天禽(천금) : 사람이 서로 다투는 것을 보게 되면 中吉(중길)이다.

⑥ 天英(천영) : 서북방에 큰 비가 내리면 進財(진재)한다.

⑦ 天芮(천예) : 사람을 구타하는 것을 보거나, 북소리를 듣게되면 破財(파재)하게 된다.

⑧ 天柱(천주) : 호미나 괭이를 갖고 있는 사람을 보게 되면 田産

(전산)을 더한다.

⑨ 天心(천심) : 서북방에서 구름이 일어나게 되면 집안에 귀자를 생한다.

巳時(사시)

① 天蓬(천봉) : 노인이 도롱이나 雨衣(우의)를 걸치고 있는 것을 보게 되면 100일 내에 대길하다.

② 天任(천임) : 땔나무를 지고 지나가는 것을 보게 되면 귀자를 얻는다.

③ 天冲(천충) : 소와 양이 다투면서 지나가는 것이나 닭이 집안에 들어오는 것을 보게 되면 田財(전재)가 크게 왕한다.

④ 天輔(천보) : 여인이 베를 안고 오는 것을 보게되면 魁運(괴운) 대발한다.

⑤ 天禽(천금) : 흰 오리떼를 보게 되면 귀자를 득한다.

⑥ 天英(천영) : 땔나무를 지고 지나가는 것을 보게되면 귀자를 득하게 되고, 6일 또는 60일 내에 이성의 재물을 얻는다.

⑦ 天芮(천예) : 노인이 도롱이나 雨衣(우의)를 걸치고 있는 것을 보게되면 100일 내에 대길하다.

⑧ 天柱(천주) : 검은 소를 보게 되면 대길하다. 1년 내에 득자를 하거나 재물이 發(발)한다.

⑨ 天心(천심) : 여인이 어린애를 안고 오는 것을 보게 되면 六畜(육축)이 흥왕한다.

午時(오시)

① 天蓬(천봉) : 부인이 동자를 데리고 叫嘆(규탄) 소리를 내는 것을 보게 되면 40일 내에 불길하다.

② 天任(천임) : 서북방에서 노란 새가 날아오는 것을 보게 되면 귀자를 생한다.

③ 天冲(천충) : 흰 옷을 입은 사람이 오는 것을 보게되면 재물에 길하다.

④ 天輔(천보) : 僧道(승도)가 이르게 되면 의외의 재물을 득한다.

⑤ 天禽(천금) : 개가 옷을 물고 있는 것을 보게되면 1년 내에 外財(외재)를 득한다.

⑥ 天英(천영) : 활과 화살을 보게 되면 60일 내에 傷(상)하게 된다.

⑦ 天芮(천예) : 임신한 부인이 지나가는 것을 보게 되면 周年(주년)내에 妻財(처재)를 득한다.

⑧ 天柱(천주) : 5일 또는 50일 내에 질병으로 곡소리가 나고 6일 또는 60일 내에 재물의 손실이 따르고, 소아에게도 액이 있다.

⑨ 天心(천심) : 風雨(풍우)가 이르게 되면 복이 좀 물러간다. 혹은 6일 또는 60일 내에 귀인의 도움이 있으면 5년 내에 부귀한다.

未時(미시)

① 天蓬(천봉) : 소 두 마리가 이르게 되면, 60일 내에 敗財(패재)한다.

② 天任(천임) : 풍우가 크게 이르게 되면 六畜(육축)이 크게 왕한다.

③ 天冲(천충) : 북소리 혹은 牛馬(우마)가 무리를 지은 것을 보게 되면 주로 길하다.

④ 天輔(천보) : 여러 마리의 개가 짖어대면 주로 進財(진재)한다.

⑤ 天禽(천금) : 노인이나 절름발이를 보게 되면 주로 六畜(육축)이 크게 왕한다.

⑥ 天英(천영) : 애기 밴 부인이 서북쪽에 지나가게 되면 주로 水
災(수재)가 있다.

⑦ 天芮(천예) : 白衣道人(백의도인)을 보게되면 週年(주년)내에
재액이 있다.

⑧ 天柱(천주) : 말을 탄 사람을 보게 되면 부인으로 인해 패한다.

⑨ 天心(천심) : 金姓人(금성인)의 도움으로 興發(흥발)하고, 금성
인의 문서를 득하게 된다.

申時(신시)

① 天蓬(천봉) : 물을 긷는 사람을 보게되면 人工(인공)적인 상함
이 있게 된다.

② 天任(천임) : 풍우가 크게 이르게 되면 주로 화재가 난다.

③ 天冲(천충) : 흰 옷을 입은 사람이 말을 타고 지나가면, 田産
(전산)을 더한다.

④ 天輔(천보) : 다리가 아픈 사람을 보게되면 六畜(육축)을 득한다.

⑤ 天禽(천금) : 나는 새가 크게 울게 되면 귀자를 득한다.

⑥ 天英(천영) : 부인이 哭(곡)을 하면 대흉하다. 7일 또는 70일
내에 횡액이 크게 이른다.

⑦ 天芮(천예) : 소가 사람에게 상해를 입히거나, 새가 집에 들어
오는 것을 보게 되면 주로 크게 병이 난다.

⑧ 天柱(천주) : 매가 새를 사로잡는 것을 보게 되면 주로 화재가
난다.

⑨ 天心(천심) : 百鳥(백조)가 서로 지저귀게 되면 得地(득지)하여
생산이 발달한다.

酉時(유시)

① 天蓬(천봉) : 서방에서 말을 보게되면 田地(전지) 대발한다.

② 天任(천임) : 僧尼(승니)를 보게되면 원행이 대길하다.

③ 天冲(천충) : 서로 다투는 사람을 보게되면 100일 내에 구설이 있다.

④ 天輔(천보) : 여인이 집에 들어온 뒤 3개월 또는 3년 내에 득자를 하고 재운도 길하게 된다.

⑤ 天禽(천금) : 불꽃을 보게되면 귀자를 득한다.

⑥ 天英(천영) : 서로 다투는 사람을 보게되면 100일 내에 구설이 있다.

⑦ 天芮(천예) : 서방에 말을 보게 되면, 田地(전지)가 대발한다.

⑧ 天柱(천주) : 7일 또는 70일 내에 여인의 도움으로 의외의 득재를 하게 된다.

⑨ 天心(천심) : 僧尼(승니)를 보게되면 원행이 대길하다. 7일 또는 70일 내에 소식이 있으며, 재물도 홍하고 벼슬도 얻는다.

戌時(술시)

① 天蓬(천봉) : 노인이 지팡이를 짚은 것을 보게 되면 60일 내에 의외의 재물을 득한다.

② 天任(천임) : 6일 또는 60일 내에 巳生(사생)에게 사기와 이용을 당하지만 근친자의 도움이 있으면 재앙을 극복할 수가 있다.

③ 天冲(천충) : 3~5인이 잃어버린 물건을 찾으면, 小凶(소흉)하다. 6일 또는 60일 내에 酉生(유생)에게 부모의 근심이 있다.

④ 天輔(천보) : 3~5인이 실물을 찾으면 小凶(소흉)하다. 6일 또는 60일 내에 酉生(유생)이 근심을 당하고, 여인으로 인하여 재물을 득한다.

⑤ 天禽(천금) : 종소리를 듣게 되면, 60일 후에 發(발)한다.

⑥ 天英(천영) : 여인이 흰 베를 가지고 있다. 흉하다.

⑦ 天芮(천예) : 6일 또는 60일 내에 庚戌生(경술생)이나 戌生(술생)의 도움으로 의외의 득재를 한다.

⑧ 天柱(천주) : 여인이 흰 베를 지니고 있는 것을 보게 되면 흉하다. 6일 또는 60일 내에 사기를 당하거나 질병에 걸려 목숨이 위태롭거나 가산을 탕진하게 된다.

⑨ 天心(천심) : 소아가 소를 타고 있는 것을 보게 되면 3년 후에 발한다.

亥時(해시)

① 天蓬(천봉) : 小兒(소아)가 무리를 이룬 것을 보게 되면 3년 후에 發(발)한다.

② 天任(천임) : 1개월 또는 1년 내에 타인의 부도와 재앙으로 인하여 발전하게 되는 운이다.

③ 天沖(천충) : 동북에서 불빛이 보이면 田財(전재)가 발달한다.

④ 天輔(천보) : 동북에 불빛이 보이면 田財(전재)가 발달한다.

⑤ 天禽(천금) : 큰 바람이 서쪽에서 일어나면 田産(전산)을 더한다.

⑥ 天英(천영) : 문둥병자를 보게 되면 흉하다. 악인배가 괴롭히고, 재산도 탕진한다.

⑦ 天芮(천예) : 도적으로 인하여 득재하고, 3개월 또는 3년 내에 물장사와 건강식품으로 재물을 득한다.

⑧ 天柱(천주) : 불로 叫喧(규훤)하는 것을 보게 되면 의외의 재물을 득한다.

⑨ 天心(천심) : 노인이 皮帽(피모)를 帶(대)한 것을 보게 되면, 의외의 재물을 득한다.

天蓬九星吉凶歌(천봉구성길흉가)

○ 天蓬主事異秋冬, 用訟安邊春夏功.
　嫁娶俱亡移徙火, 入官險道門逢凶.
　賈商埋葬居行否, 相會奇門略少通.

○ 天芮授道結交宜, 作事征行不必爲.
　盜賊憂驚傷小口, 災刑因事被官羈.
　春夏秋冬有凶吉, 若得奇門福不虧.

○ 天冲報怨趁春溫, 萬里威風膽氣雄.
　不利秋冬春夏勝, 商賈行徙入宮迤.
　造葬修方娶産難, 須知萬物來逢春.

○ 天輔修身利造營, 征嬴春夏地門平.
　罪刑此出逢天赦, 遠出居官功亦成.
　嫁娶多兒增利市, 謁求移徙却無情.

○ 天禽中主四時通, 硬冲堅大有奇功.
　宜用智謀機括伏, 祭神感應上官亨.
　商賈嫁娶行修造, 奇門加到盡亨通.

○ 天心星機神道輝, 求仙合藥百爲宜.
　入宮嫁娶及移徙, 造葬征行祭祀時.
　泰在秋冬春夏日, 利加君子小人危.

○ 天柱山方修造良, 祀神嫁娶亦生光.
　藏刑謹守斯爲美, 利征征行却受殃.
　營謀不善如輕動, 妄行相交主中傷.

○ 天任之宿屬星儀, 百事求謀利四時.
　造葬入官並請謁, 行商娶祀吉遷移.
　主邊更喜氣神旺, 來發機緣客已危.

○ 天英之宿是天衢, 遠行飮宴樂愉愉.

出入葬埋宜嫁娶, 徙宮築室祀商違.
主勿愼勿輕加宿, 彼若未攻自取危.

天蓬九星(천봉구성)의 象意(상의)

1. 天蓬星(천봉성)의 象意(상의)

① 天文(천문) : 장마

② 地理(지리) : 江河(강하), 해양

③ 人物(인물) : 창부, 선원

④ 性情(성정) : 꽁한 내성적인 사람

⑤ 身體(신체) : 귀, 신장, 방광

⑥ 物品(물품) : 삿갓, 우산, 고기잡는 도구, 페인트

⑦ 屋舍(옥사) : 船(선), 舟(주), 식당, 응접실

⑧ 飮食(음식) : 술, 乳汁(유즙)

⑨ 功名(공명) : 鹽務官(염무관)

2. 天芮星(천예성)의 象意(상의)

① 天文(천문) : 안개

② 地理(지리) : 평원, 전원

③ 人物(인물) : 농부, 妊婦(임부)

④ 性情(성정) : 고집, 인내

⑤ 身體(신체) : 뺨, 任脈(임맥), 肌肉(기육)

⑥ 物品(물품) : 포목, 장기 바둑판, 빈상자

⑦ 屋舍(옥사) : 시골 집, 낮은 집

⑧ 功名(공명) : 農務官(농무관)

⑨ 飮食(음식) : 벼, 보리, 밀, 사탕

3. 天沖星(천충성)의 象意(상의)

① 天文(천문) : 우레, 번개
② 地理(지리) : 森林(삼림), 과수원
③ 人物(인물) : 지배인, 증인
④ 性情(성정) : 말재주 있고 영리하다.
⑤ 身體(신체) : 광대뼈, 심장, 三焦氣穴(삼초기혈)
⑥ 物品(물품) : 도끼, 철퇴, 큰북, 종, 피리, 방울
⑦ 屋舍(옥사) : 高臺(고대), 고층 아파트
⑧ 飮食(음식) : 과일, 뎀뿌라
⑨ 功名(공명) : 林務官(임무관), 영림서 직원

4. 天輔星(천보성)의 象意(상의)

① 天文(천문) : 무지개
② 地理(지리) : 묘지, 화단
③ 人物(인물) : 스님, 목공
④ 性情(성정) : 장엄하고 온순함
⑤ 身體(신체) : 눈썹, 간장, 膽腑(담부)
⑥ 物品(물품) : 침, 실, 붓, 먹, 편지
⑦ 飮食(음식) : 채소, 밀가루, 국수
⑧ 功名(공명) : 호적 관리원

5. 天禽星(천금성)의 象意(상의)

① 天文(천문) : 태풍
② 地理(지리) : 황야, 절벽

③ 人物(인물) : 살인 하수인, 살인 청부자, 도적
④ 性情(성정) : 야만, 거동이 몹시 거칠다.
⑤ 身體(신체) : 뇌, 혈액
⑥ 物品(물품) : 칼, 창, 수갑, 폭탄
⑦ 屋舍(옥사) : 손상된 건축물, 높은 탑
⑧ 飮食(음식) : 부패된 식물, 썩어서 냄새나는 고기
⑨ 功名(공명) : 사법관

6. 天心星(천심성)의 象意(상의)

① 天文(천문) : 맑게 개인 하늘
② 地理(지리) : 대도시
③ 人物(인물) : 大官(대관), 고위 공직자, 富豪(부호)
④ 身體(신체) : 이마, 督脈(독맥), 골격
⑤ 功名(공명) : 무관
⑥ 物品(물품) : 보물, 차량, 모자
⑦ 屋舍(옥사) : 宮城(궁성), 官衙(관아)
⑧ 飮食(음식) : 肉干(육간), 뼈

7. 天柱星(천주성)의 象意(상의)

① 天文(천문) : 얼음, 서리
② 地理(지리) : 못, 늪, 호수
③ 人物(인물) : 어부, 巫女(무녀)
④ 性情(성정) : 교활, 음험
⑤ 身體(신체) : 입, 폐장, 대장
⑥ 物品(물품) : 남비, 도끼, 공기 그릇, 잔, 통
⑦ 屋舍(옥사) : 사당, 강당,

⑧ 功名(공명) : 寺廟(사묘) 관리원

⑨ 飮食(음식) : 神佛(신불)을 받드는 물건, 鳥類(조류)

8. 天任星(천임성)의 象意(상의)

① 天文(천문) : 風沙(풍사)

② 地理(지리) : 산맥, 높은 봉우리

③ 人物(인물) : 도사, 仙人(선인)

④ 性情(성정) : 소극, 퇴각

⑤ 身體(신체) : 코, 비장, 胃腑(위부)

⑥ 物品(물품) : 탁자, 의자, 솜이불, 털담요, 병풍

⑦ 屋舍(옥사) : 여관, 창고

⑧ 功名(공명) : 교도관, 감옥지기

⑨ 飮食(음식) : 비린내 나지 않는 요리, 脂肪(지방)

9. 天英星(천영성)의 象意(상의)

① 天文(천문) : 쨍쨍 내려 쬐는 햇살

② 地理(지리) : 번화가

③ 人物(인물) : 상인, 秀才(수재)

④ 性情(성정) : 忠良(충량), 정직

⑤ 身體(신체) : 눈, 심장, 소장

⑥ 物品(물품) : 등촉, 그림, 거울

⑦ 屋舍(옥사) : 官衙(관아), 상점

⑧ 飮食(음식) : 臟腑(장부), 海苔(해태)

⑨ 功名(공명) : 도서관 관리원

八門(팔문)과 天蓬九星(천봉구성)

① 生門(생문)과 天任星(천임성)이 同宮(동궁)이면 家宅(가택), 宮室(궁실)이나 기타의 건물을 築造(축조)하는 일이나 入宅(입택)에 길하다. 大將(대장)이나 고귀한 신분을 지닌 사람, 윗사람을 배알하거나 出兵用事(출병용사)함에 모두 길하다. 生門(생문)에 丙戊(병무) 또는 戊丁奇(무정기)는 用兵(용병)에 대길하다.

② 傷門(상문)과 天冲星(천충성)이 同宮(동궁)이면 上官(상관)을 만나뵙는데 흉하고 葬埋事(장매사)도 불가하다. 출행에는 도적을 만난다. 범인이나 도적 도망한 자를 잡는 일과 고기를 잡거나 사냥하는 일은 길하다.

③ 杜門(두문)과 天輔星(천보성)이 同宮(동궁)이면 침입자를 잡거나 도둑을 방비하기 위한 담장, 성곽, 營寨(영채)를 세우고 무덤 손질, 莎草(사초), 葬埋(장매), 물건을 감추거나 자신이 숨는 일 등은 길하다.

④ 景門(경문)과 天英星(천영성)이 同宮(동궁)이면 上書(상서), 獻策(헌책), 選士(선사), 아이디어 제출, 논문이나 글을 발표, 여러 사람이 화합하여 어떤 일을 상의하는 일, 윗사람을 찾아뵙는 일 등에 길하다.

⑤ 死門(사문)과 天芮星(천예성)이 同宮(동궁)이면 목적을 이루기 어려우니 나가지 않는게 좋다. 吊問(조문)하는 일과 사냥하는

일과 죽음과 관계있는 일에는 무방하나 그 외 백사는 흉하다.

⑥ 驚門(경문)과 天柱星(천주성)이 同宮(동궁)이면 토벌, 체포, 재판, 제사, 風雲(풍운), 驅祛(구거), 雷霆(뇌정), 기강을 세우는 일, 營寨(영채), 檄文(격문), 도적이나 범죄자 체포 등에 길하다.

⑦ 開門(개문)과 天心星(천심성)이 同宮(동궁)이면 원행에는 귀인을 만나며 기쁜 일이 중중하고 구하는 일이나 계획하는 일은 순조롭게 달성한다.

⑧ 休門(휴문)과 天蓬星(천봉성)이 同宮(동궁)이면 화합하고 모임을 갖는 일, 군사훈련에 길하며 대사업을 목적으로 준비하는 일, 심신을 휴양하며 능력을 길러 때를 기다리는 일 등에 길하다. 休門(휴문)과 丁奇(정기)에 太陰(태음)이 임하면 營造(영조)에 대길하고 安葬(안장)에도 길하다.

7. 生氣八神(생기팔신)의 吉凶(길흉)

1. 生氣(생기)

生氣(생기)는 만물이 始生(시생)한 후 필히 길흉이 생기는 고로 용기를 잃은 자가 다시 재기할 용기를 얻어 점차로 기분이 생겨나며 무심상태에 있던 자가 기회를 포착하여 무엇을 해보고 싶다는 의욕이 생기며 병들어 사경에 이른 자가 회생될 자신이 생기며 앞으로 개척하며 발전의욕이 생기는 재기의 상이다.

2. 天宜(천의)

天宜(천의)는 만물이 初生(초생)하였을 시에는 딴 뜻은 별로 없고 다만 생존한다는 천성 그대로이다. 부당한 일도 中和(중화)되며 자신의 심사가 갈팡질팡 산란하여 길흉을 분간치 못하다가도 심신의 안정을 찾아 정상화가 되니 길흉을 분명하게 알게 되며 지혜가 열리고 길이 열리어 모든 것이 정도로 돌아오니 만사에 이롭지 않음이 없다. 방탕하던 자도 정도로 귀의하고 병든 자도 약효를 보며 회생되고 시끄럽던 재판건도 중재가 되며 불화하던 가정이 화목해진다.

3. 絶體(절체)

絶體(절체)는 만물이 성장한 후 나아가나 물러서나 動靜之間(동정지간)에는 여하한 목적을 달성키 위해 활동과 정지상태를 반복하는 것이다. 따라서 몸을 닦고 집을 다스리고 나라를 다스려 천하를 평안하게 할 시에 희로애락과 득의득실과 성패에 항상 부딪치게 되며 일을 꾀하고 경영하고 발전시키는 모든 분야에 있어 진퇴와 성패와 가부의 갈림길에서 고뇌하는 時点(시점)에 비유된다. 매사의 결정, 마음의 상처, 모든 일의 변동, 판단, 판결, 구별 등이 특징이다.

4. 遊魂(유혼)

遊魂(유혼)은 만물은 활동하다가 쉬게 되고, 쉬다가는 또다시 활동한다. 靜(정)한 후에 때를 기다려 시기의 성숙함을 보고 動(동)이 있으므로 장차 입신양명하고 나라에 애국하고 충성함은 모두 遊魂(유혼)의 이치이다. 자다가 일어나고 쉬었다가 전진하며 아무 생각이 없던 자가 문득 무엇을 해보겠다는 의욕과 용기가 생기어 마음이 들떠서 분주다사하게 활동의욕이 크게 생기는 변동 활약의 운이다.

5. 禍害(화해)

禍害(화해)는 만물은 動(동)한즉 길흉간에 그 결과가 나타나게 마련이다. 좋은 일보다 흉한 일이 더 많듯이 누구나 생각한다. 상하고, 병들고, 끊기고, 빠지며, 손해와 질병, 관재구설, 중상모략이 따른다. 건강하다가 병들면 신체적 고통은 물론 금전 손재 손해가 되므로 禍害(화해)라 한다. 화재가 나거나 관재의 액, 도난 등 재앙이 중첩되어 이른다.

6. 福德(복덕)

福德(복덕)은 세상만사는 악이 극에 달하면 화가 생기고 천신만고의 액난을 당한다. 흥함이 다하면 슬픔이 오고 괴로움이 다하면 즐거움이 오듯이 악전고투하여 다시 살길을 개척하다니 하루아침에 광명이 스며들기 시작한다. 수금이 안되다가도 수금이 잘 되고, 안되던 매매가 잘 되고 싸움에는 승리하고 사업은 잘 되어가고 이득이 크며 인기는 상승하고 구직에는 더 좋은 위치와 환경을 얻고 관리나 직장인은 승진과 영달 발전을 획득하는 행운의 운이다.

7. 絶命(절명)

絶命(절명)은 만물은 생하면 죽고, 흥하면 쇠하고 성공 뒤에는 실패가 따르며 불행이 싹트게 마련이다. 처음은 싹이 트고 그 새싹이 최대한으로 발달하고 오래되면 낡아빠져 마침내 없어지나니 수명도 다하게 된다. 그러므로 絶命(절명)이라 한다. 사업상으로 보면 막바지에 부딪쳐 문을 닫고 종말을 고한다. 죄목이 있어 교도소 감방에 들어가니 활동이 죽는다. 만사가 앞이 막히고 진로가 끊어지는 최후 최종의 절망적 환경의 운이다.

8. 歸魂(귀혼)

歸魂(귀혼)은 만물이 근본으로 돌아가는 것이 歸魂(귀혼)이다. 만물은 본래 無(무)에서 有(유)를 창조하는 것이므로 無(무)의 상태가 곧 근본지이다. 만물이 죽으면 활동이 정지되니 靜(정)하는 것이다. 中宮(중궁)에 들면 靜(정)하니 動(동)함은 없으므로 천지무변하다. 만사에 주저하는 마음이 많아서 일에 임하면 할까말까 망설이다가 기회를 놓치는 일이 허다하며, 집을 나가 떠돌아 다니던 자와 행방불명되었던 자가 귀향 귀가할 마음이 생기어 고향과 집으로 돌아오며, 마음이 들뜬 사람이 편안해지고, 動(동)하였던 자가 안정을 찾는데 적합하다. 입신출세에 뜻을 얻지 못한 자, 사업실패자, 관직에서 파직된 자, 유배된 자들이 세상을 등지고 입산하여 은거하거나 먼 곳으로 도망가서 사는 자들이 뜻을 잃고 숨는 운이다.

8. 直符八將(직부팔장)의 吉凶(길흉)과 象意(상의)

1. 直符(직부)

直符(직부)는 中央(중앙)의 土行(토행)으로 六甲(육갑)에 속하여 靑龍(청룡)이니 가장 존귀한 貴人(귀인)의 神(신)이며 존귀를 주장한다. 전진보다는 한걸음 물러서는 것이 비교적 유리하다. 인품은 淸高(청고)하고 대인관계는 매우 穩重(온중)하다. 仙佛(선불)처럼 존귀한 相(상)을 갖췄어도 時機(시기)를 잃어버린다면 평상인과 다를 바 없다. 物(물)의 象意(상의)로는 印綬(인수), 문장, 금은, 머리를 꾸미는 장식품, 귀고리, 목걸이, 반지, 팔지, 진귀한 보물, 麻(마), 실, 베, 곡물, 자라, 소 등에 속한다. 妖怪(요괴)의 象意(상의)로는 물소나 물고기의 精(정)이다. 일의 象意(상의)로는 旺相(왕상)할 시에는 詔書(조서), 宴會(연회), 酒食(주식)이고 衰相(쇠상)일 시는 울음, 근심, 번민 등의 凶事(흉사)이다. 형상으로는 사각형, 數(수)로는 一(일)과 八(팔)을 대표한다. 直符(직부)가 命宮(명궁)이나 父母宮(부모궁), 兄弟宮(형제궁), 子孫宮(자손궁)에 임하면 반드시 부귀영화를 누리게 된다.

2. 騰蛇(등사)

騰蛇(등사)는 南方(남방)의 火行(화행)으로 虛耗(허모)의 神(신)이다. 이런 사람은 허위와 간사함이 많다. 주로 추하고 卑陋(비루)하며 괴이함과 공허함 또는 쓸모없는 物(물)에 비유된다. 매사에 충동적이어서 변동, 이동하는 일에 박차를 가하게 된다. 관리와 부인을 뜻하며 時機(시기)를 잃어버릴 시에는 일반 보통사람이므로 奴婢(노비), 소개인, 노파로 변한다. 物(물)의 象意(상의)로는 빛나는 물체, 모양이 추한 물건, 비뚤어진 물건, 파손된 물건, 花(화), 梨(이), 繩(승), 索(색), 蛇(사) 등이다. 일의 象意(상의)로는 生産(생산), 혼인, 계약문서, 화폐 등이다. 변화물의 象意(상의)로는 빛, 불, 양초, 물에 빠져죽은 사람 등이며 악몽에 시달리며 또 혈액, 구설 및 오염 등을 뜻하고 안색으로는 홍색과 백색을 대표하지만 일정한 형상이 있는 것은 아니다. 數(수)방면에서는 二(이)와 三(삼)을 대표한다.

3. 太陰(태음)

西方(서방)의 金行(금행)에 속하며 陰佑(음우)의 神(신)이다. 사람에게 庇護(비호)와 吉祥(길상)을 가져다 준다. 이런 사람은 마음이 정직하고 私心(사심)이 없다. 성질이 화애하여 친숙해진다. 학자, 諫官(간관), 장모 등을 대표한다. 時機(시기)를 잃어버릴 시에는 女婢(여비)나 侍妾(시첩)으로 빠진다. 物(물)의 象意(상의)로는 조각품, 금은, 羽毛(우모), 飛動(비동)하는 물건, 청결한 물건, 서리, 비, 이슬, 눈, 얼음, 절, 사당, 字跡(자적) 등을 대표한다. 일의 象意(상의)로는 旺相(왕상)할 시에는 기쁜 경사, 은택, 사면, 혼인, 生産(생산) 등을 대표하고 衰相(쇠상)할 시에는 음란, 근심, 의심, 사기, 陰私(음사), 구설, 저주, 울음, 음모, 밀약, 私通(사통), 私奔(사분) 등을 대표한다. 안색으로는 백색을 대표하고 체형은 부드러운감이 있고 數(수) 방면으로는 三(삼)과 九(구)를 대표한다. 만사가 조화되어 일에 順成(순성)이 있는 吉星(길성)이나 오직 妻財宮(처재궁)에 가하면 은연중에 淫事(음사)가 노출되어 추문이 멀리 퍼져나간다.

4. 勾陳(구진)

勾陳(구진)은 中央(중앙)의 陽土(양토)로서 西方(서방)의 金行(금행)에도 속하며 剛猛(강맹)의 神(신)이다. 兵亂(병란)이나 전투를 관리하고 성격은 맹렬하여 매우 위세가 있다. 권세를 누리는 관리, 使者(사자), 侍衛(시위), 虎琢(호탁) 등을 대표한다. 時機(시기)를 잃어버릴 시에는 보통 土兵(사병), 목공, 醜婦(추부), 농부, 牧童(목동), 경찰, 백정, 죄수, 病人(병인) 등이 된다. 物(물)의 象意(상의)로는 금은, 도검, 財帛(재백), 수목과실, 물고기, 자라, 蛟龍(교룡) 등을 대표한다. 時機(시기)를 잃을 시에는 철, 기와, 돌, 그물, 우박, 광풍 등을 의미한다. 일의 象意(상의)로는 소송, 질병, 死傷(사상), 도로, 상처를 받음, 不甘心(불감심), 遺失(유실) 등이다. 안색은 창백색을 대표하고 형상은 예리함을 대표하고 數(수)로는 五(오)와 七(칠)을 대표한다.

5. 朱雀(주작)

朱雀(주작)은 南方(남방)의 火行(화행)에 속하며 奸讒(간참)의 神(신)이다. 이런 사람의 성격은 총명하고 조급하며 구변이 있다. 文士(문사), 醉漢(취한), 임신부 등을 대표하고 時機(시기)를 잃어버리면 관리, 배우, 도적, 창부, 고기를 파는 사람, 소금을 파는 사람 등으로 변한다. 物(물)의 象意(상의)로는 문장, 인장, 칙령, 의복, 뱀, 물고기, 알, 醬菜(장채), 기름, 술, 우산, 양산, 숯 등을 대표하고 요괴나 귀마의 변이를 관리한다. 일의 象意(상의)로는 謁官(알관), 求望(구망) 등을 대표한다. 時機(시기)를 잃어버리면 구설의 화, 울음, 공상, 이별, 번뇌, 遺失(유실), 도망, 奸計(간계)등을 뜻하고 안색은 紅黑色(홍흑색)을 대표하고, 형상은 不整(부정)을 대표하고, 數(수)로는 四(사)와 九(구)를 대표한다.

6. 六合(육합)

六合(육합)은 東方(동방)의 木行(목행)에 속하며 護衛(호위)의 神(신)이다. 우레와 비를 대표하고 하늘에서 날고 변화가 풍부한 상이다. 사람됨이 어질고 음악을 좋아한다. 이런 사람은 귀족식이나 은거의 생활을 할 줄 안다. 그러나 時機(시기)를 잃으면 工人(공인), 技藝(기예), 僧道(승도), 術士(술사), 의원, 의사, 서도가 등으로 변한다. 布木(포목)이나 錦帛(금백)의 직물, 合成(합성)의 品物(품물)을 뜻한다. 어느 宮(궁)에 가하던 吉神(길신)인고로 다 길하며 특히 이성상대의 운이 농후하다.

7. 白虎(백호)

白虎(백호)는 太白(태백) 庚金神(경금신)으로 西方(서방)을 統轄(통할)하는 威力(위력)의 神(신)이다. 이는 燥烈(조열)하고 손상의 物(물)이요 살상 횡포하므로 兵戈(병과), 쟁투, 살상, 질병 등을 맡는다. 鐵石類(철석류)의 眞顯体(진현체)로서 반드시 파괴되는 물체에 반드시 鋒芒(봉망)이 있는 物(물)이다. 白虎(백호)가 가하면 반드시 질병이 발생하여 쟁투, 시비, 구설이 분분하다.

8. 玄武(현무)

玄武(현무)는 北方水氣(북방수기)의 妖精(요정)으로 北方(북방)을 統轄(통할)하는 도적의 神(신)이므로 음모, 禍害(화해), 도적, 도망 등을 맡는다. 水中(수중)의 어류, 뱀 종류, 알 종류, 字跡(자적), 굴곡된 물체요 외견상으로 문채가 많아서 현혹되기 쉬운 물체다. 각 宮(궁)에 加(가)하면 다 좋지 않으나 疾厄宮(질액궁)에 加(가)하면 종신토록 병이 적고 財帛宮(재백궁)에 가하면 반드시 부자가 된다.

9. 九地(구지)

九地(구지)는 坤土(곤토)의 象(상)이요, 만물의 어머니이고 陰晦(음회)의 神(신)이다. 九地(구지)는 古傳來(고전래)의 神佛像(신불상)이나 糊途(호도)하는 물체로서 암매하고 不明(불명)의 物(물), 幽暗(유암)하고 閉藏(폐장)이니 모든 宮(궁)이 불길하다. 이런 사람은 성격은 유순하나 매우 인색하다. 疾厄宮(질액궁)에 加(가)하면 필히 사망한다. 財帛宮(재백궁)에 加(가)하면 금은이 만당한다. 象意(상의)로는 의사, 의원, 점장이, 복술가, 배가 큰 婦女(부녀), 老婦(노부), 여자 도사, 鄕農(향농), 獄卒(옥졸) 등이다. 物(물)의 象意(상의)로는 암소, 곡물, 베, 金沙石(금사석), 운모, 符錄(부록), 藥石(약석), 헌 물건 등을 뜻한다. 일의 象意(상의)로는 애매한 것, 번뇌, 질병, 入獄(입옥), 黑暗(흑암), 울음, 사망 등을 뜻한다. 안색은 흑색을 대표한다. 형상은 두텁고 자루가 달린 물건이다. 數(수)로는 二(이)와 八(팔)을 대표한다.

10. 九天(구천)

九天(구천)은 乾金(건금)의 상이요, 만물의 아버지이며 顯揚(현양)의 神(신)이다. 이런 사람은 성격이 강건하여 높고 깊음을 헤아리기 어렵다. 君(군), 父(부), 관리, 僧道(승도), 노인, 首腦者(수뇌자), 幹部(간부) 등을 관리한다. 物(물)의 象意(상의)로는 금, 구슬, 보석, 말, 刀砧(도침), 劍戟(검극), 쇠망치, 방울, 거울, 얼음, 강철, 수박, 실, 대나무, 빛, 빛이 나는 물건, 좋아하는 물건, 회전할 수 있는 물건, 활동하는 물건, 소리가 매우 큰 물건 등을 뜻한다. 일의 象意(상의)로는 謀望(모망), 도박, 원행 등을 뜻하고, 안색은 홍색과 백색을 대표하고 형상은 둥근 형이며 그 질은 단단하다. 數(수)로는 一(일)과 六(육)을 대표한다. 성질이 맹렬하므로 他宮(타궁)에는 좋지 않고 오직 官祿宮(관록궁)에 가하면 공명이 높이 현달되고 직위가 올라 영달되고 本命宮(본명궁)에 가하면 더욱 기쁜 경사가 있다.

八神(팔신)의 象意(상의)

1. 直符(직부)의 象意(상의)

① 天文(천문) : 맑음

② 地理(지리) : 초원, 산악

③ 人物(인물) : 仙佛(선불), 귀인

④ 性情(성정) : 기품이 우아하다, 태도가 평안하다.

⑤ 身體(신체) : 위, 코, 손톱, 눈물

⑥ 物品(물품) : 금은, 보물, 印綬(인수)

⑦ 屋舍(옥사) : 사당, 절, 돈 있는 가정

⑧ 飮食(음식) : 채소, 과일

⑨ 功名(공명) : 修道(수도), 官吏(관리)

2. 螣蛇(등사)의 象意(상의)

① 天文(천문) : 태양

② 地理(지리) : 묘지, 황야

③ 人物(인물) : 고용인, 하녀, 여자

④ 性情(성정) : 허위, 교활하다.

⑤ 身體(신체) : 心(심), 눈, 피, 脈(맥)

⑥ 物品(물품) : 계약, 돈, 끈, 새끼

⑦ 屋舍(옥사) : 다방, 까페, 기생집

⑧ 飮食(음식) : 가루, 干物(간물)

⑨ 功名(공명) : 개간, 번식

3. 太陰(태음)의 象意(상의)

① 天文(천문) : 달
② 地理(지리) : 낭떠러지, 동굴
③ 人物(인물) : 隱士(은사), 文人(문인)
④ 性情(성정) : 정직, 慈愛(자애)
⑤ 身體(신체) : 폐, 입, 침, 피부
⑥ 物品(물품) : 조각, 새털, 필적
⑦ 屋舍(옥사) : 서재, 정자
⑧ 飮食(음식) : 술, 젖
⑨ 功名(공명) : 서도, 예술

4. 六合(육합)의 象意(상의)

① 天文(천문) : 비
② 地理(지리) : 兵營(병영), 도랑, 하수도
③ 人物(인물) : 목공, 연예인
④ 性情(성정) : 선량, 온순, 부드러움
⑤ 身體(신체) : 간, 눈썹, 눈물, 氣(기)
⑥ 物品(물품) : 떡, 배, 車(차), 의복
⑦ 屋舍(옥사) : 극장, 여관
⑧ 飮食(음식) : 馬(마), 魚(어)
⑨ 功名(공명) : 거문고, 가야금, 송곳

5. 勾陳(구진)의 象意(상의)

① 天文(천문) : 우레

② 地理(지리) : 수렵지, 森林(삼림)

③ 性情(성정) : 맹렬, 위세

④ 人物(인물) : 사냥꾼, 군인

⑤ 身體(신체) : 쓸개, 광대뼈, 고름, 힘줄

⑥ 物品(물품) : 도검, 화살, 도끼, 쇠망치

⑦ 屋舍(옥사) : 감옥, 군대의 사무소

⑧ 飮食(음식) : 짐승, 畜(축)

⑨ 功名(공명) : 군대, 경찰

6. 朱雀(주작)의 象意(상의)

① 天文(천문) : 바람

② 地理(지리) : 시장, 해양

③ 人物(인물) : 술취한 객, 배우

④ 性情(성정) : 총명, 침착하지 못하고 초조함

⑤ 身體(신체) : 腎(신), 귀, 오줌, 뼈

⑥ 物品(물품) : 모자, 석탄, 기름, 소금

⑦ 屋舍(옥사) : 舟(주), 점포

⑧ 飮食(음식) : 알, 간장이나 된장에 담근 식물

⑨ 功名(공명) : 상인, 기업가

7. 九地(구지)의 象意(상의)

① 天文(천문) : 구름

② 地理(지리) : 田地(전지), 평원

③ 人物(인물) : 임신부, 농민

④ 性情(성정) : 인색, 우아하고 고상함

⑤ 身體(신체) : 지라, 뺨, 오줌, 肉(육)

⑥ 物品(물품) : 직물, 포목, 상자, 탁자, 의자
⑦ 屋舍(옥사) : 은행, 여승이 있는 암자
⑧ 飮食(음식) : 고구마, 오이
⑨ 功名(공명) : 농업, 목축

8. 九天(구천)의 象意(상의)

① 天文(천문) : 안개
② 地理(지리) : 도읍, 街道(가도)
③ 人物(인물) : 의원, 점술가, 노인
④ 性情(성정) : 강건, 공평
⑤ 身體(신체) : 창자, 이마, 땀, 털
⑥ 物品(물품) : 차량, 藥石(약석), 靈符(영부)
⑦ 屋舍(옥사) : 사찰, 학교
⑧ 飮食(음식) : 영양가 높은 식물, 조개
⑨ 功名(공명) : 修道(수도), 종교

9. 十二運星(십이운성)의 吉凶(길흉)

1. 胞(포)(絶(절))

사주에 胞(포)가 있으면 홀연히 막히고 걸려서 풀려나기 어려운 것이지만 胞(포)가 一位(일위)뿐이라면 絶(절)로 보기 어렵다. 이 胞(포)가 得氣(득기)하면 도리어 길하나 만일 破剋(파극)됨이 있으면 妻子宮(처자궁)이 나쁘고 家道(가도)가 빈한하고 동분서주하나 실속이 없다. 욕심이 과다하여 탐욕만 일삼는 무리라 도리어 화를 불러 손해를 받는다. 그러나 相剋(상극)이 없고 相生(상생)되고 相順(상순)인 가운데 사주에 墓庫(묘고)가 있으면 곡식을 쌓아두고 재물을 모으는 명이다. 탐욕이 지나쳐 守錢奴(수전노)라 한다.

2. 胎(태)

胎(태)는 氣(기)가 쇠약한 상태이나 胞(포)보다 훨씬 진화된 상태이다. 모든 것이 활발히 움직이지는 못하나 진취의 가능성을 보여주는데는 충분하다. 비교적으로 평온무사하며 서서히 움직이는 것이 좋다.

3. 養(양)

사주에 養(양)이 있으면 반흉반길하다, 貴神(귀신)이 會合(회합)하여 相助(상조)하면 복력이 있고 흉신 악살이 중첩하면 재앙이 생긴다. 養(양)은 태아가 모태에서 무럭무럭 자라나는 시기에 비유할 수 있다. 만약 자손궁에 養(양)을 보면 出系子孫(출계자손)이라 하고 己身宮(기신궁)이나 형제궁에 養(양)을 보면 己身(기신)이 出系(출계)하거나 형제가 出系(출계)할 수다.

4. 長生(장생)

사주에 長生(장생)을 얻으면 영화가 장구할 것이요, 日(일), 時(시)에 중첩되면 當主(당주)가 성품이 영특하고 총명하다. 다시 길한 시절을 만나게 되면 소년에 등과급제하고 王庭(왕정)에 출입하는 중직을 맡게 된다. 世宮(세궁)이나 中宮(중궁)에 長生(장생)이 임하면 모태에서 출생당시부터 祖業(조업)이 많고 부모와 처자가 다 극함됨이 없이 안락한 생애를 누린다. 長生(장생)은 만물이 소생하는 시기에 비유할 수 있다.

5. 沐浴(목욕)

沐浴(목욕)은 凶神(흉신)이니 多成多敗(다성다패)한다. 남자는 고독하게 되고 여자는 생이사별을 면치 못한다. 沐浴(목욕)은 五行生剋(오행생극) 원리로 볼 때 강하며, 命前(명전)이 있으면 引從(인종)하여 취하고 命後(명후)에 있으면 行往(행왕)으로 취한다. 沐浴位(목욕위)가 喜神(희신)에 해당하고 引從(인종)하여 桃花殺(도화살)을 취하였으면 반드시 등과급제하는고로 흉하다고만 할 수 없다. 桃花(도화)와 沐浴殺(목욕살)이 있으면서 格局(격국)에 淸氣(청기)가 부족하면 叔伯(숙백)과 姑姉(고자)간에 婚合(혼합)하게 된다. 日(일), 月(월), 時(시)에 沐浴殺(목욕살)이 모이면 의리가 없고, 인륜을 어지럽히는 음란한 사람이다. 주색으로 패가망신하나니 삼가야 한다. 沐浴(목욕)은 생후에 이 세상에 나타나서

고배를 마시는 것이니 이를 사람이 태어날 때 수중에 목욕시키는 것에 비유한다.

6. 冠帶(관대)

冠帶(관대)를 만나면 어린 시절에는 빈한할지라도 중년부터는 당당하게 발전할 것이요, 貴人星(귀인성)을 만나면 공을 세우고 貴達(귀달)한다. 부모, 처자, 자손의 운이 길하여 발복하나 破剋(파극)되면 길한 작용을 못한다.

7. 臨官(임관)

만인의 우두머리에 올라 만인을 지배통솔한다. 吉格(길격)과 貴格(귀격) 사주는 벼슬을 더하고 봉록을 더하니 威權(위권)이 당당하고 입신양명하여 사해에 권세를 떨친다. 官(관)은 사람이 장년이 되어서 띠를 띄고 관을 쓰고 출입하는 시기에 비유한다.

8. 帝旺(제왕)

帝旺(제왕)은 臨官(임관)한 대인이 제왕을 도와 힘을 합치니 국가가 잘 다스려지게 되니 天子(천자)의 총애를 받게되어 재물과 권세, 명성이 천하에 가득하다. 가업을 계승하여 조업을 발전시키고 영화로운 명예를 드날린다. 비록 세상에 조용히 거할지라도 그 명예를 떨치게 된다. 그러므로 旺(왕)은 활동력이 가장 왕성한 시기에 비유된다.

9. 衰(쇠)

衰(쇠)는 출생당시는 부유하나 중년 후에 패하고 재혼 또는 생애가 불우하다. 만사의 가장 전성기가 끝나고 점차적으로 시들고 성패가 다단하다. 作事(작사)에 활발치 못하며 부진하고 일에 임하여 소극적이고 자신도 모르는 사이에 모든게 감퇴되고 오므라드니 활동력이 약하다. 매사에 박력이 부족하고 머리는 있으나 꼬리가 없는 상태에 빠진다. 衰(쇠)는 일시적으로 왕성하였다가 다시 쇠하는 시기다.

10. 病(병)

病(병)은 사람이 사회 일선에서 왕성하게 활동할 때는 누구를 막론하고 득의가 만만하나 노쇠기에 이르면 만사가 쉰다. 발전은 바랄 수 없고 상심하고 쇠잔하니 병에 걸리기 마련이다. 사주에서 만나면 재운이 없어 빈한함을 면키 어렵다. 처자의 덕도 없고 災病(재병)이나 身病(신병)으로 번민하며 죽을 때를 기다리는 것으로 병이 드는 시기에 비유한다.

11. 死(사)

死(사)의 자손의 손실, 부모형제와의 사별, 육친과의 인연이 없는 작용을 한다. 만물이 고요 속에 들어가 움직이지 않는 상태이니 사주에서 死(사)를 만나면 하는 일에 발전이 없고 매사에 기회를 만나지 못하며 천신만고의 풍상을 겪어 生不如死(생불여사)의 신세라 늙어서 의지할 곳 없으니 일생에 분주노력하나 성공 한번 못하고 한을 남긴 채 세상을 떠나니 누구를 원망하고 탓하리요. 死(사)는 병이 들어 사망하는 시기에 비유된다.

12. 葬(장)(墓(묘))

葬(장)은 葬神(장신)이니 一位(일위)의 正印(정인)이 있다면 相生(상생)과 相順(상순)으로 命(명)을 生扶(생부)하므로 부귀하는 명이니 점차적으로 발전한다. 墓庫(묘고)의 명에 곡식을 쌓아두고 재물이 넉넉하여 창고를 열지 아니하는 격이라서 守錢奴(수전노)라고 한다. 葬(장)은 사람이 죽어 무덤을 쓰는 형상에 비유된다.

10. 八門(팔문)과 奇儀(기의)

1. 生門(생문)

○ 生門(생문)이 甲戊干(갑무간)에 놓이면 嫁娶(가취), 求財(구재), 謁貴人(알귀인), 출행에 길하다.

○ 生門(생문)이 乙干(을간)에 놓이면 임신부는 출산이 느리나 결과는 좋고 범사가 다 길하다.

○ 生門(생문)이 丙干(병간)에 놓이면 귀인으로부터 印綬(인수)를 받으니 관록을 얻고 혼인, 서신 등 기쁜 일이 많다.

○ 生門(생문)이 丁干(정간)에 놓이면 송사, 혼인, 求財(구재), 출행 등 범사가 다 대길하다.

○ 生門(생문)이 己干(기간)에 놓이면 귀인의 협조를 받으니 길하다.

○ 生門(생문)이 庚干(경간)에 놓이면 재산문제로 송사가 일어나 破財(파재)하고 흉하다.

○ 生門(생문)이 辛干(신간)에 놓이면 産婦(산부)가 질병으로 고생하나 뒤에 치유가 되니 길하다.

○ 生門(생문)이 壬干(임간)에 놓이면 失財(실재)하지만 뒤에 가서 득재한다.

○ 生門(생문)이 癸干(계간)에 놓이면 혼사는 성립되지 않으나 기타는 다 길하다.

2. 傷門(상문)

○ 傷門(상문)이 甲戊干(갑무간)에 놓이면 失脫(실탈)이 생기지만 참지 못하고 범사가 흉하다.

○ 傷門(상문)이 乙干(을간)에 놓이면 求財(구재)하나 얻지 못하고, 도둑을 만나 失財(실재)하니 도적을 방비하라.

○ 傷門(상문)이 丙干(병간)에 놓이면 길에서 물건이나 돈을 잃고 상해된다.

○ 傷門(상문)이 丁干(정간)에 놓이면 소식이 막연하다.

○ 傷門(상문)이 己干(기간)에 놓이면 재물이 흩어지고 손실되며 질병이 따른다.

○ 傷門(상문)이 庚干(경간)에 놓이면 송사와 獄事(옥사)가 있고 刑(형)을 받는다.

○ 傷門(상문)이 辛干(신간)에 놓이면 부부간에 딴 마음을 품고 서로 원망하고 불화한다.

○ 傷門(상문)이 壬干(임간)에 놓이면 도적사건에 관련되어 감방에 가거나 도적에게 끌려가는 봉변이 있다.

○ 傷門(상문)이 癸干(계간)에 놓이면 송사에 걸려 억울하게 당한다. 비록 有理(유리)하나 難伸(난신)이로다.

3. 杜門(두문)

○ 杜門(두문)이 甲戊干(갑무간)에 놓이면 계획한 일은 이루지 못하나 密處(밀처)의 得財(득재)는 가능하고, 병자는 不食(불식)한다.

○ 杜門(두문)이 乙干(을간)에 놓이면 암암리에 재물을 얻지만 뒤에는 송사가 따르게 된다.

○ 杜門(두문)이 丙干(병간)에 놓이면 계약문서가 유실되고 손재

한다.

○ 杜門(두문)이 丁干(정간)에 놓이면 송사나 獄事(옥사)가 따른다.

○ 杜門(두문)이 己干(기간)에 놓이면 남을 모해하다가 시비와 비난을 초래케 된다.

○ 杜門(두문)이 庚干(경간)에 놓이면 여인으로 인하여 訟獄(송옥)을 당하며 刑(형)을 받는다.

○ 杜門(두문)이 辛干(신간)에 놓이면 상해로 인한 詞訟(사송)이 있고 구설과 우환이 생긴다.

○ 杜門(두문)이 壬干(임간)에 놓이면 간사한 도둑의 일로 명예가 손상되고 손실을 보니 매사가 흉하다.

○ 杜門(두문)이 癸干(계간)에 놓이면 백사가 막히고 병자는 먹지 못하여 흉하다.

4. 景門(경문)

○ 景門(경문)이 甲戊干(갑무간)에 놓이면 재물문제로 송사가 발생하나 원행에는 길하다.

○ 景門(경문)이 乙干(을간)에 놓이면 송사가 不息(불식)하고 범사가 부진하다.

○ 景門(경문)이 丙干(병간)에 놓이면 문서에 급박한 일이 있겠으나 火速(화속)은 불리하다.

○ 景門(경문)이 丁干(정간)에 놓이면 문서와 인장에 관계되어 비난을 초래한다.

○ 景門(경문)이 己干(기간)에 놓이면 官訟(관송) 시비로 질질 끌게 된다.

○ 景門(경문)이 庚干(경간)에 놓이면 쟁투와 송사가 일어난다.

○ 景門(경문)이 辛干(신간)에 놓이면 여인으로부터 송사를 당한다.

○ 景門(경문)이 壬干(임간)에 놓이면 도적을 만나 失財(실재)하
고 끌려가는 봉변을 당한다.

○ 景門(경문)이 癸干(계간)에 놓이면 奴婢(노비)가 흩어지니 수
하에 근심이 있다.

5. 死門(사문)

○ 死門(사문)이 甲戊干(갑무간)에 놓이면 求財(구재)는 얻지 못
하고 꾀하는 일도 불성된다.

○ 死門(사문)이 乙干(을간)에 놓이면 구하는 일은 불성되며 범사
가 부진하다.

○ 死門(사문)이 丙干(병간)에 놓이면 나쁜 소식이 이르고 求事
(구사)는 불성된다.

○ 死門(사문)이 丁干(정간)에 놓이면 노인의 우환, 질병이 있다.

○ 死門(사문)이 己干(기간)에 놓이면 질병고액과 송사가 질질 끌
고 나간다.

○ 死門(사문)이 庚干(경간)에 놓이면 여인이 아이를 낳다가 母子
(모자)가 다 흉하다.

○ 死門(사문)이 辛干(신간)에 놓이면 도적을 만나 失脫(실탈)당
하고 손재하지만 손재 실물은 찾지 못한다.

○ 死門(사문)이 壬干(임간)에 놓이면 스스로 송사 시비를 일으켜
화를 자초한다.

○ 死門(사문)이 癸干(계간)에 놓이면 婦女事(부녀사)와 혼인사는
흉하니 거론치 말라.

6. 驚門(경문)

○ 驚門(경문)이 甲戊干(갑무간)에 놓이면 손재가 있고 서신과 소

식은 끊기며 田宅(전택)으로 송사가 생긴다.

○ 驚門(경문)이 乙干(을간)에 놓이면 재물을 구해도 얻지 못하고 범사가 부진하다.

○ 驚門(경문)이 丙干(병간)에 놓이면 문서와 印信(인신)으로 놀랄 일이 생긴다.

○ 驚門(경문)이 丁干(정간)에 놓이면 詞訟(사송)으로 오래 끈다.

○ 驚門(경문)이 己干(기간)에 놓이면 사나운 개가 사람을 물어서 송사가 일어난다.

○ 驚門(경문)이 庚干(경간)에 놓이면 行路(행로)중에 도로가 파괴되고 도적에게 봉변을 당한다.

○ 驚門(경문)이 辛干(신간)에 놓이면 여인으로 인한 송사가 일어나니 놀랍고 괴이하다.

○ 驚門(경문)이 壬干(임간)에 놓이면 官訟(관송)으로 감옥에 갇히고 병자는 대흉하다.

○ 驚門(경문)이 癸干(계간)에 놓이면 도둑을 만나 실물을 당하나 잡지 못한다.

7. 開門(개문)

○ 開門(개문)이 甲戊干(갑무간)에 놓이면 財利(재리)와 명예를 모두 얻는다.

○ 開門(개문)이 乙干(을간)에 놓이면 小財(소재)는 얻을 수 있으나 大財(대재)는 불가하다.

○ 開門(개문)이 丙干(병간)에 놓이면 귀인의 印綬(인수)를 받고 범사가 길하다.

○ 開門(개문)이 丁干(정간)에 놓이면 遠信(원신)이 반드시 이르고 이럴까저럴까 갈피를 잡지 못한다.

○ 開門(개문)이 己干(기간)에 놓이면 매사가 위축되어 不定(부정)하고 범사가 다 흉하다.

○ 開門(개문)이 庚干(경간)에 놓이면 路中(노중)에 詞訟(사송)이 뒤따르고 꾀하는 일에 두 갈래가 생겨 단안을 못 내린다.

○ 開門(개문)이 辛干(신간)에 놓이면 路中(노중)에 陰人(음인)을 보고 구설시비가 두렵다.

○ 開門(개문)이 壬干(임간)에 놓이면 원행 중에 실물하고 짝을 잃고 손재한다.

○ 開門(개문)이 癸干(계간)에 놓이면 陰人(음인)의 破害(파해)로 손재한다.

8. 休門(휴문)

○ 休門(휴문)이 甲戊干(갑무간)에 놓이면 재물을 얻고 대길하다.

○ 休門(휴문)이 乙干(을간)에 놓이면 求謀事(구모사)에 있어 중대사는 얻기 어려우나 작은 일은 쉽게 얻으니 반길반흉이다.

○ 休門(휴문)이 丙干(병간)에 놓이면 문서는 화합화고 마음먹은 일이 성취되며 기쁨과 경사가 이른다.

○ 休門(휴문)이 丁干(정간)에 놓이면 官訟(관송)과 골치거리가 不息(불식)한다.

○ 休門(휴문)이 己干(기간)에 놓이면 暗昧(암매)하여 불안하고 답답하나 후에는 길하다.

○ 休門(휴문)이 庚干(경간)에 놓이면 문서 인장으로 송사가 생기나 후일에 가서 화해가 된다.

○ 休門(휴문)이 辛干(신간)에 놓이면 질병은 더디게 낫고 실물은 찾지 못한다.

○ 休門(휴문)이 壬干(임간)에 놓이면 陰人(음인)의 송사로 인하

여 질질 끌고 나가니 흉하다.

○ 休門(휴문)이 癸干(계간)에 놓이면 陰人(음인)의 송사로 인해 길게 끌고 나가니 흉하다.

11. 奇門命理(기문명리)

1. 生門(생문)

○ 生門(생문)이 父母宮(부모궁)에 있으면 부모는 부귀한 사람이다. 재물이 풍부하고 부귀영달한다.

○ 生門(생문)이 兄弟宮(형제궁)에 있으면 형제가 화목하게 잘 산다. 형제간에 의리가 두텁고 화순하고 경애한다.

○ 生門(생문)이 子女宮(자녀궁)에 있으면 자녀대에 이르러 가운이 더욱 번영한다. 자손이 효도하고 자녀간에 의리가 깊고 화목한다.

○ 生門(생문)이 夫妻宮(부처궁)에 있으면 부부가 정답고 서로 존중하고 정조를 지킨다. 가정이 화목하다.

○ 生門(생문)이 財帛宮(재백궁)에 있으면 재운이 좋아 재물이 모이고 치부할 수 있으며 경제적으로 융통이 좋다.

○ 生門(생문)이 疾厄宮(질액궁)에 있으면 신체가 매우 건장하고 한평생 아프지 않는다. 병자라도 쾌차한다.

○ 生門(생문)이 官祿宮(관록궁)에 있으면 官位(관위)나 직위가 상당히 높은 정도에까지 오른다. 관직생활에 있어서 승진과 영전의 기회가 많다.

○ 生門(생문)이 命主宮(명주궁)에 있으면 이 사람은 반드시 활발하고 명랑하다. 생활의 기반이 튼튼하고 가업이 발전 안락하다.

2. 傷門(상문)

○ 傷門(상문)이 父母宮(부모궁)에 있으면 부모의 총애를 받지 못한다. 잔인하고 애정이 없고 집안에 싸움이 빈번하거나 사치로 패한다. 부모대에 가업이 패하기 쉽다.

○ 傷門(상문)이 兄弟宮(형제궁)에 있으면 형제의 정감이 엷다. 형제가 무정하여 의가 없거나 형제자매로인해 손해를 입는다.

○ 傷門(상문)이 子女宮(자녀궁)에 있으면 어진 여성을 얻을 수 있다. 자손이 불효하고 六親(육친)이 헤어진다. 자손을 형극하거나 불구된 자녀를 두기 쉽거나 크게 다치는 경우가 있다.

○ 傷門(상문)이 財帛宮(재백궁)에 있으면 먼 곳에 가서 생계의 방도를 세운다. 그리고 도처에 돌아다니고 고생을 하고, 비로소 조금의 財富(재부)나 성취를 얻을 수 있다. 분주다사하고 근근히 노력한다.

○ 傷門(상문)이 夫妻宮(부처궁)에 있으면 재덕을 겸비한 좋은 배우자를 만날 수 있고 어진 내조를 얻게 된다. 그러나 가정불화가 빈번하고 부부애가 두텁지 못하여 생이사별하는 경우도 많다.

○ 傷門(상문)이 官祿宮(관록궁)에 있으면 권세를 쥐고 대발전 할 수 있다. 다만 동시에 다른 사람의 견제를 받게 된다. 위권은 있으나 억제를 당하여 실직될 우려도 있게 된다.

○ 傷門(상문)이 疾厄宮(질액궁)에 있으면 자주 손발의 질병에 걸린다. 골절상이나 골절통으로 고생을 해보거나 심화병이 생긴다.

○ 傷門(상문)이 己身宮(기신궁)에 있으면 남의 음해와 모략을 당하고 쟁투가 일어나며 발동되면 몸을 크게 다친다. 낙상이나 살상의 위험도 있다.

3. 杜門(두문)

○ 杜門(두문)이 父母宮(부모궁)에 있으면 일평생 가업을 지키고 이루고져하나 외면적인 발전 기회가 없어 부모로부터 받은 은혜가 엷으므로 효행의 의무를 다할 뿐이다. 큰일 한번 못하고 항시 집만 지킨다.

○ 杜門(두문)이 兄弟宮(형제궁)에 있으면 형제가 평생 화목하지 못하고 정감이 엷고 자기와 관계가 없는 사람으로 여긴다. 형제간에 서로 다른 생각을 하며 말만 앞세우고 실천이 없다.

○ 杜門(두문)이 子女宮(자녀궁)에 있으면 자녀를 생육할 수 없다. 자식을 갖기 어렵거나 늦게 자식을 낳거나 넣더라도 기르는데 애로가 있으며 또한 자녀의 덕이 없다.

○ 杜門(두문)이 夫妻宮(부처궁)에 있으면 부처의 감정이 열악하다. 원인은 배우자 피차간 성격이 불합하는데 있다. 심성은 한가로우나 무엇을 하겠다는 열의가 없어 매사에 활발한 진전이 없다.

○ 杜門(두문)이 財帛宮(재백궁)에 있으면 젊어서 빈궁하거나 매우 고생하고 만년에 가서야 비로소 금전의 은혜를 얻을 수 있어 의식이 족하게 된다.

○ 杜門(두문)이 官祿宮(관록궁)에 있으면 벼슬길이 막히고 관리가 되는 것은 적합치 못하다. 관직 생활에서 승진운이 없고 좌천당하기 일쑤니 공을 세우기가 어렵다.

○ 杜門(두문)이 疾厄宮(질액궁)에 있으면 비록 큰 병이나 재난은 없지만 유행성 질병에 특별히 주의해야 한다. 잔병이 따르고 사소한 재난이 있으며 큰 일은 성취하기 어렵다.

○ 杜門(두문)이 命主宮(명주궁)에 있으면 성격상 남과 잘 지내기가 매우 어렵다. 환경이 막히고 계획에 차질이 많다. 먼저는 흉하고 뒤에는 길하니 때를 기다려 활동하면 좋다.

4. 景門(경문)

○ 景門(경문)이 父母宮(부모궁)에 있으면 부모의 허영심이 상당히 강렬하다. 자녀를 대함에도 다만 표면의 사랑일 뿐이다. 사회상의 표면적인 명예를 자녀보다 더 중요하게 여긴다. 필요없는 낭비를 잘 한다.

○ 景門(경문)이 兄弟宮(형제궁)에 있으면 형제의 허영심이 매우 강하다. 겉보기엔 보기 좋으나 실제의 정감은 서로 신용이 없고 내면적으로는 불만을 품고 있다. 서로 정의는 있으나 시기하고 반목한다.

○ 景門(경문)이 子女宮(자녀궁)에 있으면 비록 매우 많은 자녀를 낳아도 기를 수 있는 것은 결코 많지 않다. 인기를 노리는 연예인, 음악가, 서화가 등에 대길하고 기타는 출세는 빠르지만 높은 직위는 어렵다.

○ 景門(경문)이 夫妻宮(부처궁)에 있으면 배우자가 표면상으로는 매우 총명하나 사람됨이 교만하므로 화목하게 살 수가 없다. 아내가 총명하고 슬기로우나 거짓이 있고 사치스럽다.

○ 景門(경문)이 財帛宮(재백궁)에 있으면 다만 겉으로는 보기 좋으나 사실상 외부내빈한 격이어서 금전의 융통은 잘 되지만 제자리걸음을 면치 못한다. 돈을 버는 것 같지만 벌지 못하고 돈 융통이 쉽지 않다.

○ 景門(경문)이 官祿宮(관록궁)에 있으면 젊어서부터 발달한다. 다만 이후의 부침 성쇠의 파동은 도리어 매우 크다. 소년에 등과하나 직위에 오르기도 쉽고 내려가기도 쉬우므로 결정적인 성공은 못한다.

○ 景門(경문)이 疾厄宮(질액궁)에 있으면 병이 나는 횟수가 매우 적으나 다만 유행성 질병을 주의해야 된다. 心火病(심화병)이 잘 생기고 風症(풍증)에 잘 걸린다.

○ 景門(경문)이 己身宮(기신궁)에 있으면 허풍치고 과장을 좋아 하며 오락과 사치에 떠서 실속이 없다.

5. 死門(사문)

○ 死門(사문)이 父母宮(부모궁)에 있으면 양친 중 한 분은 병이 나므로 병석에 눕게 되고 최후에는 사망의 운명을 도망하기 어렵다. 매사 꼼짝 못할 궁지에 잘 처하며 부모가 사망한 뒤 라야 상속받는다.

○ 死門(사문)이 兄弟宮(형제궁)에 있으면 형제의 감정이 좋지 않 다. 혹자는 형제 중에 요절하는 사람도 있다. 형제자매가 남 북으로 분리되거나 형액등의 재앙을 당한다.

○ 死門(사문)이 子女宮(자녀궁)에 있으면 자녀를 극한다. 아니 면 자녀가 매우 불순하고 효심이 없다. 비록 자식이 있더라 도 없는 것과 같다. 패역무도한 자식을 두게 된다.

○ 死門(사문)이 夫妻宮(부처궁)에 있으면 상대방을 극한다. 이 로 인하여 반드시 이혼한 후 재혼하여야 비로소 안정하게 된 다. 상처하거나 재산상의 손실이 심하다.

○ 死門(사문)이 財帛宮(재백궁)에 있으면 종이돈이 머물지 못하 고 한 손으로 돈을 거두고 한 손으로 재물을 흩는다. 재산의 득실이 빈번하고 헛된 곳의 소모가 많아 가업이 줄어진다.

○ 死門(사문)이 官祿宮(관록궁)에 있으면 공명은 바랄게 없다. 평생 고향에서 장래도 없이 멍청히 있게 된다. 수명이 부족 한 바 미천한 직업에 종사하면 명이 길어진다.

○ 死門(사문)이 疾厄宮(질액궁)에 있으면 중병에 걸려 질질끌다 가 마침내 사망하게 된다. 난치병으로 고생하다가 결국 죽게 된다.

○ 死門(사문)이 己身宮(기신궁)에 있으면 실패하고 두절되어 백사가 성사되는 것이 없다.

6. 驚門(경문)

○ 驚門(경문)이 父母宮(부모궁)에 있으면 부모와 자녀 사이가 융합치 못한다. 평생에 원한이 많고 부모 형제 등 육친간에 불화한다.

○ 驚門(경문)이 兄弟宮(형제궁)에 있으면 형제가 서로 질투하고 상해한다. 꾀가 많아 사기를 일삼으며 남을 이용하기 좋아한다.

○ 驚門(경문)이 子女宮(자녀궁)에 있으면 재주를 믿고 오만하며 부모에 대해 불효한다. 자식이 재주를 뽐내어 경솔한 짓을 저지르고 신의를 배반하는 불량아이다.

○ 驚門(경문)이 夫妻宮(부처궁)에 있으면 부처가 불화하고 가정내에 속임이 많다. 처첩이 말이 많고 거짓이 많고 구설이 심하다.

○ 驚門(경문)이 財帛宮(재백궁)에 있으면 재물이 들어왔다하면 흩어지는 一成一敗(일성일패)의 운이다.

○ 驚門(경문)이 官祿宮(관록궁)에 있으면 비록 지위가 있더라도 낮은 지위에 머물고 지위를 높이려고 하면 도리어 위험을 초래하게 된다. 사업상의 변동이 심하고 한 곳에 오래 있지 못한다.

○ 驚門(경문)이 疾厄宮(질액궁)에 있으면 질병에 걸리고, 그렇지 않으면 의외의 위험이 있으니 주의해야 된다. 급작스런 병에 걸려 당황하다가 생명이 위험하다.

○ 驚門(경문)이 己身宮(기신궁)에 있으면 갑자기 놀라운 일이 자주 발생하여 일신이 불안하며 허황된 일이 많다. 심신이 허약하여 불안하고 초조한 것이다.

7. 開門(개문)

○ 開門(개문)이 父母宮(부모궁)에 있으면 부모의 감정이 성실하지 않다. 다만 겉으로 귀여워할 뿐이다. 상사에게 발탁되어 승진운이 좋고, 작은 것으로서 큰 것을 바꾸는 길운이다.

○ 開門(개문)이 兄弟宮(형제궁)에 있으면 형제지간에 성의가 없다. 다만 표면상의 교제가 왕래하고, 그 실제는 타인취급을 한다. 서로 공을 다투니 영달하나 우의가 있는 듯 하나 그렇지 못하다.

○ 開門(개문)이 子女宮(자녀궁)에 있으면 자녀가 총명하고 준수하여 두각을 나타낸다. 총명하고 역량이 있으니 귀인의 도움으로 貴顯(귀현)한다.

○ 開門(개문)이 夫妻宮(부처궁)에 있으면 성격이 정직하고 결단력이 있다. 배우자의 어진 내조를 얻을 수 있다. 정직하고 어진 아내를 얻어 가문을 발전시킨다.

○ 開門(개문)이 財帛宮(재백궁)에 있으면 비록 금전의 수입이 있더라도 모으기는 매우 어렵다. 다 써버리기 때문이다. 재운이 길한데 쉽게 모이고 쉽게 소모되는 결점도 있다.

○ 開門(개문)이 官祿宮(관록궁)에 있으면 공명이 현달되고 높은 지위에 오를 수 있다.

○ 開門(개문)이 疾厄宮(질액궁)에 있으면 일생 질병이 적고 신체 건강하다. 대인은 권세를 얻고 소인은 소성한다.

○ 開門(개문)이 己身宮(기신궁)에 있으면 윗사람에 귀염을 받아 출세하고 작은 것으로 큰 것을 바꾸는 운이다. 하는 일마다 만사형통한다.

8. 休門(휴문)

○ 休門(휴문)이 父母宮(부모궁)에 있으면 부모가 자애롭고, 자녀가 효행하므로 부모와 자녀의 관계는 매우 좋다. 덕망있는 부모를 섬기고 자신은 효도하니 화기가 가정에 가득하여 매사 순조롭게 된다.

○ 休門(휴문)이 兄弟宮(형제궁)에 있으면 서로 진심으로 돕고 우애가 있다. 네 것 내 것 따지지 않고 상부상조한다.

○ 休門(휴문)이 子女宮(자녀궁)에 있으면 자녀지간에 서로 좋지 않은 데가 있으므로 마땅히 일찌감치 그들에게 재산을 분배해 주어야 각각 문호를 세워 비교적 좋게 된다. 자기의 분수를 지키면 무사하다.

○ 休門(휴문)이 官祿宮(관록궁)에 있으면 공명의 길을 매우 일찍이 개척할 수 있으므로 직위에는 문제가 없다. 귀인의 도움이 있으니 직위가 안전할 뿐 아니라 공명을 성취한다.

○ 休門(휴문)이 疾厄宮(질액궁)에 있으면 숨은 질병이 있다. 그리고 매우 오래도록 질질 끌어 치료가 쉽지 않다. 집안이 조용하고 풍파가 없다.

○ 休門(휴문)이 夫妻宮(부처궁)에 있으면 이 부처는 열정이 불과 같지 않고 침착하고 서로 공경하기를 손님과 같이 한다. 가도가 한가하고 조용하여 풍파가 없고 부부간에 화합한다.

○ 休門(휴문)이 財帛宮(재백궁)에 있으면 비록 의외에 큰 재물은 발할 수 없으나 절약하고 아껴 항시 떨어지지 않고 늘 어떤 작은 수입이 있다. 재물이 흥왕하여 아무리 써도 마르지 아니한다.

○ 休門(휴문)이 命主宮(명주궁)에 있으면 이 사람은 처사에 온중하고 자연 인품이 우아하고 단정하다. 어떤 일이던지 대충대충하고 원대한 목표를 추구하는 노력을 하지 않는다.

○ 靑龍(청룡)이 命主宮(명주궁)에 있으면 이런 사람은 인의심이 풍부하고 성격이 온화하다. 만일 또 吉格(길격)이라면 더더욱 좋으므로 시작과 끝이 분명하다.

○ 直符(직부)가 命主宮(명주궁)에 있으면 정직하고 품성이 양호한 사람이므로 다른 사람의 존경을 받는다. 또한 자비심이 풍부하고 하는 일은 안정되어 있고 有始有終(유시유종)인 사람이다.

○ 螣蛇(등사)가 命主宮(명주궁)에 있으면 겉을 중시하는 사람이다. 허영심이 매우 강하고 유명무실하다. 猜疑心(시의심)이 매우 강하다. 자기를 칭찬해주는 것을 좋아하므로 교제의 대상으로는 좋지 않다. 모든 행위 동작이 성의가 결핍되어 있다. 입만 벌리면 근거없는 얘기만 늘어놓는다. 비록 성공의 기회가 매우 많다고 하더라도 실패의 횟수가 적지 않다. 큰 포부가 있더라도 허명일 뿐 내용이 없다.

○ 太陰(태음)이 命主宮(명주궁)에 있으면 매우 결벽한 사람이다. 氣位(기위)가 높다. 다만 매우 강한 태도를 취하나 때로는 매우 유화하다. 喜怒(희노)가 무상하다. 강했다 부드러웠다하는 독특한 성격이다. 계산적이고 일에 치밀하며 거짓이 많다.

○ 六合(육합)이 命主宮(명주궁)에 있으면 이런 사람은 일정한 의견이 없고 색을 좋아한다. 정서는 비록 안정될지라도 표현은 동요하여 정해지지 않는 모양이다. 얼굴에는 비록 감정이 가득하더라도 내심에는 확고한 의지가 없다. 남자는 인색하지 않고 여자는 淫穢(음예)에 빠지기 쉽다. 비교적 온화하나 선악을 분별함이 확실치 못하므로 자신이 좋지 않은 속으로 빠질 우려가 있다.

○ 勾陳(구진)이 命主宮(명주궁)에 있으면 눈앞에 작은 이익을 추구하고 멀리 생각을 않으므로 작은 것을 탐하므로 큰 것을 잃

는다. 자기의 계산 착오로 다른 사람에게 연루되기 쉬우니 조심하지 않으면 안된다.

○ 白虎(백호)가 命主宮(명주궁)에 있으면 성격이 매우 격렬하고 무정하고 잔인한 사람이다. 살벌한 마음과 잔인한 기질이 강하다. 남자라면 쉽게 무기의 상해를 만나고 여자라면 각종 원인의 상해를 받게 된다. 평생 불우하다.

○ 朱雀(주작)이 命主宮(명주궁)에 있으면 이런 사람은 표면성의 화려함을 좋아한다. 하는 일이 모두 과장되고 정리에 통하지 않는 행위를 하게 된다. 조금도 실제의 내용은 없고 자기의 명예를 위하여 자기의 골육 희생을 아끼지 않는다.

○ 玄武(현무)가 命主宮(명주궁)에 있으면 거짓이 많은 사람이며 불의를 행하고 다른 사람의 물건을 훔치고 어둠 속에서 남을 모해하는 상당히 위험한 사람이다. 간통 범죄.

○ 九地(구지)가 命主宮(명주궁)에 있으면 이런 사람의 성격은 번거롭고 시원찮으며 憂柔寡斷(우유과단)하다. 이밖에 결단력도 둔감하다. 마음속에 확고한 의지가 없다. 그러나 사람이 음모가 많고 늘 사람을 해친다. 그러나 때로는 도리어 매우 성의가 있다. 평범하며 형편 닿는 대로 살아가며 계획도 없다.

○ 九天(구천)이 命主宮(명주궁)에 있으면 성격이 동요하여 멋지 않는다. 겉으로는 남에게 위압적인 감각을 준다. 다만 이런 사람은 마음이 솔직하고 사심이 없다. 해와 달같은 광명이 열려 암지에서 남을 해치는 일은 절대로 하지 않는다. 때로는 자기의 자랑을 떠벌리고 모든 게 표면적이고 사실상 정의가 가벼워 완전히 믿고 기댈 수 없다.

○ 命主宮(명주궁)의 가장 吉格(길격)은 返首(반수), 跌穴(질혈), 神遁(신둔), 鬼遁(귀둔) 등이다.

○ 命主宮(명주궁)의 가장 凶格(흉격)은 飛宮(비궁), 伏宮(복궁), 飛干(비간), 伏干(복간) 등이다.

○ 父母宮(부모궁)의 가장 吉格(길격)은 天遁(천둔), 地遁(지둔), 返首(반수) 등이다.

○ 父母宮(부모궁)의 가장 凶格(흉격)은 飛宮(비궁), 伏宮(복궁), 飛干(비간), 伏干(복간) 등이다.

○ 兄弟宮(형제궁)의 가장 吉格(길격)은 龍遁(용둔), 虎遁(호둔), 風遁(풍둔), 雲遁(운둔) 등이다.

○ 兄弟宮(형제궁)의 가장 凶格(흉격)은 飛宮(비궁), 伏宮(복궁), 飛干(비간), 伏干(복간) 등이다.

○ 子女宮(자녀궁)의 가장 吉格(길격)은 龍遁(용둔), 虎遁(호둔), 風遁(풍둔), 雲遁(운둔) 등이다.

○ 子女宮(자녀궁)의 가장 凶格(흉격)은 悖格(패격), 戰格(전격), 刑格(형격), 大格(대격) 등이다.

○ 夫妻宮(부처궁)의 가장 吉格(길격)은 守門(수문), 乙使(을사), 丁使(정사), 地遁(지둔) 등이다.

○ 夫妻宮(부처궁)의 가장 凶格(흉격)은 悖格(패격), 戰格(전격), 刑格(형격), 妖嬌(요교) 등이다.

○ 財帛宮(재백궁)의 가장 吉格(길격)은 返首(반수), 跌穴(질혈), 天遁(천둔), 神遁(신둔) 등이다.

○ 財帛宮(재백궁)의 가장 凶格(흉격)은 逃走(도주), 入白(입백), 入熒(입형), 大格(대격) 등이다.

○ 官祿宮(관록궁)의 가장 吉格(길격)은 返首(반수), 天遁(천둔), 神遁(신둔), 丙使(병사) 등이다.

○ 官祿宮(관록궁)의 가장 凶格(흉격)은 猖狂(창광), 妖嬌(요교),

投江(투강), 悖格(패격) 등이다.

○ 疾厄宮(질액궁)의 가장 吉格(길격)은 乙使(을사), 地遁(지둔),
風遁(풍둔), 雲遁(운둔) 등이다.

○ 疾厄宮(질액궁)의 가장 凶格(흉격)은 反吟(반음), 伏吟(복음),
妖嬌(요교), 猖狂(창광) 등이다.

1. 父母論(부모론)

① 父母宮(부모궁)이 長生(장생)에 坐(좌)하여 時令(시령)을 얻으면 부모가 장수하고 己身(기신) 역시 吉命(길명)이요, 다시 居旺(거왕) 冠旺宮(관왕궁)에 있고 時令(시령)을 얻으면 부귀한다.

② 父母宮(부모궁)의 天地盤(천지반)이 五十土(오십토)로 旺動(왕동)하거나 天盤이 戊己土(무기토)로 되면 부모가 왕하여 부유하다.

③ 父母數(부모수)가 吉格(길격)에 吉門(길문) 吉卦(길괘)를 만나면 주로 榮貴(영귀)하고 부모를 만년까지 오래 시봉한다.

④ 父母數(부모수)가 乘生(승생), 居生(거생), 受生(수생)이면 부모가 장수하고 乘旺(승왕), 居旺(거왕), 兼旺(겸왕)이면 부모가 부귀한다.

⑤ 生門(생문)에 絶命(절명)이 同宮(동궁)이면 부모가 享壽(향수)한다.

⑥ 歲(세)와 日(일)이 養運(양운)이면 부모가 出養(출양)한다.

⑦ 父母數(부모수)가 乘死(승사), 居死(거사), 受剋(수극)되거나 死,絶,墓(사,절,묘)에 居(거)하면 조실부모한다.

⑧ 父母宮(부모궁)에 死門(사문), 傷門(상문), 絶命(절명), 絶體(절체)를 만나면 文,印,信(문,인,신)에 흉하고 부모가 질액이 있을 수요, 혹은 조실부모한다.

⑨ 父母數(부모수) 중에 陽數(양수)가 吉格(길격)이면 부친이 장수하고, 陰數(음수)가 吉格(길격)이면 모친이 장수한다. 다 길격이면 부모님이 해로하고 己身(기신) 역시 발전한다.

⑩ 父母宮(부모궁)에 空亡(공망)을 만나면 조실부모하거나 출세하기 어렵다.

⑪ 父母(부모)가 中宮(중궁)에서 動(동)하여 歲(세)에 있고 歲(세)

가 死門(사문), 絶命(절명)이면 조실부모하고 발전하기 어렵다. 年評(연평)에는 父母喪(부모상)을 당한다.

⑫ 歲(세)의 七九(칠구)가 中宮(중궁)의 父母(부모)를 剋(극)하거나 中宮(중궁)의 七九(칠구)가 歲(세)의 父母(부모)를 극하면 六宅(육택)이 불안하고 부모에 憂事(우사)가 있다.

⑬ 歲(세)에 雙火(쌍화)나 雙金(쌍금)이면 조실부모하고 年評(연평)에는 父母喪事(부모상사)가 있다.

⑭ 歲干(세간)에 死門(사문), 絶命(절명)을 만나거나 丙加庚(병가경) 혹은 庚加丙(경가병)이면 부모에 근심이 있다.

⑮ 歲(세)의 父母(부모)가 中宮(중궁)의 子孫(자손)을 剋(극)하거나 中宮(중궁)의 父母(부모)가 歲(세)의 子孫(자손)을 극하면 출세하기 어렵고 年評(연평)에는 父母喪(부모상)을 당한다.

⑯ 中宮(중궁)이 歲(세)의 雙火(쌍화)나 雙金(쌍금)을 도우면 官刑(관형)으로 곤고하다. 中宮(중궁)이 父母宮(부모궁)의 雙火(쌍화)나 雙金(쌍금)을 助(조)하여도 마찬가지이며 年評(연평)에는 官刑厄(관형액)을 당한다.

⑰ 人命(인명) 生時(생시)의 陰陽數(음양수)로 부모 終年(종년)의 先後(선후)를 정한다. 陽時生(양시생)이 陽數(양수)면 父先亡(부선망)하고, 陽時生(양시생)이 陰數(음수)면 母先亡(모선망)한다. 陰時生(음시생)이 陽數(양수)면 부선망하고, 陰時生(음시생)이 陰數(음수)면 모선망한다.

⑱ 부모의 終年(종년)을 알고져 하면 父母數(부모수)를 다시 中宮(중궁)에 넣고 布局(포국)을 하되 陽遁(양둔)에는 地盤庚上(지반경상), 陰遁(음둔)에는 天盤庚上(천반경상)에 이른 수로 訣(결)하는데 가령 一六水(일육수)면 壬癸年(임계년), 二七火(이칠화)면 丙丁年(병정년), 三八木(삼팔목)이면 甲乙年(갑을년), 四九金(사구금)이면 庚辛年(경신년), 五十土(오십토)면 戊己年

(무기년)으로 결한다. 만약 天盤庚(천반경)이 空亡(공망)을 만나면 地盤庚(지반경)의 수로써 결하고, 地盤庚(지반경)이 空亡(공망)이면 天盤(천반) 庚(경)의 數(수)로써 결한다. 月(월)을 알고져 하면 訣數(결수)를 다시 中宮(중궁)에 넣고 布局(포국)하되 陽遁(양둔)에는 地盤丙上(지반병상), 陰遁(음둔)에는 天盤丙上(천반병상)에 이른 수로 결하는데 一六水(일육수)면 壬癸月(임계월), 二七火(이칠화)면 丙丁月(병정월), 三八木(삼팔목)이면 甲乙月(갑을월), 四九金(사구금)이면 庚辛月(경신월), 五十土(오십토)면 戊己月(무기월)이라 한다. 日(일)을 알고져하면 歲支數(세지수)를 中宮(중궁)에 넣고 포국하여 歸魂宮(귀혼궁)에 이른 수로 결하는데 一六水(일육수)면 亥子日(해자일) 또는 壬癸日(임계일)이요, 二七火(이칠화)면 巳午日(사오일) 또는 丙丁日(병정일)이요, 三八木(삼팔목)이면 寅卯日(인묘일) 또는 甲乙日(갑을일)이요, 四九金(사구금)이면 申酉日(신유일) 또는 庚辛日(경신일)이요, 五十土(오십토)면 辰戌丑未日(진술축미일) 또는 戊己日(무기일)로 결한다. 또 一法(일법)이 있는데 月數(월수)를 다시 中宮(중궁)에 넣고 포국하되 歸魂宮(귀혼궁)에 이른 수로 결한다. 一六水(일육수)면 亥子日(해자일) 또는 壬癸日(임계일)이요, 二七火(이칠화)면 巳午日(사오일) 또는 丙丁日(병정일)이라고 한다. 時(시)를 알고져 하면 父母數(부모수)를 剋(극)하는 財(재)의 수로서 時(시)를 결하는데 財數(재수)가 一六水(일육수)면 亥子時(해자시), 二七火(이칠화)면 巳午時(사오시), 三八木(삼팔목)이면 寅卯時(인묘시)라 하고, 혹은 一水(일수)면 子時(자시), 二火(이화)면 丑時(축시), 三木(삼목)이면 寅時(인시), 四金(사금)이면 卯時(묘시), 五土(오토)면 辰時(진시), 六水(육수)면 巳時(사시), 七火(칠화)면 午時(오시), 八木(팔목)이면 未時(미시), 九金(구금)이면 申時(신시), 十

土(십토)면 酉時(유시)라고도 한다.

⑲ 長男(장남)의 四柱局(사주국)으로 부모의 死後(사후) 坐向(좌향)을 推知(추지)하는데, 가령 父母宮(부모궁)이 坎宮(감궁)이면 子坐午向(자좌오향), 艮宮(간궁)이면 艮坐坤向(간좌곤향)이나 丑坐未向(축좌미향), 震宮(진궁)이면 卯坐酉向(묘좌유향)이라고 한다.

2. 人品論(인품론)

① 乙丙丁 三奇(을병정 삼기)가 年月日時 四辰(년월일시 사진)의 順(순)으로 聯珠(연주)처럼 임한 자는 奇士(기사)의 命(명)이다.

② 年月日時(연월일시)에 二火(이화)가 임한 자는 幻術(환술)에 능한 幻士(환사)의 命(명)이며 日(일)이나 時(시)에 單(단)으로 임한 자도 역시 幻士(환사)의 命(명)이다.

③ 一六水(일육수)가 年月日時(연월일시)에 加臨(가림)한 자나 一六水(일육수)가 單(단)으로 日(일)에 임한 자는 才士(재사)다.

④ 一六水(일육수), 二七火(이칠화)가 首尾(수미) 腹背(복배)에 있는 자는 才智(재지)의 士(사)다.

⑤ 年月日時 四辰(연월일시 사진)에 杜門(두문), 休門(휴문), 死門(사문), 絶體(절체), 絶命(절명)이 중첩한 자는 隱士(은사)다.

⑥ 己身宮(기신궁)에 華蓋(화개)가 놓인 자는 術士(술사)다.

⑦ 日辰(일진)이 艮宮(간궁)에 居(거)하여 歸魂(귀혼), 生門(생문), 休門(휴문), 杜門(두문)이 임한 자는 山人(산인)의 命(명)이다.

⑧ 中宮(중궁)이 歲鬼(세귀)를 극하거나 歲(세)가 中宮(중궁)의 鬼(귀)를 극하는 자는 治鬼之士(치귀지사)다.

⑨ 五行(오행)이 年月日時(연월일시) 中宮(중궁)에 雙成(쌍성)하고 陰陽(음양)이 相配(상배)한 자는 賢人(현인)의 명이다.

⑩ 五行(오행)이 구비되고 孟仲季(맹중계)가 年月日時 四辰(연월일시 사진)에 각각 順(순)으로 聯珠(연주)되고, 純陰(순음)인 자는 성인 또는 天子(천자)의 명이다. 純陽(순양)인 자는 聖后(성후) 또는 왕비의 명이다.

⑪ 年月日時 四辰(연월일시 사진)에 貴(귀)와 祿(녹)이 중중하고 歲數(세수)는 月干(월간)의 貴(귀)가 되고, 月數(월수)는 日干(일간)의 貴(귀)가 되고, 日數(일수)는 時干(시간)의 貴(귀)가 되고, 時數(시수)는 歲干(세간)의 貴(귀)가 된 자는 天子(천자)의 상이다.

⑫ 歲數(세수)는 月干(월간)의 貴(귀)가 되고 月數(월수)는 歲干(세간)의 祿(녹)이 되고 日數(일수)는 時干(시간)의 貴(귀)가 되고 時數(시수)는 日干(일간)의 祿(녹)이 되어 貴祿(귀록)이 상호 交作(교작)된 자는 王子(왕자)의 명이다.

⑬ 歲貴(세귀)가 歲祿(세록)이 되고 아울러 財(재)가 官(관)을 생하고 旺動(왕동)하면 公僕(공복)의 상이다.

⑭ 歲貴(세귀)가 日數(일수)를 作(작)하고 財(재)가 中宮(중궁)에서 動(동)하여 居旺(거왕), 兼旺(겸왕), 乘旺(승왕)한 자나 日貴(일귀)가 歲數(세수)를 作(작)하고 財(재)가 日(일)에 임한 자는 고관의 명으로 宰相(재상)이다.

⑮ 官(관)이 相旺(상왕)하고 歲宮(세궁)이 開門(개문) 福德(복덕)에 吉格(길격)이면 一品(일품) 貴人(귀인)의 명이다.

⑯ 官星(관성)이 歲貴(세귀)와 歲祿(세록)을 作(작)한 자는 벼슬이 一品格(일품격)이다.

⑰ 歲宮(세궁)이 日(일)을 생하고 吉格(길격)인 자는 登科(등과)하여 영달한다.

⑱ 雙官(쌍관)이나 雙印(쌍인)이 局內(국내)에 있는 자는 顯達人(현달인)이요, 아울러 歲宮(세궁)에 開門(개문) 福德(복덕)을

作(작)한 자는 上吉(상길)의 명이다.

⑲ 歲(세)가 己身(기신)을 돕고 吉門(길문) 吉格(길격)을 만난 자는 登科(등과)하여 영달한다.

⑳ 月鬼(월귀)가 日(일)에 임하고 日貴(일귀)가 月(월)에 임하고 財(재)가 中宮(중궁)에 動(동)하거나 歲宮(세궁)에 開門(개문) 福德(복덕)이 되어 歲宮(세궁)이 日(일)을 생하는 자는 尙書(상서)에 이른다.

㉑ 年月日時 四辰(연월일시 사진)이 俱生(구생)하고 왕하여 貴祿(귀록)을 만난 자는 다 大貴大富(대귀대부)의 명이요, 단 三處(삼처)만 俱生(구생)되고 旺動(왕동)하여 貴祿(귀록)을 만난 자도 역시 부귀한다.

㉒ 官鬼(관귀)가 中宮(중궁)에 坐(좌)하여 受生(수생)하고 日辰宮(일진궁)이 乘旺(승왕), 兼旺(겸왕), 居旺(거왕)한 자는 將帥(장수)의 명이며 의사, 법관, 군인, 경찰, 術客(술객)이 되기도 한다.

㉓ 歲(세)가 中宮(중궁)의 鬼(귀)를 돕고 己身宮(기신궁)이 兼旺(겸왕), 乘旺(승왕)한 자는 將帥(장수)의 명이다. 金貴(금귀)가 化殺(화살)되어 歲宮(세궁)과 中宮(중궁)을 돕고 旺氣(왕기)의 日辰(일진)을 극하되 歲宮(세궁)이 開門(개문), 福德(복덕)을 만나 旺動(왕동)한 자는 將帥(장수)의 명이다. 金貴(금귀)가 日奇得使格(일기득사격)이나 三奇順邃格(삼기순수격)에 動(동)하고 아울러 歲宮(세궁)이 開門(개문) 福德(복덕)을 만나고 官星(관성)에 戎門(융문) 禍害(화해)가 된 자는 將帥(장수)의 상이다.

㉔ 年月日時 四辰(연월일시 사진)에 天宜(천의), 遊魂(유혼)이 중중한 자는 非名士(비명사)다. 四辰(사진)에 火金(화금)이 相戰(상전)하는 자나 官星(관성)이 空亡(공망)되고 休門(휴문)이나 歸魂(귀혼)과 同宮(동궁)한 자, 또는 財星(재성)이 空亡(공망)을

만난 자 등은 非名士(비명사)다. 歲(세)가 受剋(수극)되고 官星(관성)이 空亡(공망)되며 杜門(두문), 絶命(절명)이 된 자는 공명을 이루기 어려운 하천한 사람이거나 非名士(비명사)다.

㉕ 日(일)이 受生(수생)된 자가 財(재)가 歲(세)를 돕고 受生(수생)된 자는 財(재)가 대길하고 日(일)이 受生(수생)된 자가 官(관)이 歲(세)를 돕고 受生(수생)된 자는 官(관)이 대길하다.

㉖ 七火上(칠화상)에 水(수)가 加臨(가림)한 자는 호색 잡기에 지모가 출중하다. 土(토)가 加臨(가림)한 자는 구제심이 많고 신실하며 機略(기략)이 많으며 곤고하고 耗損(모손)이 많다. 木(목)이 加臨(가림)한 자는 인자하고 너그럽다. 火(화)가 加臨(가림)한 자는 예의를 숭상하고 학문과 威烈(위렬)함을 좋아한다. 金(금)이 加臨(가림)한 자는 편협하고 살기가 있으며 험독함이 있는데 吉門(길문) 吉卦(길괘)를 만난 자는 善人(선인)이고, 凶門(흉문), 凶卦(흉괘)를 만난 자는 좋지 않게 죽는다.

3. 己身論(기신론)

① 日辰(일진)이 居旺(거왕), 兼旺(겸왕), 乘旺(승왕)하고 吉格(길격), 吉門(길문), 吉卦(길괘), 吉星(길성)을 만나면 壽福(수복)을 겸비한다.

② 中宮(중궁)이 歲(세)를 돕고 歲(세)가 日(일)을 生(생)한 자나, 歲宮(세궁)이 中宮(중궁)을 돕고 中宮(중궁)이 日(일)을 生(생)한 자는 壽(수)와 부귀를 누린다.

③ 日(일)이 歲宮(세궁)의 도움을 받는 자나 中宮(중궁)의 도움을 받는 자는 壽貴(수귀)한다.

④ 歲(세)가 月(월)을 生(생)하고 月(월)이 日(일)을 생하며 日(일)이 時(시)를 생한 자나, 時(시)가 日(일)을 生(생)하고 日(일)이

月(월)을 생하고 月(월)이 歲(세)를 생한 자, 時日(시일)이 함께 歲宮(세궁)을 생한 자, 日月(일월)이 함께 歲宮(세궁)을 생한 자는 壽福(수복)을 누린다.

⑤ 雙印(쌍인)이 歲宮(세궁)이나 中宮(중궁)에 있으면 大富(대부)요, 局中(국중)에만 있어도 中富(중부)요, 單印(단인)이 歲(세)나 中宮(중궁)에 있어도 재물이 흥발한다.

⑥ 日數(일수)에 地盤(지반) 五十土(오십토)에 天盤(천반)도 五十土(오십토)로 兼旺(겸왕)하고 上下盤(상하반)이 戊己(무기)가 되면 大富(대부)한다.

⑦ 年月日時(연월일시)가 함께 同宮(동궁)에서 生旺(생왕)을 받거나 年月日(연월일) 혹은 月日時(월일시) 三處(삼처)가 同宮(동궁)에서 함께 生旺(생왕)을 받으면 부귀한다.

⑧ 年月日時(연월일시) 四辰(사진)에 開門(개문), 景門(경문), 福德(복덕)이 중중하면 極貴人(극귀인)이다.

⑨ 연월일시 四辰(사진)에 모두 絶命(절명)이 되고 雙鬼(쌍귀)가 中宮(중궁)에서 動(동)하면 貴人(귀인)이다.

⑩ 日辰宮(일진궁)의 운은 吉格(길격)에 養運(양운)을 만나면 己身(기신)이 出系(출계)하고 天地盤(천지반)의 日干支(일간지)에 吉格(길격)을 얻으면 대길하다.

⑪ 日數(일수)가 乘死(승사), 居死(거사)에 受剋(수극)되고 時令(시령)에 부합치 못하고 凶門(흉문), 凶卦(흉괘)를 만나면 천하고 단명한다.

⑫ 歲(세)가 月(월)을 剋(극)하고 月(월)이 日(일)을 극하고 日(일)이 時宮(시궁)을 극한 자는 대흉하다.

⑬ 歲(세)가 中宮(중궁)을 도와 日(일)을 극한 자나 中宮(중궁)이 歲(세)를 도와 日(일)을 극한 자는 흉하다.

⑭ 日(일)이 歲宮(세궁)을 극한 자, 中宮(중궁)이 극을 받은 자,

歲(세)가 月(월)을 극하고 月(월)이 時(시)를 극한 자, 時(시)가 日(일)을 극하고 月(월)이 歲(세)를 극한 자, 時(시)와 月(월)이 함께 歲宮(세궁)을 극한 자, 月(월)과 日(일)이 함께 歲宮(세궁)을 극한 자는 흉하다.

⑮ 日辰(일진)이 絶命(절명)이 되고 官鬼(관귀)가 임한 자는 평생에 고생과 액난이 많다.

⑯ 日(일)에 七火(칠화)나 九金(구금)이 있고 歲(세)나 中宮(중궁)의 雙助(쌍조)를 받는다면 평생을 통하여 곤고하고 공명을 이루기 어렵다.

⑰ 日數(일수)가 十二運星(십이운성)의 病地(병지)에 있으면 반드시 病(병)이 있다. 日辰(일진) 干數(간수)가 病(병)이면 少壯時(소장시)에 병이 있고, 日辰(일진) 支數(지수)가 病(병)이면 노쇠시에 병이 든다.

⑱ 流年運(유년운)이 長生(장생), 帝旺(제왕), 冠帶(관대), 建祿宮(건록궁)에 이르면 길하고 다시 生門(생문), 生氣(생기), 開門(개문), 福德(복덕), 景門(경문), 天宜宮(천의궁)에 이르면 아울러 길하다.

⑲ 流年運(유년운)이 死(사), 絶(절), 墓宮(묘궁)이나 死門(사문), 絶命(절명), 丙庚(병경), 天芮·天柱宮(천예·천주궁)에 이르면 대흉하다.

⑳ 流年運(유년운)이 胎(태), 沐浴(목욕), 衰(쇠), 病宮(병궁)에 이르면 불길하며, 庫葬宮(고장궁)이나 絶體宮(절체궁)에 이르면 주로 병액이나 服制(복제)가 있다.

㉑ 運(운)이 本命宮(본명궁), 太歲宮(태세궁), 祿馬(녹마), 財貴人宮(재귀인궁)에 이르면 길하고 刑冲破害宮(형충파해궁)이나 陽死·陰死宮(양사·음사궁)에 이르면 흉하다.

㉒ 陽死處(양사처)에 陰生(음생)하면 先半(선반)은 흉하고 後半(후

반)은 길하며 陰死處(음사처)에 陽生(양생)하면 선반은 길하고 후반은 흉하다.

㉓ 本命(본명) 元局(원국)의 매년 太歲(태세)의 이르는 宮(궁)을 보아서 歲干(세간)이 吉運(길운)에 떨어졌으면 그 궁이 비록 凶格(흉격)이더라도 그 흉은 가벼워지고 歲干(세간)이 凶運(흉운)에 떨어졌으면 그 궁이 비록 吉格(길격)이더라도 그 길함은 창성치 못한다.

㉔ 洪數(홍수)가 儀旺(의왕)한 궁이나 吉門(길문), 吉卦宮(길괘궁)에 이르면 그 年(년)은 길하다.

㉕ 당년이 空亡鄉(공망향)에 이르면 기쁜 일, 슬픈 일을 막론하고 되는 일이 없다. 洪數(홍수)가 本儀宮(본의궁)에 이르면 그 年(년)에는 신세가 高强(고강)하다.

㉖ 天盤(천반)이 地盤(지반)을 극하면 그 年(년)에 苦厄(고액)이 많고, 地盤(지반)이 天盤(천반)을 극하면 가장 길하고, 천반이 지반을 생하면 그 해에는 助益(조익)됨이 많고, 지반이 천반을 생하면 損耗(손모)가 多大(다대)하다.

㉗ 天盤(천반)을 爲主(위주)하면 매년의 干(간)은 客(객)이 되니 內外策(내외책)의 應(응)과 動靜(동정)으로 안다. 歲干(세간)이 月空(월공)이면 길흉간에 다 無成(무성)이다. 먼저 動(동)하면 客(객)이 되고 후에 動(동)하면 主(주)가 된다.

㉘ 日辰宮(일진궁)에 生門(생문), 生氣(생기), 開門(개문), 福德(복덕), 景門(경문), 天宜(천의)가 임하면 비록 天上(천상) 凶格(흉격)이라도 마침내 길하다.

㉙ 日數(일수)가 居生(거생), 居旺(거왕)하면 이 年(년)에는 進人口(진인구), 進田財(진전재) 등 백사대길하다.

㉚ 당년의 年支宮(연지궁)에 冠帶(관대)가 임하고 旺生(왕생)하면 더욱 길하다.

㉛ 天盤(천반)이 地盤(지반)을 생하면 助益(조익)됨이 많고 日宮(일궁)에 三合處(삼합처)가 轉生(전생)하면 길하고 轉剋(전극)되면 疾厄事(질액사)가 있다.

㉜ 日辰宮(일진궁)에 絶命(절명)을 만나면 此年(차년)에는 壽(수)를 보전키 어렵다. 歲宮(세궁)에 絶命(절명)을 만나면 역시 흉하다 太歲(태세)나 日辰宮(일진궁)에 凶格(흉격)이 보이지 않으면 마침내 無咎(무구)하다.

㉝ 歲宮(세궁)의 死門(사문) 絶命(절명)이 中宮(중궁)의 官鬼(관귀)를 돕는 자, 中宮(중궁)이 歲宮(세궁)의 死門(사문) 絶命(절명)을 歲宮(세궁)이나 中宮 官鬼(중궁 관귀)가 돕는 자는 아울러 壽(수)를 보전키 어렵다.

㉞ 死門(사문) 絶命(절명)이 空亡(공망)을 만나거나 官鬼(관귀)를 剋制(극제)한 자는 마침내 無咎(무구)하다. 死門(사문) 絶命(절명)을 重逢(중봉)하면 비록 空亡(공망)이 되더라도 夭死(요사)를 면치 못한다.

㉟ 中宮(중궁)이 絶命(절명)이나 官鬼(관귀)를 돕는 자나 中宮(중궁)이 死門(사문)이나 왕한 鬼(귀)를 돕는 자는 대흉하다.

㊱ 日辰數(일진수)가 一六水(일육수)인 자는 理智性(이지성)이 발달하고 성정이 담백하고 활동력이 왕성하며 문장에 밝고 才智(재지)가 출중하여 위인과 호걸이 많이 나오고, 너그러운 마음으로 공익을 위해서는 살신성인하며 투기와 술을 좋아하고 해외를 왕래하는 자가 많다. 水(수)가 과다하면 險阻(험조)한 삶을 살게 되거나 사리판단이 흐려진다. 水(수)가 空亡(공망)에 떨어지면 流亡(유망)한다. 日辰數(일진수)가 二七火(이칠화)인 자는 예의가 단정하고 이해심이 풍부하며 활기가 넘치고 과감하다. 성품이 급하고 예민하며 多謀(다모)하다. 은인자중함을 함양하면 대성할 수 있다. 火(화)가 너무 많으면 禍

敗(화패)를 초래하고 형제가 불목하며 쟁투, 구설, 관재도 따른다. 雙七(쌍칠)이나 雙火(쌍화)면 大亂(대란)이 따르고, 七火(칠화)가 亥宮(해궁)에 居(거)하면 수명에 불리하다. 日辰數(일진수)가 三八木(삼팔목)인 자는 외관은 온후하고 사려가 주밀하고 원대하다. 기풍이 당당하고 불요불굴의 기백과 실력으로 점진적으로 성취한다. 금전상에 저축심도 강하고 인내와 침묵적이나 질투심이 있다. 形貌(형모)가 長秀(장수)하고 덕망이 뛰어나 권세를 얻는 인재도 많다. 日辰數(일진수)가 四九金(사구금)인 자는 투지가 만만하고 예리한 지략과 만난을 극복하는 기백이 강하나 자만과 허영심이 있다. 속전속결하는 기세가 있는 반면에는 유약에 흐르기도 쉬워서 장기전에는 부적당하다. 강직함과 의협심은 뭇사람보다 뛰어나 우국, 애족의 志士(지사)가 많이 나온다. 雙九(쌍구)나 雙金(쌍금)인 자는 大禍(대화)가 두렵다. 日辰數(일진수)가 五十土(오십토)인 자는 순백하고 신실하며 富格(부격)이다. 아량과 후덕한 마음을 겸비하여 동화력이 있다. 온유하고 침착하여 윗사람과 아랫사람으로부터 호응과 존경을 받는다. 어떠한 경우에도 놀라지 않고 태연자약한 風度(풍도)를 지니고 있으나 내심은 강정하고 친하기도 쉽고 멀어지기도 쉬운 면을 가졌다. 보수적이고 유덕하며 명예적인 人士(인사)가 많이 나온다.

4. 兄弟論(형제론)

① 兄宮(형궁)의 數(수)가 一六水(일육수)면 1명, 二七火(이칠화)면 2명, 三八木(삼팔목)이면 3명, 四九金(사구금)이면 4명, 五十土(오십토)면 5명 혹은 陽土(양토)면 1명, 陰土(음토)면 2명이라고 한다.

② 兄宮(형궁)이 居生(거생), 居旺(거왕), 乘旺(승왕), 兼旺(겸왕)하면 형제수가 많다고 보며 다시 生門(생문), 生氣(생기)를 만나면 형제가 왕성하다.

③ 日支(일지)의 상하가 九金(구금)으로 兼旺(겸왕)하거나 四金(사금)으로 兼旺(겸왕)하면 이복형제가 있다고 본다.

④ 兄弟宮(형제궁)이나 日辰宮(일진궁)에 養運(양운)을 만나면 형제가 出系(출계)하거나 己身(기신)이 出系(출계)한다.

⑤ 天地盤(천지반)의 月干(월간)과 月支(월지)가 乘旺(승왕), 居旺(거왕), 兼旺(겸왕), 乘生(승생), 居生(거생), 受生(수생)한 자가 吉門(길문), 吉卦(길괘)를 만난 자는 형제운이 길하다.

⑥ 歲(세)가 中宮(중궁)을 돕고 中宮(중궁)이 日(일)을 생한 자와 中宮(중궁)이 歲(세)를 돕고 歲(세)가 日(일)을 도운 자, 兄弟宮(형제궁)이 歲宮(세궁)이나 中宮(중궁)에게 도움을 받은 자는 대길하다.

⑦ 兄弟數(형제수)가 絶胎(절태)면 형제격이고, 死墓(사묘)면 독신격이다. 형제수가 受剋(수극)되면 고독하니 혈혈단신이다. 형제수가 休門(휴문)을 만나면 혈혈단신이고, 死門(사문), 絶命(절명)을 만나면 많은 참상을 본다. 형제수가 空亡(공망)되면 형제가 없거나 불화하며 무덕하다. 兄弟宮(형제궁)이 門(문)으로부터 剋(극)을 받아도 고독하다.

⑧ 天地盤(천지반)의 月干·月支(월간·월지)가 乘死(승사), 居死(거사), 居剋(거극)된 자가 凶門(흉문), 凶卦(흉괘)를 만나고 怨嗔(원진)이 되거나 冲(충)이나 空亡(공망)을 만나면 모두 다 불길하다.

⑨ 九金(구금)이 형제궁에 임하면 일신이 孤單(고단)하고 嫡庶(적서)의 구분으로 논한다.

⑩ 元局(원국)을 推運(추운)함에 運(운)이 兄弟宮(형제궁)에 이르

면 형제나 벗에 관한 일이 있고 처나 재물에 방해가 있어 불성된다.

⑪ 형제궁이 旺相(왕상)한 자가 旺相宮(왕상궁)에 임하면 加數(가수)한다. 一六水(일육수)면 7수가 되고, 二七火(이칠화)가 되면 9형제로 본다. 형제궁이 旺相(왕상)하더라도 衰休宮(쇠휴궁)에 임하거나 死囚(사수)가 旺相鄕(왕상향)에 임하면 一數(일수)를 감한다.

⑫ 月干(월간) 月支(월지)에 死門(사문)을 만나면 형제자매의 喪事(상사)다. 월간, 월지가 居剋(거극), 受剋(수극)되면 憂事(우사)가 있게 된다.

⑬ 地盤(지반) 月干(월간)에 喪門(상문) 吊客(조객)이 임하면 兄弟喪(형제상)이고, 天盤(천반) 月干(월간)에 喪門(상문) 吊客(조객)이 임하면 朋友喪(붕우상)이다. 아울러 死門(사문) 絶命(절명)이 同宮(동궁)하면 더욱 확실하다.

⑭ 月干(월간)에 丙(병), 庚(경), 癸(계)가 加(가)되면 관재구설이 있다. 그러나 日干(일간)이 旺鄕(왕향)에 있으면 百厄(백액)이 불침하고, 일간이 休衰病鄕(휴쇠병향)에 있으면 禍厄(화액)이 침범한다.

⑮ 月干(월간)에 庚(경)이 加(가)되면 方伯(방백)의 피해를 당하고 혹은 長沙(장사)의 흉액이나 부모의 액이 있다. 다시 天盤(천반)이 地盤(지반)을 剋(극)하면 官長(관장)에게 大厄(대액)을 당한다.

⑯ 月干(월간)이 太歲(태세)와 겸하여 太白(태백)을 보게 되면 부모나 형제의 배척을 입게 된다.

⑰ 兄弟宮(형제궁)에 死門(사문)을 만나면 兄弟喪(형제상)이고, 禍害(화해)를 만나면 厄事(액사)가 있고 絶體(절체)를 만나면 兄弟服(형제복)을 당한다. 兄弟數(형제수)가 居死(거사)하고 絶

命(절명)을 만나면 대흉하다.

⑱ 己身(기신)과 兄弟宮(형제궁)이 雙立(쌍립)하거나 己身上(기신 상)에 兄弟(형제)가 임하거나 兄弟宮上(형제궁상)에 己身(기신)이 加臨(가림)되면 출입이 빈번하고 동업자가 많이 생긴다. 다시 吉門(길문), 吉卦(길괘)를 띠면 吉事(길사)가 되나 凶門(흉문), 凶卦(흉괘)면 脫財數(탈재수)로 흉하다.

5. 妻妾論(처첩론)

① 妻財數(처재수)가 乘旺(승왕), 居旺(거왕), 兼旺(겸왕)한 자는 妻妾(처첩)을 구비할 수 있고 乘生(승생), 居生(거생), 受生(수생)한 자는 부부해로한다.

② 日辰(일진)에 生氣(생기), 福德(복덕), 生門(생문)을 만난 자는 賢配(현배)를 얻고 財(재)가 中宮(중궁)에 入(입)한 자는 賢妻(현처)가 守宮(수궁)하여 坐鎭(좌진)하므로 吉格(길격)이면 官星(관성)을 돕는 까닭에 관직에 더욱 길하다.

③ 처재(처재)가 五十土(오십토)인데 天盤(천반) 五十土(오십토)로 兼旺(겸왕)하고 天盤(천반) 戊己(무기)가 함께 임한 자는 富(부)하고 길하다.

④ 妻財數(처재수)가 乘死(승사), 居死(거사)하고 受剋(수극)되면 중년에 상처한다.

⑤ 日辰(일진)이 受剋(수극)되고 死門(사문), 絶命(절명)을 만나면 喪配(상배)한다.

⑥ 日辰(일진)이 乘死(승사), 居死(거사)하고 吉門(길문), 吉卦(길괘)를 겸하면 再娶(재취)한다.

⑦ 日辰(일진)이 空亡(공망)되거나 孤虛地(고허지)에 임하면 종신토록 홀아비 신세를 면치 못한다.

⑧ 娶妻年(취처년)을 알고자 하면 妻數(처수)를 中宮(중궁)에 넣어 逆布(역포)하되 命宮(명궁)인 日辰上(일진상)에 이른 수로서 정하는데 一(일)이면 壬年(임년), 二(이)면 丁年(정년), 三(삼)이면 甲年(갑년), 四(사)는 辛年(신년), 五(오)는 戊年(무년), 六(육)은 癸年(계년), 七(칠)은 丙年(병년), 八(팔)은 乙年(을년), 九(구)는 庚年(경년), 十(십)은 己年(기년)이라 하고 혹은 一六水(일육수)면 壬癸子亥年(임계자해년) 二七火(이칠화)면 丙丁巳午年(병정사오년), 三八木(삼팔목)이면 甲乙寅卯年(갑을인묘년), 四九金(사구금)이면 庚辛申酉年(경신신유년), 五十土(오십토)면 戊己辰戌丑未年(무기진술축미년)이라고 한다.

⑨ 妻財宮(처재궁)에 絕命(절명), 絕體(절체)를 만나거나 死門(사문), 傷門(상문)을 加(가)하면 喪妻(상처)한다.

⑩ 財星(재성)이 死囚氣(사수기)를 만나고 受剋(수극)된 자는 상해 내지 喪配(상배)의 명이다.

⑪ 財星(재성)인 地盤(지반) 六水(육수)가 왕하고 禍害(화해)가 同宮(동궁)이면 주색으로 인하여 손재가 많다.

⑫ 財星(재성)이 禍害(화해)를 만나고 日辰(일진)에 咸池(함지) 桃花殺(도화살)이면 패륜 탐색함이 비길 데 없고 빈곤과 패가를 면치 못한다.

⑬ 財(재)와 鬼(귀)가 有氣(유기)하고 旺動(왕동)하거나 太陰(태음)을 配成(배성)하면 첩이 있을 수다.

⑭ 財(재)와 鬼(귀)가 中宮(중궁)에 坐(좌)하여 財鬼(재귀)가 득세하면 作妾(작첩)의 명이다.

⑮ 己身宮(기신궁)이 受剋(수극)되거나 地盤(지반)이 天盤(천반)을 극하고 沐浴地(목욕지)에 坐(좌)하여 禍害(화해), 咸池(함지), 桃花(도화)를 띠면 음행 악패함이 비길 데 없어 荒亂(황란) 패가 한다.

⑯ 財星(재성)이 乙庚 日奇被刑(을경 일기피형)을 이루고 咸池(함지) 桃花(도화) 官劫(관겁)이면 외방에 孕胎事(잉태사)로 財禍(재화)와 관재수가 있다. 단 財星(재성)이 乙庚格(을경격)이라도 六合星(육합성)을 만나면 부부가 正配(정배)로 和愛(화애)하는 명이다.

⑰ 財星(재성)이 乙辛 靑龍逃走格(을신 청룡도주격)으로 配成(배성)되고 景門(경문) 遊魂(유혼)을 만나면 作妾(작첩) 共謀(공모)하여 멀리 도망가는 명이다.

⑱ 財星(재성) 一六水(일육수)에 乙庚 日奇被刑(을경 일기피형)을 配成(배성)하고 玄武(현무) 驛馬(역마)를 띠면 作妾事(작첩사)로 멀리 달아나는 명이다.

⑲ 당년 年月日時(연월일시)로 作局(작국)한 후 正財宮(정재궁)은 受生(수생), 居生(거생), 兼旺(겸왕), 乘旺(승왕)하고 開門(개문), 生門(생문), 福德(복덕), 生氣(생기), 天宜(천의)를 만나고, 偏財宮(편재궁)은 居死(거사), 乘死(승사), 受剋(수극), 乘剋(승극), 居剋(거극)으로 刑冲破害(형충파해)되고 死門(사문), 傷門(상문), 驚門(경문), 杜門(두문), 休門(휴문)을 同宮(동궁)하고 坎宮(감궁)의 地盤(지반)과 離宮(이궁)의 天盤(천반)이 相剋(상극) 冲破(충파)되고 天地盤(천지반)이 相剋(상극) 刑冲(형충)으로 乙(을)이 놓인 宮(궁)과 庚(경)이 놓인 宮(궁)이 內卦(내괘), 外卦(외괘)로 나누어지면 此年(차년)에는 離妾事(이첩사)가 있게 된다.

⑳ 中宮(중궁)의 正財(정재)는 은복되고, 偏財(편재)가 居生(거생), 受生(수생), 兼旺(겸왕), 乘旺(승왕)하고 歲(세)가 中宮(중궁)의 財鬼(재귀)를 生助(생조)하면 正妻(정처)와는 空房數(공방수)요, 첩의 주장이 이기어 妾權(첩권)이 비대해지는 까닭에 첩이 中宮(중궁) 즉 가정에서 노출돼 표면화된 것이다. 中宮(중궁)

에 偏財(편재)가 노출되었다고 하더라도 상하가 相剋(상극) 刑沖(형충)되고 歲(세)가 財鬼(재귀)를 극하거나 雙印(쌍인)이 在局(재국)하여 財鬼宮(재귀궁)을 극함이요, 月令(월령)에서 財鬼(재귀)를 극하여 乘剋(승극)되고 乙(을)과 庚宮(경궁)에 丙庚(병경)이 加(가)하거나 七九(칠구)가 相戰(상전)하면 이 해에는 반드시 離妾事(이첩사)가 있게 된다.

6. 子孫論(자손론)

① 陽男(양남) 陽女(양녀)가 生(생)하는 陰數(음수)는 男息(남식)이요, 陽數(양수)는 女息(여식)이다. 陰男(음남) 陰女(음녀)가 생하는 陽數(양수)는 男息(남식)이요, 陰數(음수)는 女息(여식)이다. 가령 世爻(세효)가 一水(일수)라면 八木(팔목)은 男孫(남손)이고 三木(삼목)은 女息(여식)이다. 世爻(세효)가 二火(이화)라면 五土(오토)는 男孫(남손)이고 十土(십토)는 女孫(여손)인 것이다.

② 子孫數(자손수)의 다소는 孫爻(손효)의 五行(오행)으로 판단하는데 水(수)면 1명, 火(화)면 2명, 木(목)이면 3명, 金(금)이면 4명, 土(토)면 5명이라고 하는데 陰土(음토)는 2명, 陽土(양토)는 1명이라고도 한다.

③ 孫宮(손궁)이 天盤(천반)과 相生(상생)하면 本數(본수)대로 자녀를 기를 수 있으나 相剋(상극)되면 요절하는 자식이 있다.

④ 孫宮(손궁)이 空亡(공망)이면 본시 無子(무자)의 명이며 있다 해도 사망하거나 失子(실자)한다. 空亡(공망)이더라도 이곳이 旺鄕(왕향)이면 양자를 둘 수가 있고 간혹 生子(생자)하는 경우도 있다.

⑤ 孫宮(손궁)이 旺相鄕(왕상향)이면 일찍 生子(생자)하고, 休地

(휴지)면 中得生子(중득생자)하고, 囚地(수지)면 晩得生子(만득생자)하거나 무자하는 수가 있다.

⑥ 孫宮(손궁)이 空亡(공망)을 만나면 자식이 있더라도 有病(유병)하고 함께 살지 못하며 각각 고향을 떠나 전전하여 살아가며 인덕이 없다.

⑦ 時干(시간)이 中宮(중궁)에 入(입)하여 空亡(공망)을 만나면 無子(무자)의 명이다.

⑧ 孫(손)이 月建(월건)의 養旺運(양왕운)에 들면 養子(양자))다.

⑨ 孫宮(손궁)에 休門(휴문)을 만나면 자손이 반드시 休亡(휴망)되니 있어도 없는 것과 같다.

⑩ 孫宮(손궁)에 官(관)이 임하고 死門(사문), 絶命(절명)이 되면 요절하는 자식이 있다.

⑪ 總卦(총괘)와 孫宮(손궁)이 相剋(상극)되면 마침내 자손의 힘을 입지 못한다. 자식이 있어도 무덕하다.

⑫ 孫宮(손궁)에 傷門(상문)과 禍害(화해)를 만나면 자손이 손상한다.

⑬ 孫宮(손궁)이 受生(수생)하더라도 時干(시간)이 絶死鄉(절사향)에서 受剋(수극)이 되면 자손이 요절하는 자가 있다.

⑭ 孫宮(손궁)이 受剋(수극)되면 자손을 기르기 어렵다. 만약 剋者(극자)가 乘旺(승왕)하면 忘剋(망극)하므로 득자하게 되나 장수하기는 어렵다. 剋者(극자)가 乘時死衰(승시사쇠)하면 무력하므로 剋(극)이 어려우나 역시 장수하지는 못한다.

⑮ 孫宮(손궁)이 居死(거사)하면 多失(다실)하고 居空(거공)되면 有病(유병)하고 각각 고향을 떠나 전전한다.

⑯ 孫宮(손궁)의 天地盤(천지반)이 四九金(사구금)으로 配成(배성)되면 대개 배다른 자식이 있다.

⑰ 孫宮(손궁)이 一六水(일육수)인 자가 胎地(태지)에 임하면 私

孕(사잉)의 수요, 아울러 天盤六水(천반육수)가 癸儀(계의)에 가하여 胎宮(태궁)에 임하면 外房得子(외방득자)한다.

⑱ 孫宮(손궁)이 一六水(일육수)로 배성되면 盲兒(맹아)를 낳는다.

⑲ 孫宮(손궁)이 長生地(장생지)에 坐(좌)하면 필시 後嗣(후사)한다. 凶門(흉문), 凶卦(흉괘)를 띠어도 역시 有子(유자)한다.

⑳ 雙九(쌍구), 雙七(쌍칠), 單九(단구), 單七(단칠)이 子孫宮(자손궁)이면 孤單(고단)하니 혈혈단신이다. 아울러 凶門(흉문), 凶卦(흉괘)나 死絶墓地(사절묘지)에 떨어지면 당대에 絶嗣(절사)한다.

㉑ 子孫數(자손수)가 受剋(수극)되고 休門(휴문)을 만나면 당대에 絶嗣(절사)한다.

㉒ 부모가 三八木(삼팔목)을 作(작)하여 왕성하면 孫宮(손궁) 五十土(오십토)를 극함이 極(극)하여 無子(무자)의 명이다.

㉓ 己身宮(기신궁)이 中宮(중궁)을 돕고 中宮(중궁)이 歲孫宮(세손궁)을 극하면 자손을 기르기 어렵다.

㉔ 孫宮(손궁)이 受生(수생), 居生(거생), 居旺(거왕), 兼旺(겸왕), 乘生(승생), 乘旺(승왕)한 뒤라야 다 本數(본수)대로 장수하고 아울러 吉格(길격), 吉星(길성), 吉門(길문), 吉卦(길괘)를 配成(배성)하면 선량하고 현달하며 壽福(수복)을 겸전한다.

㉕ 生男(생남)의 年(년)을 알고져 하면 男兒孫數(남아손수)를 入中(입중)시켜 順(순)으로 짚어서 生氣宮上(생기궁상)에 이르는 수로서 정한다. 一六水(일육수)면 壬癸年(임계년), 二七火(이칠화)면 丙丁年(병정년), 三八木(삼팔목)이면 甲乙年(갑을년), 四九金(사구금)이면 庚辛年(경신년), 五十土(오십토)면 戊己年(무기년)에 長男(장남)을 생한다고 본다. 生門宮(생문궁)에 이르는 수로서 次男(차남)의 생년을 안다. 一六水(일육수)면 壬癸年(임계년) 二七火(이칠화)면 丙丁年(병정년)이라고 한다.

生女(생녀)의 년을 알고져 하면 女兒孫數(여아손수)를 入中(입중)시켜 逆(역)으로 生門宮(생문궁)에 이르는 수로서 정한다. 一六水(일육수)면 亥子年(해자년), 二七火(이칠화)면 巳午年(사오년), 三八木(삼팔목)이면 寅卯年(인묘년), 四九金(사구금)이면 申酉年(신유년), 五十土(오십토)면 辰戌丑未(진술축미)년에 長女(장녀)를 생한다고 본다. 生氣宮上(생기궁상)에 이르는 수로서 次女(차녀)의 생년을 안다. 一六水(일육수)면 亥子年(해자년)이라고 한다.

㉖ 孫(손)이 中宮(중궁)에 坐(좌)하여 動(동)하고 歲宮(세궁)에 임하면 잉태수다. 아울러 生門(생문), 生氣(생기)를 띠면 확실하다.

㉗ 歲月宮(세월궁)이 生門(생문), 生氣(생기)를 만나도 잉태수다.

㉘ 己身(기신)이 日辰宮(일진궁)이 되어 胎地(태지)에 坐(좌)하여 居旺(거왕), 兼旺(겸왕), 乘旺(승왕)하고 歲(세)가 旺生(왕생)을 도우면 잉태수다.

㉙ 時宮(시궁)이나 時干宮(시간궁)에 生門(생문), 生氣(생기)를 만나면 잉태수다.

㉚ 歲日宮(세일궁)이 生門(생문), 生氣(생기)를 만나고 아울러 孫(손)이 中宮(중궁)에 坐(좌)하면 잉태수다.

㉛ 胎宮(태궁)이 生門(생문), 生氣(생기)면 雙胎數(쌍태수)다.

㉜ 雙水(쌍수)가 中宮(중궁)에서 動(동)하면 쌍태수다.

㉝ 孫數(손수)가 雙立(쌍립)으로 兼旺(겸왕)하면 쌍태수다.

㉞ 孫(손)이 中宮(중궁)에 動(동)하고 歲(세)에 있으면 잉태수다.

㉟ 日辰宮(일진궁)의 胎(태)가 居旺(거왕), 兼旺(겸왕)하고 歲支(세지)에서 旺生(왕생)되면 잉태수다.

㊱ 부부 두 사람의 此年(차년) 運局上(운국상)에 歲宮(세궁), 中宮(중궁), 己身宮(기신궁) 三處(삼처)가 陽(양)이 많으면 생남이요, 陰(음)이 많으면 生女(생녀)한다. 아울러 天蓬九星(천봉구성)과

八門(팔문)으로 作卦(작괘)하되 日辰宮(일진궁) 위주로 陽卦(양괘)면 득남수요, 六庚(육경)은 남이고, 乙奇(을기)는 여다.

㊲ 歲宮(세궁)이 冲剋(충극)을 받으면 낙태나 死胎數(사태수)다.

㊳ 日辰宮(일진궁) 상하가 相生(상생)이면 순산하고 相比(상비)하면 遲産(지산)한다. 일진궁 上(상)이 下(하)를 극하면 母(모)가 위험하고 下(하)가 上(상)을 극하면 아이가 危命(위명)하다.

㊴ 日辰宮(일진궁)에 雙金(쌍금)과 雙火(쌍화)가 相戰(상전)하거나 丙庚(병경)이 相戰(상전)하면 산모에게 잡병이 생긴다.

㊵ 夫(부)나 婦(부)의 行年(행년)이 胎宮(태궁)을 冲破(충파)하면 당년에 자손을 생산하기 어렵다.

㊶ 時干(시간)의 上數(상수)가 陽(양)이면 初生男(초생남)하고 陰(음)이면 初生女(초생녀)한다.

㊷ 胎數(태수)가 月鬼(월귀)되는 자는 10개월을 보전키 어렵다. 조산의 징조가 있으나 처궁의 수가 극됨이 없으면 순산한다.

㊸ 歲上(세상)의 수가 八(팔)이면 팔삭동을 낳을 수다.

㊹ 孫(손)이 日辰宮(일진궁)에 임하고 休門(휴문)을 만나면 첫아들을 생산할 수가 없다.

㊺ 孫宮(손궁)에 天德(천덕), 月德(월덕)이 임하면 자손이 현달한다.

㊻ 時干(시간)과 時支(시지)가 함께 生門(생문), 生氣(생기)를 만나고 乘生(승생), 居生(거생), 居旺(거왕)이면 남자와 여아가 함께 壽福(수복)을 누린다.

㊼ 孫宮(손궁)이나 時干(시간) 時支宮(시지궁)에 丙庚 熒入太白(병경 형입태백), 天芮(천예), 天柱(천주), 丁癸 朱雀投江(정계 주작투강), 辛乙 白虎猖狂(신을 백호창광), 癸丁 螣蛇妖嬌(계정 등사요교), 乙辛 靑龍逃走格(을신 청룡도주격)이 되고 死門(사문), 絶命(절명)을 만나면 자녀가 불길하고 그 흉함이 막대하다.

㊽ 家運推運(가운추운)에 있어서 자손의 몇 代(대)가 왕하고 쇠한

가를 알고져 하면 本命局(본명국)의 日支(일지)를 위주하여 孫宮(손궁) 上下數(상하수)를 中宮(중궁)에 넣고 포국하여 日辰宮(일진궁)에서 初年(초년)을 일으키되 陽遁(양둔)은 順行(순행)하고 陰遁(음둔)은 逆行(역행)시켜 九宮(구궁)을 거슬러 가다가 吉門(길문), 吉卦(길괘), 旺生宮(왕생궁)에 다다르면 그 宮(궁)에 이른 횟수가 다할 때까지 대길하고 몇 대 손이 번창한가를 알 수 있다. 위와 같은 방법으로 九宮(구궁)을 거슬러 가다가 凶門(흉문), 凶卦(흉괘), 囚死宮(수사궁)에 이르면 그 宮(궁)의 수가 다할 때까지 흉하며 몇 대 손이 흉한가를 알 수 있다.

7. 財數論(재수론)

① 財數(재수)가 乘旺(승왕), 居旺(거왕), 兼旺(겸왕), 乘生(승생), 居生(거생), 受生(수생)된 자는 富格(부격)이다.

② 歲財(세재)가 日上(일상)에 임한 자나 歲宮(세궁)이 旺財(왕재)를 助(조)하는 자와 歲(세)가 兼旺(겸왕)한 財(재)를 助(조)하는 자는 天下大富格(천하대부격)이다.

③ 歲宮(세궁)이 乘生(승생), 居生(거생), 乘旺(승왕)한 財(재)를 助(조)하는 자나 歲宮(세궁)이 乘旺(승왕), 居旺(거왕)한 月上(월상)의 財(재)를 助(조)하는 자와 月宮(월궁)이 歲宮(세궁)의 乘旺(승왕), 兼旺(겸왕), 居旺(거왕)한 財(재)를 助(조)하는 자, 그리고 歲(세)와 月(월)이 함께 居旺(거왕)한 財(재)를 助(조)하는 자 등은 모두 富格(부격)이다. 日辰上(일진상)에 吉運(길운)을 얻은 뒤라야 마침내 길하리라.

④ 日數(일수)가 居旺(거왕), 居生(거생)한 자와 居庫葬(거고장)한 자나 乘旺(승왕), 乘生(승생)한 자는 富格(부격)이다. 모든 財

(재)는 日辰(일진)에 吉運(길운)을 만나고 天數(천수)가 受生(수생), 乘生(승생)하면 종내에는 길하다.

⑤ 雙印(쌍인)이 中宮(중궁)이나 歲宮(세궁)에 있는 자는 아울러 大富(대부)다.

⑥ 財(재)가 中宮(중궁)에서 動(동)하고 雙印(쌍인)이 局內(국내)에 있으면 財(재)가 興發(흥발)한다.

⑦ 日辰宮(일진궁)이 乘旺(승왕), 居旺(거왕)하고 財(재)가 歲宮(세궁)이나 中宮(중궁)의 雙孫(쌍손)에 助(조)를 받는 자는 財(재)가 풍족하다. 비록 歲(세)나 中宮(중궁)의 單孫(단손)이 助(조)하여도 재물이 有餘(유여)하다.

⑧ 日(일)이 受生(수생)되고 財(재)도 受生(수생)되면 가난은 면한다.

⑨ 財(재)가 日(일)에 旺生(왕생)이나 庫(고)가 된 자는 財力(재력)이 유족하다. 財(재)가 비록 死門(사문), 絶命(절명)을 만날지라도 日(일)이 受生(수생)되면 굶어 죽는 것은 면할 수 있다.

⑩ 財宮(재궁)에 生門(생문), 福德(복덕)을 만나거나 財(재)가 日(일)에 임하여 吉門(길문), 吉卦(길괘)를 만나면 재물이 유족하다.

⑪ 財(재)가 空亡(공망)에 居(거)하면 財事(재사)가 否(비)라. 하지만 운이 日辰宮(일진궁)에 長生(장생)을 만나면 먼저는 가난하나 뒤에는 富(부)한다.

⑫ 財數(재수)가 乘死(승사), 居死(거사), 受剋(수극)이면 종내는 굶어 죽음을 면치 못한다.

⑬ 財數(재수)가 비록 旺生(왕생)하되 日(일)이 受剋(수극)되면 굶어 죽는다.

⑭ 日辰上下(일진상하)가 六沖(육충)을 하면 가업을 이루기 어렵다.

⑮ 財爻(재효)와 日數(일수)가 沖破(충파)되면 재물을 모으지 못한다.

⑯ 年月日時(연월일시)에 쌍으로나 두 세곳에 火金(화금)이 相戰

(상전)하면 곤궁함과 기아를 면치 못한다.

⑰ 日辰(일진)에 桃花(도화)나 咸池(함지)가 있고 財宮(재궁)에 禍害(화해)가 임하면 패륜과 탐색으로 가난과 망신을 면치 못한다.

⑱ 財(재)가 空亡(공망)에 居(거)하면 비록 財(재)가 乘旺(승왕), 居旺(거왕)해도 마침내 재산은 고갈된다. 財(재)가 死門(사문)이나 十二運星(십이운성)의 死運(사운)을 만나면 손재를 본다.

⑲ 元局(원국)의 운을 추단함에 運(운)이 妻財宮(처재궁)에 이르면 財官(재관)에는 이로우나 부모에게는 불리하다.

⑳ 매년 年評曰(연평왈) 財(재)가 中宮(중궁)이나 歲(세)에서 動(동)하면 당년에 반드시 財事(재사)가 있다.

㉑ 財(재)가 쌍으로 兼旺(겸왕)하면 大財(대재)가 이른다.

㉒ 雙孫(쌍손)이 局內(국내)에 있으면 財事(재사)가 길하다.

㉓ 財(재)가 月支(월지)의 庫(고)가 되면 大財(대재)가 이른다.

㉔ 歲(세)가 月財(월재)를 助(조)하는 자나 月(월)이 歲財(세재)를 助(조)하는 자로서 生門(생문), 福德(복덕), 開門(개문), 景門(경문), 天宜(천의) 등을 만나면 婚慶事(혼경사)가 있다.

㉕ 財(재)가 歲(세)를 생하고 歲(세)가 中宮(중궁)을 생하여 中宮(중궁)이 日(일)을 생한 자는 大財(대재)가 이른다.

㉖ 歲(세)나 月(월)이 財(재)를 助(조)하고 財(재)가 居旺(거왕), 居生(거생)한 자는 大財(대재)가 이른다.

㉗ 日(일)이 受生(수생)되면 財(재)가 비록 居死(거사), 受剋(수극), 受泄(수설)하여도 己身(기신)과 家宅(가택)에 助益(조익)됨이 많다.

㉘ 歲宮(세궁)에 生門(생문)이나 休門(휴문)을 만나면 田土(전토)를 넓힐 수다.

㉙ 財(재)가 居旺(거왕), 受生(수생), 比和(비화)를 作(작)하고 운이 歲支(세지)에서 길하면 財(재)를 生(생)하는 月(월)에 가서 求

財(구재)할 수 있다.　만약 水(수)가 財(재)라면 金月(금월)에 얻을 수 있고, 火(화)가 財(재)라면 木月(목월)에 得(득)할 수 있다.　金(금)이 財(재)라면 금, 은, 보리, 누룩, 밀가루 등이 가능하고, 木(목)이 財(재)라면 솜, 의복, 비단, 모시, 삼베, 약초, 채소, 종이, 나무그릇, 과일 등이요, 火(화)가 財(재)라면 소금, 남초, 붓, 먹, 문서, 화로, 풀무, 날짐승 등이요, 水(수)가 財(재)라면 술과 고기, 해산물, 생선, 미역, 어패류 등이요, 土(토)가 財(재)라면 소, 말, 낙타, 당나귀, 전토, 가옥, 부동산, 오곡 등이요, 金(금)이 財(재)라면 농기구, 자동차, 무기, 철제품, 가전제품, 금은보화, 동전 등을 얻을 수 있다.　때로는 一水(일수)는 북어, 二火(이화)는 소금, 三木(삼목)은 비단, 四金(사금)은 밀, 五土(오토)는 콩, 六水(육수)는 조, 七火(칠화)는 草(초), 八木(팔목)은 면화, 九金(구금)은 보리, 十土(십토)는 벼로 보는데 여타 모든 만물도 위와 같은 식으로 추단하라.

㉚ 歲宮(세궁)의 財(재)가 中宮(중궁)의 鬼(귀)를 돕는 자나 中宮(중궁)의 財(재)가 歲宮(세궁)의 鬼(귀)를 돕는 자는 모두 財(재)로 인하여 禍(화)가 일어난다.

㉛ 雙金(쌍금)이 財(재)가 되면 반드시 화가 일어날 징조이니 求財(구재)하지 않음이 좋다.

㉜ 손재의 월을 알고져 하면 財(재)를 中宮(중궁)에 넣어 逆至(역지)시켜 歲支上(세지상)에 一六(일육)이면 一六月(일유월) 혹은 水月(수월), 二七(이칠)이면 二七月(이칠월) 혹은 火月(화월)이라고 한다.

㉝ 財(재)가 日(일)에 임하고 旺氣(왕기)의 생조자를 만났다면 日(일)을 생하는 자가 火(화)면 文字(문자)상의 財(재)가 이르고, 金(금)이면 兵(병)에서 財(재)를 돕고, 木(목)이면 관리가 財(재)를 돕고, 土(토)면 창고의 재물을 얻고, 水(수)면 工(공)의

재를 얻는다.　所求(소구)의 재는 반드시 日(일)을 생하는 방위에서 구하라.

㉞ 財(재)가 임한 己身(기신)이 居衰(거쇠), 居死(거사)하고 財(재)가 生鄕(생향)에 있으면 己身(기신)을 생하는 月(월)에 재가 이른다.

㉟ 己身(기신)은 生鄕(생향)에 居(거)하고 財(재)가 居衰(거쇠), 居死(거사)되었으면 財(재)를 生(생)하는 月(월)에 財(재)가 이른다.

㊱ 己身(기신)이 絶(절)이나 胎(태)가 되고 財(재)는 旺鄕(왕향)에 居(거)했다면 身旺(신왕)하는 月(월)에 財(재)가 이른다.　그리고 雙財(쌍재)라면 身生之月(신생지월)에 재가 이른다.

㊲ 財(재)가 居旺(거왕), 兼旺(겸왕)이면 財生之月(재생지월)에 財(재)가 이른다.

㊳ 財(재)가 居衰(거쇠), 受剋(수극), 泄財(설재)이면 生財之月(생재지월)에 財(재)가 이른다.

㊴ 財(재)가 居死(거사)되거나 受剋(수극)된 자가 空亡(공망)되고 또 歲宮(세궁)이 財(재)를 剋(극)한 자는 아울러 손재를 본다. 그 중에 歲宮(세궁)이 財(재)를 극한 자는 官上人(관상인)으로 인해 손재를 당한다.

㊵ 歲宮(세궁)이 中宮(중궁)의 財(재)를 극한 자, 歲宮(세궁)이 月宮(월궁)의 財(재)를 극한 자, 月宮(월궁)이 歲宮(세궁)의 財(재)를 극한 자, 세궁, 월궁이 함께 財宮(재궁)을 극한 자, 中宮(중궁)이 歲宮(세궁)의 財(재)를 극한 자, 雙七 雙九(쌍칠 쌍구)가 己身宮(기신궁)을 冲射(충사)하는 자는 모두 흉하다.

㊶ 財(재)의 應期(응기)는 다음과 같이 논한다.　雙財(쌍재)인 자는 生身之月(생신지월)에 財(재)가 이르고 財(재)가 居旺(거왕), 兼旺(겸왕)이면 財生之月(재생지월)에 財(재)가 이른다. 財(재)가 居旺(거왕)하고 受泄(수설), 受剋(수극)된 자는 財旺

之月(재왕지월)에 財(재)가 이르나 크지 않다. 財(재)가 絶胎鄕(절태향)에 있고 己身(기신)이 旺地(왕지)에 居(거)하면 財旺之月(재왕지월)에 재가 이르고 재가 설기되면 生財之月(생재지월)에 財(재)가 이른다. 財(재)가 居死(거사), 受剋(수극), 受泄(수설), 空亡(공망)된 자는 손재를 본다. 財(재)가 身(신)에 임하고 居衰(거쇠)되거나 財(재)가 生鄕(생향)에 임하면 生身之月(생신지월)에 財(재)가 이르고 身(신)이 生鄕(생향)에 居(거)하고 재가 衰死地(쇠사지)에 임하면 生財之月(생재지월)에 재가 이른다. 身(신)이 死胎地(사태지)에 居(거)하고 財(재)가 旺鄕(왕향)에 임하면 身旺之月(신왕지월)에 재가 이르고 재가 生旺(생왕)하고 開門(개문), 生門(생문)에 禍害同宮(화해동궁)이면 금전융통이 가능하므로 투자하는 일이다. 다만 재가 衰地(쇠지)에 居(거)하고 杜門(두문), 傷門(상문)이 同宮(동궁)이면 자금의 융통이 안되어 투자하는 일은 막히어 실행키 어렵다. 財(재)가 空亡(공망)이면 出空之月(출공지월)에 재가 이른다. 歲宮(세궁)이나 中宮(중궁)에 財(재)가 이르면 연중 재물을 거래하는 일이 많이 생긴다. 日辰(일진)이 설기되면 재물 소비가 많고 日辰(일진)에 地盤(지반)이 天盤(천반)을 극하면 악패가 많고 桃花(도화), 咸池(함지), 沐浴(목욕)이면 淫行(음행)이 있다. 아울러 禍害(화해)를 만나면 패륜으로 패가망신하니 역시 재물손해인 것이다. 營財事(영재사)에는 마땅히 吉方(길방)을 취한 연후에야 이룰 수가 있다. 官劫方(관겁방)은 흉하니 일체 취하지 말라. 四九金(사구금)이 財(재)가 되어 丙庚(병경)을 加(가)하고 居生(거생), 乘生(승생), 乘旺(승왕)이면 관재구설이 쉽게 생기고 咸池(함지), 白虎(백호), 官劫(관겁)이 同宮(동궁)이면 관재가 생긴다. 남녀노소 지위고하를 막론하고 불의의 재물을 취해서는 아니된다.

8. 官星論(관성론)

① 대귀자는 用財(용재)하고 官(관)을 不用(불용)한다. 대권자는 관살(관살)을 用(용)하고 印(인)을 不用(불용)한다. 官(관)에 杜門(두문), 休門(휴문), 驚門(경문)은 다 불길하다.

② 官星(관성)이 一六水(일육수)인 자는 一品官(일품관)이요, 工(공)과 膳(선)이 主(주)요, 농수산부의 長(장)이요, 倉任(창임)이다. 官星(관성)이 二七火(이칠화)인 자는 二品官(이품관)이요, 禮(예)가 主(주)요, 문교부 공보처의 長(장)이요, 文任(문임)이다. 官星(관성)이 三八木(삼팔목)인 자는 三品官(삼품관)이요, 吏(이)가 主(주)요, 내무부 총무처의 長(장)이요, 倉任(창임)이다. 官星(관성)이 四九金(사구금)인 자는 四品官(사품관)이요, 兵刑(병형)이 主(주)요, 국방부, 법무부, 검찰, 안기부의 長(장)이요, 兵任(병임)이다. 官星(관성)이 五十土(오십토)면 五品官(오품관)이요, 庫(고)가 主(주)요, 농산부 관리관, 농협, 축협의 長(장)이요, 倉任(창임)이다. 十土(십토)는 都摠官(도총관)으로도 본다.

③ 歲宮(세궁)의 官星(관성)이 中宮(중궁)을 助(조)하고 中宮(중궁)이 日(일)을 생한 자, 中宮(중궁)의 官星(관성)이 歲宮(세궁)을 助(조)하고 세궁이 日(일)을 생한 자, 歲宮(세궁)의 官星(관성)이 月宮(월궁)을 助(조)하고 月宮(월궁)이 日(일)을 생한 자, 월궁의 官星(관성)이 세궁을 조하고 세궁이 일을 생한 자, 歲月宮(세월궁)의 官星(관성)이 함께 中宮(중궁)을 조하고 중궁이 日(일)을 생한 자는 모두 일찍 靑雲(청운)에 오르고 아울러 吉門(길문) 吉卦(길괘)를 만나면 더욱 길하다.

④ 官星(관성)이 乘旺(승왕), 居旺(거왕), 兼旺(겸왕), 乘生(승생), 居生(거생), 受生(수생)한 자는 길하다. 아울러 吉門(길문), 吉

卦(길괘)를 만나면 다욱 길하다.

⑤ 官星(관성)이 居空(거공), 休門(휴문), 死門(사문)에 놓이고 無氣(무기)하면 흉하다.

⑥ 官星(관성)이 歲貴(세귀), 歲祿(세록), 歲馬(세마)가 된 자는 길하다.

⑦ 財(재)가 動(동)하여 歲貴(세귀)가 되고 日(일)에 임한 자나 財(재)가 身(신)에 임하고 日貴(일귀)가 歲宮(세궁)에 임한 자는 大貴(대귀)의 命(명)이다.

⑧ 歲(세)가 官星(관성)을 助(조)하고 中宮(중궁)이 官星(관성)을 助(조)하고 官星(관성)이 乘旺(승왕), 居旺(거왕)하고 年月日時(연월일시)에 吉門(길문), 吉卦(길괘)를 만나면 王侯(왕후)의 命(명)이나 그 중에 하나라도 불길하면 아무리 旺(왕)하여도 단명한다.

⑨ 연월일시에 一二(일이)의 吉門(길문)과 吉卦(길괘)면 下品官(하품관)이요, 二三(이삼)의 吉門(길문)과 吉卦(길괘)면 鄕宰(향재)이다.

⑩ 歲宮(세궁)과 中宮(중궁)이 官星(관성)을 助(조)하고 官(관)이 乘旺(승왕), 居旺(거왕), 乘生(승생), 居生(거생)하고 다시 연월일시 四辰(사진)에 杜門(두문) 禍害(화해)가 된 자나 四辰(사진)에 四九庚辛金(사구경신금)이 구비하면 將帥格(장수격)이다.

⑪ 歲(세)가 中宮(중궁)을 助(조)하고 中宮(중궁)이 旺氣(왕기)한 日辰宮(일진궁)을 극하는 자나 歲宮(세궁)이 開門(개문) 福德(복덕)을 만나고 官星宮(관성궁)이 居旺(거왕), 居生(거생)한 자와 歲(세)가 中宮(중궁)의 官鬼(관귀)를 助(조)하고 日辰宮(일진궁)이 乘旺(승왕)한 자, 또는 官鬼(관귀)가 中宮(중궁)에 坐(좌)하여 受生(수생)하고 己身宮(기신궁)이 乘旺(승왕)한 자는 將帥格(장수격)이다.

⑫ 官星(관성)이 中宮(중궁)에 居(거)하면 대길하고 天盤(천반)과 相生(상생)되면 더욱 길하나 相剋(상극)되면 흉하다.

⑬ 歲官星宮(세관성궁)에 杜門(두문) 歸魂(귀혼)을 만나면 파직을 당한다.

⑭ 月宮(월궁)에 生門(생문), 開門(개문), 景門(경문)을 만난 자나 月干(월간)에 三奇(삼기)가 加臨(가림)한 자와 月干(월간)이 왕하고 生地(생지)에 居(거)한 자는 仕吉(사길)하다.

⑮ 연월일시 四辰(사진)에 絶命(절명)을 만나고 雙鬼(쌍귀)가 動(동)한 자는 貴人(귀인)이 된다.

⑯ 연월일시 사진이 모두 乘旺(승왕), 兼旺(겸왕), 受生(수생), 相比(상비)된 자는 大貴(대귀)한다.

⑰ 雙印(쌍인)이 局內(국내)에 있으면 達人(달인)이다.

⑱ 官星(관성)이 旺生(왕생)하고 日辰宮(일진궁)에 임한 자는 평생 관직에 있게 된다.

⑲ 太歲(태세)에 九天(구천)이 加臨(가림)한 자나 歲干(세간)이 九天宮(구천궁)에 落在(낙재)한 자와 月干(월간)이 九地宮(구지궁)에 임한 자는 官運(관운)이 길하다.

⑳ 官(관)의 助(조)가 있고 歲(세)와 日(일)이 함께 受生(수생)된 자는 官(관)이 대길하다.

㉑ 歲支(세지)가 當日(당일)에 천을귀인이 되고 歲宮(세궁)에 開門(개문) 福德(복덕)이 된 자는 급제한다.

㉒ 歲貴(세귀)가 歲宮(세궁)이나 中宮(중궁)에 있는 자나 日馬(일마)가 歲宮(세궁)에 있는 자와 歲馬(세마)가 日辰(일진)이나 中宮(중궁)에 있는 자, 그리고 官星(관성)이 歲祿(세록)이 된 자와 日祿(일록)이 歲宮(세궁)에 있는 자, 또 歲祿(세록)이 일진이나 중궁에 있는 자는 모두 官吉(관길)하다.

㉓ 歲(세)가 비록 官星(관성)을 剋(극)해도 관성이 雙比(쌍비)로

兼旺(겸왕)한 자나 官星(관성)이 비록 居死(거사)하더라도 受生(수생)된 자와 官星(관성)이 비록 居死(거사) 受剋(수극)되더라도 歲支(세지)가 開門(개문)을 만난 자는 無咎(무구)하다.

㉔ 歲貴(세귀)가 日(일)에 임한 자, 日貴(일귀)가 歲宮(세궁)에 임한 자, 官星(관성)이 日(일)에 임한 자, 歲支(세지)가 日辰(일진)을 생한 자, 歲日(세일)이 함께 受生(수생)된 자는 官星(관성)이 居死(거사), 居剋(거극)되더라도 다 無咎(무구)하다.

㉕ 開門(개문)과 歸魂(귀혼)이 同宮(동궁)한 자는 마침내 官不危(관불위)하다. 官星(관성)이 空亡(공망)되더라도 歲宮(세궁)의 生(생)을 받으면 落仕(낙사)에는 이르지 않는다.

㉖ 直符星(직부성)이 歲支(세지)에 加臨(가림)한 자나 直符宮(직부궁)이 歲宮(세궁)과 相比(상비)된 자는 官(관)이 一品格(일품격)이다.

㉗ 天盤日干(천반일간)에 直符(직부)를 가한 자나 天盤日干(천반일간)이 開門(개문)을 만난 자, 또는 月干(월간)에 三奇(삼기)가 加(가)한 자와 月干(월간)이 生門(생문), 景門(경문), 開門(개문), 福德(복덕)을 만난 자, 月支(월지)에 生門(생문)을 만난 자, 官(관)이 居生(거생), 居旺(거왕), 受生(수생)된 자는 모두 仕官(사관)이 길하다.

㉘ 官星(관성)이 居死(거사), 受剋(수극), 空亡(공망), 杜門(두문), 休門(휴문), 歸魂(귀혼), 絶命(절명)된 자는 불길하다.

㉙ 歲支(세지)가 絶墓(절묘)된 자, 歲上(세상)에 杜門(두문), 休門(휴문), 歸魂(귀혼), 絶命(절명)인 자, 歲宮(세궁)이 受剋(수극)된 자, 歲日(세일)이 함께 受剋(수극)된 자, 殺星(살성)이 중첩한 자, 月干(월간)에 傷門(상문), 杜門(두문), 歸魂(귀혼), 絶命(절명)을 만난 자, 門(문)이 宮(궁)을 극한 자, 丙庚(병경)이 加臨(가림)한 자, 居死(거사) 受剋(수극)된 자는 모두 불길하고

非名利之士(비명리지사)이다.

㉚ 日馬(일마)가 中宮(중궁)이나 月宮(월궁)에 있으면 출입이 빈번하다.

㉛ 중궁이 歲(세)를 극하면 父官(부관)에 憂事(우사)가 있다.

㉜ 太歲(태세)나 官星(관성)이 日空(일공)된 자는 官敗(관패)한다. 그러나 歲宮(세궁)에 開門(개문), 福德(복덕), 天宜(천의), 遊魂(유혼)을 만나고 歲(세)가 日(일)을 생하고 또한 官星(관성)이 生氣(생기)를 얻어 中宮(중궁)에 居(거)한 자는 塡實(진실)되는 月(월)에 다시 복직하여 부임하게 된다.

㉝ 歲宮(세궁)이 休門(휴문), 杜門(두문), 歸魂(귀혼)을 만나고 天任星(천임성)이 加臨(가림)한 자는 官敗(관패)하여 귀가한다. 官星(관성)이 天任星(천임성)을 만나면 遞官事(체관사)가 발생한다.

㉞ 官星(관성)이 長生地(장생지)에 坐(좌)하면 비록 受剋(수극), 空亡(공망)되거나 歲上(세상)에 休門(휴문), 杜門(두문)이라도 종내는 無咎(무구)하다.

㉟ 官鬼(관귀)가 中宮(중궁)에 坐(좌)하여 旺動(왕동)하면 正官(정관)이 隱伏(은복)되는 년에 주로 관재구설 疾厄事(질액사)가 발생한다. 아울러 丙庚(병경)을 加(가)하거나 七九相戰(칠구상전)이면 더욱 흉하다.

㊱ 庚金(경금)이 歲支(세지)나 月支(월지)에 가하면 관재나 형제액이 있다.

㊲ 官(관)이 歲(세)나 中宮(중궁)에 있고 天馬(천마)가 이르면 외교관으로 부임한다.

㊳ 官星(관성)이 日辰宮(일진궁)을 沖(충)하며 관직상 직업상 변동이 있다. 官鬼(관귀)가 日支(일지)를 沖(충)하면 질병사, 관재사가 있다.

㉟ 歲宮(세궁)이 受剋(수극)되고 官星(관성)은 空亡(공망)을 만나고 杜門(두문), 絶命(절명)같은 凶門(흉문), 凶卦(흉괘)를 만난 자는 공명을 이루기 어렵고 하천하거나 隱居(은거)한다.

㊵ 歲宮(세궁)에 開門(개문), 福德(복덕)을 만나면 官位(관위)가 승진되고 生門(생문), 生氣(생기), 遊魂(유혼)을 만나면 轉遷(전천)한다. 太歲宮(태세궁)에 만나도 마찬가지다.

㊶ 雙官(쌍관)과 雙印(쌍인)이 一六水(일육수)가 되면 金姓官(금성관)이 나와 인연이 되고, 二七火(이칠화)면 木姓官(목성관)이 나와 인연이 되고, 三八木(삼팔목)이면 水姓官(수성관)이 나와 인연이 되고, 四九金(사구금)이면 土姓官(토성관)이 나와 인연이 된다. 만약 雙官(쌍관)이나 雙印(쌍인)이 局內(국내)에 나타나지 않고 單官(단관)이나 單印(단인)이 中宮(중궁)에서 動(동)하여 歲(세)에 있는 자의 姓官(성관)이 인연이 있다. 또 歲宮(세궁)이나 中宮(중궁)에 官(관)이나 印(인)이 나타나지 않았으면 官星上(관성상)의 소임자가 金(금)이면 金官星(금관성), 水(수)면 水官星(수관성)이 나와 인연이 된다.

9. 疾病論(질병론)

① 問病(문병)이나 發病(발병)의 年月日時(연월일시)로 作局(작국)하여 官鬼宮(관귀궁)을 全看(전간)하는데 官鬼(관귀)의 旺衰(왕쇠)로서 生死(생사)를 分看(분간)한다.

② 鬼(귀)가 動(동)하거나 受生(수생)하던지 月令(월령)에서 乘旺(승왕)하면 必死(필사)한다. 관귀가 居旺(거왕), 乘旺(승왕)하면 죽게 된다.

③ 日支(일지)가 天宜(천의)를 만나면 의원이 병을 고칠 수가 있고 鬼(귀)가 乘死(승사), 居死(거사), 居衰(거쇠) 受剋(수극)되

면 병이 쾌유되어 반드시 살고, 日干(일간)이나 日支(일지)가 生旺(생왕)해도 산다.

④ 日辰(일진)이 死門(사문) 絶命(절명)을 만나면 죽고, 旺(왕)한 鬼(귀)가 空亡(공망)되면 稍輕(초경)하다.

⑤ 日辰(일진)이 生門(생문) 生氣(생기)를 만난 자는 살고, 日辰(일진)이 杜門(두문) 歸魂(귀혼)이면 危命(위명)하고 日辰(일진)을 剋(극)하는 날짜나 泄氣(설기)하는 날짜가 凶期(흉기)가 된다.

⑥ 歲月支(세월지)가 中宮(중궁)의 鬼(귀)를 助(조)하거나 中宮(중궁)이 歲月鬼(세월귀)를 助(조)하는 자는 흉하다. 歲月(세월)이 함께 中宮(중궁)의 鬼(귀)를 剋制(극제)하거나 中宮(중궁)이 歲月支(세월지)의 鬼(귀)를 剋制(극제)하는 자는 길하다.

⑦ 鬼(귀)가 旺(왕)하면 鬼祟(귀수), 鬼(귀)가 衰死(쇠사)하면 無鬼祟(무귀수)하다. 水鬼(수귀)가 旺(왕)하면 厠鬼(치귀) 井川鬼(정천귀)요, 木鬼(목귀)가 旺(왕)하면 木鬼(목귀), 山林鬼(산림귀), 樹木鬼(수목귀), 風魔鬼(풍마귀)요, 土鬼(토귀)가 旺(왕)하면 神堂(신당) 墓宅鬼(묘택귀), 道路鬼(도로귀)요, 金鬼(금귀)가 旺(왕)하면 佛死鬼(불사귀), 神堂鬼(신당귀), 鐵石鬼(철석귀)요, 火鬼(화귀)가 旺(왕)하면 灶鬼(조귀)다. 當月支(당월지)가 胞絶(포절)이면 流浪客鬼(유랑객귀)요, 胎(태)면 産死鬼(산사귀), 兒鬼(아귀)요, 養(양)이면 神墓鬼(신묘귀)요, 長生(장생)이면 五道婆鬼(오도파귀)요, 沐浴(목욕)이면 水鬼(수귀)요, 冠帶(관대)나 建祿臨官(건록임관)이면 訟事(송사)로 인한 怨恨鬼(원한귀)요, 帝旺(제왕)이면 先祖墓(선조묘)의 土地神(토지신)으로 宅鬼(택귀), 土鬼(토귀)요, 衰(쇠)면 山林鬼(산림귀)요, 病(병)이면 墓(묘)의 靈(영)이요, 死(사)나 墓葬(묘장)이면 公伯鬼(공백귀)이다.

⑧ 木鬼(목귀)는 中風(중풍), 掉眩(도현) 喎斜(괘사), 四肢不利(사

지불리), 筋節痛(근절통), 脾胃病(비위병), 風寒(풍한), 痰症(담증), 驚風(경풍), 浮氣症(부기증)이요, 火鬼(화귀)는 發熱(발열), 咽乾煩鬱(인건번울), 肺(폐), 大腸(대장), 頭痛(두통), 發狂(발광)이요, 土鬼(토귀)는 浮腫(부종), 脹滿(창만), 霍亂症(곽란증), 虛荒(허황), 腎胱(신광), 胃病(위병), 濕症(습증), 嘔吐(구토), 胸膈(흉격), 泄瀉(설사)요, 金鬼(금귀)는 咳嗽(해수), 喘息(천식), 肝膽(간담), 肺經(폐경), 燥熱(조열), 虛勞症(허로증)이요, 水鬼(수귀)는 泄瀉(설사), 浮腫(부종), 惡寒(오한), 寒疾(한질), 濕(습), 心臟(심장), 小腸(소장), 滯症(체증)이 있다.

⑨ 木鬼(목귀)는 杖刑(장형)을, 火鬼(화귀)는 화재 焚燒(분소)를, 土鬼(토귀)는 服藥(복약)중독, 道路客死(도로객사)를, 金鬼(금귀)는 劍亂(검난), 교통사고를, 水鬼(수귀)는 水災(수재), 溺死(익사)를 각각 主事(주사)한다.

10. 壽夭論(수요론)

① 日辰數(일진수)가 生門(생문), 生氣(생기)를 만난 자, 일진수가 乘旺(승왕), 兼旺(겸왕), 居旺(거왕)하고 生門(생문), 生氣(생기)를 만난 자, 歲(세)가 中宮(중궁)을 助(조)하고 중궁이 日辰(일진)을 생한 자, 중궁이 歲(세)를 助(조)하고 歲(세)가 일진을 생한 자, 歲(세)와 月(월)이 함께 일진을 생한 자, 세가 월을 조하고 월이 일진을 생하고 일이 시를 생한 자, 時(시)가 日(일)을 생하고 일이 月(월)을 생하고 월이 歲(세)를 생한 자는 長壽(장수)한다.

② 연월일시 四辰(사진)에 生門(생문), 開門(개문), 生氣(생기), 福德(복덕), 天宜(천의)의 吉門卦(길문괘)를 配成(배성)하면 極貴(극귀), 長壽(장수)한다.

③ 연월일시 四辰(사진)이 絕命(절명)을 만나고 雙鬼(쌍귀)가 中宮(중궁)에 坐(좌)하면 도리어 길해지므로 貴壽(귀수)한다.

④ 雙印(쌍인)이 中宮(중궁)에 動(동)하거나 歲宮(세궁)에 動(동)한 자는 백살이 소멸되므로 장수한다.

⑤ 歲(세)와 中宮(중궁)이 합세하여 日(일)을 생하고 凶門卦(흉문괘)가 없고 死囚氣(사수기)가 없는 자는 대길하다. 日辰數(일진수)가 受生(수생)되고 生門卦(생문괘)를 만난 자는 壽(수)하고 日辰上下(일진상하)가 相比(상비)되고 吉門卦(길문괘)를 만난 자도 壽(수)하고, 일진수가 乘旺(승왕), 居旺(거왕)해도 不夭(불요)한다.

⑥ 日辰宮(일진궁)이 死門(사문), 絕命(절명)을 만나고 乘死(승사), 居死(거사), 受剋(수극)된 자, 歲(세)가 中宮(중궁)을 助(조)하고 중궁이 일진을 극한 자, 중궁이 歲(세)를 助(조)하고 세가 일진을 극한 자, 歲月(세월)이 함께 일진을 극한 자는 夭壽(요수)한다.

⑦ 歲宮(세궁)이 絕命(절명)인 자가 日辰(일진)을 극하면 비록 生氣(생기)가 同宮(동궁)하더라도 夭壽(요수)한다.

⑧ 雙鬼(쌍귀)가 中宮(중궁)에 動(동)하여 乘旺(승왕)한 자와 雙鬼(쌍귀)가 局內(국내)에서 乘旺(승왕)한 자는 夭壽(요수)한다.

⑨ 연월일시 四辰(사진)에 七九火金(칠구화금)이 相戰(상전)하고 絕命(절명)을 만난 자는 夭壽(요수)한다.

⑩ 己身宮(기신궁)이 七九相戰(칠구상전)인데 乘旺(승왕), 生旺(생왕)하고 雙助(쌍조)를 받은 자와 歲日(세일)이 絕命(절명)을 만난 자는 夭壽(요수)한다.

⑪ 雙鬼(쌍귀)가 絕命(절명)을 띠고 日支(일지)가 無氣(무기)하면 速亡(속망)의 명이다.

⑫ 官鬼宮(관귀궁)이나 歲宮(세궁), 中宮(중궁)에 雙金(쌍금)이 動

(동)하면 악사하거나 夭死(요사)한다. 불에 타죽거나 익사하며 타살이나 교통사고로 흉사한다. 雙金(쌍금)이 中宮(중궁)에서 동하여 日(일)을 생한 자나 歲(세)에 官鬼(관귀)가 動(동)한 자도 마찬가지다.

⑬ 中宮(중궁)이 歲絕命(세절명)을 助(조)하고 日月(일월)을 극한 자, 絕命(절명)이 歲宮(세궁)을 助(조)하고 日(일)을 극한 자, 絕命(절명)이 中宮(중궁)을 助(조)하고 日(일)을 극한 자, 生氣(생기)가 空亡(공망)을 만난 자는 모두 夭壽(요수)한다.

⑭ 歲九金(세구금)이 中宮鬼(중궁귀)를 助(조)한 자나 中宮(중궁)이 歲九鬼(세구귀)를 助(조)한 자가 日辰(일진)이 無氣(무기)하면 夭壽(요수)하고, 만약 일진이 有氣(유기)하면 惡死(악사)할 수다.

⑮ 己身(기신)이 凶格(흉격)인데 絕命(절명)을 만나고 歲上(세상)에 劫殺(겁살)이 日辰(일진)에 임하면 며칠 못 가서 夭壽(요수) 한다.

⑯ 財宮(재궁)이 極旺(극왕)한 자나 中宮(중궁)이 雙七火(쌍칠화)나 雙九金(쌍구금)을 助(조)한 자는 비록 日辰(일진)이 乘旺(승왕), 居旺(거왕)하더라도 夭壽(요수)를 면키 어렵다.

⑰ 雙鬼(쌍귀)가 中宮(중궁)에 動(동)하여 乘旺(승왕)하거나 일진이 비록 生氣卦(생기괘)를 만났더라도 怨嗔(원진)에 乘(승)이나 居(거)하면 夭壽(요수)한다.

⑱ 日辰宮(일진궁)이 絕命(절명)을 만나고 時支(시지)가 死門(사문)을 만난 자나 時干支(시간지)가 死門(사문), 傷門(상문)을 만나도 夭壽(요수)한다.

⑲ 四干辰宮(사간진궁)에 丙庚(병경), 芮柱(예주), 死門(사문), 絕命(절명)이 配成(배성)된 자와 日干(일간)에 七九相戰(칠구상전)을 만난 자나 天罡 辰土鬼(천강 진토귀)가 旺動(왕동)한 자

는 夭壽(요수)의 명이다.

11. 終命論(종명론)

① 연월일시 四辰(사진)에 七九(칠구) 丙庚相戰(병경상전)된 자는 순내에 상망할 수다.

② 金鬼(금귀)는 佛死鬼(불사귀), 神堂鬼(신당귀)로서 金鬼(금귀)가 九金下(구금하)에 動(동)하면 劍死 劍亂(검사 검난)을 당한다. 木鬼(목귀)는 山林鬼(산림귀), 樹木鬼(수목귀)로서 木鬼(목귀)가 九金下(구금하)에 動(동)하면 杖刑厄(장형액)이나 목매어 죽고 몽둥이에 맞아 죽거나 나무에 깔려 죽는다. 水鬼(수귀)는 井川鬼(정천귀), 厠鬼(치귀)로서 水鬼(수귀)가 九金下(구금하)에 動(동)하면 물에 빠져 죽는다. 火鬼(화귀)는 灶鬼(조귀)로서 火鬼(화귀)가 九金下(구금하)에 動(동)하면 불에 타서 죽거나 가스중독사 또는 폭탄에 맞아 죽는다. 土鬼(토귀)는 도로귀, 宅鬼(택귀)로서 土鬼(토귀)가 九金下(구금하)에 動(동)하면 약을 먹고 죽거나 노중객사한다.

③ 雙金(쌍금)이 中宮(중궁)에 動(동)하고 日水(일수)인 자는 익사한다. 雙金(쌍금)이 中宮(중궁)에 動(동)하고 日火(일화)인 자는 불에 타죽는다. 雙金(쌍금)이 中宮(중궁)에 動(동)하고 日木(일목)인 자는 杖死(장사)한다. 歲(세)가 中宮(중궁)의 九鬼(구귀)를 助(조)하는 자와 中宮(중궁)이 歲(세)의 九鬼(구귀)를 助(조)하는 자는 칼에 맞아 죽는다.

④ 日辰宮(일진궁)이 受剋(수극), 居死(거사), 乘剋(승극)된 자가 庚癸(경계)나 己庚(기경)으로 配成(배성)되면 사망한다.

⑤ 日辰宮(일진궁)이 死門(사문), 絶命(절명)을 만나고 歲(세)나 中宮(중궁)이 九金(구금)이면 終命數(종명수)다.

⑥ 雙金(쌍금), 雙火(쌍화), 雙土(쌍토)가 日辰宮(일진궁), 絶命(절명)을 助(조)하거나 歲絶命(세절명)이 일진궁, 쌍금, 쌍화, 쌍토를 助(조)하면 死亡數(사망수)다.

⑦ 日辰宮(일진궁)에 死門(사문), 絶命(절명)을 띠고 歲(세)에 火鬼(화귀)나 金鬼(금귀)가 旺動(왕동)하면 終命數(종명수)다.

⑧ 中宮(중궁)에 雙白(쌍백)이 動(동)하면 칼에 맞아 죽는다. 歲支(세지)가 中宮(중궁)의 雙金鬼(쌍금귀)를 극하는 자와 中宮(중궁)이 歲支(세지)의 雙金鬼(쌍금귀)를 극하는 자는 죽음을 면할 수 있다.

⑨ 연월일시 四辰(사진)에 傷門(상문), 禍害(화해)가 중첩한 자는 善終(선종)을 하기 어렵다.

⑩ 歲九金(세구금)이 中宮鬼(중궁귀)를 助(조)하는 자와 歲月支(세월지)가 中宮九鬼(중궁구귀)에게 助(조)함을 받는 자는 대흉하다.

⑪ 歲 死門 絶命(세 사문 절명)이 中鬼(중귀)를 助(조)하는 자나 中鬼(중귀)가 歲 死門 絶命(세 사문 절명)을 助(조)하는 자는 사망한다.

⑫ 歲宮(세궁), 中宮(중궁), 日辰宮(일진궁)이 死門(사문), 絶命(절명)을 만난 자는 사망한다.

⑬ 九金鬼(구금귀)가 中宮(중궁)에 動(동)한 자는 善終(선종)을 못하고 歲宮(세궁)이 月九金鬼(월구금귀)를 助(조)한 자는 종내에는 하인 종업원에게 해를 입는다.

⑭ 日辰宮(일진궁)에 死門(사문)을 만나고 時辰宮(시진궁)에 絶命(절명)을 만난 자와 시진궁에 死門(사문), 絶命(절명), 傷門(상문)을 만난 자는 수명을 보전키 어렵다.

⑮ 鬼(귀)가 中宮(중궁)에 動(동)하고 己身宮(기신궁)이 受剋(수극)될 때에는 己身宮(기신궁) 地盤(지반)을 入中(입중)시켜 逆布(역포)하되 絶命宮上(절명궁상)에 이른 수로서 終命(종명)을

보는데 一六水(일육수)면 壬癸年(임계년), 二七火(이칠화)면 丙丁年(병정년)이라고 한다.

⑯ 鬼(귀)가 中宮(중궁)에 動(동)하고 歲宮(세궁)이 受剋(수극)된 자는 歲數(세수)를 入中(입중)시켜 逆布(역포)하되 地盤 庚金宮上(지반 경금궁상)에 이른 수로 보고 陰遁(음둔)인 자는 천반경금으로 終命(종명)을 본다.

⑰ 日辰宮(일진궁)이 受剋(수극)되고 死門(사문), 絶命(절명)을 띠면 日數(일수)로 終命(종명)을 보고, 歲宮(세궁)이 受剋(수극)되고 死門(사문), 絶命(절명)을 띠었으면 歲數(세수)로 終命(종명)을 본다.

⑱ 絶命宮(절명궁)의 地盤(지반)을 入中(입중)시켜 逆布(역포)하되 지반 경금궁상의 數(수)로 終命(종명)을 본다.

⑲ 鬼(귀)가 中宮(중궁)이 아닌 宮(궁)에서 動(동)할 시에는 鬼數(귀수)를 入中(입중)시켜 逆布(역포)하되 지반 경금궁상의 數(수)로 終命(종명)을 보고 만약 庚金(경금)이 空亡(공망)을 만날 시에는 천반 경금궁에 이른 수로 종명을 본다. 庚金鬼(경금귀)일 시에는 절명궁에 이른 수로 終命(종명)을 보고, 絶命(절명)이 空亡(공망)을 만나면 死門宮(사문궁)에 이른 수로 종명을 본다.

⑳ 應期(응기)를 추단함에 있어서 반드시 天盤庚(천반경), 地盤庚(지반경), 死門(사문), 絶命(절명), 歸魂(귀혼), 遊魂(유혼)을 並用(병용)하되 鬼(귀)의 왕쇠와 中宮(중궁), 歲宮(세궁), 月宮(월궁), 世宮(세궁)의 旺衰(왕쇠)를 살피고 歲月日時干宮(세월일시간궁)도 잘 살펴서 終命(종명) 시기를 판단해야 된다.

12. 壽限論(수한론)

① 日辰宮(일진궁)이 絶命(절명)을 띤 자나 절명이 일진궁을 剋(극)한 자는 絶命數(절명수)로서 壽限(수한)을 결정한다. 가령 絶命數(절명수)가 七(칠)이면 夭壽(요수)하는 자는 七歲(칠세), 壽者(수자)는 七十歲(칠십세)라하고 丙丁年(병정년)으로 결정한다. 干數(간수)는 零(영)을 취하고 地數(지수)는 十(십)을 취하여 결정하되 夭壽者(요수자)는 단위수를 쓰고 天壽(천수)를 다하는 자는 십단위를 사용한다. 만약 六數(육수)면 夭壽者(요수자)는 육세요, 壽者(수자)는 육십세로 본다.

② 鬼(귀)가 絶命(절명)을 띠고 日辰宮(일진궁)을 剋(극)한 자나 鬼(귀)가 일진궁 절명을 극한 자는 절명수로 壽限(수한)을 결정한다. 가령 一六水(일육수)라면 壬年(임년) 아니면 癸年(계년)이라고 하는데 夭壽者(요수자)는 십세전에 오는 壬癸年(임계년)으로 정하고 壽者(수자)는 후반기 晚年(만년)에 오는 壬癸年(임계년)으로 결정한다. 여러분께서는 수명에 관한 경망스런 언동을 삼갈 것을 부탁드립니다.

③ 絶命宮(절명궁)이 受生(수생)되면 生氣宮數(생기궁수)로 정하고, 절명궁이 受生(수생)되고 當旺(당왕)하면 歸魂宮數(귀혼궁수)로 정하고, 귀혼궁이 受生(수생)되고 당왕하면 世宮數(세궁수)로 정하고, 生氣宮(생기궁)이 受剋(수극)되면 귀혼궁수로 정한다. 절명궁 간수는 十數를 취하고 생기궁 干數(간수)는 零(영)을 취한다.

④ 父母(부모) 兄弟(형제)가 日宮(일궁)에 임하고 鬼(귀)의 剋(극)을 받으면 歲數(세수)로 결정하고, 財宮(재궁)이 極旺(극왕)하면 財上數(재상수)로 결정한다.

⑤ 中宮鬼(중궁귀)가 歲月時(세월시) 歸魂(귀혼)을 助(조)하고 다

시 歸魂(귀혼)이 日辰宮(일진궁)을 助(조)하면 日辰數(일진수)는 十(십)을 취하고 歸魂數(귀혼수)는 單位(단위)를 취해서 합산하여 결정하는데 絶命(절명)도 마찬가지다.

⑥ 官鬼(관귀)나 財星(재성) 子孫(자손)이 日辰宮(일진궁)에 임한 자는 絶命宮 干數(절명궁 간수)로 결정한다.

⑦ 鬼(귀)가 中宮(중궁)에 隱伏(은복)되고 官(관)이 坐(좌)한 자는 世宮數(세궁수)와 은복된 鬼數(귀수)를 乘(승)하여 결정한다. 絶命(절명)이 動(동)하면 절명수는 單位(단위)를 취하고 세궁수는 십단위를 취하여 결정한다. 絶命(절명)이 空亡(공망)을 만나면 死門宮(사문궁)을 취하고 사문궁이 受剋(수극)되면 歸魂宮(귀혼궁)을 취하여 결정한다.

⑧ 歲(세)가 中宮(중궁)을 助(조)하고 중궁이 日辰宮(일진궁)을 극할 때는 중궁을 助(조)하는 歲支數(세지수)로서 결정하고 鬼數(귀수)가 雙助(쌍조)를 받을 시는 쌍조하는 鬼生數(귀생수)로서 결정한다.

(1) 陽遁 雨水 上元九局(양둔 우수 상원구국)

   3 1 3 1 = 8

   丙甲丙甲

   寅子寅子

   3 1 3 1 = 8

養,生 天任 官 杜門 絶命 乙壬 四二	浴 天冲 鬼 景門 禍害 辛戊 九七	帶,官 天輔 父 休門 生氣 壬庚 六十
胎 天蓬 孫 開門 遊鬼 己辛 五一	財 癸 八八 (三)(三)	旺 天英 父 傷官 絶體 戊丙 一五
胞,墓 天心 孫 生門 歸魂 月時支 丁乙 十六	死 天柱 世 死門 天宜 歲日支 丙己 七九	病,衰 天芮 兄 驚門 福德 空亡 庚丁 二四

　四辰(사진)에 吉門(길문), 吉卦(길괘)를 만나고 兼旺(겸왕)된 中宮(중궁)의 雙財(쌍재)가 旺地(왕지)에 있는 官(관)을 助(조)하므로 王侯之象(왕후지상)이다. 그러나 全局(전국)의 天地盤(천지반)이 相戰(상전)하고 四辰(사진)이 受剋(수극)되고 死門(사문)과 歸魂(귀혼) 死墓地(사묘지)에 떨어지고 世宮(세궁)의 天地盤(천지반)이 七九火金(칠구화금)으로 相戰(상전)하므로 長久(장구)하지 못한데 絶命宮(절명궁)의 수가 2이므로 2세에 사망했다.

(2) 陽遁 雨水 中元六局(양둔 우수 중원육국)

8 2 3 1 = 14÷9=5

辛乙丙甲

巳卯寅申

6 4 3 9 = 22÷9=4

15歲, 90歲	34歲, 60歲	45歲, 50歲
帶,官　芮　　父	旺　　柱　　父	衰,病　心　　官
傷 歸 時 癸 一 門 魂 支 丙 八	杜 福　　己 六 門 德　　辛 三	開 天 歲 戊 三 門 宜 支 癸 六
7歲, 47歲	89세 19세　　　財	29歲, 75歲
浴　　英　　世		死　　蓬　　鬼
驚 絶 日 辛 二 門 體 支 丁 七	乙　　五 (十) 　　四 (九)	生 遊　　壬 八 門 魂　　己 一
31歲, 67歲	39歲, 54歲	28歲, 84歲
生,養　輔　　兄	胎　沖　　孫	胞,墓　任　　孫
休 絶 空 月 丙 七 門 命 亡 支 庚 二	景 生 空 丁 四 門 氣 亡 壬 五	死 禍　　庚 九 門 害　　戊 十

中宮財(중궁재)가 動(동)하여 歲(세)의 官星(관성)을 생하고 開門(개문) 天宜(천의) 吉門 吉卦(길문 길괘)를 得(득)하고 旺 父 文書(왕부 문서)를 생하니 官(관)이 尙書(상서)에 이른 貴 人之象(귀인지상)이다. 壽(수)는 얼마인가? 乾宮(건궁)에 死 門(사문) 禍害(화해) 絶墓(절묘)로 凶門 凶卦(흉문 흉괘)에 떨 어지고 庚戊太白伏宮(경무태백복궁) 凶格(흉격)이라 84세에 사 망했다.

(3) 陰遁 立秋 上元二局(음둔 입추 상원이국)

　7 8 6 5 = 26÷9=8

　庚辛己戊

　寅巳未午

　3 6 8 7 = 24÷9=6

衰,旺 輔 世 1歲, 49歲 傷 禍 日 丙 四 門 害 支 丙 十	官 英 兄 21歲, 76歲 生 絶 歲 庚 九 門 命 支 庚 五	帶,浴 芮 鬼 36歲, 60歲 死 絶 空 月 戊 六 門 體 亡 支 戊 八
病 冲 孫 45歲, 54歲 驚 天 乙 五 門 宜 乙 九	90歲 7歲　　　財 　　丁 八 (三) 　　　六 (一)	生 柱 官 12歲, 80歲 杜 生 空 壬 一 門 氣 亡 壬 三
死,墓 任 孫 16歲, 79歲 景 福 時 辛 十 門 德 支 辛 四	胞 蓬 父 28歲, 67歲 休 遊 己 七 門 魂 己 七	胎,義 心 父 9歲, 82歲 開 歸 癸 二 門 魂 癸 二

　歲日(세일)이 乘旺(승왕)하고 時孫(시손)을 생하며 受生(수생)된 時孫(시손)은 中宮財(중궁재)를 助(조)하고 중궁재는 受生(수생)되 官鬼(관귀)를 助(조)하니 官貴之象(관귀지상)이라 領相格(영상격)이다. 그러나 歲宮(세궁)이 絶命(절명)을 만나므로 반드시 중간에 落職(낙직)되어 下野(하야)하게 되니 先吉後凶(선길후흉)이라 하겠다. 壽(수)는 얼마인가? 絶命支數(절명지수) 5를 50으로 보고 鬼宮 死門支數(귀궁 사문지수) 8과 합하면 58이므로 58세에 사망한다고 본다.

(4) 陽遁 小滿 中元二局(양둔 소만 중원이국)

6 6 6 6 = 24÷9=6

己己己己

巳巳巳巳

6 6 6 6 = 24÷9=6

衰,旺 柱 世 1歲, 47歲 傷門 禍害 日時支 歲月支 癸 二 / 庚 十	官 心 兄 21歲, 66歲 杜門 絶命 壬 七 / 丙 五	帶,浴 蓬 鬼 34歲, 54歲 開門 絶體 乙 四 / 戊 八
病 芮 孫 45歲, 50歲 驚門 天宜 戊 三 / 己 九	90歲 7歲 財 辛 六(一) / 六(一)	生 任 官 12歲, 83歲 生門 生氣 丁 九 / 癸 三
死,墓 英 孫 16歲, 74歲 休門 福德 丙 八 / 丁 四	胞 輔 父 28歲, 59歲 景門 遊魂 庚 五 / 乙 七	胎,養 冲 父 9歲, 84歲 死門 歸魂 空亡 己 十 / 壬 二

歲月日時 四辰(세월일시 사진)이 巽宮(손궁)에 同宮(동궁)하여 傷門(상문), 禍害(화해), 흉문 흉괘를 만나므로 극흉하다고 보기 쉬우나 四辰(사진)이 乘生(승생), 受生(수생)에 得令(득령)하였으므로 殺(살)이 化(화)하여 權(권)이 되므로 將帥之象(장수지상)이라 일국의 都元帥(도원수)가 되었다. 中宮(중궁)에 雙財(쌍재)가 動(동)하여 兼旺(겸왕)한데 官星(관성)을 助(조)하니 대길하고 四辰(사진)이 傷門(상문)을 만났으므로 兵傷(병상)이라 하겠다. 絶命數(절명수) 5를 50으로 보고 鬼(귀)를 생하는 財(재)의 6수를 합하면 56이므로 56세에 사망한다.

(5) 陽遁 驚蟄 下元四局(양둔 경칩 하원사국)

10 10 10 4 = 34÷9=7

癸癸癸丁

丑亥卯未

2 12 4 8 = 26÷9=8

墓,死 蓬 鬼 37歲, 56歲 休 絶　　丁 三 門 命　　戊 二	病 任 官 22歲, 79歲 生 禍　　壬 八 門 害　　癸 七	衰,旺 冲 父 34歲, 65歲 死 生 歲 乙 五 門 氣 支 丙 十
胞 心 孫 35歲, 60歲 景 遊 月 庚 四 門 魂 支 乙 一	53歲　　　　財 45歲 己　七 (二) 　八 (三)	官 輔 父 9歲, 90歲 開 絶　　戊 十 門 體　　辛 五
胎,養 柱 孫 15歲, 88歲 驚 歸 空 時 辛 九 門 魂 亡 支 壬 六	生 芮 兄 31歲, 71歲 傷 天 空 丙 六 門 宜 亡 丁 九	浴,帶 英 世 4歲, 46歲 杜 福 日 癸 一 門 德 支 庚 四

　中宮財(중궁재)가 居旺(거왕), 乘生(승생), 受生(수생)된 官(관)을 助(조)하고 官(관)은 歲宮(세궁)을 생하고 歲宮(세궁)은 日(일)을 생하며 歲(세)와 日(일)은 生氣(생기)와 福德(복덕)을 得(득)하여 受生(수생)된 月時宮(월시궁)을 생하고 月時(월시)는 中宮(중궁)의 財星(재성)을 助(조)하니 從財格(종재격)이라 財(재)는 官(관)을 助(조)하므로 大官(대관)의 命(명)인 까닭에 一國(일국)의 宰相(재상)이 되었다. 壽(수)는 얼마인가? 世宮(세궁)이 居旺(거왕)되고 福德(복덕)이 임하므로 世數(세수)에 1을 加(가)하면 5니 50으로 보고 鬼宮(귀궁), 絶命(절명)을 생하는 中宮財(중궁재) 8을 합하니 58이므로 58세에 사망한다.

(6) 陽遁 立春 上元八局(양둔 입춘 상원팔국)

4 2 3 6 = 15÷9=6

丁乙丙己

丑未寅亥

2 8 3 12 = 25÷9=7

養,生 天冲 孫 生門 遊魂 空亡 壬癸 二一	浴 天輔 孫 傷門 天宜 癸己 七六	帶,官 天英 世 驚門 福德 日支 己辛 四九
胎 天任 父 死門 絶命 戊壬 三十	鬼 丁 六七 (一)(二)	旺 天芮 兄 休門 歸魂 辛乙 九四
胞,墓 天蓬 父 開門 絶體 月時支 庚戊 八五	死 天心 財 杜門 禍害 丙庚 五八	病,衰 天柱 財 景門 生氣 歲支 乙丙 十三

歲財(세재)가 中宮鬼(중궁귀)를 助(조)하고 鬼(귀)는 日(일)을 剋(극)하였다. 中宮(중궁)에 熒惑七火(형혹칠화)가 動(동)하여 己身宮(기신궁)의 太白九金(태백구금)과 相戰(상전)하고 己辛濕泥汚玉(기신습니오옥) 凶格(흉격)이라 夭壽(요수)할 것이 분명한데 출생된지 15일만에 사망하였다.

(7) 陰遁 小雪 中元八局(음둔 소설 중원팔국)

6 3 4 2 = 15÷9=6

己丙丁乙

亥辰亥未

12 5 12 8 = 37÷9=1

帶,官　天冲　世 驚門　生氣　日支　癸壬　二五	旺　天輔　兄 死門　絕體　壬乙　七十	衰,病　天英　鬼 生門　絕命　歲支　乙丁　四三
浴　天任　孫 傷門　福德　戊癸　三四	財 辛　六一　(一)(六)	死　天禽　官 開門　禍害　(辛)　丁己　九八
生,養　天蓬　孫 休門　天宜　空亡　丙戊　八九	胎　天心　父 景門　歸魂　空亡　庚丙　五二	胞,墓　天柱　父 杜門　遊魂　月時支　己庚　十七

　　世宮(세궁)이 受生(수생)되고 生氣吉卦(생기길괘)를 만났으나 癸壬冲天奔地(계임충천분지) 흉격을 만났고 兼旺(겸왕)한 中宮財(중궁재)가 歲宮(세궁)의 絶命鬼(절명귀)를 돕고 歲絶命(세절명)은 己身宮(기신궁)을 극하고 일은 失令(실령)되니 흉명이다. 壽(수)는 얼마인가? 歲宮(세궁)의 絶命數(절명수)로 결정하니 3세에 사망하였다.

(8) 陽遁 冬至 中元七局(양둔 동지 중원칠국)

8 9 9 4 = 30÷9=3

辛壬壬丁

丑申子丑

2 9 1 2 = 14÷9=5

衰,旺　天輔　　財 生歸　　　丁　九 門魂　　　丁　四	官　　天英　　財 傷福　　　庚　四 門德　　　庚　九	帶,浴　天芮　　世 驚天日　　壬　一 門宜支　　壬　二
病　　天沖　　父 死絶　　　癸　十 門體　　　癸　三	孫 丙　三　(八) 　　五　(十)	生　　天柱　　兄 休遊　　　戊　六 門魂　　　戊　七
死,墓　天任　　父 開絶歲　　己　五 門命時　　己　八 　　支	胞　　天蓬　　官 杜生月　　辛　二 門氣支　　辛　一	胎,養　天心　　鬼 景禍空　　乙　七 門害亡　　乙　六

　　　日數(일수)가 時令(시령)의 死氣(사기)를 乘(승)하고 受剋 (수극)되었다. 絶命(절명)을 生(생)하는 禍害數(화해수)로 수 를 결정하는데 6이므로 6세에 사망한다고 판단하고 또다른 방법은 絶命數(절명수) 8에서 世宮數(세궁수) 2를 빼면 6이므 로 6세에 사망한다고 판단한다.

(9) 陽遁 淸明 上元四局(양둔 청명 상원사국)

1 1 9 8 = 19÷9=1

甲甲壬辛

子子辰卯

1 1 5 4 = 11÷9=2

衰,病　天輔　父 杜門 天宜 月支 戊 七 　　　　　　　戊 六	死　天英　父 景門 遊魂　癸 二 　　　　　　癸 一	墓,胞　天芮　官 休門 歸魂　丙 九 　　　　　　丙 四
旺　天冲　財 開門 禍害 歲支 乙 八 　　　　　　　乙 五	孫 己　一 (六) 　　二 (七)	胎　天柱　鬼 傷門 福德　辛 四 　　　　　　辛 九
官,帶　天任　財 生門 生氣　壬 三 　　　　　　壬 十	浴　天蓬　世 死門 絶命 日時支 丁 十 　　　　　　　　丁 三	生,養　天心　兄 驚門 絶體　庚 五 　　　　　　庚 八

　日時(일시)가 同宮(동궁)하여 死門(사문) 絶命(절명)을 만나 居生(거생)하였으나 歲(세)가 伏吟雜草(복음잡초)를 이뤄 雙金鬼(쌍금귀)를 助(조)하고 쌍금귀는 旺地(왕지)에 居(거)하여 중궁의 二七火(이칠화)와 상전하고 전국이 상하상전하므로 요수지명인데 死門(사문) 絶命數(절명수)로 결정하니 3이므로 3세에 사망했다.

(10) 陰遁 白露 中元三局(음둔 백로 중원삼국)

8 4 2 7 = 21÷9=3

辛丁乙庚

丑亥酉寅

2 12 10 3 = 27÷9=9

帶,官 天輔 鬼	旺 天英 官	衰,病 天芮 財
休 福 乙 九 門 德 乙 三	開 歸 辛 四 門 魂 辛 八	杜 遊 己 一 門 魂 己 一
浴 天冲 父	孫	死 天柱 財
景 生 戊 十 門 氣 戊 二	丙 三 (八) 九 (四)	生 天 月 癸 六 門 宜 支 癸 六
生,養 天任 父	胎 天蓬 兄	胞,墓 天心 世
傷 禍 歲 壬 五 門 害 時 壬 七 支	驚 絶 庚 二 門 體 庚 十	死 絶 日 丁 七 門 命 支 丁 五

　　日(일)이 死門(사문) 絶命(절명)을 만나고 中宮(중궁)의 丙火(병화)와 九金(구금)이 相戰(상전)하고 三寅(삼인)과 九申(구신)이 冲(충)을 하고 歲時(세시)의 七火(칠화)와 中宮九金(중궁구금)이 또한 상전하고 歲時宮(세시궁)에 傷門(상문) 禍害(화해)가 놓여 日(일)의 사문 절명을 助(조)하므로 장수하기 어려운데 壽(수)는 얼마인가? 禍害宮(화해궁)에 나타난 수로 결정하니 7이므로 7세에 사망했다.

(11) 陽遁 雨水 上元九局(양둔 우수 상원구국)

3 5 9 4 = 21÷9=3

丙戊壬丁

辰辰寅巳

5 5 3 6 = 19÷9=1

帶,官　天冲　　世 5歲 歲日時 傷 生　　辛 九 門 氣　　壬 五	旺　　天輔　　兄 31歲 杜 絕　　壬 四 門 體　　戊 十	衰,病　天英　　鬼 開 絕　　戊 一 門 命　　庚 三
浴　　天任　　孫 驚 福　　乙 十 門 德　　辛 四	6歲　　　財 癸 三 (八) 　一 (六)	死　　天禽　　官 21歲 生 禍　　癸 六 門 害　　丙 八
生,養　天蓬　　孫 30歲 休 天 月 己 五 門 宜 支 乙 九	胎　　天心　　父 景 歸　　丁 二 門 魂　　己 二	胞,墓　天柱　　父 13歲 死 遊 空 丙 七 門 魂 亡 丁 七

日(일)이 月令(월령)에 乘剋(승극)되었으나 다행히 生氣(생기)를 만났다. 그러나 九金(구금)에게 설기를 받으므로 장수하기 어렵다. 壽(수)는 얼마인가? 絕命數(절명수)로 결정하니 31세에 사망했다. 絕命支(절명지) 3을 30으로, 絕命干(절명간) 1을 1로 보아 합하면 31이므로 31세에 사망한다고 본다.

12. 吉格(길격)의 효과있는 방위 응용법

1. 婚姻(혼인)

결혼은 年盤(연반), 月盤(월반)을 쓰고, 格(격)은 地遁(지둔), 龍遁(용둔), 虎遁(호둔), 風遁(풍둔), 雲遁(운둔), 乙奇得使(을기득사)를 쓴다. 訂婚(정혼)은 月盤(월반)을 쓰고 格(격)은 남성일 경우 飛鳥跌穴(비조질혈), 靑龍返首(청룡반수), 天遁(천둔), 神遁(신둔), 丙奇昇殿(병기승전)을 쓰고, 여성일 경우 玉女守門(옥녀수문), 地遁(지둔), 人遁(인둔), 鬼遁(귀둔), 丁奇昇殿(정기승전)을 쓴다.

2. 生産(생산)

安産(안산)의 방위는 月盤(월반)을 쓰고, 임신의 방위도 月盤(월반)을 쓴다. 格(격)은 龍遁(용둔), 虎遁(호둔), 風遁(풍둔), 雲遁(운둔)을 쓴다.

3. 治病(치병)

盤(반)은 시반을 쓰고, 格(격)은 天遁(천둔)과 丙奇得使(병기득사)를 쓴다.

4. 埋葬(매장)

盤(반)은 시반을 쓰고, 格(격)은 甲(갑)이 없는 모든 吉格(길격)

을 쓴다.

5. 就職(취직)

盤(반)은 시반을 쓰고, 格(격)은 모든 吉格(길격)을 쓴다.

6. 交易(교역)

盤(반)은 시반을 쓰고, 格(격)은 飛鳥跌穴(비조질혈), 靑龍返首 (청룡반수), 天遁(천둔), 神遁(신둔), 丙奇得使(병기득사), 丙奇昇殿 (병기승전)을 쓴다.

7. 貸借(대차)

盤(반)은 시반을 쓰고, 格(격)은 飛鳥跌穴(비조질혈), 靑龍返首 (청룡반수), 天遁(천둔), 丙奇得使(병기득사), 丙奇昇殿(병기승전).

8. 訪問(방문)

盤(반)은 時盤(시반)을 쓰고, 格(격)은 鬼遁(귀둔), 人遁(인둔), 丁奇得使(정기득사)를 쓴다.

9. 訴訟(소송)

반드시 승소하는 상황에는 盤(반)을 年盤(연반), 月盤(월반), 日 盤(일반), 時盤(시반)을 쓴다. 格(격)은 飛鳥跌穴(비조질혈), 靑龍 返首(청룡반수), 天遁(천둔), 神遁(신둔), 丙奇得使(병기득사), 丙奇 昇殿(병기승전)을 쓴다. 교섭 상담을 요하는 상황에는 盤(반)을 年盤(연반), 月盤(월반), 日盤(일반), 時盤(시반)을 쓴다. 格(격)은 玉女守門(옥녀수문), 人遁(인둔), 鬼遁(귀둔), 丁奇得使(정기득사),

丁奇昇殿(정기승전)을 쓴다.

10. 捉賊(착적)

도적을 잡는데는 時盤(시반)을 쓴다. 格(격)은 天遁(천둔), 地網(지망), 飛鳥跌穴(비조질혈)을 쓴다.

11. 旅行(여행)

盤(반)은 月盤(월반), 日盤(일반), 時盤(시반)을 쓴다. 格(격)은 龍遁(용둔), 虎遁(호둔), 風遁(풍둔), 雲遁(운둔), 地遁(지둔), 乙奇得使(을기득사), 乙奇昇殿(을기승전)을 쓴다.

12. 移轉(이전)

盤(반)은 年盤(연반)을 쓰고, 格(격)은 일체 吉格(길격)을 쓴다.

13. 建築(건축)

盤(반)은 年盤(연반), 月盤(월반), 日盤(일반)을 쓰고, 格(격)은 일체 吉格(길격)을 쓴다.

14. 購物(구물)

물건을 매입하는데는 時盤(시반)을 쓰며, 格(격)은 일체 吉格(길격)을 쓴다.

15. 娛樂(오락)

盤(반)은 時盤(시반)을 쓴다. 格(격)은 玉女守門(옥녀수문), 地遁(지둔), 龍遁(용둔), 虎遁(호둔), 風遁(풍둔), 雲遁(운둔), 乙奇得

使(을기득사)를 쓴다.

16. 試驗(시험)

盤(반)은 時盤(시반)을 쓴다.   格(격)은 玉女守門(옥녀수문), 人遁(인둔), 鬼遁(귀둔), 乙奇得使(을기득사)를 쓴다.

方位(방위)의 利用(이용)

(1) 公司(공사), 會社(회사) 관계의 상업 교역의 財利(재리) 吉方位(길방위)

天盤	甲	甲	甲	甲	乙	乙	丙	丙	丙	丙	丁	丁	戊	辛	辛	壬
地盤	甲	乙	丙	丁	丙	己	甲	丁	戊	己	辛	乙	丙	丙	丁	丁

(2) 商用(상용), 교섭사, 판매, 방문 등 금전투자 吉方位(길방위)

① 정부기구 및 일반직원, 공무원

天盤	甲	甲	甲	乙	丙	丁	丁	丁	戊	戊
地盤	甲	丙	丁	己	甲	乙	丙	戊	丙	戊

② 自營業(자영업), 근무업, 소매업, 판매업, 제조업, 부동산, 운수업

天盤	甲	甲	甲	丙	丙	丙	丙	丙	丙
地盤	甲	丙	丁	甲	乙	丁	戊	辛	壬

③ 기자, 대중 傳播(전파), 문서관계, 신문, 방송사업 등

天盤	甲	丙	丁	丁	丁	丁	戊	辛	壬
地盤	丙	甲	乙	丙	戊	壬	丙	丙	戊

(3) 入學(입학), 考試(고시)의 吉方位(길방위)

天盤	甲	乙	乙	丙	丁	丁	丁	丁	丁	丁	戊	庚	壬
地盤	丁	丁	己	甲	甲	乙	丁	戊	庚	壬	丁	丁	辛

(4) 相親(상친), 회담, 연회, 친목의 吉方位(길방위)

남성	天盤	甲	甲	乙	乙	乙	丁	癸	癸	癸
	地盤	己	癸	甲	戊	己	戊	甲	丙	戊

여성	天盤	乙	乙	乙	丁
	地盤	甲	戊	己	戊

(5) 금전을 구하거나 動産(동산)을 求取(구취)함에 吉方位(길방위)

업종	공무원, 자영업자 이외의 일반 직원		일반 공무원		일반직업 婦女		服務業, 特種 영업				
天盤	戊	丁	甲	戊	乙	戊	辛	壬	戊	癸	乙
地盤	丙	戊	甲	丁	丁	丙	丙	戊	丙	乙	己

업종	自營業者		기자, 대중 傳播사업자, 문서사업자			부동산, 증권, 중개업자, 농업, 청결업, 운수업, 예술업자				
天盤	戊	丙	丁	丁	丁	丙	丙	丙	丙	丙
地盤	丙	戊	乙	丙	戊	乙	丁	戊	辛	壬

(6) 遷居(천거), 發達(발달), 지위나 명성을 구하거나 領導權(영도권)을 求取(구취)함에 吉方位(길방위)

업종	일반 公司, 회사직원 및 영업원		사무, 서무 계통 종사자, 회계 인사 관계자			기술, 기획에 종사하는 사람 및 服務業者, 일반공무원, 일반 미혼 여성 직원				
天盤	戊	戊	乙	乙	乙	丁	丁	丁	丁	丁
地盤	丙	丁	丙	丁	己	甲	乙	丁	庚	壬

업종	管理級, 과장, 부장급 이상의 사람			일반 公司, 회사직원 및 정부기관에서 일하는 여성					
天盤	甲	甲	甲	乙	乙	乙	己	戊	戊
地盤	甲	乙	丁	丙	丁	己	戊	丙	丁

(7) 결혼, 연애, 약속, 相親(상친)의 吉方位(길방위)

남성	天盤	甲	甲	甲	甲	甲	甲	丙	丙	丙	丙	丙	戊	戊	戊	戊
	地盤	甲	乙	丙	丁	己	癸	甲	乙	丁	戊	己	辛	丙	丁	己	壬

여성	天盤	乙	乙	乙	乙	乙	丙	丁	丁	己	己	壬	壬	壬
	地盤	甲	丁	戊	己	壬	丁	丁	壬	乙	戊	丁	戊	辛

(8) 여성이 결혼하여 夫家(부가)에 들어가 살거나 養子(양자)를 들이는데 吉方位(길방위)

天盤	乙	乙	乙	乙	乙	丁	癸
地盤	甲	丁	戊	己	壬	壬	戊

(9) 협조자, 원조자가 없으므로 고립무원의 불리한 방위

天盤	乙	丙	丙	戊	戊	己	己	庚	庚	辛	辛	壬	壬	癸
地盤	乙	丙	庚	戊	辛	己	壬	癸	庚	戊	辛	己	壬	庚

(10) 차사고, 각종사고, 분쟁이 쉽게 발생하는 주의해야 할 방위

天盤	甲	丙	戊	己	己	己	庚	辛	辛	辛
地盤	庚	庚	辛	丙	庚	壬	甲	乙	庚	辛

(11) 금전을 구함에 불리한 방위

天盤	乙	乙	丙	丙	戊	戊	戊	己	己	庚	庚	庚	庚	辛	辛	辛	壬	壬	癸	癸
地盤	乙	辛	丙	庚	戊	辛	壬	己	壬	丙	庚	壬	癸	乙	戊	辛	己	壬	庚	癸

(12) 연애에 불리한 방위. 溺色(익색), 色難(색난)이 우려된다.

天盤	丁	戊	己	庚	壬
地盤	己	己	庚	己	乙

(13) 여행에 불리한 방위

天盤	癸
地盤	癸

(14) 考試(고시), 고사, 테스트에 불리한 방위

天盤	丁	癸
地盤	癸	丁

13. 星門(성문)의 吉凶(길흉)

甲. 길흉의 결정 방법

遁甲盤(둔갑반)을 사용해서 방위의 길흉을 결정할 때에는 우선 天地(천지), 星門(성문), 宮神(궁신)의 길흉을 확인해야 한다. 만일 天地(천지)와 星門(성문)이 다 길하면 이 방위는 대길한 것이다. 天地(천지)와 星門(성문)이 고루 흉하면 이 방위는 반드시 대흉하다. 이때는 宮神(궁신)의 길흉과는 무관하다. 天地(천지)와 宮神(궁신)이 길한데 星門(성문)이 흉할 때는 결과는 中吉(중길)이다. 단지 天地(천지)는 길한데 星門(성문)과 宮神(궁신)이 흉할 때에는 결과는 小凶(소흉)이다. 단지 星門(성문)은 길한데 天地(천지)와 宮神(궁신)이 흉할 때는 결과는 小凶(소흉)이다. 단지 宮神(궁신)은 길한데 天地(천지)와 星門(성문)이 흉할 때에는 결과는 小凶(소흉)하다. 이와 같은 원칙으로 판단하면 五黃殺(오황살), 暗劍殺(암검살)의 방위도 태연스럽게 운용할 수 있다.

乙. 卦課(괘과)의 판단

星門(성문)은 九星(구성)으로써 外卦(외괘)를 삼고 八門(팔문)으로써 內卦(내괘)로하여 판단한다. 먼저 直使(직사)가 소재한 위치를 內卦(내괘)로 만들고 다시 直符(직부)가 있는 위치를 外卦(외괘)로 한다. 이와 같이 이 모든 것을 本卦(본괘)로 하여 사용한다. 이어서 다시 사용 방위의 九星(구성)을 外卦(외괘)로 하고 또 사용 방위의 八門(팔문)을 內卦(내괘)로 하여서 이 모든 것을 變卦(변괘)로 만들어서 사용한다. 먼저 本卦(본괘)를 찾아내고 다음에는 變卦(변괘)를 찾아낸다. 本卦(본괘)와 變卦(변괘)를 찾아 낸 다음 이어서 納甲(납갑)을 알아야 한다. 納甲(납갑)의 求法(구법)은 우선 初爻(초효)의 十二支(십이지)를 결정해야 한다. 初爻(초효)의 十二支(십이지)는 다음과 같다. 艮(少男)(간(소남))은 辰(진)이며, 震(長男)(진(장남))은 子(자)며, 兌(少女)(태(소녀))는 巳(사)며, 巽(長女)(손(장녀))은 丑(축)이며, 乾(老父)(건(노부))은 午(오)며, 坎(中男)(감(중남))은 寅(인)이며, 坤(老母)(곤(노모))은 未(미)며, 離(中女)(이(중녀))는 卯(묘)이다. 初爻(초효)의 十二支(십이지)를 결정한 후에는 陽卦(양괘)(震(진), 坎(감), 艮(간), 乾(건))는 下(하)에서 上(상)으로 순행한다. 陰卦(음괘)(巽(손), 離(이), 兌(태), 坤(곤))는 下(하)에서 上(상)으로 순행한다.

丙. 星門(성문)의 吉凶(길흉)

星門(성문)은 九星(구성)으로서 外卦(외괘)로 하고 八門(팔문)을 內卦(내괘)로 하여 판단한다. 直使(직사)가 있는 위치를 內卦(내괘)로 하고 直符(직부)가 있는 위치를 外卦(외괘)로 한다. 이런 식으로 本卦(본괘)를 만들게 된다. 사용 방위의 九星(구성)을 外卦(외괘)로 하고 八門(팔문)을 內卦(내괘)로 하여 變卦(변괘)를 만들게 한다. 모든 것은 다음과 같다.

① 天蓬星(천봉성)이 休門(휴문)일 때 坎爲水卦(감위수괘)가 되며 小凶(소흉)이다.
② 天蓬星(천봉성)이 生門(생문)일 때 水山蹇卦(수산건괘)가 되며 大吉(대길)하다.

內外\支位\卦名	震・長男	巽・長女	坎・中男	離・中女	艮・少男	兌・少女	乾・老父	坤・老母
外卦 上	戌	卯	子	巳	寅	未	辰	酉
外卦 五	申	巳	戌	未	子	酉	寅	亥
外卦 四	午	未	申	酉	戌	亥	子	丑
內卦 三	辰	酉	午	亥	申	丑	戌	卯
內卦 二	寅	亥	辰	丑	午	卯	申	巳
內卦 一	子	丑	寅	卯	辰	巳	午	未

③ 天蓬星(천봉성)이 傷門(상문)일 때 水雷屯卦(수뢰둔괘)가 되며 小凶(소흉)이다.

④ 天蓬星(천봉성)이 杜門(두문)일 때 水風井卦(수풍정괘)가 되며 小凶(소흉)하다.

⑤ 天蓬星(천봉성)이 景門(경문)일 때 水火旣濟卦(수화기제괘)가 되며 小凶(소흉)이다.

⑥ 天蓬星(천봉성)이 死門(사문)일 때 水地比卦(수지비괘)가 되며 小凶(소흉)이다.

⑦ 天蓬星(천봉성)이 驚門(경문)일 때 水澤節卦(수택절괘)가 되며 小凶(소흉)하다.

⑧ 天蓬星(천봉성)이 開門(개문)일 때 水天需卦(수천수괘)가 되며

大吉(대길)하다.

⑨ 天芮星(천예성)이 休門(휴문)일 때 地水師卦(지수사괘)가 되며 大吉(대길)이다.

⑩ 天芮星(천예성)이 生門(생문)일 때 地山謙卦(지산겸괘)가 되며 小凶(소흉)이다.

⑪ 天芮星(천예성)이 傷門(상문)일 때 地雷復卦(지뢰복괘)가 되며 小凶(소흉)이다.

⑫ 天芮星(천예성)이 杜門(두문)일 때 地風升卦(지풍승괘)가 되며 小凶(소흉)하다.

⑬ 天芮星(천예성)이 景門(경문)일 때 地火明夷卦(지화명이괘)가 되며 小吉(소길)하다.

⑭ 天芮星(천예성)이 死門(사문)일 때 坤爲地卦(곤위지괘)가 되며 大凶(대흉)하다.

⑮ 天芮星(천예성)이 驚門(경문)일 때 地澤臨卦(지택림괘)가 되며 小凶(소흉)하다.

⑯ 天芮星(천예성)이 開門(개문)일 때 地天泰卦(지천태괘)가 되며 大吉(대길)하다.

⑰ 天冲星(천충성)이 休門(휴문)일 때 雷水解卦(뇌수해괘)가 되며 大吉(대길)하다.

⑱ 天冲星(천충성)이 生門(생문)일 때 雷山小過卦(뇌산소과괘)가 되며 大吉(대길)이다.

⑲ 天冲星(천충성)이 傷門(상문)일 때 震爲雷卦(진위뢰괘)가 되며 大凶(대흉)하다.

⑳ 天冲星(천충성)이 杜門(두문)일 때 雷風恒卦(뇌풍항괘)가 되며 小凶(소흉)이다.

㉑ 天冲星(천충성)이 景門(경문)일 때 雷火豐卦(뇌화풍괘)가 되며 小吉(소길)이다.

㉒ 天冲星(천충성)이 死門(사문)일 때 雷地豫卦(뇌지예괘)가 되며 小凶(소흉)하다.

㉓ 天冲星(천충성)이 驚門(경문)일 때 雷澤歸妹卦(뇌택귀매괘)가 되며 大凶(대흉)하다.

㉔ 天冲星(천충성)이 開門(개문)일 때 雷天大壯卦(뇌천대장괘)가 되며 大吉(대길)이다.

㉕ 天輔星(천보성)이 休門(휴문)일 때 風水渙卦(풍수환괘)가 되며 大吉(대길)이다.

㉖ 天輔星(천보성)이 生門(생문)일 때 風山漸卦(풍산점괘)가 되며 大吉(대길)이다.

㉗ 天輔星(천보성)이 傷門(상문)일 때 風雷益卦(풍뢰익괘)가 되며 小凶(소흉)이다.

㉘ 天輔星(천보성)이 杜門(두문)일 때 巽爲風卦(손위풍괘)가 되며 大凶(대흉)이다.

㉙ 天輔星(천보성)이 景門(경문)일 때 風火家人卦(풍화가인괘)가 되며 小吉(소길)이다.

㉚ 天輔星(천보성)이 死門(사문)일 때 風地觀卦(풍지관괘)가 되며 小凶(소흉)이다.

㉛ 天輔星(천보성)이 驚門(경문)일 때 風澤中孚卦(풍택중부괘)가 되며 小凶(소흉)이다.

㉜ 天輔星(천보성)이 開門(개문)일 때 風天小畜卦(풍천소축괘)가 되며 小凶(소흉)하다.

㉝ 天禽星(천금성)이 休門(휴문)일 때 坎爲水卦(감위수괘)가 되며 小凶(소흉)이다.

㉞ 天禽星(천금성)이 生門(생문)일 때 艮爲山卦(간위산괘)가 되며 小凶(소흉)하다.

㉟ 天禽星(천금성)이 傷門(상문)일 때 震爲雷卦(진위뢰괘)가 되며

大凶(대흉)하다.

㊱ 天禽星(천금성)이 杜門(두문)일 때 巽爲風卦(손위풍괘)가 되며 大凶(대흉)하다.

㊲ 天禽星(천금성)이 景門(경문)일 때 離爲火卦(이위화괘)가 되며 小凶(소흉)하다.

㊳ 天禽星(천금성)이 死門(사문)일 때 坤爲地卦(곤위지괘)가 되며 大凶(대흉)하다.

㊴ 天禽星(천금성)이 驚門(경문)일 때 兌爲澤卦(태위택괘)가 되며 大凶(대흉)하다.

㊵ 天禽星(천금성)이 開門(개문)일 때 乾爲天卦(건위천괘)가 되며 小凶(소흉)하다.

㊶ 天心星(천심성)이 休門(휴문)일 때 天水訟卦(천수송괘)가 되며 大吉(대길)하다.

㊷ 天心星(천심성)이 生門(생문)일 때 天山遯卦(천산둔괘)가 되며 大吉(대길)하다.

㊸ 天心星(천심성)이 傷門(상문)일 때 天雷无妄卦(천뢰무망괘)가 되며 小凶(소흉)이다.

㊹ 天心星(천심성)이 杜門(두문)일 때 天風姤卦(천풍구괘)가 되며 大凶(대흉)이다.

㊺ 天心星(천심성)이 景門(경문)일 때 天火同人卦(천화동인괘)가 되며 小吉(소길)이다.

㊻ 天心星(천심성)이 死門(사문)일 때 天地否卦(천지비괘)가 되며 小凶(소흉)하다.

㊼ 天心星(천심성)이 驚門(경문)일 때 天澤履卦(천택리괘)가 되며 小凶(소흉)하다.

㊽ 天心星(천심성)이 開門(개문)일 때 乾爲天卦(건위천괘)가 되며 小凶(소흉)하다.

㊾ 天柱星(천주성)이 休門(휴문)일 때 澤水困卦(택수곤괘)가 되며 大吉(대길)하다.

㊿ 天柱星(천주성)이 生門(생문)일 때 澤山咸卦(택산함괘)가 되며 大吉(대길)하다.

(51) 天柱星(천주성)이 傷門(상문)일 때 澤雷隨卦(택뢰수괘)가 되며 大凶(대흉)하다.

(52) 天柱星(천주성)이 杜門(두문)일 때 澤風大過卦(택풍대과괘)가 되며 小凶(소흉)하다.

(53) 天柱星(천주성)이 景門(경문)일 때 澤火革卦(택화혁괘)가 되며 小吉(소길)하다.

(54) 天柱星(천주성)이 死門(사문)일 때 澤地萃卦(택지췌괘)가 되며 小凶(소흉)하다.

(55) 天柱星(천주성)이 驚門(경문)일 때 兌爲澤卦(태위택괘)가 되며 大凶(대흉)하다.

(56) 天柱星(천주성)이 開門(개문)일 때 澤天夬卦(택천쾌괘)가 되며 大吉(대길)하다.

(57) 天任星(천임성)이 休門(휴문)일 때 山水蒙卦(산수몽괘)가 되며 大吉(대길)하다.

(58) 天任星(천임성)이 生門(생문)일 때 艮爲山卦(간위산괘)가 되며 小凶(소흉)하다.

(59) 天任星(천임성)이 傷門(상문)일 때 山雷頤卦(산뢰이괘)가 되며 小凶(소흉)이다.

(60) 天任星(천임성)이 杜門(두문)일 때 山風蠱卦(산풍고괘)가 되며 小凶(소흉)이다.

(61) 天任星(천임성)이 景門(경문)일 때 山火賁卦(산화비괘)가 되며 小吉(소길)이다.

(62) 天任星(천임성)이 死門(사문)일 때 山地剝卦(산지박괘)가 되며

大凶(대흉)하다.

⑥3 天任星(천임성)이 驚門(경문)일 때 山澤損卦(산택손괘)가 되며 小凶(소흉)이다.

⑥4 天任星(천임성)이 開門(개문)일 때 山天大畜卦(산천대축괘)가 되며 大吉(대길)하다.

⑥5 天英星(천영성)이 休門(휴문)일 때 火水未濟卦(화수미제괘)가 되며 小凶(소흉)하다.

⑥6 天英星(천영성)이 生門(생문)일 때 火山旅卦(화산려괘)가 되며 大吉(대길)하다.

⑥7 天英星(천영성)이 傷門(상문)일 때 火雷噬嗑卦(화뢰서합괘)가 되며 小凶(소흉)이다.

⑥8 天英星(천영성)이 杜門(두문)일 때 火風鼎卦(화풍정괘)가 되며 小凶(소흉)이다.

⑥9 天英星(천영성)이 景門(경문)일 때 離爲火卦(이위화괘)가 되며 小凶(소흉)하다.

⑦0 天英星(천영성)이 死門(사문)일 때 火地晋卦(화지진괘)가 되며 小凶(소흉)이다.

⑦1 天英星(천영성)이 驚門(경문)일 때 火澤睽卦(화택규괘)가 되며 小凶(소흉)하다.

⑦2 天英星(천영성)이 開門(개문)일 때 火天大有卦(화천대유괘)가 되며 大吉(대길)하다.

以上(이상)은 本卦(본괘)가 原因(원인)이 되고 變卦(변괘)가 結果(결과)가 되기 때문에 판단할 때는 變卦(변괘)에 중점을 두어야 한다.

本卦表(본괘표)

直符＼直使	坎	坤	震	巽	乾	兌	艮	離
坎	坎	師	解	渙	訟	困	蒙	未濟
艮	蹇	謙	小過	漸	遯	咸	艮	旅
震	屯	復	震	益	无妄	隨	頤	噬嗑
巽	井	升	恒	巽	姤	大過	蠱	鼎
離	既濟	明夷	豐	家人	同人	革	賁	離
坤	比	坤	豫	觀	否	萃	剝	晋
兌	節	臨	歸妹	中孚	履	兌	損	睽
乾	需	泰	大壯	小畜	乾	夬	大畜	大有

變卦表(변괘표)

星＼門	天蓬	天芮	天冲	天輔	天禽	天心	天柱	天任	天英
休門	坎	師	解	渙	坎	訟	困	蒙	未濟
生門	蹇	謙	小過	漸	艮	遯	咸	艮	旅
傷門	屯	復	震	益	震	无妄	隨	頤	噬嗑
杜門	井	升	恒	巽	巽	姤	大過	蠱	鼎
景門	既濟	明夷	豊	家人	離	同人	革	賁	離
死門	比	坤	豫	觀	坤	否	萃	剝	晉
驚門	節	臨	歸妹	中孚	兌	履	兌	損	睽
開門	需	泰	大壯	小畜	乾	乾	夬	大畜	大有

예를 들면 정미년(丁未年) 병오월(丙午月) 기미일(己未日) 을축시(乙丑時)의 상황일 때 盤(반)은 다음과 같다. 艮(간)의 방위를 사용할 때 우선 直符(직부)와 直使(직사)가 명료해야 하기 때문에 九局(구국)이면서 旬首(순수)는 戊(무)가 되므로 直使(직사)가 景門(경문)이 되며 直符(직부)는 天英(천영)이 된다. 그래서 本卦(본괘)는 아래와 같다. 天英(천영)이 坎宮(감궁)에 드니 水(수)가 되고 景門(경문)

四 冲 辛	九 任 乙	二 蓬 己
雀 驚 癸	陳 開 戊	合 休 丙
三 芮 庚	五　　壬	七 心 丁
地 死 丁	輔　　壬	陰 生 庚
八 柱 丙	一 英 戊	六 禽 癸
天 景 己	符 杜 乙	蛇 傷 辛

(경문)이 艮(간)에 드니 山(산)이다. 이는 水山蹇卦(수산건괘)이다. 天柱(천주)와 景門(경문)이 艮中(간중)에 있기 때문에 變卦(변괘)는 澤火革(택화혁)이 된다. 初爻(초효)와 四爻(사효)가 動(동)하고 있다. 本卦(본괘)를 사용해서 그 동태를 본다. 本卦(본괘)를 본 다음 內卦(내괘)가 艮(간)이고 위에서 아래로 순서로 申(신), 午(오), 辰(진)임을 얻게 되므로 外卦(외괘)는 坎(감)이므로 上(상)에서 下(하)로 차례로 子(자), 戌(술), 辰(진)이 된다. 즉 申(신)과 辰(진)이 動(동)함을 알 수 있다. 이와같이 納甲(납갑)을 결정한 다음 이어서 十二天將(십이천장)을 배합한다. 天將(천장)이라는 것은 바로 貴人(귀인), 螣蛇(등사), 朱雀(주작), 六合(육합), 勾陳(구진), 靑龍(청룡), 天空(천공), 白虎(백호), 太常(태상), 玄武(현무), 太陰(태음), 天后(천후)를 말한다. 그 방법은 卦(괘)의 納甲(납갑)과 用干(용간)에서 찾아낸다. 用干(용간)이란 年盤(연반)이면 年干(연간)을 쓰고, 月盤(월반)이면 年干(연간)

```
子 ━━ ━━
戌 ━━━━
申 ━━ ━━ ○
申 ━━━━
午 ━━ ━━
辰 ━━━━ ○
```

을 쓰고, 日盤(일반)이면 日干(일간)을 쓰고, 時盤(시반)이면 日干(일간)을 사용함을 말한다. 이에 대한 판단법은 대단히 중요하다. 十二天將(십이천장)의 결정방법은 우선 貴人(귀인)을 찾아내야 한다. 貴人(귀인)에는 양귀인과 음귀인이 있으며 陽遁(양둔)이면 양귀인, 陰遁(음둔)이면 음귀인이다.

도표를 보고 암기하세요.

用干 貴人	甲	乙	丙	丁	戊	己	庚	辛	壬	癸
陽貴人	未	申	酉	亥	丑	子	丑	寅	卯	巳
陰貴人	丑	子	亥	酉	未	申	未	午	巳	卯

예를 들면 앞에서 말한 예는 바로 陰遁(음둔)이라서 陰貴人(음귀인)을 사용해야 하므로 日干(일간)의 己(기)와 표에서 산출해낸 貴人(귀인)은 申(신)이다. 貴人(귀인)의 위치가 결정된 다음에는 十二天將(십이천장)을 결정할 수 있다. 十二天將(십이천장)에는 順將(순장)과 逆將(역장)이 있다. 방위가 坎(감), 艮(간), 震(진), 巽(손)의 상황일 때는 順將(순장)을 쓴다. 방위가 離(이), 坤(곤), 兌(태), 乾(건)의 상황일 때는 逆將(역장)을 사용한다. 예를 들면 앞에 말한 예는 艮(간)을 사용했기 때문에 順將(순장)이다. 결과는 다음 괘상과 같다. 十二天將을 결정한 다음에는 六親을 찾아내야 한다. 육친은 兄弟(형제), 子孫(자손), 妻財(처재), 官鬼(관귀), 父母(부모)등을 말한다. 이런 종류의 상황은 易(역)의 판단법과 같으니 易占冊(역점책)을 참고하세요.

```
—— ——   子 勾陳
————————   戌 朱雀
○ —— ——   申 貴人
————————   申 貴人
————————   午 太陰
○ —— ——   辰 太常
```

十二天將(십이천장) 順將表(순장표)

天將 \ 貴人	螣蛇	朱雀	六合	勾陳	靑龍	天空	白虎	太常	玄武	太陰	天后
子	丑	寅	卯	辰	巳	午	未	申	酉	戌	亥
丑	寅	卯	辰	巳	午	未	申	酉	戌	亥	子
寅	卯	辰	巳	午	未	申	酉	戌	亥	子	丑
卯	辰	巳	午	未	申	酉	戌	亥	子	丑	寅
辰	巳	午	未	申	酉	戌	亥	子	丑	寅	卯
巳	午	未	申	酉	戌	亥	子	丑	寅	卯	辰
午	未	申	酉	戌	亥	子	丑	寅	卯	辰	巳
未	申	酉	戌	亥	子	丑	寅	卯	辰	巳	午
申	酉	戌	亥	子	丑	寅	卯	辰	巳	午	未
酉	戌	亥	子	丑	寅	卯	辰	巳	午	未	申
戌	亥	子	丑	寅	卯	辰	巳	午	未	申	酉
亥	子	丑	寅	卯	辰	巳	午	未	申	酉	戌

十二天將(십이천장) 逆將表(역장표)

天將　　天貴人	螣蛇	朱雀	六合	勾陳	靑龍	天空	白虎	太常	玄武	太陰	天后
子	亥	戌	酉	申	未	午	巳	辰	卯	寅	丑
丑	子	亥	戌	酉	申	未	午	巳	辰	卯	寅
寅	丑	子	亥	戌	酉	申	未	午	巳	辰	卯
卯	寅	丑	子	亥	戌	酉	申	未	午	巳	辰
辰	卯	寅	丑	子	亥	戌	酉	申	未	午	巳
巳	辰	卯	寅	丑	子	亥	戌	酉	申	未	午
午	巳	辰	卯	寅	丑	子	亥	戌	酉	申	未
未	午	巳	辰	卯	寅	丑	子	亥	戌	酉	申
申	未	午	巳	辰	卯	寅	丑	子	亥	戌	酉
酉	申	未	午	巳	辰	卯	寅	丑	子	亥	戌
戌	酉	申	未	午	巳	辰	卯	寅	丑	子	亥
亥	戌	酉	申	未	午	巳	辰	卯	寅	丑	子

丁. 應期(응기)의 결정 방법

干(간)을 중앙에 두고 陽順陰逆(양순음역)의 盤(반)을 배치하면 應期(응기)가 되므로 應期盤(응기반)과 天盤(천반)의 干(간)이 서로 같을 때에 방위의 작용이 발생하게 된다. 應期盤表(응기반표)를 보고 참고하세요.

陽遁(양둔)

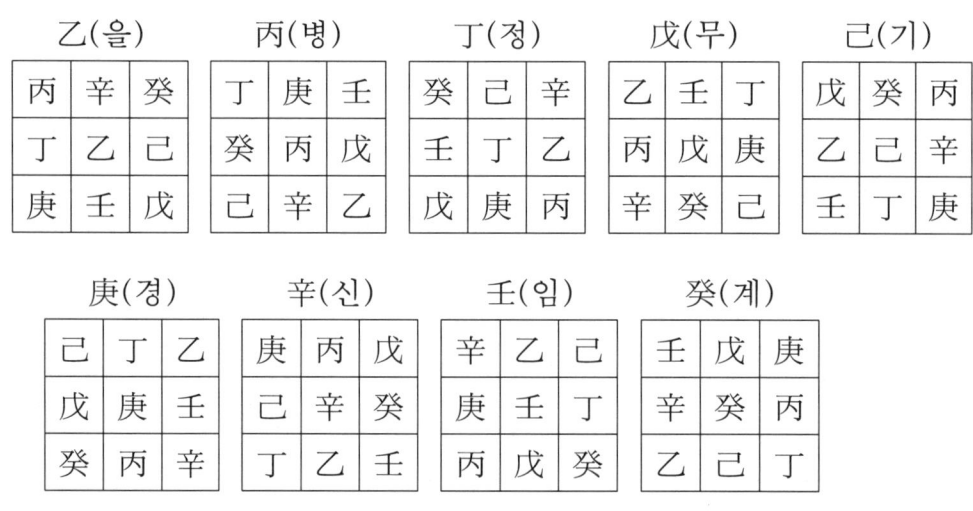

乙(을)
丙	辛	癸
丁	乙	己
庚	壬	戊

丙(병)
丁	庚	壬
癸	丙	戊
己	辛	乙

丁(정)
癸	己	辛
壬	丁	乙
戊	庚	丙

戊(무)
乙	壬	丁
丙	戊	庚
辛	癸	己

己(기)
戊	癸	丙
乙	己	辛
壬	丁	庚

庚(경)
己	丁	乙
戊	庚	壬
癸	丙	辛

辛(신)
庚	丙	戊
己	辛	癸
丁	乙	壬

壬(임)
辛	乙	己
庚	壬	丁
丙	戊	癸

癸(계)
壬	戊	庚
辛	癸	丙
乙	己	丁

陰遁(음둔)

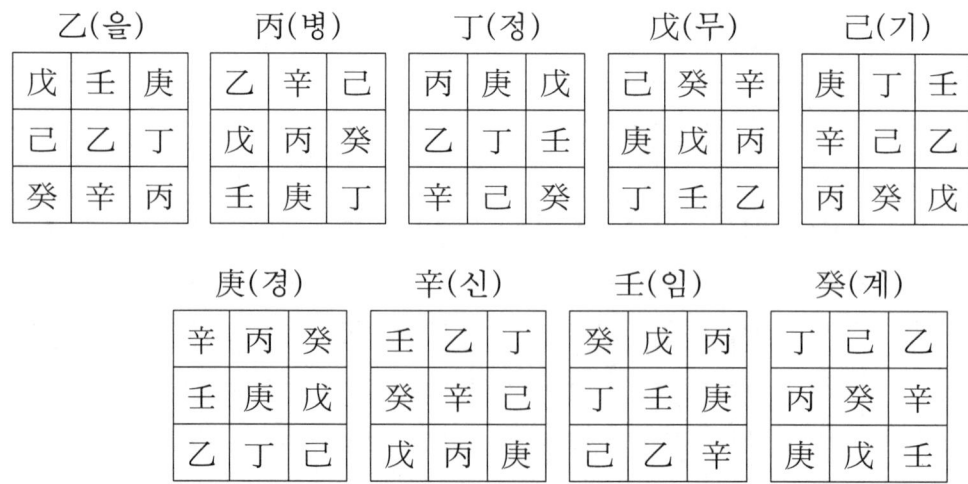

乙(을)
戊	壬	庚
己	乙	丁
癸	辛	丙

丙(병)
乙	辛	己
戊	丙	癸
壬	庚	丁

丁(정)
丙	庚	戊
乙	丁	壬
辛	己	癸

戊(무)
己	癸	辛
庚	戊	丙
丁	壬	乙

己(기)
庚	丁	壬
辛	己	乙
丙	癸	戊

庚(경)
辛	丙	癸
壬	庚	戊
乙	丁	己

辛(신)
壬	乙	丁
癸	辛	己
戊	丙	庚

壬(임)
癸	戊	丙
丁	壬	庚
己	乙	辛

癸(계)
丁	己	乙
丙	癸	辛
庚	戊	壬

第三編　奇門秘訣(기문비결)

1. 奇門七十二局 軍中應驗神符經
(기문칠십이국 군중응험신부경)

第一局 乙奇(을기)가 天輔(천보)와 함께 休門(휴문)에 임함을 飛龍在天(비룡재천)이라 한다. 客(객)에게 이롭고 승부나 담판이면 客(객)이 승리한다. 서방이 이로우니 서방으로 進兵(진병)하거나 營寨(영채)를 설치함이 좋고 원행에도 길하다. 門(문)을 나서면 새 두 마리가 나란히 날아가는 모습을 보게 되니 이것이 應(응)이요, 기이한 功(공)을 얻을 것이다.

第二局 乙奇(을기)가 九天(구천)과 天柱(천주)와 함께 生門(생문)에 임함을 靑雲得路(청운득로)라 한다. 利(이)는 客(객)에 있으니 擧事(거사)나 擧動(거동)은 짧은 시일 내에 客(객)이 이기고 出軍(출군)하면 대승한다. 出門(출문)하자 늙은 여인이 좌측 길로 지나가고 5里(리)쯤 가면 어떤 사람이 주안상을 준비하여 대접하는 일이 있으면 이것이 應(응)으로 勝戰(승전)의 징후이다.

第三局 乙奇(을기)가 天任(천임), 太陰(태음)과 함께 傷門(상문)에 임함을 太陰當權(태음당권)이라 한다. 利(이)는 客(객)에게 있고 교섭과 담판에서 이긴다. 大將(대장)이 병졸을 이끌고 出兵(출병)하면 승리한다. 군사를 행할 때 坎宮(감궁)으로 나가면 500里(리) 밖에서 구름이 아주 낮게 끼고 서방에서 북 치고 풍악

소리가 들리면 이것이 應(응)으로 매우 유리하다.

第四局   乙奇(을기)가 直符(직부), 天英(천영)과 함께 杜門(두문)에 임함을 霹靂雷全(벽력뢰전)이라 한다.   客(객)이 이로우나 자신보다는 대역자를 내세움이 유리하니 大將(대장)은 陣營(진영)에서 쉬고 副將(부장)을 출전시킴이 좋으며 승리한다.   兌宮(태궁)으로 나가면 도사를 만나고 本營(본영)에서 깃발이 꺾이면 이것이 應(응)으로 大利(대리)하다.

第五局   乙奇(을기)가 六合(육합)과 함께 景門(경문)에 임함을 天馬馳星(천마치성)이라 한다.   利(이)는 客(객)에게 있고 靜(정)할 때는 巽方(손방)이 길하고 動(동)하면 兌方(태방)이 길하다. 行軍(행군)에 있어서 兌宮(태궁)으로 나가고 巽宮(손궁)에 陣營(진영)을 설치하면 異人(이인)이 묘한 계책을 내고 軍馬(군마)를 얻는다.   出門(출문)하자 큰바람이 일어나고 500里(리) 지점에서 큰 비가 몰아오면 이것이 應(응)으로 전투에서 대승한다.

第六局   乙奇(을기)가 白虎(백호), 天心(천심)과 함께 死門(사문)에 임함을 五虎臨門(오호임문)이라 한다.   利(이)는 客(객)에게 있고 午宮(오궁)이 吉地(길지)며 求財(구재)에 대길하다.   巳方(사방)으로 나가고 午宮(오궁)에 앉으면 된다.   大將(대장)이 出兵(출병)하여 적과 싸우면 대승을 거둔다.   出門(출문)하여 紫雲氣(자운기)가 보이고 3里(리)쯤 가서 노란 색 우산을 쓴 사람을 보게되면 이것이 應(응)으로 대리하다.

第七局   乙奇(을기)가 太陰(태음), 天禽(천금)과 함께 驚門(경문)에 임함을 月出天衢(월출천구)라 한다.   利(이)는 客(객)에게

있고 乾宮(건궁)이 길하고 巽方(손방)에 회소식이 있다. 乾宮(건궁)으로 나가 巳宮(사궁)에 營寨(영채)를 설치함에 좋고 성을 공격함에는 서방이 좋고 땅을 뺏는데는 동남이 좋다. 出門(출문)하면 세 사람이 동행하고 까치가 짖고 매가 나는 것을 보게 되면 이것이 應(응)으로 大利(대리)하다.

第八局　乙奇(을기)가 九天(구천), 天輔(천보)와 함께 開門(개문)에 임함을 太陰得令(태음득령)이라 한다. 利(이)가 客(객)에게 있으나 단독출행보다는 높은 분을 옹위함이 공을 세우는 길이다. 天子(천자)가 어가로 친히 정벌에 나서면 사방 오랑캐를 복종시키고 불법 자들을 제압시킨다.

第九局　乙奇(을기)가 直符(직부), 天柱(천주)와 함께 休門(휴문)에 임함을 白虎揚威(백호양위)라고 한다. 利(이)는 客(객)에게 있고 이 때에는 담판이나 협상이 소용없고 적을 급습하면 利(이)를 얻고 승리한다. 坎宮(감궁)으로 出軍(출군)하여 巽宮(손궁)에 주둔시키면 主將(주장)이 공을 세운다. 出門(출문)하여 3里(리)를 가면 靑雀(청작)이 지저귀며 날고 도중에서 불이 일어나는 것을 보면 이것이 應(응)으로 대길하다.

第十局　乙奇(을기)가 九天(구천), 天輔(천보)와 함께 生門(생문)에 임함을 天羅地網(천라지망)이라 한다. 출행 백사가 다 길하고 利(이)는 客(객)에게 있다. 大將(대장)이 군사를 이끌고 出兵(출병)하면 백전백승한다. 군사를 출동할 시에 서북방에서 큰 바람이 불어오고 동북방에서 우렛소리가 나면 이것이 應(응)으로 크게 이롭다.

第十一局 乙奇(을기)가 太陰(태음), 天柱(천주)와 함께 傷門(상문)에 임함을 六合同春(육합동춘)이라 한다. 利(이)는 主(주)에게 있으니 출행이나 군사를 출동시키면 손해가 있으니 먼저 움직이지 말고 弓弩手(궁노수)를 매복시켰다가 적이 침공해 오거든 동서에서 협공하면 크게 이롭다. 행군시에 黃雲(황운)이 사방에서 일어나면 이것이 應(응)으로 길한 조짐이다.

第十二局 乙奇(을기)가 六合(육합), 天柱(천주)와 함께 杜門(두문)에 임함을 玉女歸關(옥녀귀관)이라 한다. 利(이)는 主(주)에게 있으니 출행과 擧事(거사)를 하지 않는 것이 좋다. 다만 艮方(간방)은 이롭고 수비함에 좋으나 坤方(곤방)은 대흉하다. 행군시에 黃雲(황운)이 사방에서 일어나면 길한 징조다.

第十三局 乙奇(을기)가 九天(구천), 天禽(천금)과 함께 景門(경문)에 임함을 喜龍爭巢(희룡쟁소)라 한다. 利(이)는 客(객)에게 있고 승부는 客(객)이 이긴다. 火攻(화공)함이 유리하고 적의 陣營(진영)을 습격하면 노획물을 얻는다.

第十四局 乙奇(을기)가 朱雀(주작), 天任(천임)과 함께 死門(사문)에 임함을 鳥占枯枝(조점고지)라 한다. 利(이)는 主(주)에게 있고 害(해)는 客(객)에게 있다. 출행 거동을 삼가야 한다. 이때 출행하면 바라는 일은 이루어지지 않고 남쪽에서 불리한 소식을 들으니 특히 남쪽으로 원행하지 말라. 군사를 출동하면 병사들의 사기가 떨어지고 마음이 산란해지고 軍律(군율)이 행해지지 않고 적과 싸울지라도 공을 세우지 못한다. 군졸을 이끌고 陣營(진영)을 나서서 기러기 떼가 남쪽에서 날아오는 것을 보게 되면 이것이 應(응)으로 불길한 징조다.

第十五局　乙奇(을기)가 螣蛇(등사), 天輔(천보)와 함께 驚門(경문)에 임함을 黃龍升天(황룡승천)이라 한다. 利(이)는 客(객)에게 있으니 출행이 길하나 육로 행은 마땅치 못하다. 出兵(출병)하여 水戰(수전)은 유리하고 陸戰(육전)은 마땅치 못하다. 水戰(수전)을 행하면 동풍이 불어 올 것이니 이럴 때 火攻(화공)을 하면 대승한다.

第十六局　乙奇(을기)가 太陰(태음), 天蓬(천봉)과 함께 開門(개문)에 임함을 天虎司衝(천호사충)이라 한다. 利(이)는 主(주)에게 있으니 출행 거동을 삼가야 한다. 공격하지 말고 굳게 방비하는 것만이 최선이다. 부득이 출행이나 出軍(출군)하려면 丁甲神符(정갑신부)를 써서 불태우고 도액하면 액을 면할 것이다. 행군하는 도중에 구름이 태양을 가리움이 있으면 이것이 應(응)으로 불리한 징조다.

第十七局　乙奇(을기)가 九地(구지), 天芮(천예)와 함께 休門(휴문)에 임함을 天樞直日(천추직일)이라 한다. 利(이)는 客(객)에게 있으나 출행은 길하다. 단 북방은 꺼린다. 行軍(행군)하려면 乾宮(건궁)으로 나와 未宮(미궁)에 屯營(둔영)하면 길하다. 敵城(적성)을 공격함이 불리하나 大寒節(대한절)이면 성을 공격해도 유리하다. 出門(출문)하여 오색 옷을 입은 사람이 이르는 것을 보면 이것이 應(응)으로 크게 이롭다.

第十八局　乙奇(을기)가 太陰(태음), 天冲(천충)과 함께 生門(생문)에 임함을 白露橫江(백로횡강)이라 한다. 利(이)는 客(객)에게 있으며 출행은 坎宮(감궁)이 길하다. 午宮(오궁)으로 출행코자 할

때는 丁甲神符(정갑신부)를 써서 태운 재를 물에 타서 뿌리면 防
厄(방액)이 된다. 水戰(수전)이면 대승한다. 출행시에 坎宮(감궁)
으로 나와 午宮(오궁)으로 가라. 出門(출문)하여 白魚(백어)가 배
안으로 뛰어드는 일이 있으면 이것이 應(응)으로 대길한 징조다.

第十九局   乙奇(을기)가 六合(육합), 天禽(천금)과 함께 傷門(상
문)에 임함을 風散百花(풍산백화)라 한다.   利(이)가 主(주)에게
있으니 출행 거동은 크게 꺼린다.   억지로 출행하거나 거동을 하
면 교통사고나 선박이 뒤집히는 대액을 면키 어렵다.   장수가 군
사를 이끌고 나가면 불리하고 主將(주장)에게 해롭다.   병사를 잃
고 사고를 겪는다.   出門(출문)하여 악풍이 불어오거나 서풍이 불
어오면 出師(출사)에 불길한 징조이니 動(동)하지 말라.   부득이
出兵(출병), 출행시에는 六甲神符(육갑신부)를 써서 태워 물에 타
서 입에 물고 뿜으면 액을 면한다.

第二十局   乙奇(을기)가 天輔(천보), 白虎(백호)와 함께 杜門(두
문)에 임함을 虎嘯生風(호소생풍)이라 한다.   利(이)는 客(객)에게
있으나 寅方(인방)으로 출행함이 길하고 靜止(정지)는 巽方(손방)
으로 하라. 군사를 움직일 때 艮寅(간인)으로 나가고 巽巳宮(손사
궁)에 屯營(둔영)함이 좋고 陸戰(육전)이라야 유리하다.   진출한다
해도 작은 이익이 있을 뿐이다. 50里(리) 밖에 伏兵(복병)이 있을
것이니 전진하지 말고 조용히 물러나야 한다. 出門(출문)할 때에
소경이 지나가는 것을 보면 이것이 應(응)으로 약간 유리하다.

第二十一局   乙奇(을기)가 九天(구천), 天任(천임)과 함께 景門
(경문)에 임함을 飛蛾撲火(비아박화)라고 한다.   利(이)가 客(객)
에게 있으니 靜(정)하면 불리하고 動(동)하면 승리한다.   적과 대

치하여 죽음을 불사하고 싸워서라도 성을 지키고 적을 깨뜨려야 한다. 특히 적의 이간질, 간첩행위, 위장투항 등의 계략을 주의하라. 出門(출문)하여 흰 개가 길 앞에 이르면 이것이 應(응)으로 불길한 징조니 주의하라.

第二十二局   乙奇(을기)가 朱雀(주작), 天柱(천주)와 함께 死門(사문)에 임함을 尸橫遍野(시횡편야)라고 한다. 利(이)는 主(주)에게 있으니 動(동)하면 흉하고 靜(정)하면 길하다. 出師(출사)는 좋지 않으니 굳게 지켜야 한다. 陣營(진영)을 튼튼히 하고 서북 두 방위를 수비하라. 적이 營寨(영채)를 겁탈할 것이다. 특히 당일 午時(오시)가 불길하다.

第二十三局   乙奇(을기)가 螣蛇(등사), 天任(천임)과 함께 驚門(경문)에 임함을 昆蟲變化(곤고변화)라고 한다. 利(이)는 客(객)에게 있고 서방으로 出兵(출병)하면 水陸兩戰(수륙양전)이 다 유리하고 적성을 깨뜨리고 적장을 사로잡는다. 營門(영문)을 나설 때 흰 구름이 공중에 떠 있고 3里(리)쯤 가다가 이슬비를 만나면 이것이 應(응)으로 싸움에 크게 이로울 징조다.

第二十四局   乙奇(을기)가 直符(직부), 天任(천임)과 함께 開門(개문)에 임함을 天門大開(천문대개)라고 한다. 利(이)는 客(객)에게 있고 坎方(감방)으로 출행하면 대길하고 野人(야인)의 進言(진언)으로 성사된다. 大將(대장)이 군사를 이끌고 나가면 승리한다. 陣營(진영)을 출발할 시에 坎宮(감궁)으로 나가면 북 치는 소리가 들리고 野人(야인)이 獻策(헌책)하면 대승한다.

第二十五局   丙奇(병기)가 六合(육합), 天芮(천예)와 함께 休門

(휴문)에 임함을 五星聚會(오성취회)라고 한다. 利(이)는 客(객)에게 있고 坤方(곤방)으로 나가면 이득이 있다. 大將(대장)이 군사를 이끌고 싸움에 나갈 때 坤宮(곤궁)으로 나가 巽宮(손궁)에 屯營(둔영)을 하라. 冬節(동절)은 大雪(대설)을 만나고 春節(춘절)에는 이슬비를 만나면 더욱 길하고 개 두 마리가 서쪽에서 오는 것을 보면 이것이 應(응)으로 대길하다.

第二十六局 丙奇(병기)가 朱雀(주작), 天任(천임)과 함께 生門(생문)에 임함을 如魚失水(여어실수)라고 한다. 利(이)는 主(주)에게 있으니 출행 擧動(거동)은 꺼린다. 화상을 입게 된다. 大將(대장)이 出師(출사)하면 병졸들이 火攻(화공)이나 화살, 총 등에 많이 상한다. 부득이 출행하려거든 坎宮(감궁)으로 피하되 丁甲神符(정갑신부)를 써서 도액하면 좋다. 出師(출사)하여 營門(영문)을 나설 때 彩色(채색) 물건을 가진 사람이 오는 것을 보면 이것이 應(응)으로 불리한 징조다.

第二十七局 丙奇(병기)가 直符(직부), 天心(천심)과 함께 傷門(상문)에 임함을 得出天羅(득출천라)라고 한다. 利(이)는 客(객)에게 있으니 출행은 좋으나 坎方(감방)만은 꺼린다. 大將(대장)이 군사를 움직여 남방으로 나와 정북에다 陣營(진영)을 치면 처음은 불리하나 午時(오시)를 만나 戰勢(전세)가 유리해진다. 道中(도중)에 푸른 옷을 입은 道人(도인)이 獻策(헌책)커든 이를 따르면 大利(대리)하다.

第二十八局 丙奇(병기)가 直符(직부), 天芮(천예)와 함께 杜門(두문)에 임함을 六甲逢時(육갑봉시)라고 한다. 利(이)가 客(객)에게 있으나 時(시)를 잘 가려서 출행해야 하는데 특히 巳午時(사

오시)가 길하다. 함부로 출행하면 상해가 따른다. 出軍(출군)하면 약간 손상이 있고 병졸은 사기가 떨어진다. 午時(오시)에 出兵(출병)하면 크게 이롭다. 出門(출문)한지 5日(일)에 어떤 부인이 색옷을 입고 오는 것을 보면 이것이 應(응)으로 좋은 징조요 謀事(모사)에도 크게 이롭다.

第二十九局 丙奇(병기)가 勾陳(구진), 天蓬(천봉)과 함께 景門(경문)에 임함을 魚龍變化(어룡변화)라고 한다. 利(이)는 客(객)에게 있으니 출행이 대길하다. 장수가 出師(출사)하여 공을 세운다. 坤宮(곤궁)에 軍營(군영)을 설치하고 군사를 출동할 때 신선처럼 생긴 도사를 만나면 좋은 결과를 얻는다.

第三十局 丙奇(병기)가 勾陳(구진), 天英(천영)과 함께 死門(사문)에 임함을 寶鏡重磨(보경중마)라고 한다. 利(이)는 客(객)에게 있으나 출행시에는 먼저는 패하고 뒤에는 이룬다. 大將(대장)이 出軍(출군)하여 적과 싸우면 먼저는 패하나 뒤에는 승리한다. 震方(진방)이 길하고 거동에는 신중을 기해야 이롭다. 震宮(진궁)으로 향하면 황색 옷을 입은 道人(도인)이 말을 타고 오는데 이것이 應(응)으로 大利(대리)하다.

第三十一局 丙奇(병기)가 太陰(태음)과 함께 驚門(경문)에 임함을 蛇入龍穴(사입용혈)이라 한다. 利(이)는 客(객)에게 있고 출행 거동이 大利(대리)하고 求財(구재)와 商賈(상고)가 크게 이롭다. 장수가 군사를 이끌고 敵城(적성)을 공격하면 대승한다. 出軍(출군)할 때 서방에서 북소리가 들리고 흰 구름이 北斗星(북두성)을 가리며 푸른 구름이 낮게 머리 위를 덮은 듯하면 이것이 應(응)으로 크게 이롭다.

第三十二局 丙奇(병기)가 六合(육합)과 開門(개문)을 만나 離宮(이궁)에 임함을 鴻鵠冲天(홍곡충천)이라 한다. 利(이)가 客(객)에게 있으므로 출행 거동이 다 길하다. 장수가 出兵(출병)하여 적을 공격하면 대승한다. 出門(출문)하여 동남방에서 무지개가 서서 天市垣(천시원)을 冲射(충사)하면 이것이 應(응)으로 매우 길하다.

第三十三局 丙奇(병기)가 螣蛇(등사), 天芮(천예)와 함께 休門(휴문)에 壬子日時(임자일시)를 만나면 天罡擇地(천강택지)라고 한다. 利(이)가 主客(주객) 상반이라 출행하면 먼저는 흉하고 뒤에 길하다. 靜(정)하면 역시 先凶後吉(선흉후길)하다. 장수가 싸움에 임해도 마찬가지다. 營門(영문)을 나와 3里(리)쯤 가다가 날씨가 흐려지며 이슬비가 내리면 이것이 應(응)으로 길한 징조다.

第三十四局 丙奇(병기)가 九地(구지), 天任(천임)과 함께 生門(생문)에 임함을 蛇入燕巢(사입연소)라고 한다. 利(이)는 主(주)에게 있으므로 출행 거동은 삼가야 하고 대결이나 담판을 벌일 시는 主(주)가 이긴다. 出軍(출군)은 중지함이 좋다. 적병이 영내에 잠입하여 副將(부장)을 해치고 달아날 징조다. 營門(영문)을 나와 3里(리)쯤 가면 남방에서 북소리가 들리면 이것이 應(응)으로 즉시 후퇴하라. 군졸의 사기가 떨어지고 승산이 없다.

第三十五局 丙奇(병기)가 六合(육합), 天輔(천보)와 함께 傷門(상문)에 임함을 天門大開(천문대개) 또는 天門得地(천문득지)라고 한다. 利(이)는 客(객)에게 있고 震方(진방)으로 출행하면 大利(대리)하다. 장수는 군사를 이끌고 震宮(진궁)으로 나와 적을

공격하면 공을 세운다. 행군시에 黑氣(흑기)가 震宮(진궁)에서 나부끼는 것을 보면 이것이 應(응)으로 大利(대리)하다.

第三十六局 丙奇(병기)가 六合(육합), 天任(천임)과 함께 杜門(두문)에 임함을 枯木逢春(고목봉춘)이라 한다. 利(이)는 客(객)에게 있으므로 출행 등에 길하다. 앞에서 싸우다가 패한 것으로 보는데 패잔병을 잘 수습하여 다시 공격하면 승리한다. 前敗(전패)를 만회할 좋은 기회다. 行軍(행군)시에 營門(영문) 밖 3里(리) 지점에서 갈가마귀가 울며 날아가는 것을 보면 이것이 應(응)으로 좋은 조짐이다.

第三十七局 丙奇(병기)가 九天(구천), 天芮(천예)와 함께 景門(경문)에 임함을 蛟龍失水(교룡실수)라고 한다. 利(이)는 主(주)에게 있으므로 출행은 흉하다. 出師(출사)는 불리하다. 함부로 출동하면 상하고 곤경에 빠진다. 부득이 출행하려거든 兌宮(태궁)을 향하여 나가고 水路(수로)를 따라 가면 액을 면할 것이다. 행군하여 營門(영문)을 나와 날씨가 매우 뜨겁고 10里(리)쯤에서 북소리가 들리면 이것이 應(응)으로 大利(대리)하다.

第三十八局 丙奇(병기)가 朱雀(주작), 天輔(천보)와 함께 死門(사문)에 임함을 天冲臨陣(천충임진)이라 한다. 利(이)는 客(객)에 있으니 출행하면 大利(대리)하나 그 중에서도 震方(진방)이 마땅하다. 出兵(출병)할 시에 震方(진방)으로 나가면 대승을 거둔다. 陣營(진영)을 나와 행군시에 서북방에서 뇌성이 들리면 20里(리)에서 大利(대리)함이 있다.

第三十九局 丙奇(병기)가 直符(직부), 天芮(천예)와 함께 驚門

(경문)에 임함을 風雲聚會(풍운취회)라고 한다. 利(이)는 客(객)에게 있고 동남방 출행이면 크게 이롭다. 大將(대장)이 出師(출사)함에 있어서 서북을 버리고 동남으로 나아가 군졸을 매복시켰다가 오는 적을 습격하면 승리한다. 행군 시 3里(리) 밖에서 들새들이 날아오는 것을 보면 이것이 應(응)으로 大利(대리)한 징조다.

第四十局   丙奇(병기)가 九天(구천), 天芮(천예)와 함께 開門(개문)에 임함을 群羊搏虎(군양박호)라고 한다. 利(이)가 主(주)에게 있고 출행 거동은 다 흉하다. 辰日(진일) 辰時(진시)나 辰戌日時(진술일시)에 출행, 거동, 出兵(출병)하면 크게 패한다. 그리고 행군시에 혹 범을 만나면 대흉한 징조다.

第四十一局   丙奇(병기)가 太陰(태음), 天蓬(천봉)과 함께 休門(휴문)에 임함을 天日照臨(천일조림)이라 한다. 利(이)는 客(객)에게 있고 출행이 다 길하며 특히 艮方(간방)으로 출행하면 大利(대리)하다. 出軍(출군)하면 적성을 깨뜨리고 승리한다. 행군은 艮宮(간궁)으로 나가 坤宮(곤궁)에다 군막을 설치하면 유리하다. 出師(출사)하여 500里(리) 지점에서 큰 비바람이 몰아오면 이것이 應(응)으로 길한 조짐이다.

第四十二局   丙奇(병기)가 六合(육합), 天冲(천충)과 함께 生門(생문)에 임함을 秋風西起(추풍서기)라고 한다. 利(이)는 客(객)에 있으나 艮方(간방)이 길하고 출행시에 많은 상대자를 접하면 불리하다. 육로보다는 水路(수로)가 유리하다. 병사를 움직일 때 艮宮(간궁)으로 나가고 兌宮(태궁)에 營(영)을 설치하라. 사방 길목에 伏兵(복병)을 두어 오는 적을 습격하면 승리한다. 다만 水戰(수전)은 불리하다. 營門(영문)을 나와 행군시에 어떤 사람

이 지도를 내줄 것이니 전쟁에 큰 도움이 될 것이다.

第四十三局 丙奇(병기)가 朱雀(주작)과 함께 傷門(상문)에 임함을 河魁奪魄(하괴탈백)이라 한다. 利(이)는 客(객)에게 있으나 출행은 離宮(이궁)으로 출행함이 좋고 출행시에 서방으로 出門(출문)하면 크게 이롭다. 主將(주장)이 군사를 거느리고 離宮(이궁)으로 나가 坎宮(감궁)에 營(영)을 설치하면 유리하다. 水戰(수전)이 길하다. 出門(출문)하여 행군시에 서쪽에서 불이 일어나는 것을 보면 이것이 應(응)으로 大利(대리)하다.

第四十四局 丙奇(병기)가 九天(구천), 天心(천심)과 함께 杜門(두문)에 임하여 甲子日(갑자일)이나 甲辰日(갑진일)을 만나면 天乙司冲(천을사충)이라 한다. 利(이)는 客(객)에게 있고 兌方(태방)으로 나가면 길하다. 장수가 군사를 이끌고 兌宮(태궁)으로 나가 震宮(진궁)에다 軍營(군영)을 세우고 적과 싸우면 승리한다. 軍門(군문)을 나와 황색 옷을 입은 사람이 남쪽에서 와서 아군에게 유리한 정보를 제공할 것이다.

第四十五局 丙奇(병기)가 太陰(태음), 天英(천영)과 함께 景門(경문)에 임함을 火焚崑岡(화분곤강)이라 한다. 利(이)는 客(객)에게 있고 출행 거동은 대길하다. 大將(대장)이 군사를 이끌고 적의 營寨(영채)를 치면 전공을 세운다. 營門(영문)을 나설 때 황색 옷을 입은 사람이 서쪽에서 오는 것을 보면 이것이 應(응)으로 대길한 징조다.

第四十六局 丙奇(병기)가 六合(육합), 天柱(천주)와 함께 死門(사문)에 임함을 天河轉逢(천하전봉)이라 한다. 利(이)는 主(주)

에게 있으므로 출행은 대흉하다. 군사를 움직이는 데 불리하다. 억지로 出兵(출병)하면 손실을 입는다. 出門(출문)시에 가랑비를 만나며 300里(리)쯤 가다가 새떼가 북쪽에서 날아오면 이것이 應(응)으로 흉한 징조다.

第四十七局 丙奇(병기)가 朱雀(주작), 天任(천임)과 함께 驚門(경문)에 임함을 太乙得令(태을득령)이라 한다. 利(이)가 客(객)에게 있고 매사에 먼저 행하면 이기고 출행 거동이 다 길하다. 出師(출사)하여 적을 공격하면 승전한다. 만일 驚蟄節(경칩절)에 행군할 경우 거리에서 黃雲(황운)이 巽方(손방)에서 일어나고 있으면 대길한 징조다.

第四十八局 丙奇(병기)가 勾陳(구진), 天心(천심)과 함께 開門(개문)에 임함을 河魁直時(하괴직시)라고 한다. 利(이)는 客(객)에게 있고 거동백사가 길하지만 水路(수로)가 더욱 길하다. 出軍(출군)하여 적과 싸우려면 水戰(수전)이 유리하다. 행군시에 서쪽에서 북소리가 들리면 이것이 應(응)으로 매우 길한 징조다.

第四十九局 丁奇(정기)가 直符(직부), 天任(천임)과 함께 休門(휴문)에 임함을 雨霽滄江(우제창강)이라 한다. 利(이)는 客(객)에게 있고 출행이 다 길하나 坎方(감방)으로 출행함이 더욱 길하다. 大將(대장)이 出師(출사)하여 군사를 움직임에는 坎宮(감궁)으로 나와 坤宮(곤궁)에 軍營(군영)을 설치한 뒤 적을 공격하면 敵(적)은 손실을 입고 곤경에 처하게 된다. 伏兵(복병)을 이용하면 대승한다. 行軍(행군)하여 3里(리)쯤 가다가 서풍이 불어오며 細雨(세우)가 내리면 이것이 應(응)으로 大利(대리)한 징조다.

第五十局 丁奇(정기)가 太陰(태음), 天禽(천금)과 함께 生門(생문)에 임함을 勝光爭位(승광쟁위)라 한다. 利(이)가 主(주)에게 있어 만사가 다 흉하다. 出師(출사)하면 불길하여 大將(대장)에게 재앙이 있고 병사들도 우환이 닥친다. 전진함은 흉하고 물러감이 마땅하다. 出門(출문)할 때 북풍이 크게 일어나거든 급히 퇴각하라. 불길한 징조이니라.

第五十一局 丁奇(정기)가 六合(육합), 天任(천임)과 함께 傷門(상문)에 임함을 群鷄化鳳(군계화봉)이라 한다. 利(이)는 客(객)에게 있으며 매사에 먼저 거동하면 길하고 출행도 길하다. 전쟁에 임하거든 군사를 震宮(진궁)으로 출군하여 離宮(이궁)에다 營寨(영채)를 설치하고 적과 싸우면 승리한다. 行軍(행군)시에 노인이 어린이의 손을 잡고 와서 大將(대장)을 뵙고자 하거든 만나주라. 매우 유리한 이야기를 들으리라.

第五十二局 丁奇(정기)가 朱雀(주작)과 함께 杜門(두문)에 임하고 寅卯時(인묘시)를 만나면 火練金丹(화련금단)이라 한다. 利(이)는 主客(주객)이 相半(상반)이라 출행이나 거동을 하면 먼저는 흉하고 뒤에는 길하다. 大將(대장)은 군사를 움직일 때 兌宮(태궁)으로 나가면 先凶後吉(선흉후길)하다. 軍門(군문)을 나와 行軍(행군)할 때 어떤 부인이 어린이를 안고 걸어오며 갈가마귀 떼가 짹짹거리며 날아오는 것을 보면 이것이 應(응)으로 매우 길한 조짐이다.

第五十三局 丁奇(정기)가 勾陳(구진), 天禽(천금)과 함께 景門(경문)에 임함을 鼠落糠盤(서락강반)이라 한다. 利(이)는 主客相半(주객상반)하여 출행 거동은 먼저는 흉하고 후에는 길하다. 出師

(출사)에는 큰 공을 세우기 어렵다. 出門(출문)할 때 서방에서 불이 일어나는 것을 보면 불길한 징조이니 군사를 움직이지 말라.

[第五十四局] 丁奇(정기)가 九天(구천), 天英(천영)과 함께 死門(사문)에 임하여 子午日時(자오일시)를 만나면 孤舟浪江(고주낭강)이라 한다. 利(이)는 客(객)에게 있고 출행이 다 길하니 특히 坎宮(감궁)으로 출행함이 더욱 길하다. 大將(대장)은 군사를 이끌고 出兵(출병)할 때 坎宮(감궁)으로 나가 震方(진방)에 兵營(병영)을 설치한 뒤 적을 공격하라. 出兵(출병)시에 남방에서 오색 구름이 피어오르는 것을 보면 이것이 應(응)으로 매우 대길한 징조다.

[第五十五局] 丁奇(정기)가 六合(육합), 天心(천심)과 함께 驚門(경문)에 임함을 太歲坐營(태세좌영)이라 한다. 利(이)는 客(객)에게 있고 출행은 다 길하다. 장수가 많은 군사를 이끌고 적과 싸운다면 대승을 거둔다. 처음 행군할 때 남쪽에서 큰 바람이 일어나고 머리 위 하늘에 흰 구름이 떠 있으면 대길한 징조다.

[第五十六局] 丁奇(정기)가 直符(직부), 天輔(천보)와 함께 開門(개문)에 임함을 豹變南山(표변남산)이라 한다. 利(이)는 客(객)에게 있고 출행 거동이 다 길하다. 主將(주장)이 군사를 움직여 적을 공격하면 대승한다. 처음 出兵(출병)시에 巽巳宮(손사궁)으로 나가 震宮(진궁)에 陣營(진영)을 설치하면 유리하다. 行軍(행군)시에 북방에서 두 어린이가 같이 오는 것을 보면 이것이 應(응)으로 길한 조짐이다.

[第五十七局] 丁奇(정기)가 太陰(태음), 天蓬(천봉)과 함께 休門

(휴문)에 임함을 雷震百里(뇌진백리)라 한다. 利(이)는 客(객)에게 있고 震宮(진궁)으로 출행하면 대길하다. 大將(대장)이 出師(출사)함에 此格(차격)이 가장 길하다. 出兵(출병)하여 震宮(진궁)으로 나가 싸우면 전공을 세운다. 처음 出門(출문)할 때 붉은 옷을 입은 부인이 서쪽에서 오면 이것이 應(응)으로 大利(대리)한 징조다.

第五十八局 丁奇(정기)가 六合(육합), 天輔(천보)와 함께 生門(생문)에 임함을 六合臨陣(육합임진)이라 한다. 利(이)가 客(객)에 있고 출행 用事(용사)가 다 길하나 離方(이방)으로 나감이 더욱 좋고 교섭과 담판은 정면대결을 피하고 막후교섭이 효과적이다. 大將(대장)이 出師(출사)하면 대승하는데 처음 행군시에 離宮(이궁)으로 나가고 震宮(진궁)에 兵營(병영)을 설치한 후 적을 공격하되 적의 선봉을 칠 것이며 후미를 공격해선 안 된다. 처음 營門(영문)을 나설 때 닭이 우는 소리가 들리면 이것이 應(응)으로 길한 징조다.

第五十九局 丁奇(정기)가 六合(육합), 天輔(천보)와 함께 傷門(상문)에 임하면 第五十八局(제오십팔국)과 동일하니 참조하라. 그러나 애석한 일이 아닐 수 없다. 이미 옛날에 第五十九局(제오십구국)에 관한 眞傳(진전)을 잃어버린 모양이다.

第六十局 丁奇(정기)가 六合(육합), 天心(천심)과 함께 杜門(두문)에 임함을 玉女反回(옥녀반회)라 한다. 利(이)가 主(주)에 있으므로 출행은 흉하다. 부득이 출행하려면 巽方(손방)으로 나가라. 大將(대장)이 적을 정벌코자 出師(출사)할 때 巽方(손방)이 불리하나 營寨(영채)는 巽方(손방)에 설치해야 한다. 出兵(출병)

하여 500里(리) 지점에서 미풍이 불고 細雨(세우)가 내리는 것을 보게 되고 10里(리)를 더 가다가 적이 와서 싸우면 불리하다.

第六十一局 丁奇(정기)가 朱雀(주작), 天任(천임)과 함께 景門(경문)에 임함을 六丁冲陣(육정충진)이라 한다. 利(이)는 客(객)에게 있으므로 출행 거동이 다 길하나 兌方(태방)으로 출행함이 더욱 길하다. 장수가 出兵(출병)할 때 서방으로 향하고 營(영)을 설치할 때 적이 가까이 올 것이니 미리 군사를 매복시켰다가 침입하는 적을 소탕하라. 出門(출문)시에 공중에 오색 구름이 있고 3里(리)를 가다가 돼지무리를 보게 되면 이것이 應(응)으로 전투에 대길한 징조다.

第六十二局 丁奇(정기)가 太陰(태음), 天任(천임)과 함께 死門(사문)에 임함을 金剛掃地(금강소지)라고 한다. 利害(이해)가 主客(주객)이 相半(상반)이다. 출행 用事(용사)는 震方(진방)이 길하지만 先凶後吉(선흉후길)하다. 出兵(출병)은 처음 남으로 향해 가다가 震宮(진궁)에 營(영)을 설치하라. 먼저는 어려움이 있으나 뒤에는 전세가 유리해진다. 처음 출동할 무렵에 어떤 術士(술사)가 獻策(헌책)하면 싸움에 大利(대리)하다.

第六十三局 丁奇(정기)가 九天(구천), 天輔(천보)와 같이 驚門(경문)에 임함을 河洛呈祥(하락정상)이라 한다. 利(이)는 客(객)에게 있으며 출행 用事(용사)는 남방이 길하고 거주하려면 震宮(진궁)이 마땅하다. 出師(출사)는 남방으로 향하고 동방에 營寨(영채)를 세우라. 적을 공격할 때는 震方(진방)으로 향하라. 行軍(행군)시는 3里(리)쯤 가다가 동남방에 瑞氣(서기)가 비치면 대길한 징조다.

第六十四局 丁奇(정기)가 九天(구천), 天禽(천금)과 함께 開門(개문)에 임함을 太白垂光(태백수광)이라 한다. 利(이)는 客(객)에게 있고 求財(구재), 출행 用事(용사) 등이 다 길하다. 出師(출사)하면 승리한다. 出軍(출군)시에 震方(진방)으로 나가고 乾方(건방)에 陣營(진영)을 설치하라. 5里(리)쯤 가면 매가 울고 200里(리)를 행군하면 어떤 사람이 器物(기물)을 습득하는 모습을 볼 것이다. 이것이 應(응)으로 대길한 징조다.

第六十五局 丁奇(정기)가 天蓬(천봉)과 함께 休門(휴문)에 임함을 熒惑生光(형혹생광)이라 한다. 利(이)는 客(객)에게 있으니 출행 用事(용사)가 다 길하다. 出師(출사)하여 처음에 離方(이방)으로 행군하다가 坎宮(감궁)에 陣營(진영)을 설치하라. 火攻(화공)을 쓰면 쉽게 적을 파한다. 出門(출문)시에 황색 옷을 입은 사람이 북쪽에서 오면 이것이 應(응)으로 불길한 징조이니 깃발을 뉘고 숨기도록 하라.

第六十六局 丁奇(정기)가 直符(직부), 天輔(천보)와 함께 生門(생문)에 임함을 羅猴過渡(나후과도)라고 한다. 利(이)는 客(객)에게 있으니 출행 용사가 다 길하다. 出軍(출군)은 적 방향으로 행진하다가 坤宮(곤궁)에다 兵營(병영)을 세우라. 처음 出軍(출군)할 때 큰 風陣(풍진)을 만나면 이것이 應(응)으로 불길한 징조이니 즉시 퇴각하라.

第六十七局 丁奇(정기)가 朱雀(주작), 天心(천심)과 함께 傷門(상문)에 임함을 月孛當空(월패당공)이라 한다. 利(이)는 主(주)에게 있어 출행이나 거동은 흉하다. 出師(출사)함은 불리하다. 부득이 出兵(출병)했다가 전세가 위급하거든 鬼掌符水(귀장부수)

를 북방에다 뿌리면 곤액을 모면할 수 있다. 행군 길에 30里(리)
쯤 가다가 서북방에서 다리를 저는 사람이 와서 정보를 제공해주
면 이것이 應(응)으로 大利(대리)하다.

第六十八局 丁奇(정기)가 勾陳(구진), 天禽(천금)과 함께 杜門
(두문)에 임함을 月德照門(월덕조문)이라 한다. 利(이)가 客(객)
에게 있으므로 출행 用事(용사)가 다 길하다. 大將(대장)은 陣營
(진영)에 남고 副將(부장)이 出兵(출병)하면 대승한다. 처음 出軍
(출군)시에 兌宮(태궁)에다 兵營(병영)을 설치한 뒤 동으로 나가
다가 서로 향할 것이며 도중에 우렛소리를 듣게 되면 이것이 應
(응)으로 대길한 징조다.

第六十九局 丁奇(정기)가 九天(구천), 天任(천임)과 함께 景門
(경문)에 임함을 天德照門(천덕조문)이라 한다. 利(이)가 主(주)
에게 있어 출행 거동은 다 흉하다. 大將(대장)은 남고 副將(부
장)이 출동함이 좋다. 행군하여 500里(리)쯤 가다가 伏兵(복병)을
만나거든 싸우지 말고 일단 물러가라. 2里(리)를 가면 동방에 火
光(화광)이 있으리니 이것이 應(응)으로 불길한 징조다. 조심하
길 바란다.

第七十局 丁奇(정기)가 九地(구지), 天柱(천주)와 함께 死門(사
문)에 임함을 陰陽不交(음양불교)라 한다. 利(이)가 主(주)에게
있어 출행하면 이로움은 전혀 없다. 大將(대장)이 出師(출사)하
면 적의 화살이나 총탄에 액을 당하기 쉽다. 出軍(출군)에 북방
은 불리하고 서남방이 유리하며 艮方(간방)에 坐營(좌영)함이 좋
다. 행군하여 3里(리)쯤 가다가 어떤 관리가 公務(공무)로 오는
것과 마주치게 되면 이것이 應(응)으로 길한 징조다.

第七十一局   丁奇(정기)가 九天(구천), 天任(천임)과 함께 驚門(경문)에 임함을 三臺得位(삼대득위)라고 한다.   利(이)는 客(객)에게 있으니 출행 등이 다 길하고 특히 艮方(간방)으로 나감이 더욱 길하다.   出師(출사)하면 대승한다.   처음 艮方(간방)으로 出軍(출군)하고 坎宮(감궁)에 坐營(좌영)한 뒤 계책을 세워 적을 공격하라.   出門(출문)할 때 細雨(세우)가 오면 이것이 應(응)으로 대길한 징조다.

第七十二局   丁奇(정기)가 勾陳(구진), 天輔(천보)와 함께 開門(개문)에 임함을 瑞生九鼎(서생구정)이라 한다.   利(이)는 客(객)에게 있으니 출행 用事(용사)가 다 길하다.   大將(대장)이 出師(출사)하면 대승을 거두어 공을 세운다.   행군시에 3里(리) 지점에서 흰 구름이 서북방에서 피어오르고 동방에서 바람이 일어나면 이것이 應(응)으로 대길한 징조니 用兵(용병)해도 좋으리라.

2. 奇門妙秘(기문묘비)

陰陽順逆(음양순역)의 이치를 깊이 깨우치면 天地(천지)가 모두 一掌中(일장중)에 이르리라.

三才(삼재) 변화는 三元(삼원)을 이루게 되고 八卦(팔괘)는 나눠 八遁(팔둔)의 門(문)이 이루어진다. 三才(삼재)는 天人地(천인지)를 말함이고 三元(삼원)은 上中下(상중하)라는 뜻이다. 遁(둔)은 隱遁(은둔)이 되니 다시 말해서 六甲(육갑)이 六儀之下(육의지하)에 隱藏(은장)되기 때문에 비로소 遁甲(둔갑)이라는 명칭이 생겨났다. 여기서 神龜(신구)의 數(수)를 사용해서 논술하므로 八卦(팔괘)의 소속형태는 다음과 같다.

左(좌)는 3이 되고, 右(우)는 7이 되고, 上(상)은 9가 되고, 下(하)는 1이 되고, 肩(견)은 2와 4가 되고, 足(족)은 6과 8이 되고, 中央(중앙)은 5가 되며 腹(복)이다. 본 遁(둔)은 八卦(팔괘)에 의해 생겨나므로 八遁門(팔둔문)이라 부른다.

모든 星符(성부)(九星(구성)의 의미)는 고루 時干(시간)에 의해서 돌며 直使(직사)(八門(팔문)의 의미)는 항상 天乙(천을)을 따라 행한다. 여기서 時干(시간)이라 함은 乙(을), 丙(병), 丁(정), 戊(무), 己(기), 庚(경), 辛(신), 壬(임), 癸(계)라는 뜻이다.

旬首(순수)에 의하여 直使(직사)의 위치를 결정한다. 예를 들면 순행일 때 1, 2, 3, 4, 5, 6, 7, 8, 9의 순서에 의거하여 설정한다. 역행일 때는 9, 8, 7, 6, 5, 4, 3, 2, 1의 순서에 의하여 설정한다.

긴급히 만남에 만일 奇(기)와 門(문)이 없을 때는 五女反閉之術 (오녀반폐지술)을 사용해서 六儀(육의)로 三奇(삼기)를 代理(대리) 한다. 만일 더디게 돌아와서 급하게 되면 마땅히 吉門(길문)을 가려야 한다. 三吉門(삼길문)에 의지하여 五凶門(오흉문)을 피하 여 우뚝 솟아 있다. 다시 말해서 神機(신기)를 이용하면 흉이 굴 러 길이 되므로 天道(천도)에 마땅하다. 비유하면 비록 乙奇(을 기)가 있더라도 吉門(길문)이 없다면 乙奇(을기)의 呪文(주문)을 외워야 한다. 같은 예로 비록 丙(병), 丁(정)이 있더라도 吉門(길 문)이 없으면 丙(병), 丁(정)의 주문을 외워야 한다. 이와 같이 하면 凶門(흉문)을 벗어날 수 있고 백사가 趨吉(추길)된다.

무릇 陰星(음성)이 坎宮(감궁)에 있으면 闢(벽)이라 부르고 무릇 陽星(양성)이 坎宮(감궁)에 있으면 開(개)라고 한다. 九氣(구기) 의 다한 곳이 坎宮(감궁)이요, 또한 陰陽(음양)의 뿌리인 곳이다. 사물을 점칠 시에는 開(개)는 길이 되고 闢(벽)은 불길하다. 예 를 들면 遠方(원방)의 일이나 사람의 소식을 기다릴 경우 開(개) 가 될 때라면 소식은 전해오고 사람도 오게 된다. 만일 闢(벽)일 시는 소식도 없고 사람도 오지 않는다.

天網(천망)(癸(계))은 사방으로 쳐져 달아날 길이 없고 陰陽順逆 (음양순역)은 묘하여 다함이 없도다. 天網(천망)은 癸(계)가 되 고, 癸(계)의 방위는 난동치 않아 吉利(길리)하다. 백사에 대해 말하면 도망에 가장 吉利(길리)함이 있다. 天盤(천반)의 癸方(계 방)에서 出來時(출래시)는 이사람이 없어져 종적이 없다. 그런데 天網(천망)도 높낮이의 분별이 있다. 예를 들면 坎(감). 坤(곤). 震(진). 巽(손) 등에서 도망쳐 나올 때는 낮은 곳으로 진입해야 탈출율이 비교적 높다. 다만 만일 乾(건), 兌(태), 艮(간), 離(이) 등에서 도망 나올 시에 높은 곳을 만나게 되면 넘어 지나갈 방법 이 없으므로 형액을 만난다.

3. 作用妙法(작용묘법)

작용의 묘법은 완전 年(년), 月(월), 日(일), 時(시)의 坐山盤(좌산반)에 달려 있다. 九宮(구궁)을 자세히 살펴서 무슨 格(격)인가를 안 다음에야 聖君(성군), 賢臣(현신), 孝子(효자), 慈孫(자손), 父母(부모), 妻妾(처첩), 奴婢(노비), 戒鄰(계린) 등의 일과 인간만사의 吉凶(길흉)과 成敗(성패)를 알 수 있다.

年(년)의 坐山盤(좌산반)으로서 君主(군주)나 父母(부모) 방면을 볼 수 있고, 月(월)의 坐山盤(좌산반)으로서 臣宰(신재)나 伯權(백권) 방면을 볼 수 있고, 日(일)의 坐山盤(좌산반)으로서 兄弟(형제)나 朋友(붕우) 방면을 볼 수 있고, 時(시)의 坐山盤(좌산반)으로서 妻妾(처첩)과 子女(자녀), 士卒(사졸)과 奴婢(노비) 등의 방면을 볼 수 있다.

年干(년간)의 宮(궁)이 吉格(길격)이 되고 奇儀(기의), 星門(성문), 宮神(궁신) 등도 양호할 시에는 國泰民安(국태민안)하고 君臣(군신), 父子(부자) 고루 福壽康寧(복수강녕)할 수 있다.

年干(년간)의 宮(궁)이 凶格(흉격)이 되고 奇儀(기의), 星門(성문), 宮神(궁신) 등이 나쁘게 될 때에는 國內紛爭(국내분쟁)이 끊이지 않고 煩惱事(번뇌사), 驚駭事(경해사)가 연이어 일어난다.

月干(월간)의 宮(궁)이 吉格(길격)이면서 奇儀(기의), 星門(성문), 宮神(궁신) 등도 양호할 시에는 忠臣(충신), 烈士(열사)가 충심으로 나라를 위하니 만사가 여의하다.

月干(월간)의 宮(궁)이 凶格(흉격)이면서 奇儀(기의), 星門(성문),

宮神(궁신) 등이 나쁘게 될 시에는 奸臣(간신)이 권세를 잡고 忠臣(충신)이 면직을 당하니 만사가 나쁘게 된다.

日干(일간)의 宮(궁)이 吉格(길격)이면서 奇儀(기의), 星門(성문), 宮神(궁신) 등도 양호할 시에는 형제와 화목하고 六親(육친) 간에 매우 화합한다.

日干(일간)의 宮(궁)이 凶格(흉격)이면서 奇儀(기의), 星門(성문), 宮神(궁신) 등이 나쁘게 될 시에는 형제 불화하고 六親(육친)을 극한다.

時干(시간)의 宮(궁)이 吉格(길격)이면서 奇儀(기의), 星門(성문), 宮神(궁신)도 양호할 시에는 妻子(처자)가 賢能(현능)하고 士卒(사졸)이 精强(정강)하고 奴僕(노복)의 전심 협력을 얻을 수 있다.

時干(시간)의 宮(궁)이 凶格(흉격)이면서 奇儀(기의), 星門(성문), 宮神(궁신) 등이 나쁘게 될 시에는 妻子(처자)가 어질지 못하고 士卒(사졸)이 쓸모 없고 奴僕(노복)의 힘을 얻지 못한다.

요컨대 庚(경)을 年干(년간), 月干(월간), 日干(일간), 時干(시간)의 위에 加(가)하거나 반대로 年干(년간), 月干(월간), 日干(일간), 時干(시간)을 庚(경)의 위에 加(가)할 시에 그 干(간)에서 길흉을 판단할 수 있다. 吉格(길격) 시에는 일체 문제가 없겠으나 凶格(흉격) 시에는 도리어 매우 불량하다. 다시 말해서 골육과도 나쁘게 되고 자기도 곤경에 빠지게 된다. 비유컨대 陽遁九局(양둔구국)에 乙(을)이나 庚日(경일)의 丙子時(병자시), 靑龍返首(청룡반수)의 吉格(길격) 시에는 집에 기쁜 일이 있고 친구가 와서 당신을 돕게 된다. 당신이 구하는 일은 모두 順利(순리)하게 달성된다.

간단하다고 하여 時盤(시반)으로 점치지 말고 年月日盤(연월일반)에 의하여야 되리라. 時盤(시반)에만 의한다면 정확성이 결여되리라고 본다.

4. 奇門總序(기문총서)

　고대　中國(중국)　黃帝(황제)　적에　제후들이　서로　침벌하거늘　軒轅(헌원)은　이에　干戈(간과)　쓰기를　익혀서　朝享(조향)치　않는　나라를　치니　제후가　다　귀속하는지라　아버지인　炎帝(염제)와　더불어　阪泉(판천)의　들에서　싸워　이기니라.　이때에　蚩尤(치우)가　난을　일으키니　그의　이마는　구리쇠의　이마요,　요술에　능한지라　軒轅(헌원)이　指南車(지남거)를　만들어　蚩尤(치우)와　涿鹿(탁록)의　들에서　싸워　치우를　사로잡고　드디어　炎帝(염제)를　대신하여　天子(천자)가　되었다.　이즈음　꿈에　天神(천신)께서　그에게　符訣(부결)을　주었으므로　단을　쌓고　그　위에　올라　경건한　마음으로　정성껏　제사를　지냈다.　神龜(신구)가　圖(도)를　지고　洛水(낙수)에서　나오고　彩鳳(채봉)은　書(서)를　물고　푸른　구름　속에서　나왔다.　이에　風后(풍후)에게　명령하여　文(문)을　演成(연성)하니　이것이　奇門(기문)의　효시다.

　大撓(대요)에게　명하여　斗建(두건)을　점하여　甲子(갑자)를　짓고　容成(용성)에게　명하여　曆(역)을　짓게　하였다.　帝堯(제요)는　大禹(대우)에게　명령하여　治水(치수)토록　하니　이때에　거북의　등　껍질에　새겨진　글자를　취하니　역시　奇門遁甲(기문둔갑)의　기초가　되었다.　그때에는　一千八十(일천팔십)으로　산만하던　것을　姜太公(강태공)때에는　七十二局(칠십이국)이　되고　漢代(한대)의　張子房(장자방)에　이르러　十八局(십팔국)으로　나누었다.　때문에　전쟁에

참가시는 모두 대승을 거두었다. 蜀(촉)의 諸葛孔明(제갈공명)은 다시 三奇(삼기)를 교묘하게 활용하여 劉備(유비)를 도와 西蜀(서촉)을 세웠다.

奇門遁甲(기문둔갑)의 방법은 다음과 같다. 우선 九宮(구궁)을 손바닥 위에 넣고 坎一(감일), 坤二(곤이), 震三(진삼), 巽四(손사), 中宮五(중궁오), 乾六(건육), 兌七(태칠), 艮八(간팔), 離九(이구)의 순서대로 배치한다. 방위로 말할 것 같으면 坎(감)은 북이요, 艮(간)은 동북이요, 震(진)은 동이요, 巽(손)은 동남이요, 離(이)는 남이요, 坤(곤)은 서남이요, 兌(태)는 서요, 乾(건)은 서북이요, 中(중)은 중앙이다. 그 수는 어떻게 더하든지 十五(십오)가 된다.

四	九	二
三	五	七
八	一	六

八卦(팔괘)는 一年(일년)을 8로 나누고 또 三元(삼원)으로 나눈다. 甲日(갑일)이나 己日(기일)로 符頭(부두)를 한다면 閏(윤)을 설정하므로 局(국)의 차이를 조정한다.

符頭(부두)가 먼저 오고 節入(절입)이 늦게 올 때는 甲(갑)이나 己(기) 앞에 日子(일자)의 사정에 의하여 超神(초신)의 법을 사용한다.

節入(절입)이 먼저 오고 符頭(부두)가 늦게 올 때는 甲(갑)이나 己(기) 앞에 日子(일자)의 사정에 의하여 接氣(접기)의 법을 쓴다.

子午線(자오선)의 東側(동측)은 冬至(동지)에서 陽遁(양둔)이 시작되므로 坎(감), 艮(간), 震(진), 巽(손)을 경과하여 局(국)을 순행시킨다. 戊(무)에서 九宮(구궁)의 순서에 의하여 六儀(육의)를 배열한 다음 逆方向(역방향)으로 三奇(삼기)를 배치한다.

子午線(자오선)의 西側(서측)은 夏至(하지)에서 陰遁(음둔)이 시작되므로 離(이), 坤(곤), 兌(태), 乾(건)을 경과하여 局(국)을 역행시킨다. 戊(무)에서 九宮(구궁)의 逆方向(역방향)에 의하여 六儀(육의)를 배열한 다음 순서에 의하여 三奇(삼기)를 배치한다.

九星(구성)을 설정하면 비로소 八門(팔문)의 길흉을 알 수 있다. 만일 天蓬(천봉)이 直符(직부)가 되고 坎宮(감궁)에 설치되었을 때 그렇게 계속 순서로 배치하면 다음과 같다.

天芮(천예)는 坤宮(곤궁)에 있고, 天冲(천충)은 震宮(진궁)에 있고, 天輔(천보)는 巽宮(손궁)에 있고, 天禽(천금)은 中宮(중궁)에 있고, 天心(천심)은 乾宮(건궁)에 있고, 天柱(천주)는 兌宮(태궁)에 있고, 天任(천임)은 艮宮(간궁)에 있고, 天英(천영)은 離宮(이궁)에 있다.

八門(팔문)의 설치는 우선 直使(직사)를 결정하고 直使(직사)에서 개시 설정한다. 만일 開門(개문)이 直使(직사)가 되고 乾宮(건궁)에 있을 시는 계속해서 休門(휴문)은 坎宮(감궁)에 있고, 生門(생문)은 艮宮(간궁)에 있고, 傷門(상문)은 震宮(진궁)에 있고, 杜門(두문)은 巽宮(손궁)에 있고, 景門(경문)은 離宮(이궁)에 있고, 死門(사문)은 坤宮(곤궁)에 있고, 驚門(경문)은 兌宮(태궁)에 있다.

八神(팔신)의 直符(직부)가 時干(시간)인 곳에 놓였을 때 直使(직사)의 구하는 법은 旬首(순수)에서 수가 時干(시간)에 도달됨이다.

九星(구성)은 곧 天盤(천반)의 九干(구간)과 같다. 다만 일시적으로 있을 때에는 다르다. 地盤(지반)의 九干(구간)은 五日(오일)만에 비로소 한차례 움직인다. 이는 끊임없이 이동하는 天(천)과는 같지 않다. 천반이 지반 위에 있어서 지반에 대하여 작용하는 바가 있다. 지반이 천반 아래에 있어서 직접 길흉을 관리한다. 천반과 지반의 干(간)이 서로 같을 때에는 九干(구간)의 伏吟(복음)이 이뤄진다. 이런 상황으로 八門(팔문)과 九星(구성)에 대한 관계를 말하면 역시 같은 것이다.

景門(경문)과 天蓬(천봉)이 서로 모일시에는 反吟(반음)이 된다. 九干(구간) 위에 있어서 反吟(반음)이 되는 뜻은 바로 고치면 甲

(갑)의 뒤가 되어 支沖(지충)의 상황이 된다. 反吟(반음) 혹은 伏吟(복음)의 방위는 될 수 있는 한 피하는 것이 가장 좋다.

만일 吉門(길문)이 三奇(삼기)에 있을 때는 당신이 바라는 일은 모두 성공될 것이다. 그러나 만일 三奇(삼기)가 墓中(묘중)에 진입할 시에는 반드시 성공하지 못한다. 吉門(길문)에 三奇(삼기)가 있고 또한 양호한 八神(팔신)이 있으면 이런 상황을 三全奇吉(삼전기길)이라고 하며 이는 매우 좋은 방위이다. 다만 八神(팔신)이 좋지 못할 시에는 二可(이가)라고 부르고 여전히 吉方(길방)으로 친다.

六儀擊刑(육의격형)은 매우 나쁜 방위이므로 절대로 사용하지 말라. 天遁(천둔), 地遁(지둔), 人遁(인둔), 神遁(신둔), 鬼遁(귀둔), 龍遁(용둔), 虎遁(호둔), 風遁(풍둔), 雲遁(운둔) 등의 九遁(구둔)은 두루 吉門(길문)을 함유하고 있으므로 마땅히 많이 사용해도 되는 방위이다.

開門(개문) 중에 乙奇(을기)와 己儀(기의)의 구성이 되고 다만 奇墓(기묘) 혹은 門迫(문박)이 이뤄지지 않을 시에는 地遁(지둔)이 되는데 이때 乙(을)의 日精(일정)이 己(기)의 紫薇(자미)의 위에 모이게 되므로 매우 좋은 방위로 이뤄진다.

生門(생문) 중에 丙奇(병기)와 戊儀(무의)의 조직이 되고 다만 奇墓(기묘)나 門迫(문박)이 구성되지 않을 시에는 天遁(천둔)이라 부르고, 이때 丙(병)의 月精(월정)이 華蓋(화개)의 위에 모이게 되므로 대단히 좋은 방위로 이뤄진다.

休門(휴문) 중에 丁奇(정기)와 太陰(태음)으로 조직되면 人遁(인둔)이라 부르고 이는 進兵(진병)의 가장 좋은 방위이다.

丙奇(병기)와 生門(생문)과 九天(구천)이 함께 구성되면 神遁(신둔)이라 부르고, 丁奇(정기)와 休門(휴문)과 九地(구지)가 함께 구성됨을 鬼遁(귀둔)이라고 한다.

이른바 龍遁(용둔)은 천반이 된 乙(을)이 乾位(건위)가 되고 開門(개문)과 만나게 된 상황이다.

이른바 虎遁(호둔)은 천반이 된 乙(을)이 艮位(간위)가 되고 生門(생문)과 만나게 됨이다.

이른바 風遁(풍둔)은 천반인 乙(을)이 巽位(손위)가 되고 開門(개문)과 만나게 된 상태다.

이른바 雲遁(운둔)은 천반인 乙(을)이 坤位(곤위)가 되고 生門(생문)과 만나게 된 상태다. 九遁(구둔)이라는 명칭은 岳飛(악비)의 家門(가문)의 비법인데 사용한 다음 매우 효험이 있음을 알게 되리라.

星(성)도 陰陽(음양)이 있고 門(문)에는 開門(개문)이 있다. 단지 天禽(천금)은 位(위)가 없으므로 中宮(중궁)에 두어야 한다. 從三(종삼)과 避五(피오)는 마땅히 알아야 할 사항이므로 利(이)와 害(해)는 거의 모두 이 원칙에 근거하여 정한다.

이른바 從三(종삼)은 다음과 같다. 첫째 旬首(순수)에 坐(좌)하여 수비한다. 둘째 九天(구천)에 坐(좌)하여 수비한다. 셋째 生門(생문)에 坐(좌)하여 수비한다. 그리고 干(간)은 고루 三奇(삼기)를 요한다. 만일 立向(입향)의 生門(생문)에서 진격하여 死門(사문)에 있는 적군을 치면 대승을 거둘 수 있다.

이른바 避五(피오)는 다음과 같다. 첫째 旬首(순수)에 坐(좌)하여 있는 적방은 치지 않는다. 둘째 九天(구천)에 坐(좌)하여 있는 적방을 치는 것은 불가하다. 셋째 生門(생문)에 坐(좌)하여 있는 적방을 치는 것은 불가하다. 넷째 九地(구지)에 坐(좌)하여 있는 적방을 치는 것은 불가하다. 다섯째 直使(직사)에 坐(좌)하여 있는 적방을 치는 것은 불가하다. 만일 이 五避(오피)의 원칙을 범하게 되면 반드시 큰 손실을 만난다.

庚(경)과 癸(계)는 상당한 刑(형)의 방위이므로 이 방위를 향하여 진격함을 최대로 꺼려야 한다. 戊(무)와 辛(신)은 상당한 陰(음)의 방위이므로 이 방위를 수비하지 않으면 안 된다. 수비를 잘 하면 결코 적에게 파괴되지 않는다. 己(기)와 壬(임)은 상당한 陽(양)의 방위다. 이는 客人(객인)에게는 유리하고 주인에게는 불리한 방위이므로 수비함에 공격이 우수한 방위이다.

천반이 時干(시간)이고 지반이 丙(병)일 때에는 반드시 불측의 재화가 일어난다.

천반이 時干(시간)이고 지반이 丁(정)일 때는 玉女潛刑(옥녀잠형)이라 부르고 이는 숨고 감추는데 적합한 방위이다.

천반이 時干(시간)이고 지반이 戊(무)일 시에는 乘龍萬里(승룡만리)라고 하며 이는 凶徒(흉도)를 만난다. 다만 凶徒(흉도)가 스스로 도주하는 방위이다.

천반이 時干(시간)이 되고 지반이 己(기)일 시는 地戶(지호)라 부르고 사사로운 일이나 좀도둑에 적합한 방위이다.

천반이 時干(시간)이 되고 지반이 癸(계)일 시에는 天網(천망)이라 부르고 이는 도망함에 적합한 방위이다.

천반이 時干(시간)이고 지반이 庚(경)일 시에는 戰場(전장)에서 將領(장령)이 제일 먼저 戰死(전사)하게 된다.

천반이 時干(시간)이고 지반이 辛(신)일 시에는 戰場(전장)에서 재화가 반드시 임하니 흉하다.

천반이 時干(시간)이고 지반이 壬(임)일 시는 天牢(천로)라 부르고 뜻밖에 재화가 발생하는 흉한 방위이다.

천반이 甲(갑)이고 지반이 丙(병)일 시에는 靑龍返首(청룡반수)라 부르고 만사 모두 매우 順利(순리)함을 나타내고 장애가 없는 방위이다.

천반이 丙(병)이고 지반이 甲(갑)이면 飛鳥跌穴(비조질혈)이라 부르고 영활하게 운용시에는 무슨 일이든지 성공하게 되는 방위이다.

천반이 乙(을)이고 지반이 辛(신)일 시에는 靑龍逃走(청룡도주)라 부르고 財(재)와 물건을 전부 상실함을 나타내는 방위이다.

천반이 辛(신)이고 지반이 乙(을)일 시에는 白虎猖狂(백호창광)이라 부르고 신체에 반드시 손상을 입음을 표시하는 방위이다.

천반이 丁(정)이고 지반이 癸(계)일 시는 朱雀投江(주작투강)이라 하고 소송사건의 발생을 나타내는 방위이다.

천반이 癸(계)이고 지반이 丁(정)일 시에는 螣蛇妖嬌(등사요교)라 부르고 매우 귀찮은 일이 많이 발생함을 나타내는 방위이다.

천반이 庚(경)이고 지반이 甲(갑)일 시에는 伏宮之格(복궁지격)이라 부르고 主(주)에게는 利(이)가 없고 客(객)에게는 유리한 방위이다.

천반이 甲(갑)이고 지반이 庚(경)일 시에는 飛宮之格(비궁지격)이라 부르고 作戰謀議(작전모의)에 풍부함을 표시하는 방위이다. 외적이 伏宮格(복궁격)에서 가장 쉽게 쳐들어오므로 主將(주장)은 싸움을 패한다. 飛宮格(비궁격)에서 완강히 저항함을 만나므로 對方(대방)의 將領(장령)은 싸움에서 패한다. 만일 直使(직사)가 지반의 庚(경)과 만날 시에는 野戰(야전)이라 부르고 이때는 군대가 어떻게 정예화되었건 간에 모두 전쟁에서 패한다. 만일 直使(직사)가 천반의 庚(경)과 만날 시에는 同宮(동궁)이라 부르고 이때는 장군이 어떠한 재능이 있건 간에 모두 패배한다.

천반이 庚(경)이고 지반이 丙(병)일 시에는 太白入熒(태백입형)이라 부르고 도적이 반드시 옴을 표시하는 방위이다.

천반이 丙(병)이고 지반이 庚(경)일 시에는 熒惑入白(형혹입백)이라 부르고 도적이 스스로 물러감을 나타내는 방위이다. 太白入熒(태백입형)과 熒惑入白格(형혹입백격)은 主(주)나 客(객)에게 고루 불리하므로 마땅히 吉門(길문)에 의하고 무리하게 사용치 말라.

천반이 庚(경)이고 지반이 癸(계)면 大格(대격)이요, 천반이 庚(경)이고 지반이 壬(임)이면 小格(소격)이라고 한다.

천반이 庚(경)이고 지반이 己(기)일 시에는 전쟁도 하기 전에 士兵(사병)이 노상에서 매우 많이 死傷(사상)하는 방위이다.

천반이 己(기)이고 지반이 庚(경)일 시에는 아직 전쟁도 하기 전에 官兵(관병)이 노상에서 큰 손상을 만나는 방위이다.

천반이 庚(경)이고 지반이 年干(년간)일 시에는 歲格(세격)이라 하고, 천반이 庚(경)이고 지반이 月干(월간)일 시에는 月格(월격)이라 부르고, 천반이 庚(경)이고 지반이 日干(일간)일 시에는 伏干格(복간격)이라 부르고 主方(주방)이 상처를 받게 되는 방위를 나타낸다. 천반이 日干(일간)이고 지반이 庚(경)일 시에는 飛干格(비간격)이라 부르고 客方會輸(객방회수)의 방위를 표시한다. 時干(시간)이 日干(일간)을 극하면 五不遇時(오불우시)로 바뀌고 눈빛은 멍청하게 되고 한 조각 어두움이다. 丙奇(병기)를 日干(일간)에 加(가)하면 悖亂之格(패란지격)으로 변한다. 이때 상하의 순서는 반드시 문란케 된다.

天(천)에는 天冲(천충), 小吉(소길), 從魁(종괴) 등 三門(삼문)이 있고 地(지)에는 月建(월건)에서 배포된 除(제), 危(위), 開(개), 定(정) 등 四戶(사호)가 있다. 直使(직사)나 大直符(대직부) 고루 旬首(순수)에서 취해 오게 되므로 直符(직부)는 반드시 旬首(순수)와 함께 있다.

直符(직부)의 뒤 첫째는 九天(구천)이고 擧兵(거병)에 적합한 좋은 방위이다. 直符(직부)의 뒤 둘째는 九地(구지)이고 埋伏(매복)에 적합한 좋은 방위이다. 直符(직부)의 앞 셋째는 六合(육합)이고 도망함에 적합한 좋은 방위이다. 直符(직부)의 앞 둘째는 太陰(태음)이고 潛伏(잠복)에 적합한 좋은 방위이다.

三詐(삼사)의 방위는 動(동)함에 이로우니 休(휴), 生(생), 開(개) 등이 乙(을), 丙(병), 丁(정), 九地(구지), 太陰(태음) 등을 만나는 뜻이다.

五假(오가)는 방위동태에 의하여 길흉이 있으니 杜(두), 死(사), 驚(경), 傷(상), 景(경) 등이 九地(구지), 太陰(태음), 乙(을), 丙(병), 丁(정), 戊(무), 己(기)를 만나는 등의 뜻이다.

당신이 만일 奇門(기문), 六壬(육임), 太乙(태을)을 학습하여 모두 익혀 알게 된다면 살아 있는 신선이 될 것이다. 이 神式三種(신식삼종)을 알게 되거든 保國安民(보국안민)하는 사람이 되길 빈다.

5. 奇門總要(기문총요)

陰陽(음양) 順逆(순역)의 이치는 오묘하고 어려워서 철저히 탐구해야 한다. 冬至(동지)와 夏至(하지) 혹은 一(일), 九(구)의 宮(궁)으로 돌아오게 된다. 가령 陰陽(음양)의 이치를 깊이 깊이 깨우치면 天地(천지)는 모두 두루 一掌中(일장중)에 와서 이른다. 三才(삼재) 변화는 三元(삼원)으로 되고 八卦(팔괘)는 갈라져 八遁(팔둔)의 門(문)이 된다. 일체 直符(직부)는 고루게 時干(시간)에 의해 돌고 直使(직사)는 항상 天乙(천을)(旬首(순수)의 의미)을 따라 행한다.

六儀(육의)와 六甲(육갑)은 같은 이름이요 三奇(삼기)는 乙(을), 丙(병), 丁(정)이다. 三奇(삼기)가 만일 開(개), 休(휴), 生(생)을 만나면 吉門(길문)이 되니 출행에 좋으리라. 만사를 從(종)함에 이롭지 않음이 없다. 그 현묘함을 알고 체험하면 영특해지리라.

直符(직부) 앞에는 세 곳이 있으니 바로 六合(육합)이 된다. 直符(직부) 앞에 두 곳이 있으니 곧 太陰(태음)이 된다. 直符(직부) 앞에 한 곳이 있으니 곧 九天(구천)이 되고, 直符(직부)의 뒤에 두 곳이 있으니 곧 九地(구지)가 된다. 九地(구지), 六合(육합), 太陰(태음) 등은 은둔하고 피함에 좋고, 九天(구천)은 군사를 일으킴에 마땅하다.

긴급하게 되어 방법도 없이 吉門(길문)을 기다릴 때는 吉神(길신)을 사용하고 만일 급하지 않을 시에도 吉門(길문)을 사용하는 것은 좋게 된다. 三奇(삼기) 안에 만일 吉門(길문)이 있으면 당연히 매우 좋다. 그런데 三奇得使(삼기득사)를 이루게 되면 역시 대단히 좋은 방위다. 비록 三奇得使(삼기득사)를 이루어도 다만 五不遇時(오불우시)가 될 것 같으면 이 방위를 사용해선 아니 된다.

어떤 일을 진행하려고 할 때 만일 時干(시간)이 日干(일간)을 극하거나 反吟(반음) 혹은 伏吟(복음)시는 가장 금기하므로 만일 도망을 하고자 할 때 마땅히 시간을 선택해야 한다. 만일 나그네의 길흉을 점칠 시에 만약 反吟(반음)이나 伏吟(복음) 혹은 時干(시간)이 日干(일간)을 극하는 時(시)가 나타나면 소식을 전해오지 않는다고 판단할 수 있다.

三奇(삼기)가 六儀(육의) 위에 있고 또한 그 六儀(육의)가 旬首時(순수시)가 되면 私事(사사)에 대하여 吉利(길리)를 나타낸다. 도적을 체포하고자 할 때는 天盤(천반)이 地盤(지반)을 극하는 時機(시기)를 선택해야 한다. 만약 여행인의 소식을 점치고자 하면 모름지기 三奇(삼기)의 時機(시기)가 매우 좋으리라. 만일 六儀(육의)가 三奇(삼기)의 위에 있으면 時間上(시간상) 甲(갑)에서 戊(무)까지의 시간이 매우 좋다. 또 八門(팔문)의 吉門(길문)을 탐색함에 만일 休(휴), 生(생), 開(개)가 있을 시에는 만사가 다 吉利(길리)하다.

五陽(오양)은 바로 甲(갑), 乙(을), 丙(병), 丁(정), 戊(무)이고 前面(전면)에 있고 五陰(오음)은 己(기), 庚(경), 辛(신), 壬(임), 癸(계)이며 後面(후면)에 있다. 이와 같이 主(주)와 客(객)의 분별이 있어야 한다. 일반적으로 甲(갑), 丙(병), 戊(무), 庚(경), 壬(임)을 五陽(오양)이라고 하나 여기서는 논리가 다른 점이 있으니 주의하시라. 특별히 五陰(오음)의 干(간)을 주의해야 한다. 만일 六儀(육의)가 있을 시에는 완전 이로움이 없다.

戊(무)가 震位(진위)에 있는 상황이면 擊刑(격형)이라 일컫게 된다. 六儀擊刑(육의격형)이나 三奇入墓(삼기입묘)를 만나면 이는 완전히 움직일 수 없는 방위이다. 太白入熒(태백입형)은 도적이 이르는 방위를 나타내고 熒惑入白(형혹입백)은 도적이 벗어나는 방위를 나타낸다. 悖格(패격)은 사물의 문란함을 나타내고 결국 庚(경)의 格(격)이 있음은 만사가 순조롭지 못하다.

庚(경)이 日干(일간)의 위에 있는 상태를 伏干(복간)이라 하고 반대로 日干(일간)이 庚(경)의 위에 있는 상태를 飛干(비간)이라 한다. 庚(경)이 旬首(순수)의 위에 있는 상태를 伏宮(복궁)이라 하고 반대로 旬首(순수)가 庚(경)의 위에 있는 상태를 飛宮(비궁)이라 한다.

天盤(천반)이 庚(경)이고 地盤(지반)이 己(기)이면 刑格(형격)이라 일컫고 天盤(천반)이 庚(경)이고 地盤(지반)이 癸(계)면 大格(대격)이라 부른다.

天盤(천반)이 庚(경)이고 地盤(지반)이 壬(임)이면 小格(소격)이라 하므로 이때 年(년), 月(월), 日(일), 時(시)의 각 盤(반)에 대하여 모두 좋은 곳이 없다. 이런 상황이 가장 불길하다. 亂動(난동)도 할 수 없고 出兵(출병)도 불가하다.

天盤(천반)이 丙(병)이고 地盤(지반)이 甲(갑)이면 飛鳥跌穴(비조질혈)이 되고 그 逆(역)이면 靑龍返首(청룡반수)가 된다.

天盤(천반)이 辛(신)이고 地盤(지반)이 乙(을)이면 白虎猖狂(백호창광)이 되고 逆(역)이면 靑龍逃走(청룡도주)가 된다.

天盤(천반)이 丁(정)이고 地盤(지반)이 癸(계)일 때는 朱雀投江(주작투강)이 되고 逆(역)이면 螣蛇妖嬌(등사요교)가 된다.

甲(갑)이 丙(병)이나 丁(정) 위에 있음을 相位(상위)라 부르고, 時干(시간)이 丁(정)에 있는 상황을 守星(수성)이라 한다.

丙(병)이 天盤(천반)에 있고 地盤(지반)이 戊(무)가 되고 生門(생문)이 있을 때면 天遁(천둔)으로 변한다.

乙(을)이 天盤(천반)에 있고 地盤(지반)이 己(기)가 되고 開門(개문)이 있을 시는 地遁(지둔)으로 변한다.

丁(정)이 天盤(천반)에 있고 八神(팔신)이 陰(음)이 되고 休門(휴문)이 있을 시는 人遁(인둔)으로 변한다.

天網(천망)은 곧 癸(계)가 時干(시간)의 위에 있는 상태가 된다. 天蓬(천봉)이 景門(경문) 위에 있으면 返吟(반음)이라 한다. 天蓬(천봉)이 休門(휴문) 위에 있음을 伏吟(복음)이라 한다. 返吟(반음)이나 伏吟(복음)을 만날 때는 설사 吉門(길문)이 된다 하더라도 吉利(길리)를 얻을 수 없으므로 凶門(흉문)일 시는 凶意(흉의)가 반드시 더 가강해진다.

九星(구성) 중 天輔(천보), 天冲(천충), 天任(천임), 天禽(천금), 天心(천심)은 吉星(길성)이 되고 天蓬(천봉), 天芮(천예), 天英(천영), 天柱(천주)는 凶星(흉성)이 된다. 九星(구성) 중 天輔(천보), 天冲(천충), 天任(천임), 天禽(천금), 天蓬(천봉)은 陽星(양성)이 되고 天心(천심), 天芮(천예), 天英(천영), 天柱(천주)는 陰星(음성)이 된다. 節氣(절기)에 의하여 局(국)이 수차 변한다. 그런데 冬至(동지) 혹은 夏至(하지)가 이르를 때는 여전히 一局(일국) 혹은 九局(구국)에서 개시한다. 三元(삼원)에 의해서 超神(초신)이나 接氣(접기)가 있게 되나 六儀(육의)는 八卦(팔괘)에 따라서 九宮(구궁)에 배치한다.

6. 秘訣總賦(비결총부)

天盤(천반)이 甲(갑)이고 地盤(지반)이 丙(병)이면 靑龍返首格(청룡반수격)이요, 天盤(천반)이 丙(병)이고 地盤(지반)이 甲(갑)이면 飛鳥跌穴格(비조질혈격)이다. 이 청룡반수와 비조질혈격은 어떤 일에도 따질 것 없이 좋은 작용의 발생을 표시한다. 다시 말해서 사람을 성공의 일방으로 이끈다. 만일 신체에 손해를 받는다면 靑龍逃走(청룡도주)를 범한 때문으로 청룡도주격은 곧 천반이 乙(을)이고 지반이 辛(신)이다.

만일 財富(재부)에 손해를 받았다면 이는 白虎猖狂(백호창광)을 범한 탓이다. 백호창광격은 천반이 辛(신)이고 지반이 乙(을)임을 말한다.

천반이 癸(계)이고 지반이 丁(정)일 때는 螣蛇妖嬌(등사요교)가 되고, 천반이 丁(정)이고 지반이 癸(계)면 朱雀投江(주작투강)이 된다.

천반이 丙(병)이고 지반이 戊(무)이고 生門(생문)이 있을 시는 天遁(천둔)이 되고 이는 用兵(용병)하기에 가장 좋은 時機(시기)이다.

천반이 乙(을)이고 지반이 己(기)이며 開門(개문)이 있을 시는 地遁(지둔)이 되고 이는 산소를 쓰기에 가장 좋은 時機(시기)이다.

천반이 丁(정)이고 八神(팔신)이 陰(음)이 되고 休門(휴문)이 있을 시는 人遁(인둔)이 되고 토목 大興(대흥)에 가장 좋은 시기이다.

伏干格(복간격)은 곧 천반에 庚儀(경의)가 있고 지반에 日干(일간)이 있는 상황이요, 飛干格(비간격)은 곧 천반에 日干(일간)이 있고 지반에 庚儀(경의)가 있는 상황이요, 천반이 庚(경)이고 지반이 甲(갑)일 시는 伏宮格(복궁격)이 된다.

천반이 甲(갑)이고 지반이 庚(경)일 시는 飛宮格(비궁격)이 된다.

천반이 庚(경)이고 지반이 己(기)일 시는 刑格(형격)이 된다.

時干(시간)이 日干(일간)을 극함을 五不遇時(오불우시)라고 한다. 이때 가장 쉽게 재해가 발생한다. 만일 丙(병)이 日干(일간)의 위에 있으면 悖格(패격)이 되고 또한 災(재)를 만나고 禍(화)를 야기하기 쉽다. 三奇得使(삼기득사)의 방위를 사용시는 만사가 吉利(길리)하다. 六儀擊刑(육의격형)의 방위를 사용시는 모두 고루 흉하다.

천반이 庚(경)이고 지반이 丙(병)일 시는 도적과 만나게 된다.

천반이 丙(병)이고 지반이 庚(경)일 시는 도적이 떠나가게 된다.

天羅(천라) 혹은 地網(지망)을 만날 시는 진퇴양난이다. 直符(직부)는 旬首(순수)로부터 시작되므로 急難(급난)을 만날 시는 直符(직부)의 방위를 사용하게 되면 災(재)를 버리고 안전함을 얻게 된다. 太陰(태음)은 숨고 감추는데 좋은 곳이요, 六合(육합)은 타협하기에 좋은 곳이다. 九天(구천)일 시는 마땅히 강력한 행동을 해야 한다. 반대로 九地(구지)일 시는 어디든지 보수적으로 대처해야 한다. 만일 천반과 지반이 三奇(삼기)가 되고 八門(팔문) 중에 吉門(길문)이 있을 시는 용이 비구름을 만난 것과 같으니 일마다 여의하리라.

六合(육합)은 본시 吉神(길신)이다. 다만 凶格(흉격)을 만날 시는 맹호가 날개를 단 것과 같으니 가장 위험한 경지이다. 요컨대 休囚(휴수)와 刑擊(형격)을 가장 꺼린다. 반드시 흉한 요소를 완전 제거하지 않으면 안 된다. 그래야만 평안 무사할 수 있다.

反吟(반음)과 伏吟(복음)일 시는 각종 災禍(재화)를 만나게 된다. 三奇(삼기)인 곳이 旺相(왕상)하고 있으면 부귀를 얻을 수 있게 된다. 만일 休門(휴문) 혹은 開門(개문)을 만날 시는 이는 곧 영웅의 도움이 있음을 암시한다.

靑龍返首(청룡반수)의 방위를 지킬 시는 甲(갑)이나 乙(을)의 吉兆(길조)가 있다. 白虎猖狂(백호창광)의 방위를 지킬 시는 庚(경)이나 辛(신)의 凶兆(흉조)가 있다. 螣蛇妖嬌(등사요교)의 방위를 지킬 시는 壬(임)이나 癸(계)의 흉조가 있다. 朱雀投江(주작투강)의 방위를 지킬 시는 丙(병)이나 丁(정)의 흉조가 있다. 飛鳥跌穴(비조질혈)의 방위를 지킬 시는 백사가 吉利(길리)하고 귀인의 도움을 얻을 수 있다. 이때는 어떤 방위도 상관치 않고 吉慶(길경)은 하여튼 잇달아 끊임없이 이른다.

陰陽(음양)의 二遁(이둔)은 나눠 順逆(순역)이 되므로 한 개 節氣(절기)는 나누어 三元(삼원)이 되니 추측키 어렵다. 五日(오일)이 一元(일원)이 되고 接氣(접기)와 超神(초신)에 의해서 약간의 차이는 있다. 三奇得使(삼기득사)는 확실히 유용하다. 곧 乙己(을기), 丙戊(병무), 丁壬(정임)의 의미이다.

三奇遊六儀(삼기유육의)는 玉女守門(옥녀수문)이라고 일컫는다. 요컨대 무릇 隱私(은사) 혹은 화합의 일에 관계가 있다. 다만 이 방위를 지킨다면 문제는 없다.

格(격) 가운데 있어서 가장 나쁜 것은 伏吟(복음)이다. 天蓬(천봉)이 休門(휴문)을 만날 시는 반드시 곤궁하게 된다. 天蓬(천봉)이 景門(경문)에 있는 상황을 反吟(반음)이라 한다. 만일 凶星(흉성) 중에 奇門(기문)이 없다면 만사는 반드시 흉하다. 어떤 일이라도 이루지 못하리라.

六儀擊刑(육의격형)도 대흉하다. 본래 戊(무)는 震宮(진궁)에 진입시키면 아니 된다. 예를 들면 甲戌(갑술)의 己(기)가 未(미)

의 坤(곤)에 진입하거나 甲申(갑신)의 庚(경)이 寅(인)의 艮(간)에 진입하는 등이 六儀擊刑(육의격형)에 속한다.

三奇入墓(삼기입묘)도 나쁜 일종이다. 예를 들면 乙(을)이 坤(곤)에 入(입)함, 丙(병)이 乾(건)에 入(입)함, 丁(정)이 乾(건)에 入(입)함, 또 時干(시간)이 墓(묘)에 진입함도 吉利(길리)하지 않다. 예를 들면 乙未時(을미시) 乙(을)이 坤(곤)에 진입함, 丙戌時(병술시) 丙(병)이 乾(건)에 진입함, 戊戌時(무술시) 戊(무)가 乾(건)에 진입함, 辛丑時(신축시) 辛(신)이 艮(간)에 진입함, 壬辰時(임진시) 壬(임)이 巽(손)에 진입함, 이상 이런 상황이 있을 시는 고루 대흉의 相(상)이 된다.

五不遇時(오불우시)는 惡格(악격)이다. 또한 時干(시간)이 日干(일간)을 극하는 상태는 다음과 같다. 甲日(갑일) 庚時(경시), 乙日(을일) 辛時(신시), 丙日(병일) 壬時(임시), 丁日(정일) 癸時(계시), 戊日(무일) 甲時(갑시), 己日(기일) 乙時(을시), 庚日(경일) 丙時(병시), 辛日(신일) 丁時(정시), 壬日(임일) 戊時(무시), 癸日(계일) 己時(기시) 등이다.

三奇(삼기)가 太陰(태음)을 만나는 것은 좋지 않다. 그러나 吉門(길문)일 시는 길하게 된다. 直符(직부)가 離宮(이궁)에 있을 시는 離位(이위)에서 坎位(감위)를 치면 반드시 승리하게 된다.

甲(갑), 乙(을), 丙(병), 丁(정), 戊(무)를 陽時(양시)라고 하며 九天(구천)을 가장 좋아한다. 己(기), 庚(경), 辛(신), 壬(임), 癸(계)를 陰時(음시)라고 부르며 九地(구지)를 가장 좋아한다. 여기서는 甲(갑), 丙(병), 戊(무), 庚(경), 壬(임)이 陽(양)인 논법을 따르지 않음에 주의를 요한다. 三奇(삼기)가 陽時(양시)에 있을 때는 主方(주방)에 유리하고, 三奇(삼기)가 陰時(음시)에 있으면 客方(객방)에게 유리하다.

直符(직부)나 九天(구천)은 進兵(진병)에 이로우나 九地(구지)일 때는 군사를 움직이지 않는다. 太陰(태음)이면 군사를 움직이지 말고 시기를 기다림이 가장 좋고, 六合(육합)이면 퇴각하는 것이 가장 좋다.

天地人(천지인)을 三遁(삼둔)이라 부르고 天遁(천둔)은 丙(병)과 戊(무)의 組合(조합)이요, 地遁(지둔)은 乙(을)과 己(기)로 조합하여 이룬다. 人遁(인둔)은 地盤(지반)을 결정하지 않고 太陰(태음)이어야 한다. 다시 말해서 八門(팔문)은 生門(생문)이고 천반은 丙(병)이고 지반이 戊(무)일 시는 天遁(천둔)이 된다. 八門(팔문)이 開門(개문)이고 천반이 乙(을)이고 지반이 己(기)일 때는 地遁(지둔)이 된다. 八門(팔문)이 休門(휴문)이고 천반이 丁(정)이고 太陰(태음)일 때는 人遁(인둔)이 된다.

그러면 三遁(삼둔)은 어떤 일에 대해 좋은가? 해답은 어떤 일이라도 양호한 格(격)이다.

庚(경)을 太白(태백)이라 부르고 丙(병)을 熒惑(형혹)이라고 하며 庚(경)과 丙(병)이 함께 있을 시는 흉악하기 비할 데가 없게 된다.

천반이 庚(경)이고 지반이 丙(병)일 때는 太白入熒(태백입형)이라고 하며 賊難(적난)을 만나게 된다.

천반이 丙(병)이고 지반이 庚(경)일 시는 熒惑入白(형혹입백)이라 부르고 賊難(적난)을 제거한다.

丙(병)이 日干(일간) 위에 있음을 悖格(패격)이라 하고 亂逆(난역)을 일으킨다.

庚(경)이 日干(일간) 위에 있음을 日格(일격)이라 하고 범사가 성취되지 않는다.

천반이 庚(경)이고 지반이 甲(갑)이면 伏宮(복궁)이라 하고, 천반이 甲(갑)이고 지반이 庚(경)이면 飛宮(비궁)이라고 하고, 천반이 庚(경)이고 지반이 年(년), 月(월), 日(일), 時干(시간)이면 伏干

(복간)이라 하고, 천반이 年(년), 月(월), 日(일), 時干(시간)이 되고 지반이 庚(경)이면 飛干(비간)이라 한다. 이상 4格(격)이 자기 宮(궁)내에 있을 시는 매우 큰 분규가 발생하고 심지어는 유혈사태를 초래한다.

천반이 庚(경)이고 지반이 癸(계)면 大格(대격)이라 하고, 천반이 庚(경)이고 지반이 己(기)이면 刑格(형격)이라 하고, 천반이 庚(경)이고 지반이 壬(임)이면 小格(소격)이라고 한다. 이상 3格(격) 모두 나쁜 작용이 있다.

천반이 庚(경)이고 지반이 年干(년간)이면 歲格(세격)이라 하고, 천반이 庚(경)이고 지반이 月干(월간)이면 月格(월격)이라 하고, 천반이 庚(경)이고 지반이 日干(일간)이면 日格(일격)이라 하고, 천반이 庚(경)이고 지반이 時干(시간)이면 時格(시격)이라고 한다. 이상 4格(격)은 고루 凶格(흉격)에 속한다. 더욱이 時格中(시격중)에서 庚(경)을 三奇(삼기) 위에 加(가)하면 최악의 격이다. 예를 들어 이 방위로 進兵(진병)시는 반드시 전군이 전멸하고 匹馬(필마)나 船舶(선박)조차 고국으로 돌아오지 못한다.

癸(계)가 천반이고 丁(정)이 지반이면 螣蛇妖嬌(등사요교)라 하고, 丁(정)이 천반이고 癸(계)가 지반이면 朱雀投江(주작투강)이라 한다. 辛(신)이 천반이고 乙(을)이 지반이면 白虎猖狂(백호창광)이라 하고, 乙(을)이 천반이고 辛(신)이 지반이면 靑龍逃走(청룡도주)라고 한다. 이상 4格(격) 모두 매우 나쁘다. 다시 말해서 凶格(흉격) 중에서도 凶格(흉격)이다.

천반이 丙(병)이고 지반이 甲(갑)이면 飛鳥跌穴(비조질혈)이라 하고, 천반이 甲(갑)이고 지반이 丙(병)이면 靑龍返首(청룡반수)라고 한다. 이 兩格(양격) 모두 매우 좋은 吉格(길격)이다. 어떤 일을 논하지 않고 대개 십중팔구는 성공을 획득할 수 있다.

八門(팔문) 중 休門(휴문), 開門(개문), 生門(생문)은 대길하며 모든 일에 두루 사용할 수 있다. 예를 들면 傷門(상문)은 수렵에 좋고 사냥을 나가면 반드시 가득 싣고 돌아온다. 杜門(두문)은 도망이나 숨고 감춤에 가장 이롭다. 景門(경문)은 피서 혹은 이겨내는 극복이나 관문을 돌파함 등에 유리하다. 死門(사문)은 수렵과 매장, 장사를 지냄에 유리하다. 驚門(경문)은 범인 체포 혹은 소송 모두 길하다.

　逢(봉), 任(임), 冲(충), 輔(보), 禽(금)은 陽星(양성)이고, 英(영), 芮(예), 柱(주), 心(심)은 陰星(음성)이다. 輔(보), 禽(금), 心(심)은 대길하고, 冲(충), 任(임)은 小吉(소길)하고, 逢(봉), 芮(예)는 대흉하고, 英(영), 柱(주)는 小凶(소흉)하다. 비록 대흉하나 왕성하지 않을 때는 큰 문제가 없다. 예를 들면 비록 小凶(소흉)이라도 매우 왕성할 시는 역시 吉利(길리)하지 못하다. 다른 방면에 吉星(길성)이 旺相(왕상)함에 있어서는 일마다 여의하고 대길 大利(대리)하다.

7. 山向主客(산향주객)

太公(태공)께서 일찍이 말씀하시길 主客(주객)의 일체 動靜(동정)은 일정치 않아 변화 무상하다. 만일 시작할 시에 主客(주객)이 모두 움직이지 않을 시에 이때에 누가 먼저 움직이는가 먼저 움직인 자는 客(객)이 되고 나중에 움직인 자는 主(주)가 된다. 動(동)함은 客(객)이 되고 靜(정)함은 主(주)가 된다. 먼저 發聲(발성)하면 客(객)이요, 나중에 응답하는 자가 主(주)가 된다. 가장 좋은 방법은 立向盤(입향반)은 客(객)이 되고 坐山盤(좌산반)은 主(주)가 된다.

모든 일의 성패 승부를 점치고자 할 때에는 占卜(점복)에 앞서 먼저 主方(주방)과 客方(객방)을 결정해야 한다. 만일 出兵(출병) 시에 자기는 客(객)이 되고 對方(대방)이 主(주)가 된다. 被動(피동)은 主方(주방)이 되고 動(동)은 客方(객방)이 된다. 기타도 陽(양)은 客(객)이 되고 陰(음)은 主(주)가 된다. 客(객)과 대응한 사람은 主(주)가 되고 主(주)와 대응한 사람은 客(객)이 된다. 자기가 군대를 소집하거나 벗을 방문할 시에는 자기는 客(객)이 되고 對方(대방)은 主(주)가 된다. 예를 들면 어떤 사람이 나에게 아무 일을 求取(구취)하거나 자기에게 어떤 일의 통지를 낼 때에는 對方(대방)은 客(객)이 되고 자기는 主(주)가 된다. 서로 진을 치고 전쟁을 함에 있어서 먼저 기습 공격한 자가 客(객)이 되고 對方(대방)이 主(주)가 된다.

적을 만났을 때에 모름지기 당시 상황으로 主客(주객)을 결정할 수 있다. 만일 盤(반)이 客(객)에 대하여 불리할 시에는 마땅히 현 위치를 고수하고, 만일 상태가 긴급하거나 아군이 포위 당하였을 때에는 다만 좋은 꾀를 써서 적당히 한다. 기타 盤(반)을 활용하여 적방의 動靜(동정)을 탐사한다. 天馬(천마)의 방위를 보거나 符呪(부주)에 의한 作法(작법)도 모두 방법의 하나이다.

客(객)이 主(주)를 생하면 어떤 일이라도 여의하고 이익 또한 많다. 다만 主(주)가 客(객)을 생할 시에는 어떤 일이라도 順利(순리)치 않고 소모 또한 많고 시간의 낭비도 매우 많다. 主(주)와 客(객)이 조화가 될 때에는 안전하여 걱정거리가 없다. 主(주)가 客(객)을 극할 시에는 半實(반실) 半虛(반허)의 상태이므로 자기가 敗因(패인)을 낳게 되어 좋은 결과는 없다. 客(객)이 主(주)를 극할 시에는 전투에 반드시 패배한다. 비록 길함을 구할지라도 다만 결과는 모두 흉하다. 그러므로 奇門(기문)을 활용하는 사람은 모두 먼저 主客(주객)을 명확히 나눌 줄 안 다음에 점을 칠지어다.

시간과 방위가 만일 主(주)에게 유리할 때에는 모름지기 設法(설법) 作主(작주)하고, 시간과 방위가 만일 客(객)에게 유리할 시에는 設法(설법) 作客(작객)하라. 그리고 하나의 원칙에 구애되지 말라. 그러므로 어느 방위가 主(주)가 되고 어느 방위가 客(객)이 되는지 마땅히 스스로 판단하여 결정을 하라.

8. 烟波釣叟歌(연파조수가)

陰陽(음양)과 順逆(순역)의 이치는 오묘하여 탐구키 어려운데 冬至(동지)부터 夏至(하지)전까지가 陽遁(양둔)이고, 夏至(하지)부터 冬至(동지)전까지가 陰遁(음둔)이다. 陽局(양국)은 一宮(일궁)에서 九宮(구궁)까지 順行(순행)하고, 陰局(음국)은 一宮(일궁)에서 九宮(구궁)까지 逆行(역행)하게 된다. 이와 같은 陰陽(음양) 順逆(순역)의 이치를 깊이 깨우친다면 천지와 우주만물의 모든 이치가 손바닥 가운데 있느니라.

軒轅(헌원) 黃帝(황제)가 蚩尤(치우)와 涿鹿(탁록)에서 싸움이 붙었으나 승부가 나지 않고 반복될 즈음에 黃帝(황제)께서는 天神(천신)이 그에게 符訣(부결)을 주는 꿈을 꾸었으므로 목욕 재계하고 단에 올라 경건한 마음으로 제사를 올렸다. 그리고 符訣(부결)의 이치를 터득하여 蚩尤(치우)를 멸망시켰다. 이때에 神龜(신구)가 洛水(낙수)에서 洛書(낙서)를 물고 출현하고 彩鳳(채봉)은 碧雲(벽운) 속에서 奇書(기서)를 물고 나와 黃帝(황제)에게 던져주었다. 黃帝(황제)께서는 神龜(신구)의 등에 새겨진 圖案(도안)인 洛書(낙서)와 彩鳳(채봉)이 던져준 奇書(기서)를 합쳐서 風后(풍후)에게 명령하여 기록하게 하여 流轉(유전)하였으니 이것이 奇門遁甲(기문둔갑)의 시작인 것이다.

奇門遁甲(기문둔갑)을 작성할 그 당시에는 모두 一千八十局(일천팔십국)이 있었으나 후래에 姜太公(강태공)께서 수정하여 七十

二局(칠십이국)으로 줄였으며 漢代(한대)에 이르러 張子房(장자방)이 다시 수정하여 十八局(십팔국)으로 정예화시켰으니 陰遁九局(음둔구국), 陽遁九局(양둔구국) 도합 陰陽十八局(음양십팔국)으로서 현재까지 전해진 것이다.

먼저 손바닥에 九宮(구궁)을 배열하고 縱橫(종횡)으로 고루 十五(십오)가 된다. 이어서 八卦(팔괘)를 나눠 八節(팔절)이 되고, 一氣(일기)가 三(삼)으로 되어 正宗(정종)을 삼으니 八卦(팔괘)에 二十四節氣(이십사절기)를 배포하면 三個節氣(삼개절기)로 나뉘어진다.

陰遁(음둔) 陽遁(양둔)으로 順行(순행)과 逆行(역행)을 구분한다. 一氣三元(일기삼원)은 막측하니 一個節氣(일개절기) 중에는 三局(삼국)을 함유하고 一氣(일기)는 十五日(십오일)이며 五日(오일)에 一元(일원)씩 上中下(상중하) 三元(삼원)이니 一局(일국)은 五日(오일)기간이므로 超神(초신)과 接氣法(접기법)에 의하여 조정하여 오차를 바로 잡는다.

九宮(구궁)에 甲子戊(갑자무)가 닿는 곳이 直符(직부)가 되고 直符宮(직부궁)에 닿는 八門(팔문)을 直使(직사)라고 한다. 다시 말해서 直使(직사)란 旬首(순수)가 닿는 宮(궁)의 所定之門(소정지문)을 말하고 一旬時(일순시)인 十時(십시)를 관장하니 매양 十時(십시)에 一變(일변)하는 것이다. 直符(직부)는 時干(시간)에서 일으켜 陽順陰逆(양순음역)으로 八方(팔방)에 배열하고, 直使(직사)는 日(일)의 陰陽局(음양국)을 구분하여 定局(정국)대로 배치하되 旬首宮(순수궁)에서 六甲(육갑)을 일으켜 時支(시지)가 나올 때까지 짚어나간다.

六甲(육갑)의 元號(원호)는 六儀(육의)로서 戊(무), 己(기), 庚(경), 辛(신), 壬(임), 癸(계)를 말하고 三奇(삼기)는 乙(을), 丙(병), 丁(정)을 말한다. 陽遁(양둔)에는 六儀(육의)를 順行(순행)하고

三奇(삼기)는 逆行(역행)한다. 陰遁(음둔)에는 六儀(육의)를 逆布(역포)하고 三奇(삼기)는 順布(순포)한다. 吉門(길문)이 三奇(삼기)를 만나면 만사가 형통하고 여기에다 다시 地(지)의 吉凶神(길흉신) 가운데 어떤 神(신)이 함께 임하느냐를 따지고 生旺休囚(생왕휴수)를 따져 加減(가감)해서 논한다면 어떤 宮(궁)의 길흉이라도 분명해질 것이다.

三奇得使(삼기득사)는 매우 좋은 것이다. 三奇得使(삼기득사)란 天盤(천반)이 乙(을)이고 地盤(지반)이 己(기)나 辛(신)일 때, 天盤(천반)이 丙(병)이고 地盤(지반)이 戊(무)나 庚(경)일 때, 天盤(천반)이 丁(정)이고 地盤(지반)이 壬(임)이나 癸(계)일 때를 말한다. 三奇(삼기)가 六儀(육의)에 遊(유)한다 함은 天上三奇(천상삼기) 乙(을), 丙(병), 丁(정)이 六儀(육의)에 임함을 뜻하니 곧 天盤三奇(천반삼기)가 地盤(지반)의 旬首宮(순수궁)에 임함을 뜻한다.

玉女守門(옥녀수문)이란 六丁(육정)이 玉女(옥녀)이니 六丁(육정)이 直使門(직사문) 위에 會合(회합)함을 말한다. 만약 남모르게 일을 꾸미거나 화합할 일이라면 三奇得使(삼기득사)나 玉女守門(옥녀수문) 방위를 선택하라.

天三門(천삼문)과 地四戶(지사호)는 어떻게 구별하여 사용하는가?

天三門(천삼문)은 곧 天冲(천충), 小吉(소길), 從魁(종괴)이니 사사로이 출행하는데 좋고 地四戶(지사호)는 곧 危(위), 定(정), 除(제), 開(개)이니 만일 일을 擧事(거사)함에 좋은 방위이다.

六合(육합), 太陰(태음), 太常(태상)의 三辰(삼진)을 본래 地私門(지사문)이라 한다. 만일 三奇(삼기)가 開(개), 休(휴), 生(생)같은 吉門(길문)을 만나면 出門(출문)하여 만사형통하고 天馬(천마)가 있을 시에는 호랑이가 날개를 단 것과 같으니 劍戟山(검극산)도 두려워하지 않는다. 승리는 三宮(삼궁)에 있고 衰敗(쇠패)는 五宮(오궁)에 있는데 遊三(유삼)과 避五(피오)의 시간을 가릴 줄 알면 조화의 참 기미를 터득함이라 하겠다.

모름지기 기억할 것은 그 중에 가장 흉한 것은 伏吟(복음)과 反吟(반음)이니 天蓬(천봉)이 休門(휴문)에 加(가)함을 伏吟(복음)이라 하고, 天英(천영)이 休門(휴문)에 加(가)함을 反吟(반음)이라 한다.

八門(팔문)의 反吟(반음)과 伏吟(복음)은 天任(천임)이 生門(생문) 위에 있음이요, 天芮(천예)가 生門(생문) 위에 있음이요, 天芮(천예)가 死門(사문) 위에 있음이요, 天任(천임)이 死門(사문) 위에 있음이다. 伏吟(복음)과 反吟宮(반음궁)에 다시 凶星(흉성)을 加(가)하면 비록 乙(을), 丙(병), 丁(정) 三奇(삼기)를 얻는다고 해도 만사가 흉하므로 절대로 이 방위를 사용해서는 아니 된다.

六儀擊刑(육의격형)은 어찌하여 대흉한가?

支刑(지형)이 되는 까닭이며 甲子戊(갑자무)가 震(진)에 있고, 甲戌己(갑술기)가 坤(곤)에 있고, 甲申庚(갑신경)이 艮(간)에 있고, 甲午辛(갑오신)이 離(이)에 있고, 甲辰壬(갑진임)이 巽(손)에 있고, 甲寅癸(갑인계)가 巽(손)에 있음을 말하며 나쁜 방위이니 사용치 말라.

三奇入墓(삼기입묘)를 자세히 살피라. 乙(을)이 坤宮(곤궁)에 진입하거나 丙(병)이 乾宮(건궁)에 진입하거나 丁(정)이 乾宮(건궁)에 진입함을 말하며 長生法(장생법)으로 奇(기)가 墓宮(묘궁)에 드는 원리이며 모든 일에 있어서 불리한 방위이다.

時干(시간)이 墓宮(묘궁)에 들면 時墓(시묘)라고 하는데 乙未時(을미시)의 乙(을)이 坤宮(곤궁)에 진입함과 丙戌時(병술시)의 丙(병)이 乾宮(건궁)에 진입함과 戊戌時(무술시)의 戊(무)가 乾宮(건궁)에 진입함과 辛丑時(신축시)의 辛(신)이 艮宮(간궁)에 진입함과 壬辰時(임진시)의 壬(임)이 艮宮(간궁)에 진입함을 말하며 凶方(흉방)이니 사용치 말라. 戊戌(무술)과 壬辰(임진)과 乙未(을미)도

흉하며 六乾(육건)과 四巽(사손)도 흉하다.

五不遇時(오불우시)는 龍(용)이 눈동자를 잃어버리는 시간으로 日月(일월)이 光明(광명)을 잃은 상태와 같으며 이것은 時干(시간)이 日干(일간)을 剋(극)하는 시간으로서 甲日(갑일)의 庚時(경시), 乙日(을일)의 辛時(신시), 丙日(병일)의 壬時(임시), 丁日(정일)의 癸時(계시), 戊日(무일)의 甲時(갑시), 己日(기일)의 乙時(을시), 庚日(경일)의 丙時(병시), 辛日(신일)의 丁時(정시), 壬日(임일)의 戊時(무시), 癸日(계일)의 己時(기시)를 말하며 매사에 흉하니 피함이 가하다.

三奇(삼기)가 吉門(길문)과 太陰(태음) 등의 吉神(길신)을 만나는 좋은 조건으로 배합이 될 시에는 매우 좋은 방위로 변해지지만 이와 같은 좋은 방위를 얻기는 상당히 어렵다. 이 三奇(삼기)와 吉門(길문)과 太陰(태음) 세 가지 가운데 두 가지만 만나도 일마다 여의하다.

만일 九星(구성)과 八門(팔문)의 관계가 양호할 시에는 兵家(병가)가 이용하기에 가장 좋은 방위이며, 直符(직부)와 直使(직사)를 얻으면 더욱 길하리라. 만일 出師(출사)하여 對冲方(대충방)을 치면 백전백승하게 된다. 비유컨대 旬首(순수)가 天英(천영)과 離(이)에 있을 시에 坎(감)의 天蓬(천봉)을 치면 된다. 天乙神(천을신)이 있는 宮(궁)은 大將(대장)에게 이로운데 對冲(대충)을 치면 승리한다.

甲(갑), 乙(을), 丙(병), 丁(정), 戊(무)의 시간을 陽時(양시)라고 하며 만일 三奇(삼기)와 함께 있으면 이는 客方(객방)에게 매우 좋은 방위이니 적의 기세가 충천하고, 己(기), 庚(경), 辛(신), 壬(임), 癸(계)의 시간을 陰時(음시)라고 하며 만일 三奇(삼기)와 함께 있으면 이는 主方(주방)에게 매우 좋은 방위이다.

直符(직부)의 前三(전삼)은 六合位(육합위)요, 前二(전이)는 太陰

位(태음위)요, 直符(직부)의 後一(후일)은 九天(구천)이요, 後二(후이)는 九地(구지)가 된다. 九天(구천)은 擧兵(거병)(揚兵(양병))에 가장 적합하고, 九地(구지)는 潛藏(잠장)(隱兵(은병))과 立營(입영)(紮營(찰영))에 가장 적합하고, 太陰(태음)은 伏兵(복병)에 가장 적합하고, 六合(육합)은 逃刑(도형)(退兵(퇴병))에 가장 적합하다.

天遁(천둔), 地遁(지둔), 人遁(인둔)을 三遁(삼둔)이라 하고 상당히 좋은 방위이다. 天遁(천둔)은 華蓋(화개)가 月精(월정)에 임함이요, 地遁(지둔)은 紫薇(자미)가 日精(일정)에 임함이요, 人遁(인둔)은 玉女(옥녀)가 太陰(태음)에 임함이니 다시 말해서 生門(생문)과 丙戊(병무)가 組合(조합)됨이 天遁(천둔)이고, 開門(개문)과 乙己(을기)가 組合(조합)됨이 地遁(지둔)이고, 休門(휴문)과 丁奇(정기)가 太陰宮(태음궁)에 組合(조합)됨이 人遁(인둔)이다.

三遁(삼둔)은 어떠한 일에 이로운가?

隱藏(은장)(藏形(장형))과 滅跡(멸적)(遁跡(둔적))에 가장 적합하다. 庚(경)은 太白(태백)이요, 丙(병)은 熒(형)이다. 庚(경)이 天盤(천반)에 있고 丙(병)이 地盤(지반)에 있을 시에는 太白入熒(태백입형)이라 부르고, 丙(병)이 天盤(천반)에 있고 庚(경)이 地盤(지반)에 있을 시는 熒惑入白(형혹입백)이라 부른다. 太白入熒(태백입형)의 방위일 시는 필히 도적이 신속히 來襲(내습)하고, 熒惑入白(형혹입백)의 방위일 시는 필히 도적이 신속하게 도망한다. 丙(병)은 悖(패)라 하고 庚(경)은 格(격)이라 부르며 日干(일간)과의 組合(조합) 상태에 따라 各式(각식) 各樣(각양)의 惡格(악격)이 나타나게 된다. 이른바 格(격)은 일이 불통되고, 悖(패)는 상하의 질서가 문란하여진다.

丙(병)이 天盤(천반)에 있고 日干(일간)이 地盤(지반)에 있을 시는 伏悖(복패)라 하고, 丙(병)이 地盤(지반)에 있고 日干(일간)이 天盤(천반)에 있을 시는 飛悖(비패)라 하고, 庚(경)이 天盤(천반)

에 있고 日干(일간)이 地盤(지반)에 있을 시는 伏干(복간)이라 하고, 庚(경)이 地盤(지반)에 있고 日干(일간)이 天盤(천반)에 있을 시는 飛干(비간)이라 한다. 一個宮(일개궁)에서 다만 이런 조건이 一個(일개)라 있으면 들에서 분쟁이 일어난다. 一個宮(일개궁)에서 다만 이런 조건이 二個(이개)가 있으면 나라에서 분쟁이 벌어진다.

甲(갑)이 天盤(천반)에 있고 庚(경)이 地盤(지반)에 있을 시는 飛宮(비궁)이라 부르고, 庚(경)이 天盤(천반)에 있고 甲(갑)이 地盤(지반)에 있을 시는 伏宮(복궁)이라 하고, 庚(경)이 天盤(천반)에 있고 己(기)가 地盤(지반)에 있을 시는 刑格(형격)이라 부르고, 庚(경)이 天盤(천반)에 있고 壬(임)이 地盤(지반)에 있을 시는 小格(소격)이라 하고, 庚(경)이 天盤(천반)에 있고 癸(계)가 地盤(지반)에 있을 시는 大格(대격)이라 부르고, 庚(경)이 天盤(천반)에 있고 年干(년간)이 地盤(지반)에 있을 시는 歲格(세격)이라 하고, 庚(경)이 天盤(천반)에 있고 月干(월간)이 地盤(지반)에 있을 시는 月格(월격)이라 하고, 庚(경)이 天盤(천반)에 있고 日干(일간)이 地盤(지반)에 있을 시는 日格(일격)이라 부르고, 庚(경)이 天盤(천반)에 있고 時干(시간)이 地盤(지반)에 있을 시는 時格(시격)이라고 한다.

기타 주의할 사항은 六庚(육경)이 三奇(삼기)에 加(가)함은 절대 불리하기 때문에 이때에 出兵(출병)할 시에는 반드시 全軍(전군)이 패전하여 살아서 돌아오기 어렵다.

癸(계)가 天盤(천반)에 있고 丁(정)이 地盤(지반)에 있을 시는 螣蛇妖嬌(등사요교)라 하고, 丁(정)이 天盤(천반)에 있고 癸(계)가 地盤(지반)에 있을 시는 朱雀投江(주작투강)이라 부르고, 乙(을)이 天盤(천반)에 있고 辛(신)이 地盤(지반)에 있을 시는 靑龍逃走(청룡도주)라 부르고, 辛(신)이 天盤(천반)에 있고 乙(을)이 地盤(지반)에 있으면 白虎猖狂(백호창광)이라 부르고, 이상의 四格局(사격국) 모두 대흉하니 백사에 흉하고 실패하게 된다.

丙(병)이 天盤(천반)에 있고 甲(갑)이 地盤(지반)에 있음을 飛鳥跌穴(비조질혈)이라 부르고, 甲(갑)이 天盤(천반)에 있고 丙(병)이 地盤(지반)에 있음을 靑龍返首(청룡반수)라고 부르며 이상의 二格局(이격국) 모두 대길하므로 무슨 일이든지 십중팔구 고루 성공하게 된다.

八門(팔문) 중에 休門(휴문), 生門(생문), 開門(개문)의 三吉門(삼길문)을 사용할 시는 무슨 일이든지 고루 順利(순리)하게 진행된다. 傷門(상문)은 일반적으로 길하지 못하나 다만 체포와 수렵에는 길한 방위이다. 杜門(두문)은 일반적으로 길하지 못하나 다만 도망과 隱藏(은장)에는 길한 방위이다. 驚門(경문)은 일반적으로 길하지 않으나 다만 체포와 刑事(형사)에 길한 방위이다. 死門(사문)은 일반적으로 길하지 않으나 다만 死刑(사형)과 형벌 弔問(조문)에는 길한 방위이다. 景門(경문)은 일반적으로 길하지 못하나 다만 投書(투서)와 破陣(파진)에는 길한 방위이다.

天蓬(천봉), 天任(천임), 天冲(천충), 天輔(천보), 天禽(천금)은 陽星(양성)이요, 天英(천영), 天芮(천예), 天柱(천주), 天心(천심)은 陰星(음성)이다. 그 중에 輔(보), 禽(금), 心(심)은 길하고 蓬(봉), 芮(예), 英(영), 柱(주)는 흉하다. 吉星(길성)이 만일 旺相(왕상)할 시는 무슨 일이든지 성공하게 된다. 그러나 吉星(길성)이 休囚(휴수)되고 廢沒(폐몰)되면 마음놓고 전진하지 말라.

五行(오행)을 九星(구성)에 配(배)할 시는 그 定位(정위)의 八卦(팔괘)로부터 算(산)한다. 坎(감)의 天蓬(천봉)은 水星(수성)이요, 離(이)의 天英(천영)은 火星(화성)이요, 中宮(중궁)과 坤艮(곤간)은 土星(토성)으로 營(영)한다. 坤(곤)의 天芮(천예)는 土星(토성)이 되고, 震(진)의 天冲(천충)은 木星(목성)이 되고, 乾(건)과 兌(태)

는 金(금)이요, 震(진)과 巽(손)은 木(목)이며 旺相休囚(왕상휴수)로서 輕重(경중)을 보라. 나와 함께 同行(동행)하면 我(아)가 되고 我生(아생)의 月(월)이 旺(왕)하다. 父母(부모)에서 廢(폐)하고 財(재)에서 休(휴)하고 鬼(귀)에서 休(휴)를 잊지 않는다. 가령 水星(수성)은 天蓬(천봉)이 되고 初冬(초동)과 仲冬(중동)에 있을 시는 相(상)이 되고, 正(정), 二月(이월)에는 旺(왕)이 되고 四(사), 五月(오월)에는 休(휴)가 되니 기타도 旺衰(왕쇠)를 이 예와 같이 결정한다.

神(신)은 작용이 급하고 門(문)은 느리며 三詐(삼사)와 五假(오가)가 반복이면 天道(천도)에 마땅하다. 旬首(순수)를 時干上(시간상)에 加(가)하면 만일 天盤(천반)의 위치에 문제가 있으므로 入墓(입묘)나 休囚(휴수)될 시에는 좋은 일도 위태롭고 月令(월령)에 生扶(생부)됨을 기뻐한다.

吉門(길문)이 直使(직사)가 되면 가장 길하다. 旬首數(순수수)에서 時干(시간)의 방위까지가 매우 좋은 吉方(길방)이다. 天目(천목)은 客(객)이 되고 地耳(지이)는 主(주)가 된다.

六甲(육갑)에 의해서 계산할 시는 절대로 이치에 어긋남이 없게 해야 한다. 그대에게 권하노니 이 玄機(현기)를 잃지 말고 열심히 공부하여 九星(구성)과 八門(팔문)을 통철히 깨우쳐서 明主(명주)를 도우라.

定位宮(정위궁)이 八門(팔문)을 剋(극)하면 門迫(문박)이 될 수 없고 不通(불통)이요, 그러나 八門(팔문)이 定位(정위)를 剋(극)할 시는 門迫(문박)이라 흉하다. 天網四張(천망사장)이 있으면 도망갈 길이 없고 坎(감), 坤(곤)에 이르면 길하고, 震(진), 巽(손)에 이르면 廻避(회피)하기 어려우며 艮(간), 離(이)에 이르면 달아날 방법이 없다.

節氣(절기)에 의하여 時候(시후)를 결정한다. 陰陽順逆(음양순역)을 모름지기 精通(정통)해야 된다. 三元(삼원)의 積數(적수)에서 六紀(육기)가 이뤄진다. 그러나 天地(천지)의 형상이 이뤄지기 이전에 이러한 이치는 이미 존재한 것이다. 歌中(가중)의 眞妙訣(진묘결)을 함부로 남에게 가르치지 말 것이며 참다운 賢者(현자)가 아니거든 전하지 말지어다.

9. 易數總斷(역수총단)

天元(천원)은 天(천)의 元機(원기)요 天地(천지)의 理(이)이다. 天元(천원)을 나누면 金冊(금책), 銀冊(은책), 玉冊(옥책)인데 그 중의 玉冊(옥책)은 奇門遁甲(기문둔갑)을 뜻하고 金冊(금책)은 太乙(태을)이요, 銀冊(은책)은 六壬(육임)이다.

分丁役甲(분정역갑)은 洛書(낙서)의 數(수)요, 分丁(분정)의 丁(정)은 三奇(삼기)의 대표인데 三奇(삼기)를 분류하여 관찰한다. 役甲(역갑)의 甲(갑)은 甲子戊(갑자무), 甲戌己(갑술기), 甲申庚(갑신경), 甲午辛(갑오신), 甲辰壬(갑진임), 甲寅癸(갑인계) 등의 六儀(육의)의 뜻이다.

陰陽(음양)변화는 서로 順逆(순역)하게 된다. 九盤(구반)인 九個(구개)위치에 參伍錯綜(삼오착종)하게 된다. 遁曰(둔왈) 三才(삼재)는 天(천), 地(지), 人(인)인데 天遁(천둔), 地遁(지둔), 人遁(인둔)을 말하고 龍(용), 虎(호), 風(풍), 雲(운)은 龍遁(용둔), 虎遁(호둔), 風遁(풍둔), 雲遁(운둔)을 말하고 鬼神(귀신)은 鬼遁(귀둔)과 神遁(신둔)을 말한다.

中宮土(중궁토)는 中宮(중궁)에서 生(생)하여 甲(갑)을 生(생)하여 각 神位(신위)에 붙고 八卦(팔괘)는 推行(추행)하여 八門(팔문)에 벌려 놓았다. 一中(일중)의 조화는 天機(천기)를 나타내고 위로 오르고 昇步飛躍(승보비약)한다. 中(중)으로 測推(측추)하여 쫓기도 하고 피하기도 하며 神(신)을 감추고 합삭하여 時期(시기)

를 占(점)하여 출행, 造葬(조장) 등 백 가지에 이롭게 되며 과거 현재의 기시를 다 알게 된다.

軒轅黃帝氏(헌원황제씨)의 一千八十(일천팔십)가지 제도와 張子房(장자방)의 十八局法(십팔국법)을 바르게 알아 지혜를 짜내어 신묘한 이치를 통하고 미묘한 이치를 깨우쳐야 한다. 四十八格(사십팔격)을 推知(추지)키 어려우나 내가 이제 옛 것을 풀이하여 이 책자를 演成(연성)하였다. 易數(역수)의 미묘함을 통한다면 精義(정의)에 족하겠으나 보통사람의 지식으로는 알지 못하여 상세한 추리를 할 수 없다. 跬步(규보)로서 하늘까지 먼 곳을 오르려는 것과 같다.

天冲(천충), 天輔(천보), 天禽(천금), 天任(천임), 天心星(천심성)이 가장 길한데 만일 乙(을), 丙(병), 丁(정) 三奇(삼기)를 加(가)하면 상서로움이 發(발)한다. 直符(직부)와 直使(직사)는 冲擊(충격)을 싫어하고 八門(팔문) 중에는 開門(개문), 休門(휴문), 生門(생문)이 가장 길하다.

대개 節候(절후)와 奇門(기문)의 형세를 잘 살펴 造葬(조장), 龍穴(용혈), 開基(개기), 斬草(참초), 行商(행상), 經營(경영) 동작과 방향을 가리는 占(점)에 吉格(길격)이거든 망설이거나 주저하지 말며 의심치 말고 取用(취용)하되 지극 정성이면 감응이 있어 복이 무궁할 것이다. 三奇得使(삼기득사)를 얻으면 可用(가용)하고 만일 六甲(육갑)이 배합되면 도움이 크다.

乙(을)이 戌(술), 午(오)가 되고, 丙(병)이 子(자), 申(신)이 되고, 六丁(육정)이 玉女(옥녀)가 되므로 龍虎(용호)를 타고 또 三奇(삼기)가 六儀(육의)에 놀고 있으면 이름하여 玉女守門(옥녀수문)이라 한다. 甲子(갑자), 己卯(기묘), 庚午(경오), 丙午(병오), 丁酉(정유), 乙卯(을묘)의 期(기)는 陰司(음사)와 화합에 마땅하다. 作事(작사)에 있어서 뒤에 있을 위난을 방비함이 좋다.

五不遇時(오불우시)를 가장 조심해야 한다. 이름하여 해와 달이 빛을 잃는다고 한다. 時干(시간)이 日干(일간)을 剋(극)하는 것을 말하며 백사가 다 흉하니 가볍게 보지 말라.

順逆(순역)의 直符(직부)는 七神(칠신)을 통솔하니 九地(구지)는 伏匿(복닉)에 좋고 九天(구천)은 擧兵(거병)에 마땅하다. 太陰(태음)과 六合(육합)은 廻避(회피)에 마땅하고, 螣蛇(등사)가 멀리 勾陳(구진)과 이으면 田土(전토)의 다툼 국토상의 분쟁이다. 白虎(백호)는 西方(서방)의 凶殺神(흉살신)이요, 玄武(현무)는 강력한 도적이 되므로 擧兵(거병)과 征伐(정벌), 원행은 적합치 않다. 만일 壽(수)는 六戊(육무)는 天乙(천을)에서 닫히고 급하면 吉神(길신)에 의하고 더디면 吉門(길문)에 의한다.

天三門(천삼문)이나 地四戶(지사호)를 그대에게 묻거니와 此法(차법)의 局(국)은 어느 곳에 있는가?

太冲(태충), 小吉(소길), 從魁(종괴)가 天三門(천삼문)이요 출행하는 길이요, 地四戶(지사호)는 除(제), 危(위), 定(정), 開(개)인데 作爲(작위)와 動用(동용)이 이곳에서 출발한다. 太陰(태음), 六合(육합), 太常(태상)은 본시 地私三吉門(지사삼길문)이라 부르며 만일 奇門(기문)과 합하여 照應(조응)하면 出門(출문)과 擧事(거사)에 기쁨이 중중하다.

太冲(태충)과 天馬(천마)는 참으로 좋은 방위이므로 만일 난이 있어 이곳으로 피하면 좋으리라. 그러므로 天馬方(천마방)을 타고 행한다면 비록 호랑이와 표범의 무리가 왕래하더라도 피하게 된다. 奇門(기문)이 太陰(태음)에 加(가)함이 最吉(최길)이요 三盤(삼반)이 다 照臨(조림)함을 얻기는 어려운 일이다. 干(간), 星(성), 門(문), 神(신), 宮(궁) 등의 좋은 조건이 방위에 있을 시는 무슨 일이든지 모두 여의하다.

天盤(천반)이 丙(병)이고 地盤(지반)이 戊(무)이며 八門(팔문)이

生門(생문)일 때는 吉方(길방)으로 天遁(천둔)이라 부른다. 乙(을)이 天盤(천반)이고 己(기)가 地盤(지반)이며 八門(팔문)이 開門(개문)일 때는 吉方(길방)으로 地遁(지둔)이라 부른다. 丁(정)이 天盤(천반)이고 八門(팔문)이 休門(휴문)이고 八神(팔신)이 太陰(태음)일 때는 吉方(길방)으로 人遁(인둔)이라 부르며 이상의 3종을 三遁(삼둔)이라 하고 백사에 고루 吉利(길리)하다. 그 중 地遁(지둔)이나 人遁(인둔)은 종교생활이나 수업생활 도를 닦는데 가장 좋은 방위이다.

乙奇(을기)가 天盤(천반)에 있고 방위는 乾方(건방)이고 八門(팔문)이 開門(개문)이면 龍遁(용둔)이라 하고 乙奇(을기)가 天盤(천반)에 있고 방위는 艮方(간방)이고 八門(팔문)이 生門(생문)이면 虎遁(호둔)이라 하고, 乙奇(을기)가 天盤(천반)에 있고 방위는 巽方(손방)이고 八門(팔문)이 生門(생문)이면 風遁(풍둔)이라 하고, 乙奇(을기)가 天盤(천반)에 있고 방위는 坤方(곤방)이고 八門(팔문)이 開門(개문)이면 雲遁(운둔)이라 부르고 丙奇(병기)가 天盤(천반)이고 또 生門(생문)과 九天(구천)이 있으면 神遁(신둔)이라 하고 福氣(복기)가 상당히 큰 방위이다. 丁奇(정기)가 天盤(천반)에 있고 또 開門(개문)과 九地(구지)가 있으면 鬼遁(귀둔)이라 부르고 이때 사람의 두뇌는 매우 靈活敏銳(영활민예)하게 된다.

六儀擊刑(육의격형)은 凶格(흉격)이니 당연히 좋지 않다. 直符刑(직부형)이 時(시)와 같으니 子卯(자묘), 戌未(술미), 申寅(신인), 辰辰(진진), 午午(오오)는 自刑(자형)이요, 伏吟(복음)은 時日(시일)의 門星(문성)에 있다.

休門(휴문)과 天蓬(천봉)이 같은 방위에 있는 것, 生門(생문)과 天任(천임)이 같은 방위에 있는 것, 景門(경문)과 天英(천영)이 같은 방위에 있는 것, 開門(개문)과 天心(천심)이 같은 방위에 있으면 吉門(길문)이다. 다만 某(모) 특정의 九星(구성)을 만날 시는 흉으로 변한다.

기타 부분은 본래 凶星(흉성)이므로 伏吟(복음)의 문제에 관해서 특히 주의해야 한다. 此格(차격)을 만날 시는 어떤 일이든지 보수성의 처리는 비교적 좋다. 더욱이 財富(재부)방면에 관해선 더욱 지출을 감소시켜야 한다. 망동되거나 경솔하게 계획을 진행하면 이로움이 없을 뿐만 아니라 손해가 크다.

伏吟(복음) 외에 返吟(반음)도 凶格(흉격)이다. 이것은 九星(구성)과 八門(팔문)의 定位(정위)가 相反(상반)된 정황이다. 여기에서 吉門(길문)의 정황을 열거하면 다음과 같다.

休門(휴문)과 天蓬(천봉)이 같은 방위에 있는 것, 生門(생문)과 天任(천임)이 같은 방위에 있는 것, 開門(개문)과 天心(천심)이 같은 방위에 있는 것, 景門(경문)과 天英(천영)이 같은 방위에 있는 것, 此格(차격)은 다만 施捨(시사) 방면에는 좋으나 기타는 고루 좋지 않다. 返吟(반음)에 門(문)과 直符(직부)가 相沖(상충)이면 창고를 열어 빈궁한 이를 구원하라.

가장 불길한 것은 動土(동토), 施工(시공)이다. 다만 만일 三奇(삼기)나 八神(팔신)의 관계가 양호할 시는 災禍(재화)를 避免(피면)할 수 있고 福氣(복기)를 補(보)한다.

宮(궁)이 門(문)을 剋(극)하면 재물 많은 것이 도리어 해가 되고 八門(팔문)이 방위를 剋(극)할 시는 鬼遁(귀둔)이라 하고 매우 吉利(길리)하지 않다.

吉門(길문)이 방위를 剋(극)할 시는 질병에 宜(의)하다.

凶門(흉문)이 방위를 剋(극)할 시는 각종 불행이 연이어 나타난다.

丙(병)이 天盤(천반)이고 日干(일간)이 地盤(지반)에 있을 시는 悖格(패격)이라 하고 이때는 紀律(기율)이 파괴되고 상하의 순서가 문란해진다.

丙(병)이 日干(일간)과 直符(직부)에 加(가)하면 忤逆(오역)이라

기강이 문란하여 인륜이 어지럽다.

庚(경)이 天盤(천반)이고 日干(일간)이 地盤(지반)일 시는 干格(간격)이라 하고 이때는 어떤 일이든지 고루 성공할 수 없으므로 災禍(재화)가 발생하게 된다.

日干(일간)이 庚(경) 아래에 이르면 당연히 좋지 않다. 기타 年干(년간), 月干(월간), 時干(시간) 등이 庚(경) 아래에 이를 시는 불길하다.

丙(병)이 天盤(천반)이고 庚(경)이 地盤(지반)에 있을 시는 熒入太白(형입태백)이라 하며 도적이 물러가고, 庚(경)이 天盤(천반)이고 丙(병)이 地盤(지반)일 시는 太白入熒(태백입형)이라 하고 이때는 도적이 침입하고, 庚(경)이 天盤(천반)이고 甲(갑)이 地盤(지반)에 있을 시는 伏宮格(복궁격)이라 하고 이는 매우 악렬한 格(격)이다.

甲(갑)이 天盤(천반)이고 庚(경)이 地盤(지반)일 시는 飛宮格(비궁격)이라 하고 이는 매우 악렬한 格(격)이다.

庚(경)이 直符(직부)에 加(가)하면 天乙伏(천을복)이 되고 直符(직부)가 庚(경)에 加(가)하면 天乙飛(천을비)라 한다. 이것이 一宮(일궁)에 加(가)하면 野戰(야전)이 있고, 刑(형)이 一宮(일궁)에 가하면 國防(국방)에 힘쓰라.

癸(계)가 地盤(지반)에 있고 庚(경)이 天盤(천반)에 있으면 大格(대격)으로 매우 악렬한 격이다.

壬(임)이 地盤(지반)에 있고 庚(경)이 天盤(천반)에 있으면 小格(소격)으로 매우 악렬한 격이다.

己(기)가 地盤(지반)에 있고 庚(경)이 天盤(천반)에 있으면 刑格(형격)으로 매우 악렬한 격이며 도로를 이루는 격이다.

庚(경)이 地盤(지반)에 있고 위에 日干(일간)이 있으면 飛格(비격)으로 매우 악렬한 격이다.

時干(시간)이 地盤(지반)에 있고 天盤(천반)에 庚(경)을 가하면 時格(시격)으로 매우 악렬한 격이다.

六庚(육경)이 乙丙丁(을병정) 三奇(삼기) 時干(시간)에 加(가)하면 불길한데 이때 만일 움직여 출행이나 進兵(진병)하면 돌아올 기약이 없게 된다.

癸(계)가 天盤(천반)에 있고 丁(정)이 地盤(지반)에 있으면 螣蛇妖嬌(등사요교)라 하고 근심과 놀라운 심사가 연이어 출현하니 번거롭고 귀찮은 일이다.

丁(정)이 天盤(천반)에 있고 癸(계)가 地盤(지반)에 있을 시는 朱雀投江(주작투강)이라 부르고 소송사가 끊이지 않는다.

辛(신)이 天盤(천반)에 있고 乙(을)이 地盤(지반)에 있으면 白虎猖狂(백호창광)이라 하고 자신과 육친에게 傷害事(상해사)가 발생한다.

乙(을)이 天盤(천반)에 있고 辛(신)이 地盤(지반)에 있으면 靑龍逃走(청룡도주)라 부르고 놀람과 두려움, 재물의 흩어짐이 있게 된다.

甲(갑)이 天盤(천반)에 있고 丙(병)이 地盤(지반)에 있을 시는 靑龍返(청룡반)(回(회))首(수)라 하고 일마다 여의하다.

丙(병)이 天盤(천반)에 있고 甲(갑)이 地盤(지반)에 있을 시는 飛鳥跌穴(비조질혈)이라 부르고 어떤 일이든지 성공된다.

天盤(천반)이 動(동)하면 占(점)치는 주인공이 客(객)이요, 地盤(지반)이 安靜(안정)하면 主(주)가 된다. 덧붙이자면 立向盤(입향반)은 動(동)으로 전제조건을 삼고 坐山盤(좌산반)은 不動(부동)으로서 전제조건을 삼으므로 奇儀(기의), 星門(성문), 宮神(궁신)의 문제를 안 다음에 刑剋(형극)을 살펴서 길흉을 결정한다.

日月(일월)에 의하여 旺(왕)한 방위인가 休(휴)한 방위인가를 알아서 그 방위의 구름의 기색이나 운행을 관찰한다. 예를 들어

天蓬(천봉)을 九宮(구궁)에 加(가)하면 旺相(왕상)하는 달은 秋冬(추동)에 있으므로 壬(임), 癸(계), 亥(해), 子日(자일)을 만나는게 좋고 客(객)의 動(동)은 北方(북방)의 黑氣(흑기)에 있다. 만일 天英(천영)이 멀리 休地(휴지)에 加(가)하고 겨울이라면 북방은 도리어 主(주)에게 이롭다.

奇儀(기의)와 星門(성문)을 조사 연구한 다음에는 시간과 방위의 관계를 자세히 탐구해야 한다.

寅時(인시)에서 午時(오시)까지는 五陽時(오양시)로 甲(갑), 乙(을), 丙(병), 丁(정), 戊(무)의 방위로 움직이면 비로소 좋은 곳이 있다.

未時(미시)에서 亥時(해시)까지는 五陰時(오음시)로 己(기), 庚(경), 辛(신), 壬(임), 癸(계)의 방위로 움직이고자 하면 비로소 좋은 곳이 있다.

陽時(양시)에는 客方(객방)에 대하여 吉利(길리)하다. 더욱이 遷移(천이), 建築(건축), 婚姻(혼인) 등에 가장 길하다.

陰時(음시)에는 主方(주방)에 대하여 吉利(길리)하다. 더욱이 逃走(도주), 건축, 기도 등에 가장 길하다.

十干(십간) 중에는 甲(갑)이 宗主(종주)가 되고 上下(상하)의 干支(간지)는 밀접한 관계가 있다. 陽星(양성)이 坎(감), 艮(간), 震(진), 巽(손) 등에 있을 시는 크게 길하고 陰星(음성)이 坎(감), 艮(간), 震(진), 巽(손) 등에 있을 시는 크게 흉하다.

甲寅(갑인)의 癸(계), 甲申(갑신)의 庚(경)은 눈앞에 상황에 의하여 계속 가장 吉利(길리)하다.

甲子(갑자)의 戊(무)나 甲午(갑오)의 辛(신)은 현재의 상황에 따라 소극적으로 吉利(길리)하다.

甲戌(갑술)의 己(기)나 甲辰(갑진)의 壬(임)은 현재의 상황에 따라 적극적으로 吉利(길리)하다. 적극성으로 진행코자 할 시에는

立向盤(입향반)에 의하는게 좋고, 소극성으로 보수코자 할 시에는 坐山盤(좌산반)에 의하는게 좋다.

만일 三奇(삼기)가 五陽(오양)인 甲(갑), 乙(을), 丙(병), 丁(정), 戊(무)에 있으면 客(객)에 대한 立向盤(입향반)이면 大利(대리)하고 또 스스로 高張(고장)한다.

만일 三奇(삼기)가 五陰(오음)인 己(기), 庚(경), 辛(신), 壬(임), 癸(계) 위에 있으면 主(주)에 대한 坐山盤(좌산반)이면 大利(대리)하다. 三奇(삼기)의 積蘊(적온)은 묘하기가 말하기 어렵다. 陰逆(음역)은 後(후)가 되고 陽順(양순)은 前(전)이 된다.

三奇(삼기)가 중첩시는 확실히 매우 흥미 깊다. 陽遁(양둔)이 相疊(상첩)한 順(순)의 三奇(삼기)는 吉利(길리)하고, 陰遁(음둔)이 모름지기 중첩한 逆(역)의 三奇(삼기)는 비로소 吉利(길리)하다.

每時(매시)에는 初刻(초각), 中刻(중각), 末刻(말각)으로 나뉘고 구별되니 그 길흉도 각각 다른 것이다. 乙德(을덕)이 왕래하면 황홀하기 그지없다. 출행한 즉 주식을 만난다. 덧붙이자면 乙(을)이 日奇(일기)가 되고 만일 이 방위를 얻으면 暗地(암지) 속에서도 행동이 順利(순리)하여 상대에게 발각되지 않는다. 祭神(제신), 宴會(연회), 求敗(구패), 遷移(천이), 婚姻(혼인) 등에 매우 좋다. 단 시비와 성내는 일, 관재에는 좋지 않으니 삼가야 한다.

丙子(병자)의 月奇(월기)는 天威(천위)의 叱(질)이 된다. 丙(병)이 月奇(월기)인데 만일 이 방위를 얻을 시는 火氣(화기)가 金(금)을 녹이는 상이므로 분쟁을 평정할 수 있고 經商(경상)이나 종교 등에 매우 좋고 근심 소식은 듣지 않고 기쁨이 있다.

六丁(육정)은 玉女(옥녀)가 되고 太陰(태음)의 精(정)을 가르킨다. 丁(정)이 星奇(성기)가 되고 만일 이 방위를 얻을 시는 동작이 우아하고 온정하다. 형벌을 범하지 않고 謁請(알청), 入宮(입궁), 經商(경상), 嫁娶(가취)에 길하나 기쁨 가운데 근심을 띠었으니 길흉이 參半(삼반)이요 私營(사영)에 좋다.

六戊(육무)가 開(개), 休(휴), 生(생) 三門(삼문)을 만나면 흉이 일어난다. 누가 朱門(주문) 萬里(만리)를 그치게 하리요. 戊(무)는 甲子(갑자)가 되고 만일 이 방위를 얻을 시는 다만 震宮(진궁)은 흉에 속하고 기타의 방위는 고루 吉利(길리)하다. 예를 들면 신분과 지위가 고귀한 사람이 벗이 된다면 매우 큰 財利(재리)를 획득할 수 있다.

己(기)가 六合(육합)이 되면 機謀(기모)가 일어난다. 己(기)는 甲戌(갑술)이 되고 만일 이 방위를 얻을 시 八神(팔신)과 六合(육합)이 같이 좋은 곳을 얻으면 隱藏(은장)시에도 매우 좋은 방위이다. 관청에 관한 일에도 吉利(길리)하다. 보통사람에게는 좋은 방위이나 큰 인물에게는 좋은 방위가 아니다.

庚(경)은 甲申(갑신)이 되고 만일 이 방위를 얻을 시는 억지로 무슨 일을 하면 능욕을 당하고 刑獄(형옥)에 갇힌다. 經商人(경상인)은 旅途中(여도중)에 쓰러진다. 혹자는 상품에 손실을 입는다. 어떤 일이든지 흉하니 함부로 움직이지 말고 삼가야 한다.

辛(신)은 甲午(갑오)가 되고 만일 이 방위를 얻을 시는 사람의 사망을 만나게 되고 다른 사람과 官司(관사)의 위험이 있다. 질병, 經商(경상), 혼인 등 고루 吉利(길리)하지 못하다. 만일 형벌의 判罪(판죄)를 받을 시는 부당한 나쁜 판결을 받는다.

壬(임)은 天牢(천뢰)가 되며 甲辰(갑진)이 되고 만일 이 방위를 얻을 시는 무슨 일이든지 마음이 두렵고 초조불안하다. 도망에는 길하고 기타 病占(병점)에는 불길하고 출문하면 번뇌가 생기고 관리를 만나 시비가 생기며 불안한 일이 생긴다.

癸(계)는 藏(장)이요 甲寅(갑인)이 된다. 만일 이 방위를 얻으면 무슨 일이든지 남에게 부담되는 번뇌의 일이 발생하고 찾는 사람을 찾지 못하고 질병은 침중된다. 도망과 求道(구도), 隱藏

(은장)에는 吉利(길리)하다.

10. 遁甲神機(둔갑신기)

奇門遁甲(기문둔갑)은 陰陽兩儀(음양양의)에서 시작된다.   이른
바 兩儀(양의)는 곧 陰儀(음의)는 地盤(지반)이 되고 陽儀(양의)는
天盤(천반)이 된다.

陰陽(음양)을 안 다음에는 天(천), 人(인), 地(지)의 三才(삼재)를
이해해야 한다.   이른바 三才(삼재)는 곧 應期盤(응기반)은 天(천)
이 되고 立向盤(입향반)은 人(인)이 되고 坐山盤(좌산반)은 地(지)
가 된다.

天盤(천반)이 甲(갑)이고 地盤(지반)이 丙(병)이면 靑龍返首(청
룡반수)라 하고 天盤(천반)이 丙(병)이고 地盤(지반)이 甲(갑)이면
飛鳥跌穴(비조질혈)이라고 한다.   靑龍返首(청룡반수)의 방위를
이용할 시에는 喜事(희사)가 쉽사리 이르고 飛鳥跌穴(비조질혈)의
방위를 이용할 시에는 어떤 일이든지 성공을 얻을 수 있다.

天盤(천반)이 乙(을)이고 地盤(지반)이 辛(신)이면 靑龍逃走(청
룡도주)라 부르고 신체에 상해를 입는다.

天盤(천반)이 辛(신)이고 地盤(지반)이 乙(을)이면 白虎猖狂(백
호창광)이라 부르고 재산에 손실을 입는다.

生門(생문)에 天盤(천반)이 丙(병)이고 地盤(지반)이 戊(무)이면
天遁(천둔)이라 하고 行兵(행병)과 用兵(용병)에 유리하다.

開門(개문)에 天盤(천반)이 乙(을)이고 地盤(지반)이 己(기)이면
地遁(지둔)이라 하고 埋葬(매장)에 길하다.

庚(경)이 天盤(천반)에 있고 日干(일간)이 地盤(지반)에 있으면 伏干格(복간격)이라 하고 主客(주객)이 다 불리하다.

庚(경)이 地盤(지반)에 있고 日干(일간)이 天盤(천반)에 있으면 飛干格(비간격)이라 한다.

庚(경)이 天盤(천반)에 있고 甲(갑)이 地盤(지반)에 있으면 伏宮格(복궁격)이라 한다.

甲(갑)이 天盤(천반)에 있고 庚(경)이 地盤(지반)에 있으면 飛宮格(비궁격)이라 하고 모든게 흉하다.

癸(계)가 天盤(천반)에 있고 丁(정)이 地盤(지반)에 있으면 螣蛇妖嬌(등사요교)라 하고 丁(정)이 天盤(천반)에 있고 癸(계)가 地盤(지반)에 있으면 朱雀投江(주작투강)이라 하고 庚(경)이 天盤(천반)에 있고 己(기)가 地盤(지반)에 있으면 刑格(형격)이라 한다.

庚(경)이 天盤(천반)에 있고 癸(계)가 地盤(지반)에 있으면 大格(대격)이라고 한다. 만사가 무릇 凶格(흉격)을 사용시에는 일체 모두가 여의치 못하다.

時干(시간)이 日干(일간)을 剋(극)하면 五不遇(오불우)라 부르고 이때에는 災禍(재화)가 발생한다. 丙奇(병기)가 日干(일간)에 加(가)하면 悖格(패격)이라 부르고 災禍(재화)가 발생한다. 만일 三奇得使(삼기득사)의 방위를 이용시에는 만사가 고루 여의하다. 만일 六儀擊刑(육의격형)의 방위를 이용시에는 일체의 흉의가 집중된다.

庚(경)이 天盤(천반)에 있고 丙(병)이 地盤(지반)에 있으면 太白入熒(태백입형)이라 부르고 도적이 침입해온다.

丙(병)이 天盤(천반)에 있고 庚(경)이 地盤(지반)에 있으면 火入金鄕(화입금향)이라 부르고 도적이 물러간다. 地羅(지라)의 방위는 흉방이므로 전진이 불가하다. 天網(천망)의 방위는 흉방이므로 도망하고자 하나 도망갈 길이 없다. 八神(팔신)의 直符(직부)

는 마땅히 旬首之處(순수지처)에 설치하고 일단 급난을 만났을 시는 直符(직부)를 이용하여 피난할 수 있다.

冬至(동지)와 夏至(하지)의 局(국)의 順逆(순역)을 이용하면 확실하고 참으로 좋은 원리이다. 陽局時(양국시)에는 左(좌)로 향해 오는 수를 요하고 陰局時(음국시)에는 右(우)로 향해오는 수를 요한다.

이른바 陽局(양국)은 冬至(동지)에서 시작한 十二節氣(십이절기)이다. 이 기간에서 直符(직부)의 後一(후일)은 九天(구천)이고 後二(후이)는 九地(구지)가 되고 前三(전삼)은 六合(육합)이고 前二(전이)는 太陰(태음)이 된다.

이른바 陰局(음국)은 夏至(하지)에서 시작한 十二節氣(십이절기)이다. 이 기간에서 直符(직부)의 前一(전일)은 九天(구천)이고 前二(전이)는 九地(구지)가 되고 前五(전오)는 六合(육합)이 되고 前七(전칠)은 太陰(태음)이 된다.

隱遁(은둔)이나 潛伏(잠복)을 하고자 할 시는 太陰(태음)이 매우 좋은 방위이다. 隱遁(은둔)이나 謀議(모의)를 하고자 할 시는 六合(육합)이 매우 좋은 방위이다. 가장 위세있게 명성을 드날리고자 하면 九天(구천)이 매우 좋은 방위이다.

天地(천지)의 이치는 결코 간단하지 않으며 神機(신기)는 예측키 어렵다.

11. 總法天機(총법천기)

巽(손)의 天輔(천보)는 木(목)이 되고, 中(중)의 天禽(천금)은 土(토)가 되고, 乾(건)의 天心(천심)은 金(금)이 되고, 兌(태)의 天柱(천주)는 金(금)이 되고, 艮(간)의 天任(천임)은 土(토)가 되고 離(이)의 天英(천영)은 火(화)가 된다.

그 중 兄弟(형제)에 해당되는 五行(오행)의 月(월)이 相(상)이 되고, 子孫(자손)에 해당되는 五行(오행)의 月(월)이 旺(왕)이 되고, 妻財(처재)에 해당되는 五行(오행)의 月(월)이 休(휴)가 되고, 官鬼(관귀)에 해당되는 五行(오행)의 月(월)이 囚(수)가 되고, 父母(부모)에 해당되는 五行(오행)의 月(월)이 廢(폐)가 된다.

天蓬(천봉)을 예를 들어 설명하면 相(상)은 亥月(해월)과 子月(자월)이 되고, 旺(왕)은 寅月(인월)과 卯月(묘월)이 된다. 休(휴)는 巳月(사월)과 午月(오월)이 되고 廢(폐)는 申月(신월)과 酉月(유월)이 되고, 囚(수)는 辰(진), 戌(술), 丑(축), 未月(미월)이 된다.

만일 급한 일이 있어서 더디게 처리해서는 안될 시에는 다만 三奇(삼기)와 八神(팔신)을 가리면 되나 만일 급한 일이 아닐 시에는 역시 八門(팔문)을 가리는 것이 좋고 奇門(기문)을 시행하고자 할 시에는 먼저 天象(천상)을 살피되 자세하고 맑게 살펴보고 사용함은 나의 일심에 있다.

예를 들면 立向盤(입향반)의 地盤(지반)이 八門(팔문), 八神(팔신) 등이 金(금)이 되고, 坐山盤(좌산반)의 地盤(지반)이 八門(팔문), 八神(팔신) 등이 木(목)이 된다. 이때 客(객)은 金(금)이다. 이같이 木(목)을 상해하는 것이 主(주)이므로 만약 戰事(전사)가 있으면 客方(객방)이 유리하다. 그러므로 進兵(진병)을 하고자 할 시는 먼저 폭죽을 터트리고 큰 소리로 함성을 지르며 威武(위무)로 전진한다. 이때 士氣(사기)가 백배되어 반드시 백전백승하게 된다. 그러나 求謀(구모), 拜謁(배알), 交易(교역) 등은 가장 相剋(상극)을 좋아하지 않는다.

예를 들면 파탄, 敗退(패퇴), 놀라움, 번뇌 등이 발생한다. 만일 여행 중에 반 노상에서 도적이나 小人(소인)을 만나게 된다. 사람을 기다릴 시는 매우 빨리 도착하게 된다. 다만 기타의 일은 고루 吉利(길리)하지 않다.

만일 金(금)이 왕하고 木(목)이 쇠하면 그 흉의는 더욱 강해진다. 立向盤(입향반)의 金(금)이 衰(쇠), 墓(묘), 死(사), 絶(절)이 되면 좋으나 坐山盤(좌산반)이 木(목)일 시는 時機(시기)를 얻은 金(금)이 있더라도 木(목)을 剋(극)할 방법이 없다. 그러므로 木(목)이 왕하게 될 시는 매우 吉利(길리)하다고 할 수 있다. 다만 坐山盤(좌산반)의 木(목)이 衰(쇠), 墓(묘), 絶(절)에 있을 시는 그 흉의를 도피할 방법이 없다.

예를 들면 坐山盤(좌산반)의 地盤(지반)에 八門(팔문), 八神(팔신) 등이 火(화)가 되고 立向盤(입향반)의 地盤(지반)에 八門(팔문), 八神(팔신) 등이 木(목)이 되면 木(목)으로부터 火(화)를 生(생)하므로 전쟁은 主方(주방)에 유리하다.

만일 求謀(구모)를 하고자 할 시는 여의하다. 이때 立向盤(입향반)의 干(간)이 上下(상하) 고루 木(목)이 되므로 生(생)이나 旺(왕)인 곳에 있다. 이런 정황으로 貪生(탐생)하는 木(목)이므로 도리어 火(화)를 상해하므로 결과는 火(화)가 점점 소멸된다. 만일 木(목)이 退氣(퇴기)가 되면 木(목)이 火(화)를 생하게 되며 결과는 主方(주방)이 大利(대리)를 얻는다.

예를 들면 立向盤(입향반)의 地盤(지반)에 八門(팔문), 八神(팔신)이 土(토)가 되고 坐山盤(좌산반)의 地盤(지반)에 八門(팔문), 八神(팔신)이 金(금)이 되면 이때 客(객)이 主(주)를 생하게 된다. 만일 土(토)가 너무 왕하거나 上下(상하) 고루 土(토)가 될 시에는 비록 土(토)가 金(금)을 생할지라도 土(토)가 너무 많으면 金(금)이 매몰되므로 伏兵(복병)을 만나게 된다. 만일 영웅이 이런 정황을 만나면 필히 뜻을 잃게 되고 충신이 이런 정황을 만나면 분명찮은 억울한 죄를 쓰게 된다.

예를 들면 立向盤(입향반)의 地盤(지반)에 八門(팔문), 八神(팔신)이 木(목)이 되고 坐山盤(좌산반)의 地盤(지반)에 八門(팔문), 八神(팔신)이 金(금)이 되면 이때는 主(주)가 客(객)을 상하게 하므로 너무 뚜렷한 進兵(진병)은 필요치 않다. 마땅히 침투나 기습 전술을 써야 승리를 얻게 된다. 요컨대 某件(모건)의 일을 계획한다면 모두 성공하는 것은 아니다. 다시 말해서 有始無終(유시무종)이다. 다만 求名(구명), 求功名(구공명), 出行(출행) 등은 吉利(길리)하게 된다.

예를 들면 立向盤(입향반)의 地盤(지반)이 八門(팔문), 八神(팔신)이 金(금)이 되고 坐山盤(좌산반)의 地盤(지반)이 八門(팔문), 八神(팔신)이 土(토)가 되면 이때는 主(주)가 客(객)을 生(생)한다. 마땅히 위세있는 進兵(진병)이 좋으므로 이것은 客兵(객병)이 大勝(대승)하게 됨을 표시한다. 어떤 일을 계획하든지 매우 고생하고 힘의 소모가 심하다.

12. 八門(팔문)의 動應(동응)

1. 生門(생문) 動應(동응)

○ 生門(생문)에 生門(생문)을 加(가)하면 八里(팔리)나 十八里(십 팔리) 혹은 八十里(팔십리) 지점에서 검은 옷을 입은 사람과 돈을 들고 가는 사람을 보게 된다.

○ 生門(생문)에 傷門(상문)을 加(가)하면 三里(삼리)나 十三里(십 삼리) 혹은 三十里(삼십리) 지점에서 방망이를 찬 순경을 보거 나 어떤 사람이 흙을 파고 나무를 심는 것을 보게 된다.

○ 生門(생문)에 杜門(두문)을 加(가)하면 四里(사리)나 十四里(십 사리) 혹은 四十里(사십리) 지점에서 아롱다롱한 물건을 갖고 지나가는 사람과 탄식하며 한숨을 쉬면서 가는 사람을 보게 된다.

○ 生門(생문)에 景門(경문)을 加(가)하면 九里(구리)나 十九里(십 구리) 혹은 九十里(구십리) 지점에서 귀인의 행차에 많은 사람 이 수행하는 것을 보게 된다.

○ 生門(생문)에 死門(사문)을 加(가)하면 二里(이리)나 十二里(십 이리) 혹은 二十里(이십리) 지점에서 상복을 입은 사람이 우는 것을 보게 된다.

○ 生門(생문)에 驚門(경문)을 加(가)하면 七里(칠리)나 十七里(십 칠리) 혹은 七十里(칠십리) 지점에서 짐승을 쫓는 사람을 보거 나 재판에 관한 얘기를 주고 받는 것을 보게 된다.

○ 生門(생문)에 開門(개문)을 加(가)하면 六里(육리)나 十六里(십육리) 혹은 六十里(육십리) 지점에서 귀인의 車馬(거마)를 보거나 뱀이 돼지를 무는 것을 보게 된다.

○ 生門(생문)에 休門(휴문)을 加(가)하면 一里(일리)나 十里(십리) 혹은 十一里(십일리) 지점에서 귀인의 행차를 보거나 검은 쥐를 보게 된다.

2. 傷門(상문) 動應(동응)

○ 傷門(상문)에 生門(생문)을 가하면 八里(팔리)나 十八里(십팔리) 혹은 八十里(팔십리) 지점에서 나무를 베는 것을 보거나 흙을 파는 것을 보게 된다.

○ 傷門(상문)에 傷門(상문)을 加(가)하면 三里(삼리)나 十三里(십삼리) 혹은 三十里(삼십리) 지점에서 차 두 대가 마주쳐서 서로 먼저 가려고 다투는 것을 보게 된다.

○ 傷門(상문)에 杜門(두문)을 加(가)하면 四里(사리)나 十四里(십사리) 혹은 四十里(사십리) 지점에서 公吏(공리)와 마주치거나 사람들이 산에서 나무를 베는 것을 보게 되거나 부인이 어린애를 업고 지나가는 것을 보게 된다.

○ 傷門(상문)에 景門(경문)을 加(가)하면 九里(구리)나 十九里(십구리) 혹은 九十里(구십리) 지점에서 色衣人(색의인)이 당나귀를 타고 가는 것을 보게 된다.

○ 傷門(상문)에 死門(사문)을 加(가)하면 二里(이리)나 十二里(십이리) 혹은 二十里(이십리) 지점에서 埋葬(매장)하는 것을 보거나 상복을 입은 사람이 우는 것을 보게된다.

○ 傷門(상문)에 驚門(경문)을 加(가)하면 七里(칠리)나 十七里(십칠리) 혹은 七十里(칠십리) 지점에서 치고 받고 싸우는 사람이

있고 짐승을 쫓아가는 사람을 보게 되며 부인이 소녀를 앞세우고 가는 것을 보게 된다.

○ 傷門(상문)에 開門(개문)을 加(가)하면 六里(육리)나 十六里(십육리) 혹은 六十里(육십리) 지점에서 어떤 사람이 담장을 무너뜨리거나 門(문)을 고치면서 판자에 못질하는 것을 보거나 돼지 두 마리가 서로 물고 뜯고 하는 것을 보게 된다.

○ 傷門(상문)에 休門(휴문)을 加(가)하면 十里(십리)나 十一里(십일리) 지점에서 늙은 여인이 소년과 동행하는 것을 보게 된다.

3. 杜門(두문) 動應(동응)

○ 杜門(두문)에 生門(생문)을 加(가)하면 八里(팔리)나 十八里(십팔리) 혹은 八十里(팔십리) 지점에서 돈 보따리를 지고 가거나 먹을 것을 들고 가거나 노래를 부르며 가는 사람을 보게 된다.

○ 杜門(두문)에 傷門(상문)을 加(가)하면 三里(삼리)나 十三里(십삼리) 혹은 三十里(삼십리) 지점에서 목공이 나무토막을 들고 있는 것을 보게 된다.

○ 杜門(두문)에 杜門(두문)을 加(가)하면 四里(사리)나 十四里(십사리) 지점에서 녹색 옷을 입은 부인이 어린이를 데리고 가는 것을 보게 된다.

○ 杜門(두문)에 景門(경문)을 加(가)하면 九里(구리)나 十九里(십구리) 지점에서 色衣(색의)를 입은 임신부가 지나가거나 관리가 붉은 말을 타고 가는 것을 보게 된다.

○ 杜門(두문)에 死門(사문)을 加(가)하면 二里(이리)나 十二里(십이리) 혹은 二十里(이십리) 지점에서 상복입은 사람이 우는 것을 보게 된다.

○ 杜門(두문)에 驚門(경문)을 加(가)하면 七里(칠리)나 十七里(십

칠리) 혹은 七十里(칠십리) 지점에서 노래소리 나팔소리나 북소리가 들리고 재판에 관한 얘기를 듣게 된다.

○ 杜門(두문)에 開門(개문)을 加(가)하면 六里(육리)나 十六里(십육리) 혹은 六十里(육십리) 지점에서 노랫소리가 들리고 개가 돼지를 무는 것을 보게 된다.

○ 杜門(두문)에 休門(휴문)을 加(가)하면 一里(일리)나 十一里(십일리) 지점에서 노래하며 놀거나 검은 옷을 입은 여인이 어린 애를 업고 가는 것을 보게 된다.

4. 景門(경문) 動應(동응)

○ 景門(경문)에 生門(생문)을 加(가)하면 八里(팔리)나 十八里(십팔리) 혹은 八十里(팔십리) 지점에서 소를 쫓는 소년을 보거나 돈꾸러미를 지고 가는 사람을 보게 된다.

○ 景門(경문)에 傷門(상문)을 加(가)하면 三里(삼리)나 十三里(십삼리) 혹은 三十里(삼십리) 지점에서 색옷을 입은 여인이 말이나 가마를 타고 가는 것을 보게 된다.

○ 景門(경문)에 杜門(두문)을 加(가)하면 四里(사리)나 十四里(십사리) 혹은 四十里(사십리) 지점에서 노부인과 젊은 부인이 검정옷을 입은 소년을 데리고 가는 것을 보게 된다.

○ 景門(경문)에 景門(경문)을 加(가)하면 九里(구리)나 十九里(십구리) 혹은 九十里(구십리) 지점에서 문서를 들고 가는 사람을 보거나 불이 일어나 놀라는 광경을 본다.

○ 景門(경문)에 死門(사문)을 加(가)하면 二里(이리)나 十二里(십이리) 혹은 二十里(이십리) 지점에서 상복을 입은 사람이 우는 것과 官人(관인)이 말을 타고 가는 것을 보게 된다.

○ 景門(경문)에 驚門(경문)을 加(가)하면 七里(칠리)나 十七里(십

칠리) 혹은 七十里(칠십리) 지점에서 치고 받고 싸우는 것을 보게 되거나 자신이 누구와 싸우게 될 것이니 삼가 피하라.

○ 景門(경문)에 開門(개문)을 加(가)하면 六里(육리)나 十六里(십육리) 혹은 六十里(육십리) 지점에서 귀인의 행차가 이르러 길을 비키라고 소리치는 모습을 보게 된다.

○ 景門(경문)에 休門(휴문)을 加(가)하면 一里(일리)나 十里(십리) 지점에서 어떤 여인이 울면서 고기장수와 동행하는 것을 보게 된다.

5. 死門(사문) 動應(동응)

○ 死門(사문)에 生門(생문)을 加(가)하면 八里(팔리)나 十八里(십팔리) 혹은 八十里(팔십리) 지점에서 孝服(효복)을 입은 사람이 어떤 물건을 붙들고 통곡하는 것을 보게 된다.

○ 死門(사문)에 傷門(상문)을 加(가)하면 三里(삼리)나 十三里(십삼리) 혹은 三十里(삼십리) 지점에서 棺(관)을 메고 가는 것을 보게 된다.

○ 死門(사문)에 杜門(두문)을 加(가)하면 四里(사리)나 十四里(십사리) 혹은 四十里(사십리) 지점에서 사람이 죽어 장사 지내는 일과 채색 紙物(지물)을 보게 된다.

○ 死門(사문)에 景門(경문)을 加(가)하면 九里(구리)나 十九里(십구리) 지점에서 슬피우는 소리를 듣게 된다. 가던 길을 멈춰야 한다. 그대로 나아가면 흉변을 당한다.

○ 死門(사문)에 死門(사문)을 加(가)하면 二里(이리)나 十二里(십이리) 혹은 二十里(이십리) 지점에서 두 부인이 우는 것을 보게 된다.

○ 死門(사문)에 驚門(경문)을 加(가)하면 七里(칠리)나 十七里(십

칠리) 혹은 七十里(칠십리) 지점에서 초상이 나서 우는 것과 죽은 짐승을 보게 된다.

○ 死門(사문)에 開門(개문)을 加(가)하면 六里(육리)나 十六里(십육리) 혹은 六十里(육십리) 지점에서 사람이 죽어 장사지내며 우는 것과 짐승끼리 싸워 죽거나 피흘리는 것을 보게 된다.

○ 死門(사문)에 休門(휴문)을 加(가)하면 二里(이리)나 十二里(십이리) 혹은 二十里(이십리) 지점에서 청색옷을 입은 여인이 슬피우는 것을 보게 된다.

6. 驚門(경문) 動應(동응)

○ 驚門(경문)에 生門(생문)을 加(가)하면 八里(팔리)나 十八里(십팔리) 혹은 八十里(팔십리) 지점에서 여인이 동자와 같이 소를 쫓아가는 모습을 보게 되고 그 소는 무엇인가 먹으면서 달아난다.

○ 驚門(경문)에 傷門(상문)을 加(가)하면 三里(삼리)나 十三里(십삼리) 혹은 三十里(삼십리) 지점에서 남녀가 떠들면서 어린이를 때리는 것을 보게 된다. 이러한 것을 보거든 더 나아갈 생각을 말고 가든 길을 되돌아 와야 된다.

○ 驚門(경문)에 杜門(두문)을 加(가)하면 四里(사리)나 十四里(십사리) 혹은 四十里(사십리) 지점에서 어떤 중을 만나 그와 함께 동행하게 될 것이다.

○ 驚門(경문)에 景門(경문)을 加(가)하면 九里(구리)나 十九里(십구리) 혹은 九十里(구십리) 지점에서 우연히 色衣(색의)를 입은 부인을 만나 그녀한테서 官司(관사)에 관한 얘기를 듣게 된다.

○ 驚門(경문)에 死門(사문)을 加(가)하면 二里(이리)나 十二里(십

이리) 혹은 二十里(이십리) 지점에서 누군가 죽어서 슬피 울고 있는 여인을 보게 된다.

○ 驚門(경문)에 驚門(경문)을 加(가)하면 七里(칠리)나 十七里(십칠리) 혹은 七十里(칠십리) 지점에서 두 여인이 떠드는 것을 보게 된다.

○ 驚門(경문)에 開門(개문)을 加(가)하면 六里(육리)나 十六里(십육리) 혹은 六十里(육십리) 지점에서 관리가 인부들을 모아 부역을 시키는 것을 보게 되고 쟁송에 관한 얘기를 하는 사람을 보게 된다.

○ 驚門(경문)에 休門(휴문)을 加(가)하면 一里(일리)나 十里(십리) 혹은 十一里(십일리) 지점에서 청색 옷을 입은 여인이 관청에 관한 얘기를 할 것이다.

7. 開門(개문) 動應(동응)

○ 開門(개문)에 生門(생문)을 加(가)하면 八里(팔리)나 八十里(팔십리) 지점에서 여인이나 네 발 달린 짐승을 만나거나 어떤 남자가 토지나 재물관계로 다투는 것을 보게 된다.

○ 開門(개문)에 傷門(상문)을 加(가)하면 三里(삼리)나 十三里(십삼리) 지점에서 부인이 車馬(거마)를 따라가고, 어떤 사람이 불장난을 하고 있는 모습을 보게 된다.

○ 開門(개문)에 杜門(두문)을 加(가)하면 四里(사리)나 十四里(십사리) 지점에서 어떤 사람이 큰 소리로 노래를 부르거나 僧道(승도)가 지나가는 것을 보게 된다.

○ 開門(개문)에 景門(경문)을 加(가)하면 九里(구리)나 十九里(십구리) 지점에서 귀인이 말을 타고 가는 것을 보거나 어떤 사람이 문서를 싸가지고 가는 것을 보게 된다.

○ 開門(개문)에 死門(사문)을 加(가)하면 二里(이리)나 十二里(십이리) 혹은 二十里(이십리) 지점에서 노인이 울거나 땅을 파고 장사 지내는 모습을 보게 된다.

○ 開門(개문)에 驚門(경문)을 加(가)하면 七里(칠리)나 十七里(십칠리) 혹은 七十里(칠십리) 지점에서 남매가 동행하는 것을 보게 된다.

○ 開門(개문)에 開門(개문)을 加(가)하면 六里(육리)나 六十里(육십리) 지점에서 귀인을 보거나 쟁투하는 것을 보게 된다.

○ 開門(개문)에 休門(휴문)을 加(가)하면 一里(일리)나 十里(십리) 지점에서 네 발 달린 짐승이 싸우거나 부인이 검은 옷을 입은 모습이나 선비가 공명에 대하여 얘기하는 것을 보게 된다.

8. 休門(휴문) 動應(동응)

○ 休門(휴문)에 生門(생문)을 加(가)하면 八里(팔리)나 十八里(십팔리) 혹은 八十里(팔십리) 지점에서 검은색 하의에 황색 상의를 입은 부인을 만나게 되거나 검은 색 옷을 입은 관리를 만나게 된다.

○ 休門(휴문)에 傷門(상문)을 加(가)하면 三里(삼리)나 十三里(십삼리) 혹은 三十里(삼십리) 지점에서 막대기를 쥐고 있는 사람을 만나거나 검은 옷을 입은 公吏(공리)를 보게 된다.

○ 休門(휴문)에 杜門(두문)을 加(가)하면 四里(사리)나 十四里(십사리) 혹은 四十里(사십리) 지점에서 청색 옷을 입은 부인이 어린애 데리고 지나면서 노래하는 모습을 보게 된다.

○ 休門(휴문)에 景門(경문)을 加(가)하면 九里(구리)나 十九里(십구리) 혹은 九十里(구십리) 지점에서 검은 옷을 입은 公吏(공

리)가 당나귀를 타고 가는 것을 보게 된다.

○ 休門(휴문)에 死門(사문)을 加(가)하면 二里(이리)나 十二里(십 이리) 혹은 二十里(이십리) 지점에서 상복을 입은 사람이 울거 나 녹색 옷을 입은 사람과 동행하는 모습을 보게 된다.

○ 休門(휴문)에 驚門(경문)을 加(가)하면 七里(칠리)나 十七里(십 칠리) 혹은 七十里(칠십리) 지점에서 검은 옷을 입은 사람이 발을 두드리고 또는 어떤 부인이 어린 애를 데리고 가는 모습 을 보게 된다.

○ 休門(휴문)에 開門(개문)을 加(가)하면 六里(육리)나 十六里(십 육리) 혹은 六十里(육십리) 지점에서 나무를 치며 탄식하는 사 람이나 짐승끼리 싸우는 것을 보게 된다.

○ 休門(휴문)에 休門(휴문)을 加(가)하면 一里(일리)나 十一里(십 일리) 지점에서 푸른 옷을 입은 부부가 노래하고 있는 것을 보게 된다.

13. 八門(팔문)의 靜應(정응)

1. 生門(생문) 靜應(정응)

○ 生門(생문)에 生門(생문)을 加(가)하면 원행과 求財(구재), 嫁娶(가취)와 生産(생산), 營謀(영모)에 길하다.

○ 生門(생문)에 傷門(상문)을 加(가)하면 친구가 변심하거나 불화하여 상심한다. 路中(노중)에서 봉변 당한다.

○ 生門(생문)에 杜門(두문)을 加(가)하면 陰人(음인)의 謀害(모해)로 손실 破財(파재)하며 범사가 부진하다.

○ 生門(생문)에 景門(경문)을 加(가)하면 陰人(음인)의 구설 시비로 편안치 못하고 문서에 관한 일은 후에 길하다.

○ 生門(생문)에 死門(사문)을 加(가)하면 田宅(전택)에 일로 官司(관사)가 있고, 병자는 구원이 어렵고 범사가 다 흉하다.

○ 生門(생문)에 驚門(경문)을 加(가)하면 田宅(전택) 재산으로 詞訟(사송)이 있고 병자는 치유가 더디나 기타는 길하다.

○ 生門(생문)에 開門(개문)을 加(가)하면 귀인을 만나고 謀望(모망)하는 일은 성취되고 여의하다.

○ 生門(생문)에 休門(휴문)을 加(가)하면 귀인을 뵙는 일, 謀望(모망), 嫁娶(가취), 이사 등 범사가 다 길하다.

2. 傷門(상문) 靜應(정응)

○ 傷門(상문)에 生門(생문)을 加(가)하면 求謀(구모)하는 모든 일

이 길흉이 상반하다.

○ 傷門(상문)에 傷門(상문)을 加(가)하면 변동수가 있고, 원행하면 折傷(절상)의 흉액이 있고 일이 다 흉하다.

○ 傷門(상문)에 杜門(두문)을 加(가)하면 변동이 생기고, 失脫(실탈), 官司(관사)로 형벌을 받고 백사가 다 흉하다.

○ 傷門(상문)에 景門(경문)을 加(가)하면 문서, 印信(인신)은 흉하니 구설시비가 생기며 동요되어 소란하다.

○ 傷門(상문)에 死門(사문)을 加(가)하면 官司(관사)와 인장문제로 흉하고, 출행하면 傷身(상신)하고 병자는 대흉하다.

○ 傷門(상문)에 驚門(경문)을 加(가)하면 親人(친인)의 우환 질병과 근심하고 놀랄 일이 있고 범사가 불길하다.

○ 傷門(상문)에 開門(개문)을 加(가)하면 귀인을 만나 뵙는데 길하고 개업, 개점에 走失(주실)이 있고 변동은 불리하다.

○ 傷門(상문)에 休門(휴문)을 加(가)하면 陽人(양인)은 변동이 있고, 名利(명리)에 손상이 있으며 남의 부탁이나 중개사는 불리하다.

3. 杜門(두문) 靜應(정응)

○ 杜門(두문)에 生門(생문)을 加(가)하면 구설과 破財(파재), 田宅(전택)의 손해를 보고 求財(구재)는 不成(불성)이다.

○ 杜門(두문)에 傷門(상문)을 加(가)하면 형제간에 싸움으로 田宅(전택)을 破(파)하고 손재한다.

○ 杜門(두문)에 杜門(두문)을 加(가)하면 부모의 병고로 인해 田土(전토)를 많이 없애고 범사가 흉하다.

○ 杜門(두문)에 景門(경문)을 加(가)하면 문서와 인장에 관한 일이 막히고 구설시비가 아니면 병고로 오래 끈다.

○ 杜門(두문)에 死門(사문)을 加(가)하면 田宅(전택)으로 인하여 송사가 생기고, 문서와 인장은 失落(실락)하고 官訟(관송)의 일로 破財(파재)하니 흉하다.

○ 杜門(두문)에 驚門(경문)을 加(가)하면 가내에 우환질고나 놀래고 괴이한 일이 생기고 官訟(관송)이 일어난다.

○ 杜門(두문)에 開門(개문)을 加(가)하면 고귀한 사람이나 지위가 높은 官人(관인)을 만나게 되고 謀事(모사)는 먼저 破財(파재)를 하나 후에 이루어지니 길하다.

○ 杜門(두문)에 休門(휴문)을 加(가)하면 求財(구재)에 유익하나 여타는 무익하다.

4. 景門(경문) 靜應(정응)

○ 景門(경문)에 生門(생문)을 加(가)하면 부인이 生産(생산)하는 데 길하고 求財(구재)도 여의하며 출행에도 길하다.

○ 景門(경문)에 傷門(상문)을 加(가)하면 姻親(인친)의 相爭(상쟁)으로 구설시비가 있다.

○ 景門(경문)에 杜門(두문)을 加(가)하면 문서를 잃거나 파괴될 우려가 있고 敗財(패재)하나 뒤에는 좋아진다.

○ 景門(경문)에 景門(경문)을 加(가)하면 文狀(문장)이 未動(미동)이니 선견지명이 있고 구설과 우환이 있다.

○ 景門(경문)에 死門(사문)을 加(가)하면 토지나 가옥 때문에 官訟(관송)이 있고 분쟁이 많다.

○ 景門(경문)에 驚門(경문)을 加(가)하면 陽人(양인)의 구설과 우환이 생기고 기타도 흉하다.

○ 景門(경문)에 開門(개문)을 加(가)하면 官人(관인)은 승진 영전되고 문서 인장과 求事(구사)도 길하다.

○ 景門(경문)에 休門(휴문)을 加(가)하면 문서가 유실되고 쟁송 시비가 끊이지 아니 한다.

5. 死門(사문) 靜應(정응)

○ 死門(사문)에 生門(생문)을 加(가)하면 喪事(상사)로 인한 求財(구재)는 얻을 수 있고 死者(사자)는 後生(후생)한다.

○ 死門(사문)에 傷門(상문)을 加(가)하면 官印事(관인사)로 흉하다. 動(동)하면 傷身(상신)커나 刑獄(형옥)을 면치 못하고 병자는 대흉하다.

○ 死門(사문)에 杜門(두문)을 加(가)하면 범인을 체포하거나 구속에 좋고, 田宅(전택)으로 송사가 일어나고 문서 인장을 잃어버리는 일로 파재한다.

○ 死門(사문)에 景門(경문)을 加(가)하면 문서와 인장, 재산문제로 官事(관사)를 보게 되나 先怒後喜(선노후희)하니 文印(문인)과 재물이 마땅하다.

○ 死門(사문)에 死門(사문)을 加(가)하면 官司(관사)는 오래 끌고 官訟(관송)으로 刑(형)을 당하기 쉬우며 印信(인신)은 無氣(무기)하다.

○ 死門(사문)에 驚門(경문)을 加(가)하면 官司(관사)는 不結(불결)이니 여의치 않고 우환질고와 의심함이니 흉하다.

○ 死門(사문)에 開門(개문)을 加(가)하면 귀인을 만나 보고 문서와 印信(인신)은 大利(대리)하고 여타는 불리하다.

○ 死門(사문)에 休門(휴문)을 加(가)하면 求財(구재)는 불길하고 僧道(승도)에게 방도를 구하면 길하다.

6. 驚門(경문) 靜應(정응)

○ 驚門(경문)에 生門(생문)을 加(가)하면 田宅(전택)으로 송사가 일어나고 병자는 치유가 더디다.

○ 驚門(경문)에 傷門(상문)을 加(가)하면 상업을 도모하다가 同謀者(동모자)를 해치는 일이 일어난다. 이 일이 누설되면 官訟(관송)이 일어나 흉하다.

○ 驚門(경문)에 杜門(두문)을 加(가)하면 失脫(실탈)과 破財(파재)로 놀라운 일을 당한다. 그러나 그다지 흉한 것은 아니다.

○ 驚門(경문)에 景門(경문)을 加(가)하면 송사가 끊이지 않고 구설과 질병이 좀 있다.

○ 驚門(경문)에 死門(사문)을 加(가)하면 가정에 괴이한 일이 발생하여 구설 시비가 있고 흉하다.

○ 驚門(경문)에 驚門(경문)을 加(가)하면 질병과 근심과 놀랄 일이 있다.

○ 驚門(경문)에 開門(개문)을 加(가)하면 우환질병과 관재와 놀라운 일이 있으며 모든 일이 흉하다.

○ 驚門(경문)에 休門(휴문)을 加(가)하면 근심할 일이 있고 관사나 놀라운 일이 있고 괴이하나 입관은 희하다.

7. 開門(개문) 靜應(정응)

○ 開門(개문)에 生門(생문)을 加(가)하면 귀인을 만나고 바라는 일은 성취되고 백사가 여의하다.

○ 開門(개문)에 傷門(상문)을 加(가)하면 변동하는 운이니 營謀(영모), 改變(개변), 변동, 변업, 이동, 이사 등에 길하다.

○ 開門(개문)에 杜門(두문)을 加(가)하면 실물수가 있다. 문서나 인장으로 손재를 보니 흉하다.

○ 開門(개문)에 景門(경문)을 加(가)하면 귀인을 만나본다. 문서
나 인장의 일로 불리함이 있다.

○ 開門(개문)에 死門(사문)을 加(가)하면 官詞(관사)로 인하여 놀
랄 일이 있고 먼저는 근심이 있으나 나중에는 길하다.

○ 開門(개문)에 驚門(경문)을 加(가)하면 모든 일이 다 흉하고
놀랠 일이 생긴다.

○ 開門(개문)에 開門(개문)을 加(가)하면 귀인이 得助(득조)하여
보물과 재물이 생긴다.

○ 開門(개문)에 休門(휴문)을 加(가)하면 귀인이 得助(득조)하여
得財(득재)하고 개업, 개점하는데 좋고, 무역에 大利(대리)하다.

8. 休門(휴문) 靜應(정응)

○ 休門(휴문)에 生門(생문)을 加(가)하면 陰人(음인)의 재물을 얻
고 謀望(모망)의 일은 비록 지연되지만 성사된다.

○ 休門(휴문)에 傷門(상문)을 加(가)하면 관직에 나아가고 경사
가 이르나 求財(구재)는 얻지 못하고 변동은 불길하다.

○ 休門(휴문)에 杜門(두문)을 加(가)하면 실물하고 破財(파재)하
며 실물한 것은 찾지 못한다. 求望(구망)은 不成(불성)이며
구설 시비를 초래한다.

○ 休門(휴문)에 景門(경문)을 加(가)하면 문서가 유실되고 爭訟
(쟁송)은 끊기지 않고 범사가 부진하다.

○ 休門(휴문)에 死門(사문)을 加(가)하면 문서사와 官司(관사),
僧道(승도)와 관계되는 일, 원행 등 모든 일이 흉하다. 병자
는 더욱 흉하고 動(동)하면 다 흉하다.

○ 休門(휴문)에 驚門(경문)을 加(가)하면 손재와 질병이 있고 놀
랄 일이 발생한다.

○ 休門(휴문)에 開門(개문)을 加(가)하면 개업과 개점, 귀인을 만남과 재물을 구하는데 길하며 백사가 다 길하다.

○ 休門(휴문)에 休門(휴문)을 加(가)하면 求財(구재)와 納入(납입), 修造(수조)와 營謀(영모), 進官(진관)과 귀인을 만남에 대길하다.

第四編　八門遁甲(팔문둔갑)

1. 黃帝陰符經(황제음부경)과 八陣圖(팔진도)

甲. 黃帝陰符經(황제음부경)

陰 陽 逆 順 妙 難 窮, 二 至 還 歸 一 九 宮.
若 能 了 達 陰 陽 理, 天 地 都 來 一 掌 中.
三 才 變 化 作 三 元, 八 卦 分 爲 八 遁 門.
星 符 每 逐 時 干 轉, 直 使 常 隨 天 乙 奔.
六 儀 六 甲 本 同 名, 三 奇 卽 是 乙 丙 丁.
三 奇 倘 合 開 休 生, 便 是 吉 門 利 出 行.
萬 事 從 之 無 不 利, 能 知 玄 妙 得 其 靈.
直 符 前 三 六 合 位, 前 後 太 陰 君 須 記.
直 符 後 一 名 九 天, 天 后 二 宮 神 九 地.
地 爲 伏 匿 天 揚 兵, 六 合 太 陰 可 藏 避.
急 從 神 兮 緩 從 門, 三 五 反 復 天 道 利.
己 上 若 得 三 奇 妙, 不 如 更 得 三 奇 使.
得 使 猶 來 未 爲 精, 五 不 遇 時 損 其 明.
損 明 須 知 時 剋 日, 吟 格 相 加 尤 不 吉.

掩捕逃云須格時, 占稽行人信宜失.

斗中三奇遊六儀, 天乙會合五陰私.

討捕須明時下剋, 行人信息遇三奇.

三奇上見遊六儀, 六儀更見五陽時.

兼向八門尋吉位, 萬事開三萬事宜.

五陽在前五陰後, 主客須知有盛衰.

陰后五子還須記, 六儀加著更無利.

六儀忽然加三宮, 更爲刑畫先須忌.

六儀刑畫三奇墓, 此時擧動百事誤.

太白入熒賊卽來, 火入金鄕賊卽去.

丙爲勃兮庚爲格, 格則不通亂勃逆.

庚加日干爲伏干, 日干加庚飛干格.

庚加直符天乙伏, 直符加庚天乙飛.

加己爲刑道上格, 加癸路中大格宜.

加 壬 之 時 爲 小 格, 更 嫌 歲 月 日 時 移.

當 此 之 時 皆 不 吉, 遺 將 行 師 勿 用 之.

丙 加 甲 兮 鳥 跌 穴, 甲 加 丙 兮 龍 返 首.

辛 加 乙 兮 虎 猖 狂, 乙 加 辛 兮 龍 逃 走.

丁 加 癸 兮 雀 入 江, 癸 加 丁 兮 蛇 妖 嬌.

符 加 丙 丁 爲 相 佐, 使 加 六 丁 爲 守 戶.

生 丙 合 戊 爲 天 遁, 地 遁 乙 合 開 加 己.

休 承 丁 合 太 陰 人, 天 網 四 張 時 加 癸.

蓬 加 英 兮 爲 返 吟, 伏 吟 之 時 加 蓬 吉.

宿 見 之 事 又 更 吉, 凶 宿 逢 之 事 愈 凶.

天 輔 冲 任 禽 心 吉, 天 蓬 天 英 芮 柱 凶.

陰 宿 禽 心 柱 英 芮, 陽 宿 冲 輔 及 蓬 任.

天 網 四 張 無 走 路, 陰 陽 逆 順 妙 無 窮.

節 氣 推 移 時 候 應, 二 至 還 歸 一 九 宮.

乙. 八陣圖(팔진도)

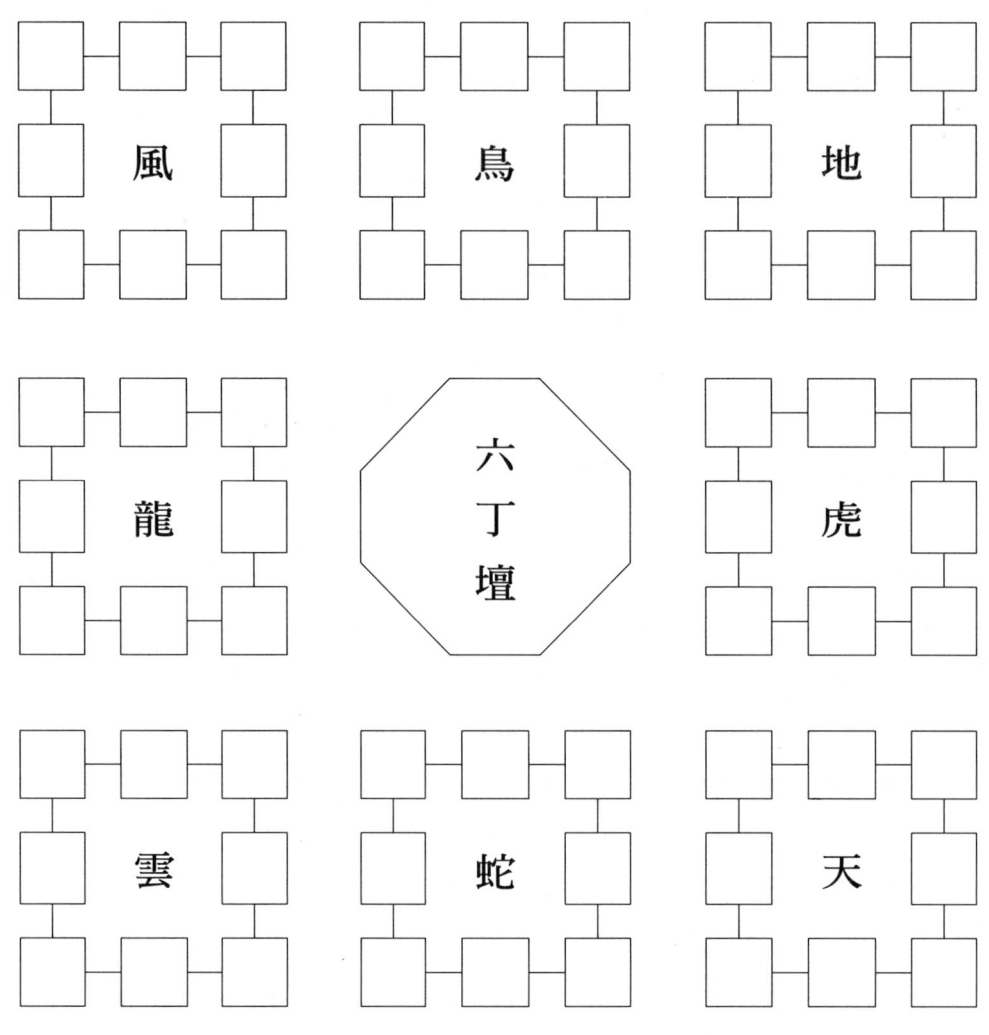

風　　鳥　　地

龍　　六丁壇　　虎

雲　　蛇　　天

騎兵二十四陣

圖陣八(도진팔)

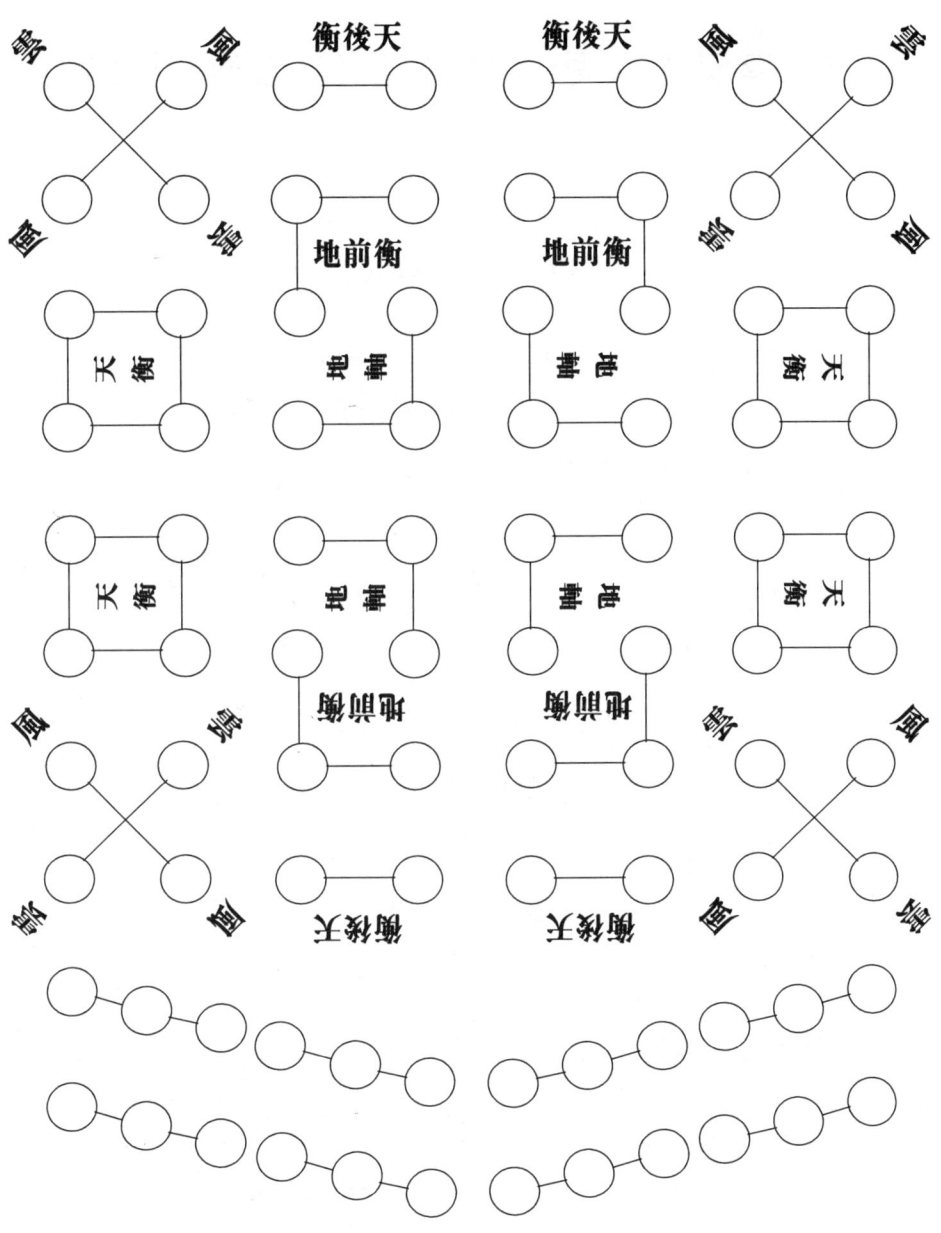

陣四十二兵遊

2. 陰陽十八局(음양십팔국) 盤解(반해)

陽一局(양일국)

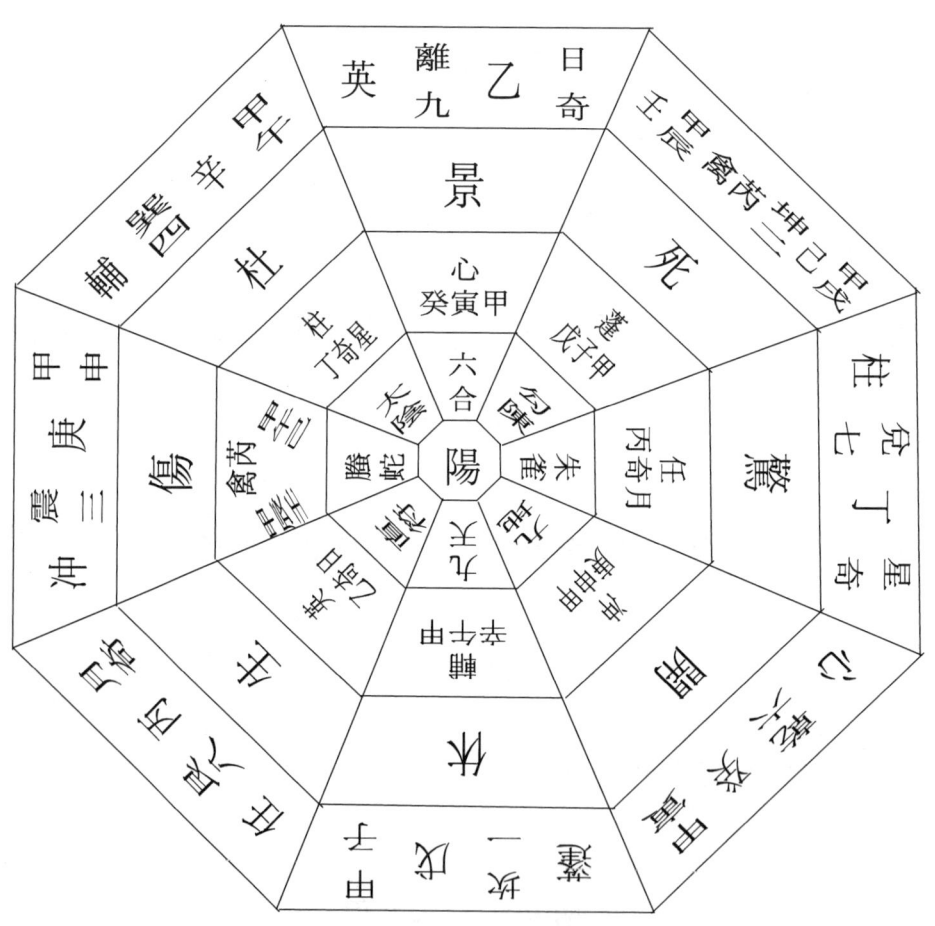

陽一局			冬至上元, 驚蟄上元 清明中元, 立夏中元			
天心	**天禽**	**天輔**	**天冲**	**天芮**	**天蓬**	
六 甲 六 寅	五 甲 五 辰	四 甲 四 午	三 甲 三 申	二 甲 二 戌	一 甲 一 子	
九 乙 七 卯	九 乙 六 巳	九 乙 五 未	九 乙 四 酉	九 乙 三 亥	九 乙 二 丑	
八 丙 八 辰	八 丙 七 午	八 丙 六 申	八 丙 五 戌	八 丙 四 子	八 丙 三 寅	
七 丁 九 巳	七 丁 八 未	七 丁 七 酉	七 丁 六 亥	七 丁 五 丑	七 丁 四 卯	
一 戊 一 午	一 戊 九 申	一 戊 八 戌	一 戊 七 子	一 戊 六 寅	一 戊 五 辰	
二 己 二 未	二 己 一 酉	二 己 九 亥	二 己 八 丑	二 己 七 卯	二 己 六 巳	
三 庚 三 申	三 庚 二 戌	三 庚 一 子	三 庚 九 寅	三 庚 八 辰	三 庚 七 午	
四 辛 四 酉	四 辛 三 亥	四 辛 二 丑	四 辛 一 卯	四 辛 九 巳	四 辛 八 未	
五 壬 五 戌	五 壬 四 子	五 壬 三 寅	五 壬 二 辰	五 壬 一 午	五 壬 九 申	
六 癸 六 亥	六 癸 五 丑	六 癸 四 卯	六 癸 三 巳	六 癸 二 未	六 癸 一 酉	
開門	死門	杜門	傷門	死門	休門	

順布六儀，逆布三奇

直符加時干，直使加時宮

陽二局(양이국)

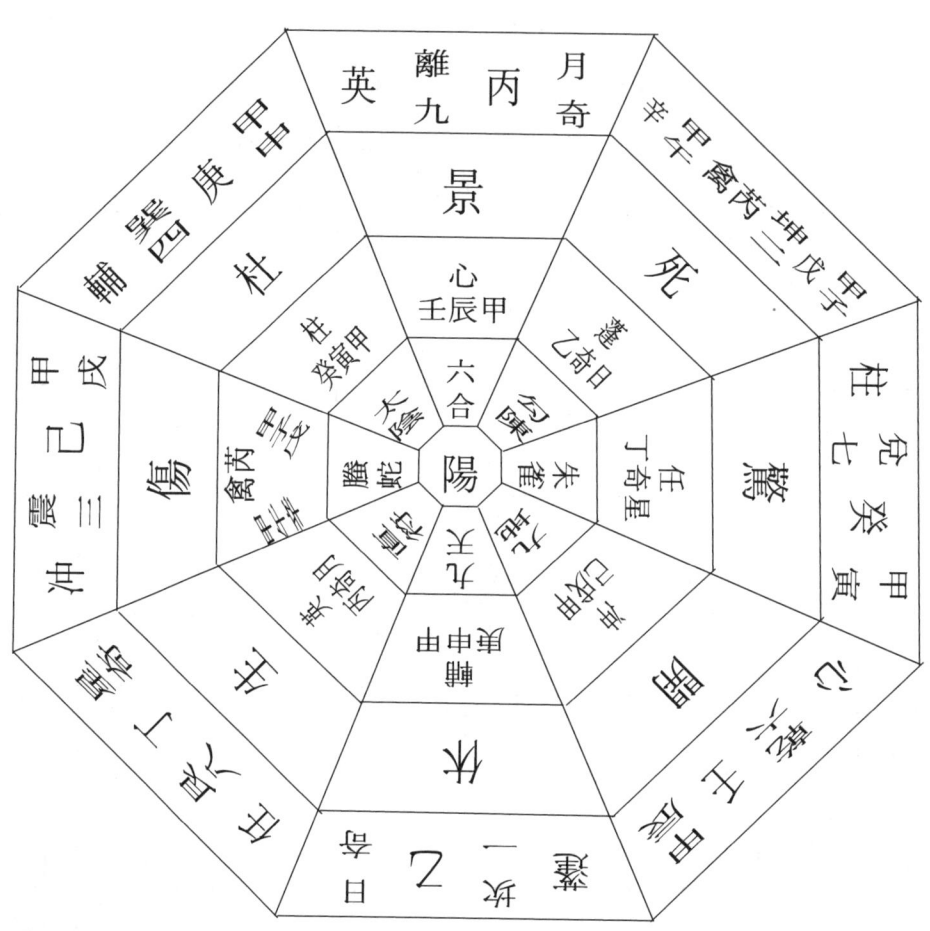

	小寒上元, 立春下元
	穀雨中元, 小滿中元

順布六儀, 逆布三奇

天柱		天心		天禽		天輔		天冲		天芮	
七	甲	六	甲	五	甲	四	甲	三	甲	二	甲
七	寅	六	辰	五	午	四	申	三	戌	二	子
一	乙	一	乙	一	乙	一	乙	一	乙	一	乙
八	卯	七	巳	六	未	五	酉	四	亥	三	丑
九	丙	九	丙	九	丙	九	丙	九	丙	九	丙
九	辰	八	午	七	申	六	戌	五	子	四	寅
八	丁	八	丁	八	丁	八	丁	八	丁	八	丁
一	巳	九	未	八	酉	七	亥	六	丑	五	卯
二	戊	二	戊	二	戊	二	戊	二	戊	二	戊
二	午	一	申	九	戌	八	子	七	寅	六	辰
三	己	三	己	三	己	三	己	三	己	三	己
三	未	二	酉	一	亥	九	丑	八	卯	七	巳
四	庚	四	庚	四	庚	四	庚	四	庚	四	庚
四	申	三	戌	二	子	一	寅	九	辰	八	午
五	辛	五	辛	五	辛	五	辛	五	辛	五	辛
五	酉	四	亥	三	丑	二	卯	一	巳	九	未
六	壬	六	壬	六	壬	六	壬	六	壬	六	壬
六	戌	五	子	四	寅	三	辰	二	午	一	申
七	癸	七	癸	七	癸	七	癸	七	癸	七	癸
七	亥	六	丑	五	卯	四	巳	三	未	二	酉
驚門		開門		死門		杜門		傷門		死門	

直符加時干, 直使加時宮

陽三局(양삼국)

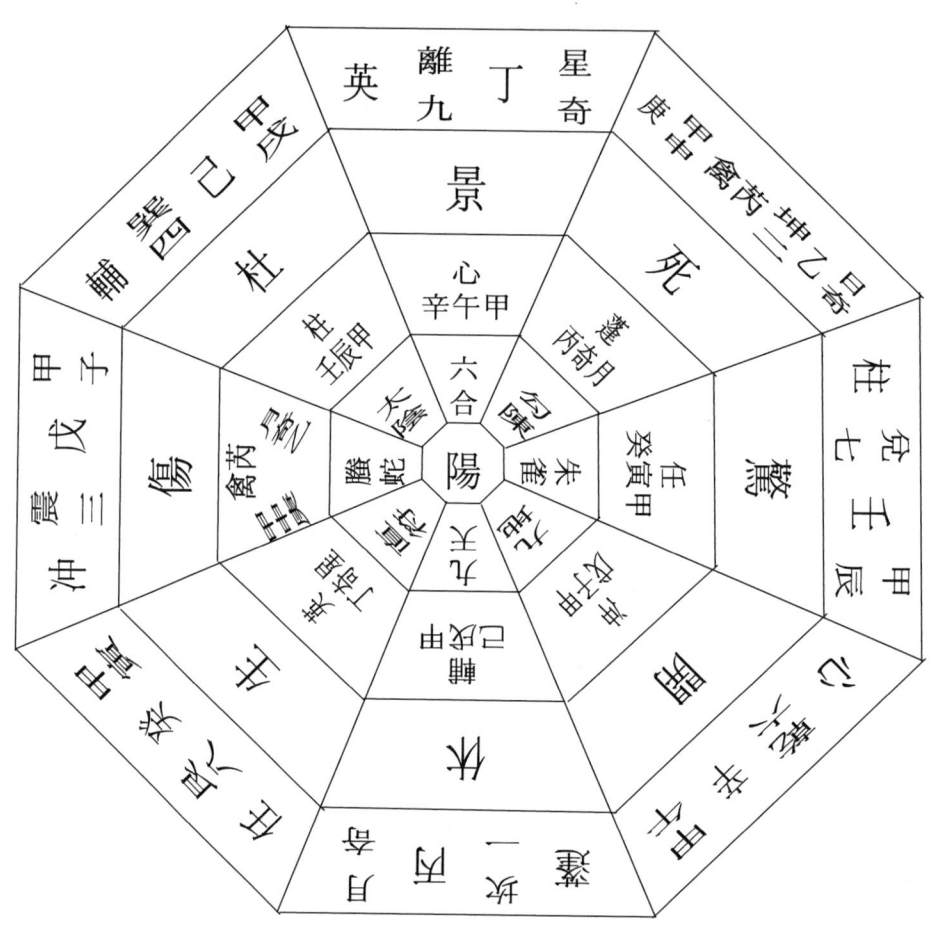

陽三局	大寒上元, 春分上元 雨水下元, 芒種中元					
	天任	天柱	天心	天禽	天輔	天冲
順布六儀 , 逆布三奇	八 八 甲寅	七 七 甲辰	六 六 甲午	五 五 甲申	四 四 甲戌	三 三 甲子
	二 九 乙卯	二 八 乙巳	二 七 乙未	二 六 乙酉	二 五 乙亥	二 四 乙丑
	一 一 丙辰	一 九 丙午	一 八 丙申	一 七 丙戌	一 六 丙子	一 五 丙寅
	九 二 丁巳	九 一 丁未	九 九 丁酉	九 八 丁亥	九 七 丁丑	九 六 丁卯
	三 三 戊午	三 二 戊申	三 一 戊戌	三 九 戊子	三 八 戊寅	三 七 戊辰
	四 四 己未	四 三 己酉	四 二 己亥	四 一 己丑	四 九 己卯	四 八 己巳
	五 五 庚申	五 四 庚戌	五 三 庚子	五 二 庚寅	五 一 庚辰	五 九 庚午
	六 六 辛酉	六 五 辛亥	六 四 辛丑	六 三 辛卯	六 二 辛巳	六 一 辛未
	七 七 壬戌	七 六 壬子	七 五 壬寅	七 四 壬辰	七 三 壬午	七 二 壬申
	八 八 癸亥	八 七 癸丑	八 六 癸卯	八 五 癸巳	八 四 癸未	八 三 癸酉
	生門	驚門	開門	死門	杜門	傷門

直符加時干 , 直使加時宮

陽四局(양사국)

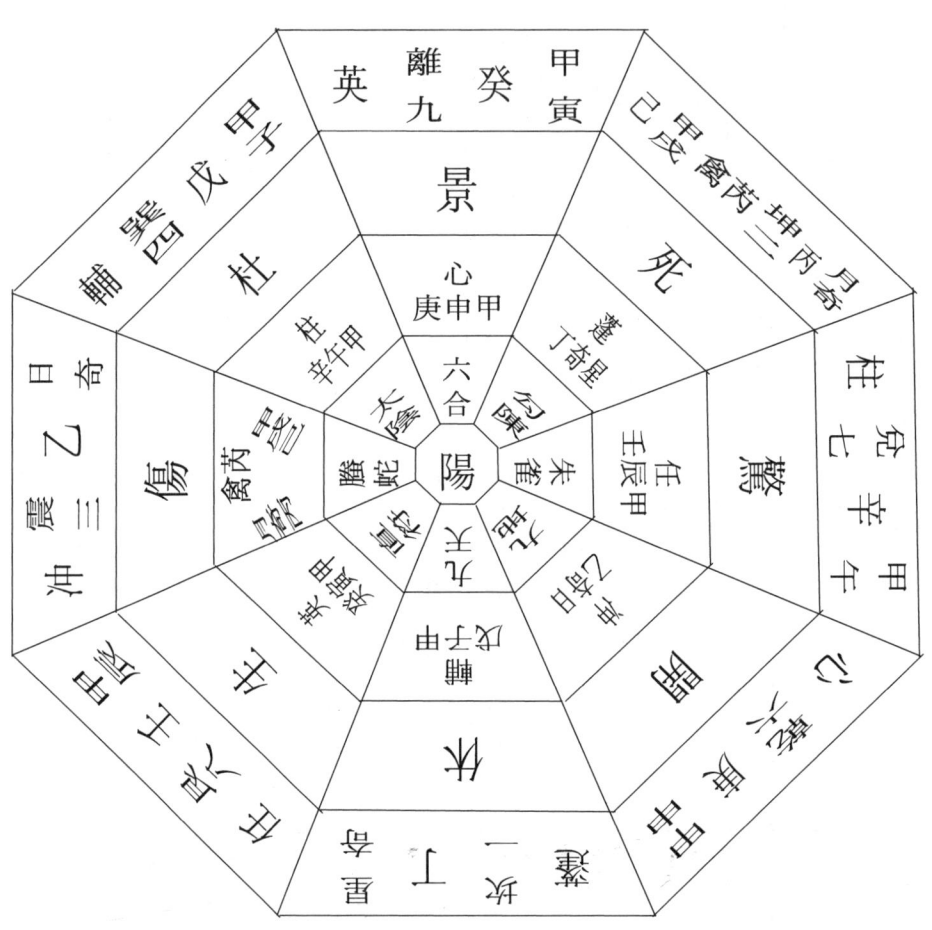

	陽四局		冬至下元, 驚蟄下元 淸明上元, 立夏上元			

	天英	天任	天柱	天心	天禽	天輔	
順布六儀 ， 逆布三奇	九 九 甲寅	八 八 甲辰	七 七 甲午	六 六 甲申	五 五 甲戌	四 四 甲子	直符加時干 ， 直使加時宮
	三 一 乙卯	三 九 乙巳	三 八 乙未	三 七 乙酉	三 六 乙亥	三 五 乙丑	
	二 二 丙辰	二 一 丙午	二 九 丙申	二 八 丙戌	二 七 丙子	二 六 丙寅	
	一 三 丁巳	一 二 丁未	一 一 丁酉	一 九 丁亥	一 八 丁丑	一 七 丁卯	
	四 四 戊午	四 三 戊申	四 二 戊戌	四 一 戊子	四 九 戊寅	四 八 戊辰	
	五 五 己未	五 四 己酉	五 三 己亥	五 二 己丑	五 一 己卯	五 九 己巳	
	六 六 庚申	六 五 庚戌	六 四 庚子	六 三 庚寅	六 二 庚辰	六 一 庚午	
	七 七 辛酉	七 六 辛亥	七 五 辛丑	七 四 辛卯	七 三 辛巳	七 二 辛未	
	八 八 壬戌	八 七 壬子	八 六 壬寅	八 五 壬辰	八 四 壬午	八 三 壬申	
	九 九 癸亥	九 八 癸丑	九 七 癸卯	九 六 癸巳	九 五 癸未	九 四 癸酉	
	景門	生門	驚門	開門	死門	杜門	

陽五局(양오국)

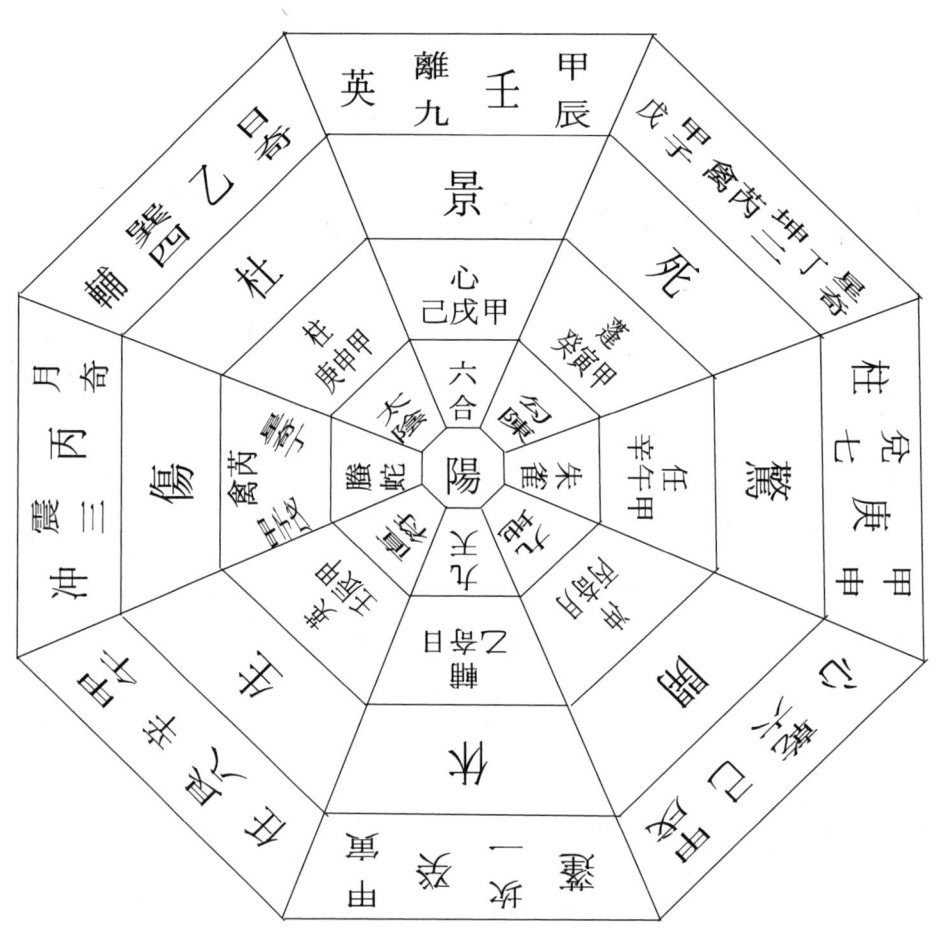

	天蓬	天英	天任	天柱	天心	天禽	
	陽五局			小寒下元, 立春中元 穀雨上元, 小滿上元			
順布六儀 , 逆布三奇	一 一 甲 寅	九 九 甲 辰	八 八 甲 午	七 七 甲 申	六 六 甲 戌	五 五 甲 子	直符加時干 , 直使加時宮
	四 二 乙 卯	四 一 乙 巳	四 九 乙 未	四 八 乙 酉	四 七 乙 亥	四 六 乙 丑	
	三 三 丙 辰	三 二 丙 午	三 一 丙 申	三 九 丙 戌	三 八 丙 子	三 七 丙 寅	
	二 四 丁 巳	二 三 丁 未	二 二 丁 酉	二 一 丁 亥	二 九 丁 丑	二 八 丁 卯	
	五 五 戊 午	五 四 戊 申	五 三 戊 戌	五 二 戊 子	五 一 戊 寅	五 九 戊 辰	
	六 六 己 未	六 五 己 酉	六 四 己 亥	六 三 己 丑	六 二 己 卯	六 一 己 巳	
	七 七 庚 申	七 六 庚 戌	七 五 庚 子	七 四 庚 寅	七 三 庚 辰	七 二 庚 午	
	八 八 辛 酉	八 七 辛 亥	八 六 辛 丑	八 五 辛 卯	八 四 辛 巳	八 三 辛 未	
	九 九 壬 戌	九 八 壬 子	九 七 壬 寅	九 六 壬 辰	九 五 壬 午	九 四 壬 申	
	一 一 癸 亥	一 九 癸 丑	一 八 癸 卯	一 七 癸 巳	一 六 癸 未	一 五 癸 酉	
	休門	景門	生門	驚門	開門	死門	

陽六局(양육국)

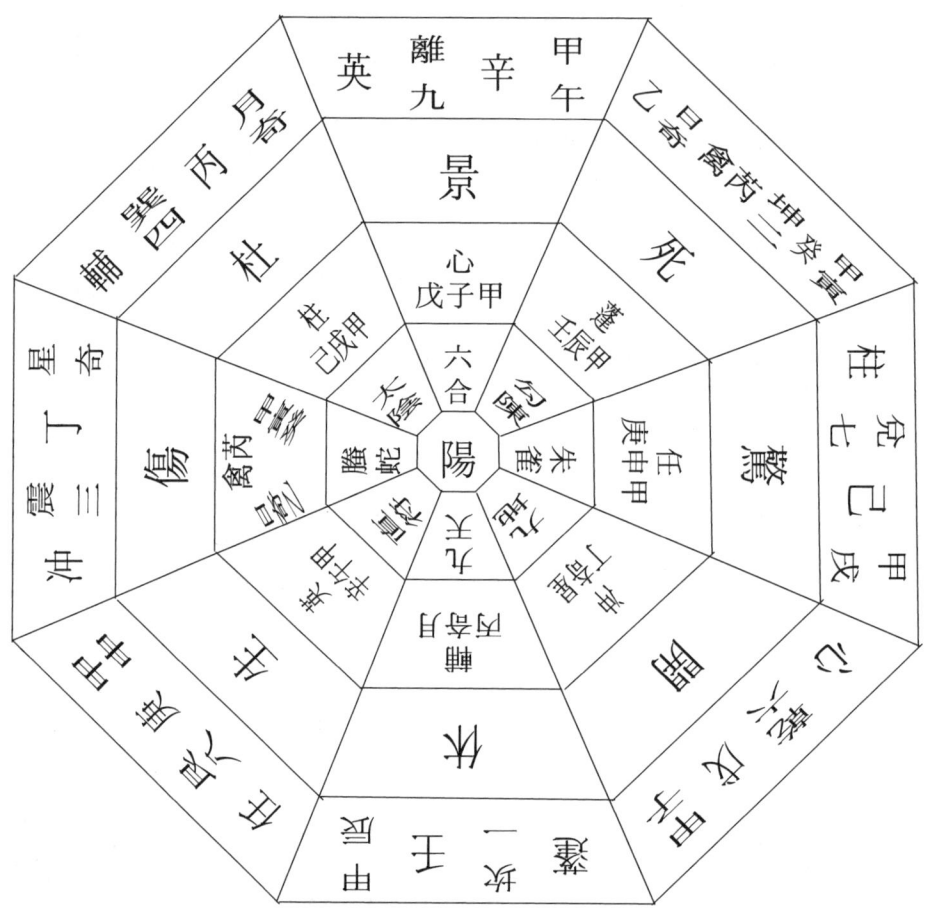

	天芮	天蓬	天英	天任	天柱	天心	
順布六儀 ， 逆布三奇	二 甲 / 二 寅	一 甲 / 一 辰	九 甲 / 九 午	八 甲 / 八 申	七 甲 / 七 戌	六 甲 / 六 子	直符加時干 ， 直使加時宮
	五 乙 / 三 卯	五 乙 / 二 巳	五 乙 / 一 未	五 乙 / 九 酉	五 乙 / 八 亥	五 乙 / 七 丑	
	四 丙 / 四 辰	四 丙 / 三 午	四 丙 / 二 申	四 丙 / 一 戌	四 丙 / 九 子	四 丙 / 八 寅	
	三 丁 / 五 巳	三 丁 / 四 未	三 丁 / 三 酉	三 丁 / 二 亥	三 丁 / 一 丑	三 丁 / 九 卯	
	六 戊 / 六 午	六 戊 / 五 申	六 戊 / 四 戌	六 戊 / 三 子	六 戊 / 二 寅	六 戊 / 一 辰	
	七 己 / 七 未	七 己 / 六 酉	七 己 / 五 亥	七 己 / 四 丑	七 己 / 三 卯	七 己 / 二 巳	
	八 庚 / 八 申	八 庚 / 七 戌	八 庚 / 六 子	八 庚 / 五 寅	八 庚 / 四 辰	八 庚 / 三 午	
	九 辛 / 九 酉	九 辛 / 八 亥	九 辛 / 七 丑	九 辛 / 六 卯	九 辛 / 五 巳	九 辛 / 四 未	
	一 壬 / 一 戌	一 壬 / 九 子	一 壬 / 八 寅	一 壬 / 七 辰	一 壬 / 六 午	一 壬 / 五 申	
	二 癸 / 二 亥	二 癸 / 一 丑	二 癸 / 九 卯	二 癸 / 八 巳	二 癸 / 七 未	二 癸 / 六 酉	
	死門	休門	景門	生門	驚門	開門	

陽七局(양칠국)

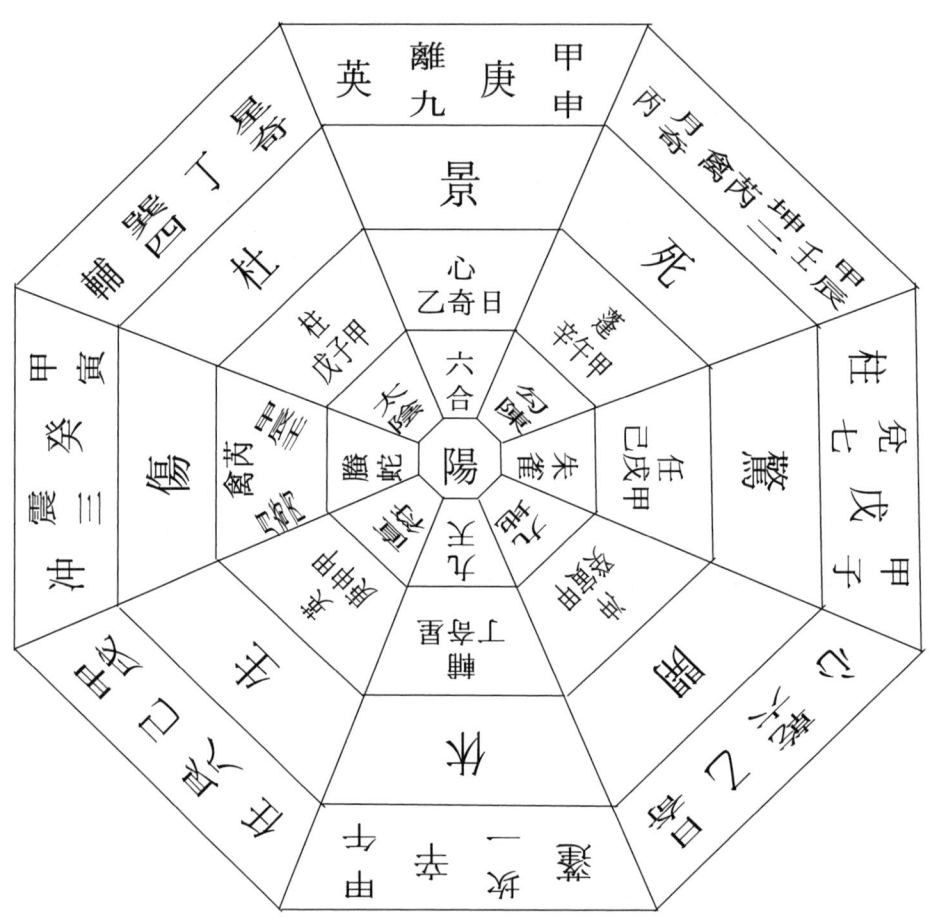

陽七局

天沖	天芮	天蓬	天英	天任	天柱
三/三 甲寅	二/二 甲辰	一/一 甲午	九/九 甲申	八/八 甲戌	七/七 甲子
六/四 乙卯	六/三 乙巳	六/二 乙未	六/一 乙酉	六/九 乙亥	六/八 乙丑
五/五 丙辰	五/四 丙午	五/三 丙申	五/二 丙戌	五/一 丙子	五/九 丙寅
四/六 丁巳	四/五 丁未	四/四 丁酉	四/三 丁亥	四/二 丁丑	四/一 丁卯
七/七 戊午	七/六 戊申	七/五 戊戌	七/四 戊子	七/三 戊寅	七/二 戊辰
八/八 己未	八/七 己酉	八/六 己亥	八/五 己丑	八/四 己卯	八/三 己巳
九/九 庚申	九/八 庚戌	九/七 庚子	九/六 庚寅	九/五 庚辰	九/四 庚午
一/一 辛酉	一/九 辛亥	一/八 辛丑	一/七 辛卯	一/六 辛巳	一/五 辛未
二/二 壬戌	二/一 壬子	二/九 壬寅	二/八 壬辰	二/七 壬午	二/六 壬申
三/三 癸亥	三/二 癸丑	三/一 癸卯	三/九 癸巳	三/八 癸未	三/七 癸酉
傷門	死門	休門	景門	生門	驚門

順布六儀, 逆布三奇

直符加時干, 直使加時宮

陽八局(양팔국)

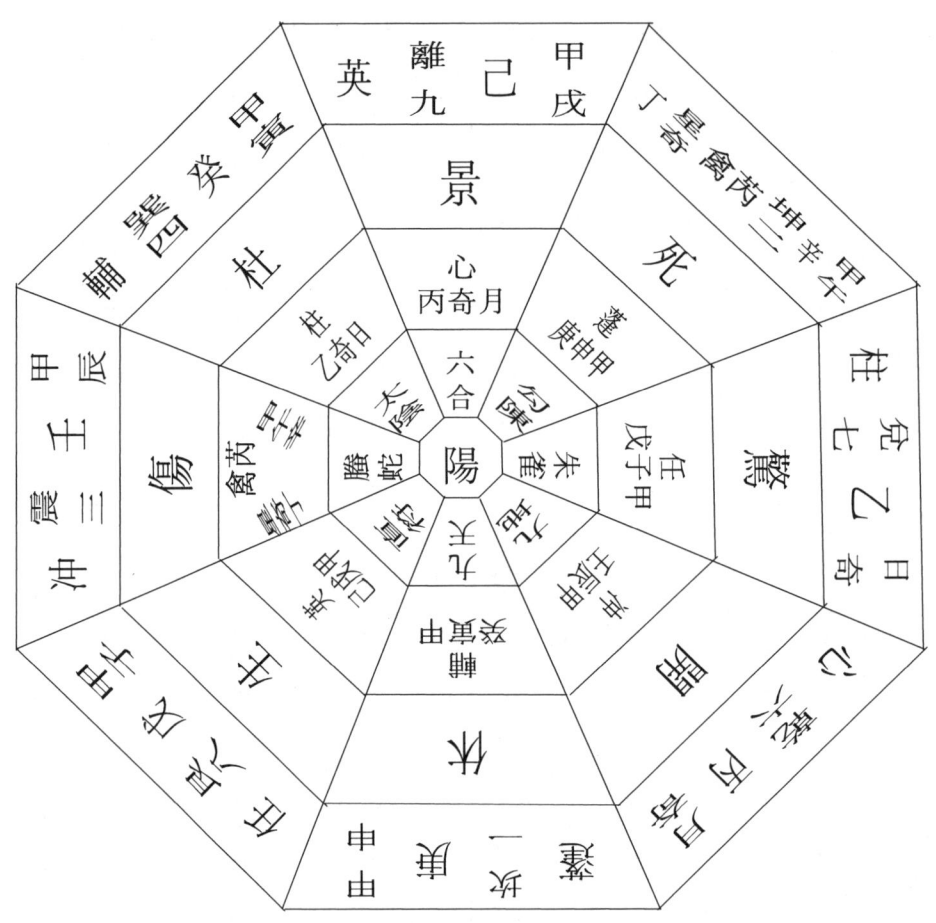

陽八局			小寒中元, 立春上元 穀雨下元, 小滿下元		
天輔	天冲	天芮	天蓬	天英	天任
四 甲 四 寅	三 甲 三 辰	二 甲 二 午	一 甲 一 申	九 甲 九 戌	八 甲 八 子
七 乙 五 卯	七 乙 四 巳	七 乙 三 未	七 乙 二 酉	七 乙 一 亥	七 乙 九 丑
六 丙 六 辰	六 丙 五 午	六 丙 四 申	六 丙 三 戌	六 丙 二 子	六 丙 一 寅
五 丁 七 巳	五 丁 六 未	五 丁 五 酉	五 丁 四 亥	五 丁 三 丑	五 丁 二 卯
八 戊 八 午	八 戊 七 申	八 戊 六 戌	八 戊 五 子	八 戊 四 寅	八 戊 三 辰
九 己 九 未	九 己 八 酉	九 己 七 亥	九 己 六 丑	九 己 五 卯	九 己 四 巳
一 庚 一 申	一 庚 九 戌	一 庚 八 子	一 庚 七 寅	一 庚 六 辰	一 庚 五 午
二 辛 二 酉	二 辛 一 亥	二 辛 九 丑	二 辛 八 卯	二 辛 七 巳	二 辛 六 未
三 壬 三 戌	三 壬 二 子	三 壬 一 寅	三 壬 九 辰	三 壬 八 午	三 壬 七 申
四 癸 四 亥	四 癸 三 丑	四 癸 二 卯	四 癸 一 巳	四 癸 九 未	四 癸 八 酉
杜門	傷門	死門	休門	景門	生門

順布六儀, 逆布三奇

直符加時干, 直使加時宮

陽九局(양구국)

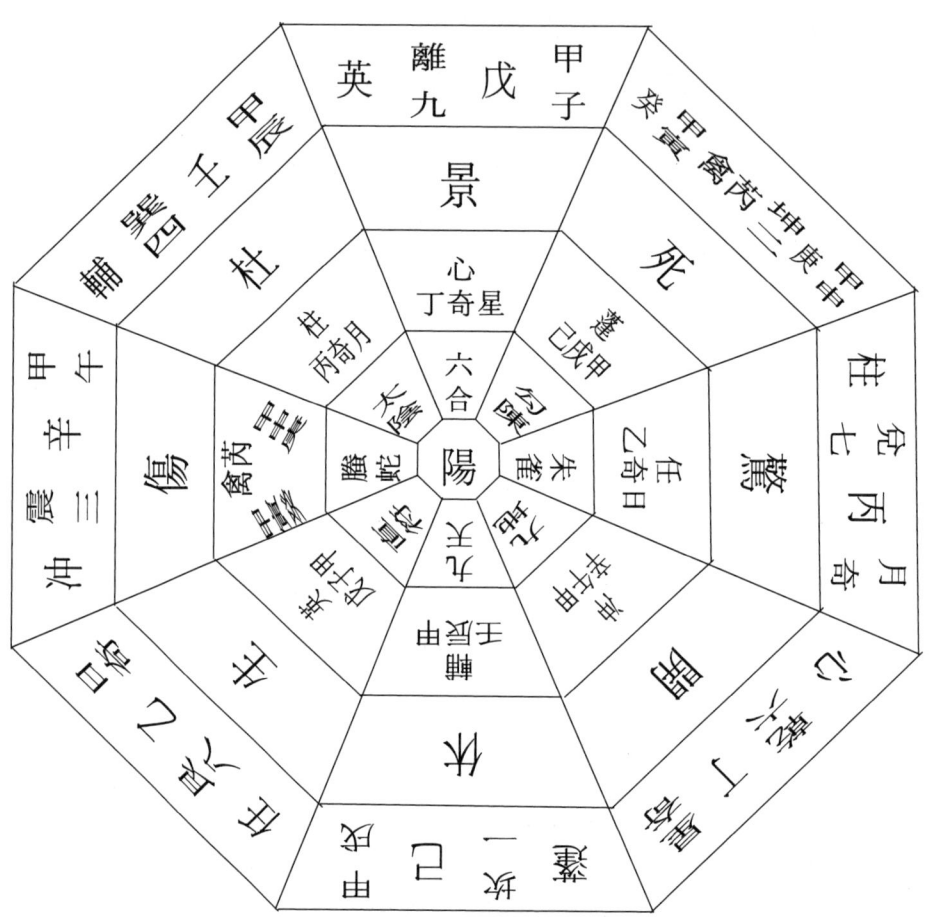

| 陽九局 | | | 大寒中元, 雨水上元
春分中元, 芒種下元 | | |

順
布
六
儀
,

逆
布
三
奇

天禽	天輔	天冲	天芮	天蓬	天英
五五 甲寅	四四 甲辰	三三 甲午	二二 甲申	一一 甲戌	九九 甲子
八六 乙卯	八五 乙巳	八四 乙未	八三 乙酉	八二 乙亥	八一 乙丑
七七 丙辰	七六 丙午	七五 丙申	七四 丙戌	七三 丙子	七二 丙寅
六八 丁巳	六七 丁未	六六 丁酉	六五 丁亥	六四 丁丑	六三 丁卯
九九 戊午	九八 戊申	九七 戊戌	九六 戊子	九五 戊寅	九四 戊辰
一一 己未	一九 己酉	一八 己亥	一七 己丑	一六 己卯	一五 己巳
二二 庚申	二一 庚戌	二九 庚子	二八 庚寅	二七 庚辰	二六 庚午
三三 辛酉	三二 辛亥	三一 辛丑	三九 辛卯	三八 辛巳	三七 辛未
四四 壬戌	四三 壬子	四二 壬寅	四一 壬辰	四九 壬午	四八 壬申
五五 癸亥	五四 癸丑	五三 癸卯	五二 癸巳	五一 癸未	五九 癸酉
死門	杜門	傷門	死門	休門	景門

直
符
加
時
干
,

直
使
加
時
宮

陰一局(음일국)

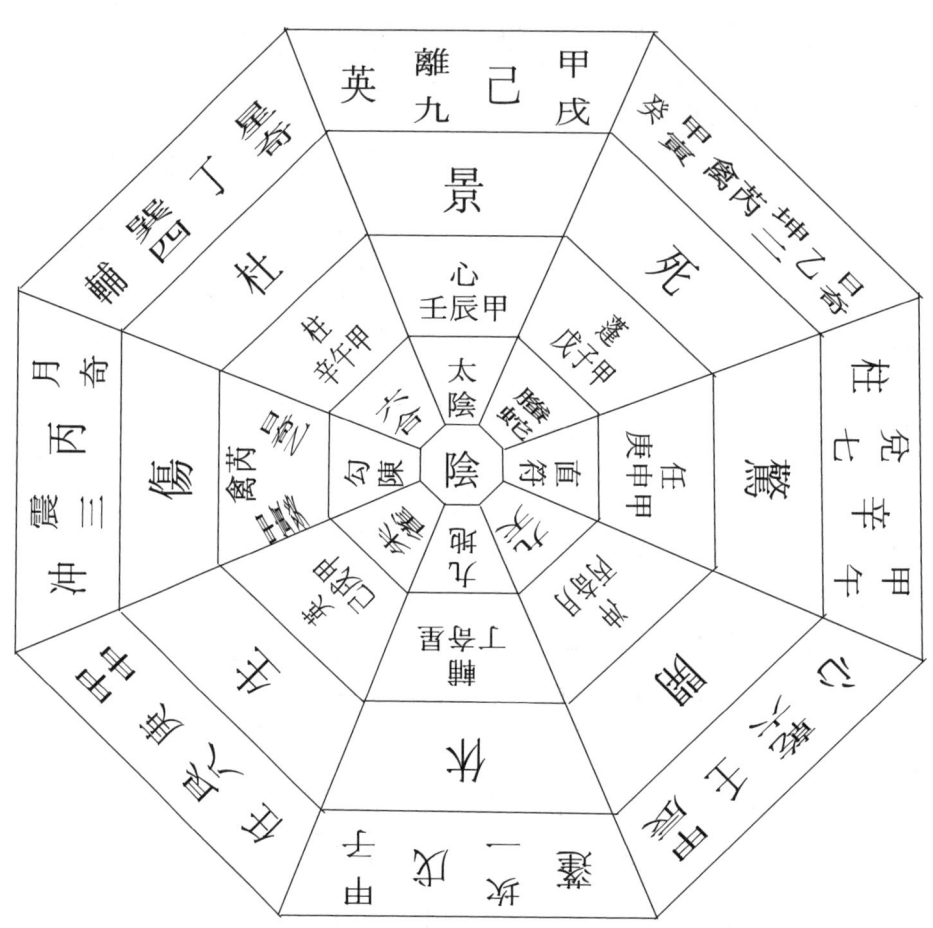

	天禽	天心	天柱	天任	天英	天蓬	
逆布六儀，順布三奇	五/五 甲寅	六/六 甲辰	七/七 甲午	八/八 甲申	九/九 甲戌	一/一 甲子	直符加時干，直使加時宮
	二/四 乙卯	二/五 乙巳	二/六 乙未	二/七 乙酉	二/八 乙亥	二/九 乙丑	
	三/三 丙辰	三/四 丙午	三/五 丙申	三/六 丙戌	三/七 丙子	三/八 丙寅	
	四/二 丁巳	四/三 丁未	四/四 丁酉	四/五 丁亥	四/六 丁丑	四/七 丁卯	
	一/一 戊午	一/二 戊申	一/三 戊戌	一/四 戊子	一/五 戊寅	一/六 戊辰	
	九/九 己未	九/一 己酉	九/二 己亥	九/三 己丑	九/四 己卯	九/五 己巳	
	八/八 庚申	八/九 庚戌	八/一 庚子	八/二 庚寅	八/三 庚辰	八/四 庚午	
	七/七 辛酉	七/八 辛亥	七/九 辛丑	七/一 辛卯	七/二 辛巳	七/三 辛未	
	六/六 壬戌	六/七 壬子	六/八 壬寅	六/九 壬辰	六/一 壬午	六/二 壬申	
	五/五 癸亥	五/六 癸丑	五/七 癸卯	五/八 癸巳	五/九 癸未	五/一 癸酉	
	死門	開門	驚門	生門	景門	休門	

陰一局　大暑中元, 處暑上元　秋分中元, 大雪下元

陰二局(음이국)

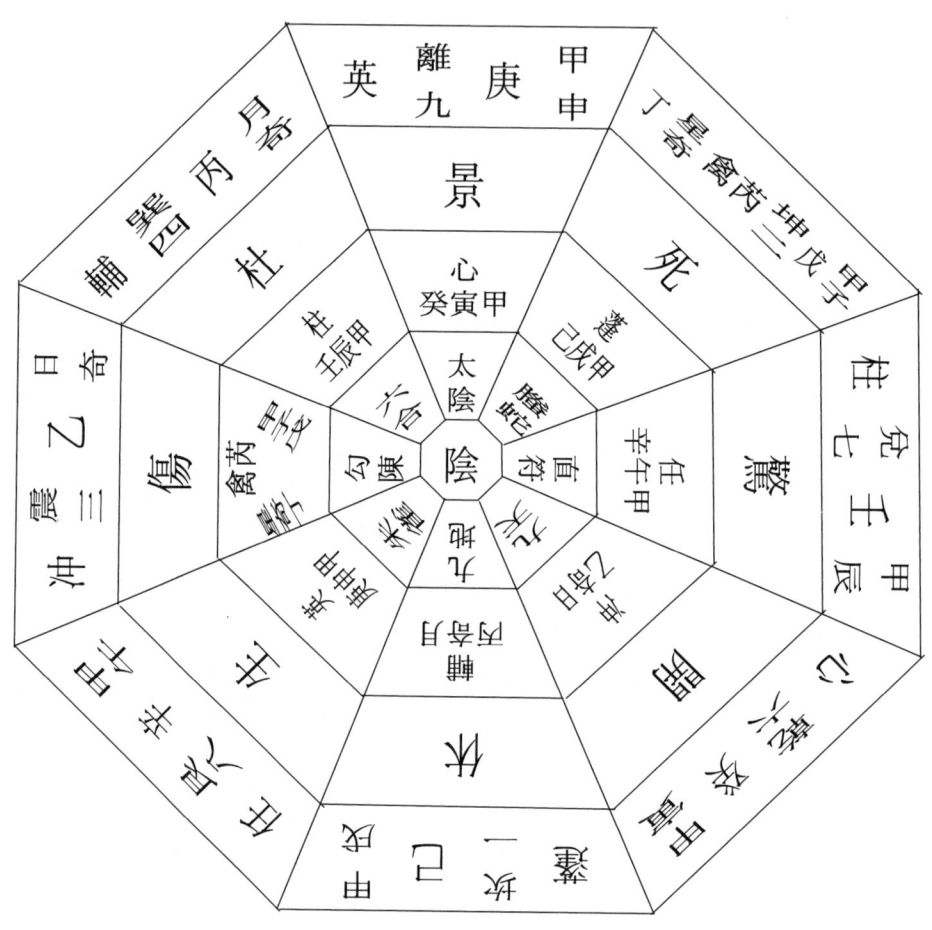

	天心	天柱	天任	天英	天蓬	天芮	
	陰二局			小暑中元, 立秋上元			
				霜降下元, 小雪下元			

	天心	天柱	天任	天英	天蓬	天芮	
逆布六儀 , 順布三奇	六六 甲寅	七七 甲辰	八八 甲午	九九 甲申	一一 甲戌	二二 甲子	直符加時干 , 直使加時宮
	三五 乙卯	三六 乙巳	三七 乙未	三八 乙酉	三九 乙亥	三一 乙丑	
	四四 丙辰	四五 丙午	四六 丙申	四七 丙戌	四八 丙子	四九 丙寅	
	五三 丁巳	五四 丁未	五五 丁酉	五六 丁亥	五七 丁丑	五八 丁卯	
	二二 戊午	二三 戊申	二四 戊戌	二五 戊子	二六 戊寅	二七 戊辰	
	一一 己未	一二 己酉	一三 己亥	一四 己丑	一五 己卯	一六 己巳	
	九九 庚申	九一 庚戌	九二 庚子	九三 庚寅	九四 庚辰	九五 庚午	
	八八 辛酉	八九 辛亥	八一 辛丑	八二 辛卯	八三 辛巳	八四 辛未	
	七七 壬戌	七八 壬子	七九 壬寅	七一 壬辰	七二 壬午	七三 壬申	
	六六 癸亥	六七 癸丑	六八 癸卯	六九 癸巳	六一 癸未	六二 癸酉	
	開門	驚門	生門	景門	休門	死門	

八門遁甲(팔문둔갑) **513**

陰三局(음삼국)

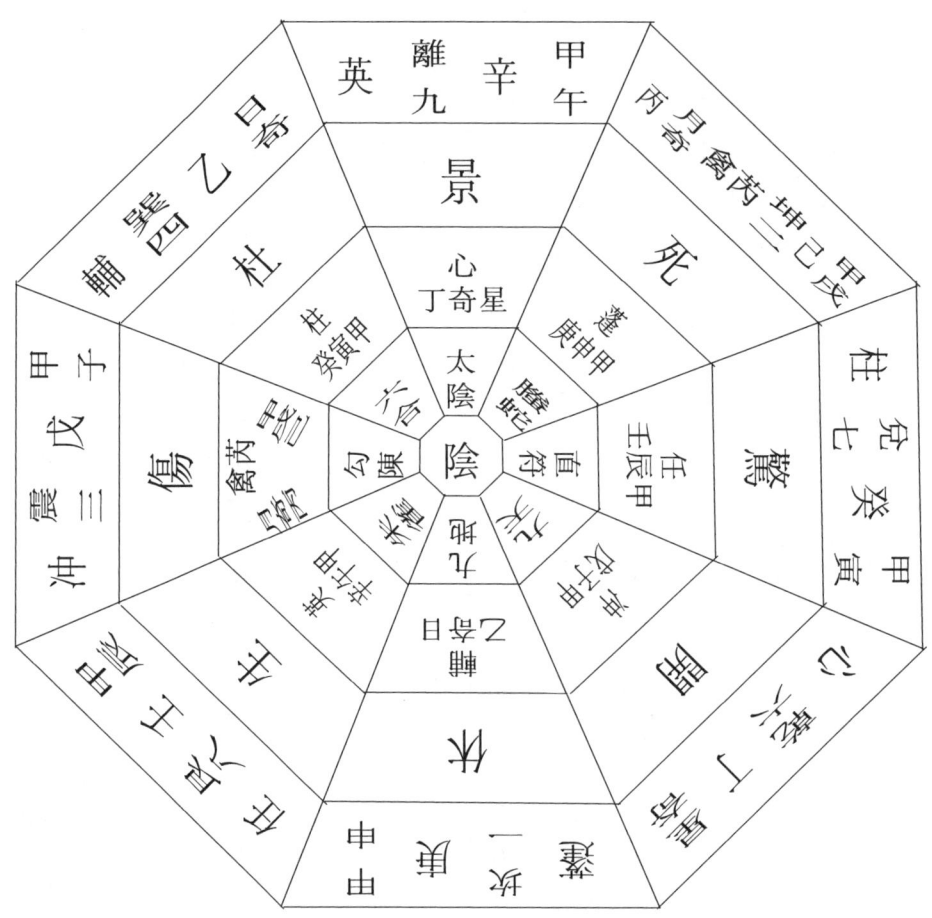

陰三局					
天柱	天任	天英	天蓬	天芮	天沖
七　甲 七　寅	八　甲 八　辰	九　甲 九　午	一　甲 一　申	二　甲 二　戌	三　甲 三　子
四　乙 六　卯	四　乙 七　巳	四　乙 八　未	四　乙 九　酉	四　乙 一　亥	四　乙 二　丑
五　丙 五　辰	五　丙 六　午	五　丙 七　申	五　丙 八　戌	五　丙 九　子	五　丙 一　寅
六　丁 四　巳	六　丁 五　未	六　丁 六　酉	六　丁 七　亥	六　丁 八　丑	六　丁 九　卯
三　戊 三　午	三　戊 四　申	三　戊 五　戌	三　戊 六　子	三　戊 七　寅	三　戊 八　辰
二　己 二　未	二　己 三　酉	二　己 四　亥	二　己 五　丑	二　己 六　卯	二　己 七　巳
一　庚 一　申	一　庚 二　戌	一　庚 三　子	一　庚 四　寅	一　庚 五　辰	一　庚 六　午
九　辛 九　酉	九　辛 一　亥	九　辛 二　丑	九　辛 三　卯	九　辛 四　巳	九　辛 五　未
八　壬 八　戌	八　壬 九　子	八　壬 一　寅	八　壬 二　辰	八　壬 三　午	八　壬 四　申
七　癸 七　亥	七　癸 八　丑	七　癸 九　卯	七　癸 一　巳	七　癸 二　未	七　癸 三　酉
驚門	生門	景門	休門	死門	傷門

逆布六儀 , 順布三奇

直符加時干 , 直使加時宮

陰四局(음사국)

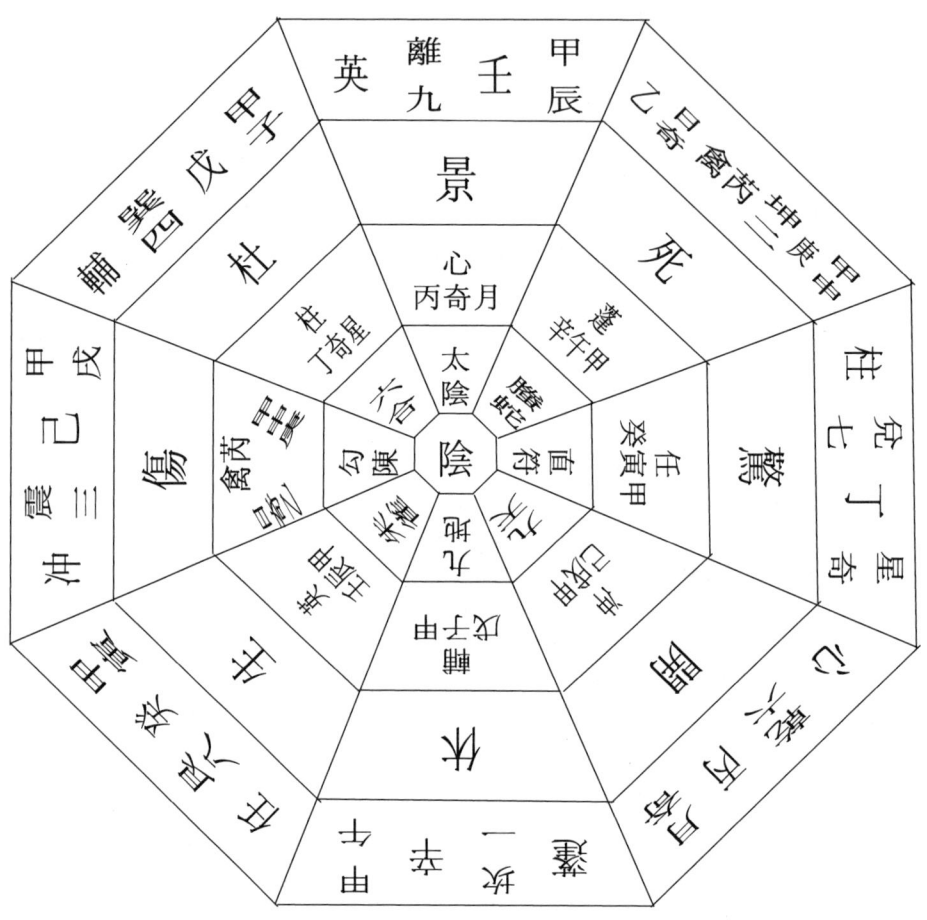

陰四局				大暑下元, 處暑中元 秋分下元, 大雪上元	
天任	天英	天蓬	天芮	天冲	天輔
八 甲寅 八	九 甲辰 九	一 甲午 一	二 甲申 二	三 甲戌 三	四 甲子 四
五 乙卯 七	五 乙巳 八	五 乙未 九	五 乙酉 一	五 乙亥 二	五 乙丑 三
六 丙辰 六	六 丙午 七	六 丙申 八	六 丙戌 九	六 丙子 一	六 丙寅 二
七 丁巳 五	七 丁未 六	七 丁酉 七	七 丁亥 八	七 丁丑 九	七 丁卯 一
四 戊午 四	四 戊申 五	四 戊戌 六	四 戊子 七	四 戊寅 八	四 戊辰 九
三 己未 三	三 己酉 四	三 己亥 五	三 己丑 六	三 己卯 七	三 己巳 八
二 庚申 二	二 庚戌 三	二 庚子 四	二 庚寅 五	二 庚辰 六	二 庚午 七
一 辛酉 一	一 辛亥 二	一 辛丑 三	一 辛卯 四	一 辛巳 五	一 辛未 六
九 壬戌 九	九 壬子 一	九 壬寅 二	九 壬辰 三	九 壬午 四	九 壬申 五
八 癸亥 八	八 癸丑 九	八 癸卯 一	八 癸巳 二	八 癸未 三	八 癸酉 四
生門	景門	休門	死門	傷門	杜門

逆布六儀 , 順布三奇

直符加時干 , 直使加時宮

陰五局(음오국)

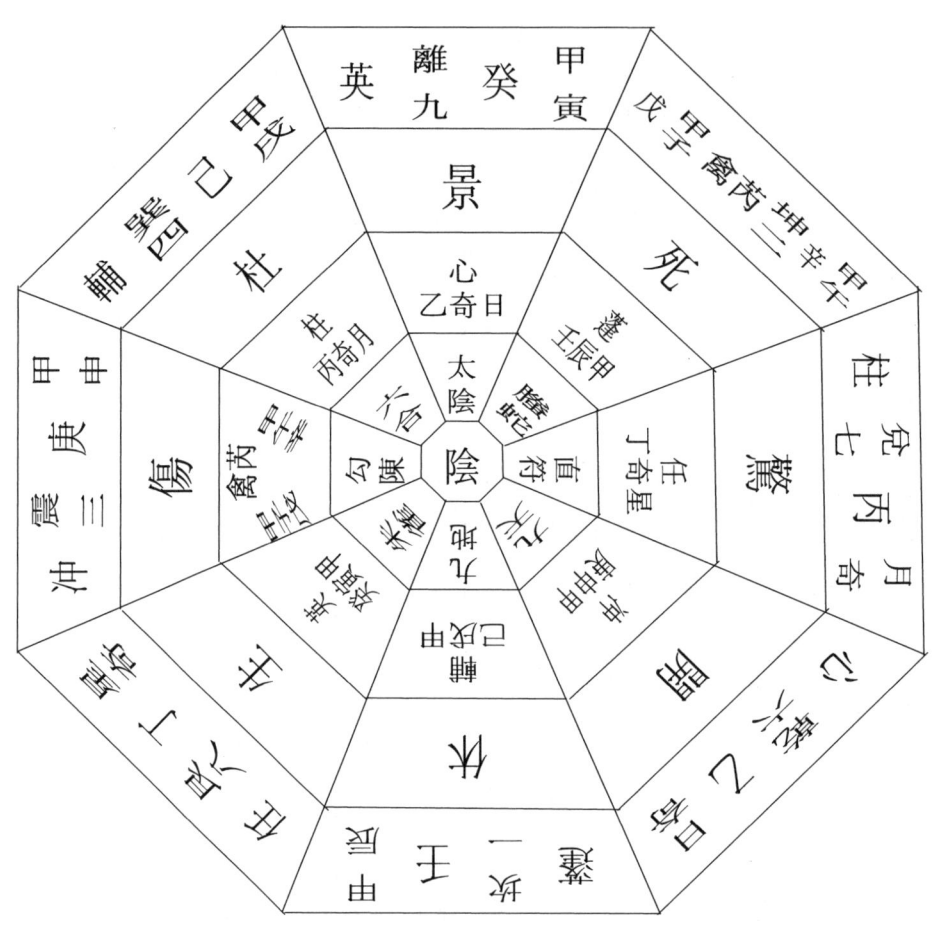

	陰五局		小暑下元, 立秋中元 霜降上元, 小雪上元				
	天英	天蓬	天芮	天冲	天輔	天禽	
逆布六儀, 順布三奇	九 九 甲寅	一 一 甲辰	二 二 甲午	三 三 甲申	四 四 甲戌	五 五 甲子	直符加時干, 直使加時宮
	六 八 乙卯	六 九 乙巳	六 一 乙未	六 二 乙酉	六 三 乙亥	六 四 乙丑	
	七 七 丙辰	七 八 丙午	七 九 丙申	七 一 丙戌	七 二 丙子	七 三 丙寅	
	八 六 丁巳	八 七 丁未	八 八 丁酉	八 九 丁亥	八 一 丁丑	八 二 丁卯	
	五 五 戊午	五 六 戊申	五 七 戊戌	五 八 戊子	五 九 戊寅	五 一 戊辰	
	四 四 己未	四 五 己酉	四 六 己亥	四 七 己丑	四 八 己卯	四 九 己巳	
	三 三 庚申	三 四 庚戌	三 五 庚子	三 六 庚寅	三 七 庚辰	三 八 庚午	
	二 二 辛酉	二 三 辛亥	二 四 辛丑	二 五 辛卯	二 六 辛巳	二 七 辛未	
	一 一 壬戌	一 二 壬子	一 三 壬寅	一 四 壬辰	一 五 壬午	一 六 壬申	
	九 九 癸亥	九 一 癸丑	九 二 癸卯	九 三 癸巳	九 四 癸未	九 五 癸酉	
	景門	休門	死門	傷門	杜門	死門	

陰六局(음육국)

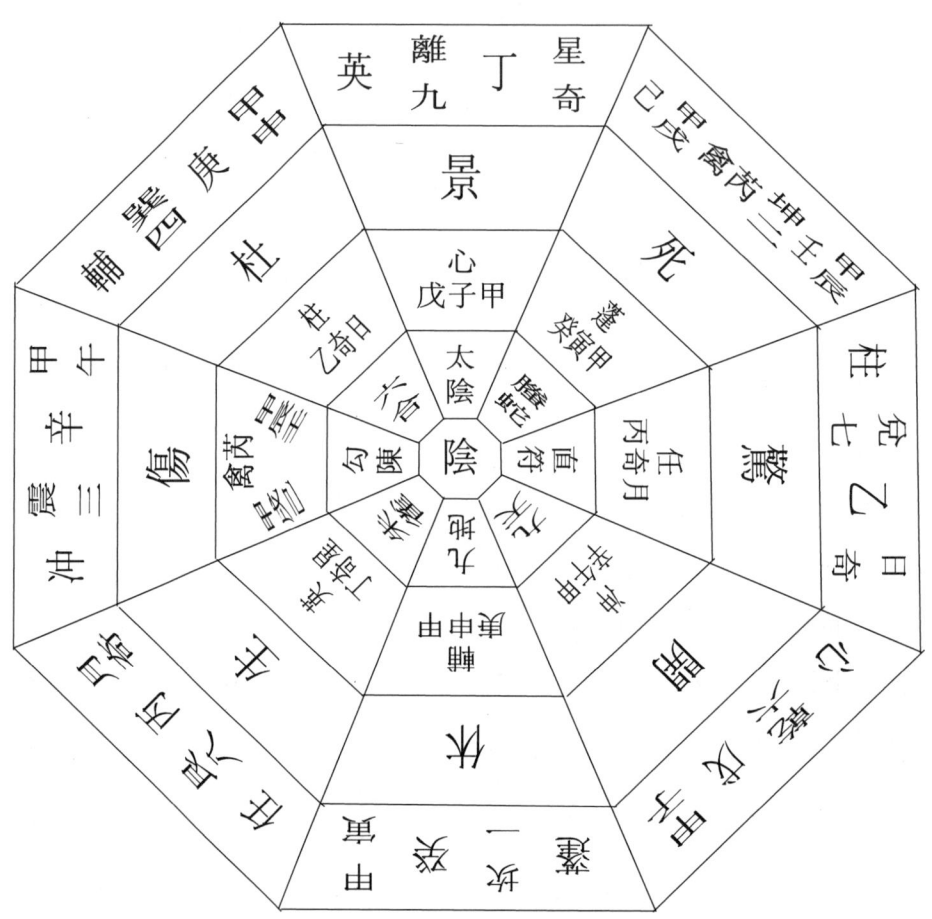

	天蓬	天芮	天沖	天輔	天禽	天心
陰六局 (夏至下元, 白露下元 / 寒露上元, 立冬上元)	一 甲 一 寅	二 甲 二 辰	三 甲 三 午	四 甲 四 申	五 甲 五 戌	六 甲 六 子
	七 乙 九 卯	七 乙 一 巳	七 乙 二 未	七 乙 三 酉	七 乙 四 亥	七 乙 五 丑
	八 丙 八 辰	八 丙 九 午	八 丙 一 申	八 丙 二 戌	八 丙 三 子	八 丙 四 寅
	九 丁 七 巳	九 丁 八 未	九 丁 九 酉	九 丁 一 亥	九 丁 二 丑	九 丁 三 卯
	六 戊 六 午	六 戊 七 申	六 戊 八 戌	六 戊 九 子	六 戊 一 寅	六 戊 二 辰
	五 己 五 未	五 己 六 酉	五 己 七 亥	五 己 八 丑	五 己 九 卯	五 己 一 巳
	四 庚 四 申	四 庚 五 戌	四 庚 六 子	四 庚 七 寅	四 庚 八 辰	四 庚 九 午
	三 辛 三 酉	三 辛 四 亥	三 辛 五 丑	三 辛 六 卯	三 辛 七 巳	三 辛 八 未
	二 壬 二 戌	二 壬 三 子	二 壬 四 寅	二 壬 五 辰	二 壬 六 午	二 壬 七 申
	一 癸 一 亥	一 癸 二 丑	一 癸 三 卯	一 癸 四 巳	一 癸 五 未	一 癸 六 酉
	休門	死門	傷門	杜門	死門	開門

逆布六儀 ，順布三奇

直符加時干 ，直使加時宮

陰七局(음칠국)

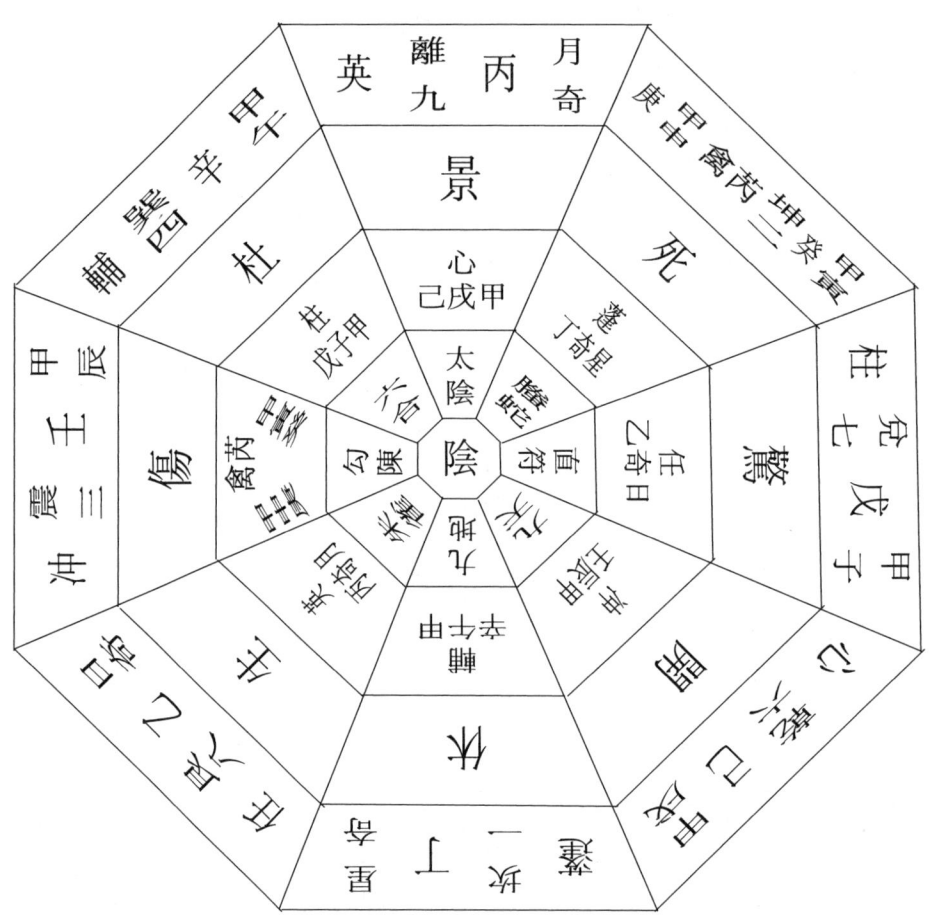

陰七局		大暑上元, 處暑下元 秋分上元, 大雪中元			
天芮	天冲	天輔	天禽	天心	天柱
二 二 甲 寅	三 三 甲 辰	四 四 甲 午	五 五 甲 申	六 六 甲 戌	七 七 甲 子
八 一 乙 卯	八 二 乙 巳	八 三 乙 未	八 四 乙 酉	八 五 乙 亥	八 六 乙 丑
九 九 丙 辰	九 一 丙 午	九 二 丙 申	九 三 丙 戌	九 四 丙 子	九 五 丙 寅
一 八 丁 巳	一 九 丁 未	一 一 丁 酉	一 二 丁 亥	一 三 丁 丑	一 四 丁 卯
七 七 戊 午	七 八 戊 申	七 九 戊 戌	七 一 戊 子	七 二 戊 寅	七 三 戊 辰
六 六 己 未	六 七 己 酉	六 八 己 亥	六 九 己 丑	六 一 己 卯	六 二 己 巳
五 五 庚 申	五 六 庚 戌	五 七 庚 子	五 八 庚 寅	五 九 庚 辰	五 一 庚 午
四 四 辛 酉	四 五 辛 亥	四 六 辛 丑	四 七 辛 卯	四 八 辛 巳	四 九 辛 未
三 三 壬 戌	三 四 壬 子	三 五 壬 寅	三 六 壬 辰	三 七 壬 午	三 八 壬 申
二 二 癸 亥	二 三 癸 丑	二 四 癸 卯	二 五 癸 巳	二 六 癸 未	二 七 癸 酉
死門	傷門	杜門	死門	開門	驚門

逆布六儀 , 順布三奇

直符加時干 , 直使加時宮

陰八局(음팔국)

陰八局			小暑上元, 立秋下元 霜降中元, 小雪中元		
天冲	天輔	天禽	天心	天柱	天任
三 三　甲寅	四 四　甲辰	五 五　甲午	六 六　甲申	七 七　甲戌	八 八　甲子
九 二　乙卯	九 三　乙巳	九 四　乙未	九 五　乙酉	九 六　乙亥	九 七　乙丑
一 一　丙辰	一 二　丙午	一 三　丙申	一 四　丙戌	一 五　丙子	一 六　丙寅
二 九　丁巳	二 一　丁未	二 二　丁酉	二 三　丁亥	二 四　丁丑	二 五　丁卯
八 八　戊午	八 九　戊申	八 一　戊戌	八 二　戊子	八 三　戊寅	八 四　戊辰
七 七　己未	七 八　己酉	七 九　己亥	七 一　己丑	七 二　己卯	七 三　己巳
六 六　庚申	六 七　庚戌	六 八　庚子	六 九　庚寅	六 一　庚辰	六 二　庚午
五 五　辛酉	五 六　辛亥	五 七　辛丑	五 八　辛卯	五 九　辛巳	五 一　辛未
四 四　壬戌	四 五　壬子	四 六　壬寅	四 七　壬辰	四 八　壬午	四 九　壬申
三 三　癸亥	三 四　癸丑	三 五　癸卯	三 六　癸巳	三 七　癸未	三 八　癸酉
傷門	杜門	死門	開門	驚門	生門

左: 逆布六儀, 順布三奇

右: 直符加時干, 直使加時宮

陰九局(음구국)

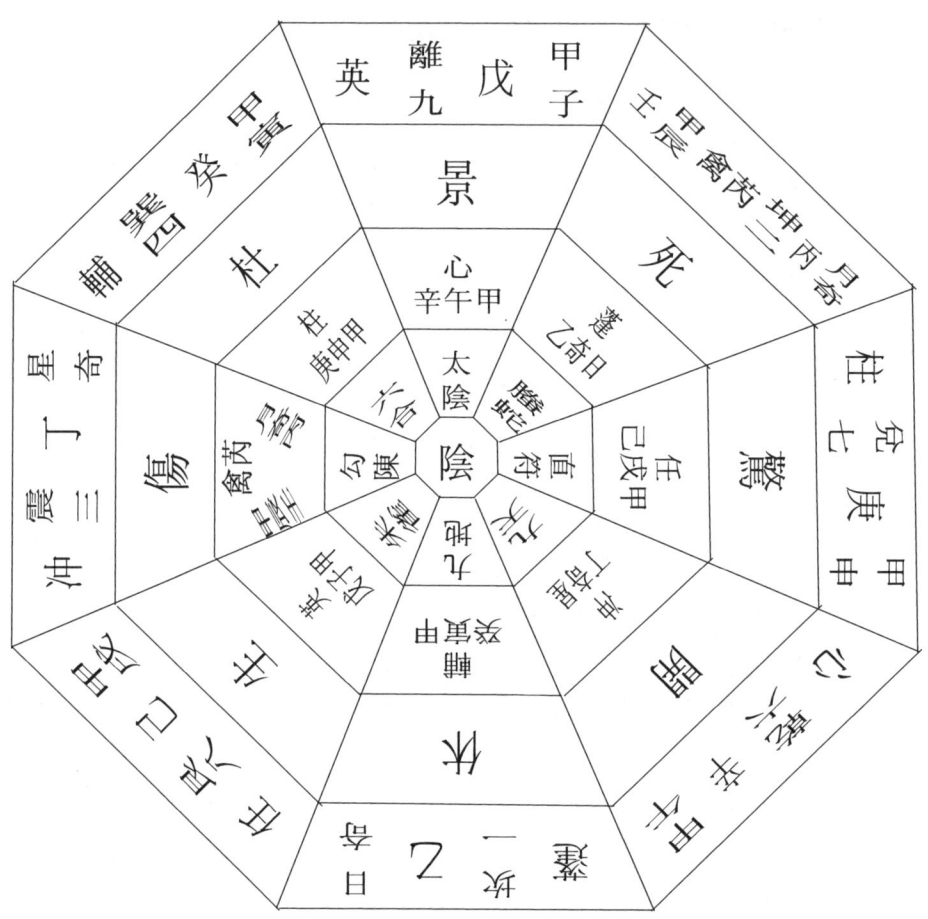

	陰九局			夏至上元, 白露上元 寒露中元, 立冬中元			
	天輔	天禽	天心	天柱	天任	天英	
逆 布 六 儀 , 順 布 三 奇	四 甲 四 寅	五 甲 五 辰	六 甲 六 午	七 甲 七 申	八 甲 八 戌	九 甲 九 子	直 符 加 時 干 , 直 使 加 時 宮
	一 乙 三 卯	一 乙 四 巳	一 乙 五 未	一 乙 六 酉	一 乙 七 亥	一 乙 八 丑	
	二 丙 二 辰	二 丙 三 午	二 丙 四 申	二 丙 五 戌	二 丙 六 子	二 丙 七 寅	
	三 丁 一 巳	三 丁 二 未	三 丁 三 酉	三 丁 四 亥	三 丁 五 丑	三 丁 六 卯	
	九 戊 九 午	九 戊 一 申	九 戊 二 戌	九 戊 三 子	九 戊 四 寅	九 戊 五 辰	
	八 己 八 未	八 己 九 酉	八 己 一 亥	八 己 二 丑	八 己 三 卯	八 己 四 巳	
	七 庚 七 申	七 庚 八 戌	七 庚 九 子	七 庚 一 寅	七 庚 二 辰	七 庚 三 午	
	六 辛 六 酉	六 辛 七 亥	六 辛 八 丑	六 辛 九 卯	六 辛 一 巳	六 辛 二 未	
	五 壬 五 戌	五 壬 六 子	五 壬 七 寅	五 壬 八 辰	五 壬 九 午	五 壬 一 申	
	四 癸 四 亥	四 癸 五 丑	四 癸 六 卯	四 癸 七 巳	四 癸 八 未	四 癸 九 酉	
	杜門	死門	開門	驚門	生門	景門	

3. 八門(팔문)과 九星同宮(구성동궁)의 吉凶(길흉)

生門 太乙	出入無阻喜欣欣, 覓利求財期百倍, 萬事從心大亨貞
生門 攝提	遠行多羈遲, 相剋見災危, 藏匿是去處
生門 軒轅	吉曜萬事成, 凶神相隔輟, 得利尙稱心
生門 招搖	當門事難成, 相剋行人阻, 陰人口舌迎 白晝多夢驚, 屋響釜自鳴
生門 天符	避忌此方似欠寧, 出入遠行遭迤邐, 憂喜參半得安身
生門 靑龍	謁貴謀爲百事通, 經商定獲數倍利, 出入無憂展笑容
生門 咸池	臨處多官事, 相生皆無礙, 求財空手歸
生門 太陰	百禍不能侵, 知交有覓尋, 婚姻得能成, 回軍有伏兵, 愼防截路人
生門 天乙	出入定無爭鬪迎, 佈陣行軍皆得勝, 萬事從心大亨貞

傷門 太乙	出入求財如遇傷, 逢見太乙亦難當, 此門索債能得收, 其餘不得不憂煎
傷門 攝提	出入求財如遇傷, 自身須防有災殃, 此門相剋見災危, 兵家切忌去難來
傷門 軒轅	作事必牽纏, 相生災侵慢, 遠行必憂煎
傷門 招搖	陰人口舌迎, 出入行人阻, 作事不容情
傷門 天符	射獵索債必得收, 須防是非有災殃, 諸事不得不煎憂
傷門 青龍	求財索債事必成, 採捕尙能稱如意, 他事謀求不堪論
傷門 咸池	往往是非傳, 謀事求財未週全, 此方遠近宜穿井, 咸池惡煞凶神隨
傷門 太陰	百禍不能侵, 索債必得收, 傷門逢吉曜, 須防災殃變, 出門必受驚
傷門 天乙	用事求謀尙遂心, 萬事均要治平論, 始可安然出此門

杜門 太乙	百事喜相成, 避難藏匿處, 出入可安寧
杜門 攝提	攝提方上主多災, 脚腿多憂事坎坷, 若行此路定無吉, 兵家切忌去難回
杜門 軒轅	作事必牽纏, 相生災傷慢, 博奕定輸錢, 遠行逢迍邅, 句句不虛傳
杜門 招搖	陰人口舌迎, 出入多風雨, 作事不容情
杜門 天符	弔客惹成孤, 逃遁與避難, 藏身可免憂
杜門 青龍	忻懽百事喜相成, 若然逃遁或避難, 用事求謀不遂心
杜門 咸池	當門事不宜, 相剋有災危, 求財空手歸
杜門 太陰	百事喜相成, 藏身可免憂, 知交有覓尋
杜門 天乙	茶酒自然留客人, 相生百事皆和順, 求婚嫁娶好經營

景門 太乙	往來無阻坦蕩行, 若遇陰人尤大吉, 行兵百事盡歡欣
景門 攝提	萬事不相宜, 主隱匿藏遁, 諸事坎坷身
景門 軒轅	軒轅遇著最艱難, 百事謀爲逐傷殘, 出入定當防有火, 暗損明傷定不還
景門 招搖	景門出入且宜良, 若逢招搖事欠強, 愼防口舌陰人事, 暗損明傷定不還
景門 天符	當門陰謀女, 相生無礙事, 切忌遠災途
景門 靑龍	遠行出入景門中, 求財獲利見靑龍, 採獵捕魚人少得, 無憂無喜見安康
景門 咸池	蛇虎重重遭困圍, 此方遠近均不宜, 用事謀爲恐傷悲
景門 太陰	景門出入宜且良, 若値太陰更豪强, 謀利求財多獲得, 婚娶姻緣好經商
景門 天乙	相生百事成, 求婚行嫁娶, 相會天自成, 用事求謀意, 一定總逐心

死門 太乙	參謁求謀不堪論, 涉事遇有貴人助, 捕捉魚獵獲利豐
死門 攝提	遠行遭羈絆, 耕地損牛犁, 老婦哭悲啼, 言動則傷身, 萬事不相宜
死門 軒轅	作事必牽纏, 相剋逐見災, 損傷在眼前
死門 招搖	作事不容情, 捕捉並魚獵, 必定見傷痕
死門 天符	求謀之事不堪論, 捕捉魚獵尚稱意, 不然五鬼不容情
死門 青龍	捕獵第一功, 參謁求謀事, 吉神不堪論
死門 咸池	捕捉魚獵入死門, 其他吉事不堪論, 咸池五將居此方, 出得此門必有傷
死門 太陰	知交有覓尋, 作事百不成, 愼勿輕便行
死門 天乙	吉曜遇之不堪論, 捕捉魚獵當稱意, 他事必定見傷痕

驚門 太乙	尋求走失出驚門, 逃人財物盡都存, 更有吉曜來相助, 在逃之人自失魂, 此門有虛驚, 出入事難成, 美事休更說, 居家不稱心
驚門 攝提	脚腿多憂坎坷行, 百般美事休更說, 平安無事擧額慶
驚門 軒轅	用事求謀不遂心, 更防心身有傷殘, 暗損明傷定不還
驚門 招搖	逃人財物盡都存, 招搖雖然凶惡名, 倘逢吉曜轉凶星
驚門 天符	避忌此宮大不寧, 倘能用力禳酬遇, 不然五鬼不容情
驚門 青龍	求財喜重重, 惟逢此宮中, 遇之未必通
驚門 咸池	當門事不宜, 求財空手歸, 反覆逆風吹, 此方宜鑿井, 他事恐傷悲
驚門 太陰	知交有覓尋, 出入事難成, 愼不可輕行
驚門 天乙	求謀不如意, 更出此方有所慮, 百般美事亦難成

開門 太乙	維時刹寨好偸營, 謁貴參官多見愛, 求謀出入定無空
開門 攝提	喜事變凶大不寧, 相生尙且能安寧, 千萬不可胡亂行
開門 軒轅	遠行求謀事難纏, 但能相生尙有得, 否則定然無音回
開門 招搖	開門出入最爲良, 逢著招搖亦免殃, 札寨安營亦須忌, 遠行求謀費思量
開門 天符	宮有陰女謀, 相生事尙可, 求財好卽收
開門 靑龍	求財喜重重, 每逢多酒食, 博奕定見贏, 相生錢財旺, 萬事喜和同
開門 咸池	相剋事不宜, 博奕相輸脫, 求財空手歸, 若强此方出, 定見災難人
開門 太陰	萬事亨通大吉慶, 出入求財定見喜, 覓利重逢得裕豐
開門 天乙	用事求謀總遂心, 更出此方無所慮, 身名必定得天恩

休門 太乙	出入坦蕩行, 婚姻大吉昌, 參謁見賢良, 休門 太乙百事興, 相爭戰鬪旺雄兵, 起營立寨終須 勝, 見貴參官喜相逢
休門 攝提	遠行遭羈絆, 耕地損牛犁, 相剋見災危, 萬事不相宜
休門 軒轅	百事謀爲最艱辛, 幸喜爲我相扶助, 諸事遠行定迍邅
休門 招搖	當門百事成, 相生尙稱意, 作事應思衡
休門 天符	宮有陰女謀, 相剋無好事, 言客在程遲, 走失難得見, 切忌有災途
休門 靑龍	凡事謀爲盡亨通, 覓利求財興數倍, 出軍佈陣皆得勝
休門 咸池	相生皆無危, 嫁娶尙爲吉, 他事不相宜
休門 太陰	休門求謀得相宜, 巧逢太陰婚嫁娶, 遇有貴人憐憂喜, 邀迎酒食無顧慮
休門 天乙	出入求財盡亨通, 得遇貴人憐憂喜, 邀迎酒食逢人欽

中宮 太乙	諸事盡歡欣, 遇陰尤大吉, 博奕定必嬴
中宮 攝提	萬事不相同, 主隱匿藏遁, 言動則傷身
中宮 軒轅	門內均不寧, 博奕定輸錢, 句句不虛言
中宮 招搖	陰人口舌迎, 白夢多驚恐, 屋響釜自鳴
中宮 天符	此宮大不寧, 積糧尙有利, 切忌有災途
中宮 靑龍	相生錢財旺, 接貴安榮寨, 萬事喜相同
中宮 咸池	守中事不宜, 此處宜鑿井, 用事恐傷身
中宮 太陰	知者莫爭鋒, 雖有勝算握, 未必占奇功
中宮 天乙	天乙偏宜見貴人, 用事求謀總逐心, 寄在中宮無所慮, 嫁娶必定五福臨

黃黑道 早見表(황흑도 조견표)

月로는 日辰을 보고 日辰으로는 時를 본다.	청룡황도 (靑龍黃道) 吉	명당황도 (明堂黃道) 吉	천형흑도 (天刑黑道) 凶	주작흑도 (朱雀黑道) 凶	금궤황도 (金匱黃道) 吉	천덕황도 (天德黃道) 吉	백호흑도 (白虎黑道) 凶	옥당황도 (玉堂黃道) 吉	천로흑도 (天牢黑道) 凶	현무흑도 (玄武黑道) 凶	사명황도 (司命黃道) 吉	구진흑도 (勾陳黑道) 凶
5月, 11月 午日, 子日	申	酉	戌	亥	子	丑	寅	卯	辰	巳	午	未
6月, 12月 未日, 丑日	戌	亥	子	丑	寅	卯	辰	巳	午	未	申	酉
1月, 7月 寅日, 申日	子	丑	寅	卯	辰	巳	午	未	申	酉	戌	亥
2月, 8月 卯日, 酉日	寅	卯	辰	巳	午	未	申	酉	戌	亥	子	丑
3月, 9月 辰日, 戌日	辰	巳	午	未	申	酉	戌	亥	子	丑	寅	卯
4月, 10月 巳日, 亥日	午	未	申	酉	戌	亥	子	丑	寅	卯	辰	巳

1. 靑龍黃道(청룡황도)는 半吉(반길)이나 天乙貴人(천을귀인)을 만나면 백사대길하다.

2. 明堂黃道(명당황도)는 백사대길하다.

3. 天刑黑道(천형흑도)는 出兵(출병)하여 싸움에 이길 수 있으나 軍公人員(군공인원) 用事(용사)에 흉하며 움직이는 데는 불리하고 詞訟(사송)을 꺼린다. 함부로 범한 자는 출군하면 傷殘(상잔)하고 主軍(주군)은 쓰러지며 六畜(육축)은 사망한다.

4. 朱雀黑道(주작흑도)는 出兵(출병)하여 싸움에 이길 수 있으나 軍公人員(군공인원)은 用事(용사)에 흉하며 움직이면 불리하고 詞訟(사송)을 꺼린다. 함부로 범한 자는 구설과 血光(혈광)을 보고 田地(전지)와 재물을 손해본다.

5. 金匱黃道(금궤황도)는 用兵(용병)에는 흉하나 나머지 백사에는 대길하다.

6. 天德黃道(천덕황도)는 백사에 대길하다.

7. 白虎黑道(백호흑도)는 行兵(행병)과 遊獵(유렵), 제사에는 길하나 나머지는 불리하다. 함부로 범한 자는 血光(혈광)을 본다.

8. 玉堂黃道(옥당황도)는 泥灶(이조)에는 불리하나 나머지는 다 길하다.

9. 天牢黑道(천로흑도)는 陰人(음인) 用事(용사)에는 小吉(소길)이나 나머지는 다 불리하다. 함부로 범한 자는 도적을 만나 人傷(인상)과 財敗(재패) 失利(실리)를 당한다.

10. 玄武黑道(현무흑도)는 군자가 天道(천도)에 合(합)되게 用事(용사)하면 小吉(소길)이나 소인이 用事(용사)함에는 흉하다. 도적을 방비하고 詞訟(사송)과 博戲(박희)를 꺼린다. 함부로 범한 자는 손재 失利(실리)하고 노비, 종업원, 부하는 도망가고 도적에게 겁탈을 당한다.

11. 司命黃道(사명황도)는 낮에 用事(용사)함에는 백사가 길하나

야간에 用事(용사)함에는 불리하다.

12. 勾陳黑道(구진흑도)는 백사에 다 흉하다. 함부로 범한 자는 토지, 가옥에 손해를 당한다.

喜神方 早見表(희신방 조견표)

일간 (日干)	갑기일 (甲己日)	을경일 (乙庚日)	병신일 (丙辛日)	정임일 (丁壬日)	무계일 (戊癸日)
방위 (方位)	간궁 (艮宮)	건궁 (乾宮)	곤궁 (坤宮)	이궁 (離宮)	손궁 (巽宮)

喜神方(희신방)으로 출행, 求財(구재), 내기, 도박, 시합 등 백사에 길하다.

截路空亡 早見表(절로공망 조견표)

일간 (日干)	갑기일 (甲己日)	을경일 (乙庚日)	병신일 (丙辛日)	정임일 (丁壬日)	무계일 (戊癸日)
시지 (時支)	신유시 (申酉時)	오미시 (午未時)	진사시 (辰巳時)	인묘시 (寅卯時)	자축시 (子丑時)

截路空亡(절로공망)이 되면 출행, 행군 등에 길이 막혀 곤란을 당한다.   길흉이 虛花(허화)하고 作事(작사)는 無成(무성)이다. 단 金木空亡(금목공망)은 소리가 나므로 小凶(소흉)하다.

五不遇時 早見表(오불우시 조견표)

일간 (日干)	갑 甲	을 乙	병 丙	정 丁	무 戊	기 己	경 庚	신 辛	임 壬	계 癸
시간 (時干)	경 庚	신 辛	임 壬	계 癸	갑 甲	을 乙	병 丙	정 丁	무 戊	기 己

五不遇時(오불우시)는 용이 눈동자를 잃어버리는 시간으로 해와 달이 광명을 잃은 상태와 같으니 매사에 흉하다.

天乙貴人 早見表(천을귀인 조견표)

일간 (日干)	갑무경일 (甲戊庚日)	을기일 (乙己日)	병정일 (丙丁日)	신일 (辛日)	임계일 (壬癸日)
시지 (時支)	축미시 (丑未時)	자신시 (子申時)	해유시 (亥酉時)	인오시 (寅午時)	사묘시 (巳卯時)

天乙貴人時(천을귀인시)는 백사에 대길하다.

二十八宿 早見表(이십팔수 조견표)

日辰 ＼ 曜日	月	火	水	木	金	土	日
신자진일(申子辰日)	畢	翼	箕	奎	鬼	氐	虛
사유축일(巳酉丑日)	危	觜	軫	斗	婁	柳	房
인오술일(寅午戌日)	心	室	參	角	牛	胃	星
해묘미일(亥卯未日)	張	尾	壁	井	亢	女	昴

二十八宿(이십팔수)의 吉凶(길흉)

角	기조(起造)와 혼인에 길하고 이장이나 수분(修墳)에는 불길하다. 특히 이 날이 초하루면 대흉하다.
亢	성조(成造)에는 장자 부부가 망하고 혼인은 공방수가 있으며 장사에는 중상(重喪)이 나므로 흉하다. 특히 이 날이 그믐날이면 더욱 흉하다.
氐	건옥(建屋)이나 혼인에 길하고 장매(葬埋)나 분묘를 고치는 등 여타의 일은 불길하다.
房	모든 일에 다 길하나 오직 장매(葬埋)에는 불리하다.
心	모든 일에 불길하다.
尾	건옥(建屋), 장매(葬埋), 개문(開門), 혼인, 방수(放水) 등에 모두 길하다.
箕	성조(成造), 장매(葬埋), 수분(修墳), 개문(開門), 방수(放水)에 모두 길하다.
斗	모든 일에 길하다. 특히 기조(起造), 장매(葬埋)에는 더욱 길하다.
牛	매사에 불리하다.
女	건옥(建屋), 안장, 개문(開門), 방수(放水) 등에 모두 흉하다.
虛	모든 일에 다 길하나 오직 장사(葬事)에는 흉하다.
危	성조(成造), 매장(埋葬), 개문(開門), 방수(放水)에 흉함.
室	기조(起造), 장매(葬埋), 개문(開門), 방수(放水)에 길하다.
壁	장매(葬埋)나 가옥건축이나 수리, 혼인, 방수(放水) 등에 다 길하다.

奎	장매(葬埋), 개문(開門), 방수(放水)에 불길하나 오직 가옥을 건립하거나 수리하는 일에는 길하다.
婁	혼인, 안장, 개문(開門) 등에 길한데 다만 이 날이 그믐날이면 흉하다.
胃	주로 장매(葬埋)와 혼인에 길하다.
昴	방수(放水), 장매(葬埋), 개문, 혼인에 흉하고 가옥을 짓거나 수리하는 것은 길하다.
畢	성조(成造), 장매(葬埋), 개문(開門), 방수(放水), 혼인 등에 다 길하다.
觜	모든 일에 다 흉하나 오직 장매(葬埋)에는 길하다.
參	혼인, 안장, 개문(開門), 방수(放水) 등에 흉하나 오직 가옥수리에는 길하다.
井	건옥(建屋), 개문(開門), 방수(放水) 등에는 길하나 오직 장매(葬埋)에는 흉하다.
鬼	장매(葬埋)에는 길하나 건옥(建屋), 혼인 등에는 불길하다. 특히 이 날이 보름날이면 더욱 흉하다.
柳	장매(葬埋), 성조(成造) 등에 불리하다.
星	신방을 꾸미는 일에만 길하나 다만 흉성(凶星)을 만나면 반드시 생이사별하게 되니 불리하다.
張	성조(成造), 장매(葬埋), 혼인, 출행, 취임, 군사를 움직임에 모두 길하다.
翼	장매(葬埋)에만 길하고 조작(造作), 개문(開門), 방수(放水) 등 다른 일에는 불리하다.
軫	건옥(建屋), 조선(造船), 재의(裁衣), 안장(安葬), 출행 등에 모두 길하다.

建除十二神(건제십이신)

月別 \ 十二神	正月(立春後)	二月(驚蟄後)	三月(淸明後)	四月(立夏後)	五月(芒種後)	六月(小暑後)	七月(立秋後)	八月(白露後)	九月(寒露後)	十月(立冬後)	十一月(大雪後)	十二月(小寒後)
建	寅	卯	辰	巳	午	未	申	酉	戌	亥	子	丑
除	卯	辰	巳	午	未	申	酉	戌	亥	子	丑	寅
滿	辰	巳	午	未	申	酉	戌	亥	子	丑	寅	卯
平	巳	午	未	申	酉	戌	亥	子	丑	寅	卯	辰
定	午	未	申	酉	戌	亥	子	丑	寅	卯	辰	巳
執	未	申	酉	戌	亥	子	丑	寅	卯	辰	巳	午
破	申	酉	戌	亥	子	丑	寅	卯	辰	巳	午	未
危	酉	戌	亥	子	丑	寅	卯	辰	巳	午	未	申
成	戌	亥	子	丑	寅	卯	辰	巳	午	未	申	酉
收	亥	子	丑	寅	卯	辰	巳	午	未	申	酉	戌
開	子	丑	寅	卯	辰	巳	午	未	申	酉	戌	亥
閉	丑	寅	卯	辰	巳	午	未	申	酉	戌	亥	子

建除十二神(건제십이신)의 吉凶(길흉)

건 建	청소, 출행, 상장(上章), 입학, 약혼식, 귀인을 심방(尋訪)함에 길하고 가옥수리, 동토, 혼인, 참초(斬草), 파토(破土), 안장(安葬) 등에 불리하다.
제 除	안택 고사, 제사, 출행, 상장(上章), 소장(訴狀), 진정서, 원서 제출, 계약, 병치료, 접목(接木), 볍씨를 뿌리거나 종자파종에 길하고 구관(求官), 구직(求職), 재물출납, 이사에 불리하다.
만 滿	제사, 청소, 종이나 부하, 가정부나 종업원 채용, 접목(接木), 재의(裁衣)에 길하고 동토(動土), 입주(立柱), 이사, 기복(祈福)에 불리하다.
평 平	땅을 고르는 일, 취토(取土), 담쌓는 일, 길을 닦는 일 등에 길하고 종자재배, 도랑을 내는 일, 벌초, 파토(破土) 등에 불리하다.
정 定	제사, 혼인, 수조(修造), 장매(葬埋), 구복(求福), 구사(求嗣), 재의(裁衣), 납축(納畜)에 길하고 출행, 소송, 종자재배에는 불리하다.
집 執	제사, 상장(上章), 혼인, 문서계약, 수조(修造), 장매(葬埋), 구복(求福) 등에 길하고 이거(移居), 입택(入宅), 출행 등에 불리하다.
파 破	가옥을 파괴하거나 질병을 치료함에 길하고 참초(斬草), 파토(破土), 공장건립, 동토(動土), 안장, 이사, 출행, 사람을 들이는 일, 혼인 등 모든 일에 불길하다.
위 危	제사, 상장(上章), 혼인, 문서계약, 수조(修造)에 길하고 입산수렵, 입수(入水), 행선(行船), 어렵, 채광 등에는 불길하다.

성 成	제사, 혼인, 상표(上表), 안택, 구재, 수조(修造), 이사, 환가(還家), 화목(花木)을 접붙이는 등에 길하고 오직 소송만은 불리하다.
수 收	제사, 혼인, 입학, 사람을 들이는 일, 가축을 들이는 일, 식목, 짐승 사냥, 납채(納采), 수금(收金) 등에 길하고 파토(破土), 참초(斬草), 조묘(造墓), 영폄(永窆), 출행 등에는 불리하다.
개 開	제사, 안택, 혼인, 수조(修造), 출행, 개점(開店), 개업, 천정(穿井), 문서계약 등 매사에 길하고 동토나 장매(葬埋)에는 불길하다.
폐 閉	제사, 장매(葬埋), 문서계약, 접화목(接花木), 폐문(閉門), 색수(塞水), 색로(塞路) 등에 길하고 출행, 이사, 환가(還家), 원행, 수조(修造), 동토 등에 모두 불리하다.

伏斷日(복단일)

日辰	子	丑	寅	卯	辰	巳	午	未	申	酉	戌	亥
曜日	日	木	火	土	水	日	木	月	金	火	土	水
星宿	虛	斗	室	女	箕	房	角	張	鬼	觜	胃	壁

약혼식, 혼인, 이사, 행선, 제방을 쌓는 일 등에 불리하나 황도일(黃道日)을 겸하면 무해하다.

月 ＼ 神殺	天赦日	天德日	天德合	月德日	月德合	天成日	天貴日	天喜日	天富日	紅紗日	黃沙日	往亡日
正月	戊寅	丁	壬	丙	辛	未	甲乙	戊	辰	巳	午	寅
二月	戊寅	申	巳	甲	己	酉	甲乙	亥	巳	酉	寅	巳
三月	戊寅	壬	丁	壬	丁	亥	甲乙	子	午	丑	子	申
四月	甲午	辛	丙	庚	乙	丑	丙丁	丑	未	巳	午	亥
五月	甲午	亥	寅	丙	辛	卯	丙丁	寅	申	酉	寅	卯
六月	甲午	甲	己	甲	己	巳	丙丁	卯	酉	丑	子	午
七月	戊申	癸	戊	壬	丁	未	庚辛	辰	戊	巳	午	酉
八月	戊申	寅	亥	庚	乙	酉	庚辛	巳	亥	酉	寅	子
九月	戊申	丙	辛	丙	辛	亥	庚辛	午	子	丑	子	辰
十月	甲子	乙	庚	甲	己	丑	壬癸	未	丑	巳	午	未
十一月	甲子	巳	申	壬	丁	卯	壬癸	申	寅	酉	寅	戊
十二月	甲子	庚	乙	庚	乙	巳	壬癸	酉	卯	丑	子	丑

1. 天赦日(천사일) : 죄를 용서받고 감금에서 풀려나며 어려운 고비에서 벗어나게 되는 吉神(길신)이다. 만약 開門(개문)을 만나면 더욱 길한데 다만 五月(5월) 甲午日(갑오일)과 十一月(11월) 甲子日(갑자일)은 효력이 없다.

2. 天德日(천덕일) : 만사에 대길하다.

3. 天德合(천덕합) : 백사에 대길하다.

4. 月德日(월덕일) : 造葬(조장), 출행, 혼인, 이사, 會親友(회친우), 祈福(기복) 등 만사에 길하다.

5. 月德合(월덕합) : 만사에 대길하다.

6. 天成日(천성일) : 造葬(조장), 개업, 이사, 취임, 계약, 매매, 약혼 등 모든 일에 길하다.

7. 天貴日(천귀일) : 귀인을 뵙는 일, 관직을 구하는 일, 上章(상장), 취임 등 모든 일에 길하다.

8. 天喜日(천희일) : 출행, 이사, 혼인, 연회, 進人口(진인구), 上章(상장), 취임 등 백사에 대길하다.

9. 天富日(천부일) : 개업, 求財(구재), 출행, 이사, 祈福(기복), 연회, 建屋(건옥), 修家(수가) 등 매사에 대길하다.

10. 紅紗日(홍사일) : 시집, 장가, 혼인에 꺼린다.

11. 黃沙日(황사일) : 祈福(기복), 출행, 이사, 시집 장가, 취임 등에 꺼린다.

12. 往亡日(왕망일) : 출행, 出軍(출군), 上官(상관), 行船(행선), 이사, 취임, 시집 장가, 進人口(진인구), 求醫(구의), 療病(요병) 등을 꺼린다.

三德方(삼덕방)

三德 ＼ 日辰	子	丑	寅	卯	辰	巳	午	未	申	酉	戌	亥
陽德方	丙	丙	丙	庚	庚	庚	壬	壬	壬	甲	甲	甲
陰德方	乙	乙	庚	丁	丁	壬	辛	辛	甲	癸	癸	丙
人德方	庚	辛	乾	壬	癸	艮	甲	乙	巽	丙	丁	坤

三德方 : 백사를 경영함에 원행하면 귀인을 만나고 모든 일에 대길하다. 원행이나 長上 또는 관리를 만나거나 무릇 百方事를 행함에 있어서 먼저 陰德方으로 나가 陽德方을 따라 人德方을 향해 가면 만약 피난일지라도 禍厄을 능히 면할 수가 있고 또한 陽德方으로 출발하여 人德方으로 따라 가면 凶險이 변하여 吉하게 된다.

靑龍吉方(청룡길방)

旬中 ＼ 吉方	靑龍	天目	天門	地耳	地戶	華蓋
甲子旬中	子方	丁卯	辰方	癸酉	巳方	酉方
甲戌旬中	戌方	丁丑	寅方	癸未	卯方	未方
甲申旬中	申方	丁亥	子方	癸巳	丑方	巳方
甲午旬中	午方	丁酉	戌方	癸卯	亥方	卯方
甲辰旬中	辰方	丁未	申方	癸丑	酉方	丑方
甲寅旬中	寅方	丁巳	午方	癸亥	未方	亥方

靑龍方 : 求財, 賭博 등 백사에 다 길하다.

天目, 地耳方 : 내기, 도박 등에 등을 지고 앉으며 求財 등 백사에 다 길하다.

天翻地覆時(천번지복시)

正月	二月	三月	四月	五月	六月	七月	八月	九月	十月	十一月	十二月
巳亥時	辰戌時	寅申時	巳未時	申酉時	子午時	酉亥時	辰戌時	卯酉時	辰午時	寅未時	巳卯時

十惡大敗日(십악대패일)

甲己年	三月 戊戌日, 七月 癸亥日, 十月 丙申日, 十一月 丁亥日
乙庚年	四月 壬申日, 九月 乙巳日
丙辛年	三月 辛巳日, 九月 庚辰日, 十月 甲辰日
戊癸年	六月 己亥日

매사에 흉하다.

出行吉方(출행길방)

月과 方位	正月	二月	三月	四月	五月	六月	七月	八月	九月	十月	十一月	十二月
大月	寅	子	酉	巳	午	未	寅	午	卯	子	午	未
小月	申	卯	辰	亥	子	丑	申	卯	辰	巳	申	戌

4. 奇門遁甲 金函玉鏡圖(기문둔갑 금함옥경도)

中國(중국) 後漢末(후한말) 蜀主(촉주)인 劉備(유비)를 도왔던 諸葛孔明(제갈공명)이 창안하여 활용한 用兵法(용병법)인데 孔明先生(공명선생)이 龍門山(용문산) 굴속에서 우연히 이 秘笈(비급)을 얻게 되었는데 用兵(용병)해 본 결과 그 神妙(신묘)함이 측량키 어려우므로 세상에 전한 것인데 行兵(행병)과 出行(출행)은 물론 기타에 응용하면 피흉추길할 수 있는 보배로운 글이니 독자 여러분들께서는 선용하시길 바랍니다.

陰遁(음둔)과 陽遁(양둔)

夏至(하지)부터 冬至(동지)전까지가 陰遁(음둔)이고 冬至(동지)부터 夏至(하지)전까지가 陽遁(양둔)이다. 여기에서 주의할 점은 반드시 夏至(하지)나 冬至日(동지일)부터 陰遁(음둔)과 陽遁(양둔)으로 나눠지는 것이 아니고 夏至(하지)나 冬至(동지)에서 가장 가까운 甲子日(갑자일), 己卯日(기묘일), 甲午日(갑오일), 己酉日(기유일) 중에서 陰遁(음둔)과 陽遁(양둔)이 시작되는데 夏至日(하지일)이나 冬至日(동지일) 앞에 오든 뒤에 오든 관계없이 무조건 夏至日(하지일), 冬至日(동지일)에서 가장 가까운 甲己子午卯酉日(갑기자오묘유일)부터 陰遁(음둔)과 陽遁(양둔)이 시작된다.

이해가 잘 안 되는 분을 위하여 2010년까지 陰陽遁(음양둔) 구분을 陰陽曆(음양력)으로 기록하니 잘 참조하여 金函玉鏡圖(금함옥경도)를 보시길 바란다.

　1997年 6月 21日(陰曆(음력) 5月 17日)부터 12月 17日(陰曆(음력) 11月 18日)까지 陰遁(음둔)으로 보고, 12月 18日(陰曆(음력) 11月 19日)부터 1998年 6月 15日(陰曆(음력) 5月 21日)까지 陽遁(양둔)으로 본다.

　6月 16日(陰曆(음력) 5月 22日)부터 12月 12日(陰曆(음력) 10月 24日)까지 陰遁(음둔)으로 보고, 12月 13日(陰曆(음력) 10月 25日)부터 1999年 6月 25日(陰曆(음력) 5月 12日)까지 陽遁(양둔)으로 본다.

　6月 26日(陰曆(음력) 5月 13日)부터 12月 22日(陰曆(음력) 11月 15日)까지 陰遁(음둔)으로 보고, 12月 23日(陰曆(음력) 11月 16日)부터 2000年 6月 19日(陰曆(음력) 5月 18日)까지 陽遁(양둔)으로 본다.

　6月 20日(陰曆(음력) 5月 19日)부터 12月 16日(陰曆(음력) 11月 21日)까지 陰遁(음둔)으로 보고, 12月 17日(陰曆(음력) 11月 22日)부터 2001年 6月 14日(閏(윤) 4月 23日)까지 陽遁(양둔)으로 본다.

　6月 15日(閏(윤) 4月 24日)부터 12月 26日(陰曆(음력) 11月 12日)까지 陰遁(음둔)으로 보고, 12月 27日(陰曆(음력) 11月 13日)부터 2002年 6月 24日(陰曆(음력) 5月 14日)까지 陽遁(양둔)으로 본다.

　6月 25日(陰曆(음력) 5月 15日)부터 12月 21日(陰曆(음력) 11月 18日)까지 陰遁(음둔)으로 보고, 12月 22日(陰曆(음력) 11月 19日)부터 2003年 6月 19日(陰曆(음력) 5月 20日)까지 陽遁(양둔)으로 본다.

　6月 20日(陰曆(음력) 5月 21日)부터 12月 16日(陰曆(음력) 11月 23日)까지 陰遁(음둔)으로 보고, 12月 17日(陰曆(음력) 11月 24日)부터 2004年 6月 13日(陰曆(음력) 4月 26日)까지 陽遁(양둔)으로 본다.

6月 14日(陰曆(음력) 4月 27日)부터 12月 25日(陰曆(음력) 11月 14日)까지 陰遁(음둔)으로 보고, 12月 26日(陰曆(음력) 11月 15日)부터 2005年 6月 23日(陰曆(음력) 5月 17日)까지 陽遁(양둔)으로 본다.

6月 24日(陰曆(음력) 5月 18日)부터 12月 20日(陰曆(음력) 11月 19日)까지 陰遁(음둔)으로 보고, 12月 21日(陰曆(음력) 11月 20日)부터 2006年 6月 18日(陰曆(음력) 5月 23日)까지 陽遁(양둔)으로 본다.

6月 19日(陰曆(음력) 5月 24日)부터 12月 15日(陰曆(음력) 10月 25日)까지 陰遁(음둔)으로 보고, 12月 16日(陰曆(음력) 10月 26日)부터 2007年 6月 13日(陰曆(음력) 4月 28日)까지 陽遁(양둔)으로 본다.

6月 14日(陰曆(음력) 4月 29日)부터 12月 25日(陰曆(음력) 11月 16日)까지 陰遁(음둔)으로 보고, 12月 26日(陰曆(음력) 11月 17日)부터 2008年 6月 22日(陰曆(음력) 5月 19日)까지 陽遁(양둔)으로 본다.

6月 23日(陰曆(음력) 5月 20日)부터 12月 19日(陰曆(음력) 11月 22日)까지 陰遁(음둔)으로 보고, 12月 20日(陰曆(음력) 11月 23日)부터 2009年 6月 17日(陰曆(음력) 5月 25日)까지 陽遁(양둔)으로 본다.

6月 18日(陰曆(음력) 5月 26日)부터 12月 14日(陰曆(음력) 10月 28日)까지 陰遁(음둔)으로 보고, 12月 15日(陰曆(음력) 10月 29日)부터 2010年 6月 12日(陰曆(음력) 5月 1日)까지 陽遁(양둔)으로 본다.

6月 13日(陰曆(음력) 5月 2日)부터 12月 24日(陰曆(음력) 11月 19日)까지 陰遁(음둔)으로 보고, 12月 25日(陰曆(음력) 11月 20日)부터 2011年 6月 22日(陰曆(음력) 5月 21日)까지 陽遁(양둔)으로

본다.

어떤 사람이 出行(출행)을 하고자 하는데 어느 방위로 출행을 하면 좋겠으며 몇 시가 좋겠는가를 陽遁(양둔) 甲子日(갑자일)을 例(예)로 설명한다.

東(동)쪽은 傷門·天符(상문·천부)라 불길하고, 東南(동남)쪽은 杜門·靑龍(두문·청룡)이라 불길하고, 南(남)쪽은 景門·攝提(경문·섭제)라 불길하고, 西南(서남)쪽은 死門·招搖(사문·초요)라 불길하고, 西(서)쪽은 驚門·天乙(경문·천을)이라 불길하고, 西北(서북)쪽은 開門·太陰(개문·태음)이라 대길하고, 北(북)쪽은 休門·軒轅(휴문·헌원)이라 불길하고, 東北(동북)쪽은 生門·太乙·喜神方(생문·태을·희신방)이니 대길하다. 그러므로 西北方(서북방)과 東北方(동북방)이 대길함을 알 수 있다.

例(예)에서 보듯이 吉門(길문)도 凶星(흉성)을 만나면 불길해지고, 吉星(길성)도 凶門(흉문)을 만나면 불길해짐을 알 수 있다. 子時(자시)는 金匱黃道(금궤황도)라 길하고, 丑時(축시)는 天德黃道·天乙貴人(천덕황도·천을귀인)이라 대길하고, 寅時(인시)는 白虎黑道(백호흑도)라 흉하고, 卯時(묘시)는 玉堂黃道(옥당황도)라 길하고, 辰時(진시)는 天牢黑道(천로흑도)라 흉하고, 巳時(사시)는 玄武黑道(현무흑도)라 흉하고, 午時(오시)는 司命黃道(사명황도)라 길하나 五不遇時(오불우시)가 되므로 흉하다. 未時(미시)는 天乙貴人(천을귀인)이 임하여 길하나 勾陳黑道(구진흑도)라 흉하다. 申時(신시)는 靑龍黃道(청룡황도)라 길하나 截路空亡(절로공망)이 되므로 흉하고, 酉時(유시)는 明堂黃道(명당황도)라 길하나 截路空亡(절로공망)이 되므로 흉하고, 戌時(술시)는 天刑黑道(천형흑도)라 흉하고, 亥時(해시)는 朱雀黑道(주작흑도)라 흉한 것이다. 그러므로 子時(자시), 丑時(축시), 卯時(묘시)는 대길하고 그 외는 凶時(흉시)가 된다.

八門吉凶歌(팔문길흉가)

○ 休門水神貪狼, 休門宜出貴人留, 求公幹私遇休門,
　求財參謁貴人欽, 欲速同行吉相助, 出入嫁娶五福臨,
　休門己見百般食, 出入經行得恁强, 但求休門門見路,
　更逢吉利合衷腸, 休門若獲遇青龍, 凡事謀爲盡亨通,
　覓利求財興百倍, 出軍排陣定摧鋒, 休門太乙百事興,
　相爭戰鬪旺雄兵, 起營立寨終須勝, 見貴參官喜相逢,
　休門若遇天乙興, 出入求財大快亨, 多遇貴人憐憂喜,
　邀迎酒食得人欽.

○ 生門土神左輔, 此門爭財見官詞兆嫁娶避走二十里
　必見飛鳥來迎之大吉, 生門嫁娶遠行吉, 但凡出入
　遇生門, 吉曜臨之萬事成, 若有凶神相隔輟,
　求財所得利稱心, 生門己見好經營, 百事流通得稱情,
　此門出入逢歡喜, 但求經營喜氣生, 生門最喜見青龍,
　謁貴謀爲百事通, 經商定獲千倍利, 出入無憂展笑容,
　生門太乙福德多, 所求稱意任張羅, 覓利求財期百倍,
　出入行軍無滯過, 生門若愚天乙星, 出入定無爭鬪迎,
　佈陣排兵皆得勝, 萬事從心大亨貞.

○ 傷門木神祿存, 此門出門必見驚怪, 傷門索債必得收,
　出入求財如遇傷, 更逢吉曜亦難當, 跟前人惹疼病禍,
　自身須防有災殃, 傷門往往是非傳, 若出門來有過愆,
　採捕稱心雖是好, 其餘不得不憂前.

○ 杜門木神文曲, 此門宜出行謁貴求財或遇避者剋難吉,
　　杜門藏身可免憂, 杜門公用各施行, 亦見門中有吉星,
　　茶酒自然留客住, 忻懽百事喜相成, 杜門曾見好經營,
　　出入從來未解情, 若然逃遁如避難, 卽是元木也不成.

○ 景門火神廉貞, 此門出行見貴博戲爭逐捕獵行四
　　十里必見喜樂聲, 景門求財多獲利, 遠行出入景門中,
　　無剋無生半吉凶, 若值星辰方位惡, 心頭作事亦難通,
　　景門出入且宜良, 翫賞嬉中第一強, 採獵捕魚人少得,
　　無憂無喜見安康.

○ 死門土神巨門, 此門宜出獵張捕殺生千死一生行
　　二十里路旁心見死傷應之, 死門捉捕並魚獵,
　　參謁求謀入死門, 吉神剋剝不堪論, 若不自身作橫事,
　　其人必定見傷痕, 死門不可東西去, 大抵爲名事莫言,
　　死傷求哀爲不利, 聖人怎肯敎胡傳.

○ 驚門金神破軍, 此門不宜出門上官諸事不吉行六
　　七里必見驚怪犬物驗方, 驚門遇喜未必週,
　　尋求走失出驚門, 逃人財物盡都存, 更得吉星變刑剋,
　　在失逃人自失魂, 驚門一定有虛驚, 出入如逢百不成,
　　百般美事休更說, 往往居家不稱情.

○ 開門金神武曲, 此門宜上官見貴出入求財迴避三
　　十里必見婦人或穿顏色衣人以應之, 開門順利偏九州,
　　開門出入最爲良, 萬事亨通大吉昌, 出入求財定見喜,
　　八方幹事一齊強, 求財出入遇開門, 自有欣歡百事成,

更值吉星當位照, 相逢酒食笑忻忻, 開門若得遇靑龍
覓利重逢得裕豐, 謁貴參官多見愛, 求謀出入定無空,
開門若合太乙星, 維時刮寨好偸營, 出戰行兵無不勝,
只有開門用安寧, 開門如遇天乙星, 出軍行陣莫懷猜,
求財經營多得利, 參官偏得貴人財, 八門吉凶隨事行,
不但生休與開門, 節氣若排十干上, 悉心詳究自分明.

太乙九星吉凶歌(태을구성길흉가)

○ 太乙水神　逢着皁衣人求謁, 訪謁婚姻皆大吉,
　　太乙凡爲百事通, 門中見太乙, 星曜號貪狼,
　　博奕錢財衆, 婚姻大吉昌, 出門無阻滯, 參謁見賢良,
　　太乙本是水之精, 出入無阻坦蕩行, 若遇陰人尤大吉,
　　行兵百事盡歡欣.

○ 攝提土神　啼再逢牛犁耕田不吉, 過死門大凶逢老婦悲,
　　攝提到處便爲凶, 遠行遭羈絆, 耕地損牛犁, 相生又間可,
　　相剋見災危, 死門並相見, 老婦哭非啼, 求財世嫁娶,
　　萬事不相宜, 主隱匿藏遁, 言動則傷身, 攝提方上主多災,
　　脚腿多憂坎坷災, 若行此路定無吉, 危家切忌去難來.

○ 軒轅水神　路遇宜見於十五里外, 軒轅鬪毆血光逢,
　　出入遇軒轅, 作事必牽纏, 相生災侵慢, 相剋必憂煎,
　　遠行逢迤遭, 博奕定輸錢, 九天玄女法, 句句不虛傳,
　　軒轅遇著最艱難, 百事謀爲遂傷殘, 出入定當防有火,
　　暗損明傷定不還.

○ 招搖木神　逢二親人又見婦人口舌怪, 夢驚恐憐
　　家釜鳴屋響不吉, 招搖出入多風雨, 招搖號木星,
　　當門百事成, 相剋行人阻, 陰人口舌迎, 白夢多驚恐,
　　屋響釜自鳴, 陰陽消息用, 作事不容情, 招搖雖名凶惡星,
　　兵亡將敗至憂驚, 扎寨安營須大忌, 倘逢吉曜轉凶星.

○ 天符土神　天符射獵打圍吉, 五鬼是天符,
　　當門陰女謀, 相剋無好事, 言客在程遲,

走失難得見, 弔客惹成孤, 此星當門値,
切忌有災途, 天符方上恐遭迍, 避忌此宮大不寧,
倘能用力禳酬過, 不然五鬼不容情.

○ 靑龍金神　路逢醫人式是酒, 仙令博奕於道中,
靑龍財喜兩重重, 門內見靑龍, 求財喜重重,
每逢茶酒食, 博奕定見嬴, 相生錢財旺, 休言剋破刑,
接貴安榮寨, 萬事喜和同, 靑龍臨處利求財,
出入逢之事必諧, 佈陣行軍百勝吉, 修營嫁娶福齊來.

○ 咸池金神　不可行軍破敵, 咸池臨處多官事,
五將號咸池, 當門事不宜, 相生皆無破, 相剋有災危,
博奕相輸脫, 求財空守歸, 神仙眞妙訣, 愚人要與知,
軍事虛驚退, 反覆逆風吹, 咸池惡煞凶神隨,
蛇虎重重遭困圍, 此方遠近宜穿井, 其他用事恐傷悲.

○ 太陰土神　行六七里見有小兒, 牽羊至求財成就吉,
太陰取用暗財充, 太陰婦女婚姻禳, 當門見太陰,
百禍不能侵, 方行六七里, 知交有覓尋, 妙法牢收取,
回軍引馬前, 有伏兵截路, 愼不可輕行, 太陰如遇入中宮,
知者將軍莫交鋒, 無論王侯共宰相, 徒勞心力不成功.

○ 天乙火神　行三十里見一婦人著五六色遇抱小兒百事吉,
天乙所求百事遂, 門迎天乙星, 相生百事成, 動用皆和順,
茶酒自相迎, 求婚行嫁娶, 相會天自成, 出軍交兵陣,
一見定勝嬴, 天乙偏宜見貴人, 用事求謀總遂心,
更出此方無所慮, 身名必定得天恩.

儀禮迫制和(의례박제화)

1. 門(문)이 宮(궁)을 生(생)함을 儀(의)라 한다.
2. 宮(궁)이 門(문)을 生(생)함을 禮(예)라 한다.
3. 門(문)이 宮(궁)을 剋(극)함을 迫(박)이라 한다.
4. 宮(궁)이 門(문)을 剋(극)함을 制(제)라 한다.
5. 門(문)과 宮(궁)이 比(비)함을 和(화)라고 한다.
6. 宮(궁)이 星門(성문)을 生(생)하면 客(객)에 이롭다.
7. 星門(성문)이 宮(궁)을 生(생)하면 主(주)에 이롭다.
8. 星門(성문)이 宮(궁)을 剋(극)하면 客(객)에 이롭다.
9. 宮(궁)이 星門(성문)을 剋(극)하면 主(주)에 이롭다.
10. 宮(궁)과 星門(성문)이 比和(비화)되면 主客(주객)이 均勢(균세)하다.
11. 一剋一生(일극일생)은 主客(주객)이 서로 傷(상)한다.

    일반 독자들은 금함옥경도에 표기한 儀禮迫制和의 길흉을 볼 필요가 없겠으나 奇門專攻자들은 깊이 깨우쳐서 잘 활용하길 바랍니다.

陽遁(양둔)

甲子日

杜門 靑龍 和	景門 攝提 和	死門 招搖 和
傷門 天符 和	甲子 咸池	驚門 天乙 和
生門 太乙 和 喜神	休門 軒轅 和	開門 太陰 和

乙丑日

死門 天符 制	景門 太乙 和	杜門 軒轅 迫
驚門 招搖 迫	乙丑 靑龍	傷門 太陰 制
開門 天乙 儀	休門 攝提 和	生門 咸池 禮 喜神

甲子時	金匱黃道
乙丑時	天德黃道. 天乙貴人
丙寅時	白虎黑道
丁卯時	玉堂黃道
戊辰時	天牢黑道
己巳時	玄武黑道
庚午時	司命黃道. 五不遇時
辛未時	勾陳黑道. 貴人
壬申時	靑龍黃道. 截路空亡
癸酉時	明堂黃道. 截路空亡
甲戌時	天刑黑道
乙亥時	朱雀黑道

丙子時	天刑黑道. 天乙貴人
丁丑時	朱雀黑道
戊寅時	金匱黃道
己卯時	天德黃道
庚辰時	白虎黑道
辛巳時	玉堂黃道. 五不遇時
壬午時	天牢黑道. 截路空亡
癸未時	玄武黑道. 截路空亡
甲申時	司命黃道. 天乙貴人
乙酉時	勾陳黑道
丙戌時	靑龍黃道
丁亥時	明堂黃道

丙寅日

杜門 招搖 和	景門 天乙 和	死門 攝提 和 喜神
傷門 軒轅 和	丙寅 天符	驚門 咸池 和
生門 太陰 和	休門 太乙 和	開門 青龍 和

戊子時	靑龍黃道
己丑時	明堂黃道
庚寅時	天刑黑道
辛卯時	朱雀黑道
壬辰時	金匱黃道. 截空. 五不遇
癸巳時	天德黃道. 截空
甲午時	白虎黑道
乙未時	玉堂黃道
丙申時	天牢黑道
丁酉時	玄武黑道. 天乙貴人
戊戌時	司命黃道
己亥時	勾陳黑道. 天乙貴人

丁卯日

傷門 軒轅 和	生門 太陰 儀 喜神	休門 太乙 制
杜門 攝提 和	丁卯 招搖	開門 青龍 和
景門 咸池 禮	死門 天乙 迫	驚門 天符 和

庚子時	司命黃道
辛丑時	勾陳黑道
壬寅時	靑龍黃道. 截路空亡
癸卯時	明堂黃道. 截路空亡. 五 不遇
甲辰時	天刑黑道
乙巳時	朱雀黑道
丙午時	金匱黃道
丁未時	天德黃道
戊申時	白虎黑道
己酉時	玉堂黃道. 天乙貴人
庚戌時	天牢黑道
辛亥時	玄武黑道. 天乙貴人

戊辰日

驚門 攝提 迫 喜神	開門 咸池 制	休門 天乙 制
死門 太乙 制	戊辰 軒轅	生門 天符 禮
景門 青龍 禮	杜門 太陰 儀	傷門 招搖 制

己巳日

傷門 太乙 和	生門 青龍 儀	休門 太陰 制
杜門 天乙 和	己巳 攝提	開門 招搖 和
景門 天符 禮 喜神	死門 咸池 迫	驚門 軒轅 和

壬子時	天牢黑道. 截路空亡
癸丑時	玄武黑道. 截路空亡. 貴人
甲寅時	司命黃道. 五不遇時
乙卯時	勾陳黑道
丙辰時	青龍黃道
丁巳時	明堂黃道
戊午時	天刑黑道
己未時	朱雀黑道. 天乙貴人
庚申時	金匱黃道
辛酉時	天德黃道
壬戌時	白虎黑道
癸亥時	玉堂黃道

甲子時	白虎黑道. 貴人
乙丑時	玉堂黃道. 五不遇時
丙寅時	天牢黑道
丁卯時	玄武黑道
戊辰時	司命黃道
己巳時	勾陳黑道
庚午時	青龍黃道
辛未時	明堂黃道
壬申時	天刑黑道. 截路空亡. 貴人
癸酉時	朱雀黑道. 截路空亡
甲戌時	金匱黃道
乙亥時	天德黃道. 五不遇時

庚午日

生門 天乙 制	傷門 天符 禮	杜門 咸池 迫
休門 太陰 禮	庚午 太乙	景門 軒轅 迫
開門 招搖 儀	驚門 靑龍 禮	死門 攝提 禮 喜神

丙子時	金匱黃道. 五不遇時
丁丑時	天德黃道. 天乙貴人
戊寅時	白虎黑道
己卯時	玉堂黃道
庚辰時	天牢黑道
辛巳時	玄武黑道
壬午時	司命黃道. 截路空亡
癸未時	勾陳黑道. 截路空亡. 貴人
甲申時	靑龍黃道
乙酉時	明堂黃道
丙戌時	天刑黑道. 五不遇時
丁亥時	朱雀黑道

辛未日

開門 太陰 迫	驚門 招搖 制	死門 靑龍 和 喜神
休門 咸池 禮	辛未 天乙	景門 攝提 迫
生門 軒轅 和	傷門 天符 儀	杜門 太乙 制

戊子時	天刑黑道
己丑時	朱雀黑道
庚寅時	金匱黃道. 天乙貴人
辛卯時	天德黃道
壬辰時	白虎黑道. 截路空亡
癸巳時	玉堂黃道. 截路空亡
甲午時	天牢黑道. 天乙貴人
乙未時	玄武黑道
丙申時	司命黃道
丁酉時	勾陳黑道. 五不遇時
戊戌時	靑龍黃道
己亥時	明堂黃道

<table>
<tr><th colspan="3" align="center">壬申日</th><th colspan="3" align="center">癸酉日</th></tr>
<tr>
<td>生門
咸池
制</td>
<td>傷門
軒轅
禮
喜神</td>
<td>杜門
天符
迫</td>
<td>休門
靑龍
禮
喜神</td>
<td>開門
攝提
制</td>
<td>驚門
招搖
儀</td>
</tr>
<tr>
<td>休門
靑龍
禮</td>
<td>壬申
太陰</td>
<td>景門
太乙
迫</td>
<td>生門
天符
制</td>
<td>癸酉
咸池</td>
<td>死門
天乙
禮</td>
</tr>
<tr>
<td>開門
攝提
儀</td>
<td>驚門
招搖
禮</td>
<td>死門
天乙
禮</td>
<td>傷門
太乙
迫</td>
<td>杜門
軒轅
儀</td>
<td>景門
太陰
迫</td>
</tr>
</table>

<table>
<tr><td>庚子時</td><td>靑龍黃道</td><td>壬子時</td><td>司命黃道. 截路空亡</td></tr>
<tr><td>辛丑時</td><td>明堂黃道</td><td>癸丑時</td><td>勾陳黑道. 截路空亡</td></tr>
<tr><td>壬寅時</td><td>天刑黑道. 截路空亡</td><td>甲寅時</td><td>靑龍黃道</td></tr>
<tr><td>癸卯時</td><td>朱雀黑道. 截路空亡. 貴人</td><td>乙卯時</td><td>明堂黃道. 天乙貴人</td></tr>
<tr><td>甲辰時</td><td>金匱黃道</td><td>丙辰時</td><td>天刑黑道</td></tr>
<tr><td>乙巳時</td><td>天德黃道. 天乙貴人</td><td>丁巳時</td><td>朱雀黑道. 天乙貴人</td></tr>
<tr><td>丙午時</td><td>白虎黑道</td><td>戊午時</td><td>金匱黃道</td></tr>
<tr><td>丁未時</td><td>玉堂黃道</td><td>己未時</td><td>天德黃道. 五不遇時</td></tr>
<tr><td>戊申時</td><td>天牢黑道. 五不遇時</td><td>庚申時</td><td>白虎黑道</td></tr>
<tr><td>己酉時</td><td>玄武黑道</td><td>辛酉時</td><td>玉堂黃道</td></tr>
<tr><td>庚戌時</td><td>司命黃道</td><td>壬戌時</td><td>天牢黑道</td></tr>
<tr><td>辛亥時</td><td>勾陳黑道</td><td>癸亥時</td><td>玄武黑道</td></tr>
</table>

休門 天符 禮	生門 太乙 儀	傷門 軒轅 迫
開門 招搖 迫	甲戌 青龍	杜門 太陰 制
驚門 天乙 儀 喜神	死門 攝提 迫	景門 咸池 迫

休門 招搖 禮	開門 天乙 制	驚門 攝提 儀
生門 軒轅 制	乙亥 天符	死門 咸池 禮
傷門 太陰 迫	杜門 太乙 儀	景門 青龍 迫 喜神

甲子時	天牢黑道
乙丑時	玄武黑道. 天乙貴人
丙寅時	司命黃道
丁卯時	勾陳黑道
戊辰時	靑龍黃道
己巳時	明堂黃道
庚午時	天刑黑道. 五不遇時
辛未時	朱雀黑道. 貴人
壬申時	金匱黃道. 截路空亡
癸酉時	天德黃道. 截路空亡
甲戌時	白虎黑道
乙亥時	玉堂黃道

丙子時	白虎黑道. 天乙貴人
丁丑時	玉堂黃道
戊寅時	天牢黑道
己卯時	玄武黑道
庚辰時	司命黃道
辛巳時	勾陳黑道. 五不遇時
壬午時	靑龍黃道. 截路空亡
癸未時	明堂黃道. 截路空亡
甲申時	天刑黑道. 天乙貴人
乙酉時	朱雀黑道
丙戌時	金匱黃道
丁亥時	天德黃道

丙子日

景門 軒轅 儀	死門 太陰 儀	驚門 太乙 儀 喜神
杜門 攝提 和	丙子 招搖	開門 靑龍 和
傷門 咸池 迫	生門 天乙 迫	休門 天符 儀

丁丑日

景門 攝提 儀	杜門 咸池 禮 喜神	傷門 天乙 迫
死門 太乙 制	丁丑 軒轅	生門 天符 禮
驚門 靑龍 儀	開門 太陰 禮	休門 招搖 儀

戊子時	金匱黃道
己丑時	天德黃道
庚寅時	白虎黑道
辛卯時	玉堂黃道
壬辰時	天牢黑道. 截空. 五不遇時
癸巳時	玄武黑道. 截空
甲午時	司命黃道
乙未時	勾陳黑道
丙申時	靑龍黃道
丁酉時	明堂黃道. 天乙貴人
戊戌時	天刑黑道
己亥時	朱雀黑道. 天乙貴人

庚子時	天刑黑道
辛丑時	朱雀黑道
壬寅時	金匱黃道. 截空
癸卯時	天德黃道. 截空. 五不遇時
甲辰時	白虎黑道
乙巳時	玉堂黃道
丙午時	天牢黑道
丁未時	玄武黑道
戊申時	司命黃道
己酉時	勾陳黑道. 天乙貴人
庚戌時	靑龍黃道
辛亥時	明堂黃道. 天乙貴人

景門 太乙 儀 喜神	死門 青龍 儀	驚門 太陰 儀
杜門 天乙 和	戊寅 攝提	開門 招搖 和
傷門 天符 迫	生門 咸池 迫	休門 軒轅 儀

杜門 天乙 和	傷門 天符 禮	生門 咸池 和
景門 太陰 儀	己卯 太乙	休門 軒轅 儀
死門 招搖 和 喜神	驚門 青龍 禮	開門 攝提 和

壬子時	靑龍黃道. 截路空亡
癸丑時	明堂黃道. 截路空亡. 貴人
甲寅時	天刑黑道. 五不遇時
乙卯時	朱雀黑道
丙辰時	金匱黃道
丁巳時	天德黃道
戊午時	白虎黑道
己未時	玉堂黃道. 天乙貴人
庚申時	天牢黑道
辛酉時	玄武黑道
壬戌時	司命黃道
癸亥時	勾陳黑道

甲子時	司命黃道. 貴人
乙丑時	勾陳黑道. 五不遇時
丙寅時	靑龍黃道
丁卯時	明堂黃道
戊辰時	天刑黑道
己巳時	朱雀黑道
庚午時	金匱黃道
辛未時	天德黃道
壬申時	白虎黑道. 截路空亡. 貴人
癸酉時	玉堂黃道. 截路空亡
甲戌時	天牢黑道
乙亥時	玄武黑道. 五不遇時

庚辰日		

死門 太陰 制	驚門 招搖 制	開門 靑龍 儀
景門 咸池 儀	庚辰 天乙	休門 攝提 儀
杜門 軒轅 迫	傷門 天符 儀	生門 太乙 禮 喜神

丙子時	天牢黑道. 五不遇時
丁丑時	玄武黑道. 貴人
戊寅時	司命黃道
己卯時	勾陳黑道
庚辰時	靑龍黃道
辛巳時	明堂黃道
壬午時	天刑黑道. 截路空亡
癸未時	朱雀黑道. 截路空亡. 貴人
甲申時	金匱黃道
乙酉時	天德黃道
丙戌時	白虎黑道. 五不遇時
丁亥時	玉堂黃道

辛巳日		

杜門 咸池 和	傷門 軒轅 禮	生門 天符 和 喜神
景門 靑龍 儀	辛巳 太陰	休門 太乙 儀
死門 攝提 和	驚門 招搖 禮	開門 天乙 和

戊子時	白虎黑道
己丑時	玉堂黃道
庚寅時	天牢黑道. 天乙貴人
辛卯時	玄武黑道
壬辰時	司命黃道. 截路空亡
癸巳時	勾陳黑道. 截路空亡
甲午時	靑龍黃道. 天乙貴人
乙未時	明堂黃道
丙申時	天刑黑道
丁酉時	朱雀黑道. 五不遇時
戊戌時	金匱黃道
己亥時	天德黃道

<table>
<tr><th colspan="3" style="text-align:center">壬午日</th></tr>
<tr>
<td>傷門
靑龍
和</td>
<td>杜門
攝提
禮
喜神</td>
<td>景門
招搖
禮</td>
</tr>
<tr>
<td>生門
天符
制</td>
<td>壬午
咸池</td>
<td>死門
天乙
禮</td>
</tr>
<tr>
<td>休門
太乙
制</td>
<td>開門
軒轅
禮</td>
<td>驚門
太陰
和</td>
</tr>
</table>

<table>
<tr><th colspan="3" style="text-align:center">癸未日</th></tr>
<tr>
<td>驚門
天符
迫
喜神</td>
<td>死門
太乙
儀</td>
<td>景門
軒轅
禮</td>
</tr>
<tr>
<td>開門
招搖
迫</td>
<td>癸未
靑龍</td>
<td>杜門
太陰
制</td>
</tr>
<tr>
<td>休門
天乙
制</td>
<td>生門
攝提
迫</td>
<td>傷門
咸池
制</td>
</tr>
</table>

庚子時	金匱黃道	壬子時	天刑黑道. 截路空亡
辛丑時	天德黃道	癸丑時	朱雀黑道. 截路空亡
壬寅時	白虎黑道. 截路空亡	甲寅時	金匱黃道
癸卯時	玉堂黃道. 截路空亡. 貴人	乙卯時	天德黃道. 天乙貴人
甲辰時	天牢黑道	丙辰時	白虎黑道
乙巳時	玄武黑道. 天乙貴人	丁巳時	玉堂黃道. 天乙貴人
丙午時	司命黃道	戊午時	天牢黑道
丁未時	勾陳黑道	己未時	玄武黑道. 五不遇時
戊申時	靑龍黃道. 五不遇時	庚申時	司命黃道
己酉時	明堂黃道	辛酉時	勾陳黑道
庚戌時	天刑黑道	壬戌時	靑龍黃道
辛亥時	朱雀黑道	癸亥時	明堂黃道

甲申日

傷門 招搖 和	杜門 天乙 禮	景門 攝提 禮
生門 軒轅 制	甲申 天符	死門 咸池 禮
休門 太陰 制 喜神	開門 太乙 禮	驚門 青龍 和

乙酉日

生門 軒轅 制	休門 太陰 迫	開門 太乙 儀
傷門 攝提 和	乙酉 招搖	驚門 青龍 和
杜門 咸池 迫	景門 天乙 制	死門 天符 禮 喜神

甲子時	靑龍黃道
乙丑時	明堂黃道. 天乙貴人
丙寅時	天刑黑道
丁卯時	朱雀黑道
戊辰時	金匱黃道
己巳時	天德黃道
庚午時	白虎黑道. 五不遇時
辛未時	玉堂黃道. 貴人
壬申時	天牢黑道. 截路空亡
癸酉時	玄武黑道. 截路空亡
甲戌時	司命黃道
乙亥時	勾陳黑道

丙子時	司命黃道. 天乙貴人
丁丑時	勾陳黑道
戊寅時	靑龍黃道
己卯時	明堂黃道
庚辰時	天刑黑道
辛巳時	朱雀黑道. 五不遇時
壬午時	金匱黃道. 截路空亡
癸未時	天德黃道. 截路空亡
甲申時	白虎黑道. 天乙貴人
乙酉時	玉堂黃道
丙戌時	天牢黑道
丁亥時	玄武黑道

丙戌日

開門 攝提 迫	休門 咸池 迫	生門 天乙 和 喜神
驚門 太乙 迫	丙戌 軒轅	傷門 天符 制
死門 青龍 和	景門 太陰 制	杜門 招搖 制

戊子時	天牢黑道
己丑時	玄武黑道
庚寅時	司命黃道
辛卯時	勾陳黑道
壬辰時	青龍黃道. 截空. 五不遇時
癸巳時	明堂黃道. 截空
甲午時	天刑黑道
乙未時	朱雀黑道
丙申時	金匱黃道
丁酉時	天德黃道. 天乙貴人
戊戌時	白虎黑道
己亥時	玉堂黃道. 天乙貴人

丁亥日

生門 太乙 制	休門 青龍 迫 喜神	開門 太陰 儀
傷門 天乙 和	丁亥 攝提	驚門 招搖 和
杜門 天符 迫	景門 咸池 制	死門 軒轅 禮

庚子時	白虎黑道
辛丑時	玉堂黃道
壬寅時	天牢黑道. 截空
癸卯時	玄武黑道. 截空. 五不遇時
甲辰時	司命黃道
乙巳時	勾陳黑道
丙午時	青龍黃道
丁未時	明堂黃道
戊申時	天刑黑道
己酉時	朱雀黑道. 天乙貴人
庚戌時	金匱黃道
辛亥時	天德黃道. 天乙貴人

戊子日

杜門 天乙 和 喜神	景門 天符 和	死門 咸池 和
傷門 太陰 和	戊子 太乙	驚門 軒轅 和
生門 招搖 和	休門 青龍 和	開門 攝提 和

壬子時	金匱黃道. 截路空亡
癸丑時	天德黃道. 截路空亡. 貴人
甲寅時	白虎黑道. 五不遇時
乙卯時	玉堂黃道
丙辰時	天牢黑道
丁巳時	玄武黑道
戊午時	司命黃道
己未時	勾陳黑道. 天乙貴人
庚申時	青龍黃道
辛酉時	明堂黃道
壬戌時	天刑黑道
癸亥時	朱雀黑道

己丑日

死門 太陰 制	景門 招搖 和	杜門 青龍 迫
驚門 咸池 迫	己丑 天乙	傷門 攝提 制
開門 軒轅 儀 喜神	休門 天符 和	生門 太乙 禮

甲子時	天刑黑道. 貴人
乙丑時	朱雀黑道. 五不遇時
丙寅時	金匱黃道
丁卯時	天德黃道
戊辰時	白虎黑道
己巳時	玉堂黃道
庚午時	天牢黑道
辛未時	玄武黑道
壬申時	司命黃道. 截路空亡. 貴人
癸酉時	勾陳黑道. 截路空亡
甲戌時	青龍黃道
乙亥時	明堂黃道. 五不遇時

<table>
<tr><th colspan="3" style="text-align:center">庚寅日</th></tr>
<tr>
<td>杜門
咸池
和</td>
<td>景門
軒轅
和</td>
<td>死門
天符
和</td>
</tr>
<tr>
<td>傷門
青龍
和</td>
<td>庚寅
太陰</td>
<td>驚門
太乙
和</td>
</tr>
<tr>
<td>生門
攝提
和</td>
<td>休門
招搖
和</td>
<td>開門
天乙
和
喜神</td>
</tr>
</table>

丙子時	靑龍黃道. 五不遇時
丁丑時	明堂黃道. 貴人
戊寅時	天刑黑道
己卯時	朱雀黑道
庚辰時	金匱黃道
辛巳時	天德黃道
壬午時	白虎黑道. 截路空亡
癸未時	玉堂黃道. 截路空亡. 貴人
甲申時	天牢黑道
乙酉時	玄武黑道
丙戌時	司命黃道. 五不遇時
丁亥時	勾陳黑道

<table>
<tr><th colspan="3" style="text-align:center">辛卯日</th></tr>
<tr>
<td>傷門
靑龍
和</td>
<td>生門
攝提
儀</td>
<td>休門
招搖
制
喜神</td>
</tr>
<tr>
<td>杜門
天符
和</td>
<td>辛卯
咸池</td>
<td>開門
天乙
和</td>
</tr>
<tr>
<td>景門
太乙
禮</td>
<td>死門
軒轅
迫</td>
<td>驚門
太陰
和</td>
</tr>
</table>

戊子時	司命黃道
己丑時	勾陳黑道
庚寅時	靑龍黃道. 天乙貴人
辛卯時	明堂黃道
壬辰時	天刑黑道. 截路空亡
癸巳時	朱雀黑道. 截路空亡
甲午時	金匱黃道. 天乙貴人
乙未時	天德黃道
丙申時	白虎黑道
丁酉時	玉堂黃道. 五不遇時
戊戌時	天牢黑道
己亥時	玄武黑道

<table>
<tr><td colspan="3" align="center">壬辰日</td></tr>
<tr>
<td>驚門
天符
迫</td>
<td>開門
太乙
制
喜神</td>
<td>休門
軒轅
制</td>
</tr>
<tr>
<td>死門
招搖
制</td>
<td>壬辰
青龍</td>
<td>生門
太陰
禮</td>
</tr>
<tr>
<td>景門
天乙
禮</td>
<td>杜門
攝提
儀</td>
<td>傷門
咸池
制</td>
</tr>
</table>

庚子時	天牢黑道
辛丑時	玄武黑道
壬寅時	司命黃道. 截路空亡
癸卯時	勾陳黑道. 截路空亡. 貴人
甲辰時	青龍黃道
乙巳時	明堂黃道. 天乙貴人
丙午時	天刑黑道
丁未時	朱雀黑道
戊申時	金匱黃道. 五不遇時
己酉時	天德黃道
庚戌時	白虎黑道
辛亥時	玉堂黃道

<table>
<tr><td colspan="3" align="center">癸巳日</td></tr>
<tr>
<td>傷門
招搖
和
喜神</td>
<td>生門
天乙
儀</td>
<td>休門
攝提
制</td>
</tr>
<tr>
<td>杜門
軒轅
和</td>
<td>癸巳
天符</td>
<td>開門
咸池
和</td>
</tr>
<tr>
<td>景門
太陰
禮</td>
<td>死門
太乙
迫</td>
<td>驚門
青龍
和</td>
</tr>
</table>

壬子時	白虎黑道. 截路空亡
癸丑時	玉堂黃道. 截路空亡
甲寅時	天牢黑道
乙卯時	玄武黑道. 天乙貴人
丙辰時	司命黃道
丁巳時	勾陳黑道. 天乙貴人
戊午時	青龍黃道
己未時	明堂黃道. 五不遇時
庚申時	天刑黑道
辛酉時	朱雀黑道
壬戌時	金匱黃道
癸亥時	天德黃道

甲午日

生門 軒轅 制	傷門 太陰 禮	杜門 太乙 迫
休門 攝提 禮	甲午 招搖	景門 青龍 迫
開門 咸池 儀 喜神	驚門 天乙 禮	死門 天符 禮

甲子時	金匱黃道
乙丑時	天德黃道. 天乙貴人
丙寅時	白虎黑道
丁卯時	玉堂黃道
戊辰時	天牢黑道
己巳時	玄武黑道
庚午時	司命黃道. 五不遇時
辛未時	勾陳黑道. 貴人
壬申時	青龍黃道. 截路空亡
癸酉時	明堂黃道. 截路空亡
甲戌時	天刑黑道
乙亥時	朱雀黑道

乙未日

開門 攝提 迫	驚門 咸池 制	死門 天乙 和
休門 太乙 禮	乙未 軒轅	景門 天符 迫
生門 青龍 和	傷門 太陰 儀	杜門 招搖 制 喜神

丙子時	天刑黑道. 天乙貴人
丁丑時	朱雀黑道
戊寅時	金匱黃道
己卯時	天德黃道
庚辰時	白虎黑道
辛巳時	玉堂黃道. 五不遇時
壬午時	天牢黑道. 截路空亡
癸未時	玄武黑道. 截路空亡
甲申時	司命黃道. 天乙貴人
乙酉時	勾陳黑道
丙戌時	青龍黃道
丁亥時	明堂黃道

丙申日

生門 太乙 制	傷門 青龍 禮	杜門 太陰 迫 喜神
休門 天乙 禮	丙申 攝提	景門 招搖 迫
開門 天符 儀	驚門 咸池 禮	死門 軒轅 禮

丁酉日

休門 天乙 禮	開門 天符 制 喜神	驚門 咸池 儀
生門 太陰 制	丁酉 太乙	死門 軒轅 禮
傷門 招搖 迫	杜門 青龍 儀	景門 攝提 迫

戊子時	青龍黃道
己丑時	明堂黃道
庚寅時	天刑黑道
辛卯時	朱雀黑道
壬辰時	金匱黃道. 截空. 五不遇時
癸巳時	天德黃道. 截空
甲午時	白虎黑道
乙未時	玉堂黃道
丙申時	天牢黑道
丁酉時	玄武黑道. 天乙貴人
戊戌時	司命黃道
己亥時	勾陳黑道. 天乙貴人

庚子時	司命黃道
辛丑時	勾陳黑道
壬寅時	青龍黃道. 截空
癸卯時	明堂黃道. 截空. 五不遇時
甲辰時	天刑黑道
乙巳時	朱雀黑道
丙午時	金匱黃道
丁未時	天德黃道
戊申時	白虎黑道
己酉時	玉堂黃道. 天乙貴人
庚戌時	天牢黑道
辛亥時	玄武黑道. 天乙貴人

戊戌日

休門 太陰 禮 喜神	生門 招搖 儀	傷門 靑龍 迫
開門 咸池 迫	戊戌 天乙	杜門 攝提 制
驚門 軒轅 儀	死門 天符 迫	景門 太乙 迫

壬子時	天牢黑道. 截路空亡
癸丑時	玄武黑道. 截路空亡. 貴人
甲寅時	司命黃道. 五不遇時
乙卯時	勾陳黑道
丙辰時	靑龍黃道
丁巳時	明堂黃道
戊午時	天刑黑道
己未時	朱雀黑道. 天乙貴人
庚申時	金匱黃道
辛酉時	天德黃道
壬戌時	白虎黑道
癸亥時	玉堂黃道

己亥日

休門 咸池 禮	開門 軒轅 制	驚門 天符 儀
生門 靑龍 制	己亥 太陰	死門 太乙 禮
傷門 攝提 迫 喜神	杜門 招搖 儀	景門 天乙 迫

甲子時	白虎黑道. 貴人
乙丑時	玉堂黃道. 五不遇時
丙寅時	天牢黑道
丁卯時	玄武黑道
戊辰時	司命黃道
己巳時	勾陳黑道
庚午時	靑龍黃道
辛未時	明堂黃道
壬申時	天刑黑道. 截路空亡. 貴人
癸酉時	朱雀黑道. 截路空亡
甲戌時	金匱黃道
乙亥時	天德黃道. 五不遇時

庚子日			辛丑日		

景門 青龍 儀	死門 攝提 儀	驚門 招搖 儀	景門 天符 儀	杜門 太乙 禮	傷門 軒轅 迫 喜神
杜門 天符 和	庚子 咸池	開門 天乙 和	死門 招搖 制	辛丑 青龍	生門 太陰 禮
傷門 太乙 迫	生門 軒轅 迫	休門 太陰 儀 喜神	驚門 天乙 儀	開門 攝提 禮	休門 咸池 儀

丙子時	金匱黃道. 五不遇時	戊子時	天刑黑道
丁丑時	天德黃道. 貴人	己丑時	朱雀黑道
戊寅時	白虎黑道	庚寅時	金匱黃道. 天乙貴人
己卯時	玉堂黃道	辛卯時	天德黃道
庚辰時	天牢黑道	壬辰時	白虎黑道. 截路空亡
辛巳時	玄武黑道	癸巳時	玉堂黃道. 截路空亡
壬午時	司命黃道. 截路空亡	甲午時	天牢黑道. 天乙貴人
癸未時	勾陳黑道. 截路空亡. 貴人	乙未時	玄武黑道
甲申時	靑龍黃道	丙申時	司命黃道
乙酉時	明堂黃道	丁酉時	勾陳黑道. 五不遇時
丙戌時	天刑黑道. 五不遇時	戊戌時	靑龍黃道
丁亥時	朱雀黑道	己亥時	明堂黃道

壬寅日

景門 招搖 儀	死門 天乙 儀 喜神	驚門 攝提 儀
杜門 軒轅 和	壬寅 天符	開門 咸池 和
傷門 太陰 迫	生門 太乙 迫	休門 靑龍 儀

癸卯日

杜門 軒轅 和 喜神	傷門 太陰 禮	生門 太乙 和
景門 攝提 儀	癸卯 招搖	休門 靑龍 儀
死門 咸池 和	驚門 天乙 禮	開門 天符 和

庚子時	靑龍黃道
辛丑時	明堂黃道
壬寅時	天刑黑道. 截路空亡
癸卯時	朱雀黑道. 截路空亡. 貴人
甲辰時	金匱黃道
乙巳時	天德黃道. 天乙貴人
丙午時	白虎黑道
丁未時	玉堂黃道
戊申時	天牢黑道. 五不遇時
己酉時	玄武黑道
庚戌時	司命黃道
辛亥時	勾陳黑道

壬子時	司命黃道. 截路空亡
癸丑時	勾陳黑道. 截路空亡
甲寅時	靑龍黃道
乙卯時	明堂黃道. 天乙貴人
丙辰時	天刑黑道
丁巳時	朱雀黑道. 天乙貴人
戊午時	金匱黃道
己未時	天德黃道. 五不遇時
庚申時	白虎黑道
辛酉時	玉堂黃道
壬戌時	天牢黑道
癸亥時	玄武黑道

甲辰日

死門 攝提 制	驚門 咸池 制	開門 天乙 儀
景門 太乙 儀	甲辰 軒轅	休門 天符 儀
杜門 青龍 迫 喜神	傷門 太陰 儀	生門 招搖 禮

乙巳日

杜門 太乙 和	傷門 青龍 禮	生門 太陰 和
景門 天乙 儀	乙巳 攝提	休門 招搖 儀
死門 天符 和	驚門 咸池 禮	開門 軒轅 和 喜神

甲子時	天牢黑道	丙子時	白虎黑道. 天乙貴人
乙丑時	玄武黑道. 天乙貴人	丁丑時	玉堂黃道
丙寅時	司命黃道	戊寅時	天牢黑道
丁卯時	勾陳黑道	己卯時	玄武黑道
戊辰時	青龍黃道	庚辰時	司命黃道
己巳時	明堂黃道	辛巳時	勾陳黑道. 五不遇時
庚午時	天刑黑道. 五不遇時	壬午時	青龍黃道. 截路空亡
辛未時	朱雀黑道. 貴人	癸未時	明堂黃道. 截路空亡
壬申時	金匱黃道. 截路空亡	甲申時	天刑黑道. 天乙貴人
癸酉時	天德黃道. 截路空亡	乙酉時	朱雀黑道
甲戌時	白虎黑道	丙戌時	金匱黃道
乙亥時	玉堂黃道	丁亥時	天德黃道

丙午日

傷門 天乙 和	杜門 天符 禮	景門 咸池 禮 喜神
生門 太陰 制	丙午 太乙	死門 軒轅 禮
休門 招搖 制	開門 靑龍 禮	驚門 攝提 和

戊子時	金匱黃道
己丑時	天德黃道
庚寅時	白虎黑道
辛卯時	玉堂黃道
壬辰時	天牢黑道. 截空. 五不遇時
癸巳時	玄武黑道. 截空
甲午時	司命黃道
乙未時	勾陳黑道
丙申時	靑龍黃道
丁酉時	明堂黃道. 天乙貴人
戊戌時	天刑黑道
己亥時	朱雀黑道. 天乙貴人

丁未日

驚門 太陰 迫	死門 招搖 儀 喜神	景門 靑龍 禮
開門 咸池 迫	丁未 天乙	杜門 攝提 制
休門 軒轅 制	生門 天符 迫	傷門 太乙 制

庚子時	天刑黑道
辛丑時	朱雀黑道
壬寅時	金匱黃道. 截空
癸卯時	天德黃道. 截空. 五不遇時
甲辰時	白虎黑道
乙巳時	玉堂黃道
丙午時	天牢黑道
丁未時	玄武黑道
戊申時	司命黃道
己酉時	勾陳黑道. 天乙貴人
庚戌時	靑龍黃道
辛亥時	明堂黃道. 天乙貴人

戊申日　　　　己酉日

傷門 咸池 和 喜神	杜門 軒轅 禮	景門 天符 禮		生門 靑龍 制	休門 攝提 迫	開門 招搖 儀
生門 靑龍 制	戊申 太陰	死門 太乙 禮		傷門 天符 和	己酉 咸池	驚門 天乙 和
休門 攝提 制	開門 招搖 禮	驚門 天乙 和		杜門 太乙 迫 喜神	景門 軒轅 制	死門 太陰 禮

壬子時	靑龍黃道. 截路空亡		甲子時	司命黃道. 貴人
癸丑時	明堂黃道. 截路空亡. 貴人		乙丑時	勾陳黑道. 五不遇時
甲寅時	天刑黑道. 五不遇時		丙寅時	靑龍黃道
乙卯時	朱雀黑道		丁卯時	明堂黃道
丙辰時	金匱黃道		戊辰時	天刑黑道
丁巳時	天德黃道		己巳時	朱雀黑道
戊午時	白虎黑道		庚午時	金匱黃道
己未時	玉堂黃道. 天乙貴人		辛未時	天德黃道
庚申時	天牢黑道		壬申時	白虎黑道. 截空. 天乙貴人
辛酉時	玄武黑道		癸酉時	玉堂黃道. 截路空亡
壬戌時	司命黃道		甲戌時	天牢黑道
癸亥時	勾陳黑道		乙亥時	玄武黑道. 五不遇時

庚戌日

開門 天符 迫	休門 太乙 迫	生門 軒轅 和
驚門 招搖 迫	庚戌 青龍	傷門 太陰 制
死門 天乙 和	景門 攝提 制	杜門 咸池 制 喜神

丙子時	天牢黑道. 五不遇時
丁丑時	玄武黑道. 貴人
戊寅時	司命黃道
己卯時	勾陳黑道
庚辰時	靑龍黃道
辛巳時	明堂黃道
壬午時	天刑黑道. 截路空亡
癸未時	朱雀黑道. 截空. 貴人
甲申時	金匱黃道
乙酉時	天德黃道
丙戌時	白虎黑道. 五不遇時
丁亥時	玉堂黃道

辛亥日

生門 招搖 制	休門 天乙 迫	開門 攝提 儀 喜神
傷門 軒轅 和	辛亥 天符	驚門 咸池 和
杜門 太陰 迫	景門 太乙 制	死門 靑龍 禮

戊子時	白虎黑道
己丑時	玉堂黃道
庚寅時	天牢黑道. 天乙貴人
辛卯時	玄武黑道
壬辰時	司命黃道. 截路空亡
癸巳時	勾陳黑道. 截路空亡
甲午時	靑龍黃道. 天乙貴人
乙未時	明堂黃道
丙申時	天刑黑道
丁酉時	朱雀黑道. 五不遇時
戊戌時	金匱黃道
己亥時	天德黃道

壬子日

杜門 軒轅 和	景門 太陰 和 喜神	死門 太乙 和
傷門 攝提 和	壬子 招搖	驚門 靑龍 和
生門 咸池 和	休門 天乙 和	開門 天符 和

癸丑日

死門 攝提 制 喜神	景門 咸池 和	杜門 天乙 迫
驚門 太乙 迫	癸丑 軒轅	傷門 天符 制
開門 靑龍 儀	休門 太陰 和	生門 招搖 禮

庚子時	金匱黃道
辛丑時	天德黃道
壬寅時	白虎黑道. 截路空亡
癸卯時	玉堂黃道. 截空. 貴人
甲辰時	天牢黑道
乙巳時	玄武黑道. 天乙貴人
丙午時	司命黃道
丁未時	勾陳黑道
戊申時	靑龍黃道. 五不遇時
己酉時	明堂黃道
庚戌時	天刑黑道
辛亥時	朱雀黑道

壬子時	天刑黑道. 截路空亡
癸丑時	朱雀黑道. 截路空亡
甲寅時	金匱黃道
乙卯時	天德黃道. 天乙貴人
丙辰時	白虎黑道
丁巳時	玉堂黃道. 天乙貴人
戊午時	天牢黑道
己未時	朱雀黑道. 五不遇時
庚申時	司命黃道
辛酉時	勾陳黑道
壬戌時	靑龍黃道
癸亥時	明堂黃道

甲寅日

杜門 太乙 和	景門 青龍 和	死門 太陰 和
傷門 天乙 和	甲寅 攝提	驚門 招搖 和
生門 天符 和 喜神	休門 咸池 和	開門 軒轅 和

乙卯日

傷門 天乙 和	生門 天符 儀	休門 咸池 制
杜門 太陰 和	乙卯 太乙	開門 軒轅 和
景門 招搖 禮	死門 青龍 迫	驚門 攝提 和 喜神

甲子時	靑龍黃道
乙丑時	明堂黃道. 天乙貴人
丙寅時	天刑黑道
丁卯時	朱雀黑道
戊辰時	金匱黃道
己巳時	天德黃道
庚午時	白虎黑道. 五不遇時
辛未時	玉堂黃道. 貴人
壬申時	天牢黑道. 截路空亡
癸酉時	玄武黑道. 截路空亡
甲戌時	司命黃道
乙亥時	勾陳黑道

丙子時	司命黃道. 天乙貴人
丁丑時	勾陳黑道
戊寅時	靑龍黃道
己卯時	明堂黃道
庚辰時	天刑黑道
辛巳時	朱雀黑道. 五不遇時
壬午時	金匱黃道. 截路空亡
癸未時	天德黃道. 截路空亡
甲申時	白虎黑道. 天乙貴人
乙酉時	玉堂黃道
丙戌時	天牢黑道
丁亥時	玄武黑道

<table>
<tr><td colspan="3" align="center">丙辰日</td></tr>
<tr>
<td>驚門
太陰
迫</td>
<td>開門
招搖
制</td>
<td>休門
青龍
制
喜神</td>
</tr>
<tr>
<td>死門
咸池
制</td>
<td>丙辰
天乙</td>
<td>生門
攝提
禮</td>
</tr>
<tr>
<td>景門
軒轅
禮</td>
<td>杜門
天符
儀</td>
<td>傷門
太乙
制</td>
</tr>
</table>

<table>
<tr><td colspan="3" align="center">丁巳日</td></tr>
<tr>
<td>傷門
咸池
和</td>
<td>生門
軒轅
儀
喜神</td>
<td>休門
天符
制</td>
</tr>
<tr>
<td>杜門
青龍
和</td>
<td>丁巳
太陰</td>
<td>開門
太乙
和</td>
</tr>
<tr>
<td>景門
攝提
禮</td>
<td>死門
招搖
迫</td>
<td>驚門
天乙
和</td>
</tr>
</table>

戊子時	天牢黑道	庚子時	白虎黑道
己丑時	玄武黑道	辛丑時	玉堂黃道
庚寅時	司命黃道	壬寅時	天牢黑道. 截空
辛卯時	勾陳黑道	癸卯時	玄武黑道. 截空. 五不遇時
壬辰時	靑龍黃道. 截空. 五不遇時	甲辰時	司命黃道
癸巳時	明堂黃道. 截空	乙巳時	勾陳黑道
甲午時	天刑黑道	丙午時	靑龍黃道
乙未時	朱雀黑道	丁未時	明堂黃道
丙申時	金匱黃道	戊申時	天刑黑道
丁酉時	天德黃道. 天乙貴人	己酉時	朱雀黑道. 天乙貴人
戊戌時	白虎黑道	庚戌時	金匱黃道
己亥時	玉堂黃道. 天乙貴人	辛亥時	天德黃道. 天乙貴人

戊午日

生門 青龍 制 喜神	傷門 攝提 禮	杜門 招搖 迫
休門 天符 禮	戊午 咸池	景門 天乙 迫
開門 太乙 儀	驚門 軒轅 禮	死門 太陰 禮

己未日

開門 天符 迫	驚門 太乙 制	死門 軒轅 和
休門 招搖 禮	己未 青龍	景門 太陰 和
生門 天乙 和 喜神	傷門 攝提 儀	杜門 咸池 制

壬子時	金匱黃道. 截路空亡	甲子時	天刑黑道. 貴人
癸丑時	天德黃道. 天乙貴人	乙丑時	朱雀黑道. 五不遇時
甲寅時	白虎黑道. 五不遇時	丙寅時	金匱黃道
乙卯時	玉堂黃道	丁卯時	天德黃道
丙辰時	天牢黑道	戊辰時	白虎黑道
丁巳時	玄武黑道	己巳時	玉堂黃道
戊午時	司命黃道	庚午時	天牢黑道
己未時	勾陳黑道. 天乙貴人	辛未時	玄武黑道
庚申時	靑龍黃道	壬申時	司命黃道. 截路空亡. 貴人
辛酉時	明堂黃道	癸酉時	勾陳黑道. 截路空亡
壬戌時	天刑黑道	甲戌時	靑龍黃道
癸亥時	朱雀黑道	乙亥時	明堂黃道. 五不遇時

庚申日

生門 招搖 制	傷門 天乙 禮	杜門 攝提 迫
休門 軒轅 禮	庚申 天符	景門 咸池 迫
開門 太陰 儀	驚門 太乙 禮	死門 青龍 禮 喜神

辛酉日

休門 軒轅 禮	開門 太陰 制	驚門 太乙 儀 喜神
生門 攝提 制	辛酉 招搖	死門 青龍 禮
傷門 咸池 迫	杜門 天乙 儀	景門 天符 迫

丙子時	靑龍黃道. 五不遇時
丁丑時	明堂黃道. 貴人
戊寅時	天刑黑道
己卯時	朱雀黑道
庚辰時	金匱黃道
辛巳時	天德黃道
壬午時	白虎黑道. 截路空亡
癸未時	玉堂黃道. 截空. 貴人
甲申時	天牢黑道
乙酉時	玄武黑道
丙戌時	司命黃道. 五不遇時
丁亥時	勾陳黑道

戊子時	司命黃道
己丑時	勾陳黑道
庚寅時	靑龍黃道. 天乙貴人
辛卯時	明堂黃道
壬辰時	天刑黑道. 截路空亡
癸巳時	朱雀黑道. 截路空亡
甲午時	金匱黃道. 天乙貴人
乙未時	天德黃道
丙申時	白虎黑道
丁酉時	玉堂黃道. 五不遇時
戊戌時	天牢黑道
己亥時	玄武黑道

<table>
<tr><td colspan="3" align="center">壬戌日</td><td></td><td colspan="3" align="center">癸亥日</td></tr>
</table>

休門 攝提 禮	生門 咸池 儀 喜神	傷門 天乙 迫
開門 太乙 迫	壬戌 軒轅	杜門 天符 制
驚門 青龍 儀	死門 太陰 迫	景門 招搖 迫

休門 太乙 禮 喜神	開門 青龍 制	驚門 太陰 儀
生門 天乙 制	癸亥 攝提	死門 招搖 禮
傷門 天符 迫	杜門 咸池 儀	景門 軒轅 迫

庚子時	天牢黑道		壬子時	白虎黑道. 截路空亡
辛丑時	玄武黑道		癸丑時	玉堂黃道. 截路空亡
壬寅時	司命黃道. 截路空亡		甲寅時	天牢黑道
癸卯時	勾陳黑道. 截路空亡. 貴人		乙卯時	玄武黑道. 天乙貴人
甲辰時	青龍黃道		丙辰時	司命黃道
乙巳時	明堂黃道. 天乙貴人		丁巳時	勾陳黑道. 天乙貴人
丙午時	天刑黑道		戊午時	青龍黃道
丁未時	朱雀黑道		己未時	明堂黃道. 五不遇時
戊申時	金匱黃道. 五不遇時		庚申時	天刑黑道
己酉時	天德黃道		辛酉時	朱雀黑道
庚戌時	白虎黑道		壬戌時	金匱黃道
辛亥時	玉堂黃道		癸亥時	天德黃道

陰遁(음둔)

甲子日

開門 太陰 迫	休門 軒轅 迫	生門 太乙 和
驚門 天乙 迫	甲子 咸池	傷門 天符 制
死門 招搖 和 喜神	景門 攝提 制	杜門 靑龍 制

甲子時	金匱黃道
乙丑時	天德黃道. 天乙貴人
丙寅時	白虎黑道
丁卯時	玉堂黃道
戊辰時	天牢黑道
己巳時	玄武黑道
庚午時	司命黃道. 五不遇時
辛未時	勾陳黑道. 貴人
壬申時	靑龍黃道. 截路空亡
癸酉時	明堂黃道. 截路空亡
甲戌時	天刑黑道
乙亥時	朱雀黑道

乙丑日

生門 咸池 制	休門 攝提 迫	開門 天乙 儀
傷門 太陰 和	乙丑 靑龍	驚門 招搖 和
杜門 軒轅 迫	景門 太乙 制	死門 天符 禮 喜神

丙子時	天刑黑道. 天乙貴人
丁丑時	朱雀黑道
戊寅時	金匱黃道
己卯時	天德黃道
庚辰時	白虎黑道
辛巳時	玉堂黃道. 五不遇時
壬午時	天牢黑道. 截路空亡
癸未時	玄武黑道. 截路空亡
甲申時	司命黃道. 天乙貴人
乙酉時	勾陳黑道
丙戌時	靑龍黃道
丁亥時	明堂黃道

<table>
<tr><td colspan="3" align="center">丙寅日</td></tr>
<tr>
<td>開門
靑龍
迫</td>
<td>休門
太乙
迫</td>
<td>生門
太陰
和
喜神</td>
</tr>
<tr>
<td>驚門
咸池
迫</td>
<td>丙寅
天符</td>
<td>傷門
軒轅
制</td>
</tr>
<tr>
<td>死門
攝提
和</td>
<td>景門
天乙
制</td>
<td>杜門
招搖
制</td>
</tr>
</table>

戊子時	靑龍黃道
己丑時	明堂黃道
庚寅時	天刑黑道
辛卯時	朱雀黑道
壬辰時	金匱黃道. 截空. 五不遇時
癸巳時	天德黃道. 截空
甲午時	白虎黑道
乙未時	玉堂黃道
丙申時	天牢黑道
丁酉時	玄武黑道. 天乙貴人
戊戌時	司命黃道
己亥時	勾陳黑道. 天乙貴人

<table>
<tr><td colspan="3" align="center">丁卯日</td></tr>
<tr>
<td>驚門
天符
迫</td>
<td>死門
天乙
儀
喜神</td>
<td>景門
咸池
禮</td>
</tr>
<tr>
<td>開門
靑龍
迫</td>
<td>丁卯
招搖</td>
<td>杜門
攝提
制</td>
</tr>
<tr>
<td>休門
太乙
制</td>
<td>生門
太陰
迫</td>
<td>傷門
軒轅
制</td>
</tr>
</table>

庚子時	司命黃道
辛丑時	勾陳黑道
壬寅時	靑龍黃道. 截空
癸卯時	明堂黃道. 截空. 五不遇
甲辰時	天刑黑道
乙巳時	朱雀黑道
丙午時	金匱黃道
丁未時	天德黃道
戊申時	白虎黑道
己酉時	玉堂黃道. 天乙貴人
庚戌時	天牢黑道
辛亥時	玄武黑道. 天乙貴人

戊辰日

傷門 招搖 和 喜神	杜門 太陰 禮	景門 青龍 禮
生門 天符 制	戊辰 軒轅	死門 太乙 禮
休門 天乙 制	開門 咸池 禮	驚門 攝提 和

己巳日

驚門 軒轅 迫	死門 咸池 儀	景門 天符 禮
開門 招搖 迫	己巳 攝提	杜門 天乙 制
休門 太陰 制 喜神	生門 青龍 迫	傷門 太乙 制

壬子時	天牢黑道. 截路空亡
癸丑時	玄武黑道. 截空. 貴人
甲寅時	司命黃道. 五不遇時
乙卯時	勾陳黑道
丙辰時	青龍黃道
丁巳時	明堂黃道
戊午時	天刑黑道
己未時	朱雀黑道. 天乙貴人
庚申時	金匱黃道
辛酉時	天德黃道
壬戌時	白虎黑道
癸亥時	玉堂黃道

甲子時	白虎黑道. 貴人
乙丑時	玉堂黃道. 五不遇時
丙寅時	天牢黑道
丁卯時	玄武黑道
戊辰時	司命黃道
己巳時	勾陳黑道
庚午時	青龍黃道
辛未時	明堂黃道
壬申時	天刑黑道. 截路空亡. 貴人
癸酉時	朱雀黑道. 截路空亡
甲戌時	金匱黃道
乙亥時	天德黃道. 五不遇時

庚午日

死門 攝提 制	驚門 靑龍 制	開門 招搖 儀
景門 軒轅 儀	庚午 太乙	休門 太陰 儀
杜門 咸池 迫	傷門 天符 儀	生門 天乙 禮 喜神

辛未日

杜門 太乙 和	傷門 天符 禮	生門 軒轅 和 喜神
景門 攝提 儀	辛未 天乙	休門 咸池 儀
死門 靑龍 和	驚門 招搖 禮	開門 太陰 和

丙子時	金匱黃道. 五不遇時
丁丑時	天德黃道. 貴人
戊寅時	白虎黑道
己卯時	玉堂黃道
庚辰時	天牢黑道
辛巳時	玄武黑道
壬午時	司命黃道. 截路空亡
癸未時	勾陳黑道. 截路空亡. 貴人
甲申時	靑龍黃道
乙酉時	明堂黃道
丙戌時	天刑黑道. 五不遇時
丁亥時	朱雀黑道

戊子時	天刑黑道
己丑時	朱雀黑道
庚寅時	金匱黃道. 天乙貴人
辛卯時	天德黃道
壬辰時	白虎黑道. 截路空亡
癸巳時	玉堂黃道. 截路空亡
甲午時	天牢黑道. 天乙貴人
乙未時	玄武黑道
丙申時	司命黃道
丁酉時	勾陳黑道. 五不遇時
戊戌時	靑龍黃道
己亥時	明堂黃道

壬申日

死門 天乙 制	驚門 招搖 制 喜神	開門 攝提 儀
景門 太乙 儀	壬申 太陰	休門 青龍 儀
杜門 天符 迫	傷門 軒轅 儀	生門 咸池 禮

庚子時	青龍黃道
辛丑時	明堂黃道
壬寅時	天刑黑道. 截路空亡
癸卯時	朱雀黑道. 截路空亡. 貴人
甲辰時	金匱黃道
乙巳時	天德黃道. 天乙貴人
丙午時	白虎黑道
丁未時	玉堂黃道
戊申時	天牢黑道. 五不遇時
己酉時	玄武黑道
庚戌時	司命黃道
辛亥時	勾陳黑道

癸酉日

景門 太陰 儀 喜神	杜門 軒轅 禮	傷門 太乙 迫
死門 天乙 制	癸酉 咸池	生門 天符 禮
驚門 招搖 儀	開門 攝提 禮	休門 青龍 儀

壬子時	司命黃道. 截路空亡
癸丑時	勾陳黑道. 截路空亡
甲寅時	青龍黃道
乙卯時	明堂黃道. 天乙貴人
丙辰時	天刑黑道
丁巳時	朱雀黑道. 天乙貴人
戊午時	金匱黃道
己未時	天德黃道. 五不遇時
庚申時	白虎黑道
辛酉時	玉堂黃道
壬戌時	天牢黑道
癸亥時	玄武黑道

甲戌日

景門 咸池 儀	死門 攝提 儀	驚門 天乙 儀
杜門 太陰 和	甲戌 靑龍	開門 招搖 和
傷門 軒轅 迫 喜神	生門 太乙 迫	休門 天符 儀

乙亥日

景門 靑龍 儀	杜門 太乙 禮	傷門 太陰 迫
死門 咸池 制	乙亥 天符	生門 軒轅 禮
驚門 攝提 儀	開門 天乙 禮	休門 招搖 儀 喜神

甲子時	天牢黑道
乙丑時	玄武黑道. 天乙貴人
丙寅時	司命黃道
丁卯時	勾陳黑道
戊辰時	靑龍黃道
己巳時	明堂黃道
庚午時	天刑黑道. 五不遇時
辛未時	朱雀黑道. 貴人
壬申時	金匱黃道. 截路空亡
癸酉時	天德黃道. 截路空亡
甲戌時	白虎黑道
乙亥時	玉堂黃道

丙子時	白虎黑道. 天乙貴人
丁丑時	玉堂黃道
戊寅時	天牢黑道
己卯時	玄武黑道
庚辰時	司命黃道
辛巳時	勾陳黑道. 五不遇時
壬午時	靑龍黃道. 截路空亡
癸未時	明堂黃道. 截路空亡
甲申時	天刑黑道. 天乙貴人
乙酉時	朱雀黑道
丙戌時	金匱黃道
丁亥時	天德黃道

丙子日

休門 天符 禮	生門 天乙 儀	傷門 咸池 迫 喜神
開門 青龍 迫	丙子 招搖	杜門 攝提 制
驚門 太乙 儀	死門 太陰 迫	景門 軒轅 迫

戊子時	金匱黃道
己丑時	天德黃道
庚寅時	白虎黑道
辛卯時	玉堂黃道
壬辰時	天牢黑道. 截空. 五不遇時
癸巳時	玄武黑道. 截空
甲午時	司命黃道
乙未時	勾陳黑道
丙申時	青龍黃道
丁酉時	明堂黃道. 天乙貴人
戊戌時	天刑黑道
己亥時	朱雀黑道. 天乙貴人

丁丑日

休門 招搖 禮	開門 太陰 制 喜神	驚門 青龍 儀
生門 天符 制	丁丑 軒轅	死門 太乙 禮
傷門 天乙 迫	杜門 咸池 儀	景門 攝提 迫

庚子時	天刑黑道
辛丑時	朱雀黑道
壬寅時	金匱黃道. 截空
癸卯時	天德黃道. 截空. 五不遇時
甲辰時	白虎黑道
乙巳時	玉堂黃道
丙午時	天牢黑道
丁未時	玄武黑道
戊申時	司命黃道
己酉時	勾陳黑道. 天乙貴人
庚戌時	青龍黃道
辛亥時	明堂黃道. 天乙貴人

戊寅日

休門 軒轅 禮 喜神	生門 咸池 儀	傷門 天符 迫
開門 招搖 迫	戊寅 攝提	杜門 天乙 制
驚門 太陰 儀	死門 青龍 迫	景門 太乙 迫

壬子時	青龍黃道. 截路空亡
癸丑時	明堂黃道. 截路空亡. 貴人
甲寅時	天刑黑道. 五不遇時
乙卯時	朱雀黑道
丙辰時	金匱黃道
丁巳時	天德黃道
戊午時	白虎黑道
己未時	玉堂黃道. 天乙貴人
庚申時	天牢黑道
辛酉時	玄武黑道
壬戌時	司命黃道
癸亥時	勾陳黑道

己卯日

開門 攝提 迫	驚門 青龍 制	死門 招搖 和
休門 軒轅 禮	己卯 太乙	景門 太陰 迫
生門 咸池 和 喜神	傷門 天符 儀	杜門 天乙 制

甲子時	司命黃道. 貴人
乙丑時	勾陳黑道. 五不遇時
丙寅時	青龍黃道
丁卯時	明堂黃道
戊辰時	天刑黑道
己巳時	朱雀黑道
庚午時	金匱黃道
辛未時	天德黃道
壬申時	白虎黑道. 截路空亡. 貴人
癸酉時	玉堂黃道. 截路空亡
甲戌時	天牢黑道
乙亥時	玄武黑道. 五不遇時

<table>
<tr><td colspan="3" align="center">庚辰日</td></tr>
<tr>
<td>生門
太乙
制</td>
<td>傷門
天符
禮</td>
<td>杜門
軒轅
迫</td>
</tr>
<tr>
<td>休門
攝提
禮</td>
<td>庚辰
天乙</td>
<td>景門
咸池
迫</td>
</tr>
<tr>
<td>開門
青龍
迫</td>
<td>驚門
招搖
禮</td>
<td>死門
太陰
禮
喜神</td>
</tr>
</table>

<table>
<tr><td colspan="3" align="center">辛巳日</td></tr>
<tr>
<td>開門
天乙
迫</td>
<td>驚門
招搖
制</td>
<td>死門
攝提
和
喜神</td>
</tr>
<tr>
<td>休門
太乙
禮</td>
<td>辛巳
太陰</td>
<td>景門
青龍
迫</td>
</tr>
<tr>
<td>生門
天符
和</td>
<td>傷門
軒轅
儀</td>
<td>杜門
咸池
制</td>
</tr>
</table>

丙子時	天牢黑道. 五不遇時	戊子時	白虎黑道
丁丑時	玄武黑道. 貴人	己丑時	玉堂黃道
戊寅時	司命黃道	庚寅時	天牢黑道. 天乙貴人
己卯時	勾陳黑道	辛卯時	玄武黑道
庚辰時	靑龍黃道	壬辰時	司命黃道. 截路空亡
辛巳時	明堂黃道	癸巳時	勾陳黑道. 截路空亡
壬午時	天刑黑道. 截路空亡	甲午時	靑龍黃道. 天乙貴人
癸未時	朱雀黑道. 截路空亡. 貴人	乙未時	明堂黃道
甲申時	金匱黃道	丙申時	天刑黑道
乙酉時	天德黃道	丁酉時	朱雀黑道. 五不遇時
丙戌時	白虎黑道. 五不遇時	戊戌時	金匱黃道
丁亥時	玉堂黃道	己亥時	天德黃道

壬午日

驚門 太陰 迫	開門 軒轅 制 喜神	休門 太乙 制
死門 天乙 制	壬午 咸池	生門 天符 禮
景門 招搖 禮	杜門 攝提 儀	傷門 靑龍 制

癸未日

傷門 咸池 和 喜神	生門 攝提 儀	休門 天乙 制
杜門 太陰 和	癸未 靑龍	開門 招搖 和
景門 軒轅 禮	死門 太乙 迫	驚門 天符 和

庚子時	金匱黃道
辛丑時	天德黃道
壬寅時	白虎黑道. 截路空亡
癸卯時	玉堂黃道. 截路空亡. 貴人
甲辰時	天牢黑道
乙巳時	玄武黑道. 天乙貴人
丙午時	司命黃道
丁未時	勾陳黑道
戊申時	靑龍黃道. 五不遇時
己酉時	明堂黃道
庚戌時	天刑黑道
辛亥時	朱雀黑道

壬子時	天刑黑道. 截路空亡
癸丑時	朱雀黑道. 截路空亡
甲寅時	金匱黃道
乙卯時	天德黃道. 天乙貴人
丙辰時	白虎黑道
丁巳時	玉堂黃道. 天乙貴人
戊午時	天牢黑道
己未時	玄武黑道. 五不遇時
庚申時	司命黃道
辛酉時	勾陳黑道
壬戌時	靑龍黃道
癸亥時	明堂黃道

甲申日

驚門 靑龍 迫	開門 太乙 制	休門 太陰 制
死門 咸池 制	甲申 天符	生門 軒轅 禮
景門 攝提 禮 喜神	杜門 天乙 儀	傷門 招搖 制

乙酉日

死門 天符 制	景門 天乙 和	杜門 咸池 迫
驚門 靑龍 迫	乙酉 招搖	傷門 攝提 制
開門 太乙 儀	休門 太陰 和	生門 軒轅 禮 喜神

甲子時	靑龍黃道
乙丑時	明堂黃道. 天乙貴人
丙寅時	天刑黑道
丁卯時	朱雀黑道
戊辰時	金匱黃道
己巳時	天德黃道
庚午時	白虎黑道. 五不遇時
辛未時	玉堂黃道. 貴人
壬申時	天牢黑道. 截路空亡
癸酉時	玄武黑道. 截路空亡
甲戌時	司命黃道
乙亥時	勾陳黑道

丙子時	司命黃道. 天乙貴人
丁丑時	勾陳黑道
戊寅時	靑龍黃道
己卯時	明堂黃道
庚辰時	天刑黑道
辛巳時	朱雀黑道. 五不遇時
壬午時	金匱黃道. 截路空亡
癸未時	天德黃道. 截路空亡
甲申時	白虎黑道. 天乙貴人
乙酉時	玉堂黃道
丙戌時	天牢黑道
丁亥時	玄武黑道

杜門 招搖 和	景門 太陰 和	死門 青龍 和 喜神
傷門 天符 和	丙戌 軒轅	驚門 太乙 和
生門 天乙 和	休門 咸池 和	開門 攝提 和

死門 軒轅 制	景門 咸池 和 喜神	杜門 天符 迫
驚門 招搖 迫	丁亥 攝提	傷門 天乙 制
開門 太陰 儀	休門 青龍 和	生門 太乙 禮

戊子時	天牢黑道
己丑時	玄武黑道
庚寅時	司命黃道
辛卯時	勾陳黑道
壬辰時	青龍黃道. 截空. 五不遇時
癸巳時	明堂黃道. 截空
甲午時	天刑黑道
乙未時	朱雀黑道
丙申時	金匱黃道
丁酉時	天德黃道. 天乙貴人
戊戌時	白虎黑道
己亥時	玉堂黃道. 天乙貴人

庚子時	白虎黑道
辛丑時	玉堂黃道
壬寅時	天牢黑道. 截空
癸卯時	玄武黑道. 截空. 五不遇時
甲辰時	司命黃道
乙巳時	勾陳黑道
丙午時	靑龍黃道
丁未時	明堂黃道
戊申時	天刑黑道
己酉時	朱雀黑道. 天乙貴人
庚戌時	金匱黃道
辛亥時	天德黃道. 天乙貴人

戊子日

開門 攝提 迫 喜神	休門 靑龍 迫	生門 招搖 和
驚門 軒轅 迫	戊子 太乙	傷門 太陰 制
死門 咸池 和	景門 天符 制	杜門 天乙 制

壬子時	金匱黃道. 截路空亡
癸丑時	天德黃道. 截空. 貴人
甲寅時	白虎黑道. 五不遇時
乙卯時	玉堂黃道
丙辰時	天牢黑道
丁巳時	玄武黑道
戊午時	司命黃道
己未時	勾陳黑道. 天乙貴人
庚申時	靑龍黃道
辛酉時	明堂黃道
壬戌時	天刑黑道
癸亥時	朱雀黑道

己丑日

生門 太乙 制	休門 天符 迫	開門 軒轅 儀
傷門 攝提 和	己丑 天乙	驚門 咸池 和
杜門 靑龍 迫 喜神	景門 招搖 制	死門 太陰 禮

甲子時	天刑黑道. 貴人
乙丑時	朱雀黑道. 五不遇時
丙寅時	金匱黃道
丁卯時	天德黃道
戊辰時	白虎黑道
己巳時	玉堂黃道
庚午時	天牢黑道
辛未時	玄武黑道
壬申時	司命黃道. 截路空亡. 貴人
癸酉時	勾陳黑道. 截路空亡
甲戌時	靑龍黃道
乙亥時	明堂黃道. 五不遇時

庚寅日

開門 天乙 迫	休門 招搖 迫	生門 攝提 和
驚門 太乙 迫	庚寅 太陰	傷門 青龍 制
死門 天符 和	景門 軒轅 制	杜門 咸池 制 喜神

丙子時	靑龍黃道. 五不遇時
丁丑時	明堂黃道. 貴人
戊寅時	天刑黑道
己卯時	朱雀黑道
庚辰時	金匱黃道
辛巳時	天德黃道
壬午時	白虎黑道. 截路空亡
癸未時	玉堂黃道. 截路空亡. 貴人
甲申時	天牢黑道
乙酉時	玄武黑道
丙戌時	司命黃道. 五不遇時
丁亥時	勾陳黑道

辛卯日

驚門 太陰 迫	死門 軒轅 儀	景門 太乙 禮 喜神
開門 天乙 迫	辛卯 咸池	杜門 天符 制
休門 招搖 制	生門 攝提 迫	傷門 靑龍 制

戊子時	司命黃道
己丑時	勾陳黑道
庚寅時	靑龍黃道. 天乙貴人
辛卯時	明堂黃道
壬辰時	天刑黑道. 截路空亡
癸巳時	朱雀黑道. 截路空亡
甲午時	金匱黃道. 天乙貴人
乙未時	天德黃道
丙申時	白虎黑道
丁酉時	玉堂黃道. 五不遇時
戊戌時	天牢黑道
己亥時	玄武黑道

壬辰日

傷門 咸池 和	杜門 攝提 禮 喜神	景門 天乙 禮
生門 太陰 制	壬辰 靑龍	死門 招搖 禮
休門 軒轅 制	開門 太乙 禮	驚門 天符 和

庚子時	天牢黑道
辛丑時	玄武黑道
壬寅時	司命黃道. 截路空亡
癸卯時	勾陳黑道. 截路空亡. 貴人
甲辰時	靑龍黃道
乙巳時	明堂黃道. 天乙貴人
丙午時	天刑黑道
丁未時	朱雀黑道
戊申時	金匱黃道. 五不遇時
己酉時	天德黃道
庚戌時	白虎黑道
辛亥時	玉堂黃道

癸巳日

驚門 靑龍 迫 喜神	死門 太乙 儀	景門 太陰 禮
開門 咸池 迫	癸巳 天符	杜門 軒轅 制
休門 攝提 制	生門 天乙 迫	傷門 招搖 制

壬子時	白虎黑道. 截路空亡
癸丑時	玉堂黃道. 截路空亡
甲寅時	天牢黑道
乙卯時	玄武黑道. 天乙貴人
丙辰時	司命黃道
丁巳時	勾陳黑道. 天乙貴人
戊午時	靑龍黃道
己未時	明堂黃道. 五不遇時
庚申時	天刑黑道
辛酉時	朱雀黑道
壬戌時	金匱黃道
癸亥時	天德黃道

<table>
<tr><th colspan="3">甲午日</th></tr>
<tr>
<td>死門
天符
制</td>
<td>驚門
天乙
制</td>
<td>開門
咸池
儀</td>
</tr>
<tr>
<td>景門
靑龍
儀</td>
<td>甲午
招搖</td>
<td>休門
攝提
儀</td>
</tr>
<tr>
<td>杜門
太乙
迫
喜神</td>
<td>傷門
太陰
儀</td>
<td>生門
軒轅
禮</td>
</tr>
</table>

<table>
<tr><th colspan="3">乙未日</th></tr>
<tr>
<td>杜門
招搖
和</td>
<td>傷門
太陰
禮</td>
<td>生門
靑龍
和</td>
</tr>
<tr>
<td>景門
天符
儀</td>
<td>乙未
軒轅</td>
<td>休門
太乙
儀</td>
</tr>
<tr>
<td>死門
天乙
和</td>
<td>驚門
咸池
禮</td>
<td>開門
攝提
和
喜神</td>
</tr>
</table>

甲子時	金匱黃道
乙丑時	天德黃道. 天乙貴人
丙寅時	白虎黑道
丁卯時	玉堂黃道
戊辰時	天牢黑道
己巳時	玄武黑道
庚午時	司命黃道. 五不遇時
辛未時	勾陳黑道. 貴人
壬申時	靑龍黃道. 截路空亡
癸酉時	明堂黃道. 截路空亡
甲戌時	天刑黑道
乙亥時	朱雀黑道

丙子時	天刑黑道. 天乙貴人
丁丑時	朱雀黑道
戊寅時	金匱黃道
己卯時	天德黃道
庚辰時	白虎黑道
辛巳時	玉堂黃道. 五不遇時
壬午時	天牢黑道. 截路空亡
癸未時	玄武黑道. 截路空亡
甲申時	司命黃道. 天乙貴人
乙酉時	勾陳黑道
丙戌時	靑龍黃道
丁亥時	明堂黃道

丙申日

死門 軒轅 制	驚門 咸池 制	開門 天符 儀 喜神
景門 招搖 儀	丙申 攝提	休門 天乙 儀
杜門 太陰 迫	傷門 靑龍 儀	生門 太乙 禮

戊子時	靑龍黃道
己丑時	明堂黃道
庚寅時	天刑黑道
辛卯時	朱雀黑道
壬辰時	金匱黃道. 截空. 五不遇時
癸巳時	天德黃道. 截空
甲午時	白虎黑道
乙未時	玉堂黃道
丙申時	天牢黑道
丁酉時	玄武黑道. 天乙貴人
戊戌時	司命黃道
己亥時	勾陳黑道. 天乙貴人

丁酉日

景門 攝提 儀	杜門 靑龍 禮 喜神	傷門 招搖 迫
死門 軒轅 制	丁酉 太乙	生門 太陰 禮
驚門 咸池 儀	開門 天符 禮	休門 天乙 儀

庚子時	司命黃道
辛丑時	勾陳黑道
壬寅時	靑龍黃道. 截空
癸卯時	明堂黃道. 截空. 五不遇時
甲辰時	天刑黑道
乙巳時	朱雀黑道
丙午時	金匱黃道
丁未時	天德黃道
戊申時	白虎黑道
己酉時	玉堂黃道. 天乙貴人
庚戌時	天牢黑道
辛亥時	玄武黑道. 天乙貴人

戊戌日

景門 太乙 儀 喜神	死門 天符 儀	驚門 軒轅 儀
杜門 攝提 和	戊戌 天乙	開門 咸池 和
傷門 青龍 迫	生門 招搖 迫	休門 太陰 儀

己亥日

景門 天乙 儀	杜門 招搖 禮	傷門 攝提 迫
死門 太乙 制	己亥 太陰	生門 青龍 禮
驚門 天符 儀 喜神	開門 軒轅 禮	休門 咸池 儀

壬子時	天牢黑道. 截路空亡
癸丑時	玄武黑道. 截路空亡. 貴人
甲寅時	司命黃道. 五不遇時
乙卯時	勾陳黑道
丙辰時	青龍黃道
丁巳時	明堂黃道
戊午時	天刑黑道
己未時	朱雀黑道. 天乙貴人
庚申時	金匱黃道
辛酉時	天德黃道
壬戌時	白虎黑道
癸亥時	玉堂黃道

甲子時	白虎黑道. 貴人
乙丑時	玉堂黃道. 五不遇時
丙寅時	天牢黑道
丁卯時	玄武黑道
戊辰時	司命黃道
己巳時	勾陳黑道
庚午時	青龍黃道
辛未時	明堂黃道
壬申時	天刑黑道. 截路空亡. 貴人
癸酉時	朱雀黑道. 截路空亡
甲戌時	金匱黃道
乙亥時	天德黃道. 五不遇時

庚子日

休門 太陰 禮	生門 軒轅 儀	傷門 太乙 迫
開門 天乙 迫	庚子 咸池	杜門 天符 制
驚門 招搖 儀	死門 攝提 迫	景門 青龍 迫 喜神

丙子時	金匱黃道. 五不遇時
丁丑時	天德黃道. 貴人
戊寅時	白虎黑道
己卯時	玉堂黃道
庚辰時	天牢黑道
辛巳時	玄武黑道
壬午時	司命黃道. 截路空亡
癸未時	勾陳黑道. 截路空亡. 貴人
甲申時	靑龍黃道
乙酉時	明堂黃道
丙戌時	天刑黑道. 五不遇時
丁亥時	朱雀黑道

辛丑日

休門 咸池 禮	開門 攝提 制	驚門 天乙 儀 喜神
生門 太陰 制	辛丑 青龍	死門 招搖 禮
傷門 軒轅 迫	杜門 太乙 儀	景門 天符 迫

戊子時	天刑黑道
己丑時	朱雀黑道
庚寅時	金匱黃道. 天乙貴人
辛卯時	天德黃道
壬辰時	白虎黑道. 截路空亡
癸巳時	玉堂黃道. 截路空亡
甲午時	天牢黑道. 天乙貴人
乙未時	玄武黑道
丙申時	司命黃道
丁酉時	勾陳黑道. 五不遇時
戊戌時	靑龍黃道
己亥時	明堂黃道

壬寅日

休門青龍禮	生門太乙儀喜神	傷門太陰迫
開門咸池迫	壬寅天符	杜門軒轅制
驚門攝提儀	死門天乙迫	景門招搖迫

癸卯日

開門天符迫喜神	驚門天乙制	死門咸池和
休門青龍禮	癸卯招搖	景門攝提迫
生門太乙和	傷門太陰儀	杜門軒轅制

壬寅日 時		癸卯日 時	
庚子時	靑龍黃道	壬子時	司命黃道. 截路空亡
辛丑時	明堂黃道	癸丑時	勾陳黑道. 截路空亡
壬寅時	天刑黑道. 截路空亡	甲寅時	靑龍黃道
癸卯時	朱雀黑道. 截路空亡. 貴人	乙卯時	明堂黃道. 天乙貴人
甲辰時	金匱黃道	丙辰時	天刑黑道
乙巳時	天德黃道. 天乙貴人	丁巳時	朱雀黑道. 天乙貴人
丙午時	白虎黑道	戊午時	金匱黃道
丁未時	玉堂黃道	己未時	天德黃道. 五不遇時
戊申時	天牢黑道. 五不遇時	庚申時	白虎黑道
己酉時	玄武黑道	辛酉時	玉堂黃道
庚戌時	司命黃道	壬戌時	天牢黑道
辛亥時	勾陳黑道	癸亥時	玄武黑道

甲辰日

生門 招搖 制	傷門 太陰 禮	杜門 靑龍 迫
休門 天符 禮	甲辰 軒轅	景門 太乙 迫
開門 天乙 儀 喜神	驚門 咸池 禮	死門 攝提 禮

乙巳日

開門 軒轅 迫	驚門 咸池 制	死門 天符 和
休門 招搖 禮	乙巳 攝提	景門 天乙 迫
生門 太陰 和	傷門 靑龍 儀	杜門 太乙 制 喜神

甲子時	天牢黑道	丙子時	白虎黑道. 天乙貴人
乙丑時	玄武黑道. 天乙貴人	丁丑時	玉堂黃道
丙寅時	司命黃道	戊寅時	天牢黑道
丁卯時	勾陳黑道	己卯時	玄武黑道
戊辰時	靑龍黃道	庚辰時	司命黃道
己巳時	明堂黃道	辛巳時	勾陳黑道. 五不遇時
庚午時	天刑黑道. 五不遇時	壬午時	靑龍黃道. 截路空亡
辛未時	朱雀黑道. 貴人	癸未時	明堂黃道. 截路空亡
壬申時	金匱黃道. 截路空亡	甲申時	天德黑道. 天乙貴人
癸酉時	天德黃道. 截路空亡	乙酉時	朱雀黑道
甲戌時	白虎黑道	丙戌時	金匱黃道
乙亥時	玉堂黃道	丁亥時	天德黃道

丙午日		
驚門 攝提 迫	開門 青龍 制	休門 招搖 制 喜神
死門 軒轅 制	丙午 太乙	生門 太陰 禮
景門 咸池 禮	杜門 天符 儀	傷門 天乙 制

戊子時	金匱黃道
己丑時	天德黃道
庚寅時	白虎黑道
辛卯時	玉堂黃道
壬辰時	天牢黑道. 截空. 五不遇時
癸巳時	玄武黑道. 截空
甲午時	司命黃道
乙未時	勾陳黑道
丙申時	青龍黃道
丁酉時	明堂黃道. 天乙貴人
戊戌時	天刑黑道
己亥時	朱雀黑道. 天乙貴人

丁未日		
傷門 太乙 和	生門 天符 儀 喜神	休門 軒轅 制
杜門 攝提 和	丁未 天乙	開門 咸池 和
景門 青龍 禮	死門 招搖 迫	驚門 太陰 和

庚子時	天刑黑道
辛丑時	朱雀黑道
壬寅時	金匱黃道. 截空
癸卯時	天德黃道. 截空. 五不遇時
甲辰時	白虎黑道
乙巳時	玉堂黃道
丙午時	天牢黑道
丁未時	玄武黑道
戊申時	司命黃道
己酉時	勾陳黑道. 天乙貴人
庚戌時	青龍黃道
辛亥時	明堂黃道. 天乙貴人

<table>
<tr><td colspan="3" align="center">戊申日</td><td colspan="3" align="center">己酉日</td></tr>
<tr>
<td>驚門
天乙
迫
喜神</td><td>開門
招搖
制</td><td>休門
攝提
制</td>
<td>死門
太陰
制</td><td>景門
軒轅
和</td><td>杜門
太乙
迫</td>
</tr>
<tr>
<td>死門
太乙
制</td><td>戊申
太陰</td><td>生門
青龍
禮</td>
<td>驚門
天乙
迫</td><td>己酉
咸池</td><td>傷門
天符
制</td>
</tr>
<tr>
<td>景門
天符
禮</td><td>杜門
軒轅
儀</td><td>傷門
咸池
制</td>
<td>開門
招搖
儀
喜神</td><td>休門
攝提
和</td><td>生門
青龍
禮</td>
</tr>
</table>

壬子時	靑龍黃道. 截路空亡		甲子時	司命黃道. 貴人
癸丑時	明堂黃道. 截路空亡. 貴人		乙丑時	勾陳黑道. 五不遇時
甲寅時	天刑黑道. 五不遇時		丙寅時	靑龍黃道
乙卯時	朱雀黑道		丁卯時	明堂黃道
丙辰時	金匱黃道		戊辰時	天刑黑道
丁巳時	天德黃道		己巳時	朱雀黑道
戊午時	白虎黑道		庚午時	金匱黃道
己未時	玉堂黃道. 天乙貴人		辛未時	天德黃道
庚申時	天牢黑道		壬申時	白虎黑道. 截空. 貴人
辛酉時	玄武黑道		癸酉時	玉堂黃道. 截路空亡
壬戌時	司命黃道		甲戌時	天牢黑道
癸亥時	勾陳黑道		乙亥時	玄武黑道. 五不遇時

庚戌日

杜門 咸池 和	景門 攝提 和	死門 天乙 和
傷門 太陰 和	庚戌 靑龍	驚門 招搖 和
生門 軒轅 和	休門 太乙 和	開門 天符 和 喜神

辛亥日

死門 靑龍 制	景門 太乙 和	杜門 太陰 迫 喜神
驚門 咸池 迫	辛亥 天符	傷門 軒轅 制
開門 攝提 儀	休門 天乙 和	生門 招搖 禮

丙子時	天牢黑道. 五不遇時
丁丑時	玄武黑道. 貴人
戊寅時	司命黃道
己卯時	勾陳黑道
庚辰時	靑龍黃道
辛巳時	明堂黃道
壬午時	天刑黑道. 截路空亡
癸未時	朱雀黑道. 截路空亡. 貴人
甲申時	金匱黃道
乙酉時	天德黃道
丙戌時	白虎黑道. 五不遇時
丁亥時	玉堂黃道

戊子時	白虎黑道
己丑時	玉堂黃道
庚寅時	天牢黑道. 天乙貴人
辛卯時	玄武黑道
壬辰時	司命黃道. 截路空亡
癸巳時	勾陳黑道. 截路空亡
甲午時	靑龍黃道. 天乙貴人
乙未時	明堂黃道
丙申時	天刑黑道
丁酉時	朱雀黑道. 五不遇時
戊戌時	金匱黃道
己亥時	天德黃道

壬子日

開門 天符 迫	休門 天乙 迫 喜神	生門 咸池 和
驚門 靑龍 迫	壬子 招搖	傷門 攝提 制
死門 太乙 和	景門 太陰 制	杜門 軒轅 制

庚子時	金匱黃道
辛丑時	天德黃道
壬寅時	白虎黑道. 截路空亡
癸卯時	玉堂黃道. 截路空亡.
甲辰時	天牢黑道
乙巳時	玄武黑道. 天乙貴人
丙午時	司命黃道
丁未時	勾陳黑道
戊申時	靑龍黃道. 五不遇時
己酉時	明堂黃道
庚戌時	天刑黑道
辛亥時	朱雀黑道

癸丑日

生門 招搖 制 喜神	休門 太陰 迫	開門 靑龍 儀
傷門 天符 和	癸丑 軒轅	驚門 太乙 和
杜門 天乙 迫	景門 咸池 制	死門 攝提 禮

壬子時	天刑黑道. 截路空亡
癸丑時	朱雀黑道. 截路空亡
甲寅時	金匱黃道
乙卯時	天德黃道. 天乙貴人
丙辰時	白虎黑道
丁巳時	玉堂黃道. 天乙貴人
戊午時	天牢黑道
己未時	玄武黑道. 五不遇時
庚申時	司命黃道
辛酉時	勾陳黑道
壬戌時	靑龍黃道
癸亥時	明堂黃道

甲寅日

開門 軒轅 迫	休門 咸池 迫	生門 天符 和
驚門 招搖 迫	甲寅 攝提	傷門 天乙 制
死門 太陰 和 喜神	景門 青龍 制	杜門 太乙 制

甲子時	青龍黃道
乙丑時	明堂黃道. 天乙貴人
丙寅時	天刑黑道
丁卯時	朱雀黑道
戊辰時	金匱黃道
己巳時	天德黃道
庚午時	白虎黑道. 五不遇時
辛未時	玉堂黃道. 貴人
壬申時	天牢黑道. 截路空亡
癸酉時	玄武黑道. 截路空亡
甲戌時	司命黃道
乙亥時	勾陳黑道

乙卯日

驚門 攝提 迫	死門 青龍 儀	景門 招搖 禮
開門 軒轅 迫	乙卯 太乙	杜門 太陰 制
休門 咸池 制	生門 天符 迫	傷門 天乙 制 喜神

丙子時	司命黃道. 天乙貴人
丁丑時	勾陳黑道
戊寅時	青龍黃道
己卯時	明堂黃道
庚辰時	天刑黑道
辛巳時	朱雀黑道. 五不遇時
壬午時	金匱黃道. 截路空亡
癸未時	天德黃道. 截路空亡
甲申時	白虎黑道. 天乙貴人
乙酉時	玉堂黃道
丙戌時	天牢黑道
丁亥時	玄武黑道

	丙辰日				丁巳日	
傷門 太乙 和	杜門 天符 禮	景門 軒轅 禮 喜神	驚門 天乙 迫	死門 招搖 儀 喜神	景門 攝提 禮
生門 攝提 制	丙辰 天乙	死門 咸池 禮	開門 太乙 迫	丁巳 太陰	杜門 青龍 制
休門 青龍 制	開門 招搖 儀	驚門 太陰 和	休門 天符 制	生門 軒轅 迫	傷門 咸池 制

戊子時	天牢黑道	庚子時	白虎黑道
己丑時	玄武黑道	辛丑時	玉堂黃道
庚寅時	司命黃道	壬寅時	天牢黑道. 截空.
辛卯時	勾陳黑道	癸卯時	玄武黑道. 截空. 五不遇時
壬辰時	青龍黃道. 截空. 五不遇時	甲辰時	司命黃道
癸巳時	明堂黃道. 截空	乙巳時	勾陳黑道
甲午時	天刑黑道	丙午時	青龍黃道
乙未時	朱雀黑道	丁未時	明堂黃道
丙申時	金匱黃道	戊申時	天刑黑道
丁酉時	天德黃道. 天乙貴人	己酉時	朱雀黑道. 天乙貴人
戊戌時	白虎黑道	庚戌時	金匱黃道
己亥時	玉堂黃道. 天乙貴人	辛亥時	天德黃道. 天乙貴人

戊午日

死門 太陰 制 喜神	驚門 軒轅 制	開門 太乙 儀
景門 天乙 儀	戊午 咸池	休門 天符 儀
杜門 招搖 迫	傷門 攝提 儀	生門 靑龍 禮

壬子時	金匱黃道. 截路空亡
癸丑時	天德黃道. 截路空亡. 貴人
甲寅時	白虎黑道. 五不遇時
乙卯時	玉堂黃道
丙辰時	天牢黑道
丁巳時	玄武黑道
戊午時	司命黃道
己未時	勾陳黑道. 天乙貴人
庚申時	靑龍黃道
辛酉時	明堂黃道
壬戌時	天刑黑道
癸亥時	朱雀黑道

己未日

杜門 咸池 和	傷門 攝提 禮	生門 天乙 和
景門 太陰 儀	己未 靑龍	休門 招搖 儀
死門 軒轅 和 喜神	驚門 太乙 禮	開門 天符 和

甲子時	天刑黑道. 貴人
乙丑時	朱雀黑道. 五不遇時
丙寅時	金匱黃道
丁卯時	天德黃道
戊辰時	白虎黑道
己巳時	玉堂黃道
庚午時	天牢黑道
辛未時	玄武黑道
壬申時	司命黃道. 截路空亡. 貴人
癸酉時	勾陳黑道. 截路空亡
甲戌時	靑龍黃道
乙亥時	明堂黃道. 五不遇時

庚申日		
死門 靑龍 制	驚門 太乙 制	開門 太陰 儀
景門 咸池 儀	庚申 天符	休門 軒轅 儀
杜門 攝提 迫	傷門 天乙 儀	生門 招搖 禮 喜神

辛酉日		
景門 天符 儀	杜門 天乙 禮	傷門 咸池 迫 喜神
死門 靑龍 制	辛酉 招搖	生門 攝提 禮
驚門 太乙 儀	開門 太陰 禮	休門 軒轅 儀

丙子時	靑龍黃道. 五不遇時
丁丑時	明堂黃道. 貴人
戊寅時	天刑黑道
己卯時	朱雀黑道
庚辰時	金匱黃道
辛巳時	天德黃道
壬午時	白虎黑道. 截路空亡
癸未時	玉堂黃道. 截路空亡. 貴人
甲申時	天牢黑道
乙酉時	玄武黑道
丙戌時	司命黃道. 五不遇時
丁亥時	勾陳黑道

戊子時	司命黃道
己丑時	勾陳黑道
庚寅時	靑龍黃道. 天乙貴人
辛卯時	明堂黃道
壬辰時	天刑黑道. 截路空亡
癸巳時	朱雀黑道. 截路空亡
甲午時	金匱黃道. 天乙貴人
乙未時	天德黃道
丙申時	白虎黑道
丁酉時	玉堂黃道. 五不遇時
戊戌時	天牢黑道
己亥時	玄武黑道

景門 招搖 儀	死門 太陰 儀 喜神	驚門 靑龍 儀
杜門 天符 和	壬戌 軒轅	開門 太乙 和
傷門 天乙 迫	生門 咸池 迫	休門 攝提 儀

景門 軒轅 儀 喜神	杜門 咸池 禮	傷門 天符 迫
死門 招搖 制	癸亥 攝提	生門 天乙 禮
驚門 太陰 儀	開門 靑龍 禮	休門 太乙 儀

庚子時	天牢黑道
辛丑時	玄武黑道
壬寅時	司命黃道. 截路空亡
癸卯時	勾陳黑道. 截路空亡. 貴人
甲辰時	靑龍黃道
乙巳時	明堂黃道. 天乙貴人
丙午時	天刑黑道
丁未時	朱雀黑道
戊申時	金匱黃道. 五不遇時
己酉時	天德黃道
庚戌時	白虎黑道
辛亥時	玉堂黃道

壬子時	白虎黑道. 截路空亡
癸丑時	玉堂黃道. 截路空亡
甲寅時	天牢黑道
乙卯時	玄武黑道. 天乙貴人
丙辰時	司命黃道
丁巳時	勾陳黑道. 天乙貴人
戊午時	靑龍黃道
己未時	明堂黃道. 五不遇時
庚申時	天刑黑道
辛酉時	朱雀黑道
壬戌時	金匱黃道
癸亥時	天德黃道

第五編　奇門遁甲藏身法
（기문둔갑장신법）

1. 麵牛神借力法(면우신차력법)

수련시에는 새 붓 3자루를 상위에 놓고 丑日(축일)이 다섯 번째 되는 五丑日(오축일)에 이르러 공을 시행하되 北斗七星(북두칠성)을 향하여 7번 拜禮(배례)하고 朱砂(주사)로 天牛符(천우부)를 쓰고, 황토 물로 地牛符(지우부)를 쓰고, 먹물에 주사를 섞어서 斗牛符(두우부)를 그린다. 다 그린 符(부)를 태워 그 재를 淨水(정수) 한 잔에 타고, 밀가루에다 제독된 구리가루, 철분, 산골, 자석, 우황, 사향, 인삼을 1량씩 섞어서 소 9마리를 만들되 각각 무게는 9전씩이요, 소등에는 북두칠성을 그리고 15점을 찍어서 쪄서 익힌 다음 부적 태운 물과 함께 먹는다. 이와 같은 법식을 49일간 하되 꼭 神(신)께 주문을 외워야 한다.

麵牛(면우)를 먹을 시에 天罡方(천강방)을 향하고 北斗(북두)의 氣(기)를 일곱 모금 깊이 마신 후에 부적 태운 물과 면우를 삼킨다. 7일째에 이르면 몸에 생기가 돌고 나를 것 같으며, 차차 힘이 생겨 49일에 이르면 무거운 물체를 움직이거나 나무를 뽑을 수 있는 기력이 생김을 느끼게 되며 49일이 되면 끝낸다.

49일 후에 제사를 올리되 제물은 밤, 대추, 은행, 사과, 곶감 각각 3그릇 밥과 국을 바치고, 촛불을 밝히고 분향하고 절 3번을 올리고 영원한 지혜와 勇力(용력)을 달라고 제사 기도를 드리고 北斗(북두)를 향하여 주문을 외운다.

麵牛借力呪(면우차력주)

奉請　　北斗大力神.　　天牛地牛斗牛君.　　六丁六甲.　　四靈神.

助吾大力鎭乾坤.　　謹請十萬　　諸大力神.　　移山倒海.

無窮入吾形　　助吾身.　　謹請　　南斗六朗　　北斗七星

太上老君　　急急如律令

 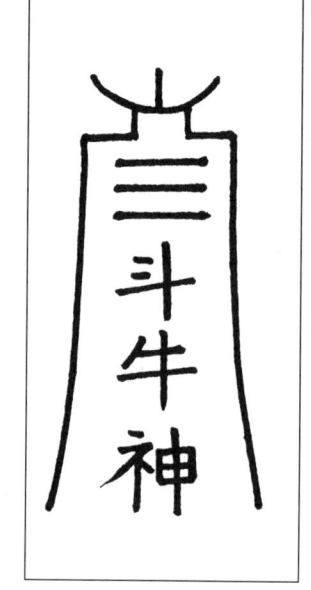 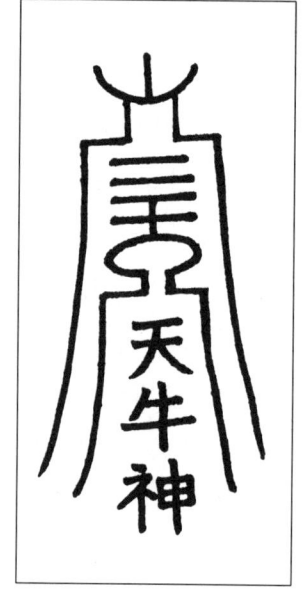

地牛符　　　　　　　斗牛符　　　　　　　天牛符
(지우부)　　　　　　(두우부)　　　　　　(천우부)

2. 六人呼風喚雨法(육인호풍환우법)

　本法(본법)은 庚子日(경자일)에 벼락맞은 나무를 취하여 陰刻(음각)으로 符(부)를 새겨 鹿角膠(녹각교)에 朱砂(주사)를 섞어서 符(부) 위에 칠을 입힌 후에 古墓(고묘) 아래에서 제사를 드리되 제물로는 까마귀포나 까치포 3그릇, 은행 3그릇, 소금 3그릇, 술 3잔을 진설하여 제사 기도를 드린다.

　呼風喚雨(호풍환우)를 하고자 하면 雷符(뇌부)로 黃紙(황지) 위를 3번 비친 뒤 天門(천문)을 향하여 황지를 불사르고 巽方(손방) 龍門(용문)을 향하여 왼손에 進印(진인), 오른손에 退印(퇴인)을 잡고 주문을 외운다.

呼風喚雨呪(호풍환우주)

上書天門.　　傳符龍門.　　九天使者.　　受命太上.　　四海龍門.
受令太乙.　　卽地變化.　　天地油然.　　急急如律令

　다시 風雲雨(풍운우)를 掃除(소제)하고자 하면 아래에 있는 주문을 외운다.

風雨掃除呪(풍우소제주)

雷師受令.　　雨師受符.　　九天油油.　　四海濛濛.　　吾以符印.
卽奪天權.　　急急如律令

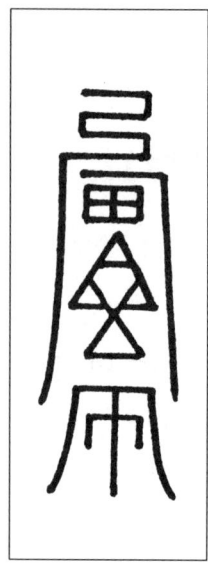

呼風喚雨符
(호풍환우부)

風雲(풍운)이 없는 날에는 此法(차법)을 쓰지 말고, 바람이 있고 구름이 있는 연후에 쓰라. 그렇지 않으면 天責(천책)을 만날 것이다.

姜太公(강태공)은 天命(천명)을 받들었으므로 害(해)가 없었으나 일반 法士(법사)들이 함부로 남용하면 수명을 20년 가량 덜게 되니 주의하길 바란다.

3. 六人變身法(육인변신법)

    本法(본법)은 庚子日(경자일)에 까치 둥우리가 있는 나무를 취하여 길이 九寸(9촌), 넓이 三寸(3촌)되게 깎아 그 다음 庚子日(경자일)에 符(부)를 만들되 佩形(패형)하기 좋게 나무의 위는 둥글게 하고 아래는 모가 나게 하여 녹각교와 주사를 섞어 부적 그림에 칠한 뒤에 세 번째 경자일에 古墓(고묘)에서 제사를 지내되 까마귀포나 까치포 3그릇, 은행 3그릇, 소금 3그릇, 술 3잔을 진설하고 제사 기도를 드린다. 제사를 지낸 다음에 變身(변신)을 하고자 하면 먼저 符(부)를 그려서 허리나 가슴에 차고 변화시킬 대상의 이름을 주사로 黃紙(황지)에 써서 비단주머니 속에 넣고 本命方(본명방)에 걸어놓은 다음 동방의 청기를 세 차례 들이마시고 다음으로 旺方(왕방)의 기운을 세 번 들이마시고 왼손에 進印(진인), 오른손에 退印(퇴인)을 쥐고 주문을 외운다.

變身呪(변신주)

陰陽變化.   本無定處.   太虛浮雲.   或東或西.   去無踪跡.
來無聲音.   我形無常.   何所不及.   手執天權.   身變萬象.
急急如律令

    還形(환형)을 하려면 왼손에 退印(퇴인), 오른손에 進印(진인)을 쥐고 還形呪(환형주)를 외우면 된다.

還形呪(환형주)

卽地變化.　　鬼神莫測.　　太上嚴令.　　使我無秘.　　符印翻覆.
還我本形.　　急急如律令

六人變身符
(육인변신부)

　　무릇　物(물)은　뜻에　따라　변하되　人形(인형)으로
변하고자　하면　朱砂(주사)로　名字(명자)를　써서　태
운　재를　淨水(정수)에　타서　마시면　된다.

4. 六人男女相應法(육인남녀상응법)

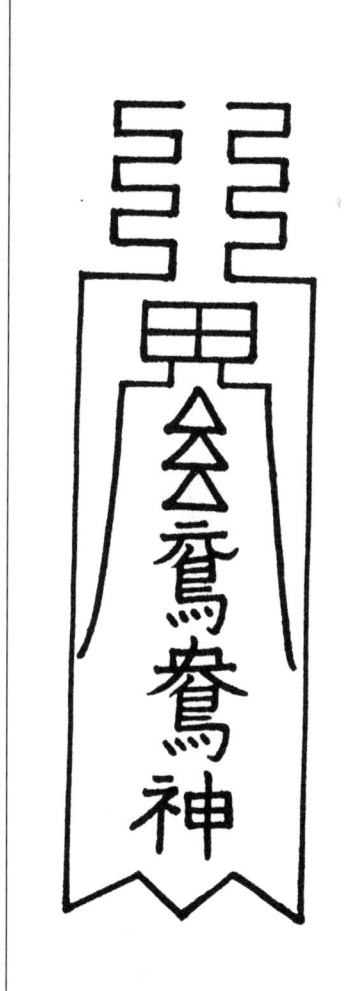

六人男女相應符
(육인남녀상응부)

此法(차법)은 庚子日(경자일)에 은행나무를 취하여 길이는 6치, 넓이는 2치 5푼이 되게 깎아 다듬어서 朱砂(주사)와 鹿角膠(녹각교)를 섞어서 符(부)를 그린 후에 再庚子日(재경자일)에 古墓下(고묘하)에서 제사를 드리되 제물로는 까마귀포나 까치포 3그릇, 은행 3그릇, 술 3잔을 진설하고 정성스런 마음으로 제사를 지낸다.

男女相思(남녀상사)를 하고자 하면 男女相應符(남녀상응부)로 그가 살고 있는 방향을 비추면서 男女相應呪(남녀상응주)를 念(염)하면 의연 중에 그 사람이 곁에 누워있게 되며, 사모하는 사람이 천 리 밖에 있더라도 此法(차법)을 쓰게 되면 모름지기 會合(회합) 상봉하게 된다.

홀연히 곁에 누워있는 그 사람은 靈體(영체)인데 영체에다 육체관계를 하게 되면 천 리 밖에 있는 그 사람 신상에 표적이 생기게 되므로 자신의 사욕을 채우기 위해 경솔한 행동을 하게 되면 재앙을 받게 되니 法士(법사)들은 조심하길 바란다.

六人男女相應呪(육인남녀상응주)

鴛鴦鴛鴦. 相思如渴. 太上命我. 與符相應. 佳期依依. 卽卽會合. 急急如律令

5. 六人渡海越嶺法(육인도해월령법)

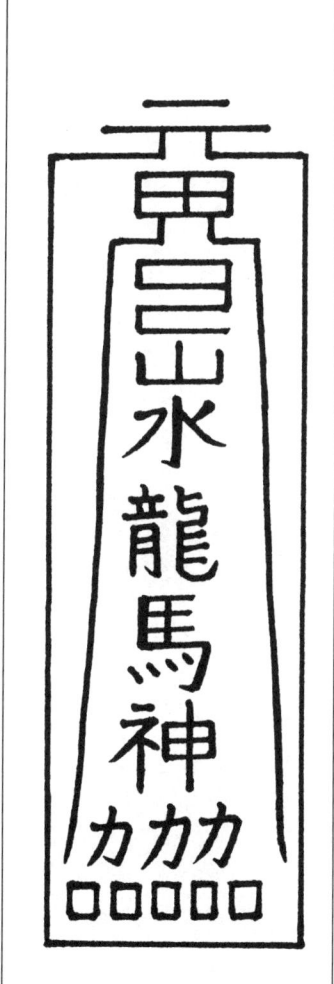

六人渡海越嶺符
(육인도해월령부)

此法(차법)은 庚子日(경자일)에 벼락맞은 뽕나무를 취하여 符(부)를 만들되 大蛤水(대합수)에 朱砂(주사)를 섞어서 符(부)를 그린 뒤에 두 번째 庚子日(경자일)에 古墓(고묘)에서 제사를 드리되 까마귀포나 까치포 3그릇, 은행 3그릇, 소금 3그릇, 술 3잔을 진설하고 정성스런 마음으로 제사 기도를 드린다.

渡海越嶺(도해월령)을 하고자 하면 먼저 만든 符(부)를 몸에 차고 강변이나 산야에 있는 芦葉(호엽)을 취하여 3번 符(부)를 비친 다음에 발 밑에 달고 달리면 자연 淸風(청풍)이 일어나 목적지까지 이끌어다 준다.

渡海呪(도해주)

馮夷生風.　河伯嘯波.　鼉龜有神.
隱隱無影.　吾法最靈.　龍王束手.
急急如律令

越嶺呪(월령주)

泰山低足.　恒山在脚.　山岳翻覆.　以下昇上.　以符所指.
土伯扶身.　急急如律令

6. 縮地法(축지법)

縮地(축지)에는 小縮(소축), 中縮(중축), 大縮(대축)이 있으며 소축은 速步(속보), 중축은 飛步(비보), 대축은 陸地飛騰法(육지비등법)을 의미한다. 먼 거리를 지치지 않고 빨리 가려고 할 때 쓰는 法術(법술)로서 法士(법사)라면 한 번쯤 희망했으리라 생각된다.

縮地法(축지법)을 터득하려면 우선 氣借力(기차력)인 호흡법과 단전수련을 해서 內功(내공)의 공력을 길러야 하며, 藥借力(약차력)인 차력약을 조제하여 먹고 運功調息(운공조식)을 하여 임맥과 독맥을 유통시켜야 한다. 그리고 三奇玄女耳報法(삼기현녀이보법)과 九天玄女耳報法(구천현녀이보법)을 통한 다음 麵牛神借力(면우신차력)과 天馬神借力(천마신차력)을 터득한 후에 축지공부를 해야 된다. 그러나 부적과 呪術(주술)만으로도 차력과 축지를 체득할 수도 있다. 모든 차력공부 시에는 남녀관계를 절대로 금해야 한다.

축지법을 공부하려면 자신의 거주지에서 1리와 100리 지점의 흙을 각각 한 되씩 취하여 六甲壇(육갑단) 아래에 평평하게 펴서 다진 후에 흙 위에다 千里一步(천리일보)라는 네 글자를 쓴다. 수련시에는 먼저 왼발로 道頭(도두)라는 글자를 밟고, 오른발은 萬里(만리)라는 글자를 밟고 서서 왼손으로 雷印(뇌인)을 쥐고, 오른손은 劍訣(검결)한 뒤 동쪽을 향해 동방의 氣(기)를 한 차례 깊게 들이마시고 縮地呪(축지주)를 7번 외우고, 縮地符(축지부) 1

장을 불사른다.

이상과 같은 법식을 49일간 시행하되 49일째 되는 날 六甲壇(육갑단) 아래에 펴놓았던 흙을 모아 강물에다 흘려 보낸다. 먼 길을 빨리 가려고 할 때 위와 같은 절차를 행한 뒤 목적지를 향하여 縮地呪(축지주)를 정신없이 계속 염송하면서 나아가면 된다. 천리 길도 짧은 시간 내에 도달하게 될 것이다.

절차가 약간 다른 방법은 첫 번째 디딘 두 발작의 흙을 한 되 가량 취하여 물에 풀고 거기에 그 물을 조금씩 鹿角膠(녹각교)에 섞어 槐黃紙(괴황지)에 千里一步(천리일보)라고 네 글자를 쓴 다음 왼다리에 千里(천리)라는 두 글자를 써서 붙이고, 오른다리에는 一步(일보)라는 두 글자를 써서 붙이고, 허리에는 千里一步(천리일보)라고 쓴 것을 차고 왼손에는 雷文(뇌문)을 들고 오른손에는 天机劍(천궤검)을 들고 동방의 氣(기)를 한껏 마신 뒤에 借地符(차지부)를 불사르고 縮地呪(축지주)를 독경하면서 깊이 깊이 빠져들면서 오직 神(신)을 청하면서 나아가면 된다.

縮地呪(축지주)

一步百步.　　其地自縮.　　逢山山平.　　逢水水涸.　　逢樹樹折.
逢火火滅.　　逢地地縮.　　吾奉.　　三山九侯先生　　律令　　攝

借地符(차지부)는 곧 縮地符(축지부)를 말하며 雷文(뇌문)이란 七星符(칠성부)를 말하며 각자 자기 生年(생년)에 해당되는 符(부)를 지녀야 된다.

縮地符

축지부

借地符

차지부

거문부	탐랑부	무곡부
巨門符	貪狼符	武曲符

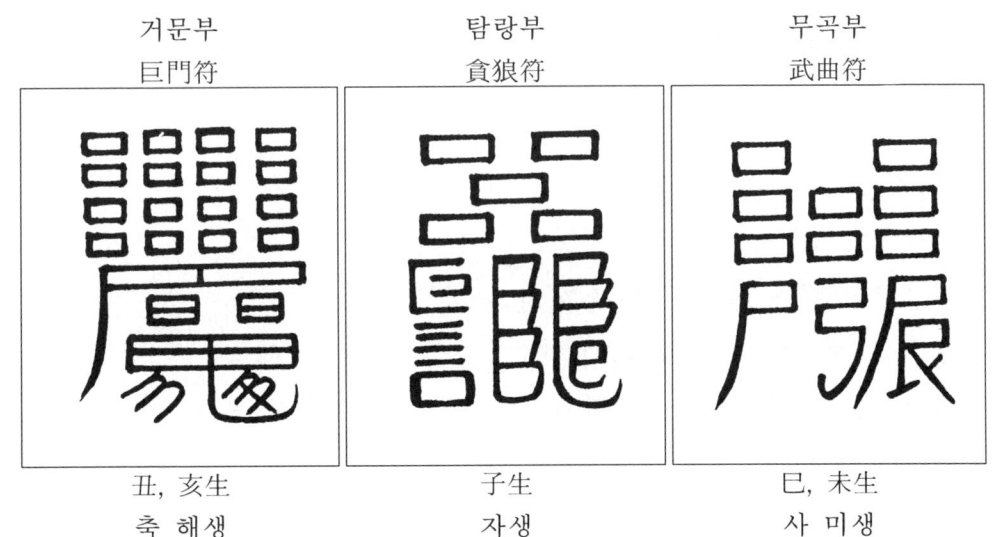

丑, 亥生	子生	巳, 未生
축 해생	자생	사 미생

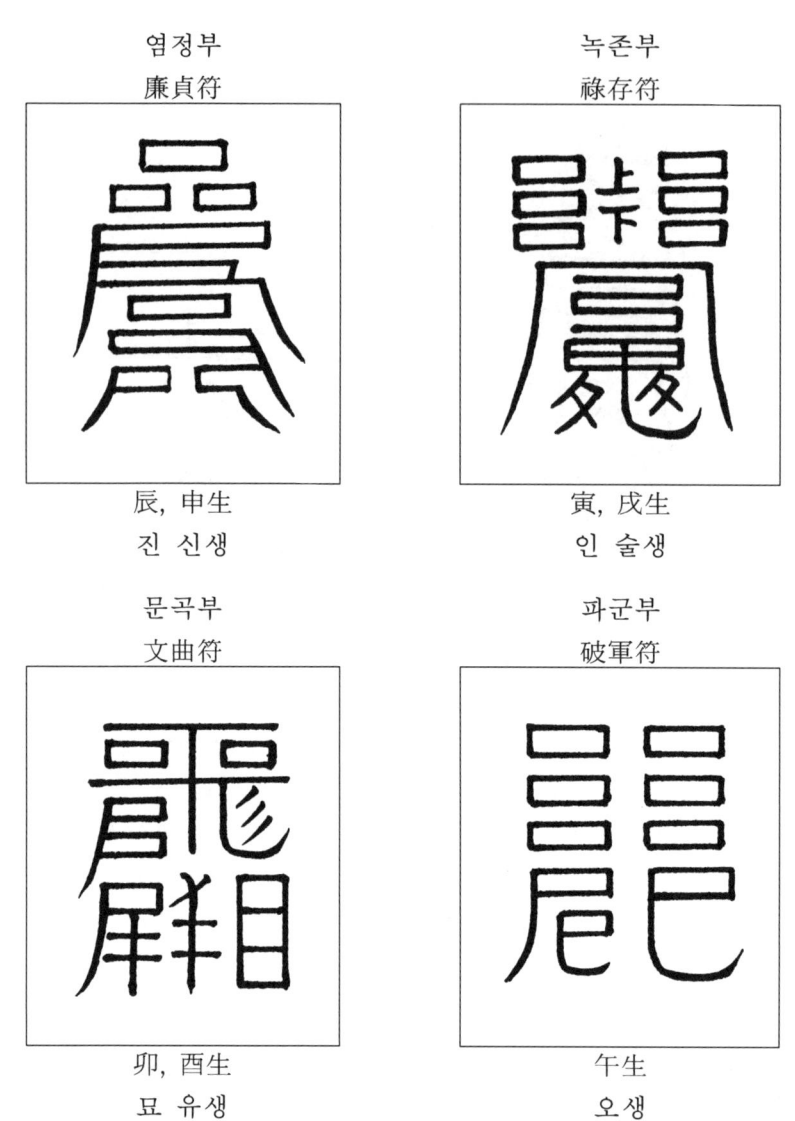

염정부
廉貞符

辰, 申生
진 신생

녹존부
祿存符

寅, 戌生
인 술생

문곡부
文曲符

卯, 酉生
묘 유생

파군부
破軍符

午生
오생

다음은 六人縮地法(육인축지법)이다.

庚申日(경신일)에 驛馬神堂木(역마신당목)을 베어 再(재) 庚申日(경신일)에 符(부)를 새기되 길이는 周尺(주척)으로 六寸(6촌), 넓이는 一村(1촌) 二分(2푼)으로 새기며 符(부)를 그릴 시에는 반드시 3일간 재계한 뒤 符(부)를 그린 다음 三庚申日(삼경신일)에

古墓(고묘)에서 제사를 지내되 제물로는 까마귀포나 까치포, 은행, 소금 각각 3그릇, 술 3잔을 진설하고 수련한다.

　무릇 축지법을 쓰고자 하면 왼발에는 驛馬(역마) 두 글자를, 오른발에는 天馬(천마) 두 글자를 黃紙(황지)에 朱砂(주사)로 써서 발에 붙인다. 왼손에는 進印(진인)을, 오른손에는 退印(퇴인)을 쥐고 縮地呪(축지주)를 염송하면서 목적지를 향하여 나아간다.

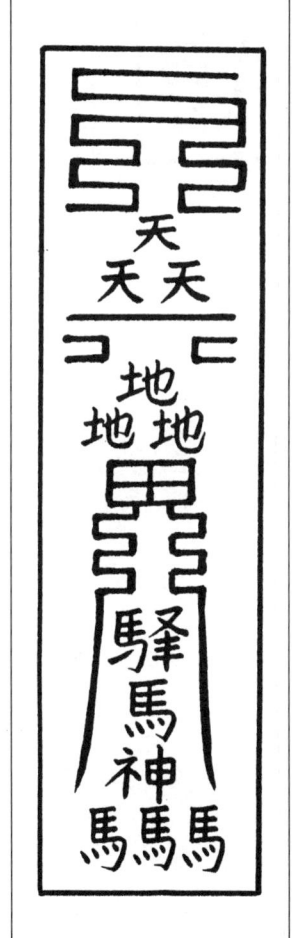

縮地符
축지부

縮地呪(축지주)

左護驛馬.　右侍天馬.　呼吸之間.
萬里咫尺.　左手符印.　捲舒天地.
急急如律令

進印
진인

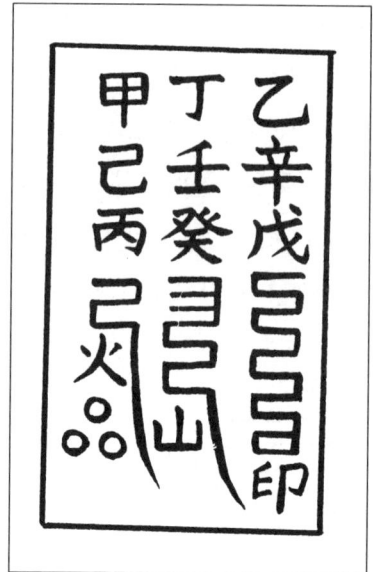

退印
퇴인

7. 引重法(인중법)

무거운 물건을 끌어올리는 법이다.

引重符(인중부)를 왼손에 붙이고 引重呪(인중주)를 9번 念(염)하면 무거운 돌이나 쇠붙이를 능히 들어올리거나 끌어당길 수 있다.

引重呪(인중주)

曳彭神.　　任行神.　　城蘭神.　　押令基達.
萍浮隧願.　　急急如律令　　吽

引重符
(인중부)

8. 取人藏物法(취인장물법)

　　取人藏物符(취인장물부)를 입안에 넣고 取人藏物呪(취인장물주)를 9번 念(염)하면 도깨비같은 귀신이 원하는 물건을 갖고 스스로 찾아온다.

　　사욕을 채우기 위해 남용하면 神罰(신벌)을 받게 되니 절실한 일이 아니거든 사용하지 말라.

取人藏物呪(취인장물주)

九足少地神.　三頭眞者神.　水探囊中.
口呑箱中間.　玩金富桃.　都月未落.
隨我手掌中.　雖千里進退浮來　急急如律令
吽

取人藏物符
(취인장물부)

9. 栢童子使法(백동자사법)

　此法(차법)은 生氣(생기), 福德(복덕), 成(성), 開日(개일)을 택하여 명산 정결한 곳에 들어가 오래 묵은 잣나무를 취하여 도끼로 베어 다듬되 栢心(백심)은 周尺(주척)길이로 5치 되게 인형을 새기며 새길 때에 三精九靈呪(삼정구령주)를 무수히 암송하라.

　인형을 새긴 후에 송곳으로 心中(심중)을 뚫고 黃唐紙(황당지)에 心(심), 肝(간), 肺(폐), 脾(비), 腎(신) 다섯 자를 써서 뚫은 心中(심중)에 넣은 다음 흰 닭 벼슬의 피를 입과 입술에 바르고 삼색과일과 白酒(백주)를 壇上(단상)에 진설하고 지성스런 마음으로 제사를 드린다.

　天德日(천덕일), 月德日(월덕일)을 택하여 初昏(초혼)에 동쪽을 향하여 壇(단)을 설치하고, 먼저 大壯紙(대장지) 1장을 펴고, 다음에는 삼색과일 혹은 오색과일, 白酒(백주) 3잔을 진설하여 제사를 지내고 木童子(목동자)를 푸른 주머니에 넣고 동쪽을 향하여 서서 분향하고 축원을 한 다음 三精九靈呪(삼정구령주)를 외운다. 三精九靈呪(삼정구령주)를 무수히 외우되 上才(상재)는 3일이요, 中才(중재)는 15일이요, 下才(하재)는 35일간 한다.

　半夜(반야) 三更(삼경) 五更(오경)에 靑童(청동)이 앞에 완연히 나타나 언어가 분명하거든 그 성명을 물은 후에 들은 바를 따라 기억하고 답을 하는 문답이 이루어지면 동자와 맹세하고 평소 길흉을 알고자 하면 三精九靈呪(삼정구령주)를 念(염)하고 凝神(응신)을 하게 되면 동자가 나타나 길흉을 일일이 알려줄 것이다.

三精九靈呪(삼정구령주)

上爽靑童.　　與吾相隨.　　助吾神明.　　唵　　急急如律令

10. 三妙法(삼묘법)

本法(본법)은 글을 잘 하고 싶으면 글을 잘 하고, 점을 잘 치고 싶으면 점을 잘 치며, 의술을 잘 하고 싶으면 의술을 잘 하게 되므로 이를 三妙(삼묘)라고 한다.

수련을 하려면 우선 擇日(택일)하여 淨室(정실)에 들어 몸을 깨끗이 하고 마음을 바로 하여 매일 밤 三更時(삼경시)에 北斗星(북두성)을 향하여 9번 拜禮(배례)하고, 왼손에 符(부)를 쥐고, 오른손에 東桃枝(동도지) 1개를 잡고 五方呪(오방주)를 三片(삼편) 念(염)하고, 다음은 請神呪(청신주)를 수없이 외우되 소리를 내서 외우면 아니 되고 묵념으로 외운다.

請神呪(청신주) 염송을 마친 후에는 請神符(청신부)를 香爐中(향로중)에서 불살라 버리는 절차를 21일간 하게 되면 神童(신동)이 자연 來現(내현)하게 되니 서로 깊은 맹세를 하고 소원을 청하되 三妙(삼묘) 중에 한 가지만 물어야 하고 두 가지를 물으면 안 된다. 做工日(주공일)에 만약 殺傷(살상)이나 죽은 뽕나무를 보게 되면 영험이 없게 되니 다시 택일을 하여 行功(행공)을 해야 한다.

請神符(청신부)를 그릴 시에 做工日(주공일)의 納音五行(납음오행)이 金(금)이면 尾자 아래에 金(금)자를 쓰고, 水(수)면 水(수)자를 쓰고, 木(목)이면 木(목)자를 쓰게 된다. 매일의 일진 납음오행에 따라 金木水火土(금목수화토)를 번갈아 가며 백지 위에 朱

砂(주사)로 써서 손에 쥐고 주문을 외운 다음 향로 중에 태우면
된다.

五方呪(오방주)

東方靑帝大將之神	來助我.	南方赤帝大將之神	來助我.
西方白帝大將之神	來助我.	北方黑帝大將之神	來助我.
中央黃帝大將之神	來助我.		

請神呪(청신주)

鬼下鬼下　鬼間鬼間　鬼閣鬼神　鬼下鬼下

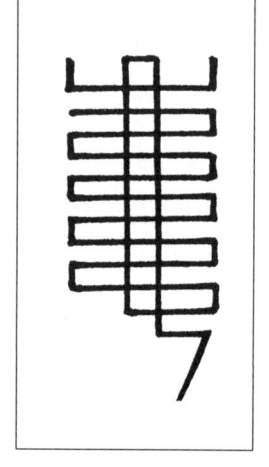

三妙符
삼묘부

透壁符
투벽부

11. 穿山透壁術(천산투벽술)

　　開日(개일)에 산에 가서 양쪽 산머리의 흙을 취해다가 둥글게 뭉쳐 앞뒤로 직경으로 구멍을 뚫고 山(산)모양을 만든 후 六甲壇(육갑단)에 놓고 제사를 지낸다.　촛불을 밝히고 분향 배례를 하고, 끝나면 발로 穿透(천투)라는 두 글자를 밟고 서서 왼손으로 산의 형상을 세 개 그리는 三山訣(삼산결)을 하고, 오른손으로 劍訣(검결)한 뒤 동쪽을 향하여 크게 숨을 들이마셨다가 내쉬고 穿山透壁呪(천산투벽주)를 7번 念(염)하고 透壁符(투벽부) 1장을 써서 불에 태우는 절차를 온갖 정성을 다하여 49일간 祭煉(제련)을 끝마친다.

　　벽을 뚫고 나가고자 하면 위와 같은 의식을 끝낸 뒤 벽을 향해 걸어가면 그 벽에 자연 구멍이 뻥 뚫려 통과할 수 있게 되는데 지나가면 그 벽은 전처럼 된다.

穿山透壁呪(천산투벽주)

不山玉山壁.　　速軟如楊花.　　薄如紙葉.　　吾劍一指.　　急速開越.
吾奉　　三山九侯先生　　律令　　攝

12. 千里眼術(천리안술)

淨室(정실) 神閣(신각)을 꾸미고 道服(도복), 三山冠(삼산관), 黃(황)버선, 三寅劍(삼인검)을 준비하고 三色(삼색) 과실과 술 그리고 井華水(정화수)를 올리고 촛불을 밝히며 목욕재계한다. 子午卯酉時(자오묘유시) 하루 네 차례 기도에 든다.

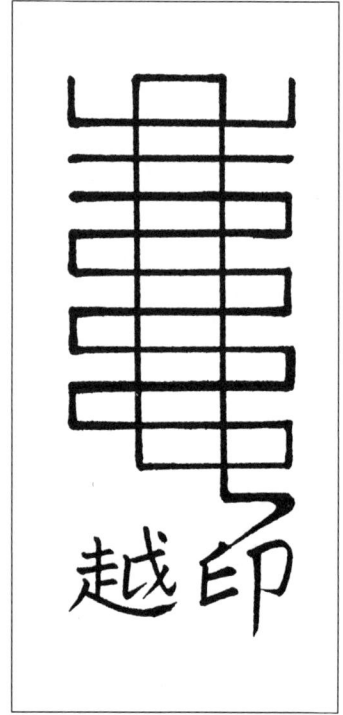

千里眼符
(천리안부)

甲子日(갑자일)부터 시작하되 神位(신위)는 그날그날 開門(개문)이 되는 방위에 꼭꼭 옮겨가며 배설한다.

공부에 들기 전에 밖에서 北極星(북극성)을 향해 7번 합장 배례하고는 향을 피우고 절을 3번하고 千里眼符(천리안부)를 불사르며 正坐(정좌)로 千里眼經(천리안경)을 수천 수만 번 정신없이 독경하며 깊이 깊이 드는데 끝날 무렵 10분 이상 허공을 하염없이 뚫고 들어가면 조금씩 점점 보여지기 시작한다.

공부 기간은 49일 내지 100일이며 수련 기도는 날마다 해야 한다.

처음에는 이웃집을 응시하고 차차 수백 리 떨어진 친척집을 응시하며 하늘 끝 저 멀리 뚫고 또 뚫어보면 천리 밖도 보여질 것이다.

千里眼經(천리안경)

天眼神.　　　地眼神.　　　三十六個.　　　黑眼神.　　　開眼通神.
八方千里.　　　諸事動靜.　　　一一明視.　　　玉皇上帝.　　　九天玄女.
唵　　急急如律令　　攝

13. 五行遁法(오행둔법)

五行遁(오행둔)은 金遁(금둔), 木遁(목둔), 水遁(수둔), 火遁(화둔), 土遁(토둔)을 말한다.

金遁法(금둔법)은 고요한 곳에서 수련을 하며 金遁呪(금둔주)를 37번 염송하고 金遁符(금둔부)를 태워 물에 타서 마신다. 정신을 집중하여 쇠그릇을 향하여 金遁呪(금둔주)를 37번 염송하면 쇠그릇이 저절로 부서져 버린다. 부서진 쇠그릇을 원형대로 복귀시키려면 금둔주를 거꾸로 염송하면 된다.

木遁法(목둔법)의 수련은 고요한 곳에서 하며 木遁呪(목둔주)를 세 차례 염송하고 나무에 木遁符(목둔부)를 붙여 두면 밤 사이에 나무가 저절로 베어진다. 원상태로 하려면 붙여둔 부적을 떼고 木遁呪(목둔주)를 거꾸로 3번 염송한다.

水遁法(수둔법)의 수련은 물을 마시며 水遁呪(수둔주)를 세 차례 염송하되 북쪽을 향하도록 한다. 왜냐하면 北方水(북방수)이기 때문이다. 水遁符(수둔부)를 써서 땅에 붙이면 곧 물이 江海(강해)를 이룬다. 원상 복귀하려면 水遁呪(수둔주)를 거꾸로 세 차례 念(염)하고 땅에 붙인 符(부)를 떼낸다.

火遁法(화둔법) 수련은 火遁呪(화둔주)를 세 차례 念(염)하고 火遁符(화둔부)를 태우면 곧 불이 일어난다. 불을 끄려면 滅火呪(멸화주)를 세 차례하고 火遁符(화둔부)를 태우면 불길이 곧 꺼진다.

土遁法(토둔법) 수련은 土遁呪(토둔주)를 세 차례 염송하고 土

遁符(토둔부)를 땅에 붙여 놓으면 땅이 울리고 소리가 나므로 사람들이 두려움에 떨게 된다. 원상태로 하려면 땅에 붙인 符(부)를 떼고 土遁呪(토둔주)를 거꾸로 세 차례 염송하면 된다.

金遁呪(금둔주)

金六丈神.　　飛騰寰外.　　入家鳴嗚.　　入天鳴澈.　　入地明透.
兩丈爭骨.　　五馬還朝.　　急急如律令　　吘

金遁符
금둔부

木遁符
목둔부

木遁呪(목둔주)

廷萍大神. 　隨眼卽我. 　隨影卽倒. 　任石重城. 　躍引飄零.
急急如律令 　吽

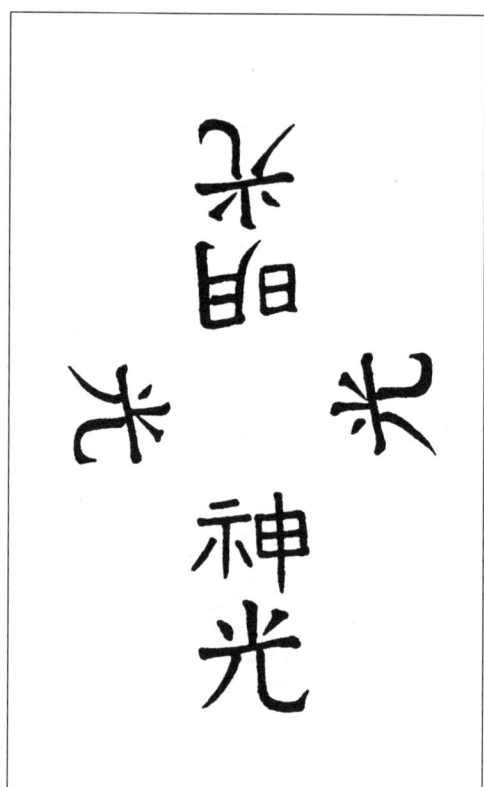

水遁符
수둔부

火遁符
화둔부

水遁呪(수둔주)

河伯運神. 　龍師興涎. 　從河從江. 　海卽成影. 　黑帝佑我.
漂濟任意. 　急急如律令 　吽

火遁呪(화둔주)

煥烈烈   赤帝神.   助我三枚.   和涎調油.   長火不滅.
急急如律令   吽

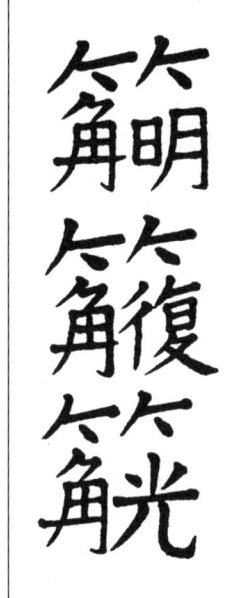

滅火符
멸화부

土遁符
토둔부

滅火呪(멸화주)

天上地下.   火消爲土.   角宮眞君.   隨我煹灰.   軫宮老君.
助我滅光.   急急如律令   吽

土遁呪(토둔주)

重石神.　　火木神.　　窟根神.　　中央神.　　動雷助聲.　　發助聲.
五聲入地.　　開八元嗔地來.　　急急如律令　　吽

14. 黑眼定身法(흑안정신법)

行住坐臥(행주좌와)에 늘 정성스런 마음을 지니고 念念不忘(염념불망)하되 端午日(단오일)에 古墓(고묘)에 제물을 차려놓고 제사 기도를 드리되 黑眼定身呪(흑안정신주)를 7번 念(염)하고 제물은 먹어 치우되 남은 것은 다시 사용하면 된다.

定身符
(정신부)

만일 악인을 대상으로 一氣(일기)로 黑眼定身呪(흑안정신주)를 7번 念(염)하고 오른손을 들어 손가락을 다 벌린 채로 허공을 치면 악인은 딱 정지하여 더 이상 움직이지 못한다.

원상태로 복귀시키려면 解黑眼呪(해흑안주)를 3번 念(염)하고 去(거)자를 큰소리로 외치면 즉시 정지 상태가 풀어진다.

지성스런 마음으로 수련해야 영험이 있을 것이며 남용은 삼갈지어다.

黑眼定身呪(흑안정신주)

天黑神.　　地黑神.　　三十六個黑眼神.

脚踏丁字　　手掌印一奉.　　打去眼前昏.

吾奉　　太上老君　　急急如律令　　勅

解黑眼呪(해흑안주)

左手提日.　　右手提月.

一切萬法盡皆消.　　急急如律令

15. 召仙童法(소선동법)

　　깨끗한 종이로 仙童(선동)의 형상을 만들어 옷을 입힌 후 六甲壇(육갑단) 아래 탁자 위에 세워놓고 촛불을 밝히고 분향하며 차를 올린다. 발로 魁罡(괴강) 두 글자를 밟고 서서 왼손으로 雷印(뇌인)하고, 오른손으로 劍訣(검결)한 뒤 동쪽을 향하여 동방의 氣(기)를 깊고 크게 한번 마셨다가 내쉰 다음 召仙童呪(소선동주)를 7번 念(염)한 뒤 符(부) 1장을 써서 불사른다. 이상과 같은 의식을 하루도 빠트리지 말고 49일간 정성을 다하여 수련하면 된다.

　　本法(본법)이 성공되면 仙童(선동)은 인간의 모든 길흉화복에 관한 것을 묻는 대로 응답을 해주고, 또한 묻지 않더라도 중대한 일이 있을 때마다 스스로 가르쳐 준다.

召仙童符
(소선동부)

召仙童呪(소선동주)

勅召萬神赴壇庭.　　存亡禍福準報分明.
吾奉　三山九侯先生　律令　攝

16. 雲霧藏身法(운무장신법)

　안개가 자욱하게 긴 날, 안개에 서린 우물물을 사기그릇에 한 되 가량 떠다가 六甲壇(육갑단) 아래에 놓고 49일간 제사 수련한 다음 지니고 다니기 좋은 물병에 넣어 가지고 다니다가 위급한 상황에 처했을 시에 그 물을 입 안 가득 물고 있다가 하늘을 바라보고 푸우 내뿜는다.　그리고 왼손으로 머리를 받치고 오른손으로 허공에 靈(영)자를 虛(허)로 그어 쓴 뒤, 발로는 魁罡(괴강) 두 글자를 밟고 서서 동쪽을 향하여 동방의 기를 한 번 깊이 들이마셨다가 내쉰 다음, 遍迷呪(편미주)를 7번 염송하고 잠잠히 元氣神(원기신)을 운행시키면 그 氣(기)가 신장으로부터 나올 것이니 한 번 허공을 향해 푸우 내뿜고 손가락으로 虛劃(허획)을 그어 雲水(운수)라는 두 글자를 쓰면 별안간 천지사방에 짙은 안개가 자욱하게 끼어 지척을 분간키 어렵게 되므로 위험함을 벗어날 수 있다.

遍迷呪(편미주)

腎中之氣.　湧發吾身.　聚之一滴.　散滿乾坤.　黑氣昏昏.
擁護身形.　吾奉　三山九侯先生　律令　攝

17. 人足付地法(인족부지법)

人足付地呪(인족부지주)를 마음속으로 7번 念(염)하고 발에 부적을 붙인 상태에서 3번 오므렸다 폈다 하면 자신을 뒤쫓는 사람이 선 상태에서 더 이상 발을 옮겨놓지 못하게 된다.

정지 상태를 풀어주려면 人足付地呪(인족부지주)를 거꾸로 9번 念(염)하면 된다.

人足付地符
(인족부지부)

人足付地呪(인족부지주)

三光足.　　五海足.　　便是地下足.　黑雷掌足.
賀瀜令奉足.　泣我足.　　疾走爾足.
不移追我者豊.　都關凶人.　　急急如律令　　吽

18. 掌風(장풍)

本法(본법)은 一指禪 紅砂手(일지선 홍사수)로서 少林武術(소림무술)의 최고봉이며 성숙된 20세부터 수련하는 것이 좋다. 氣力(기력)의 쇠약을 막고 혈액순환의 원활함을 도모코자 內服藥(내복약)을 쓴다.

껍질 벗긴 川草烏(천초오) 3전, 蒼朮(창출) 1전, 川芎(천궁) 1전, 白芷(백지) 1전, 防風(방풍) 1전, 細辛(세신) 1전을 고운 가루로 해두었다가 연습 중 팔다리가 저리고 아플 때 묵은 술로 3푼 내지 5푼을 1회 量(양)으로 해서 먹는다. 손 씻는 약으로는 川草烏(천초오) 1전, 天南星(천남성) 1전, 蛇床子(사상자) 1전, 半夏(반하) 1전, 百部(백부) 1전, 花椒(화초) 1량, 狼毒(낭독) 1량, 透骨草(투골초) 1량, 地丁(지정) 1량, 地骨皮(지골피) 1량, 紫花(자화) 1량, 龍骨(용골) 1량, 藜蘆(여로) 1량, 海牙(해아) 1량, 硫磺(유황) 1량, 青塩(청염) 4량, 劉寄奴(유기노) 2량을 식초 5사발, 물 5사발로 끓이되 7할 가량으로 줄어들면 보관해 두고 사용할 때 불 위에 놓아 미지근해지거든 손을 담가 손이 뜨거워진 다음 손을 꺼내어 수련을 쌓으며 수련 도중에도 한 번 손을 약물에 담근다. 먹는 약과 손 씻는 약은 陰手 陰功(음수 음공)을 이루는 비방임을 잊지 말라. 약을 쓰지 않으면 성공을 거두지 못한다.

중량이 3kg내지 5kg되는 쇠붙이 錘(추)를 5자 가량 길이로 들보에 매어 단다. 추를 다는 줄은 부드럽고 질긴 것이어야 한다.

錘(추)로부터 1자 가량 떨어져 똑바로 서서 왼손의 집게손가락 끝에 온 몸의 힘을 실어 錘(추)를 향해 내질러 추를 나아가게 하고, 추가 멈추면 다시 손가락으로 내질러 앞으로 움직이게 한다. 1자 떨어진 곳에서 추를 밀고 멈추는 것을 다시 나아가게 하는 것이 성공되면 2자 떨어진 곳에서 그렇게 하고 차차 진전되어 5자의 거리에서 손가락으로 추를 나아가게 할 수 있으면 点錘法(점추법) 수련은 끝난 것이다.

占石法(점석법)은 왼손의 집게손가락으로 내지르는 동작이다. 돌, 담벼락, 큰 나무, 딱딱한 물체이면 모두 사용할 수 있다. 일정한 시간이 필요 없고 무시로 딱딱한 물체를 향하여 손가락을 내지르는 것을 되풀이한다. 손가락에 피곤을 느끼고 아프면 잠시 휴식하여 피곤을 풀고 다시 시작한다. 점진적으로 練功(연공)을 쌓아 가면 마침내 딱딱한 나무에 자국이 나게 된다.

臥虎法(와호법)은 몸을 똑바로 땅에 대고 엎드린 다음 양손의 엄지, 집게손가락, 중지의 세 손가락을 합쳐 어깨의 넓이로 땅을 짚고, 양다리를 똑바로 뻗어 양쪽 발의 발가락 끝으로 몸을 지탱한다. 그리고 몸을 앞으로 내어 밀며 천천히 몸을 일으켜 땅에서 1자 정도 올라갔을 때에 엉덩이부터 뒤로 물려 천천히 몸을 아래로 내려 땅에서 약 10cm 떨어진 곳에 이르면 다시 몸을 앞으로 내밀며 서서히 몸을 올리는 수련을 하되 피곤해지면 잠시 쉬었다가 다시 시작하며 양손의 세 손가락 끝과 양 발가락 이외의 몸은 완전히 땅에서 떨어져 있어야 한다. 완전 숙달이 되면 이번에는 60kg정도의 돌덩이를 등에 얹고 위와 같은 방법으로 수련하며 초기에는 이른 아침과 저녁때에 한 번씩 하며 차차 자기의 체력에 따라 횟수를 알맞게 한다.

挿沙法(삽사법)은 붉은 모래를 나무통이나 질긴 부대에 담아 탁자 위에 놓고, 그 옆에 서서 손으로 붉은 모래 속을 내지르는 것이다. 마음은 고요하게 갖고 氣(기)는 단전에 모으며 神(신)은 집중하여 약간 다리를 굽힌 듯 하게 서서 모래 속을 내지르는 연습을 하면 처음에는 손톱 주위에 상처가 나게 마련인데 연습 전과 연습 후에는 필히 약물에 손을 담궜다가 그대로 말린다. 수건으로 약물을 닦지 말고 저절로 마르게 둔다.

拈豆法(점두법)은 揷沙法(삽사법) 수련 등으로 혈액의 정체가 생기기 쉬워 손가락 끝이 붓거나 문드러지는 폐단을 없애기 위해 拈豆法(점두법)을 쓰는데 둥근 콩알 3개를 엄지, 중지, 집게 세 손가락으로 잡아 손가락 바닥으로 매끄럽게 여러 번 굴려 혈액순환을 돕게 한다.

刺日法(자일법)과 刺月法(자월법)은 낮에는 해, 밤에는 달을 향해 손가락을 내지르는 수련법이다. 해뜨기 직전에 높은 곳에 올라 맑은 기를 단전에 흡입하고 붉은 태양이 떠오를 때 해를 향해 온 몸의 진기를 손가락 끝에 집중시켜 300번을 내지른다. 밤에는 달뜨는 밤을 택하여 달을 향해 위와 같이 내지른다. 3년 이상이면 음류의 기가 발출되어 멀리에서 가벼운 물체를 쓰러뜨리게 되고 10년 이상 수련하면 비석에 구멍을 낼 수 있고 사람을 상하게 할 수 있으며 指風(지풍)이 강력하게 발출된다.

滅燭法(멸촉법)은 외부에서 바람이 스며들지 않는 넓고 고요한 방안에서 수련하되 촛불에서 3자 떨어져 선 채로 팔을 올려 집게 손가락 끝으로 허공을 통해 불꽃을 내지르는 수련이 성공되면 三丈(3장)의 거리에서 큰 촛불을 끄는 수련을 하여 손가락으로 한 번 내질러 꺼지면 滅燭(멸촉) 수련은 완성된 것이다.

滅燭(멸촉) 수련이 끝나면 透勁法(투경법) 수련을 하는데 종이 호롱이나 헝겊 호롱 속에 든 촛불을 향해 三丈(3장)의 거리에 서서 손가락 끝으로 힘껏 내지르기를 시작하여 촛불을 끌 수 있으면, 다음에는 유리 호롱 속에 든 촛불을 三丈(3장)의 거리에서 끌

수 있게 되면 透勁(투경) 수련은 끝난 셈이다. 투경이 터득되면 陰柔(음류)의 기가 가까운 거리에 있는 물체나 적을 상하게 할 뿐 아니라 옆방에서도 능히 상대를 제압할 수가 있다.

刺井法(자정법) 수련은 매일 아침저녁으로 우물가에 서서 우물 한 가운데를 향해 손가락 끝으로 아래로 내지르는 동작을 300번 씩 한다. 온 몸의 힘을 손가락 끝에 집중시켜 정신을 모아 내질러야 한다. 수련이 아주 깊어지면 우물물이 용솟음을 치기 시작하여 우물 밖으로 몇 자씩이나 높이 치솟게 된다.

이상의 몇 가지 수련 도중에 손가락 끝에 陰柔(음유)의 기운이 생기기 시작할 무렵에 藥袋(약대)를 만들어 보관해 두는데 다음과 같다. 虎前掌(호전장) 1쌍, 黃荊子(황형자) 2전, 血竭(혈갈) 5푼, 生半夏(생반하) 3전, 白蚤子(백조자) 1전, 기름을 제거한 川續斷(천속단) 2전, 油松節(유송절) 5전, 甘草(감초) 2전, 老鴉草(노아초) 6전, 茜草根(천초근) 3전, 大力根(대력근) 5전, 桂枝尖(계지첨) 5전, 石菖蒲(석창포) 3전, 靑木香(청목향) 3전, 기름을 제거한 沒藥(몰약) 2전, 自然銅(자연동) 2전, 鵰爪(조조) 2副(부), 狼牙虎刺(낭아호자) 2전, 蒼木耳(창목이) 2전, 海桐皮(해동피) 2전, 紅花(홍화) 2전, 五加皮(오가피) 5전, 核桃皮(핵도피) 3전, 沙木皮(사목피) 5전, 白鮮皮(백선피) 2전, 防風(방풍) 2전, 기름을 제거한 乳香(유향) 2전, 紫苑茸(자원용) 2전, 石兒穿(석아천) 2전, 千年健(천년건) 2전, 杜仲(두중) 2전, 仙鶴草(선학초) 4전, 當歸身(당귀신) 2전, 川石斛(천석곡) 3전, 熟地(숙지) 2전, 蚺蛇胆(염사담) 1개, 荊介(형개) 2전, 川牛膝(천우슬) 3전, 蛇床子(사상자) 1량, 豨薟草(희렴초) 4전, 南星(남성) 3전, 生草烏(생초오) 2전, 鬧楊花(요양화) 2전, 胡蜂窠(호봉과) 1개를 식초 6kg과 흰 소금 6kg을 섞어 구리 솥에서 푹 끓여 찌꺼기는 버린 다음 큰 쇠절구에 약물을 붓고 거기에 모래 6kg을 섞어 곱게 찧은 다음 부드러운 풀처럼 만들어 부드럽고 질긴 헝겊 주머니에 넣어 잘 꿰매어 햇빛이 안 쪼이는 곳에서 陰乾(음건)하여 덩어리가 되면 보관해 둔다.

掌風(장풍)은 10년 이상 15년 정도 수련해야 완성되며 터득한 자는 성현군자 같은 덕을 쌓고 겸손하길 바란다. 때로는 자신도 모르게 남에게 상해를 입힐 수 있으니 주의하길 바란다.

19. 六人際盜賊守身法(육인제도적수신법)

　本法(본법)은 用兵時(용병시) 혹은 위급한 상황에 처했을 때 몸을 보호하는 술법이다. 第一東方符(제일동방부), 第二西方符(제이서방부), 第三南方符(제삼남방부), 第四北方符(제사북방부), 第五中央符(제오중앙부)를 각각 복숭아나무를 깎아서 새긴 다음 庚子日(경자일)에 古墓(고묘)에서 제사를 올리되 제물로는 까마귀포나 까치포, 은행, 소금 각각 3그릇, 술 3잔을 진설한다. 제사를 지낸 후에 5종의 符(부)를 비단주머니 속에 넣고 출행시에 항상 몸에 지닌다. 만약 급난시에는 5종의 符(부)를 五方(오방)에 묻고 자신은 중앙에 서서 守身呪(수신주)를 3번 외우면 百鬼(백귀), 萬兵(만병)이 감히 침해하지 못한다. 神將(신장)이 사방을 수호해주기 때문이다. 기근이 들어 도적이 많을 시에는 家中(가중)에 사방 담장 아래와 中庭(중정)에 5종의 符(부)를 심어놓고 守身呪(수신주)를 3차 한 다음 복숭아나무판 위에 出入門符(출입문부)를 그려서 출입문에 묻어두면 도적이 감히 침입하지 못한다. 만약 도적이 담장을 넘어 들어오면 도적의 눈앞에 담장이 또 있어 보이니 아무리 담장을 넘고 넘어도 앞에 담장이 가로막혀 있어 보이므로 침입하지 못한다.

守身呪(수신주)

龍虎守城.　風雲吐營.　日月無光.　天地濛濃.　千兵萬惡.
不得于犯.　急急如律令

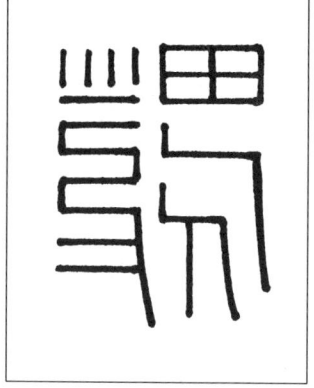

第一東方符

제일동방부

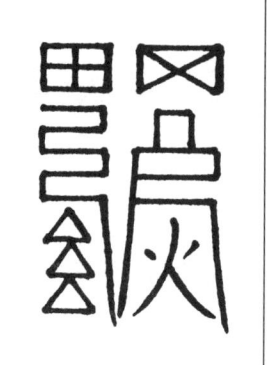

第二西方符

제이서방부

第三南方符

제삼남방부

第四北方符

제사북방부

出入門符

출입문부

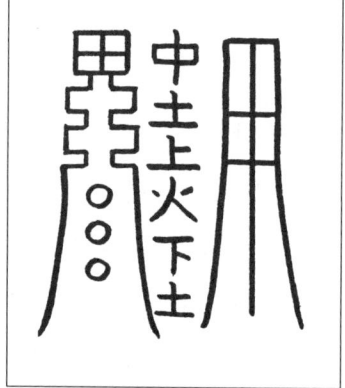

第五中央符

제오중앙부

20. 隱形法(은형법)

　　本法(본법)은　隱身術(은신술)의　일종으로서　隱形符(은형부)를
옷깃　속에　품고　鬼門方(귀문방)인　丑寅方(축인방)을　향하여　隱形
呪(은형주)를　9번　염(염)하면　목표로　하는　형체가　사라져　안　보이
게　된다.　모습을　드러나게　하려면　隱形呪(은형주)를　거꾸로　37번
念(염)하면　된다.

隱形呪(은형주)

紫鳳乘天去.　　紫鸞降地逃.　　　子生男女鬼.
丑生男女鬼.　　護我身邊.　　華蓋日月.
掩形不見.　　速至　唵　急急如律令　　吽

隱形符
(은형부)

21. 六人鬼遁法(육인귀둔법)

  此法(차법)은 庚子日(경자일)에 東桃枝(동도지)를 취하여 六面(육면)이 나게 다듬되 每面(매면)마다 넓이는 五分(오푼)이 되게 한다. 符(부)는 鹿角膠(녹각교)에 朱砂(주사)를 섞어 鬼形(귀형)을 그린 후에 두 번째 되는 庚子日(경자일)에 비단주머니 속에 정성스럽게 넣어서 古墓下(고묘하)에 묻었다가 3일 후에 꺼내어 盤床(반상)에 놓고, 古墓下(고묘하)에서 정성껏 제사를 지낸 다음 차고 다니면 만사가 여의하다. 만일 上天(상천)을 하려면 왼손에 進印(진인), 오른손에 退印(퇴인)을 쥐고 上天呪(상천주)를 念(염)하고, 만약 入地(입지)를 하려면 入地呪(입지주)를 念(염)하며, 出地下天(출지하천)을 하려면 出地下天呪(출지하천주)를 念(염)하고, 모든 사물을 구하려면 求諸事物呪(구제사물주)를 念(염)하면 된다. 正氣(정기)가 없는 사람은 이 법을 쓰기 어렵다.

上天呪(상천주)

太虛蒼蒼. 星月隱隱. 九門深閉. 吾能開之. 虎豹守門.
吾能禁之. 以符飛騰. 白雲飄飄. 吾奉 太陰眞君 律令

入地呪(입지주)

九天黃黃. 風雨微微. 十戶深鎖. 吾能開之. 羅刹守關.
吾能叱之. 以符出沒. 黑霧油油.
吾逢 太陰眞君 律令

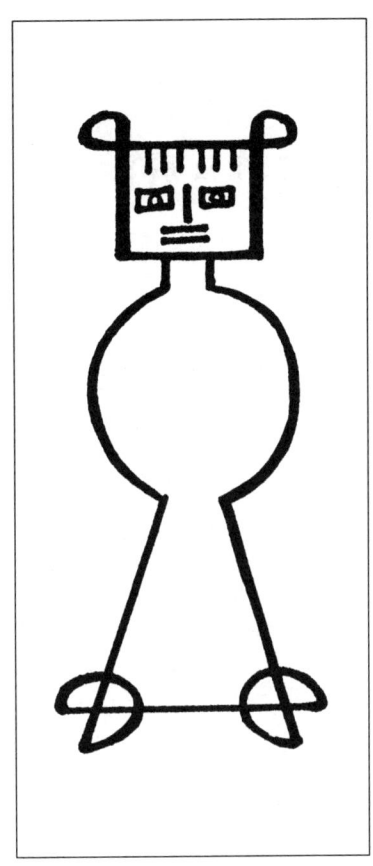

人鬼符
(인귀부)

出地下天呪(출지하천주)

太上有令.　　不得忘反.　　雲車霞輿.
卽還陽間.　　急急如律令

求諸事物呪(구제사물주)

日月唯良.　　與鬼同行.　　吾之所求.
無不如意.　　急急如律令

22. 九天玄女耳報法(구천현녀이보법)

　법사가 이 술법을 배우고자 하면 먼저 淨室(정실)을 정하고 머리에는 三山冠(삼산관)을 쓰고, 몸에는 흰옷에 청색 도복을 입고 발에는 황색 보선을 신고 大將位目(대장위목)을 黃紙(황지)에다 주사로 써서 紙匣帳(지갑장) 내에 붙이고, 황지에 大將符(대장부)를 써서 位目(위목) 아래에 붙이고, 位(위) 앞에 盤(반)을 차려놓고 盤上(반상)에 井華水(정화수)를 떠다놓고 삼색과일을 차린 다음 아침저녁으로 飯床(반상)을 차려 進齋(진재)하고 降神香(강신향)과 萬壽香(만수향)을 태우고 먼저 傳道呪(전도주)를 三片(삼편) 念(염)하고, 大將呪(대장주)를 二七日(이칠일) 念(염)하면 神將(신장)이 반드시 형체를 나타낸다.

　次日(차일)에 玄女呪(현녀주)를 一七日(일칠일) 念(염)하면 귓가에 꾀꼬리 소리나 아이우는 소리 같은 것이 들린다. 次日(차일)에 또 速通姓名呪(속통성명주)를 一七日(일칠일) 念(염)하면 성명을 반드시 알려주니 그 성명을 비단에 기록하고 다음날 또 다시 耳報呪(이보주)를 二七日(이칠일) 念(염)하면 耳報(이보)함을 듣게된다. 그런 다음 訂盟呪(정맹주)를 一日(일일)하고 후에 또 安神呪(안신주)를 一二日(일이일) 念(염)하면 성공된다.

　念呪(염주)하는 방법은 먼저 傳道呪(전도주) 3편, 大將呪(대장주) 7편, 玄女呪(현녀주) 37편, 速通姓名呪(속통성명주) 37편, 耳報呪(이보주) 37편, 訂盟呪(정맹주)를 念(염)하면 된다.

　入工時(입공시)에 반드시 方書(방서)를 보아 그 순서를 적어두

었다가 그 순서대로 念(염)하면 되는데 염주 시에는 默念(묵념)이
요 出聲(출성)은 불가하다.

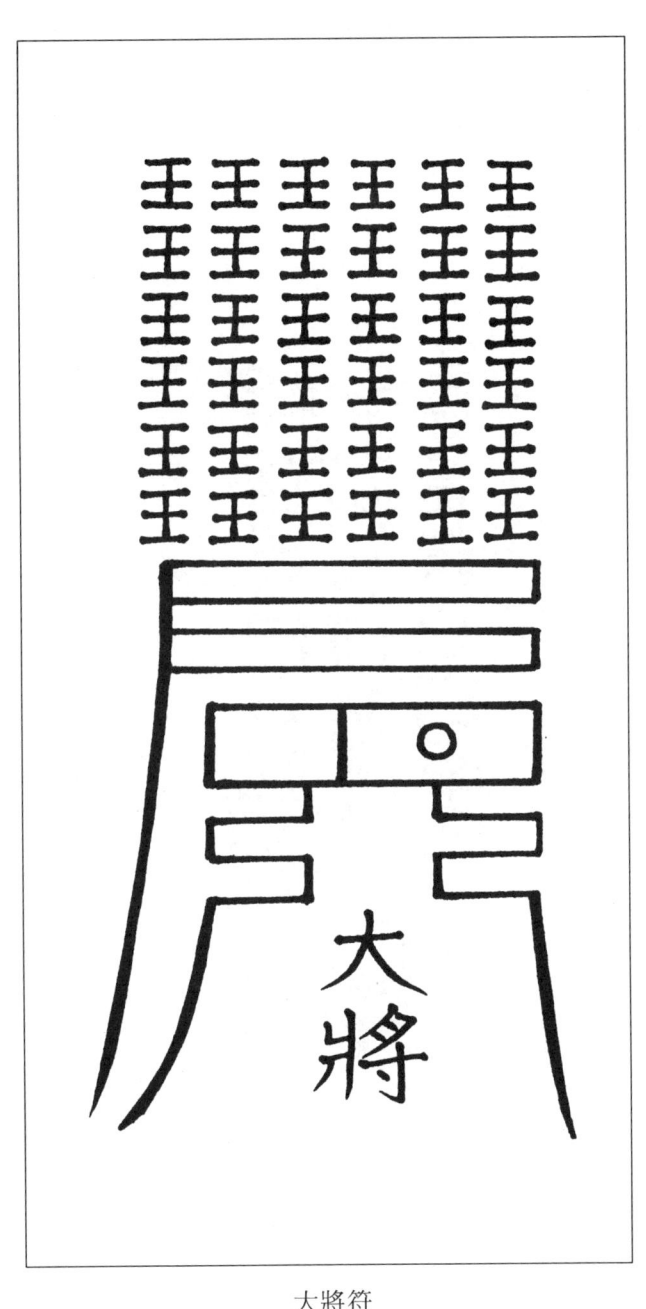

渾海大將領下甲天兵百萬垓

吼風大將領中甲天兵百萬垓

火光大將領上甲天兵百萬垓

大將位目
대장위목

大將符
대장부

二七日(이칠일) 후에 大將位目(대장위목)은 다른 곳에 옮겨 두고 大將符(대장부)는 문 위에 옮겨 붙인다. 百鬼不入符(백귀불입부)를 2장 써서 양쪽 가슴에 붙이고, 百鬼不侵符(백귀불침부)를 2장 써서 양쪽 등에 붙이고 傳道呪(전도주)를 每(매) 入工時(입공시)에 먼저 三片(삼편)을 외운다.

九天玄女神位
구천현녀신위

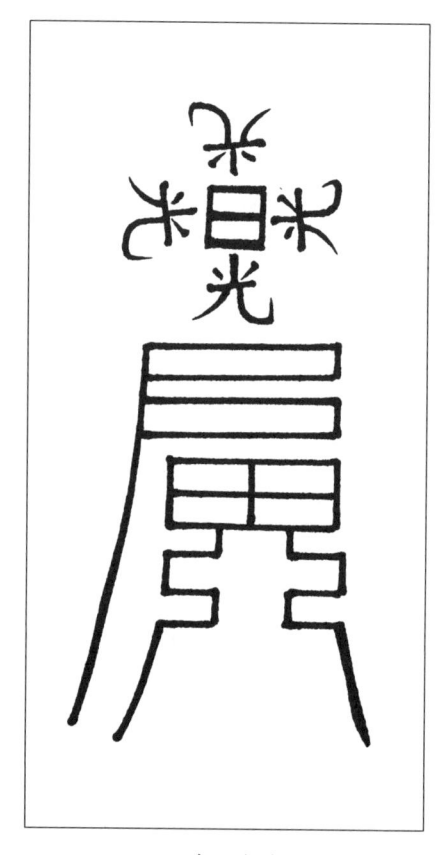

百鬼不侵符
백귀불침부

傳道呪(전도주)

無極有極(무극유극)은 惟精惟一(유정유일)이라 天動而後(천동이후)에 地靜(지정)하고, 指靜而後(지정이후)에 人生(인생)하나니 天爲日月星辰之君(천위일월성신지군)이요, 心爲利慾是非之君(심위이욕시비지군)이라 君者(군자)는 心也(심야)요, 心者(심자)는 天也(천야)니 半畝方塘(반묘방당)에 天君(천군)이 座政(좌정)하시고 一炷壇前(일주단전)에 干星(간성)이 司位(사위)라. 三才之中(삼재지중)에 唯人(유인)이 最貴(최귀)하고 萬物之中(만물지중)에 唯人(유인)이 最靈(최령)하니 好不勝德(호불승덕)이요, 邪不犯正(사불범정)이라 天奪邪氣(천탈사기)하시니 邪氣自滅(사기자멸)하리라. 誦伏羲之先天(송복희지선천)하며 誦文王之後天(송문왕지후천)하며 法周公之聖心(법주공지성심)이라. 天皇(천황)은 以是(이시)로 傳之地皇(전지지황)하시고, 地皇(지황)은 以是(이시)로 傳之人皇(전지인황)하시고 人皇(인황)은 以是(이시)로 傳之三皇五帝(전지삼황오제) 文武周公孔子(문무주공공자) 大聖至聖七十二賢(대성지성칠십이현) 諸大聖賢(제대성현)하시고, 諸大聖賢(제대성현)은 以是(이시)로 南瞻部洲(남첨부주) 海東(해동) 大韓民國(대한민국) 慶尙北道(경상북도) 榮州市(영주시) 休川三洞(휴천3동) 十八番地(십팔번지)에 居(거)하는 奉道弟子(봉도제자) 洪吉童(홍길동)하시니 三員大將(삼원대장)과 九天玄女(구천현녀)는 聽吾分付(청오분부)하여 無得留遲(무득유지)하시고 及弟子身(급제자신)에 諸惡邪鬼(제악사귀)와 諸惡邪祟(제악사수)를 速去千里(속거천리) 急急如律令(급급여율령)

三員大將呪(삼원대장주)

三淸上帝(삼청상제) 東華大帝君(동화대제군) 勅令(칙령) 吾受(오

수) 六甲天書(육갑천서) 驅使六甲六丁之神(구사육갑육정지신) 急請(급청) 東方三員大將(동방삼원대장) 火光大將(화광대장) 吼風大將(후풍대장) 渾海大將(혼해대장) 各領神兵百萬垓(각령신병백만해) 觀壇助吾法力(관단조오법력) 討殺賊兵(토살적병) 莫不從吾(막불종오) 十二耳兵(십이이병) 報吾以信(보오이신) 上乾元君(상건원군) 卽(즉) 天罡六甲神印(천강육갑신인) 在吾手中(재오수중) 令召八方神將(영소팔방신장) 四海五湖龍軍一切(사해오호용군일체) 來吾面前(내오면전) 聽吾分付(청오분부) 無得留遲(무득유지) 急急如律令(급급여율령)

玄女呪(현녀주)

唵娑哩(암사리) 玉皇上帝(옥황상제) 九天玄女(구천현녀) 六丁六甲(육정육갑) 同心護席(동심호석) 上下天門(상하천문) 貫通萬里(관통만리) 急急如律令(급급여율령) 唵娑哩(암사리) 嘞嗲(칙등)

速通姓名呪(속통성명주)

唵娑哩(암사리) 玉皇上帝(옥황상제) 九天玄女(구천현녀) 速通姓名(속통성명) 急急如律令(급급여율령) 唵娑哩(암사리) 嘞嗲(칙등)

耳報呪(이보주)

唵娑哩(암사리) 玉皇上帝(옥황상제) 九天玄女(구천현녀) 急和答(급화답) 言語耳報(언어이보) 急急如律令(급급여율령) 唵娑哩(암사리) 嘞嗲(칙등)

訂盟呪(정맹주)

吾欲(오욕) 使汝上天(사여상천) 與吾上天(여오상천) 使汝入地(사여

입지） 與吾入地（여오입지） 人間百務（인간백무） 與吾通報（여오통보） 他日行滿功完（타일행만공완） 一切工行（일체공행） 與汝平分（여여평분） 汝若不遵（여약불준） 上奏天庭（상주천정） 吾奉（오봉） 太上老君（태상노군） 急急如律令（급급여율령） 唵娑哩（암사리） 嘞嚀 轟（칙등굉）

安神呪（안신주）

唵娑哩（암사리） 玉皇上帝（옥황상제） 九天玄女（구천현녀） 安慰之神（안위지신） 正心安定（정심안정） 急急如律令（급급여율령） 唵娑哩（암사리） 嘞嚀（칙등）

常念呪（상념주）

天呵地呵（천가지가） 人呵道呵（인가도가） 靜呵靈呵（정가영가） 神呵鬼呵（신가귀가） 氣呵精呵（기가정가） 動碍可法（동애가법） 配合眞君（배합진군） 玄女力眞（현녀력진） 律令（율령） 唵呵（암가）

적천수 정설
유백온 선생의 적천수 원본을 정석으로 해설

원래 유백온 선생이 저술한 적천수의 원문은 그렇게 많지가 않으나 후학들이 각각 자신의 주장으로 해설하여 많아졌다. 이 책은 적천수 원문을 보고 30년 역학의 경험을 총동원하여 해설했다. 물론 백퍼센트 정확하다고 주장할 수는 없다. 다만 한국과 일본을 오가면서 실제의 경험담을 함께 실었다. 공부하는 사람들에게는 많은 도움이 될 것이라 믿는다.

신비한 동양철학 82 | 역산 김찬동 편역 | 692면 | 34,000원 | 신국판

궁통보감 정설
궁통보감 원문을 쉽고 자세하게 해설

『궁통보감(窮通寶鑑)』은 5대원서 중에서 가장 이론적이며 사리에 맞는 책이며, 조후(調候)를 중심으로 설명하며 간명한 것이 특징이다. 역학을 공부하는 학도들에게 도움을 주려고 먼저 원문에 음독을 단 다음 해설하였다. 그리고 예문은 서낙오(徐樂吾) 선생이 해설한 것을 그대로 번역하였고, 저자가 상담한 사람들의 사주와 점서에 있는 사주들을 실었다.

신비한 동양철학 83 | 역산 김찬동 편역 | 768면 | 39,000원 | 신국판

연해자평 정설(1·2권)
연해자평의 완결판

연해자평의 저자 서자평은 중국 송대의 대음양 학자로 명리학의 비조일 뿐만 아니라 천문점성에도 밝았다. 이전에는 년(年)을 기준으로 추명했는데 적중률이 낮아 서자평이 일간(日干)을 기준으로 하고, 일지(日支)를 배우자로 보는 이론을 발표하면서 명리학은 크게 발전해 오늘에 이르렀다. 때문에 연해자평은 5대 원서 중에서도 필독하지 않으면 안 되는 책이다.

신비한 동양철학 101 | 김찬동 편역 |1권 559면, 2권 309면 | 1권 33,000원, 2권 20,000원 | 신국판

명리입문
명리학의 정통교본

이 책은 옛부터 있었던 글들이나 너무 여기 저기 산만하게 흩어져 있어 공부하는 사람들에게는 많은 시간과 인내를 필요로 하였다. 그래서 한 군데 묶어 좀더 보기 쉽고 알기 쉽도록 엮은 것이다.

신비한 동양철학 41 | 동하 정지호 저 | 678면 | 29,000원 | 신국판 양장

조화원약 평주
명리학의 정통교본

자평진전, 난강망, 명리정종, 적천수 등과 함께 명리학의 교본에 해당하는 것으로 중국 청나라 때 나온 난강망이라는 책을 서낙오 선생께서 자세하게 설명을 붙인 것이다. 기존의 많은 책들이 오직 격국과 용신을 중심으로 감정하는 것과는 달리 십간 십이지와 음양오행을 각각 자연의 이치와 춘하추동의 사계절의 흐름에 대입하여 인간의 길흉화복을 알 수 있게 했다.

신비한 동양철학 35 | 동하 정지호 편역 | 888면 | 46,000원 | 신국판

사주대성
초보에서 완성까지

이 책은 과거 현재 미래를 모두 알 수 있는 비결을 실었다. 그러나 모두 터득한다는 것은 어려울 것이다.역학은 수천 년간 동방의 석학들에 의해 갈고 닦은 철학이요 학문이며, 정신문화로서 영과학적인 상수문화로서 자랑할만한 위대한 학문이다.

신비한 동양철학 33 | 도관 박흥식 저 | 986면 | 46,000원 | 신국판 양장

쉽게 푼 역학(개정판)
쉽게 배워 적용할 수 있는 생활역학서!

이 책에서는 좀더 많은 사람들이 역학의 근본인 우주의 오묘한 진리와 법칙을 깨달아 보다 나은 삶을 영위하는데 도움이 될 수 있도록 가장 쉬운 언어와 가장 쉬운 방법으로 풀이했다. 역학계의 대가 김봉준 선생의 역작이다.

신비한 동양철학 71 | 백우 김봉준 저 | 568면 | 30,000원 | 신국판

사주명리학 핵심
맥을 잡아야 모든 것이 보인다

이 책은 잡다한 설명을 배제하고 명리학자에게 도움이 될 비법들만을 모아 엮었기 때문에 초심자가 이해하기에는 다소 어려운 부분도 있겠지만 기초를 튼튼히 한 다음 정독한다면 충분히 이해할 것이다. 신살만 늘어놓으며 감정하는 사이비가 되지말기를 바란다.

신비한 동양철학 19 | 도관 박흥식 저 | 502면 | 20,000원 | 신국판

물상활용비법
물상을 활용하여 오행의 흐름을 파악한다

이 책은 물상을 통하여 오행의 흐름을 파악하고 운명을 감정하는 방법을 연구한 책이다. 추명학의 해법을 연구하고 운명을 추리하여 오행에서 분류되는 물질의 운명 줄거리를 물상의 기물로 나들이 하는 활용법을 주제로 했다. 팔자풀이 및 운명해설에 관한 명리감정법의 체계를 세우는데 목적을 두고 초점을 맞추었다.

신비한 동양철학 31 | 해주 이학성 저 | 446면 | 34,000원 | 신국판

신수대전
흉함을 피하고 길함을 부르는 방법

신수는 대부분 주역과 사주추명학에 근거한다. 수많은 학설 중 몇 가지를 보면 사주명리, 자미두수, 관상, 점성학, 구성학, 육효, 토정비결, 매화역수, 대정수, 초씨역림, 황극책수, 하락리수, 범위수, 월영도, 현무발서, 철판신수, 육임신과, 기문둔갑, 태을신수 등이다. 역학에 정통한 고사가 아니면 추단하기 어려우므로 누구나 신수를 볼 수 있도록 몇 가지를 정리했다.

신비한 동양철학 62 | 도관 박흥식 편저 | 528면 | 36,000원 | 신국판 양장

정법사주
운명판단의 첩경을 이루는 책

이 책은 사주추명학을 연구하고자 하는 분들에게 심오한 주역의 이해를 돕고자 하는 의도에서 시작되었다. 음양오행의 상생 상극에서부터 육친법과 신살법을 기초로 하여 격국과 용신 그리고 유년판단법을 활용하여 운명판단에 첩경이 될 수 있도록 했고 추리응용과 운명감정의 실례를 하나하나 들어가면서 독학과 강의용 겸용으로 엮었다.

신비한 동양철학 49 | 원각 김구현 저 | 424면 | 26,000원 | 신국판 양장

내가 보고 내가 바꾸는 DIY사주
내가 보고 내가 바꾸는 사주비결

기존의 책들과는 달리 한 사람의 사주를 체계적으로 도표화시켜 한 눈에 파악할 수 있고, DIY라는 책 제목에서 말하듯이 개운하는 방법을 제시한다. 초심자는 물론 전문가도 자신의 이론을 새롭게 재조명해 볼 수 있는 케이스 스터디 북이다.

신비한 동양철학 39 | 석오 전광 저 | 338면 | 16,000원 | 신국판

인터뷰 사주학
쉽고 재미있는 인터뷰 사주학

얼마전만 해도 사주학을 취급하면 미신을 다루는 부류로 취급되었다. 그러나 지금은 하루가 다르게 이 학문을 공부하는 사람들이 폭증하고 있는 것으로 보인다. 젊은 층에서 사주카페니 사주방이니 사주동아리니 하는 것들이 만들어지고 그 모임이 활발하게 움직이고 있다는 점이 그것을 증명해준다. 그뿐 아니라 대학원에는 역학교수들이 점차로 증가하고 있다.

신비한 동양철학 70 | 글갈 정대엽 편저 | 426면 | 16,000원 | 신국판

사주특강
자평진전과 적천수의 재해석
이 책은 『자평진전』과 『적천수』를 근간으로 명리학의 폭넓은 가치를 인식하고, 실전에서 유용한 기반을 다지는데 중점을 두고 썼다. 일찍이 『자평진전』을 교과서로 삼고, 『적천수』로 보완하라는 서낙오의 말에 깊이 공감한다.
신비한 동양철학 68 │ 청월 박상의 편저 │ 440면 │ 25,000원 │ 신국판

참역학은 이렇게 쉬운 것이다
음양오행의 이론으로 이루어진 참역학서
수학공식이 아무리 어렵다고 해도 1, 2, 3, 4, 5, 6, 7, 8, 9, 0의 10개의 숫자로 이루어졌듯이 사주도 음양과 오행으로 이루어졌을 뿐이다. 그러니 용신과 격국이라는 무거운 짐을 벗어버리고 음양오행의 법칙과 진리만 정확하게 파악하면 된다. 사주는 음양오행의 변화일 뿐이고 용신과 격국은 사주를 감정하는 한 가지 방법에 지나지 않는다.
신비한 동양철학 24 │ 청암 박재현 저 │ 328면 │ 16,000원 │ 신국판

사주에 모든 길이 있다
사주를 알면 운명이 보인다!
사주를 간명하는데 조금이라도 도움이 됐으면 하는 바람에서 이 책을 썼다. 간명의 근간인 오행의 왕쇠강약을 세분하고, 대운과 세운, 세운과 월운의 연관성과, 십신과 여러 살이 미치는 암시와, 십이운성으로 세운을 판단하는 법을 설명했다.
신비한 동양철학 65 │ 정담 선사 편저 │ 294면 │ 26,000원 │ 신국판 양장

왕초보 내 사주
초보 입문용 역학서
이 책은 역학을 너무 어렵게 생각하는 초보자들에게 조금이나마 도움을 주고자 쉽게 엮으려고 노력했다. 이 책을 숙지한 후 역학(易學)의 5대 원서인 『적천수(滴天髓)』, 『궁통보감(窮通寶鑑)』, 『명리정종(命理正宗)』, 『연해자평(淵海子平)』, 『삼명통회(三命通會)』에 접근한다면 훨씬 쉽게 터득할 수 있을 것이다. 이 책들은 저자가 이미 편역하여 삼한출판사에서 출간한 것도 있고, 앞으로 모두 갖출 것이니 많이 활용하기 바란다.
신비한 동양철학 84 │ 역산 김찬동 편저 │ 278면 │ 19,000원 │ 신국판

명리학연구
체계적인 명확한 이론
이 책은 명리학 연구에 핵심적인 내용만을 모아 하나의 독립된 장을 만들었다. 명리학은 분야가 넓어 공부를 하다보면 주변에 머무르는 경우가 많아, 주요 내용을 잃고 헤매는 경우가 많다. 그러므로 뼈대를 잡는 것이 중요한데, 여기서는 「17장. 명리대요」에 핵심 내용만을 모아 학문의 체계를 잡는데 용이하게 하였다.
신비한 동양철학 59 │ 권중주 저 │ 562면 │ 29,000원 │ 신국판 양장

말하는 역학
신수를 묻는 사람 앞에서 술술 말문이 열린다
그토록 어렵다는 사주통변술을 쉽고 흥미롭게 고담과 덕담을 곁들여 사실적으로 생동감 있게 통변했다. 길흉을 어떻게 표현하느냐에 따라 상담자의 정곡을 찔러 핵심을 끌어내 정답을 내리는 것이 통변술이다.역학계의 대가 김봉준 선생의 역작.
신비한 동양철학 11 │ 백우 김봉준 저 │ 576면 │ 26,000원 │ 신국판 양장

통변술해법
가닥가닥 풀어내는 역학의 비법
이 책은 역학과 상대에 대해 머리로는 다 알면서도 밖으로 표출되지 않아 어려움을 겪는 사람들을 위한 실습서이다. 특히 실명감정과 이론강의로 나누어 역학의 진리를 설명하여 초보자도 쉽게 이해할 수 있다. 역학계의 대가 김봉준 선생의 역서인 『알기쉬운 해설·말하는 역학』이 나온 후 후편을 써달라는 열화같은 요구에 못이겨 내놓은 바로 그 책이다.
신비한 동양철학 21 │ 백우 김봉준 저 │ 392면 │ 26,000원 │ 신국판

술술 읽다보면 통달하는 사주학
술술 읽다보면 나도 어느새 도사
당신은 당신 마음대로 모든 일이 이루어지던가. 지금까지 누구의 명령을 받지 않고 내 맘대로 살아왔다고, 운명 따위는 믿지 않는다고, 운명에 매달리지 않는다고 말하는 사람들이 많다. 그러나 우주법칙을 모르기 때문에 하는 소리다.
신비한 동양철학 28 │ 조철현 저 │ 368면 │ 16,000원 │ 신국판

사주학
5대 원서의 핵심과 실용
이 책은 사주학을 체계적으로 공부하려는 학도들을 위해서 꼭 알아두어야 할 내용들과 용어들을 수록하는데 중점을 두었다. 이 학문을 공부하려고 많은 사람들이 필자를 찾아왔을 깨 여러 가지 질문을 던져보면 거의 기초지식이 시원치 않음을 보았다. 따라서 용어를 포함한 제반지식을 골고루 습득해야 빠른 시일 내에 소기의 목적을 달성할 수 있을 것이다.
신비한 동양철학 66 │ 글갈 정대엽 저 │ 778면 │ 46,000원 │ 신국판 양장

명인재
신기한 사주판단 비법
이 책은 오행보다는 주로 살을 이용하는 비법을 담았다. 시중에 나온 책들을 보면 살에 대해 설명은 많이 하면서도 실제 응용에서는 무시하고 있다. 이것은 살을 알면서도 응용할 줄 모르기 때문이다. 그러나 이 책에서는 살의 활용방법을 완전히 터득해, 어떤 살과 어떤 살이 합하면 어떻게 작용하는지를 자세하게 설명하였다.
신비한 동양철학 43 │ 원공선사 저 │ 332면 │ 19,000원 │ 신국판 양장

명리학 │ 재미있는 우리사주
사주 세우는 방법부터 용어해설 까지!!
몇 년 전 『사주에 모든 길이 있다』가 나온 후 선배 제현들께서 알찬 내용의 책다운 책을 접했다는 찬사를 받았다. 그러나 사주의 작성법을 설명하지 않아 독자들에게 많은 질타를 받고 뒤늦게 이 책을 출판하기로 결심했다. 이 책은 한글만 알면 누구나 역학과 가까워질 수 있도록 사주 세우는 방법부터 실제간명, 용어해설에 이르기까지 분야별로 엮었다.
신비한 동양철학 74 │ 정담 선사 편저 │ 368면 │ 19,000원 │ 신국판

사주비기
역학으로 보는 역대 대통령들이 나오는 이치!!
이 책에서는 고서의 이론을 근간으로 하여 근대의 사주들을 임상하여, 적중도에 의구심이 가는 이론들은 과감하게 탈피하고 통용될 수 있는 이론만을 수용했다. 따라서 기존 역학서의 아쉬운 부분들을 충족시키며 일반인도 열정만 있으면 누구나 자신의 운명을 감정하고 피흉취길할 수 있는 생활지침서로 활용할 수 있을 것이다.
신비한 동양철학 79 │ 청월 박상의 편저 │ 456면 │ 19,000원 │ 신국판

사주학의 활용법
가장 실질적인 역학서
우리가 생소한 지방을 여행할 때 제대로 된 지도가 있다면 편리하고 큰 도움이 되듯이 역학이란 이와같은 인생의 길잡이다. 예측불허의 인생을 살아가는데 올바른 안내자나 그 무엇이 있다면 그 이상 마음 든든하고 큰 재산은 없을 것이다.
신비한 동양철학 17 │ 학선 류래웅 저 │ 358면 │ 15,000원 │ 신국판

명리실무
명리학의 총 정리서
명리학(命理學)은 오랜 세월 많은 철인(哲人)들에 의하여 전승 발전되어 왔고, 지금도 수많은 사람이 임상과 연구에 임하고 있으며, 몇몇 대학에 학과도 개설되어 체계적인 교육을 하고 있다. 그러나 아직도 실무에서 활용할 수 있는 책이 부족한 상황이기 때문에 나름대로 현장에서 필요한 이론들을 정리해 보았다. 초학자는 물론 역학계에 종사하는 사람들에게 큰 도움이 될 것이라고 믿는다.
신비한 동양철학 94 │ 박흥식 편저 │ 920면 │ 39,000원 │ 신국판

사주 속으로
역학서의 고전들로 입증하며 쉽고 자세하게 푼 책

십 년 동안 역학계에 종사하면서 나름대로는 실전과 이론에서 최선을 다했다고 자부한다. 역학원의 비좁은 공간에서도 항상 후학을 생각하는 마음으로 역학에 대한 배움의 장을 마련하고자 노력한 것도 사실이다. 이 책을 역학으로 이름을 알리고 역학으로 생활하면서 조금이나마 역학계에 이바지할 것이 없을까라는 고민의 산물이라 생각해주기 바란다.

신비한 동양철학 95 | 김상회 편저 | 429면 | 15,000원 | 신국판

사주학의 방정식
알기 쉽게 풀어놓은 가장 실질적인 역서

이 책은 종전의 어려웠던 사주풀이의 응용과 한문을 쉬운 방법으로 터득하는데 목적을 두었고, 역학이 무엇인가를 알리고자 하는데 있다. 세인들은 역학자를 남의 운명이나 풀이하는 점쟁이로 알지만 잘못된 생각이다. 역학은 우주의 근본이며 기의 학문이기 때문에 역학을 이해하지 못하고서는 우리 인생살이 또한 정확하게 해석할 수 없는 고차원의 학문이다.

신비한 동양철학 18 | 김용오 저 | 192면 | 8,000원 | 신국판

오행상극설과 진화론
인간과 인생을 떠난 천리란 있을 수 없다

과학이 현대를 설정하여 설명하고 있으나 원리는 동양철학에도 있기에 그 양면을 밝히고자 노력했다. 우주에서 일어나는 모든 일을 과학으로 설명될 수는 없다. 비과학적이라고 하기보다는 과학이 따라오지 못한다고 설명하는 것이 더 솔직하고 옳은 표현일 것이다. 특히 과학분야에 종사하는 신의사가 저술했다는데 더 큰 화제가 되고 있다.

신비한 동양철학 5 | 김태진 저 | 222면 | 15,000원 | 신국판

스스로 공부하게 하는 방법과 천부적 적성
내 아이를 성공시키고 싶은 부모들에게

자녀를 성공시키고 싶은 마음은 누구나 같겠지만 가난한 집 아이가 좋은 성적을 내기는 매우 어렵고, 원하는 학교에 들어가기도 어렵다. 그러나 실망하기에는 아직 이르다. 내 아이가 훌륭하게 성장해 아름답고 멋진 삶을 살아가는 방법을 소개한다.

신비한 동양철학 85 | 청암 박재현 지음 | 176면 | 14,000원 | 신국판

진짜부적 가짜부적
부적의 실체와 정확한 제작방법

인쇄부적에서 가짜부적에 이르기까지 많게는 몇백만원에 팔리고 있다는 보도를 종종 듣는다. 그러나 부적은 정확한 제작방법에 따라 자신의 용도에 맞게 스스로 만들어 사용하면 훨씬 더 좋은 효과를 얻을 수 있다. 이 책은 중국에서 정통부적을 연구한 국내유일의 동양오술학자가 밝힌 부적의 실체와 정확한 제작방법을 소개하고 있다.

신비한 동양철학 7 | 오상익 저 | 322면 | 20,000원 | 신국판

수명비결
주민등록번호 13자로 숙명의 정체를 밝힌다

우리는 지금 무수히 많은 숫자의 거미줄에 매달려 허우적거리며 살아가고 있다. 1분 ·1초가 생사를 가름하고, 1등·2등이 인생을 좌우하며, 1급·2급이 신분을 구분하는 세상이다. 이 책은 수명리학으로 13자의 주민등록번호로 명예, 재산, 건강, 수명, 애정, 자녀운 등을 미리 읽어본다.

신비한 동양철학 14 | 장충한 저 | 308면 | 15,000원 | 신국판

진짜궁합 가짜궁합
남녀궁합의 새로운 충격

중국에서 연구한 국내유일의 동양오술학자가 우리나라 역술가들의 궁합법이 잘못되었다는 것을 학술적으로 분석·비평하고, 전적과 사례연구를 통하여 궁합의 실체와 타당성을 분석했다. 합리적인 「자미두수궁합법」과 「남녀궁합」 및 출생시간을 몰라 궁합을 못보는 사람들을 위하여 「지문으로 보는 궁합법」 등을 공개하고 있다.

신비한 동양철학 8 | 오상익 저 | 414면 | 15,000원 | 신국판

주역육효 해설방법(상·하)
한 번만 읽으면 주역을 활용할 수 있는 책

이 책은 주역을 해설한 것으로, 될 수 있는 한 여러 가지 사설을 덧붙이지 않고, 주역을 공부하고 활용하는데 필요한 요건만을 기록했다. 따라서 주역의 근원이나 하도낙서, 음양오행에 대해서도 많은 설명을 자제했다. 다만 누구나 이 책을 한 번 읽어서 주역을 이해하고 활용할 수 있도록 하는데 중점을 두었다.

신비한 동양철학 38 | 원공선사 저 | 상 810면·하 798면 | 각 29,000원 | 신국판

쉽게 푼 주역
귀신도 탄복한다는 주역을 쉽고 재미있게 풀어놓은 책

주역이라는 말 한마디면 귀신도 기겁을 하고 놀라 자빠진다는데, 운수와 일진이 문제가 될까. 8×8=64괘라는 주역을 한 괘에 23개씩의 회답으로 해설하여 1472괘의 신비한 해답을 수록했다. 당신이 당면한 문제라면 무엇이든 해결할 수 있는 열쇠가 이 한 권의 책 속에 있다.

신비한 동양철학 10 | 정도명 저 | 284면 | 16,000원 | 신국판

나침반 | 어디로 갈까요
주역의 기본원리를 통달할 수 있는 책

이 책에서는 기본괘와 변화와 기본괘가 어떤 괘로 변했을 경우 일어날 수 있는 내용들을 설명하여 주역의 변화에 대한 이해를 돕는데 주력하였다. 그러나 그런 내용을 구분할 수 있는 방법을 전부 다 설명할 수는 없기에 뒷장에 간단하게설명하였고, 다른 책들과 설명의 차이점도 기록하였으니 참작하여 본다면 조금이나마 도움이 될 것이다.

신비한 동양철학 67 | 원공선사 편저 | 800면 | 39,000원 | 신국판

완성 주역비결 | 주역 토정비결
반쪽으로 전해오는 토정비결을 완전하게 해설

지금 시중에 나와 있는 토정비결에 대한 책들은 옛날부터 내려오는 완전한 비결이 아니라 반쪽의 책이다. 그러나 반쪽이라고 말하는 사람은 없다. 그것은 주역의 원리를 모르기 때문이다. 그래서 늦은 감이 없지 않으나 앞으로 수많은 세월을 생각해서 완전한 해설판을 내놓기로 했다.

신비한 동양철학 92 | 원공선사 편저 | 396면 | 16,000원 | 신국판

육효대전
정확한 해설과 다양한 활용법

동양고전 중에서도 가장 대표적인 것이 주역이다. 주역은 옛사람들이 자연을 거울삼아 생활을 영위해 나가는 처세에 관한 지혜를 무한히 내포하고, 피흉추길하는 얼과 슬기가 함축된 점서인 동시에 수양·과학서요 철학·종교서라고 할 수 있다.

신비한 동양철학 37 | 도관 박흥식 편저 | 608면 | 26,000원 | 신국판

육효점 정론
육효학의 정수

이 책은 주역의 원전소개와 상수역법의 꽃으로 발전한 경방학을 같이 실어 독자들의 호기심을 충족시키는데 중점을 두었습니다. 주역의 원전으로 인화의 처세술을 터득하고, 어떤 사안의 답은 육효법을 탐독하여 찾으시기 바랍니다.

신비한 동양철학 80 | 효명 최인영 편역 | 396면 | 29,000원 | 신국판

육효학 총론
육효학의 핵심만을 정확하고 알기 쉽게 정리

육효는 갑자기 문제가 생겨 난감한 경우에 명쾌한 답을 찾을 수 있는 학문이다. 그러나 시중에 나와 있는 책들이 대부분 원서를 그대로 번역해 놓은 것이라 전문가인 필자가 보기에도 지루하며 어렵다는 느낌이 들었다. 그래서 보다 쉽게 공부할 수 있도록 이 책을 출간하게 되었다.

신비한 동양철학 89 | 김도희 편저 | 174쪽 | 26,000원 | 신국판

기문둔갑 비급대성
기문의 정수
기문둔갑은 천문지리·인사명리·법술병법 등에 영험한 술수로 예로부터 은밀하게 특권층에만 전승되었다. 그러나 아쉽게도 기문을 공부하려는 이들에게 도움이 될만한 책이 거의 없다. 필자는 이 점이 안타까워 천견박식함을 돌아보지 않고 감히 책을 내게 되었다. 한 권에 기문학을 다 표현할 수는 없지만 이 책을 사다리 삼아 저 높은 경지로 올라간다면 제갈공명과 같은 지혜를 발휘할 수 있을 것이다.
신비한 동양철학 86 ｜ 도관 박흥식 편저 ｜ 725면 ｜ 39,000원 ｜ 신국판

기문둔갑옥경
가장 권위있고 우수한 학문
우리나라의 기문역사는 장구하나 상세한 문헌은 전무한 상태라 이 책을 발간하였다. 기문둔갑은 천문지리는 물론 인사명리 등 제반사에 관한 길흉을 판단함에 있어서 가장 우수한 학문이며 병법과 법술방면으로도 특징과 장점이 있다. 초학자는 포국편을 열심히 익혀 설국을 자유자재로 할 수 있도록 하고, 개인의 이익보다는 보국안민에 일조하기 바란다.
신비한 동양철학 32 ｜ 도관 박흥식 저 ｜ 674면 ｜ 39,000원 ｜ 사륙배판

오늘의 토정비결
일년 신수와 죽느냐 사느냐를 알려주는 예언서
역산비결은 일년신수를 보는 역학서이다. 당년의 신수만 본다는 것은 토정비결과 비슷하나 토정비결은 토정 선생께서 사람들에게 용기와 희망을 주기 위함이 목적이어서 다소 허황되고 과장된 부분이 많다. 그러나 역산비결은 재미로 보는 신수가 아니라, 죽느냐 사느냐를 알려주는 예언서이이니 재미로 보는 토정비결과는 차원이 다르다.
신비한 동양철학 72 ｜ 역산 김찬동 편저 ｜ 304면 ｜ 16,000원 ｜ 신국판

國運 ｜ 나라의 운세
역으로 풀어본 우리나라의 운명과 방향
아무리 서구사상의 파고가 높다하기로 오천 년을 한결같이 가꾸며 살아온 백두의 혼이 와르르 무너지는 지경에 왔어도 누구 하나 입을 열어 말하는 사람이 없으니 답답하다. 불확실한 내일에 대한 해답을 이 책은 명쾌하게 제시하고 있다.
신비한 동양철학 22 ｜ 백우 김봉준 저 ｜ 290면 ｜ 9,000원 ｜ 신국판

남사고의 마지막 예언
이 책으로 격암유록에 대한 논란이 끝나기 바란다
감히 이 책을 21세기의 성경이라고 말한다. 〈격암유록〉은 섭리가 우리민족에게 준 위대한 복음서이며, 선물이며, 꿈이며, 인류의 희망이다. 이 책에서는 〈격암유록〉이 전하고자 하는 바를 주제별로 정리하여 문답식으로 풀어갔다. 이 책으로 〈격암유록〉에 대한 논란은 끝나기 바란다.
신비한 동양철학 29 ｜ 석정 박순용 저 ｜ 276면 ｜ 16,000원 ｜ 신국판

원토정비결
반쪽으로만 전해오는 토정비결의 완전한 해설판
지금 시중에 나와 있는 토정비결에 대한 책들을 보면 옛날부터 내려오는 완전한 비결이 아니라 반면의 책이다. 그러나 반면이라고 말하는 사람이 없다. 그것은 주역의 원리를 모르기 때문이다. 따라서 늦은 감이 없지 않으나 앞으로의 수많은 세월을 생각하면서 완전한 해설본을 내놓았다.
신비한 동양철학 53 ｜ 원공선사 저 ｜ 396면 ｜ 24,000원 ｜ 신국판 양장

나의 천운 ｜ 운세찾기
몽골정통 토정비결
이 책은 역학계의 대가 김봉준 선생이 몽공토정비결을 우리의 인습과 체질에 맞게 엮은 것이다. 운의 흐름을 알리고자 호운과 쇠운을 강조하고, 현재의 나를 조명하고 판단할 수 있도록 했다. 모쪼록 생활서나 안내서로 활용하기 바란다.
신비한 동양철학 12 ｜ 백우 김봉준 저 ｜ 308면 ｜ 11,000원 ｜ 신국판

역점 | 우리나라 전통 행운찾기
쉽게 쓴 64괘 역점 보는 법

주역이 점치는 책에만 불과했다면 벌써 그 존재가 없어졌을 것이다. 그러나 오랫동안 많은 학자가 연구를 계속해왔고, 그 속에서 자연과학과 형이상학적인 우주론과 인생론을 밝혀, 정치·경제·사회 등 여러 방면에서 인간의 생활에 응용해왔고, 삶의 지침서로써 그 역할을 했다. 이 책은 한 번만 읽으면 누구나 역점가가 될 수 있으니 생활에 도움이 되길 바란다.

신비한 동양철학 57 │ 문명상 편저 │ 382면 │ 26,000원 │ 신국판 양장

이렇게 하면 좋은 운이 온다
한 가정에 한 권씩 놓아두고 볼만한 책

좋은 운을 부르는 방법은 방위·색상·수리·년운·월운·날짜·시간·궁합·이름·직업·물건·보석·맛·과일·기운·마을·가축·성격 등을 정확하게 파악하여 자신에게 길한 것은 취하고 흉한 것은 피하면 된다. 이 책의 저자는 신학대학을 졸업하고 역학계에 입문했다는 특별한 이력을 갖고 있기 때문에 더 많은 화제가 되고 있다.

신비한 동양철학 27 │ 역산 김찬동 저 │ 434면 │ 16,000원 │ 신국판

운을 잡으세요 │ 改運秘法
염력강화로 삶의 문제를 해결한다!

행복과 불행은 누가 주는 것이 아니라 자기 자신이 만든다고 할 수 있다. 한 마디로 말해 의지의 힘, 즉 염력이 운명을 바꾸는 것이다. 이 책에서는 이러한 염력을 강화시켜 삶에서 일어나는 문제를 해결하는 방법을 알려준다. 누구나 가벼운 마음으로 읽고 실천한다면 반드시 목적을 이룰 수 있을 것이다.

신비한 동양철학 76 │ 역산 김찬동 편저 │ 272면 │ 10,000원 │ 신국판

복을 부르는방법
나쁜 운을 좋은 운으로 바꾸는 비결

개운하는 방법은 여러 가지가 있으나, 이 책의 비법은 축원문을 독송하는 것이다. 독송이란 소리내 읽는다는 뜻이다. 사람의 말에는 기운이 있는데, 이 기운은 자신에게 돌아온다. 좋은 말을 하면 좋은 기운이 돌아오고, 나쁜 말을 하면 나쁜 기운이 돌아온다. 이 책은 누구나 어디서나 쉽게 비용을 들이지 않고 좋은 운을 부를 수 있는 방법을 실었다.

신비한 동양철학 69 │ 역산 김찬동 편저 │ 194면 │ 11,000원 │ 신국판

천직 │ 사주팔자로 찾은 나의 직업
천직을 찾으면 역경없이 탄탄하게 성공할 수 있다

잘 되겠지 하는 막연한 생각으로 의욕만 갖고 도전하는 것과 나에게 맞는 직종은 무엇이고 때는 언제인가를 알고 도전하는 것은 근본적으로 다르고, 결과도 다르다. 만일 의욕만으로 팔자에도 없는 사업을 시작했다고 하자, 결과는 불을 보듯 뻔하다. 그러므로 이런 때일수록 침착과 냉정을 찾아 내 그릇부터 알고, 생활에 대처하는 지혜로움을 발휘해야 한다.

신비한 동양철학 34 │ 백우 김봉준 저 │ 376면 │ 19,000원 │ 신국판

운세십진법 │ 本大路
운명을 알고 대처하는 것은 현대인의 지혜다

타고난 운명은 분명히 있다. 그러니 자신의 운명을 알고 대처한다면 비록 운명을 바꿀 수는 없지만 향상시킬 수 있다. 이것이 사주학을 알아야 하는 이유다. 이 책에서는 자신이 타고난 숙명과 앞으로 펼쳐질 운명행로를 찾을 수 있도록 운명의 기초를 초연하게 설명하고 있다.

신비한 동양철학 1 │ 백우 김봉준 저 │ 364면 │ 16,000원 │ 신국판

성명학 │ 바로 이 이름
사주의 운기와 조화를 고려한 이름짓기

사람은 누구나 타고난 운명이 있다. 숙명인 사주팔자는 선천운이고, 성명은 후천운이 되는 것으로 이름을 지을 때는 타고난 운기와의 조화를 고려해야 한다. 따라서 역학에 대한 깊은 이해가 선행함은 지극히 당연하다. 부연하면 작명의 근본은 타고난 사주에 운기를 종합적으로 분석하여 부족한 점을 보강하고 결점을 개선한다는 큰 뜻이 있다고 할 수 있다.

신비한 동양철학 75 │ 정담 선사 편저 │ 488면 │ 24,000원 │ 신국판

작명 백과사전
36가지 이름짓는 방법과 선후천 역상법 수록
이름은 나를 대표하는 생명체이므로 몸은 세상을 떠날지라도 영원히 남는다. 성명운의 유도력은 후천적으로 가공 인수되는 후존적 수기로써 조성 운화되는 작용력이 있다. 선천수기의 운기력이 50%이면 후천수기도의 운기력도 50%이다. 이와 같이 성명운의 작용은 운로에 불가결한조건일 뿐 아니라, 선천명운의 범위에서 기능을 충분히 할 수 있다.
신비한 동양철학 81 │ 임삼업 편저 │ 송충석 감수 │ 730면 │ 36,000원 │ 사륙배판

작명해명
누구나 쉽게 활용할 수 있는 체계적인 작명법
일반적인 성명학으로는 알 수 없는 한자이름, 한글이름, 영문이름, 예명, 회사명, 상호, 상품명 등의 작명방법을 여러 사례를 들어 체계적으로 분석하여 누구나 쉽게 배워서 활용할 수 있도록 서술했다.
신비한 동양철학 26 │ 도관 박홍식 저 │ 518면 │ 19,000원 │ 신국판

역산성명학
이름은 제2의 자신이다
이름에는 각각 고유의 뜻과 기운이 있어 그 기운이 성격을 만들고 그 성격이 운명을 만든다. 나쁜 이름은 부르면 부를수록 불행을 부르고 좋은 이름은 부르면 부를수록 행복을 부른다. 만일 이름이 거지같다면 아무리 운세를 잘 만나도 밥을 좀더 많이 얻어 먹을 수 있을 뿐이다. 저자는 신학대학을 졸업하고 역학계에 입문한 특별한 이력으로 많은 화제가 된다.
신비한 동양철학 25 │ 역산 김찬동 저 │ 456면 │ 26,000원 │ 신국판

작명정론
이름으로 보는 역대 대통령이 나오는 이치
사주팔자가 네 기둥으로 세워진 집이라면 이름은 그 집을 대표하는 문패라고 할 수 있다. 따라서 이름을 지을 때는 사주의 격에 맞추어야 한다. 사주 그릇이 작은 사람이 원대한 뜻의 이름을 쓰면 감당하지 못할 시련을 자초하게 되고 오히려 이름값을 못할 수 있다. 즉 분수에 맞는 이름으로 작명해야 하기 때문에 사주의 올바른 분석이 필요하다.
신비한 동양철학 77 │ 청월 박상의 편저 │ 430면 │ 19,000원 │ 신국판

음파메세지 (氣)성명학
새로운 시대에 맞는 새로운 성명학
지금까지의 모든 성명학은 모순의 극치를 이룬다. 그러나 이제 새 시대에 맞는 음파메세지(氣) 성명학이 나왔으니 복을 계속 부르는 이름을 지어 사랑하는 자녀가 행복하고 아름다운 삶을 살아갈 수 있도록 하는데 도움이 되었으면 한다.
신비한 동양철학 51 │ 청암 박재현 저 │ 626면 │ 39,000원 │ 신국판 양장

아호연구
여러 가지 작호법과 실제 예 모음
필자는 오래 전부터 작명을 연구했다. 그러나 시중에 나와 있는 책에는 대부분 아호에 관해서는 전혀 언급하지 않았다. 그래서 아호에 관심이 있어도 자료를 구하지 못하는 분들을 위해 이 책을 내게 되었다. 아호를 짓는 것은 그리 대단하거나 복잡하지 않으니 이 책을 처음부터 끝까지 착실히 공부한다면 누구나 좋은 아호를 지어 쓸 수 있을 것이라고 생각한다.
신비한 동양철학 87 │ 임삼업 편저 │ 308면 │ 26,000원 │ 신국판

한글이미지 성명학
이름감정서
이 책은 본인의 이름은 물론 사랑하는 가족 그리고 가까운 친척이나 친구들의 이름까지도 좋은지 나쁜지 알아볼 수 있도록 지금까지 나와 있는 모든 성명학을 토대로 하여 썼다. 감언이설이나 협박성 감명에 흔들리지 않고 확실한 이름풀이를 볼 수 있을 것이다. 그리고 아름답고 멋진 삶을 살아갈 수 있는 이름을 짓는 방법도 상세하게 제시하였다.
신비한 동양철학 93 │ 청암 박재현 지음 │ 287면 │ 10,000원 │ 신국판

비법 작명기술
복과 성공을 함께 하려면
이 책은 성명의 발음오행이나 이름의 획수를 근간으로 하는 실제 이용이 가장 많은 기본 작명법을 서술하고, 주역의 괘상으로 풀어 길흉을 판단하는 역상법 5가지와 그외 중요한 작명법 5가지를 합하여 「보배로운 10가지 이름 짓는 방법」을 실었다. 특히 작명비법인 선후천역상법은 성명의 원획에 의존하는 작명법과 달리 정획과 곡획을 사용해 주역 상수학을 대표하는 하락이수를 쓰고, 육효가 들어가 응험률을 높였다.
신비한 동양철학 96 | 임삼업 편저 | 370면 | 30,000원 | 사륙배판

올바른 작명법
소중한 이름, 알고 짓자!
세상 부모들에게 가장 소중한 것이 뭐냐고 물으면 자녀라고 할 것이다. 그런데 왜 평생을 좌우할 이름을 함부로 짓는가. 이름이 얼마나 소중한지, 이름의 오행작용이 일생을 어떻게 좌우하는지 모르기 때문이다.
신비한 동양철학 61 | 이정재 저 | 352면 | 19,000원 | 신국판

호(雅號)책
아호 짓는 방법과 역대 유명인사의 아호, 인명용 한자 수록
필자는 오래 전부터 작명연구에 열중했으나 대부분의 작명책에는 아호에 관해서는 전혀 언급하지 않고, 간혹 거론했어도 몇 줄 정도의 뜻풀이에 불과하거나 일반작명법에 준한다는 암시만 풍기며 끝을 맺었다. 따라서 필자가 참고한 문헌도 적었음을 인정한다. 아호에 관심이 있어도 자료를 구하지 못하는 현실에 착안하여 필자 나름대로 각고 끝에 본서를 펴냈다.
신비한 동양철학 97 | 임삼업 편저 | 390면 | 20,000원 | 신국판

관상오행
한국인의 특성에 맞는 관상법
좋은 관상인 것 같으나 실제로는 나쁘거나 좋은 관상이 아닌데도 잘 사는 사람이 왕왕있어 관상법 연구에 흥미를 잃는 경우가 있다. 이것은 중국의 관상법만을 익히고 우리의 독특한 환경적인 특징을 소홀히 다루었기 때문이다. 이에 우리 한국인에게 알맞은 관상법을 연구하여 누구나 관상을 쉽게 알아보고 해석할 수 있도록 자세하게 풀어놓았다.
신비한 동양철학 20 | 송파 정상기 저 | 284면 | 12,000원 | 신국판

정본 관상과 손금
바로 알고 사람을 사귑시다
이 책은 관상과 손금은 인생을 행복하게 만든다는 관점에서 다루었다. 그야말로 관상과 손금의 혁명이라고 할 수 있다. 여러분도 관상과 손금을 통한 예지력으로 인생의 참주인이 되기 바란다. 용기를 불어넣어 주고 행복을 찾게 하는 것이 참다운 관상과 손금술이다. 이 책이 일상사에 고민하는 분들에게 해결방법을 제시해 줄 것이다.
신비한 동양철학 42 | 지창룡 감수 | 332면 | 16,000원 | 신국판

이런 사원이 좋습니다
사원선발 면접지침
사회가 다양해지면서 인력관리의 전문화와 인력수급이 기업주의 애로사항이 되었다. 필자는 그동안 많은 기업의 사원선발 면접시험에 참여했는데 기업주들이 모두 면접지침에 관한 책이 있으면 좋겠다는 것이다. 그래서 경험한 사례를 참작해 이 책을 내니 좋은 사원을 선발하는데 많은 도움이 될 것이라고 믿는다.
신비한 동양철학 90 | 정도명 지음 | 274면 | 19,000원 | 신국판

핵심 관상과 손금
사람을 볼 줄 아는 안목과 지혜를 알려주는 책
오늘과 내일을 예측할 수 없을만큼 복잡하게 펼쳐지는 현실에서 살아남기 위해서는 사람을 볼줄 아는 안목과 지혜가 필요하다. 시중에 관상학에 대한 책들이 많이 나와있지만 너무 형이상학적이라 전문가도 이해하기 어렵다. 이 책에서는 누구라도 쉽게 보고 이해할 수 있도록 핵심만을 파악해서 설명했다.
신비한 동양철학 54 | 백우 김봉준 저 | 188면 | 14,000원 | 사륙판 양장

완벽 사주와 관상
우리의 삶과 관계 있는 사실적 관계로만 설명한 책
이 책은 우리의 삶과 관계 있는 사실적 관계로만 역을 설명하고, 역에 대한 관심과 흥미를 갖게 하고자 관상학을 추록했다. 여기에 추록된 관상학은 시중에서 흔하게 볼 수 있는 상법이 아니라 생활상법, 즉 삶의 지식과 상식을 드리고자 했다.
신비한 동양철학 55 │ 김봉준·유오준 공저 │ 530면 │ 36,000원 │ 신국판 양장

사람을 보는 지혜
관상학의 초보에서 실용까지
현자는 하늘이 준 명을 알고 있기에 부귀에 연연하지 않는다. 사람은 마음을 다스리는 심명이 있다. 마음의 명은 자신만이 소통하는 유일한 우주의 무형의 에너지이기 때문에 잠시도 잊으면 안된다. 관상학은 사람의 상으로 이런 마음을 살피는 학문이니 잘 이해하여 보다 나은 삶을 삶을 영위할 수 있도록 노력해야 한다.
신비한 동양철학 73 │ 이부길 편저 │ 510면 │ 20,000원 │ 신국판

한눈에 보는 손금
논리정연하며 바로미터적인 지침서
이 책은 수상학의 연원을 초월해서 동서합일의 이론으로 집필했다. 그야말로 논리정연한 수상학을 정리하였다. 그래서 운명적, 철학적, 양동적, 심리학적인 면을 예증과 방편에 이르기까지 상세하게 기술했다. 이 책은 수상학이라기 보다 바로미터적인 지침서 역할을 해줄 것이다. 독자 여러분의 꾸준한 연구와 더불어 인생성공의 지침서가 될 수 있을 것이다.
신비한 동양철학 52 │ 정도명 저 │ 432면 │ 24,000원 │ 신국판 양장

이런 집에 살아야 잘 풀린다
운이 트이는 좋은 집 알아보는 비결
한마디로 운이 트이는 집을 갖고 싶은 것은 모두의 꿈일 것이다. 50평이니 60평이니 하며 평수에 구애받지 않고 가족이 평온하게 생활할 수 있고 나날이 발전할 수 있는 그런 집이 있다면 얼마나 좋을까? 그런 소망에 한 걸음이라도 가까워지려면 막연하게 운만 기대하고 있어서는 안 된다. 좋은 집을 가지려면 그만한 노력이 있어야 한다.
신비한 동양철학 64 │ 강현술·박흥식 감수 │ 270면 │ 16,000원 │ 신국판

점포, 이렇게 하면 부자됩니다
부자되는 점포, 보는 방법과 만드는 방법
사업의 성공과 실패는 어떤 사업장에서 어떤 품목으로 어떤 사람들과 거래하느냐에 따라 판가름난다. 그리고 사업을 성공시키려면 반드시 몇 가지 문제를 살펴야 하는데 무작정 사업을 시작하여 실패하는 사람들이 많다. 그래서 이 책에서는 이러한 문제와 방법들을 조목조목 기술하여 누구나 성공하도록 도움을 주는데 주력하였다.
신비한 동양철학 88 │ 김도희 편저 │ 177면 │ 26,000원 │ 신국판

쉽게 푼 풍수
현장에서 활용하는 풍수지리법
산도는 매우 광범위하고, 현장에서 알아보기 힘들다. 더구나 지금은 수목이 울창해 소조산 정상에 올라가도 나무에 가려 국세를 파악하는데 애를 먹는다. 따라서 사진을 첨부하니 많은 활용하기 바란다. 물론 결록에 있고 산도가 눈에 익은 것은 혈 사진과 함께 소개하였다. 이 책을 열심히 정독하면서 답산하면 혈을 알아보고 용산도 할 수 있을 것이다.
신비한 동양철학 60 │ 전항수·주장관 편저 │ 378면 │ 26,000원 │ 신국판

음택양택
현세의 운·내세의 운
이 책에서는 음양택명당의 조건이나 기타 여러 가지를 설명하여 산 자와 죽은 자의 행복한 집을 만들 수 있도록 했다. 특히 죽은 자의 집인 음택명당은 자리를 옳게 잡으면 꾸준히 생기를 발하여 흥하나, 그렇지 않으면 큰 피해를 당하니 돈보다도 행·불행의 근원인 음양택명당에 관심을 기울여야 한다.
신비한 동양철학 63 │ 전항수·주장관 지음 │ 392면 │ 29,000원 │ 신국판

용의 혈 │ 풍수지리 실기 100선
실전에서 실감나게 적용하는 풍수의 길잡이

이 책은 풍수지리 문헌인 만두산법서, 명산론, 금랑경 등을 이해하기 쉽도록 주제별로 간추려 설명했으며, 풍수지리학을 쉽게 접근하여 공부하고, 실전에 활용하여 실감나게 적용할 수 있도록 하는데 역점을 두었다.

신비한 동양철학 30 │ 호산 윤재우 저 │ 534면 │ 29,000원 │ 신국판

현장 지리풍수
현장감을 살린 지리풍수법

풍수를 업으로 삼는 사람들이 진가를 분별할 줄 모르면서 많은 법을 알았다고 자부하며 뽐낸다. 그리고는 재물에 눈이 어두워 불길한 산을 길하다 하고, 선하지 못한 물)을 선하다 한다. 이는 분수 밖의 것을 바라기 때문이다. 마음가짐을 바로 하고 고대 원전에 공력을 바치면서 산간을 실사하며 적공을 쏟으면 정교롭고 세밀한 경지를 얻을 수 있을 것이다.

신비한 동양철학 48 │ 전항수·주관장 편저 │ 434면 │ 36,000원 │ 신국판 양장

찾기 쉬운 명당
실전에서 활용할 수 있는 책

가능하면 쉽게 풀어 실전에 도움이 되도록 했다. 특히 풍수지리에서 방향측정에 필수인 패철 사용과 나경 9층을 각 층별로 설명했다. 그리고 이 책에 수록된 도설, 즉 오성도, 명산도, 명당 형세도 내거수 명당도, 지각형세도, 용의 과협출맥도, 사대혈형 와겸유돌 형세도 등은 국립중앙도서관에 소장된 문헌자료인 만산도단, 만산영도, 이석당 은민산도의 원본을 참조했다.

신비한 동양철학 44 │ 호산 윤재우 저 │ 386면 │ 19,000원 │ 신국판 양장

해몽정본
꿈의 모든 것

시중에 꿈해몽에 관한 책은 많지만 막상 내가 꾼 꿈을 해몽을 하려고 하면 어디다 대입시켜야 할지 모르는 경우가 많았을 것이다. 그러나 최대한으로 많은 예를 들었고, 찾기 쉽고 명료하게 만들었기 때문에 해몽을 하는데 어려움이 없을 것이다. 한집에 한권씩 두고 보면서 나쁜 꿈은 예방하고 좋은 꿈을 좋은 일로 연결시킨다면 생활에 많은 도움이 될 것이다.

신비한 동양철학 36 │ 청암 박재현 저 │ 766면 │ 19,000원 │ 신국판

해몽 │ 해몽법
해몽법을 알기 쉽게 설명한 책

인생은 꿈이 예지한 시간적 한계에서 점점 소멸되어 가는 현존물이기 때문에 반드시 꿈의 뜻을 따라야 한다. 이것은 꿈을 먹고 살아가는 인간 즉 태몽의 끝장면인 죽음을 향해 달려가고 있는 인간이기 때문이다. 꿈은 우리의 삶을 이끌어가는 이정표와도 같기에 똑바로 가도록 노력해야 한다.

신비한 동양철학 50 │ 김종일 저 │ 552면 │ 26,000원 │ 신국판 양장

명리용어와 시결음미
명리학의 어려운 용어와 숙어를 쉽게 풀이한 책

명리학을 연구하는 이들은 기초공부가 끝나면 자연스럽게 훌륭하다고 평가하는 고전의 이론을 접하게 된다. 그러나 시결과 용어와 숙어는 어려운 한자로만 되어 있어 대다수가 선뜻 탐독과 음미에 취미를 잃는다. 그래서 누구나 어려움 없이 쉽게 읽고 깊이 있게 음미할 수 있도록 원문에 한글로 발음을 달고 어려운 용어와 숙어에 해석을 달아 이 책을 내게 되었다.

신비한 동양철학 103 │ 원각 김구현 편저 │300면 │ 25,000원 │ 신국판

완벽 만세력
착각하기 쉬운 서머타임 2도 인쇄

시중에 많은 종류의 만세력이 나와있지만 이 책은 단순한 만세력이 아니라 완벽한 만세경전으로 만세력 보는 법 등을 실었기 때문에 처음 대하는 사람이라도 쉽게 볼 수 있도록 편집되었다. 또한 부록편에는 사주명리학, 신살종합해설, 결혼과 이사택일 및 이사방향, 길흉보는 법, 우주천기와 한국의 역사 등을 수록했다.

신비한 동양철학 99 │ 백우 김봉준 저 │ 316면 │ 20,000원 │ 사륙배판

정본만세력

이 책은 완벽한 만세력으로 만세력 보는 방법을 자세하게 설명했다. 그리고 역학에 대한 기본적인 내용과 결혼하기 좋은 나이·좋은 날·좋은 시간, 아들·딸 태아감별법, 이사하기 좋은 날·좋은 방향 등을 부록으로 실었다.

신비한 동양철학 45 │ 백우 김봉준 저 │ 304면 │ 사륙배판 26,000원, 신국판 16,000원, 사륙판 10,000원, 포켓판 9,000원

정본 │ 완벽 만세력
착각하기 쉬운 서머타임 2도인쇄

시중에 많은 종류의 만세력이 있지만 이 책은 단순한 만세력이 아니라 완벽한 만세경전이다. 그리고 만세력 보는 법 등을 실었기 때문에 처음 대하는 사람이라도 쉽게 볼 수 있다. 또 부록편에는 사주명리학, 신살 종합해설, 결혼과 이사 택일, 이사 방향, 길흉보는 법, 우주의 천기와 우리나라 역사 등을 수록하였다.

신비한 동양철학 99 │ 김봉준 편저 │ 316면 │ 20,000원 │ 사륙배판

원심수기 통증예방 관리비법
쉽게 배워 적용할 수 있는 통증관리법

『원심수기 통증예방 관리비법』은 4차원의 건강관리법으로 질병이 악화되는 것을 예방하여 건강한 몸을 유지하는데 그 목적이 있다. 시중의 수기요법과 비슷하나 특장점은 힘이 들지 않아 어린아이부터 노인까지 누구나 시술할 수 있고, 배우고 적용하는 과정이 쉽고 간단하며, 시술 장소나 도구가 필요 없으니 언제 어디서나 시술할 수 있다.

신비한 동양철학 78 │ 원공 선사 저 │ 288면 │ 16,000원 │ 신국판

운명으로 본 나의 질병과 건강
타고난 건강상태와 질병에 대한 대비책

이 책은 국내 유일의 동양오술학자가 사주학과 정통명리학의 양대산맥을 이루는 자미두수 이론으로 임상실험을 거쳐 작성한 자료다. 따라서 명리학을 응용한 최초의 완벽한 의학서로 질병을 예방하고 치료하는데 활용하면 최고의 의사가 될 것이다. 또한 예방의학적인 차원에서 건강을 유지하는데 훌륭한 지침서로 현대의학의 새로운 장을 여는 계기가 될 것이다.

신비한 동양철학 9 │ 오상익 저 │ 474면 │ 26,000원 │ 신국판

서체자전
해서를 기본으로 전서, 예서, 행서, 초서를 연습할 수 있는 책

한자는 오랜 옛날부터 우리 생활과 뗄 수 없음에도 잘 몰라 불편을 겪는 사람들이 많아 이 책을 내게 되었다. 이 책에서는 해서를 기본으로 각 글자마다 전서, 예서, 행서, 초서 순으로 배열하여 독자가 필요한 것을 찾아 연습하기 쉽도록 하였다.

신비한 동양철학 98 │ 편집부 편 │ 273면 │ 16,000원 │ 사륙배판

택일민력(擇日民曆)
택일에 관한 모든 것

이 책은 택일에 대한 모든 것을 넣으려고 최선을 다하였다. 동양철학을 공부하여 상담하거나 종교인·무속인·일반인들이 원하는 부분을 쉽게 찾아 활용할 수 있도록 칠십이후, 절기에 따른 벼농사의 순서와 중요한 과정, 납음오행, 신살의 의미, 구성조견표, 결혼·이사·제사·장례·이장에 관한 사항 등을 폭넓게 수록하였다.

신비한 동양철학 100 │ 최인영 편저 │80면 │ 5,000원 │ 사륙배판

모든 질병에서 해방을 1·2
건강실용서

우리나라는 아주 오랜 옛날부터 건강과 관련한 약재들이 산천에 널려 있었고, 우리 민족은 그 약재들을 슬기롭게 이용하며 나름대로 건강하게 살아왔다. 그러나 오늘날 현대의학에 밀려 외면당하며 사라지게 되었다. 이에 옛날부터 내려오는 의학서적인 『기사회생』과 『단방심편』을 바탕으로 민가에서 활용했던 민간요법들을 정리하고, 현대에 개발된 약재들이나 시술방법들을 정리했다.

신비한 동양철학 102 │ 원공 선사 편저 │1권 448면·2권 416면 │ 각 29,000원 │ 신국판

참역학은 이렇게 쉬운 것이다② ─ 완결편
역학을 활용하는 방법을 정리한 책
『참역학은 이렇게 쉬운 것이다』에서 미처 쓰지 못한 사주를 활용하는 방법을 정리한다는 의미에서 다시 이 책을 내게 되었다. 전문가든 비전문가든 이 책이 사주라는 학문을 이해하는 데 도움이 되고, 사주에 있는 가장 좋은 길을 찾아 행복하게 살았으면 합니다. 특히 사주상담을 업으로 하는 분들도 참고해서 상담자들이 행복하게 살도록 도와주었으면 한다.
신비한 동양철학 104 │ 청암 박재현 편저 │ 330면 │ 23,000원 │ 신국판

인명용 한자사전
한권으로 작명까지 OK
이 책은 인명용 한자의 사전적 쓰임이 본분이지만 그것에 국한하지 않고 작명법들을 그것도 일반적으로 통용되는 기본적인 것 외에 주역을 통한 것 등 7가지를 간추려 놓아 여러 권의 작명책을 군살없이 대신했기에 이 한권의 사용만으로 작명에 관한 모든 것을 충족하고도 남을 것이다. 5,000자가 넘는 인명용 한자를 실었지만 음(音)으로 한 줄에 수십 자, 획수로도 여러 자를 넣어 가능한 부피를 줄이려고 노력하였다. 그리고 작명하는데 한자에 관해서는 다양하게 활용할 수 있도록 하였고, 일반적인 한자자전의 용도까지 충분히 겸비하도록 하였다.
신비한 동양철학 105 │ 임삼업 편저 │ 336면 │ 24,000원 │ 신국판

바로 내 사주
행복한 인생을 만들어 갈 수 있는 방법을 소개하는 책
역학이란 본래 어려운 학문이다. 수십 년을 공부해도 터득하기 어려운 학문이라 많은 사람이 중간에 포기하는 일이 많다. 기존의 당사주 책도 수백 년 동안 그 명맥을 유지해왔으나 적중률이 매우 낮아 일반인들에게 신뢰를 많이 받지 못했다. 그래서 지금까지 30여 년 동안 공부하며 터득한 비법을 토대로 이 책을 내게 되었다. 물론 어느 역학책도 백 퍼센트 정확하다고 장담할 수는 없다. 이 책도 백 퍼센트 적중률을 목표로 했으나 적어도 80% 이상은 적중할 것이라고 자부한다.
신비한 동양철학 106 │ 김찬동 편저 │ 242면 │ 20,000원 │ 신국판

주역타로64
인간사 주역괘 풀이
타로카드는 서양 상류사회의 생활상을 담은 그림으로 되어 있다. 그 속에는 자연과 인간이 겪을 수 있는 경험과 역사가 압축되어 있다. 이러한 타로카드를 점(占) 목적으로 사용하는 것인데, 주역타로64점은 주역의 64괘를 64매의 타로카드에 담아 점 도구로 사용한다. 64괘는 우주의 모든 형상과 형태의 끊임없는 변화의 원리로 나타난 것이다. 그리고 주역타로는 일반 타로의 공통적인 스토리와는 다른 점이 많으나 그 기본 이론은 같다. 주역타로의 추상적이며 미진한 정보에 더해 인간사에 대한 주역 괘풀이를 보탰으니 주역타로64를 점 도구로 활용하는 데 도움이 되었으면 한다.
신비한 동양철학 107 │ 임삼업 편저 │ 387면 │ 39,000원 │ 사륙배판

주역 평생운 비록
상수역의 하락이수를 활용한 비결
하락이수의 평생운, 대상운, 유년운, 월운은 주역의 표상인 괘효의 숫자로 기록했고, 그 해석 설명은 원문에 50,000여 한자 사언시구로 구성되어 간혹 어려운 글자, 흔히 쓰지 않는 낯선 글자, 주역의 괘효사를 인용한 것도 있어 한문 문장의 해석은 녹녹치 않은 것이어서 원문 한자 부분은 제외시키고 한글 해석만을 수록했다.
신비한 동양철학 109 │ 경의제 임삼업 편저 │ 사륙배판

명리정종 정설(근간)
명리정종의 완결판
이 책의 원서인 명리정종(命理正宗)은 중국 명대의 신봉(神峰) 장남(張楠) 선생이 저술한 명리서(命理書)다. 명리학(命理學)의 5대 원서는 어느 것 하나 귀하지 않은 것이 없지만 명리정종(命理正宗)은 연해자평(淵海子平)을 깊이 분석하며 비판한 것이 특징이다. 따라서 초학자는 연해자평(淵海子平)을 공부한 후 이 책을 공부하는 것이 좋다.
신비한 동양철학 108 │ 역산 김찬동 편역 │ 신국판

저자 **박홍식**

· 주역·명리·기문·육임·유·불·선 연구가

· 저서로는 『사주대성』, 『사주명리학 핵심』, 『신수대전』, 『명리실무』,
『기문둔옥경』, 『기문둔갑 비급대성』, 『작명해명』이 있다.

전화 (054)634-1383

기문둔갑옥경

1판 1쇄 발행일 | 1999년 9월 15일
1판 4쇄 발행일 | 2015년 9월 16일

발행처 | 삼한출판사
발행인 | 김충호
지은이 | 박홍식

신고년월일 | 1975년 10월 18일
신고번호 | 제305-1975-000001호

411-776 경기도 고양시 일산서구 고양대로 724-17호
(304동 2001호)

대표전화 (031) 921-0441
팩시밀리 (031) 925-2647

ISBN 978-89-7460-059-4 03180